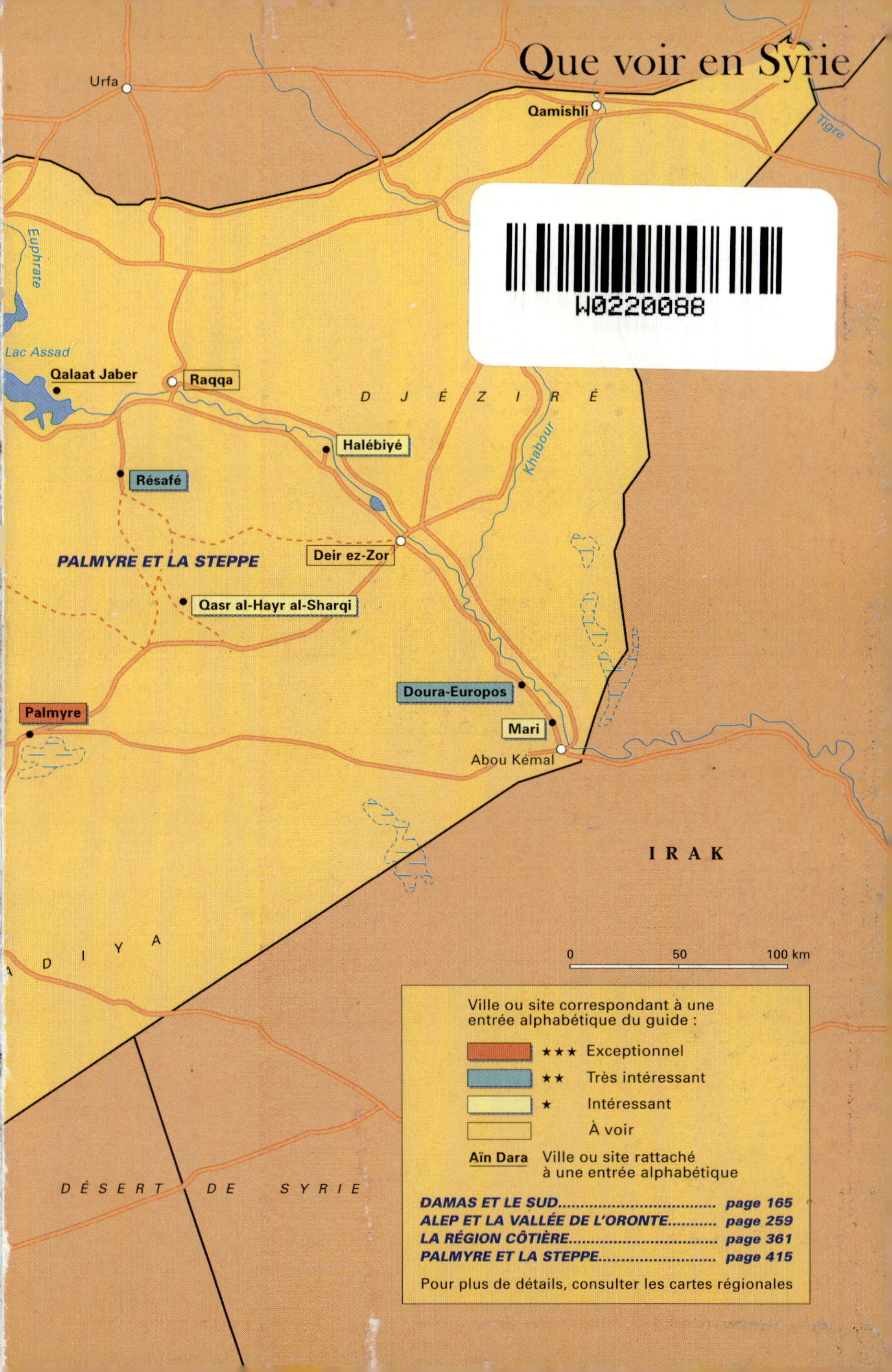
Que voir en Syrie
Urfa
Qamishli
Tigre
Euphrate
Lac Assad
Qalaat Jaber
Raqqa
D J É Z I R É
Halébiyé
Khabour
Résafé
PALMYRE ET LA STEPPE
Deir ez-Zor
Qasr al-Hayr al-Sharqi
Doura-Europos
Palmyre
Mari
Abou Kémal
IRAK
A D I Y A
0
50
100 km
Ville ou site correspondant à une entrée alphabétique du guide :
★★★ Exceptionnel
★★ Très intéressant
★ Intéressant
À voir
Aïn Dara Ville ou site rattaché à une entrée alphabétique
DÉSERT DE SYRIE
DAMAS ET LE SUD.................................. page 165
ALEP ET LA VALLÉE DE L'ORONTE........... page 259
LA RÉGION CÔTIÈRE................................ page 361
PALMYRE ET LA STEPPE.......................... page 415
Pour plus de détails, consulter les cartes régionales

Syrie

À nos lecteurs

Aussi scrupuleusement établi soit-il, ce guide n'est pas à l'abri des modifications de dernières minutes, des erreurs ou omissions. Ne manquez pas de nous faire part de vos remarques. Informez-nous aussi de vos découvertes personnelles : nous accordons la plus grande attention au courrier de nos lecteurs.

Syrie

GUIDES BLEUS

Direction : Isabelle Jeuge-Maynart
Direction éditoriale : Catherine Marquet
Édition : Béatrice Hemsen-Vigouroux

Introductions : Thierry Bianquis, Élisabeth Longuenesse, Jean-Claude Margueron, Nadine Méouchy, Georges Tate
Rédaction générale : Serge Bathendier
Avec la collaboration de : Emmanuelle Capet, Jean-Philippe Follet, Astrid Lorber, Katherine Vanderhaeghe
Lecture-correction : Joël Ambroggi et Brigitte Vouille, avec la collaboration de Jamilla Chauvin
Cartographie : Fabrice Le Goff, Cyrille Suss
Illustrations : Stéphane Humbert-Basset, Jean-Pierre Vigouroux ; p. 113, 121 (ht) et 339 : DR
Fabrication : Caroline Garnier, Gérard Piassale
Informatique éditoriale : Lionel Barth
Conception graphique : Emmanuel Le Vallois
Mise en pages : JAD-Hersienne
Crédit photographique : **S. Bathendier** : p. 342 (mil.), 343 (ht), 411 — **Bibliothèque Nationale** : p. 130 (bas) — **E. Capet** : p. 97 — **G. Dagli Orti** : p. 321 — **G. Degeorges** : p. 17 (bas), 54 (mil.), 55 (ht), 112 (mil.), 113 (bas), 140 (ht), 141, 179, 187 (bas), 194 (ht), 195 (ht), 200 (mil. g.), 201 (ht), 207, 215, 223, 236, 249, 341, 342 (bas), 371 (ht), 385, 418, 453 (ht), 467 — **C. Ghienne** : p. 16 (ht), 104, 170, 186 (ht), 201 (bas), 241, 364 — **Hachette Livre** : p. 99, 101 (ht), 106, 130 (mil.), 131 (ht), 137, 147, 177, 203, 280 (ht), 370 (ht), 371 (bas), 402 — **C. Jacopin** : p. 69 (mil.), 138, 244, 313, 343 (bas), 381, 436, 455 — **P. Josse** : p. 14, 44, 65, 164, 185, 186 (bas), 190, 195 (bas dr.), 275 (mil. ht), 281, 292, 317, 331, 335 — **Lauros-Giraudon** : p. 453 (bas) — **Louvre**/C. Larrieux : p. 100 (ht) — **Mairie de Saint-Siméon** : p. 355 (ht) — **J.-C. Margueron** : p. 96, 100 (bas), 101 (bas), 211 (g. et dr.), 286, 439 — **R. Mattès** : p. 17 (ht), 19, 32, 47, 58, 68 (mil. dr.), 69 (bas), 79, 81, 112 (bas), 114, 122, 133, 187 (ht), 194 (bas), 200 (ht et mil. dr.), 227, 274, 275 (ht, mil. bas et bas), 277, 279, 284, 297, 303, 426-427, 452, 453 (mil.), 458, 459 — **Musée Benaki, Athènes** : p. 130 (ht) — **N. Nilsson** : p. 12, 16 (mil.), 54 (ht), 62, 68 (mil. g.), 69 (ht), 112 (ht), 123, 140 (bas), 195 (bas g.), 262, 268, 272, 280 (bas), 328, 349, 355 (bas), 359, 370 (bas), 471 — **RMN**/ C. Jean : p. 131 (bas), 354 — **G. Tate** : p. 343 (mil.), 345 — **Visa Image**/T. Blaise : 71, 451

43, quai de Grenelle, 75015 Paris

Sommaire

Sommaire

Découvrir la Syrie

Partir

Séjourner

Comprendre

Visiter

En savoir plus

Abréviations et symboles

alt.	altitude
a.-m.	après-midi
AR	aller-retour
auj.	aujourd'hui
av.	avant, avenue
bd	boulevard
ch.	chambre
déb.	début
déc.	décembre
dim.	dimanche
dr.	droite
E.	est
env.	environ
Env.	environs
f.	fermé
fév.	février
g.	gauche
h	heure
ha	hectare
hab.	habitant
illustr.	illustration
j.	jour
J.-C.	Jésus-Christ
janv.	janvier
jeu.	jeudi
juil.	juillet
km	kilomètre
lun.	lundi
m	mètre
mar.	mardi
mat.	matin
mer.	mercredi
mn	minute
N.	nord
nov.	novembre
O.	ouest
oct.	octobre
ouv.	ouvert
p.	page
rens.	renseignement
réserv.	réservation
RV	rendez-vous
S.	sud
s.	siècle
sam.	samedi
sem.	semaine
sept.	septembre
sf	sauf
seul.	seulement
t	tonne
t.a.	toute l'année
t.l.j.	tous les jours
v.	vers
ven.	vendredi
vis.	visite
w.-e.	week-end
→	voir, se reporter à
▶	début de détour
◀	fin de détour
ℹ	information
☎	indicatif téléphonique, téléphone

Classification des sites, villes, monuments, musées...

★★★	Exceptionnel
★★	Très intéressant
★	Intéressant

Cartes et plans

Une présentation rapide
des richesses touristiques de la Syrie

Découvrir

Découvrir

Dans les livres d'images, le Proche-Orient, c'est d'abord le monde des nomades : d'immenses étendues de sable et de pierre où, de loin en loin, les tentes de bédouins forment d'indécises taches noires. C'est le monde des oasis, lacs de verdure et promesses d'abondance pour les habitants du désert, tels, en Syrie, Palmyre et ses jardins au beau milieu de la steppe, ou Damas, l'oasis de montagne traversée par les eaux du Barada tout juste descendu de l'Anti-Liban.

Le Proche-Orient, c'est tout autant le monde des villes : à côté du bédouin, le citadin policé, de Sumer aux grandes agglomérations arabes qui lancent leurs minarets vers le ciel. C'est sur les rives de l'Euphrate, fleuve témoin des premiers balbutiements de l'histoire, que naquit l'idée des villes et, avec elles, l'écriture et la civilisation. Les Syriens conjuguent les traditions d'hospitalité des nomades et des habitants des villes pour faire d'un voyage dans ce pays une passionnante aventure humaine. Ajoutons-y un patrimoine d'une richesse prodigieuse et d'une diversité unique dans la région, de Mari la Sumérienne à Damas ou Alep, en passant par le Krak des Chevaliers ou par Palmyre, qu'il faut voir au soleil couchant lorsque les colonnes s'embrasent.

Pour des raisons qui tiennent à la situation politique de la région, les chemins de Damas ont été longtemps délaissés par les touristes. Il est grand temps de les reprendre, à l'heure où les autorités locales consentent de gros efforts au développement touristique du pays.

Les régions du guide

■ Damas et le Sud

C'est par sa capitale que l'on aborde généralement la Syrie. Une entrée en matière idéale : **Damas***** est une des villes les plus envoûtantes du Proche-Orient. Vous partirez à sa rencontre, de ruelles ombreuses en jardins secrets dissimulés derrière les hauts murs des palais qui ont fait la réputation de la ville, de hammams médiévaux en vénérables mosquées et madrasas. De ses églises aussi car, ne l'oublions pas, c'est aux abords de Damas que Saul, le futur saint Paul, eut la révélation de sa mission. La capitale est un excellent point de départ pour découvrir le Sud du pays : le Hauran et le djebel Druze,

Moment fort d'un voyage en Syrie : Palmyre, la ville de la belle Zénobie.

Prestigieux témoignage de la présence des Francs au Moyen Âge, le Krak des Chevaliers dresse sa fière silhouette sur l'un des replis du djebel Ansariyé.

terres volcaniques qui se couvrirent, avec la présence romaine, de dizaines de villes et de villages qui conservent des vestiges significatifs, comme **Shahba***, **Qanawat*** et surtout **Bosra*****.

Au N. de Damas, le **massif du Qalamoun****, vallée fertile coincée entre deux chaînes de montagnes, apparaît comme un conservatoire de la chrétienté orientale avec ses nombreux monastères encore en activité. Dans le plus visité de ses villages, Maaloula, quelques habitants parlent encore l'araméen, comme le Christ. À la lisière orientale du massif, face au désert, le monastère médiéval de Mar Mousa a été réhabilité par une communauté sous la houlette d'un prêtre italien.

■ Alep et la vallée de l'Oronte

La deuxième ville de Syrie fut longtemps la première par sa population et par son activité économique. Si elle a cédé le pas à Damas, **Alep***** n'est pas pour autant sur le déclin. Bien au contraire : ses traditions industrielles et commerciales ont trouvé à s'employer dans de nouveaux marchés comme les cotonnades et la confection destinées aux pays de l'ex-Union soviétique. Les intermédiaires russes ont envahi certains quartiers du centre, où la plupart des boutiques arborent désormais une enseigne en cyrillique. D'autre part, Alep reste éminemment traditionnelle : au cœur de la vieille ville, les souks attirent toujours une clientèle de bédouins et de ruraux de la région. Ils conservent surtout une atmosphère unique, qui ramène le visiteur des siècles en arrière. D'Alep, il serait impardonnable de ne pas se rendre à **Saint-Siméon*****, à une heure de voiture : sur une colline dominant les derniers contreforts des montagnes kurdes, un magnifique sanctuaire fut érigé au Ve s. sur le lieu de retraite de Siméon, le premier des stylites qui passa, dit-on, 36 ans au sommet d'une colonne. Vous pourrez poursuivre votre exploration de la région dans le **Massif calcaire*****, célèbre pour ses villes mortes byzantines disséminées dans de superbes paysages.

■ La région côtière

La Syrie possède 173 km de façade maritime. Tout juste de quoi y aménager des ports et leurs installations industrielles à Lattaquié, Banyas ou Jebblé. Mais peu de place en revanche à concéder aux loisirs balnéaires, à l'exception de quelques arpents de sable près de **Lattaquié** et à **Ras al-Bassit***, tout au N. du pays. C'est l'histoire, à nouveau, qui nous invite au voyage. L'histoire lointaine de ces cités marchandes du littoral : **Ougarit**** la Cananéenne, où il y a 33 siècles un scribe obscur eut l'intuition géniale du premier alphabet, ou encore **Amrit***, cité phénicienne dotée d'un étrange sanctuaire lacustre. L'histoire plus proche, pour nous voyageurs d'Occident, de ces citadelles laissées par les croisés : **Tartous***, le grand port des templiers, mais surtout le **Krak des Chevaliers*****, le **château de Saône**** et le **Marqab****, nichés dans le djebel Ansariyé. Car l'Ouest syrien, c'est aussi une montagne – prolongement géologique du mont Liban – qui servit de refuge à des communautés musulmanes hétérodoxes : Alaouites et Ismaéliens. Ces derniers, les descendants des terribles Assassins des chroniques franques, hérissèrent la montagne d'un chapelet de places fortes dont certaines sont parvenues jusqu'à nous. Elles occupent toujours les coins les plus reculés du djebel, dominant de rudes paysages qui justifient l'excursion, au moins autant que les ruines.

■ Palmyre et la steppe

Qui n'a jamais rêvé de **Palmyre*****, avec ses colonnades enflammées par le soleil couchant, ses temples à l'exubérante décoration, et par-dessus tout le souvenir de Zénobie, la reine arabe qui osa défier la puissance romaine… La célèbre oasis vous attend, au bout de belles routes asphaltées à travers le désert, avec ses hôtels de plus en plus nombreux qui relèguent au rayon des souvenirs les pénuries de chambres au plus fort de la saison touristique. Autre mythe de l'Est syrien, l'Euphrate, un des deux fleuves nourriciers du Croissant Fertile, au bord duquel a débuté l'Histoire avec l'invention de l'écriture par les Sumériens. Le site de **Mari*** témoigne de cette lointaine époque. D'autres civilisations ont laissé leur empreinte sur ces rives : les Grecs et les Romains avec l'étonnante citadelle de **Doura-Europos****, en surplomb du fleuve ; les Byzantins, à **Résafé****, fortin sur une piste caravanière qui connut la célébrité en abritant le tombeau de saint Serge, devenu le but d'un pèlerinage connu au Moyen Âge dans toute la chrétienté orientale. La grande ville de la steppe est **Deir ez-Zor**, point de convergence des bédouins qui viennent s'approvisionner dans ses souks. L'exploitation des gisements de pétrole dans les environs lui a donné récemment un regain d'activité. Grâce à ses hôtels, c'est un excellent point de départ pour excursionner dans la région.

Que voir

■ Le Proche-Orient ancien

À la pointe occidentale du Croissant Fertile, la Syrie compte d'innombrables sites archéologiques dont des dizaines attendent encore d'être fouillés. Ceux

Consultez aussi en début d'ouvrage la carte « Que voir en Syrie » qui recense les principales richesses touristiques du pays.

De la mer au désert

Un désert, la Syrie ? C'est vrai pour une bonne moitié de son territoire. Pour le reste, le pays déploie une diversité de paysages surprenante pour le visiteur : hautes montagnes enneigées jusqu'au début du printemps, collines aimables plantées de vergers au sud du djebel Ansariyé, austères paysages basaltiques du Hauran et du djebel al-Arab (appelé aussi djebel Druze), sans oublier le littoral méditerranéen, qui ne devient réellement séduisant qu'au nord de Lattaquié.

▲ Dans la région de Cyrrhus, au nord d'Alep, les derniers contreforts du pays kurde offrent des paysages magnifiques.

▲ Le littoral syrien au nord de Lattaquié : c'est là que l'on trouvera les seules plages véritablement agréables du pays.

■ L'influence méditerranéenne

Elle s'étend bien au-delà de l'étroite fenêtre maritime que possède la République syrienne (173 km de côtes) : un littoral médiocre, battu par les vagues et qui ne présente pas d'abri naturel pour la navigation. Des ports s'y sont pourtant développés : Tartous, Banyas et Lattaquié, au débouché des passages vers l'intérieur du pays, au nord et au sud du djebel Ansariyé. Cette montagne qui s'étire le long de la côte et culmine à 1 562 m, au-dessus de la localité de Slenfé, est un prolongement du mont Liban. Vers l'ouest, elle s'abaisse en pente douce vers la mer. À l'est, elle dégringole en falaise vers la plaine du Ghab, partie septentrionale de la grande dépression syro-africaine qui se prolonge par la Bekaa, la vallée du Jourdain et la mer Rouge. Les marécages qui en faisaient une zone impaludée ont été asséchés ; c'est aujourd'hui une des régions agricoles les plus riches du pays. L'influence méditerranéenne est encore sensible dans le Massif calcaire, une région de collines peu élevées autour d'Alep.

■ Le Croissant Fertile

Cette zone en forme d'arc s'étire depuis le Hauran, au sud du pays, jusqu'à la vallée du Tigre, au nord-est, près de l'Irak. Elle reçoit des précipitations annuelles moyennes de 250 à 500 mm, rendant possible la culture sèche. C'est le domaine des céréales : orge pour les terres les plus pauvres, blé pour les plus riches, comme celles du Hauran, fertilisées par la décomposition des basaltes et exploitées depuis l'Antiquité romaine. Avec la création de barrages sur le cours de l'Oronte (à Rastan et à Homs) sont venues s'ajouter les cultures de la betterave et du coton. La relative rudesse des températures hivernales (16 jours de gel par an en

▲ **Au-delà de la citadelle d'Apamée (Qalaat al-Moudiq), les crêtes enneigées du djebel Ansariyé qui prolonge le mont Liban.**

moyenne à Damas) interdit en revanche les cultures arbustives subtropicales, agrumes ou palmiers. C'est dans cette région, point de contact entre le monde méditerranéen et celui des nomades de la steppe, que se trouvent les villes principales du pays : Damas – qui, recevant moins de 200 mm de précipitations par an, appartient géographiquement à la zone désertique –, Homs, Hama et, plus au nord, Alep. C'est l'axe économique traditionnel de la Syrie.

Désert et oasis

Le désert constitue 58 % du territoire syrien, dessinant un vaste triangle appuyé sur la frontière irakienne. Cette zone recevant moins de 250 mm d'eau par an, l'agriculture y est impossible, à moins d'irrigation. Au pied de massifs de faible altitude, au centre de cette région, des sources médiocres sont à l'origine des oasis de Palmyre et de Sakhné : plus que les palmiers dont c'est la limite septentrionale, on y trouve surtout des arbres fruitiers et des jardins. Le désert demeure le domaine des bédouins, éleveurs de moutons qui évoluent dans les régions de transhumance traditionnelles : dans les déserts d'Irak et d'Arabie en hiver, en bordure de la zone cultivée syrienne au printemps. Là, les bêtes trouvent du fourrage, et les hommes, cessant pour un temps de nomadiser, se font employer dans le secteur agricole. Le désert possède des gisements de phosphate, dont l'activité est en perte de vitesse, mais surtout des champs pétrolifères, dans la partie orientale de la Syrie.

◄ **Entre les étendues désertiques, les eaux bleues de l'Euphrate tracent un sillon de verdure où la culture est possible grâce à l'irrigation. Sur les 2 330 km que parcourt le fleuve, 602 km sont en territoire syrien.**

qui ont été explorés ont jeté un éclairage passionnant sur cet Orient ancien, berceau de nos civilisations, où s'inventa l'écriture et où s'élaborèrent les grands mythes qui ont traversé les siècles : près de l'Euphrate, à la frontière de l'Irak, **Mari*** *(p. 437)*, ville royale qui contrôlait un vaste territoire en haute Mésopotamie ; sur la côte méditerranéenne, **Ougarit**** *(p. 388)*, cité marchande du IIe millénaire av. J.-C. qui est, comme Mari, un grand chantier de l'archéologie française, et la cité phénicienne d'**Amrit*** *(p. 412)* ; dans la région d'Alep, l'ancienne cité-État d'**Ebla*** *(p. 302)*, qui a livré pas moins de six palais et plusieurs temples, et **Aïn Dara*** *(p. 358)*, un temple néohittite dont l'entrée est précédée de bien étranges empreintes de pied géantes. Pour une approche complète de cette période, ne manquez pas la visite des grands musées de Syrie, où sont exposées quelques-unes des plus belles trouvailles dégagées par les archéologues : le **Musée archéologique***** d'**Alep** *(p. 285)* possède la célèbre déesse au vase jaillissant, une des figures emblématiques de Mari ; au **Musée national***** de **Damas** *(p. 204)*, vous verrez la gracieuse figure du danseur (ou chanteur) Ur-Nanshé et un aigle léontocéphale, trouvé aussi à Mari, qui est un chef-d'œuvre d'orfèvrerie. Enfin, le tout nouveau **musée***** de **Deir ez-Zor** *(p. 420)* retrace de manière à la fois didactique et fort agréable l'histoire de la Djéziré, région entre le Tigre et l'Euphrate peuplée depuis l'aube des temps.

■ La présence romaine

Avec la conquête par Alexandre le Grand, la Syrie entra de plain-pied dans l'univers culturel grec qui se prolongea sous l'occupation romaine. De grandes cités s'épanouirent avec artères bordées de colonnades, temples, édifices publics : **Apamée**** *(p. 293)* et ses 400 colonnes relevées, **Bosra***** *(p. 218)*, dont l'impressionnant théâtre est l'un des plus vastes de l'Orient antique, **Shahba*** *(p. 247)*, la ville de l'éphémère empereur Philippe l'Arabe... À **Damas***** *(p. 168)*, c'est au long des ruelles de la **vieille ville** que l'on rencontrera les vestiges romains, fûts de colonnes ou blocs cyclopéens émergeant des constructions médiévales. **Palmyre***** *(p. 445)*, c'est autre chose : un style directement emprunté au vocabulaire gréco-romain, mais mâtiné d'influences orientales et adapté aux goûts de ses habitants, bédouins enrichis par le commerce des caravanes. Plus à l'E. encore, **Doura-Europos**** *(p. 429)* fut une ville de garnison romaine ; si les ruines des édifices de la cité sont peu évocatrices et que les trésors qu'elle a livrés – de superbes fresques notamment – sont à l'abri dans les musées, il reste ses formidables remparts et la beauté du site, 40 m au-dessus de l'Euphrate.

■ Des mosaïques à profusion

De Rome à Byzance, la Syrie a connu une grande tradition de mosaïstes qui ont produit quelques panneaux d'exception. Dans le djebel Druze, aux **musées**** de **Shahba** *(p. 247)* et de **Souweyda** *(p. 252)*, on peut voir de grandes compositions inspirées de la mythologie, qui décoraient de riches villas romaines. Au **musée**** d'**Apamée** *(p. 298)*, l'œuvre la plus célèbre est une représentation de Socrate avec les sages de l'Antiquité, qui devait orner le sol de l'école néoplatonicienne de la ville ; y sont également exposés, comme au **musée*** de **Maaret an-Nouman** *(p. 346)*, des panneaux d'inspiration chrétienne provenant d'églises de la région. Au **palais Azem*** de **Hama** *(p. 312)*, ne manquez pas la mosaïque des six musiciennes, témoignage unique sur les instruments de musique antiques. Dans la cour de la **mosquée des Omeyyades***** de **Damas** *(p. 188)*, il reste encore une petite partie des magnifiques mosaïques à fond or que réalisèrent au VIIIe s. les conquérants musulmans, aidés par des artistes byzantins.

■ Villages et sanctuaires byzantins

La Syrie fut possession du basileus de Constantinople jusqu'à l'arrivée des musulmans au VIIe s. Le temps pour la civilisation byzantine d'imprimer une marque profonde sur le pays. En matière d'architecture impériale, on pourra voir le palais et l'église de **Qasr ibn Wardan*** *(p. 318)*, édifiés par Justinien près de Hama ; de même, les citernes de **Résafé**** *(p. 468)*, dans la steppe, comparables à celles de Constantinople. Mais les vestiges les plus étonnants appartiennent au domaine civil : ce sont, dans des centaines de villages de la belle région du **Massif calcaire***** *(p. 325)*, des maisons, des tours, des pressoirs, des églises, des hôtelleries, restés souvent dans un état de conservation stupéfiant, témoignage unique d'un monde rural disparu. Certaines églises étaient au centre d'un pèlerinage et reçurent un traitement architectural privilégié ; ainsi le sanctuaire de **Saint-Siméon***** *(p. 351)*, élevé à l'emplacement de la colonne du célèbre Stylite : un joyau de l'architecture paléochrétienne.

■ L'islam dans sa première grandeur

Les Omeyyades, première dynastie musulmane, régnèrent aux VIIe et VIIIe s. depuis la Syrie et firent de Damas une capitale d'empire. Ils y laissèrent des constructions monumentales, les plus anciennes de l'islam. En tout premier lieu la grande **mosquée des Omeyyades***** à **Damas** *(p. 188)*, qui a suscité, depuis sa construction au VIIIe s., l'admiration de l'ensemble du monde musulman ; ses murs étaient à l'origine entièrement revêtus de mosaïques à fond d'or. La **Grande Mosquée**** d'**Alep** *(p. 262)*, une fondation omeyyade sur le modèle damascène, a subi de nombreux ajouts postérieurs ; voir surtout son beau minaret d'époque seldjoukide (XIe s.). Nostalgiques du désert d'où leurs ancêtres

Au détour des ruelles de la vieille ville, les minarets surgissent, s'échappant du labyrinthe des souks (ici, reconnaissable à son style mamelouk, le minaret Qayt Bey de la mosquée des Omeyyades à Damas). Autrefois, les muezzins qui lançaient l'appel à la prière depuis le sommet étaient le plus souvent aveugles, ce qui permettait de préserver l'intimité des cours intérieures et des terrasses où se tenaient les femmes.

étaient issus, les Omeyyades y firent construire des palais : celui de **Qasr al-Hayr al-Sharqi*** *(p. 462)* est le mieux conservé. De leurs successeurs les Abbassides, peu de vestiges significatifs ont traversé les siècles, si ce n'est la **porte de Bagdad*** de **Raqqa** *(p. 465)*, une ville fondée au milieu du désert par le calife al-Mansour.

■ Souks et vieilles villes

La Syrie, c'est aussi ses vieilles villes typiquement orientales, avec leurs allées étroites, leurs couleurs, leur foule et leurs parfums. Sous l'apparente anarchie des souks se dissimule une stricte organisation de l'espace : ici les orfèvres, là les marchands de légumes, ailleurs les échoppes débordant d'épices... Il faut absolument prendre le temps de flâner sous les voûtes médiévales des **souks***** d'**Alep** *(p. 273)*, qui sont certainement les plus beaux de tout le monde musulman : une expérience fascinante. Dans la vieille ville de **Damas**, choisissez en priorité pour vos achats ceux qui bordent les rues **Assagha**** et **Bzouriyé**** *(p. 193 et 197)*. Au cœur des souks, des **caravansérails (khans)** servaient d'entrepôts aux marchandises venues des pays lointains par caravane ; la plupart sont d'époque ottomane, mais quelques-uns remontent aux Mamelouks, comme le **khan al-Qadi*** d'Alep, le plus ancien de la ville. À ne pas manquer : les khans **al-Joumrouk****, **al-Wazir**** et **as-Saboun***, dans la Mdiné d'Alep ; les khans **Assad Pacha**** et **Souleiman Pacha**** à Damas.

À **Deir ez-Zor** *(p. 419)*, dans la région de la steppe, c'est pour son animation que le souk vaut une petite promenade : tous les bédouins des alentours viennent s'y approvisionner, vêtus de robes aux couleurs éclatantes. Quant à **Hama*** *(p. 310)*, bien que très reconstruite, elle conserve près de l'Oronte un petit quartier ancien aux ruelles tortueuses et aux impasses fleuries ; on vient surtout y admirer les **norias****, ces immenses roues de bois qui tirent l'eau du fleuve depuis des siècles pour arroser jardins et vergers des alentours.

■ Les citadelles des croisés

Pour les croisés, la Syrie était la gardienne de la Terre sainte. Dès leur arrivée, ils occupèrent le littoral, qu'ils répartirent en fiefs où ils s'accrochèrent grâce à une série de forteresses dont plusieurs gardent fière allure : le **Krak des Chevaliers***** *(p. 365)*, château vedette de Syrie, patiemment dégagé par les archéologues français à l'époque du Mandat, le **château de Saône**** (ou château de Saladin, *p. 401*), le plus vaste, niché au cœur d'un paysage de montagne, le **Marqab**** *(p. 379)*, formidable masse de basalte qui domine le rivage. Voyez aussi le donjon de **Safita*** *(p. 397)*, pittoresque bourgade dans une belle région de montagnes, et **Tartous*** *(p. 407)*, qui fut le grand port franc en Syrie : si le château a été depuis longtemps aménagé en habitations, la **cathédrale**** des croisés est parvenue intacte jusqu'à nous. En face de Tartous, la petite **île d'Arwad*** *(p. 411)* fut le dernier lambeau de terre aux mains des croisés. C'est aujourd'hui un minuscule port de pêche où dansent des embarcations multicolores ; on y mange d'excellents poissons dans les tavernes du bord de mer.

■ L'art de vivre à l'orientale

L'Orient, c'est également un art de vivre, hérité à la fois des fastes romains et des traditions du désert. C'est derrière les murs des palais qu'il trouva son épanouissement le plus raffiné : pièces superbement décorées, plafonds peints, murs tapissés de marqueterie de pierre ou de faïences colorées, cours délicieusement fleuries, agrémentées d'iwans et d'un bassin autour duquel la famille se retrouvait le soir venu pour prendre le frais. Vous pourrez visiter le **palais Azem**** de **Damas** *(p. 193)* et son homonyme de **Hama** *(p. 312)*, tous deux restaurés et transformés en musées. Il en existe d'autres encore habités, transformés en écoles, en restaurants ou en bâtiments publics, que vous découvrirez au gré de vos visites : à **Damas**, les **palais Nizam****, **Maktab Anbar**** ou **Dahdah****, tous situés aux alentours de la rue Droite *(p. 199)* ; à **Alep, Beit Djoumblatt*** *(p. 279)* dans la vieille ville, ou les vieilles demeures du quartier chrétien, telle la **maison Ajiqbach*** *(p. 291)*.

■ Les plus beaux points de vue

La Syrie vous étonnera aussi par ses paysages, qui ne sont pas seulement, loin s'en faut, de désert. Ainsi le **djebel Ansariyé,** avec ses cultures en terrasses et ses sommets enneigés. Vers l'O., il descend vers le littoral dont on découvre de superbes panoramas depuis le château de Marqab. Vers l'E. au contraire, du côté d'Apamée, la montagne tombe à pic au fond de la **plaine du Ghab** où coule l'Oronte : une véritable falaise que l'on descend par une **route**** vertigineuse au-delà de **Slenfé*** *(p. 406)*, petit centre de villégiature pour les habitants de Lattaquié. Les contreforts du Taurus offriront aussi de beaux sujets aux photographes, par exemple autour de **Cyrrhus*** *(p. 291)*, un site romain près de la frontière turque. À l'E. du pays, le désert, qu'il faut voir au printemps lorsqu'il se couvre de fleurs, offre également de bien belles perspectives : depuis le sommet des citadelles de **Halébiyé*** *(p. 435)* ou de **Doura-Europos**** *(p. 434)*, d'où l'on domine les eaux bleues de l'Euphrate ; et depuis le château arabe de **Palmyre***** *(p. 445)*, pour embrasser d'un seul coup d'œil toute l'oasis et ses milliers de palmiers, de grenadiers et d'oliviers. L'autre oasis célèbre du pays, c'est à **Damas*****, du haut du **mont Qassioun**, que vous la découvrirez : c'est la célèbre **Ghouta**, chantée par les poètes arabes comme une préfiguration du paradis. Bien que grignotée peu à peu par l'urbanisation, elle entoure encore en partie la capitale de ses jardins et vergers.

■ Les plages

La liste est courte : on ne se baigne agréablement que sur les plages aménagées au N. de **Lattaquié** *(p. 374)*, sur la presqu'île de **Ras ibn Hani** *(p. 377)*, ou à **Ras al-Bassit*** *(p. 378)*, un sympathique village de pêcheurs, dans le N. du pays, où les habitants de la région viennent passer leurs vacances. Les autres plages syriennes sont médiocres.

■ À la rencontre de la chrétienté orientale

Depuis saint Paul, le christianisme est bien vivant en Syrie : il suffit pour s'en convaincre d'assister à la sortie des églises le dimanche matin, dans le **quartier chrétien** *(p. 203)* de **Damas.** Ou de se rendre au monastère de **Saidnaya*** *(p. 235)*, un des pèlerinages les plus célèbres de l'Orient, sur le lieu où la

Délices orientales

Découvrir un pays, c'est aussi partager un peu le mode de vie de ses habitants. Ainsi, il vous apparaîtra rapidement que la gastronomie est l'un des arts de vivre pratiqués avec assiduité par les Syriens. Un excellent prétexte pour vous mettre à table. À essayer impérativement : le *mezze* et ses petits plats déclinés à l'infini, dans l'un des restaurants de l'Est de la vieille ville de Damas ou dans le quartier chrétien d'Alep. Pour l'accompagner, arak obligatoire. Les Syriens, eux, jugent indispensable de fumer en même temps le narguilé, embout de pipe dans une main, morceau de pain dans l'autre. En matière culinaire toujours, mais dans le désert cette fois, laissez-vous tenter par le *mensaf*, un plat de mouton mariné dans le yaourt que vous pourrez déguster, entre autres, dans les petits restaurants du village moderne de Palmyre. L'Orient, c'est aussi l'attention que l'on porte à son corps, notamment au hammam, qu'un voyage en Syrie vous permettra d'expérimenter. Les bains al-Labbadiyé, à Alep, ou le hammam Nour ed-Din, à Damas, sont tout à fait recommandables pour les touristes. Une fois lavé, frotté, massé, parfumé, il sera temps d'aller siroter un thé dans un café populaire. Au pittoresque *an-Nofara* par exemple, près de la Grande Mosquée de Damas, où jusqu'il y a peu officiait, juché sur son estrade, l'un des derniers conteurs de la capitale. Vous pourrez aussi assister à un spectacle de derviches tourneurs dans un des restaurants de la vieille ville de Damas.

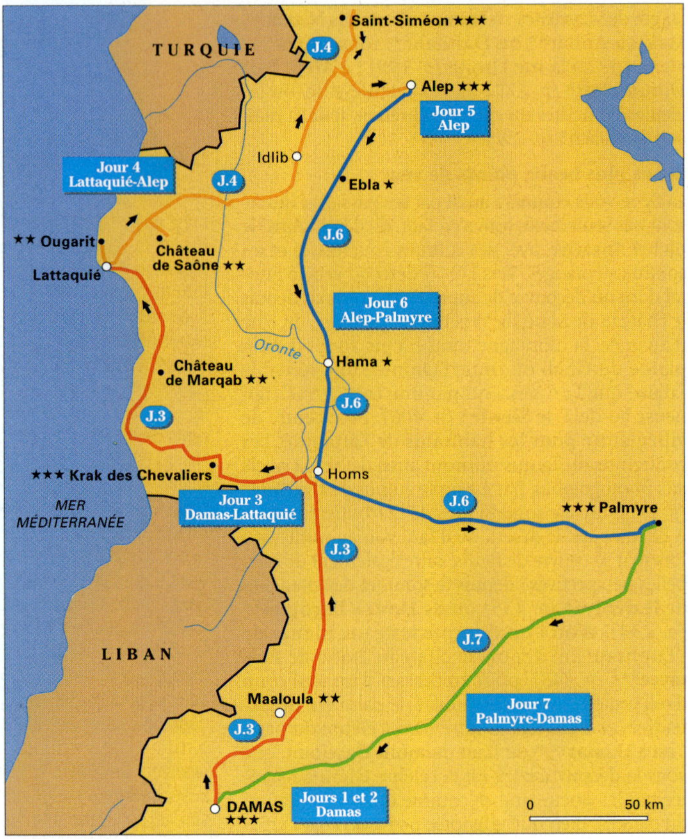

Itinéraire n° 1 : 7 jours.

Vierge apparut à l'empereur Justinien. Dans cette même région du **Qalamoun**★★, le curieux village de **Maaloula**★★ *(p. 236)*, en partie troglodytique, est devenu fameux dans le monde entier car on y parle encore la langue qu'utilisait le Christ. À **Ezra**★ *(p. 231)*, dans le Hauran, c'est une église du début du VIe s. qui sert toujours aux offices paroissiaux. À **Alep**, la capitale du N., le **quartier chrétien de Jdeidé**★ *(p. 290)* conserve ses beaux palais et ses nombreuses églises qui appartiennent chacune à un rameau différent de la chrétienté orientale.

Propositions de circuits

Voici quatre propositions d'itinéraires de durée différente, en fonction de vos goûts et du temps dont vous disposez. Même si le système des bus et minibus est très bien organisé en Syrie, il est préférable d'avoir une voiture particulière pour pouvoir s'organiser en toute liberté. Le réseau routier est tout à fait satisfaisant dans l'ensemble – notamment dans la steppe orientale –, et les

quelques pistes que vous pouvez être amené à emprunter sont praticables avec un simple véhicule de tourisme, sauf en cas de fortes pluies. Vous rayonnerez autour de la petite dizaine de villes qui offrent un hébergement correct.

1 La Syrie express *(7 jours, 1 200 km).*
En une semaine, vous devrez vous contenter des objectifs touristiques majeurs du pays, mais vous n'aurez pas le temps de flâner.

Jours 1 et 2 : arrivée à **Damas***** et visite de la capitale *(p. 168).*

Jour 3 : **Damas-Lattaquié** *(env. 370 km, départ tôt le matin).* En chemin, arrêt à **Maaloula**** *(p. 236),* dans le massif du Qalamoun, puis visite de deux forteresses des croisés : le **Krak des Chevaliers***** *(p. 365),* où vous pourrez déjeuner avant de prendre la direction de la côte, et le **château de Marqab**** *(p. 379).* Nuit à Lattaquié.

Jour 4 : **Lattaquié-Alep** *(env. 230 km).* Visite d'**Ougarit**** *(p. 388)* dès l'ouverture, puis route à travers la montagne vers le **château de Saône**** *(p. 401 ; prévoir un pique-nique).* Après la visite du **sanctuaire de Saint-Siméon***** *(p. 351),* arrivée à Alep en fin d'a.-m.

Jour 5 : visite d'**Alep***** *(p. 262).*

Jour 6 : **Alep-Palmyre** *(env. 350 km).* En chemin, arrêt à **Ebla*** *(p. 302)* et un coup d'œil aux norias de **Hama*** *(p. 310).* Arrivée dans l'a.-m. à **Palmyre***** *(p. 445).*

Jour 7 : fin de la visite de **Palmyre***** et retour à Damas *(207 km ; env. 3 h de route).*

2 Les hauts lieux de la mer à l'Euphrate *(12 jours, 2 200 km).*
Ni trop, ni trop peu : un bon compromis en temps, qui permet d'avoir une bonne vision du pays sans que ce soit le marathon.

Jours 1 et 2 : arrivée, visite de **Damas***** *(p. 168).*

Jour 3 : **excursion dans le Hauran et le djebel Druze** *(env. 300 km).* **Shahba*** *(p. 247),* **Qanawat*** *(p. 242),* **Souweyda** *(p. 252),* **Bosra***** *(p. 218),* **Ezra*** *(p. 231).* Retour à Damas en fin d'a.-m.

Jour 4 : **Damas-Safita** *(env. 260 km).* Quitter Damas par la route du **Qalamoun**** : arrêt à **Saidnaya*** *(p. 235)* et **Maaloula**** *(p. 236),* puis route vers le **Krak des Chevaliers***** *(p. 365).* Nuit à **Safita*** *(p. 397).*

Jour 5 : **Safita-Lattaquié** *(env. 150 km).* Une journée le long de la côte syrienne : visites d'**Amrit*** *(p. 412),* de **Tartous*** *(p. 407)* puis du **château de Marqab**** *(p. 379).* Arrivée à **Lattaquié** *(p. 374)* en fin d'a.-m. (possibilité de baignade sur l'une des plages au N. de la ville).

Jour 6 : **Lattaquié-Hama** *(env. 180 km).* **Ougarit**** *(p. 388)* et le **château de Saône**** *(p. 401) ;* **Apamée**** *(p. 293)* via **Slenfé*** et la vertigineuse **route**** qui descend au fond de la plaine du Ghab. Arrivée l'a.-m. à **Hama*** *(p. 310).*

Jour 7 : **Hama-Alep** *(env. 210 km).* Journée consacrée au **Massif calcaire***** : après le musée* de **Maaret an-Nouman** *(p. 346),* découverte des villes mortes de **Sergilla**** *(p. 347)* et d'**al-Bara**** *(p. 348),* et de l'église de **Qalb Lozé***** *(p. 339).* En milieu d'a.-m., arrivée à **Saint-Siméon***** *(p. 351).* Nuit à Alep.

Jour 8 : visite d'**Alep***** *(p. 262).*

Jour 9 : **Alep - Deir ez-Zor** *(env. 360 km).* Cap sur l'E. et sur l'Euphrate avec, en chemin, la visite de **Résafé**** *(p. 468),* perdu en plein désert, et deux autres haltes possibles en bordure de l'Euphrate : **Raqqa** *(p. 465)* et **Halébiyé*** *(p. 435).* Nuit à Deir ez-Zor.

Itinéraire n° 2 : 12 jours.

Jour 10 : **Deir ez-Zor - Palmyre** *(env. 450 km)*. Le matin, visite du nouveau musée★★★ de **Deir ez-Zor** *(p. 419 ; f. l'a.-m.)*, puis excursion le long de l'Euphrate jusqu'à **Mari**★ *(p. 437)* via **Doura-Europos**★★ *(p. 429)*. Retour à Deir ez-Zor puis route vers Palmyre *(201 km sur une excellente route, soit 2 h 30)*.

Jour 11 : journée complète à **Palmyre**★★★ *(p. 445)*.

Jour 12 : retour à Damas *(207 km)*.

3 La Syrie au rythme du flâneur *(16 jours, 2 000 km)*.
Ce circuit ignore les sites les plus à l'E., près de l'Euphrate (Mari, Doura-Europos, Résafé, Raqqa) – historiquement très intéressants mais aux

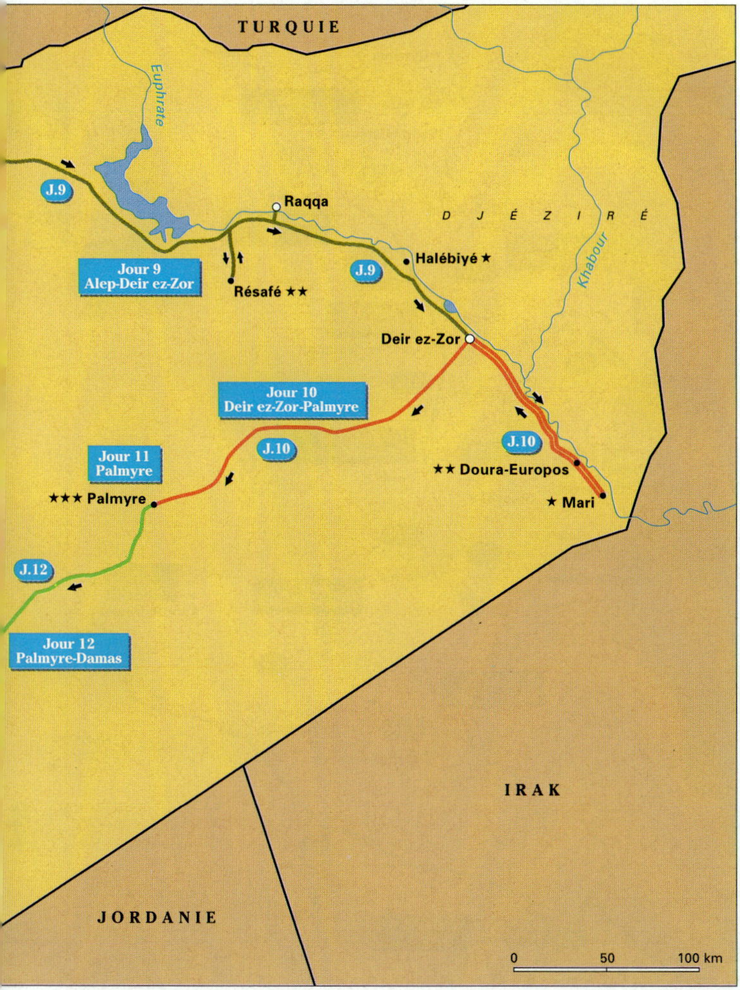

vestiges peu évocateurs – pour une approche différente du pays. À côté des visites « incontournables », vous découvrirez des sites moins connus, hors des sentiers battus, et vous pourrez prendre le temps de vivre : un thé siroté à l'ombre d'une terrasse, un long marchandage calé sur des coussins au fond d'une boutique de tapis, un repas partagé avec des autochtones… Des moments qui, autant que les visites touristiques, permettent de mieux connaître un pays.

Jours 1 à 3 : arrivée à **Damas★★★** puis découverte de la ville *(→ les propositions de programmes, p. 175)*.

Itinéraire n° 3 : 16 jours.

Jour 4 : **Damas-Bosra** *(env. 160 km)*. Excursion dans le Hauran et le djebel Druze : **Shahba**⋆ *(p. 247)*, **Shaqqa**⋆ *(p. 250)*, **Qanawat**⋆ *(p. 242)* et **Souweyda** *(p. 252)*. Nuit à Bosra.

Jour 5 : **Bosra-Palmyre** *(370 km)*. Après la visite de **Bosra**⋆⋆⋆ *(p. 218)*, route vers Palmyre via **Ezra**⋆ puis Damas. Arrivée en fin d'a.-m., pour admirer le coucher de soleil. Nuit à Palmyre.

Jour 6 : journée consacrée à **Palmyre**⋆⋆⋆ *(p. 445)*.

Jour 7 : **Palmyre-Safita** *(260 km)*. Sur la route du désert, halte possible à l'impressionnant **barrage de Harbaqa**⋆ *(p. 461)*. Après **Homs** (que l'on peut contourner, à moins d'aller prendre un café dans les jardins du centre ville), route jusqu'au **Krak des Chevaliers**⋆⋆⋆ *(p. 365)*. Nuit à Safita.

Jour 8 : **Safita-Lattaquié** *(150 km)*. Promenade dans **Safita**⋆ *(p. 397)* puis route vers Tartous. Avant d'atteindre le littoral, petit détour possible *(3 km)* par **Qalaat Yahmour**⋆ *(p. 399)*. Ensuite, visites d'**Amrit**⋆ *(p. 412)*, de **Tartous**⋆ *(p. 407)* et du **château de Marqab**⋆⋆ *(p. 379)*. Nuit à Lattaquié.

Jour 9 : **autour de Lattaquié** *(100 km)*. Visites d'**Ougarit**⋆⋆ *(p. 388)* puis du **château de Saône**⋆⋆ *(p. 401)*. Retour à Lattaquié assez tôt dans l'a.-m. pour faire un petit plongeon dans la Méditerranée. Le soir, dîner dans l'un des restaurants du centre ville.

Jour 10 : **Lattaquié-Alep** *(250 km)*. À la découverte des villes mortes des djebels Ala et Barisha, dans le **Massif calcaire**⋆⋆⋆ *(p. 333)* : de nombreuses occasions de s'arrêter (**Baqirha**, **Deirouné**⋆⋆, **Dar Qita**⋆, le monastère de **Breij**⋆⋆...) avant d'atteindre l'église de **Qalb Lozé**⋆⋆⋆ *(p. 339)*. Arrivée à Alep en fin d'a.-m.

Jours 11 et 12 : visite d'**Alep**⋆⋆⋆ *(p. 262)*.

Jour 13 : **excursion au nord d'Alep** *(220 km)*. Départ tôt le matin pour **Cyrrhus**⋆ *(p. 291)*, tout au N. près de la frontière turque ; retour vers Alep par **Aïn Dara**⋆ *(p. 358)* et **Saint-Siméon**⋆⋆⋆ *(p. 351)*.

Jour 14 : **Alep-Hama** *(200 km)*. En chemin, arrêt à **Ebla**⋆ *(p. 302)*, à **Maaret an-Nouman** pour le musée, puis dans deux autres villages du Massif calcaire : **Sergilla**⋆⋆ *(p. 347)* et **al-Bara**⋆⋆ *(p. 348)*.

Jour 15 : **autour de Hama** *(150 km)*. Après la visite du palais Azem de **Hama**⋆ *(p. 312)*, route vers **Apamée**⋆⋆ *(p. 293)*. Ensuite, cap au S. jusqu'à **Masyaf**⋆ *(p. 385)*, sur le rebord du djebel Ansariyé. Nuit à Hama.

Jour 16 : retour à Damas *(210 km)*, avec la possibilité de visiter en chemin le monastère de **Mar Mousa**⋆⋆ *(p. 238)*, accessible après une petite marche de 20 mn.

4 Le grand tour de Syrie *(3 semaines, 2 850 km)*.
Pour les voyageurs qui aiment (et peuvent) prendre leur temps, un itinéraire qui conjugue la découverte très complète du pays avec des moments de détente et de flânerie. L'idéal pour entrer en contact avec la population.

Jours 1 à 3 : visite de **Damas**⋆⋆⋆.

Jours 4 et 5 : excursion de 2 j. dans **le Hauran et le djebel Druze**, avec nuit à Bosra *(env. 320 km ; → itinéraire détaillé p. 168)* ; puis retour à Damas.

Jour 6 : **Damas-Hama** via les localités chrétiennes du **massif du Qalamoun**⋆⋆ *(300 km ; départ tôt le matin)* : **Saidnaya**⋆, **Maaloula**⋆⋆, **Yabroud** et **Qara**⋆⋆ *(p. 233)*. Arrivée à Hama en fin d'a.-m.

Jour 7 : **autour de Hama** *(110 km)*. Excursion à **Apamée**⋆⋆ *(p. 293)* ; au retour, arrêt au château de **Shaizar**⋆ *(p. 300)*. Nuit à Hama.

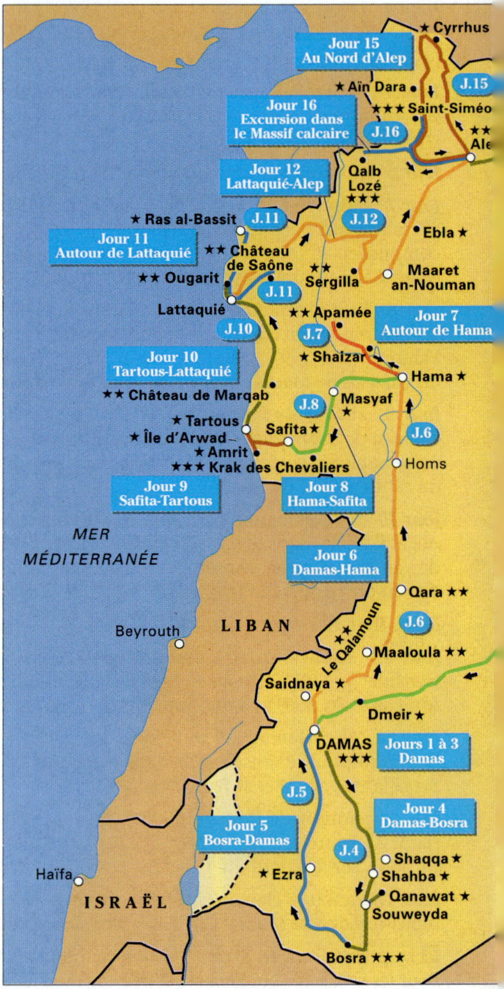

Itinéraire n° 4 : 21 jours.

Jour 8 : **Hama-Safita** *(env. 110 km)* via **Masyaf*** *(p. 385)* et le **Krak des Chevaliers***** *(p. 365)*. Nuit à Safita.

Jour 9 : **Safita-Tartous** *(env. 40 km)*. Visite du donjon de **Safita*** *(p. 397)*, puis route vers la côte syrienne : visite des vestiges phéniciens d'**Amrit*** *(p. 412)* et de **Tartous*** (*p. 407* ; déjeuner dans un des restaurants du bord de mer). L'a.-m., petite excursion sur l'**île d'Arwad*** *(p. 411)*.

Jour 10 : **Tartous-Lattaquié** *(env. 140 km)*. Arrêt en chemin au **château de Marqab**** *(p. 379)*, déjeuner à **Lattaquié** *(p. 374)*, puis visite d'**Ougarit**** *(p. 388)* et baignade pour les amateurs.

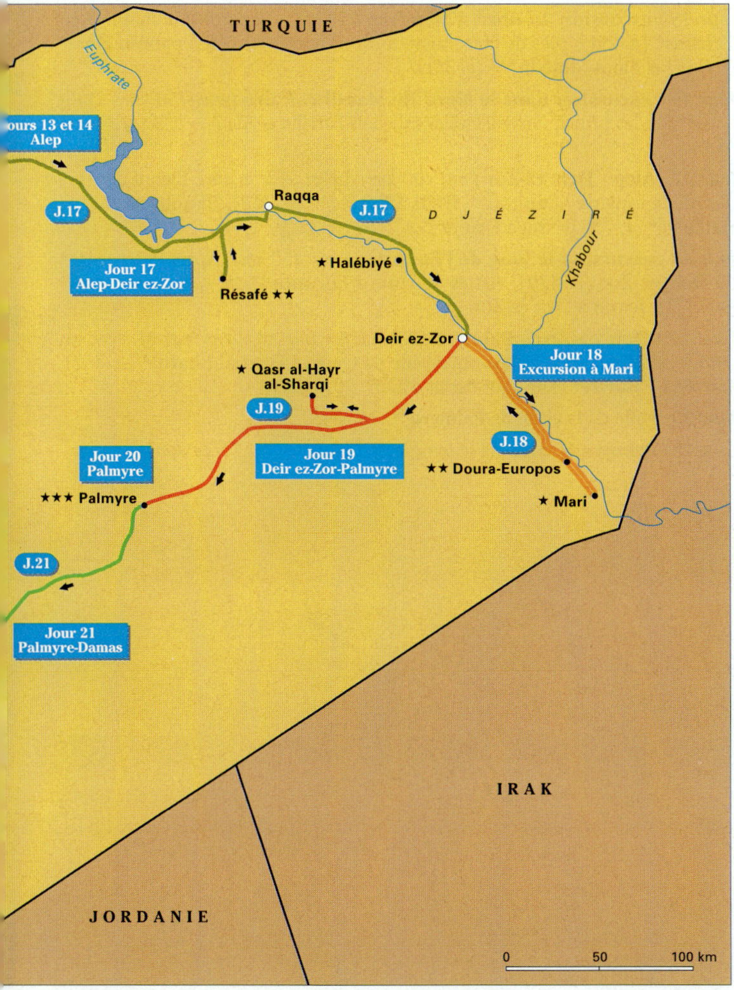

Jour 11 : **autour de Lattaquié** *(env. 185 km)*. Excursion au **château de Saladin★★** (château de Saône, *p. 401*) puis à **Ras al-Bassit★** *(p. 378)*, ou a.-m. calme à Lattaquié.

Jour 12 : **Lattaquié-Alep par le djebel Zawiyé** *(env. 200 km)*, la partie S. du Massif calcaire *(p. 346)* : voir au moins **Sergilla★★** et **al-Bara★★** ; ensuite, route vers **Maaret an-Nouman** (arrêt au musée★) puis visite d'**Ebla★** *(p. 302)* avant de rejoindre Alep.

Jours 13 et 14 : visite d'**Alep★★★** *(p. 262)*.

Jour 15 : **excursion au nord d'Alep** *(env. 220 km)*. Départ tôt le matin pour **Cyrrhus**★ *(p. 291)*, près de la frontière turque ; retour vers Alep par **Aïn Dara**★ *(p. 358)* et **Saint-Siméon**★★★ *(p. 351)*.

Jour 16 : **excursion dans le Nord du Massif calcaire** *(env. 150 km)*. **Qalb Lozé**★★★ et les principaux villages des djebels Barisha et Ala *(→ p. 334)*. Nuit à Alep.

Jour 17 : **Alep - Deir ez-Zor** *(env. 400 km ; départ tôt le matin)*. Début de votre périple le long de l'Euphrate : arrêts à **Résafé**★★ *(p. 468)*, **Raqqa** *(p. 465)* et **Halébiyé**★ *(p. 435)*. Nuit à Deir ez-Zor.

Jour 18 : **excursion le long de l'Euphrate** *(env. 250 km)*. Après le musée★★★ de **Deir** ez-Zor *(p. 420)*, visites de **Doura-Europos**★★ *(p. 429)* et de **Mari**★ *(p. 437)* ; retour à Deir ez-Zor.

Jour 19 : **Deir ez-Zor - Palmyre** *(201 km par une excellente route)*, avec un détour possible par le palais omeyyade de **Qasr al-Hayr al-Sharqi**★ *(p. 462)*. Arrivée à **Palmyre**★★★ en tout début d'a.-m.

Jour 20 : suite de la visite de **Palmyre**★★★ *(p. 445)*.

Jour 21 : **Palmyre-Damas** via le temple de **Dmeir**★ *(p. 217 ; 210 km)*.

Partir

Informations utiles à la préparation de votre voyage

YTM
300X
MICHELIN
MICHELIN
SCANIA
BN-97-PB
BN-97-PB

Partir

Adresses utiles

■ **En France**

Ambassade et consulat de la République arabe syrienne, 20, rue Vaneau, 75007 Paris ☎ 01.40.62.61.00. Dépôt des demandes de visa du lun. au ven. de 10 h à 12 h, retrait dans un délai de cinq jours de 12 h 30 à 15 h.

■ **En Belgique**

Ambassade de la République arabe syrienne, av. Franklin-Roosevelt 3, 1050 Bruxelles ☎ (2) 648.01.35.

Quand partir

Les mois d'**avril, septembre et octobre** sont les plus propices à un voyage en Syrie. Les températures sont douces, et il ne pleut pratiquement pas. Toutefois, c'est aussi la grande saison touristique, ce qui peut entraîner dans certains endroits – à Palmyre notamment – quelques difficultés pour trouver une chambre d'hôtel. Pensez à réserver bien à l'avance. La période **de novembre à mars** est la plus froide et la plus arrosée. En janvier, il peut faire un froid véritablement glacial à Damas ou dans la steppe. Dans les montagnes (dans le massif du Qalamoun, par exemple), il peut y avoir de la neige jusqu'à fin mars. L'été, **de mai à fin août,** est souvent torride ; il faut alors s'adapter aux conditions climatiques : commencer les visites tôt le matin, rester à l'ombre à midi, et ressortir en fin d'après-midi. Pendant cette période de canicule, il est conseillé de choisir des hôtels pourvus d'air conditionné ou de ventilateurs.

Pour connaître la météo en Syrie, la société Météoconsult propose deux services Minitel : 36.15 MET (prévisions à 5 j.) et 36.17 METPLUS (prévisions à 10 j.).

On peut sans problèmes voyager pendant le ramadan : la Syrie est un État laïc, où même pendant le

L'autobus est le moyen de transport le plus développé et le moins cher pour les liaisons entre villes, même éloignées.

jeûne diurne des musulmans les restaurants sont ouverts. Vous pourrez « gueuletonner » à grands coups d'arak en plein midi à travers tout le pays sans vous attirer aucun reproche.

Se documenter

Centres culturels

Centre culturel arabe syrien, 12, av. de Tourville, 75007 Paris ☎ 01.47.05.30.11. Ouv. du lun. au ven. de 9 h à 18 h. Bibliothèque : consultation sur place (ouvrages de géographie et d'histoire sur les différents pays du monde arabe). Conférences et expositions temporaires.

Institut du monde arabe (IMA), 1, rue des Fossés-Saint-Bernard, 75005 Paris ☎ 01.40.51.38.38. Tous les aspects de la vie culturelle et artistique du monde arabe dans cet établissement construit par l'architecte français Jean Nouvel. Ouv. du mar. au dim. de 10 h à 18 h ; bibliothèque ouv. du mar. au sam. de 13 h à 20 h ; espace « Image et son » ouv. du mar. au dim. de 10 h à 18 h (cabines de consultation de films et de diapositives sur les pays, écoute de musique au casque). Expositions temporaires, rencontres et débats, concerts et spectacles à l'auditorium, projection de films. Restaurant spécialisé dans la cuisine des pays arabes et cafétéria au 9e étage. Laboratoire de langue (arabe uniquement).

Librairies de voyage

L'Astrolabe, 46, rue de Provence, 75009 Paris ☎ 01.42.85.42.95 ; 14, rue Serpente, 75005 Paris ☎ 01.46.33.80.06. Toujours de bon conseil, cette librairie propose de nombreux guides et cartes, certaines spécialement destinées aux randonneurs. Ouv. du lun. au sam. de 10 h à 19 h.

La Cité des voyages de Voyageurs du monde, 55, rue Sainte-Anne, 75002 Paris ☎ 01.42.86.17.38. Tous les guides de voyage et les cartes sur les destinations proposées par Voyageurs du monde, les meilleures collections de guides en anglais, manuels de conversation et accessoires de voyage. Dîners-conférences, expositions-ventes d'artisanat traditionnel de grande qualité en provenance de tous les pays et, au 51 *bis*, rue Sainte-Anne, un restaurant de cuisines du monde qui met chaque jour à l'honneur un pays différent.

Institut géographique national (IGN), 107, rue La Boétie, 75008 Paris ☎ 01.43.98.85.00.

Itinéraires, 60, rue Saint-Honoré, 75001 Paris ☎ 01.42.36.12.63 ; ouv. du lun. au sam. de 10 h à 19 h. Minitel 36.15 ITINÉRAIRES. Un grand choix de livres et de cartes – sur catalogue informatisé – classés par pays et par thèmes, et que l'on peut commander directement. Catalogue envoyé sur demande.

Magellan, 3, rue d'Italie, 06000 Nice ☎ 04.93.82.31.81. Tous les guides et des titres épuisés.

Ulysse, 35, rue Saint-Louis-en-l'Île, 75004 Paris ☎ 01.43.25.17.35. Une des plus anciennes librairies de voyage ; un grand choix de guides et de documents rares.

En Belgique

Peuples et continents, rue Ravenstein 11, 1000 Bruxelles ☎ (02) 511.27.75. Le spécialiste bruxellois des beaux livres sur le voyage.

La Route de jade, rue de Stassart 116, 1050 Bruxelles ☎ (02) 512.96.54. Très vaste choix de guides, de cartes et de plans.

En Suisse

Librairie du voyageur Artou, 8, rue de Rive, 1204 Genève ☎ (22) 311.45.44.

Travel Bookshop, Rindermarkte 20, 8000 Zurich ☎ (1) 252.38.83.

■ Sites Internet

http://www.arab.net/links/sy/welcome.html
http://www.artsvie.asso.fr.
http://www.imarabe.org/perm/mondearabe/pays/syrie-frame.html
http://www.syriaonline.com
http://www.unhcr.ch/unhcr/french/world/mide/fsyria.htm
http://www.visit-syria.com

Formalités

■ Passeport et visa

Pour entrer en Syrie, que l'on vienne de France, de Belgique ou de Suisse, il faut présenter un passeport encore valide six mois après la date de retour, et qui ne porte aucune trace d'un séjour en Israël. Vous devez également demander un visa au consulat syrien de votre pays. Pour les Français, il faudra, muni du passeport, d'un justificatif de travail et de trois photos d'identité, remplir sur place trois formulaires et régler 168 FF (en 1999). Le visa est valable trois mois à partir de la date d'émission et donne droit à deux entrées sur le territoire. Mais attention : le visa syrien n'est accordé que pour une durée de 15 jours. Si vous souhaitez rester plus longtemps, il faudra impérativement le faire prolonger sur place un ou deux jours avant son expiration (prévoir cinq photos supplémentaires), dans l'un des bureaux d'immigration de Syrie ou auprès de la préfecture de police (voir les adresses aux chapitres concernés). Conservez précieusement le double de la carte d'entrée qui vous sera remise à votre arrivée, elle sera exigée à la sortie.

■ Douanes

Les importations d'alcool et de tabac sont limitées à 1 l d'alcool et 200 cigarettes par personne. L'exportation d'antiquités vendues légalement dans les magasins est possible, mais mieux vaut demander au vendeur de s'occuper de toutes les formalités douanières et exiger une facture, qui pourra vous être demandée au moment du contrôle douanier.

■ Assurances

Ne partez pas sans avoir pris certaines précautions en cas de maladie ou d'accident pouvant nécessiter le rapatriement. Ces prestations sont généralement comprises dans le montant d'un séjour organisé. Les voyageurs individuels peuvent souscrire une police auprès de leur voyagiste habituel au moment de la réservation. Il est possible en dernière extrémité d'établir un contrat à un guichet automatique à

Comment téléphoner en Syrie

Depuis la France, la Belgique ou la Suisse, composez le *00 963*, suivi de l'indicatif de la ville, puis le numéro de votre correspondant. **Principaux indicatifs :** Alep *21* ; Bosra *16* ; Damas *11* ; Deir ez-Zor *51* ; Hama *33* ; Homs *31* ; Idlib *23* ; Lattaquié *41* ; Palmyre *34* ; Raqqa *22* ; Tartous *43*.

La prolongation du visa est automatiquement accordée : il s'agit d'une simple formalité, mais faute de s'en acquitter, on risque d'être bloqué à la frontière le jour du départ, qu'il faut alors différer le temps de faire viser le passeport au bureau de l'immigration de Damas.

Renseignements douaniers
☎ 01.55.04.65.10 du lun. au ven. de 9 h à 17 h ; Minitel 36.15 FINANCES, puis DOUANES.

l'aéroport, en zone d'embarquement ; mais une carte de crédit internationale offre des services similaires, et les garanties ne peuvent se cumuler d'un contrat à l'autre. Veillez plus particulièrement aux points suivants : assistance et rapatriement en cas d'accident ou de panne, assistance médicale en cas de maladie, assurance annulation de voyage, perte ou vol de bagages.

Pour toute précision concernant les assurances procurées par les cartes bancaires, contactez :
- **American Express ☎ 01.47.77.70.00**
- **Visa ☎ 02.38.70.38.72**
- **Eurocard/MasterCard ☎ 01.43.23.21.13.**

Les titulaires d'une **carte de crédit internationale** en cours de validité bénéficient automatiquement d'un contrat d'assistance sanitaire s'appliquant à eux-mêmes et à leur famille fiscalement à charge pour une durée annuelle de séjour à l'étranger n'excédant pas 90 jours. En cas de sinistre, il ne faudra engager aucune dépense sans obtenir l'aval de votre assureur. Munissez-vous d'un formulaire mentionnant les numéros de téléphone utiles, à demander à votre agence de voyage ou à votre banque. De plus, si vous réglez votre titre de transport ou de séjour avec votre carte bancaire, vous bénéficierez gratuitement de prestations d'assurance supplémentaires, tel un capital décès et invalidité, etc. Les modalités et les montants de remboursement (santé, responsabilité civile, accidents, perte ou vol de bagages, etc.) varient d'une carte à l'autre.

Impossible de retirer de l'argent avec une carte de paiement, même au guichet d'une banque : les distributeurs automatiques de billets n'existent pas. Prévoyez donc une quantité suffisante de liquidités (en espèces et chèques de voyage) pour la totalité de votre séjour.

■ Devises

L'unité monétaire est la **livre syrienne**. Il est inutile de s'en procurer avant le départ : vous trouverez à l'aéroport des guichets de banque pour les premières opérations. N'emportez pas de francs, toutes les transactions se font en dollars. Dans les hôtels des catégories supérieure et moyenne, on vous demandera de régler la note en dollars : par carte de paiement (acceptée uniquement dans les établissements de luxe), chèque de voyage, ou en espèces. De même, les locations de voiture et les services des agents de voyage se règlent en dollars.

■ Cartes de paiement et traveller's cheques

Les cartes de paiement sont acceptées dans les hôtels et commerces de luxe, mais pas encore dans les restaurants. La carte la plus fréquemment admise est la carte Visa, suivie des cartes American Express, Diner's Club et Eurocard/MasterCard. Quelques agences de voyage et le loueur de voitures Cham Car acceptent le règlement par carte bancaire. Les traveller's cheques sont acceptés auprès des guichets des banques, et même pour régler certaines dépenses (faites-les établir en dollars). → *aussi Séjourner, p. 52.*

■ Santé, vaccinations

Excepté la « turista » (légère diarrhée), vous n'avez pas à craindre de maladies particulières si vous prenez quelques précautions élémentaires (→ *aussi Séjourner, p. 56*). L'eau minérale capsulée étant disponible partout, il est inutile de vous munir de comprimés ou de filtres pour traiter l'eau.

Aucune vaccination n'est exigée par les autorités syriennes. Néanmoins, il vaut mieux être immunisé contre la typhoïde (TAB), l'hépatite A, et s'assurer que les rappels DTP (diphtérie-polio-tétanos) ont bien été faits.

Informations santé pour le voyage : Minitel 36.15 VACAF (vaccins recommandés, précautions à prendre, températures dans les principales villes du pays, etc.).

Partir

■ Voiture et papiers

Pour visiter la Syrie au volant de votre propre véhicule, vous devrez être en possession d'un permis de conduire international. Les assurances des véhicules ne couvrent généralement pas la Syrie (pour le savoir, regarder la liste des pays au dos de la carte verte) : il faut donc souscrire une assurance complémentaire provisoire. Vous devrez de toute façon payer une assurance spécifique obligatoire à l'entrée en Syrie, pour toute la durée du séjour (qui ne devra pas excéder trois mois) ; en même temps, vous devrez acquitter une taxe de douane. Les véhicules à moteur Diesel peuvent entrer en Syrie, pour un séjour de deux semaines.

***Automobile-Club de l'Île-de-France*, 14, av. de la Grande-Armée, 75017 Paris ☎ 01.40.55.43.00 ; Minitel 36.15 ACIF.**

À emporter

■ Vêtements

D'avril à octobre, vêtements légers, chapeau, lunettes de soleil, un lainage léger pour le soir ou les intérieurs climatisés ; de novembre à mars, vêtements chauds et imperméables, très chauds de janvier à mi-mars ; en toutes saisons, de bonnes chaussures de marche, bien imperméables pendant la saison des pluies : sur tous les sites, vous marcherez dans la pierraille, avec en prime de la gadoue pendant l'hiver. On peut emporter une tenue de ville pour quelques établissements de très grand luxe. Pour éviter tout désagrément, proscrivez les tenues trop courtes ou moulantes. Enfin, sur les plages ou à la piscine des hôtels, les dames seront plus à l'aise en maillot une-pièce.

■ Lampe électrique et jumelles

La visite de certains sites (châteaux en ruine, tombes…) peut nécessiter l'utilisation d'une lampe électrique. Des jumelles vous serviront pour apprécier les détails architecturaux des monuments ou les horizons lointains.

■ Cartes routières

Avant le départ, vous pourrez vous munir d'une carte routière, *Freytag & Berndt* par exemple, qui offre un index des localités et un bon plan de Damas. Vous trouverez sur place, dans les offices du tourisme, des cartes assez sommaires (au 1/1 250 000 !), de chacune des régions du pays, où figure également le plan des grandes villes. Profitez-en pour prendre aussi une carte rédigée en arabe : montrer les noms sur la carte pourra vous aider à demander votre route.

■ Photo

On trouve sur place des pellicules photographiques, d'une qualité pas toujours suivie. Mieux vaut emporter ses films avec soi. En été, la luminosité est très forte : prévoir des films de faible sensibilité (50 ou 100 ASA). Les amateurs de vidéo devront aussi prendre leurs réserves car il est difficile de trouver des cassettes sur place.

■ Petits cadeaux

Il est recommandé d'emporter de menus cadeaux tels que savonnettes, échantillons de parfum, stylos, briquets, pin's ou autres babioles : ils pourront vous servir à remercier un habitant qui vous a aidé ponctuellement. Évitez cependant d'être systématique.

■ Pharmacie

Les médicaments courants sont disponibles dans les pharmacies des grandes villes, mais autant emporter une **pharmacie personnelle** comprenant de l'aspirine, un antidiarrhéique, des médicaments contre les embarras gastriques, de quoi traiter un rhume ou une toux (qui peuvent résulter des écarts de température, de l'air conditionné, de la poussière), un antibiotique à large spectre. Un collyre pourra également être utile. N'oubliez pas les crèmes UV, les pommades pour les lèvres et les après-soleils apaisants, car l'altitude et la chaleur sont propices aux coups de soleil. Ajoutez un antiseptique ou un spray désinfectant : les coupures et petites blessures ont tendance à s'infecter facilement sous l'effet de la chaleur.

Si vous suivez un traitement, procurez-vous avant de partir la quantité de médicaments nécessaire à la durée de votre séjour.

Il est fortement conseillé d'emporter aussi des boules Quies ou des petits coussinets EAR afin de vous garantir des nuits calmes dans les endroits les plus bruyants.

■ Animaux domestiques

Chiens ou chats sont peu appréciés en Syrie, et souvent refusés dans les hôtels. Si vous devez néanmoins amener les vôtres, munissez-vous d'un certificat de vaccination antirabique de moins de 15 jours et du carnet de santé vétérinaire de l'animal.

Le voyage par avion

■ Vols réguliers

Chaque compagnie régulière propose des tarifs promotionnels, ou des réductions sur quelques billets aller-retour. Ces prix, fort intéressants, tiennent compte de la situation familiale ou de la vocation touristique du voyage, mais sont soumis à des conditions particulières de séjour : le plus souvent, il faut rester un minimum de sept jours sur place, et un maximum de un à trois mois. Ces billets ne sont généralement pas modifiables ou, en cas d'annulation, ne sont que partiellement remboursés. La réservation et l'achat du billet doivent être simultanés.

N'oubliez pas de confirmer votre retour. Au moment de quitter la Syrie, vous devrez acquitter une taxe d'aéroport d'env. 30 FF.

Air France, 119, av. des Champs-Élysées, 75008 Paris ; rens. et réserv. ☎ 0.802.802.802 ; Minitel 36.15 ou 36.16 AF. Vols directs sur Damas au départ de Roissy - Charles-de-Gaulle 2, terminal A, les lun., mer. et ven. t.a. Possibilité de tarifs vacances. Durée du vol : 4 h 50.

Austrian Airlines, 9, bd Malesherbes, 75008 Paris ☎ 0.802.300.400. Vols Paris-Damas via Vienne les lun., mer., sam. et dim.

British Airways, 13, bd de la Madeleine, 75001 Paris ☎ 0.802.802.902. Vols Paris-Damas via Londres les lun., jeu., ven. et sam.

KLM, 16, rue Chauveau-Lagarde, 75008 Paris ☎ 01.44.56.18.18. Vols Paris-Damas via Amsterdam t.l.j. sf mar. et jeu.

Lufthansa, 34, av. de l'Opéra, 75001 Paris ☎ 0.802.020.030 ; 21-23, rue Royale, 75008 Paris ☎ 01.42.65.37.35. Vols Paris-Damas via Francfort les lun., mer. et sam.

Syrian Air, 1, rue Auber, 75009 Paris ☎ 01.47.42.11.06. Au départ d'Orly-Sud, vols Paris-Damas : direct le dim., avec escale à Francfort le mar., à Alep le jeu.

Depuis la Belgique

KLM, comptoir à l'aéroport de Zaventem ☎ (2) 507.70.70. Vols Bruxelles-Damas via Amsterdam t.l.j. sf mar. et jeu.

Lufthansa, LH Sales Office, bd Anspachlaan 1-4, 1000 Bruxelles ☎ (2) 212.09.22. Vols Bruxelles-Damas via Francfort les lun., mer. et sam.

Depuis la Suisse

KLM, comptoir à l'aéroport de Zurich ☎ (1) 268.23.00. Vols Zurich-Damas ou Genève-Damas via Amsterdam, t.l.j. sf mar. et jeu.

Lufthansa, LH Sales Office, 1-3, rue Chantepoulet, 1211 Genève ☎ (22) 731.01.35 ; Lufthansa Haus, Gutenbergstr. 10, 8027 Zurich ☎ (1) 286.70.00. Vols Genève-Damas via Francfort les lun., mer. et sam.

■ Vols spéciaux

Il n'existe pas de vols charters sur la Syrie. Quelques tour-opérateurs proposent des vols à tarif négocié sur les lignes régulières.

Any Way, 46, rue des Lombards, 75001 Paris ☎ 01.40.28.00.74, Minitel 36.15 ANY WAY : des prix avantageux et des conseils judicieux pour acheter son billet à moindre coût.

Compagnie des voyages, 28, rue Pierre-Lescot, 75001 Paris ☎ 01.45.08.44.88 : des prix toujours intéressants sur moyen-courriers.

Ultrapratique, la banque de données du magazine *Voyager* recense toutes les offres de vols du moment, ainsi que des informations pratiques indispensables : sur Minitel, 36.15 VOYAGER.

Chez Air France, vous pouvez prétendre aux divers tarifs « Tempo » pour un séjour incluant au minimum un week-end sur place et n'excédant pas 30 jours. Dans la nuit du mardi au mercredi, les promotions « Coups de pouce » se consultent par Minitel : 36.15 AF, puis KIOSQUE.

Dégriftour-Réductour ☎ 01.34.46.70.00, Minitel 36.15 DÉGRIFTOUR ou 36.15 RT : le spécialiste du voyage à prix soldés pour les départs de dernière minute ; réserv. à partir de 15 jours avant le départ.

Forum Voyages, 140, rue du Faubourg-Saint-Honoré, 75008 Paris ☎ 01.42.89.07.07, Minitel 36.15 FV : tarifs négociés sur vols réguliers.

Look Voyages, 23, rue de la Paix, 75002 Paris ☎ 01.53.43.13.13, Minitel 36.15 PROMO : souvent les prix les moins chers du marché.

Le voyage en train

Renseignements SNCF ☎ 08.36.35.35.35, Minitel 36.15 SNCF. Réductions pour les moins de 26 ans : billets BIJ, Euro Domino et carte Inter-Rail.

On peut gagner Istanbul en train, et de là rejoindre Alep par le Taurus Express. Cela dit, c'est long, et plus cher que l'avion...

De **Paris-gare de l'Est**, un train part tous les matins sur les traces du mythique Orient Express (qui n'effectue plus que la liaison Londres-Venise) : correspondance à Munich vers 21 h ; arrivée à Istanbul vers midi le surlendemain, via Vienne, Belgrade et Sofia. La meilleure solution consiste à passer par Budapest (liaison directe au départ de Paris-gare de l'Est), puis d'attraper la correspondance à destination d'Istanbul.

Depuis **Paris-gare de Lyon**, on peut rejoindre Athènes en traversant l'Italie (liaison par ferry entre Brindisi et Patras) ; d'Athènes, un train quotidien rejoint Istanbul en 24 h via Thessalonique.

Le voyage par la route et la mer

Attention : à l'heure actuelle, on ne trouve pas d'essence sans plomb sur tout le parcours, notamment en Turquie et en Syrie.

Pour aller en Syrie en voiture depuis la France, il faut traverser toute l'Europe jusqu'à Istanbul (env. 3 000 km), en passant par Munich, Vienne, Budapest, Bucarest et Sofia. Pour traverser la Roumanie et la Bulgarie, vous devrez vous procurer des visas de transit. Arrivé à Istanbul, il reste 1 230 km pour gagner Alep, via Ankara. Au total, compter cinq ou six jours de trajet. L'entrée en Syrie se fait par le poste frontière de Bab al-Hawa, sur l'axe qui rejoint Alep.

N'oubliez pas de vérifier que les clauses de votre contrat d'assurance s'appliquent sans restriction aux pays que vous allez traverser ; contractez éventuellement une extension de garanties.

Une solution plus reposante : allier route et bateau en passant par la Grèce ou la Turquie. Embarquement en Italie (Ancône, Brindisi, Bari ou Venise) en direction d'Igoumenitsa, Corfou ou Le Pirée. Un ferry-boat de la **Turkish Maritime Lines** assure les liaisons Venise-Izmir (hebdomadaire ou bimensuelle selon la saison : départ le sam., 3 j. de traversée), Venise-Antalya et Marmaris, Brindisi-Çesme (en été seul. ; départs le sam. soir). Ensuite, on gagne la Syrie par voie terrestre, en empruntant la superbe route qui sillonne la côte méditerranéenne de la Turquie.

Rens. et réserv. : ***Somatrat*** **(représentant de la *Turkish Maritime Lines*), 4, quai d'Alger, 34200 Sète ☎ 04.67.46.68.07 • *Navifrance*, 20, rue de la Michodière, 75002 Paris ☎ 01.42.66.65.40 (représentant des *Marlines-Med Link Lines*) • *Euro-Mer*, 8, rue Cité-Benoît, 34000 Montpellier ☎ 04.67.65.67.30.**

Partir

Le voyage en car

Long, fastidieux et onéreux. Si le cœur vous en dit... De fin juin à début sept., au départ de Paris ou de Lyon, la compagnie **Eurolines** assure une fois par sem. la liaison avec Istanbul via l'Italie et la Grèce, en quatre jours. D'Istanbul, de nombreux services de car rejoignent Alep et Damas.

Eurolines **(gare routière), 28, av. du Général-de-Gaulle, 93000 Bagnolet ☎ 01.49.72.51.51.**

Le voyage organisé

Depuis l'Europe, la plupart des voyagistes proposent des circuits culturels assez complets, même si l'on y perd un peu en contacts avec la population locale. Certains, comme Nouvelles Frontières ou Jet Tours, sont des généralistes, tandis que d'autres se sont spécialisés sur le Moyen-Orient (Djos'Air ou Orients). Il n'existe à ce jour aucune possibilité de séjour sportif en Syrie.

■ Les voyagistes généralistes

Akiou (groupe Set), 24, rue de Londres, 75008 Paris ☎ 01.40.60.22.10. « Grand tour de Syrie », avec extensions possibles en Jordanie et au Liban, 12 j.

Arts et vie, 39, rue des Favorites, 75015 Paris ☎ 01.40.43.20.21. Autres bureaux : à Lyon ☎ 04.72.69.97.77 ; à Grenoble ☎ 04.76.86.62.70 ; à Marseille ☎ 04.91.80.89.60 ; à Nice ☎ 04.93.88.78.18. Minitel 36.14 AREVIE. La première association culturelle de voyages à l'étranger.

Intermèdes, 60, rue La Boétie, 75008 Paris ☎ 01.45.61.90.90. Un spécialiste du voyage culturel avec des conférenciers de haute volée. Circuits thématiques incluant la Syrie, le Liban, la Jordanie et la Turquie (sites majeurs le long de l'Euphrate).

Jet Tours, 38, av. de l'Opéra, 75002 Paris ☎ 01.47.42.06.92 (et dans toutes les agences Air France). Plusieurs circuits organisés, de 8 à 12 j., et des prestations à la carte.

Kuoni, 95, rue d'Amsterdam, 75008 Paris ☎ 01.42.85.71.22. Propose un circuit Syrie-Jordanie.

Nouvelles Frontières, 87, bd de Grenelle, 75015 Paris (et nombreuses succursales en province) ☎ 0.803.33.33.33, Minitel 36.15 NF. Excellent choix de circuits découverte, vols à prix cassés, etc.

■ Les voyagistes spécialisés

Assinter, 38, rue Madame, 75006 Paris ☎ 01.45.44.45.87. Voyages à la carte (location de voiture + chauffeur, hôtels, etc.) ; circuit de 15 j. très complet incluant tous les classiques ainsi que l'Euphrate, les villes mortes du Massif calcaire, les sites archéologiques du N.-O. (Aïn Dara, Saint-Siméon et Cyrrhus). Combinés Syrie-Jordanie de 14 j. et Syrie-Irak-Iran de 20 j.

Clio, 34, rue du Hameau, 75015 Paris ☎ 01.48.42.15.15. Pour une approche culturelle approfondie, avec de très bons conférenciers. Plusieurs circuits en Syrie et Syrie-Jordanie, de 7 à 22 j., pour découvrir les antiques cités caravanières de Pétra et de Palmyre, les forteresses franques et tous les autres sites entre Méditerranée et désert.

Croisières Costa-Paquet, 5, bd Malesherbes, 75008 Paris ☎ 01.49.24.42.00. En automne, un bateau effectue une croisière en Méditerranée avec escale à Tartous (visite du Krak des Chevaliers, de Palmyre et de Damas).

Découvrir, 23, rue du Cherche-Midi, 75006 Paris ☎ 01.45.44.48.80. Circuit de 12 j. en Syrie (Alep, l'Euphrate, Palmyre, Damas, le Krak des Chevaliers, etc.), circuits semi-organisés et voyages à la carte (avion, hôtels, location de voiture).

Djos'Air Voyages, 153, av. Jean-Lolive, 93500 Pantin ☎ 01.41.71.19.29. Vols secs pour Damas ; combinés Jordanie-Syrie-Liban ; circuits à la carte avec chauffeur-guide, location de voiture, etc. Circuits « Zenobia » (découverte des vestiges francs et des sites de la vallée de l'Euphrate, 15 j.) ou « Odyssée d'Arabie » (8 j.).

Ikhar, 32, rue du Laos, 75015 Paris ☎ 01.43.06.73.13. Périples orientés vers la découverte des grands sites archéologiques. Circuit « Belle Syrie, entre l'Euphrate et l'Oronte » : Damas, le Krak des Chevaliers, Ougarit, Apamée, Ebla, Alep, Deir ez-Zor, Palmyre, Bosra, en 12 j. Également, voyages à la carte (location de voiture + chauffeur, hôtels, etc.).

Oriensce, 164, rue Jeanne-d'Arc, 75013 Paris ☎ 01.43.36.10.11. Voyages personnalisés pour groupes ou individuels. Une gamme de circuits de 6 à 21 j. Circuit organisé de 10 j. : Palmyre, vallée de l'Euphrate, Damas, Bosra, Krak des Chevaliers, Alep, etc. Prestations à la carte (hôtels, location de voiture, etc.).

Orients, 59, rue des Boulangers, 75005 Paris ☎ 01.40.51.10.40. Circuit « Le voyage en Orient », très complet (14 j.) ; combiné Syrie-Jordanie (14 j.) ; « La Syrie à prix doux », un circuit de 8 j. en promotion.

La Procure-Terre entière, 10, rue de Mézières, 75006 Paris ☎ 01.44.39.03.03. Combinés Syrie-Liban (12 à 14 j.), Jordanie-Syrie-Liban (13 j.), et un circuit « Au pays de Cham » (les sites majeurs en 12 j.).

Routes du monde, 17, quai d'Austerlitz, 75013 Paris ☎ 01.53.82.89.53. Combinés Syrie-Jordanie et Syrie-Liban-Jordanie de 15 j.

Les Voyages de Pharaon, 20, rue des Fossés-Saint-Bernard, 75005 Paris ☎ 01.43.29.36.36. Circuit de 12 j. englobant les lieux phares de la Syrie ; combiné Liban-Syrie-Jordanie, 16 j. Séjours individuels à la carte (transport, hébergement et location de voiture avec ou sans chauffeur, etc.).

Voyageurs dans le monde arabe (groupe Voyageurs du monde), 55, rue Sainte-Anne, 75002 Paris ☎ 01.42.86.17.90. Une équipe de spécialistes, un accueil sympathique et professionnel pour toutes formules de voyages : individuels ou en groupe, avec ou sans guide, circuits à la carte ou préétablis (8 et 13 j., avec extension possible au Liban et à la Jordanie). Également à Toulouse (☎ 05.62.73.56.46) et à Lyon (☎ 04.72.56.94.56).

Séjourner

Informations utiles sur place

Séjourner

Se loger

■ Hôtels

D'année en année, le parc hôtelier syrien se développe pour faire face à l'engouement nouveau que suscite le pays. Il reste pourtant insuffisant en période de grande affluence (avril-mai et septembre-octobre), notamment à Palmyre. Mieux vaut donc réserver. Si vous visitez la Syrie en période estivale, optez pour une chambre équipée de l'air conditionné ou, à défaut, d'un ventilateur. Dans les régions moins visitées, le long de l'Euphrate par exemple, n'espérez pas le grand luxe : l'étoilage des établissements concerne davantage les prestations offertes (restaurant, parking, etc.) que l'état général des chambres. Dans les grandes villes et les lieux les plus touristiques, vous trouverez une gamme hôtelière adaptée à toutes les bourses.

En cas de difficultés à vous loger, vous pourrez toujours compter sur la gentillesse et l'hospitalité de la population pour vous dépanner. Ce sera peut-être l'occasion de coucher sous une tente de bédouins…

Les **hôtels de luxe,** de catégorie internationale, se trouvent principalement à Damas et dans les grandes villes. Ils offrent les prestations classiques : boutiques, piscine, restaurant… La luxueuse chaîne hôtelière locale, Cham Palace, est implantée dans tous les lieux majeurs du pays.

Le confort des établissements de **catégorie moyenne** est variable d'une ville à l'autre. Les meilleurs disposent d'un restaurant et de chambres pourvues de salles de bains privées et de l'air conditionné, mais la plupart ne méritent pas leur classement dans cette catégorie. Petit déjeuner le plus souvent compté en supplément.

Prévoyez suffisamment de dollars pour la durée de votre séjour, et ne changez pas la totalité en livres syriennes : dans les hôtels 4 étoiles et dans la plupart des 3 étoiles, on vous demandera de régler la note en dollars (espèces ou chèques de voyage). Seuls les 4 étoiles acceptent les cartes de paiement.

Peu onéreux, les innombrables **petits hôtels,** d'un confort sommaire, réservent parfois d'heureuses surprises, notamment à Hama où ils sont bien tenus. Inconvénients majeurs : le bruit et la literie douteuse, mais l'accueil chaleureux peut compenser la modicité du cadre. Demandez à inspecter la chambre avant de vous y installer. Vous pouvez régler la note en livres syriennes.

Urgences

Police ☎ 112
Pompiers ☎ 113
Police de la route ☎ 115
Urgences médicales ☎ 110

L'entrée du souk Hamidiyé à Damas.

■ Couvents

Dans certaines grandes villes, les monastères catholiques pourvus de chambres d'hôtes accueillent les voyageurs. Prix de la nuitée raisonnable, petit déjeuner inclus, et aucune contrainte d'horaires à craindre puisque l'on vous remet un double des clés du portail. Très confidentielles, les adresses de ces monastères se transmettent uniquement par le bouche-à-oreille, et il est indispensable de réserver.

■ Camping

Il est assez peu répandu sauf sur la côte, à Banyas et à Tartous notamment, où l'on trouve de vastes terrains de camping équipés également de bungalows que l'on peut louer. Mais mieux vaut opter pour l'hôtel !

Se restaurer

Dans la vieille ville d'Alep et dans celle de Damas, les demeures bourgeoises reconverties en restaurants de charme valent réellement le détour pour leur cadre et leurs bons petits plats. L'addition reste raisonnable, et le soir vous bénéficierez en prime de concerts de musique traditionnelle ou de spectacles de danse.

■ Restaurants

Vous pourrez vous restaurer pratiquement à n'importe quelle heure. La plupart des établissements ouvrent sans interruption de midi à minuit. Seuls les restaurants à l'occidentale des grands hôtels servent entre 12 h et 14 h et le soir à partir de 19 h. Les restaurants populaires, que vous rencontrerez à tous les coins de rue, proposent à coût modique les standards de la cuisine syrienne. Si vous préférez manger sur le pouce, rabattez-vous sur l'un de ces innombrables snacks qui servent des *falafel* et des boissons.

■ Cafés et bars

Ce sont le plus souvent de simples terrasses de café, qui servent des boissons non alcoolisées ou du thé. Les plus pittoresques sont celles où les Syriens viennent fumer le narguilé. Dans le célèbre café *an-Nofara*, à Damas *(→ p. 181)*, vous aurez peut-être l'occasion d'entendre un conteur populaire. Plus discrets, les bars à l'occidentale des grands hôtels proposent de l'alcool. À Alep, ne manquez pas celui de l'hôtel *Baron*, au décor suranné plaisant.

■ Pâtisseries

Une petite envie gourmande ? Direction la pâtisserie, où vous attendent des gâteaux fourrés de pistaches et arrosés de miel *(baklawa)*, des flans *(mahallabiya)*, des glaces *(bouza)* et aussi le *halawat al-giben*, une douceur à base de fromage et de crème, nappée de glace : un régal qui peut tenir lieu de repas !

De nombreux plats ne figurent pas sur le menu. C'est pourquoi vous mangerez toujours mieux en compagnie d'un autochtone (votre guide, votre chauffeur...) qui saura demander au garçon les spécialités du moment.

■ La cuisine

La cuisine syrienne mêle les saveurs méditerranéennes et les parfums de l'Orient. Au bout de quelques repas invariablement ponctués de purée de pois chiches, de taboulé et des inévitables brochettes, elle risque de vous sembler monotone.

En ville, les hommes se retrouvent fréquemment au café pour jouer aux cartes, aux dominos ou au trictrac tout en fumant le narguilé.

Pourtant, il n'en est rien : chaque région a ses spécialités qui sont innombrables, notamment à Alep dont les restaurants jouissent de la meilleure réputation. Le tout est de savoir se repérer dans les menus, écrits, lorsque c'est le cas, dans un anglais souvent approximatif.

Les hors-d'œuvre. Un repas pris entre amis commence toujours par un **mezze,** assortiment d'entrées froides. Aux « incontournables » – le *hoummous,* purée de pois chiches arrosée d'huile d'olive, et le taboulé, salade de persil, de menthe, de tomates, d'oignons et de blé concassé (à éviter par grande chaleur) – s'ajoute une liste presque infinie : *baba ghanoudj,* purée d'aubergines et de sésame *(tahiné), fatouch,* mélange de salades très parfumées et de croûtons ; salade de moelle, de cervelle ou de langue de mouton ; *chanklich,* boule de fromage plus ou moins vieux que l'on écrase dans une salade de tomates et d'oignons puis que l'on arrose d'huile d'olive – un délice ! – ; *bastorma,* viande de bœuf séchée au paprika…

Viennent ensuite les **entrées chaudes :** *beurek,* des feuilletés à la viande ou au fromage ; *kebbé,* des boulettes de viande hachée additionnée de blé concassé (parfois de pignons de pin comme à Alep) et frites (on sert également la même préparation avec de la viande crue, le *kebbé nayyé,* à consommer avec prudence et modération) ; le *falafel,* boulettes frites de pois chiches concassés ; la cervelle de mouton panée ; les tripes farcies *(sindawad)*…

Les viandes. Elles sont souvent servies sous forme de brochettes – de mouton le plus souvent *(chich kebab)* ou de poulet (*chich taouk,* un peu sec) – ou de cubes *(chakhaf).* Goûtez aussi les viandes rôties, comme le mouton servi sur du riz, les têtes et pieds de mouton, ou le *frikké,* viande rôtie présentée sur un lit de blé concassé. Les viandes peuvent aussi être préparées sous forme de ragoût en diverses sauces. À la fin du printemps et au début de l'été, on trouve la *mouloukhiyé,* une sorte d'oseille-épinard sauvage dont les Syriens raffolent littéralement. Elle accompagne mouton et poulet.

La grande spécialité de la steppe, à goûter à Palmyre notamment, s'appelle le *mensaf,* le plat des bédouins : de l'agneau cuit dans du yaourt et servi avec du riz – un régal ! Quant aux restaurants arméniens, ils servent leurs propres spécialités, au nombre desquelles d'excellentes boulettes de viande arrosées de jus de cerise.

Les poissons et crustacés. Vous trouverez quelques restaurants de poissons le long du littoral méditerranéen, à Tartous et Lattaquié notamment, mais l'addition sera douloureuse, quel que soit le standing du restaurant. La côte n'est en effet pas très poissonneuse à cause de la pollution, ce qui explique pourquoi les crevettes, crabes et autres poissons atteignent des sommes astronomiques, que peu de Syriens peuvent se permettre de débourser. Les prix sont affichés au kilo.

De manière générale, évitez de boire l'eau du robinet. Consommez de l'eau minérale en bouteilles capsulées, que l'on trouve partout.

Les boissons. Pour arroser tout cela, on boit le plus souvent de l'**arak**, l'anisette blanche locale, que l'on additionne d'eau glacée. D'ordinaire, une bouteille entière désaltère à peine une tablée de quatre convives. Vous pourrez également commander des bouteilles de 20 cl.

On boit plus rarement du **vin**, local ou libanais, ce dernier jouissant à juste titre d'une meilleure réputation. Les **bières** locales, Al-Chark et Barade, ne sont pas mauvaises.

Vous trouverez également un large éventail de boissons gazeuses et, dans les stands spécialisés, de délicieux **jus de fruits** pressés.

Le **thé** et le **café** sont des institutions nationales. On vous les proposera partout, dans les boutiques comme dans les restaurants. Le café syrien, cousin du café turc, est traditionnellement aromatisé à la cardamome. Il est très fort, et son goût peut sembler bizarre. Une fois que le marc s'est déposé au fond de la tasse, ne remuez pas le liquide et évitez de le boire jusqu'à la dernière gorgée.

L'hospitalité bédouine : du café au *mensaf*

Le désert, par l'hostilité de son environnement, a engendré des traditions de solidarité et d'hospitalité. Chez les bédouins, elles ne sont pas lettre morte. Une des manières de montrer son respect au voyageur est de l'inviter sous la tente à boire le café parfumé à la cardamome. Tout un cérémonial masculin est attaché à la confection du café. Torréfié par le chef de famille, il bout sur les braises, et la décoction obtenue passe de cafetière en cafetière, chacune étant plus petite que la précédente. On offre ce breuvage parfumé dans une toute petite tasse qui passe de main en main après que chacun a goûté une simple gorgée. Autre marque d'hospitalité, le plat de fête, le *mensaf*, un plat de viande de mouton cuit dans le lait caillé avec accompagnement de riz, amandes et pignons.

Se déplacer

En voiture

On conduit à droite. En dehors des villes, la circulation est fluide, mais pas forcément de tout repos (→ *encadré*). Il n'existe pas de carte qui tienne compte de chaque petit chemin de campagne, notamment dans le Massif calcaire, où vous risquez fort de vous perdre sans un guide ou un chauffeur local. De plus, sorti des grands axes, les panneaux signalétiques, quand on a la chance d'en trouver, sont le plus souvent libellés en caractères arabes.

Louez donc plutôt une voiture avec un chauffeur (→ *plus bas*), qui pourra demander son chemin le cas échéant, se faire votre interprète auprès des populations locales, et s'avérera dans l'immense majorité des cas un excellent compagnon de voyage.

Cartes routières

Freytag-Berndt édite une carte de la Syrie au 1/800 000, incluant aussi des plans de Damas, Palmyre et Alep. Elle n'est pas très détaillée, mais c'est la meilleure actuellement disponible sur le marché en France. Les offices du tourisme de Syrie fournissent une carte du pays au 1/1 250 000, et des cartes de région au 1/250 000 (Damas et le Sud, la région de Hama et Homs, Alep et sa région, le littoral, la steppe).

Réseau routier

Il est en majeure partie asphalté, mais inégalement entretenu. Nids-de-poule, signalement inexistant, absence de marquage sur la chaussée et de signalisation sont monnaie courante sur les axes secondaires. Plus larges aux abords des grandes villes, les « autoroutes » sont en général des chaussées à quatre voies, deux dans chaque sens de circulation.

Limitations de vitesse, stationnement

La vitesse est limitée à 50 km/h en ville, 90 km/h sur les nationales, 110 km/h sur les voies rapides. Dans les villes, respectez scrupuleusement les interdictions de stationnement, sous peine de récupérer votre véhicule à la fourrière et d'écoper d'une lourde amende.

Carburants

Vous trouverez du diesel *(mazout)*, de l'essence normale *(benzin)*, du super *(mumtaz)*, mais **pas de super sans plomb**. Pour un Occidental, le carburant est très peu cher. Excepté dans les endroits très reculés, vous n'aurez aucune difficulté à vous approvisionner en essence. Les stations-service restent ouvertes 7 jours sur 7.

Réparations

En cas de panne, n'hésitez pas à vous adresser à un petit garagiste : il saura résoudre bien des problèmes de mécanique, malgré une pénurie certaine de pièces. Il est préférable de fixer avec lui le prix de la réparation avant tout travail.

Location de voiture

Louer une voiture pour la durée totale du séjour n'est pas forcément la meilleure solution : il est difficile de se garer dans les grands centres, et on peut se déplacer très aisément d'une ville à une autre avec les autobus, minibus et taxis collectifs. Si vous optez pour la location, nous vous conseillons de le faire ponctuellement pour visiter des sites excentrés, et de choisir une formule avec chauffeur.

Depuis les dernières années, les agences de location de voiture se multiplient. Il faut bien l'admettre, le secteur n'est pourtant pas encore tout à fait au

En cas d'accident, avertissez immédiatement votre loueur si vous circulez à bord d'une voiture de location. S'il y a des blessés, ne déplacez pas le véhicule avant l'arrivée de la police de la route.

Conseils avant de prendre le volant

La conduite en Syrie est assez éloignée de celle pratiquée en Europe. En ville, où il convient d'avoir les nerfs solides, les feux sont généralement respectés, mais une tolérance permet de tourner sur la droite même si le feu est rouge. N'oubliez donc jamais de jeter un coup d'œil quand vous arrivez à un croisement. Bien qu'interdit dans les agglomérations, le klaxon est un véritable instrument de dialogue : il signale que l'on va doubler, que l'on veut ralentir… Évitez de conduire la nuit. Beaucoup de véhicules sont mal éclairés, ou ne le sont pas du tout, sans parler des ânes, des troupeaux de moutons, des dromadaires, des chiens qui poursuivent les véhicules, des enfants qui traversent inopinément la chaussée. Mais rassurez-vous : malgré ce tableau effrayant, il n'y a heureusement pas trop d'accidents sur les routes syriennes.

Évitez de signer les contrats de location rédigés uniquement en arabe ; il vous serait impossible de vérifier quelles clauses d'assurance y figurent.

***Cham Cars* : hôtel *Cham Palace*, rue Maysaloun à Damas ☎ (011) 223.23.00, poste 90.50**
• *Avis* et *Budget* : à Damas (centre ville)
• *Europcar* : à Damas (grands hôtels et aéroport), Alep, Deir ez-Zor, Homs, Hama, Lattaquié et Tartous
• *Hertz* : à l'aéroport de Damas et à Alep.

Principales agences de location (réserv. internationales depuis la France) :
• *Avis* ☎ 01.46.10.60.60
• *Budget* ☎ 08.00.10.00.01 (n° vert)
• *Europcar* ☎ 01.30.43.82.82
• *Hertz* ☎ 01.39.38.38.38.

point : tarifs fantaisistes, voitures en piteux état, obligation de réserver à l'avance même chez les représentants des grandes compagnies internationales... Mieux vaut vous adresser à un agent de voyage qui vous fournira voiture et chauffeur ou, si vous tenez à conduire (on vous demandera de déposer une caution – carte bancaire ou espèces), à l'agence ***Cham Cars***, la seule à ce jour à offrir des voitures impeccables et dans des conditions sans histoires ; vous pouvez également y louer une voiture avec chauffeur.

Voiture avec chauffeur à la journée. Dans la plupart des grandes villes, vous pourrez, en vous adressant à la réception de votre hôtel, obtenir une voiture et un chauffeur à la journée pour visiter la région, à un coût très raisonnable (de 20 à 30 US$ la journée). Au départ d'**Alep**, cela vous permettra de rayonner dans le Nord du Massif calcaire. Au départ de **Raqqa**, sur les rives de l'Euphrate, c'est aussi la meilleure formule pour visiter Résafé et Halébiyé.

À **Hama**, la formule est particulièrement bien adaptée, puisque vous pouvez vous faire déposer en soirée à Alep (après avoir, par exemple, visité les sites majeurs du Sud du Massif calcaire), la voiture retournant à vide à Hama. D'autre part, presque tous les hôtels de cette ville organisent des excursions en minibus dans les environs *(→ Hama mode d'emploi, p. 310)*.

■ Taxis

Vous en trouverez sans difficultés dans toutes les villes. Ils sont d'ordinaire de couleur jaune. Pas vraiment de stations pour les courses urbaines : il vous suffit d'en héler un au passage. À Damas et à Alep, ils sont obligatoirement pourvus de compteurs, que le chauffeur rechigne parfois à enclencher avec les étrangers. N'hésitez pas à faire preuve d'un peu de fermeté : neuf fois sur dix, le taximètre en panne se débloque miraculeusement, mais le chauffeur revanchard fera peut-être un détour... Le trajet entre Damas et l'aéroport se paie au forfait. Dans les villes où les taxis sont dépourvus de compteur, entendez-vous bien sur le prix de la course avant de monter à bord.

Les chauffeurs de taxi, comme du reste l'ensemble des citadins, ne prêtent aucune attention aux noms de rues. Inutile, dans ces conditions, d'indiquer une adresse précise : donnez plutôt le nom du quartier ou celui d'un bâtiment important que vous aurez repéré sur un plan. De toute façon, ne vous inquiétez pas, vous arriverez toujours tôt ou tard à bon port – et avec le sourire.

L'auto-stop marche assez bien, si vous vous retrouvez coincé en rase campagne ou pour atteindre un site excentré. Pour éviter tout impair, proposez toujours au conducteur une petite contribution financière, qu'il refusera du reste par souci d'hospitalité.

Taxis collectifs ou « taxis service ». Plus rapides que le bus pour des courses urbaines, ils prennent plusieurs passagers à bord et suivent un itinéraire fixe. Faute d'information sur leur parcours, leur utilisation est malaisée pour les étrangers. Certaines lignes de taxis service permettent de gagner rapidement d'autres villes syriennes, mais aussi Amman et Beyrouth. Ils ont leurs stations propres, où les voitures sont prêtes à partir sitôt qu'elles auront fait le plein de passagers. Une excellente façon de faire connaissance.

■ Bus et minibus

Les bus sont de loin le moyen le plus pratique pour voyager à travers la Syrie. Il en existe deux catégories, les **bus ordinaires** (parmi lesquels la compagnie Karnak) et les **bus Pullman,** qui desservent toutes les grandes villes du pays. Chacune a sa propre gare de départ. Les premiers, très peu chers, sont de vieux engins poussifs, sans air conditionné, qui arrivent tant bien que mal à destination. Les seconds sont des bus luxueux, avec climatisation, télévision et steward, dans lesquels chaque passager a sa place numérotée. Autant opter pour les compagnies privées (Damas Tour, Alia, etc.) qui pratiquent des tarifs modiques et offrent la possibilité de réserver plusieurs jours à l'avance. Si vous êtes une femme non accompagnée, on s'arrangera toujours pour vous placer à côté d'une Syrienne.

Disposant de leurs propres stations de départ, les **minibus,** autrement appelés « rats blancs », desservent principalement les environs proches des localités : on peut ainsi les emprunter pour se rendre par exemple de Damas dans les villages du djebel Druze, ou encore d'Alep à Saint-Siméon et Aïn Dara. Ils partent quand ils sont pleins et pratiquent des tarifs très modiques. De nombreux minibus assurent également des liaisons à l'intérieur des villes.

■ Liaisons ferroviaires

Vieux et poussiéreux, les trains assurent les liaisons entre les villes principales : Damas, Homs, Hama, Alep, Raqqa, Deir ez-Zor, Hassaké et Qamishli. Une autre ligne relie Damas à Lattaquié, via Homs, Tartous et Banyas. Ils sont assez lents : le trajet Damas-Alep dure 6 h pour 360 km, c'est-à-dire davantage qu'en voiture. Il y a deux classes, mais seule la première dispose de l'air conditionné.

■ Liaisons aériennes intérieures

Le plus rapide mais aussi le plus onéreux : la compagnie **Syrian Arab Airlines** assure des liaisons quotidiennes entre Damas et Alep, et quelques vols hebdomadaires avec Deir ez-Zor, Lattaquié et Qamishli.

■ Principales distances

	Damas	Alep	Homs	Hama	Lattaquié	Deir ez-Zor	Palmyre
Damas	0	355	162	209	348	421	220
Alep	355	0	193	146	187	335	353
Homs	162	193	0	47	186	354	160
Hama	209	146	47	0	147	401	207
Lattaquié	348	187	186	147	0	508	346
Deir ez-Zor	421	335	354	401	508	0	201
Palmyre	220	353	160	207	346	201	0

Séjourner

Vivre au quotidien

Le Lexique *(p. 491)* réunit par thèmes un vocabulaire de base pour différentes situations de la vie quotidienne : formules de politesse, chiffres et nombres, au restaurant, sur la route, etc.

■ Langue

La langue officielle est l'arabe. L'anglais est relativement répandu parmi les jeunes générations qui le préfèrent au français, pratiqué par bon nombre de personnes plus âgées et par les élites locales. Bien entendu, les différentes communautés utilisent leur propre langue pour un usage domestique : l'arménien (surtout à Alep), le kurde, le turc (dans certains villages de la Djéziré). L'araméen n'est plus parlé que par quelques personnes dans les villages du Qalamoun *(→ p. 235)*.

■ Argent, change

La monnaie locale s'appelle la livre syrienne, divisible en 100 piastres. Elle se présente sous forme de coupures de 5, 10, 25, 50, 100 et 500 livres ; de pièces de 25 et 50 piastres (rare), et de 1, 5, 10 et 25 livres.
Pour les touristes, l'importation de devises est libre. Vous pourrez convertir vos devises ou vos chèques de voyage en livres syriennes à la Banque commerciale de Syrie ou dans les bureaux de change des grands hôtels. Le taux officiel des banques (1 FF = env. 8 LS en 1999) est sensiblement le même que celui offert au « marché noir », dont la pratique est sévèrement réprimée. Il est encore impossible de se procurer des livres dans une banque avec une carte de paiement, mais cette dernière peut vous servir à régler vos achats et votre chambre d'hôtel. → ***aussi Partir, p. 36.***

■ Budget

Pour un Occidental, la Syrie reste un pays bon marché. Un repas dans un **restaurant** de bon standing revient à 50 FF, boisson comprise (vin ou arak), à peine plus dans un établissement de luxe, et autour de 20 FF dans un restaurant populaire. Une nuit en chambre double dans un **hôtel** de catégorie intermédiaire coûte de 30 à 50 US$. Dans un établissement de luxe, la note grimpera jusqu'à 200 US$. Dans un petit hôtel, compter entre 10 et 20 US$, avec la possibilité de régler en livres syriennes. Un café pris dans le souk revient à 10 ou 20 LS, une course en taxi en ville, à env. 50 LS. On fait des **trajets en autocar ou en train** pour une bouchée de pain. L'entrée des sites archéologiques et des musées est variable (25 FF en moyenne), voire gratuite (villes mortes du Massif calcaire, Résafé).

■ À l'heure syrienne

L'heure est à GMT + 2 en hiver et GMT + 3 en été, soit une heure de décalage avec la France. La Syrie passe à l'heure d'été le 1er avril et à l'heure d'hiver le 30 septembre.

Perte ou vol de votre carte de crédit

Visa ☎ 00.33-1.42.77.11.90
American Express
☎ 00.33-1.47.77.70.00
Diner's Club
☎ 00.33-1.49.06.17.90
Eurocard/MasterCard
☎ 00.33-1.45.67.84.84

Administrations, banques : ouv. de 8 h à 14 h.
Bureaux de poste : ouv. de 8 h à 14 h (19 h dans les grandes villes).
Magasins : ouv. sans interruption, de 8 h 30-9 h 30 à 19 h-20 h, suivant les villes ; f. le ven., le dim. pour les commerces tenus par des chrétiens.
Musées : généralement f. le mar. De même que pour les sites archéologiques, voir les horaires dans les chapitres concernés de la partie Visiter.

Les banques, les administrations et les souks ferment le vendredi, jour de repos hebdomadaire pour les musulmans.

■ Informations touristiques

Dans chaque grande localité, il existe un office du tourisme. Mais, malgré la gentillesse des employés, vous n'y obtiendrez pas beaucoup plus que des cartes ! Vous pourrez vous procurer toutes ces cartes en une seule fois à l'office de tourisme de Damas, qui dispose également de quelques affiches.

■ Poste

Vous trouverez des timbres dans les grands hôtels et dans les bureaux de poste. À la poste, assurez-vous que votre courrier soit dûment timbré et tamponné devant vous, car il n'est pas rare que les guichetiers décollent les timbres. Si vous devez envoyer ou recevoir des nouvelles urgentes, utilisez le télécopieur de votre hôtel.

Une lettre envoyée de Syrie mettra environ une semaine pour arriver à son destinataire en Europe.

Séjourner

■ Téléphone

Il existe des centraux téléphoniques dans les villes, mais il faut faire la queue. Bien que la communication soit un peu plus chère, il est beaucoup plus commode de téléphoner de l'hôtel. La Syrie est connectée au réseau automatique : obtenir votre correspondant à l'étranger ne prendra que le temps de composer le numéro. Situées à proximité des bureaux de poste et des centraux téléphoniques, les cabines téléphoniques fonctionnent avec des pièces de 1 livre (plutôt pour les communications locales) ou avec des cartes de 500, 1 000 et 1 500 unités, en vente aux centraux téléphoniques. Pour les appels internationaux, choisissez le plus grand nombre d'unités.

■ Sécurité

La Syrie est un pays d'une absolue sécurité. On peut s'y promener de jour comme de nuit sans aucun problème. Si vous oubliez derrière vous un sac ou un paquet, il se trouvera toujours quelqu'un pour vous le faire remarquer. Évitez tout de même de tenter l'expérience avec votre portefeuille au milieu des souks…

D'autre part, il faut garder en mémoire que la Syrie est, fin 1998, un État officiellement en guerre, d'autant que les négociations avec Israël sont au point mort. Abstenez-vous donc impérativement de photographier des installations militaires, ou même d'y

Téléphoner depuis la Syrie

À l'**intérieur de la Syrie,** composez le *0*, puis l'indicatif de la ville, suivi du numéro de votre correspondant (ne pas faire le *0* pour les appels interurbains).
Principaux indicatifs : Alep *21* ; Bosra *16* ; Damas *11* ; Deir ez-Zor *51* ; Hama *33* ; Homs *31* ; Idlib *23* ; Lattaquié *41* ; Palmyre *34* ; Raqqa *22* ; Tartous *43*.
S'il s'agit d'une **communication urbaine,** composez uniquement le numéro de votre correspondant, sans le faire précéder du *0*, ni de l'indicatif.
Pour **téléphoner à l'étranger,** composer le *00*, puis l'indicatif du pays : France et Monaco *33*, Belgique *32*, Luxembourg *352*, Suisse *41*.
Le service « France Direct » n'est pas disponible depuis la Syrie.

Le hammam, tout un art de vivre

▲ Enseigne d'un hammam à Damas.

Facilement reconnaissables de l'extérieur par les coupoles qui émergent de leur toit, les hammams tiennent une place importante dans la vie quotidienne en Syrie, comme dans tout le Proche-Orient. Cette ancienne tradition des bains a été reprise par les Arabes musulmans aux Byzantins, qui l'avaient eux-mêmes héritée des Romains.

▲ Le hammam al-Labbadiyé à Alep (XIVe s., époque mamelouke), récemment aménagé par le service des Antiquités syriennes en un luxueux établissement de bains. La salle de repos conserve en partie sa décoration peinte.

Des bains sans baignoire

Le plus souvent les bains populaires, les plus nombreux, ne comprennent ni bassin, ni piscine, mais seulement des lavabos. Construits non loin des mosquées, ils répondaient dans les premiers temps de l'islam à des exigences religieuses, le Coran prescrivant avant toute prière la purification du corps par l'eau. Ils ont aussi une fonction pratique : on vient s'y laver en l'absence de salle de bains dans les logements. Chaque quartier de la ville possède ainsi son bain, de même que sa mosquée, son souk ou son four pour cuire le pain.

Le rituel du bain

Un hammam comprend trois parties, surmontées chacune d'une coupole percée d'oculi. On commence par se déshabiller dans le vestibule, qui servira aussi à la fin de la séance de salle de repos. Pas question de se dévêtir totalement : on noue autour de la taille un pagne de tissu fourni par l'établissement. Ensuite, on pénètre dans la salle froide, puis dans la salle médiane, modérément chauffée, qui permet de s'accoutumer à la chaleur avant d'entrer dans l'étuve, où la température dépasse allègrement les 40 °C. Dans cette salle, des lavabos d'eau froide ou chaude alternent avec des bancs le long des murs. Ici, on discute ou on médite, mais surtout on se lave. Après s'être douché avec l'eau recueillie dans des cuvettes, on se confie aux soins du masseur qui vient vous frotter avec son gant de crin.

L'évolution des techniques

À l'époque omeyyade, les bains dérivaient directement de leurs modèles byzantins : le chauffage était assuré par le système d'hypocaustes (fourneaux souterrains soutenus par des piles de

▲ **Un des grands moments d'une séance au hammam : le passage au gant de crin (hammam Tayrouzi, Damas).**

briques) et de canalisations mis au point par les Romains. À l'époque mamelouke, le système d'hypocaustes fut abandonné : le chauffage était désormais assuré par le passage du conduit de cheminée sous les salles. Avec les Ottomans sont apparus les bains doubles, deux bâtiments accolés : l'un réservé aux hommes, l'autre aux femmes (les parties techniques étant communes). Lorsque ce n'est pas le cas, des jours ou des heures sont affectés à chaque sexe.

Un lieu de vie sociale

Le hammam est bien plus qu'un endroit où l'on vient se laver. Pour les hommes, c'est un lieu de détente où l'on peut converser entre pairs de la marche des affaires et du monde. Mollement installés sur les coussins de la salle de repos, le narguilé dans une main, un chapelet d'ambre tournoyant dans l'autre, les baigneurs s'installent pour de longs bavardages qui peuvent durer jusqu'à une heure avancée de la soirée. Rien d'étonnant à ce que les hammams restent souvent ouverts jusqu'à minuit. Pour les femmes, qui n'ont accès ni au café ni à la boutique pour deviser à leur aise, le hammam est l'un des principaux lieux de rencontre, un espace de liberté où s'échangent conseils et secrets, en cachette des hommes. Les bains jouent un rôle déterminant dans la conclusion des mariages : on peut y montrer discrètement une jeune fille à sa future belle-mère, qui pourra s'assurer que la promise n'est pas affligée d'une quelconque tare physique que dissimuleraient voiles ou vêtements.

Perspective du hammam Nour ed-Din de Damas (XIIe s.). Au-delà de la salle de repos, dominée par une coupole monumentale, les trois pièces en enfilade (froide, tiède et chaude) sont elles aussi surmontées chacune de sa coupole. ▶

Être invité chez un Syrien

Vous serez séduit par la gentillesse de la population, encore plus nette dans les campagnes : dans les petits villages, il serait étonnant que l'on ne vous invite pas à prendre le café et des sucreries à la maison. On se déchausse avant d'entrer (la maîtresse de maison vous fournira peut-être des chaussons) ; puis on vous installera à la place d'honneur dans le salon réservé aux invités, ou dans la pièce unique si la maison est petite. Il serait impoli de refuser ces invitations, motivées par l'unique souci de réserver le meilleur accueil à l'étranger. Malheur à qui n'aime pas le café ! Les bédouins aussi vous inviteront à partager le leur, extrêmement fort, dont on sert quelques gouttes au fond d'une tasse minuscule.
Si l'on vous invite à un repas où il n'y a pas de couverts, servez-vous de la main droite – la gauche est impure – pour picorer dans les plats de *mezze*, qui se prennent par bouchées à l'aide de petits morceaux de pain. Mieux vaut décliner une invitation à dîner si vous êtes pressé par le temps : la visite peut durer plus que prévu, et il serait très inconvenant de surveiller l'heure.

prêter une attention soutenue. Rappelons également que l'accès à la partie du Golan sous contrôle syrien est toujours soumis à l'obtention d'un permis spécial. Se renseigner à l'office du tourisme de Damas en arrivant.

■ Santé

La Syrie jouit d'un climat très sain, il n'y a donc pas de précaution particulière à prendre. Par forte chaleur, évitez simplement les crudités et notamment les salades de persil qui accompagnent les viandes grillées ; par forte canicule, protégez-vous du soleil et buvez beaucoup d'eau. Évitez l'eau du robinet, parfois impropre à la consommation : on trouve partout de l'eau minérale capsulée. Lavez toujours les fruits avant de les manger.

■ Toilettes

Dans les lieux publics et les petits hôtels, elles sont généralement « à la turque », pas toujours engageantes et le plus souvent dépourvues de papier hygiénique. Mieux vaut emporter votre propre rouleau. Jetez systématiquement le papier usagé dans la corbeille prévue à cet effet : vous risqueriez de boucher la cuvette.

■ Savoir-vivre

L'hospitalité orientale est proverbiale. Elle s'accompagne néanmoins de certains devoirs de la part des invités : avant tout, respecter les mœurs et les traditions de vos hôtes, notamment en matière vestimentaire.

– Évitez les tenues courtes ou moulantes, à la ville comme à la campagne. Les femmes syriennes les plus occidentalisées portent des jupes juste au-dessus du genou.
– De manière générale, ne photographiez pas les gens sans leur consentement : la réticence est souvent d'ordre religieux. Un simple geste interrogateur et un sourire suffisent le plus souvent pour obtenir leur permission.
– Déchaussez-vous avant d'entrer dans la salle de prière d'une mosquée ; les femmes se couvriront la tête d'un foulard. Une tenue correcte est de rigueur (pas de shorts, bras couverts pour les femmes) dans les mosquées, les églises et les monastères.

■ Shopping

Sur les souks, voir les pages 274-275.

Faites vos achats dans la vieille ville de Damas, qui recèle les mille et un trésors de l'artisanat syrien. Le choix est plus restreint à Alep.

Encore relativement épargnée par le tourisme de masse, la Syrie regorge d'objets sortis des mains d'authentiques artisans, même si les souvenirs standardisés font une timide apparition dans les souks. Les activités du centre d'artisanat installé dans la tekkiyé Suleymaniyé, à Damas (→ *p. 212*), sont d'ailleurs encouragées par le gouvernement. Longtemps, la visite des souks fut une véritable torture pour les étrangers : ils y voyaient des merveilles, à des prix très abordables, mais qu'ils ne pouvaient acheter car aucune boutique n'acceptait les cartes de paiement. Aujourd'hui, dans ces cavernes d'Ali Baba, de plus en plus de commerçants sont équipés à cet effet.

Tissus. Les brocarts tissés manuellement et les nappes brodées de soie, de fils dorés ou argentés sont la grande spécialité de Damas. Les boutiques les plus renommées se trouvent dans le souk Hamidiyé. À Alep, voir aussi les foulards en soie.

Marqueterie. Une grande spécialité de Damas *(→ les pages 200-201)*. Ah ! ces boîtes en bois précieux incrusté de nacre ou d'os de chameau, ces miroirs, guéridons, cadres, jeux de trictrac, etc., véritables chefs-d'œuvre de minutie, ces superbes coffres en bois décorés de nacre... Certains marchands peuvent assurer le transport des objets les plus encombrants.

Tapis. Les tapis ne sont pas une tradition artisanale de la Syrie. Ceux que l'on vend dans les boutiques d'Alep ou de Damas proviennent de Turquie, d'Iran ou du Caucase. La plupart des kilims, *soumak* et tapis, notamment dans les souks d'Alep, sont de qualité moyenne, et leur prix de base est beaucoup trop élevé, même après un marchandage serré. Fouinez toujours, peut-être dénicherez-vous une pièce intéressante.

Bijoux. Les bijoux en or sont vendus au poids. Si vous voulez en acheter, tenez-vous informé du cours journalier du gramme, selon son titre en carats. Chez les antiquaires, on déniche des bijoux en argent bédouins, mais ils sont assez chers.

Antiquités. Bijoux en argent, sceaux cylindres de l'Orient ancien, verres, lampes, monnaies grecques, romaines et byzantines, des icônes aussi, dans le quartier chrétien de Damas... Méfiez-vous des copies. L'exportation d'objets vieux de plus de 100 ans est en principe interdite. Les antiquaires sérieux s'occupent des formalités de douane.
Les amateurs de **brocante** trouveront tout un bric-à-brac datant de la dernière période ottomane (fin XIXe-début XXe s.) et de l'époque du Mandat français (1920-1946) : vieilles photos, phonogrammes, décorations, monnaies, bibelots divers, etc. Nombreuses boutiques dans le vieux Damas.

Artisanat bédouin. À Palmyre, à Deir ez-Zor, au souk d'Alep : tapis de selle, robes brodées, vieilles cafetières en cuivre.

Épices et alimentation. Ils ne coûtent rien et font des cadeaux appréciés : fruits confits de Damas (on en vend de superbes plateaux tout prêts, faciles à transporter), pistaches d'Alep (les meilleures de tout l'Orient), gâteaux secs au sésame emballés dans de jolies boîtes, paprika, piments, poivre, etc. Beau choix au souk al-Bzouriyé, à Damas.

Et aussi... Des verres soufflés (à Damas notamment), des carreaux de faïence, des cuivres (lampes, plateaux, cafetières, aiguières, etc.), des miniatures persanes, du savon d'Alep à l'huile d'olive et de laurier *(→ p. 277)*, ancêtre du savon de Marseille, et à qui les odalisques devaient leur peau si douce.

■ Marchandage

Le marchandage est de tradition. Il n'y a pas de règle précise dans la façon de le mener, mais il faut savoir prendre son temps. Tout dépendra de la verve et de la persuasion dont vous ferez preuve. Ne vous précipitez pas dans les achats dès les premiers jours : faites d'abord le tour des boutiques pour vous familiariser avec les prix, apprendre à les évaluer correctement. Ne montrez jamais un

Ne vous attendez pas à obtenir des remises extraordinaires partout ; chez les artisans, il est plutôt d'usage de demander un « geste » (réduction de 10 à 20 %).

intérêt trop marqué pour l'objet que vous désirez acquérir, mais testez le marchand pour deviner à quelle réduction vous pouvez prétendre (très variable d'un client à l'autre). Une fois qu'on est parvenu à un accord avec un commerçant, on n'y revient plus. Ne vous sentez pas non plus obligé d'acheter : si le prix ne vous convient pas, il n'est pas impoli de quitter la boutique les mains vides, même si le commerçant vous a offert au passage plusieurs verres de thé.

À Hama, évitez le hammam historique d'al-Osmania, face au palais Azem : le sol est jonché de cafards !

■ Hammams et barbiers

Le hammam est l'une des traditions les plus agréables de l'Orient. Endroit convivial par excellence, on y rencontre ses amis, on s'y détend, on y découvre une épouse pour son fils... Les hammams disposent de sections séparées pour les hommes et les femmes, ou alors fonctionnent par créneaux horaires fixes. Les meilleurs se trouvent à Damas. ***Sur les hammams, → aussi les pages 54-55.***

Un autre plaisir oriental pour ces messieurs consiste à passer chez le barbier. Contre une somme modique, vous bénéficierez d'un rasage à l'ancienne et d'une coupe de cheveux impeccable. À Damas, essayez par exemple une superbe boutique qui a pignon sur la rue Droite, aisément repérable puisqu'elle a conservé son mobilier 1900 d'origine.

■ Pourboires

C'est pour ainsi dire une institution pour tous les services : au restaurant et dans les taxis, on arrondit toujours la somme ; les portiers et bagagistes des hôtels, les guides ou chauffeurs particuliers s'attendent eux aussi à être remerciés spécifiquement. De façon générale, laissez un petit quelque chose à toutes les personnes qui vous ont rendu un réel service. Par contre, ne distribuez pas des bakchichs à tort et à travers, particulièrement aux enfants ; vous risqueriez de leur donner rapidement les mauvaises habitudes touristiques de l'Égypte... À l'inverse, il est très naturel de laisser quelques pièces à un mendiant, un aveugle, un estropié ou un vieillard.

Des affiches de cinéma qui ne passent pas inaperçues...

■ Pièges à touristes

Le grand tourisme n'en est encore qu'à ses balbutiements en Syrie. Vous ne devriez pas trop pâtir des arnaques habituelles, mais la situation est susceptible d'évoluer, notamment à Alep, à Damas et à Palmyre... Quelques conseils :

– Les prétendus guides qui vous accostent inopinément dans le bazar d'Alep et les sites archéologiques en vous distillant au passage quelques informations culturelles ne le font jamais de manière désintéressée : ils attendent un bakchich ou font les rabat-

teurs pour des boutiques de souvenirs. Pour s'en dépêtrer, signifiez-leur immédiatement et fermement que vous n'avez pas l'intention de les rétribuer ou d'acheter quoi que ce soit.
– Si vous voyagez en autocar, ne vous précipitez pas sur les taxis qui guettent le touriste à la sortie de la gare routière. Éloignez-vous d'une centaine de mètres, vous économiserez une poignée de livres syriennes et des palabres inutiles. Si le taxi n'a pas de compteur, mettez-vous toujours d'accord sur le prix de la course avant de monter.
– N'ayez aucune illusion sur l'authenticité des pièces archéologiques (monnaies, lampes, poteries, etc.) proposées sur les sites, notamment à Apamée où de coriaces « antiquaires » vous pourchassent à moto le long du *cardo.* De plus, l'exportation de ces « antiquités » est illicite.

■ Fêtes et jours fériés

Les **fêtes nationales** (civiles) sont les suivantes :
1er janvier : Nouvel An.
8 mars : anniversaire de la Révolution.
21 mars : fête des Mères.
17 avril : fête nationale.
1er mai : fête du Travail.
6 mai : fête des Martyrs.
6 octobre : commémoration de la guerre de 1973.
16 novembre : jour du Mouvement de redressement.
25 décembre : Noël.

À ces jours fériés à dates fixes, il faut ajouter les fêtes musulmanes, à date variable. Les dimanches des Pâques catholique et orthodoxe sont également chômés dans tout le pays.

Fêtes musulmanes
Étant donné la difficulté de définir avec précision le début des années lunaires, ces dates sont données à titre indicatif : elles peuvent varier de un ou deux jours.

	1999	2000	2001	2002
1er jour du mois de ramadan	20 déc. 1998	9 déc. 1999	28 nov. 2000	16 nov. 2001
Aïd al-Fitr	18 janv.	8 janv.	28 déc. 2000	16 déc. 2001
Aïd al-Kébir (Grand Sacrifice)	27 mars	16 mars	5 mars	21 fév.
Nouvel An (1er muharram)	17 avr.	5 avr.	26 mars	14 mars
Mouled an-Nabi (naissance du Prophète)	25 juin	14 juin	3 juin	22 mai

■ Presse

Il existe un journal syrien en anglais, le *Syria Times,* porte-parole de la politique officielle du gouvernement. Vous trouverez journaux et magazines étrangers à Damas à la librairie de l'hôtel *Cham* (où *Le Monde* et *Le Figaro* arrivent quotidiennement), ainsi qu'à l'hôtel *Méridien*. À Alep, rendez-vous à la librairie de l'hôtel *Cham.* En dehors de ces deux villes, n'espérez pas trouver de journaux étrangers.

■ Radio et télévision

Radio-France Internationale émet en Syrie sur ondes courtes : émissions et informations en français t.l.j. sur 9 845 kHz (de 3 h à 6 h GMT), 17 620 kHz (de 9 h à 12 h et de 15 h à 16 h), 11 995 kHz (de 18 h à 20 h) et 9 485 kHz (20 h à 22 h). **Radio-Monte-Carlo Internationale** diffuse sur 1 233 OM depuis

Séjourner

Chypre des programmes en arabe ponctués de flashs d'information en français (de 13 h 30 à 14 h et de 18 h 30 à 19 h), ainsi que de la musique française (de 11 h à 12 h).
Un **journal télévisé en français** est diffusé quotidiennement à 20 h sur la deuxième chaîne syrienne. Dans les hôtels équipés d'antennes paraboliques, on peut capter la chaîne française TV5.

■ Voltage et mesures

Le courant fonctionne en 220 V. Les prises électriques sont de type européen. Système métrique en vigueur.

Loisirs

■ Sports

Rien n'est prévu pour les touristes dans ce domaine, mais la situation peut évoluer. Les hôtels de luxe disposent d'une piscine et parfois d'un court de tennis. Hormis la baignade, aucune activité nautique n'est proposée sur les plages.

■ Vie nocturne

Elle est limitée, même dans les grandes villes. Des restaurants à Damas et à Alep organisent des spectacles le soir, avec danses folkloriques et musique traditionnelle. Quelques discothèques dans les grands hôtels, mais rien de bien folichon. La programmation des cinémas (kung-fu, films à l'eau de rose produits en Turquie ou en Égypte) ne devrait pas davantage retenir votre attention. Consultez le programme des centres culturels de Damas, et s'il n'y a rien de mieux à faire, traînez aux terrasses des cafés. C'est d'ailleurs la principale occupation nocturne des Syriens.

Fêtes et manifestations

Avril : Festival du désert à Palmyre : courses de chameaux, représentations folkloriques au théâtre.
6 mai : fête du monastère Saint-Georges, près du Krak des Chevaliers.
Juillet : Festival du coton à Alep : défilé de chars fleuris.
Août : à Lattaquié, Festival de l'amour pendant lequel viennent se produire les plus grands chanteurs du monde arabe.
Septembre : fête de la Vigne à Souweyda avec élection d'une Miss Vigne (!) ; Foire de Damas ; Festival de Bosra, où des troupes folkloriques viennent du monde entier se produire dans le cadre prestigieux du théâtre romain.
8 septembre : fête de la Vierge à Saidnaya.
14 septembre : fête de l'Exaltation de la croix à Maaloula.
24 septembre : fête de sainte Thècle à Maaloula.
7-8 octobre : fête de saint Serge à Maaloula.
Octobre/novembre : Festival du cinéma à Damas, à l'auditorium de l'hôtel *Cham* ; ce festival a lieu tous les deux ans, en alternance avec le Festival du théâtre, au même endroit.

Comprendre

Un ensemble d'introductions présentant la société, l'histoire et l'art de la Syrie

La Syrie aujourd'hui

par Élisabeth Longuenesse,
sociologue, chercheur au CNRS

La Syrie ottomane, « pays de Cham », s'étendait de la Méditerranée à l'Euphrate, de la Palestine au Taurus, entre désert et mer, villes et montagnes, espace de passage, de traversées, d'échange, lieu du grand négoce, régional et international. Jusqu'à la fin de l'époque ottomane, la société était structurée par la forte opposition des espaces et des groupes qui les habitaient, et par la domination du monde de la ville et du négoce sur les campagnes et la steppe.

L'indépendance puis les réformes économiques et la politique de grands travaux des années 1960 et 1970 ont profondément bouleversé les rapports sociaux, et entraîné des déplacements et des mélanges de populations aux identités diverses. Sédentarisation, exode rural, urbanisation des campagnes, développement des infrastructures, scolarisation se sont conjugués pour façonner une nouvelle société et faire émerger une identité nationale arabe syrienne.

En cette fin de XXe siècle, on découvre un pays moderne, qui s'ouvre sur le monde, mais où les contradictions sociales s'accentuent, tandis que se creusent les différences entre riches et pauvres.

Comprendre

Les espaces et les hommes

Les 16,5 millions d'habitants de la Syrie se répartissent inégalement sur les 185 000 km² (un tiers de la superficie de la France) d'un pays partagé entre montagnes (au sud et au nord-ouest), steppes (à l'est et au nord-est), vallée centrale de l'axe nord-sud, et plaine côtière. À la diversité des espaces correspond celle des populations : bédouins des steppes, citadins commerçants et artisans, paysans des plaines et des montagnes, et nombreuses minorités religieuses, réfugiées dans les montagnes ou, au contraire, de vieille tradition urbaine. La Syrie se présente comme l'archétype de la société moyen-orientale.

La mise en place de l'État moderne, le développement des infrastructures, des moyens de communication et de l'éducation ont favorisé mobilité et brassages. Les inégalités régionales se sont estompées, mais la côte a connu les progrès les plus rapides. Aujourd'hui, ce sont les hommes qui façonnent les espaces, plus qu'ils ne sont façonnés par eux.

La cour de la Grande Mosquée d'Alep, avec le minaret seldjoukide.

La Syrie en bref

Nom arabe : Souriya

Nom officiel : République arabe syrienne

Superficie : 185 180 km²

Revendication territoriale : le Golan, occupé (depuis 1967) puis annexé (depuis 1981) par Israël

Population : 16,5 millions d'habitants en 1997

- **Densité** : 89 hab./km²
- **Croissance annuelle** : 3 % (1990-1995)
- **Indice de fécondité** : 4,2 enfants par femme (1993)
- **Espérance de vie** (1995) : 68 ans
- **Population urbaine** (1995) : 53 %
- **Population active** (1995) : 4 millions (dont 26 % de femmes)
- **Chômage** (1991) : 6,8 %
- **Taux d'alphabétisation** (1995) : 71 % (femmes : 56 %, hommes : 86 %)

Capitale : Damas

Villes principales : Damas (conurbation : 2,2 à 2,6 millions d'hab.), Alep (1 500 000 hab.), Homs (607 000 hab.), Lattaquié (340 000 hab.), Hama (300 000 hab.), Deir ez-Zor (161 000 hab.)

Principaux cours d'eau : l'Euphrate, le Khabour, l'Oronte

Langues :

- **Langue officielle** : arabe
- **Langues parlées** : arabe dialectal (majoritaire), kurde, arménien, araméen

Religions :

- **Islam** sunnite majoritaire. Minorités musulmanes : Alaouites (env. 10 %), Druzes (env. 3 %), ismaéliens (env. 1 %), chiites (env. 0,5 %)
- **Minorités chrétiennes :** 11 communautés représentant env. 5 % de la population : Églises grecque orthodoxe, syrienne orthodoxe, arménienne orthodoxe, assyrienne – ou nestorienne – ; Églises grecque catholique – ou melkite –, syrienne catholique, arménienne catholique, maronite, chaldéenne, latine ; protestants

Organisation administrative : le pays est divisé en 14 provinces *(mouhafazat)* administrées par un préfet *(mouhafez)* et une assemblée provinciale élue tous les 5 ans ; les provinces sont subdivisées en districts *(mintaqa)* et arrondissements *(da'ira)* ; les villes et communes ont des conseils élus

Institutions : le **président,** élu au suffrage universel tous les 7 ans, est chef des armées et dispose de prérogatives étendues : il nomme le Premier ministre et le conseil des ministres, responsables devant lui ; un **Conseil du peuple,** composé de 250 députés, est élu tous les 4 ans au suffrage universel selon un scrutin plurinominal par circonscription à un tour

Économie :

- **Monnaie** : livre syrienne (double taux : en 1998, 1 FF = 2 LS au taux officiel et un peu moins de 8 LS au taux dit touristique, légèrement inférieur au taux du marché)
- **PIB** : 16 783 millions de dollars (1995)
- **Croissance annuelle** : 7,4 % (1990-1995)
- **Taux d'inflation** : 9,7 % (1997)
- **Balance commerciale** (en dollars) : *déficit commercial* : - 477 millions *balance des paiements* : + 440 millions
- **Dette extérieure totale** : 23,3 milliards de dollars (1997)
- **Importations** : 4 616 millions de dollars (1996)
- **Exportations** : 3 970 millions de dollars (dont 68 % de pétrole et dérivés) [1996]
- **Principales ressources** : ressources du sous-sol (pétrole, gaz, phosphate) ; agriculture (blé, betterave sucrière, coton, fruits et légumes) ; élevage (mouton) ; industrie de transformation
- **Principaux fournisseurs** (1996) : Allemagne (8 %), États-Unis (7,2 %), Italie (6,7 %), France (5,9 %), Turquie (5,8 %), Ukraine (5,7 %)
- **Principaux clients** (1996) : Italie (29 %), France (15,6 %), Espagne (9,9 %), Turquie (7,2 %), Russie (3,1 %)

Sources principales : Annuaire statistique de la République arabe syrienne (1997) ; Banque mondiale, *Rapport sur le développement dans le monde* (1997) ; Annuaire du Bureau international du travail (1997). Population des villes : J.-C. David, estimations 1998.

■ De la ville traditionnelle à la ville moderne

La Syrie est un pays à tradition urbaine très ancienne. La ville était le domaine du commerce, du savoir et du pouvoir, de la mosquée et du souk. Le développement de nouvelles formes économiques et surtout d'un appareil d'État de plus en plus lourd a transformé complètement le visage de la société citadine. À partir des années 1950, l'exode rural a entraîné l'arrivée dans les grandes villes, particulièrement dans la capitale, de nouvelles populations qui se sont installées dans les quartiers anciens autant que dans les nouveaux quartiers périphériques d'habitations populaires. La dichotomie traditionnelle des espaces urbains, entre quartiers ouverts de l'artisanat et du négoce autour de la grande mosquée d'un côté, et espaces résidentiels tournés vers l'intérieur et l'intimité des familles, de l'autre, s'est maintenue dans la vieille ville mais n'est plus de mise dans la ville moderne. Les anciennes familles citadines ont investi les nouveaux quartiers bourgeois et côtoient les nouveaux riches, grands du régime ou milieux d'affaires nés avec l'ouverture économique, souvent d'origine non citadine.

■ De la campagne à la ville

Ce sont les campagnes qui ont subi les transformations les plus radicales. Autrefois dominées et exploitées par les grands propriétaires urbains absentéistes, elles ont bénéficié dès les années 1960 de la réforme agraire et de la mise en valeur de terres nouvelles grâce aux grands travaux d'aménagement, au développement de l'irrigation et à la généralisation de l'électricité en 1979, et plus généralement du développement de l'administration et des services publics. Désormais, même les villages les plus reculés ont leur école et leur centre de santé. L'émigration vers les villes, intense dans les premières décennies de l'indépendance, a contribué à resserrer les relations villes-campagnes, grâce au dynamisme des associations d'originaires et au développement des moyens de transport. Depuis les années 1970 est apparu un phénomène inverse d'urbanisation des campagnes par l'émergence d'une multitude de petites villes, centres administratifs et marchés régionaux.

■ L'intégration de la steppe à l'espace national

La steppe, espace du semi-nomadisme et de l'élevage extensif, négligée et marginalisée dans les années 1960 et 1970, fait l'objet d'un regain d'intérêt et d'efforts de mise en valeur. Les bédouins sont aujourd'hui largement sédentarisés. Les camions ont remplacé depuis longtemps les caravanes de chameaux. La société tribale a conservé ses structures traditionnelles et reste attachée aux codes tribaux et aux identités

Dans les grandes villes, des quartiers modernes en expansion continue enserrent les quartiers anciens. Ici, le quartier de Mouhajirin à Damas, qui s'est développé jusque sur les pentes du mont Qassioun.

Comprendre

Les Palestiniens en Syrie

Lors de l'exode de 1948, la Syrie a, comme le Liban et la Jordanie, bien qu'en moins grand nombre, accueilli des réfugiés palestiniens. Le camp le plus important, celui du Yarmouk, a été installé dans la banlieue de Damas. Ce camp est aujourd'hui intégré dans l'espace urbain de la capitale. En 1996, les statistiques officielles chiffraient à 345 455 le nombre de réfugiés palestiniens résidant en Syrie, dont un peu plus de 230 000 (66 %) à Damas. Ils jouissent des mêmes droits et devoirs que les citoyens syriens, font leur service militaire dans un corps spécial, l'« Armée de libération de la Palestine », peuvent accéder aux mêmes emplois que les Syriens, y compris dans le secteur public, et occuper des postes de responsabilité. Ils n'ont pas la nationalité syrienne, mais disposent de documents de voyage syriens, en tant que Palestiniens. Venus de Palestine les mains vides, ils ont dû tout recommencer à zéro, et bien qu'ils bénéficient de l'aide de l'UNRWA (Agence des Nations unies pour les réfugiés), leur situation reste globalement plus précaire que celle des Syriens, ce qui explique que leur niveau de vie moyen soit inférieur.

Si, en matière de statut personnel, les individus sont toujours régis par les règles de leur confession d'origine, la religion n'est plus inscrite sur la carte d'identité, et les statistiques officielles l'ignorent : on ne connaît donc pas les chiffres exacts des différentes communautés religieuses, qui ne peuvent faire l'objet que d'estimations.

lignagères ; mais en utilisant ses réseaux à travers le pays, elle a développé des stratégies économiques qui s'appuient sur de nouvelles complémentarités avec le monde paysan, et a su s'adapter remarquablement au monde moderne. Autrefois égalitaire, la société bédouine a connu un processus de différenciation sociale favorisé par le développement de la propriété et de l'agriculture capitaliste. Le régime baassiste – c'est-à-dire du Baas, le Parti de la renaissance arabe socialiste, au pouvoir depuis 1963 *(→ p. 80)* – a d'abord cassé cette évolution et promu au contraire les plus pauvres et les jeunes générations, jusqu'à ce que les anciennes familles dominantes investissent à leur tour les rouages du parti Baas.

■ Une population d'une grande diversité

Si la société syrienne est composée majoritairement d'Arabes sunnites, elle compte aussi de nombreux groupes minoritaires qui se distinguent soit par la langue – Kurdes, Arméniens –, soit par la religion – minorités musulmanes (Alaouites, Druzes, Ismaéliens, Chiites) et chrétiennes (orthodoxes et catholiques de rites divers). Ces groupes ont le plus souvent un ancrage historique dans certains espaces : montagnes refuges ou quartiers urbains dans des villes où chaque communauté avait sa place. Mais les identités régionales séparent, distinguent ou opposent aussi des populations sunnites, auxquelles l'expérience historique ou un environnement spécifique ont façonné un profil propre : citadins de vieille tradition d'Alep, de Damas ou de Hama, bédouins sédentarisés de l'Euphrate, tribus d'éleveurs commerçants de la steppe…

Aujourd'hui, toutes ces populations connaissent une mobilité toujours plus grande. Leurs enfants vont dans les mêmes écoles, les modes de vie se rapprochent, les distinctions s'estompent. Des solidarités transversales, produites par l'école et le travail, de nouvelles expériences de vie sociale, ont contribué à créer un sentiment d'appartenance nationale. Si les difficultés économiques et les effets déstabilisateurs de mutations trop rapides produisent des crispations sur les identités primordiales, ils expliquent aussi un réinvestissement de valeurs socio-religieuses qui, loin d'être un simple retour à la tradition, traduit une façon moderne de donner un sens à la vie et de recréer des solidarités plus larges que le groupe d'origine.

■ Alaouites et Druzes, deux minorités montagnardes

Au nord-ouest de la Syrie, le djebel Ansariyé est depuis des siècles le refuge des **Alaouites.** Peuple de montagnards vivant dans des conditions difficiles, cette minorité apparentée au chiisme fournissait une main-d'œuvre agricole misérable aux grands propriétaires de la plaine. À l'époque du Mandat français (1920-1946), les Alaouites accédèrent à l'école et s'engagèrent dans l'armée. Ils fournirent de nombreux militants au parti Baas et, en 1963, ils étaient déjà majoritaires, aux côtés des Druzes, au sein du comité militaire du parti. Aujourd'hui, alors qu'ils représentent environ 10 % de la population syrienne, ils monopolisent la plupart des positions de pouvoir (ainsi, le président Hafez el-Assad est alaouite). Ils forment une communauté à la fois ouverte et entreprenante, liée au pouvoir, mais aussi très présente dans l'opposition. Urbanisés et disséminés dans tout le pays, ils sont devenus majoritaires à Lattaquié et sur la côte méditerranéenne.

Dans le Hauran, au sud de la Syrie, le djebel al-Arab (ou djebel Druze), au noir paysage volcanique, est le pays d'une autre minorité issue de l'islam, les **Druzes,** qui ont connu un destin opposé à celui des Alaouites. Rudes paysans, attachés à leur terre, ils se soulevèrent en 1925 contre l'occupation française et dirigèrent ce que l'historiographie syrienne appelle la « Grande Révolution syrienne ». Comme les Alaouites, ils firent de l'armée un canal de promotion sociale et furent nombreux dans le parti Baas. Mais ils ont été écartés du pouvoir au fur et à mesure des luttes internes et des épurations successives. Leur montagne est pauvre, et ils ont fourni de forts contingents d'émigrés à toutes les périodes, particulièrement, dans les années 1970 et 1980, vers les pays arabes producteurs de pétrole.

Les Druzes sont répartis entre trois pays : le Liban, où ils seraient de 200 000 à 350 000 ; la Syrie, où ils représenteraient 2 à 3 % de la population et Israël, où ils ne sont guère plus de 30 000 et bénéficient du statut de citoyens à part entière.

■ Deux métropoles : Alep et Damas

Jusqu'en 1950, **Alep** a conservé la suprématie sur Damas au plan démographique. De son héritage de métropole ottomane, elle garde un fort sentiment d'identité et une tradition d'opposition au pouvoir central, tandis que l'opulence de son souk témoigne encore aujourd'hui de sa splendeur passée. Ville marchande à la population mélangée, Alep a compté de tout temps une importante population chrétienne. Entre 1905 et 1940, elle accueillit en outre un grand nombre de réfugiés arméniens de Turquie, qui ont fortement marqué la ville de leur empreinte ; plus tard sont arrivées des vagues d'immigrants de la Djéziré, qui sont à l'origine du développement des nouveaux quartiers à l'est de la ville. Parmi eux, les Kurdes, très nombreux, sont venus grossir un noyau anciennement installé.

Damas, par son héritage historique, la structure de sa population et l'organisation de ses quartiers, n'est pas sans ressembler à Alep du point de vue social : importance des chrétiens (et présence d'une minorité

Tous Syriens, chacun à sa manière

La Syrie doit à son long passé l'installation sur son sol de nombreuses communautés. Autant de strates où peut se lire l'histoire complexe de cette région de passage. Même si la laïcité militante que prône le régime a réussi, à travers l'école par exemple, à forger un modèle de citoyen, les Syriens, pour la plupart, se réclament aussi de leurs communautés. Difficile parfois pour un Occidental de s'y retrouver, lorsque les critères de reconnaissance sont de plusieurs ordres : religieux, ethniques, ou ressortissant à un mode de vie, comme c'est le cas pour les bédouins.

▲ **La prière du vendredi. L'islam est une religion fondamentalement égalitaire et communautaire : les fidèles se prosternent devant Dieu, ensemble et côte à côte. À partir des Omeyyades, puis sous les Ayyoubides, les Mamelouks et les Ottomans, la Syrie fut un bastion de l'orthodoxie sunnite face aux hétérodoxes chiites du monde persan. Ce qui n'empêche pas les Iraniens de venir en nombre se recueillir à Damas devant la tête du fils d'Ali, déposée dans la mosquée des Omeyyades.**

■ Les communautés d'origine religieuse

Arabe et musulmane, la Syrie peut se flatter d'avoir été au centre de l'immense empire des premiers partisans du Prophète. Neuf Syriens sur dix se réclament de l'islam, et du sunnisme pour 80 % d'entre eux. C'est que l'orthodoxie musulmane s'est fixée en Syrie sous les Omeyyades, qui affirmèrent leur pouvoir contre les fidèles du parti d'Ali, les chiites *(→ Petit dictionnaire)*. Ces derniers représentent moins de 1 % des musulmans syriens. Se réclament aussi de l'islam les minorités hétérodoxes des Druzes et des Alaouites *(→ p. 168 et 362)*, longtemps pourchassées, qui trouvèrent refuge dans les montagnes. Tout aussi arabes, les chrétiens sont fractionnés en une dizaine d'Églises issues des querelles christologiques qui divisèrent le monde byzantin au Ve s. *(→ encadré p. 119)*. Et s'ils se nomment grecs orthodoxes ou latins, c'est uniquement en référence au culte qu'ils suivent. Les juifs, enfin, constituent sans doute la plus ancienne communauté religieuse de Syrie : les Actes des Apôtres mentionnent les nombreuses synagogues de Damas lors du passage de saint Paul. Ils sont en voie d'extinction du fait de l'émigration vers l'étranger.

▲ **Les Druzes sont les héritiers d'une secte ésotérique remontant au XIe s. On les trouve dans le djebel al-Arab (appelé aussi djebel Druze), dans le Golan ainsi que dans le djebel Ala, partie occidentale du Massif calcaire. Rudes paysans accrochés à leurs montagnes, leurs qualités guerrières ont fait leur renommée en Orient. Les hommes arborent volontiers un voile d'une blancheur éclatante, tandis que les femmes se parent, les jours de fête, de superbes broderies. Les Druzes, qui ne prient pas dans les mosquées, croient à la réincarnation des âmes.**

◄ **Musique et danse tradition-nelles lors d'un mariage kurde, dans le Nord du pays.**

■ Les communautés ethniques

La Syrie doit également aux découpages des frontières et aux vicissitudes de l'histoire la présence sur son sol de différentes communautés ethniques. Ainsi, les Arméniens sont les descendants des rescapés des massacres de 1915 ; ils sont environ 130 000, regroupés principalement à Alep. On compte également des Kurdes, entre 200 000 et 300 000 individus, au N. d'Alep et dans la région de Qamishli, au N.-E. de la Djéziré. Quant aux Circassiens (ou Tcherkesses), dont les ancêtres vinrent du Caucase à l'époque ottomane, ils composent une communauté d'environ 10 000 membres. On trouve également des villages turcs et turkmènes au N. du pays. Sans oublier les réfugiés palestiniens, environ 280 000, chassés de leur pays en 1948 et 1967 (→ *encadré p. 66*).

S.B.

▲ **Les chrétiens de Syrie se divisent en une dizaine d'Églises. Catholiques ou orthodoxes, tous suivent – à l'exception des latins et des protestants – des rites orientaux. Loin de constituer une communauté homogène, ils cultivent parfois entre eux de solides inimitiés, bien loin de l'esprit œcuménique que prônent officiellement leurs hiérarchies religieuses.**

► **Les bédouins encore nomades sont pour l'essentiel des éleveurs de moutons. Les grandes tribus chamelières ne sont plus qu'un souvenir.**

juive aujourd'hui réduite), poids de l'artisanat, de l'industrie et du commerce, classe dominante de grands commerçants et de propriétaires terriens. Un quartier kurde, ancien faubourg, est aujourd'hui intégré dans la ville moderne. Depuis les années 1960, elle est, bien plus qu'Alep, submergée par l'arrivée d'immigrants de toute la Syrie. Nombreux dans l'armée, les forces de sécurité, l'administration ou les entreprises publiques, ceux-ci ont connu une forte mobilité sociale ascendante dans les années 1970 et 1980, et souffrent d'autant plus aujourd'hui des difficultés économiques.

■ La Syrie orientale : Euphrate et Djéziré

L'Est syrien était autrefois le domaine de la steppe et des bédouins. Dès l'époque mandataire, la politique de contrôle du territoire bouleversa les modes de vie traditionnels. Mais les transformations les plus profondes se sont produites après l'indépendance, avec le développement de la culture du coton dans les années 1940 et 1950, la réforme agraire dans les années 1960, la construction du barrage sur l'Euphrate *(→ encadré p. 77)* et la politique d'aménagement agricole après 1973. Les cultures se sont diversifiées, le mouvement de sédentarisation s'est intensifié, les conditions de vie se sont améliorées avec l'arrivée de l'électricité, et le développement des moyens de communication a d'abord facilité les relations avec Alep, la métropole du Nord. C'est dans ces régions que le développement de l'instruction et des services de santé a été le plus impressionnant, et que la croissance urbaine a été la plus forte.

Mais le Nord-Est de la Syrie, c'est aussi le prolongement du Kurdistan irakien et turc ; les régions frontalières sont historiquement peuplées de Kurdes, sensibles aux revendications nationalistes de leurs frères des pays voisins, et de petits groupes de chrétiens de langue araméenne. Si les Kurdes de Syrie font peu parler d'eux, la question n'en est pas moins sensible, d'autant que les difficiles relations avec la Turquie et l'Irak (aggravées par le problème du partage de l'eau de l'Euphrate) font d'eux un moyen de pression tout trouvé. L'État s'en méfie, et un grand nombre d'entre eux ont été déplacés vers l'intérieur, ou ont choisi de migrer vers Alep ou Damas.

Mutations sociales et trajectoires familiales

Le paysage social a été profondément bouleversé depuis les années 1960 sous l'effet des transformations économiques et politiques, du

Le souk, un lieu d'échanges

Le souk est bien plus qu'un espace de commerce. Dans la ville arabe traditionnelle, il s'oppose aux quartiers d'habitation comme espace ouvert de la rencontre, par contraste avec l'espace des ruelles aveugles, préservant la vie privée des familles. Lieu d'échange, de négociation, c'est aussi l'espace public par excellence, où les différences sont neutralisées, où les groupes se croisent et les individus se mélangent. Il existe plusieurs sortes de souks : les souks des quartiers centraux, autour de la mosquée, où l'on trouve les produits de l'artisanat et de l'industrie traditionnelle, les parfums, les épices ; les petits souks de quartiers, plus polyvalents ; enfin les souks ruraux, aux portes des villes, où les paysans viennent vendre leurs produits. Tous sont des lieux d'intense sociabilité, de palabres, de mise en scène sophistiquée des relations sociales, où le temps s'étire, où le travail se confond avec la vie. Toutes formes oubliées dans les ruptures et les tensions de la ville moderne.

La famille reste l'unité de base de la société. Dans les campagnes, elle s'entend encore le plus souvent au sens large alors qu'en ville, le salariat, la mobilité géographique et le travail des femmes favorisent l'émergence de la famille nucléaire (les deux parents et leurs enfants uniquement).

développement des moyens de communication et d'échange, des infrastructures, de l'éducation, et d'un dynamisme démographique parmi les plus forts de la planète. La société syrienne s'est décloisonnée et ouverte au monde. Les relations familiales se transforment, mais la famille reste l'unité de base de la société. Quant aux relations sociales, elles restent marquées par un système de valeurs où prédomine un sens aigu de la position de chacun, et des rôles et obligations réciproques qui en découlent : hospitalité, sens de l'honneur, respect de l'âge.

■ Les stratégies familiales

Avec les transformations économiques, le développement du marché et du travail salarié, la famille n'est plus l'unité économique qu'elle était autrefois. L'unité familiale se réduit, de nouvelles différenciations de classes la font éclater. Solidarité et entraide sont parfois contrecarrées par l'émergence de conflits. Mais les carrières individuelles restent souvent subordonnées à l'intérêt collectif. On investit dans les études et les diplômes, mais on diversifie les insertions professionnelles ou institutionnelles, entre l'administration, l'armée ou l'agriculture, le secteur public et le secteur privé.

Lors des distributions de terres, suite à la réforme agraire et aux projets d'aménagement, les familles se concertaient pour garder ou acquérir un maximum de terres, en les faisant inscrire au nom du plus grand nombre de fils possible ; mais du même coup les relations entre pères et fils se transformaient, des inégalités apparaissaient entre frères. La terre ne pouvant plus être divisée, les fils qui n'en héritent pas doivent se reconvertir. De même, l'évolution technique, la mécanisation transforment les conditions du partage des tâches, donc les relations à l'intérieur de la famille. Cependant, en ville, les difficultés économiques et le chômage ainsi que la faiblesse de la protection sociale maintiennent l'importance de la famille comme ressource. La remontée du travail familial non payé dans les années 1990 est révélatrice de ce rôle renouvelé.

L'enseignement primaire est devenu obligatoire en 1965 et s'est généralisé, alors qu'en 1960, moins de deux tiers des enfants allaient à l'école. Dans le secondaire, on est passé de 15 % de jeunes scolarisés en 1960 à plus de 50 % en 1996.

Parents et enfants

Abou Abdallah et sa famille vivent dans un village proche de Damas. Il est employé à la municipalité, possède un élevage de poulets, fait un peu de commerce ; il est aussi *moukhtar* de son village (sorte d'officier d'état civil responsable d'un quartier ou d'un village). Umm Abdallah, sa femme, s'occupe de leurs cinq enfants : Lisa, l'aînée, suivie d'Abdallah, Mouna, Karim et Boulos. Leur vie quotidienne donne un exemple à la fois d'équilibre tranquille et de la force des codes sociaux qui régissent les relations entre parents et enfants. Celles-ci sont fondées sur des rôles définis en fonction de l'âge, du sexe et du lien de parenté, et faites de rapports hiérarchiques inégaux imposant respect et obéissance à l'égard des parents, et donnant aux plus vieux autorité sur les plus jeunes. Mouna a la préséance sur ses petits frères, mais écoute Lisa et Abdallah. Les enfants apprennent à se penser comme membres d'un groupe solidaire, la famille, et participent, en fonction de leurs capacités, aux tâches quotidiennes. Le temps, comme l'espace, sont communs. Les enfants n'ont pas, comme dans la famille occidentale, un espace propre, des jouets personnels. Les devoirs se font ensemble, mais ils peuvent être interrompus lorsque Abdallah ou ses frères sont appelés à aider leur père, ou les filles sollicitées pour les travaux de la maison.

■ L'école, vecteur de promotion sociale

La généralisation de la scolarisation est une des grandes réalisations du régime. Les filles sont aussi nombreuses que les garçons à fréquenter l'école, qui fait désormais partie du paysage des villages comme des villes. Cette rapide montée de l'instruction produit de forts décalages entre parents et enfants, décalages qui sont particulièrement sensibles dans les campagnes où nombre de fils – et filles – de paysans analphabètes sont devenus enseignants, fonctionnaires ou ingénieurs. Pour toute une génération, les études ont été vues comme la clé de la réussite et de la promotion sociale. La politique gouvernementale allait dans le sens des aspirations populaires. Mais un tel effort s'est payé d'une diminution relative des moyens disponibles par élève, tandis que les enseignants, comme tous les fonctionnaires, ont vu leur situation se dégrader dès les années 1980. Nombreux au sein du parti Baas dès sa fondation, ils jouent un rôle important dans la socialisation des nouvelles générations, mais ils sont également perméables aux courants qui traversent la société, et participent au mouvement de retour à l'islam.

■ L'université pour tous ?

Les progrès de l'enseignement supérieur ont été encore plus sensibles. Le pays dispose aujourd'hui de quatre universités, à Damas, Alep, Lattaquié et Homs, mais aucune dans les régions orientales, qui n'ont que des « instituts supérieurs moyens » (deux ans après le bac). La démocratisation des études supérieures, ouvertes à tous les bacheliers, a débouché sur une explosion des effectifs. En 1960, 4 % des effectifs d'une génération accédaient à l'université ; ils étaient 18 % en 1996. Les options choisies sont révélatrices de l'évolution des attentes et des stratégies qui en découlent : entre 1970 et 1980, les effectifs des facultés d'ingénieurs ont été multipliés par 7, passant à plus de 20 % du total des étudiants, tandis que ceux de médecine étaient multipliés par 4 (7,2 %). Mais en 1990 la tendance s'est inversée, et ce sont les filières d'économie, de gestion et de droit qui reprennent le flambeau : on est passé de l'étatisme à la libéralisation économique, des projets de développement à la logique du marché.

Depuis le début des années 1990, on note cependant un tassement des effectifs : comme si la croissance du chômage chez les diplômés décourageait les nouvelles générations de poursuivre des études qui n'offrent plus l'assurance d'un emploi. Enfin et surtout, on a vu se multiplier les institutions de formation privées en langues, en informatique, tandis que les familles aisées ont toujours continué à envoyer leurs enfants à l'étranger, préservant ainsi leur position sociale relative.

■ Mobilité géographique…

De tout temps région de passage et d'échanges, la Syrie a une longue tradition de mobilité. La fin du XIXe s. a vu l'apparition d'un mouvement d'émigration vers l'Amérique (particulièrement chez les minorités montagnardes). À l'indépendance (1946), l'exode rural vers les villes s'est intensifié. Les grands projets d'aménagement dans la plaine de l'Oronte et la vallée de l'Euphrate ont attiré les villageois des régions pauvres, provoquant des brassages de populations d'origines diverses. Après 1973, l'émigration vers les pays arabes producteurs de pétrole a pris le relais. Tous ces mouvements, qui sont allés de pair avec d'autres changements tels que les progrès de l'éducation ou le développement du salariat et des emplois publics, se sont accompagnés d'une forte mobilité sociale.

■ … et mobilité sociale

À suivre les trajectoires familiales, on note les effets massifs des changements sociaux sur les comportements, les aspirations et les représentations de l'avenir. Sur trois générations, on observe des reconversions qui permettent à des fils et petits-fils d'anciens notables, chefs de tribus ou commerçants, de préserver une position sociale grâce à l'acquisition d'un diplôme ou à l'entrée dans le parti au pouvoir ; inversement, si le diplôme est devenu un outil de promotion pour un nombre toujours plus grand de jeunes de familles modestes, les nouvelles générations de diplômés se différencient de plus en plus en fonction des types d'emplois auxquels elles accèdent. Les enfants de paysans qui, ingénieurs ou agronomes, deviennent fonctionnaires, n'ont certes pas les mêmes possibilités de carrière que les fils de citadins, qui bénéficient d'un capital relationnel hérité de leur famille ou qui, mieux encore, ont pu compléter leurs études à l'étranger. Ainsi, ce qui apparaît comme une promotion sociale exceptionnellement rapide, favorisée par les changements dans la société, se retourne en période de crise. Mais à la relative rigidité de la société ancienne a succédé une fluidité qui, au-delà de la reproduction des positions sociales relatives, laisse malgré tout ouvertes des possibilités de réussite individuelle.

■ La transformation du travail

Régression et dévalorisation du travail agricole, marginalisation de l'artisanat et de la petite production, prestige des carrières militaires et de la fonction publique ont profondément transformé la représentation du travail dans les années 1960 et 1970. À l'époque des grands projets et de l'industrialisation, on parlait de créer un homme nouveau dégagé des anciennes servitudes, une société égalitaire de travailleurs construisant la société de demain. Mais entre les discours et la réalité, la logique du pouvoir et de l'argent, combinée à la bureaucratisation croissante de l'État, a rapidement eu raison de ce modèle idéal. Les emplois dans l'administration, moins fatigants, souvent mieux payés, plus proches des positions de décisions, ont acquis un prestige d'autant plus grand qu'ils étaient associés au diplôme. Malgré les proclamations officielles, le travail manuel s'en est trouvé dévalorisé de fait. Le développement de la corruption et du népotisme, favorisé par le contrôle étatique de l'économie et la monopolisation du pouvoir par une minorité, ne pouvait qu'aggraver les choses. Dans l'administration et les entreprises publiques, plus que la compétence et le travail, c'est souvent la capacité à utiliser les relations personnelles qui conditionne la promotion. L'émigration, source d'enrichissement rapide, sinon facile, a un peu plus dissocié travail et revenus.

L'évolution du PIB par habitant (à prix constant de 1985), que l'on peut considérer comme un indicateur de celle du niveau de vie, révèle une progression régulière de 1963 à 1985, puis une nette régression entre 1985 et 1989. Le niveau de 1985 n'a été retrouvé qu'en 1992.

Une baisse du niveau de vie pour les salariés

Avec la crise économique des années 1980, le pouvoir d'achat des salariés a subi une baisse dramatique ; c'est particulièrement le cas des fonctionnaires et employés de l'État, dont les salaires n'étaient revalorisés que très lentement. La politique d'ouverture économique, même progressive, accélère l'inflation, aggrave les différences entre une minorité d'hommes d'affaires, entrepreneurs et commerçants qui en tirent profit et s'enrichissent rapidement, et la masse de la population. Aujourd'hui, disent les Syriens, les nouveaux pauvres ne sont plus les paysans ou les ouvriers, mais les diplômés et les fonctionnaires. Les citadins des grandes villes en souffrent en effet plus que les ruraux : l'alimentation, le logement deviennent hors de prix. Alors, les doubles journées de travail se multiplient. Les anciens ruraux se remettent au travail de la terre, et les retours à la campagne se font plus nombreux.

Femmes : des progrès incontestables

Le régime baassiste a incontestablement fait beaucoup pour l'amélioration de la condition des femmes, que ce soit en termes d'éducation ou de droit au travail. La position de la femme dans les rapports domestiques se transforme avec le recul de l'âge au mariage, l'élévation du niveau d'éducation et la progression du taux d'activité féminine. Le développement de l'administration a contribué à stimuler le travail des femmes : un emploi public (d'enseignante, de fonctionnaire) est considéré comme une position honorable pour une jeune fille, garantie par la qualité de l'employeur. Pourtant, la progression de l'activité féminine a été moins rapide que celle de l'instruction, sauf chez les plus diplômées : le nombre de femmes ingénieurs ou médecins est en effet remarquable. Mais les femmes continuent dans leur écrasante majorité à considérer le soin de la famille comme leur mission première ; or, la taille des familles est restée longtemps importante. À partir des années 1980, du fait de la crise, on a enfin assisté à un retournement de tendance. Le nombre moyen d'enfants par femme régresse (de 7,8 à 4,2 entre 1978 et 1993) en même temps que progresse la participation des femmes à l'emploi.

Avec le travail, les femmes ont découvert les problèmes de double journée et de garde d'enfants. Elles s'interrogent sur leur place dans la société et, comme ailleurs, ont du mal à concilier les exigences du travail et de la vie familiale. Pour elles aussi, le retour à la religion est d'abord une recherche de sens, et les nombreuses jeunes filles qui se voilent, vont à la mosquée ou participent à des cercles

Une vie bien remplie

Hoda, à 30 ans, est une femme épanouie et active. Elle avoue pourtant douter de ses choix et ne conseille pas à sa jeune sœur de l'imiter. Fille d'un instituteur qui fut animateur du mouvement de jeunesse du parti Baas, elle a fait des études de médecine à Damas, puis une formation en santé publique, qui l'a amenée trois mois en France. Mariée peu après son retour avec un condisciple, elle a d'abord travaillé en milieu rural pendant deux ans, comme tous les jeunes médecins, avant d'être recrutée au ministère de la Santé. Après une longue matinée au ministère (de 9 h à 14 h), elle rentre chez elle s'occuper de ses deux petits enfants, et... travailler en soirée dans son cabinet médical, contigu à son appartement, où elle reçoit surtout des femmes et des enfants. Heureusement, elle habite près de sa mère, à qui elle peut demander de l'aide (plus facilement, dit-elle, qu'à sa belle-mère, auprès de qui, autrefois, l'usage aurait voulu qu'elle demeure). À la réflexion, elle se demande si elle ne prive pas ses enfants, si elle n'en fait pas trop. « Dans notre société, l'unité de base, c'est la famille, et la femme se doit d'abord à elle. » Comme la plupart de ses collègues, elle porte l'habit islamique.

Les cinq piliers de l'islam

Religion monothéiste, l'islam repose sur le Coran, révélation transmise à Mahomet (569-632) par l'archange Gabriel, et sur les hadiths (paroles prêtées au Prophète). Il n'accable pas l'homme sous le poids du péché originel et ne le menace pas de damnation éternelle. Les règles concernant le culte et la conduite à tenir par les musulmans dans la société sont fixées par la Sharia, la loi canonique de l'islam, issue principalement du Coran. Pour avoir une chance d'accéder au paradis à l'heure du Jugement dernier, les fidèles doivent respecter les cinq devoirs essentiels, ou piliers, de l'islam.

1. L'affirmation de la foi en prononçant la formule : « Il n'y a qu'un Dieu, et Mahomet est son prophète. »

2. La prière, cinq fois par jour à l'appel du muezzin.

3. L'aumône aux pauvres, essentielle car la solidarité entre croyants est l'un des fondements de l'islam.

4. L'observation du jeûne du ramadan. Riches et pauvres doivent lire le Coran dans son entier et s'abstenir de boire, de manger, de fumer, de respirer du parfum et d'avoir des relations sexuelles de l'aube au crépuscule durant le neuvième mois de l'année lunaire. Le ramadan conduit les hommes de toutes conditions à mépriser les contingences terrestres et à un rapprochement commun vers Dieu.

5. Le pèlerinage à La Mecque. Tout musulman qui en a les moyens doit l'effectuer au moins une fois dans sa vie. Le pèlerinage symbolise le retour au centre de toute chose et permet le pardon de tous les péchés.

Les attitudes de la prière sont rigoureusement codifiées.
1) Debout, les mains ouvertes, le fidèle prononce la formule de consécration : « Allah est grand. »
2) Il récite la première sourate du Coran.
3) Il s'incline.
4) Il se prosterne.
5) Il se rassied et se prosterne à nouveau.
6) Assis, il récite la *Sahadet* (profession de foi) et une prière pour le Prophète, puis prononce la formule de désacralisation.

de réflexion, trouvent parfois dans ces pratiques, paradoxalement, une occasion d'affirmer leur autonomie.

Entre islam populaire et islam savant, fêtes religieuses et cercles de réflexion, les pratiques religieuses sont diverses. Les tombeaux de saints personnages de l'islam attirent toujours les foules, et les confréries mystiques, actives, ont de nombreux adeptes.

■ Islam et société

Les années 1950 et 1960 avaient connu un mouvement de laïcisation dans les milieux citadins et éduqués du pays. Mais dans les milieux populaires, les pratiques religieuses sont toujours restées vivantes. Depuis les années 1980, en dépit de la violente répression subie par l'islamisme politique, on assiste à une renaissance de l'islam, sous des formes nouvelles.

Comme dans beaucoup de pays arabes, le visiteur sera frappé, surtout à Alep, par le nombre des femmes – souvent très jeunes – portant le « vêtement islamique », foulard cachant les cheveux et long manteau descendant aux chevilles. Le regain d'intérêt pour la religion se traduit par le développement de l'enseignement religieux et des cercles de réflexion, qui se réunissent dans les maisons ou les mosquées, et par l'essor de l'édition de livres religieux, dont les librairies sont inondées. En outre, le mouvement de construction des mosquées n'a jamais été aussi intense. Le renouvellement de la pratique religieuse apparaît autant comme une conséquence de l'élévation du niveau culturel de la population, dont le rapport à la religion est devenu plus intellectuel, que comme l'expression du désarroi provoqué par les difficultés de la vie quotidienne.

Un des plus grands succès de librairie de ces dernières années est l'ouvrage d'un ingénieur, Mohammed Chahrour (publié à Damas en 1989, non traduit), qui propose en 600 pages ardues une « lecture moderne » du Coran.

L'islam syrien reste cependant, dans le contexte politique actuel, relativement tolérant : les chrétiens ne sont pas inquiétés, et si la population respecte massivement le jeûne du ramadan, aucun comportement autoritaire n'interdit la consommation de nourriture dans les lieux publics aux non-musulmans ou aux non-pratiquants.

L'économie : une libéralisation contrôlée

Après deux décennies de croissance économique, les dysfonctionnements croissants de l'appareil de production, le développement de la spéculation et de la corruption, conjugués à la baisse des ressources du pétrole, ont été à l'origine, dès le milieu des années 1980, d'une grave crise de l'économie syrienne. Le régime a tenté de l'enrayer par une série de mesures favorisant un rôle accru du secteur privé dans l'économie qui, toutefois, reste de caractère mixte. À la différence de l'Égypte, il n'est pas question de dénationaliser, même si le gouvernement s'efforce de rationaliser les entreprises publiques en leur imposant une plus grande autonomie de gestion.

■ Une économie dépendante du pétrole

Grâce à un climat favorable et à d'importantes richesses en sous-sol, la Syrie est un pays aux ressources diversifiées. La part de l'agriculture dans le PIB, après avoir fortement baissé entre 1960 et 1980, remonte significativement depuis 1990, tandis que la production industrielle augmente à nouveau ; le secteur touristique a connu une forte progression. Mais la principale source de devises restent les hydrocarbures (68 % des recettes d'exportation en 1996). Bien que ce secteur ait été nationalisé en 1964, des concessions d'exploration ont à nouveau été accordées à partir de 1976 à des compagnies étrangères (ainsi Elf-Aquitaine et Total pour la France). De nouveaux gisements ont été découverts dans la région de Deir ez-Zor puis d'Abou Kémal. La production atteignait 30 millions de tonnes en 1996, dont près des deux tiers sont exportés. La production du gaz naturel est en hausse (gisements près de Homs et de Palmyre).

Après la nationalisation, en 1964-1965, du secteur bancaire et des plus importantes sociétés commerciales et industrielles, l'État était devenu le premier acteur économique. Depuis le milieu des années 1980, il s'est progressivement désengagé. La croissance, très forte entre 1990 et 1995, s'est ralentie et se stabilise entre 3 et 4 % par an. L'inflation diminue : 13 % en 1993, 9 % en 1997. Mais les recettes de l'État dépendent encore trop de l'aide des pays arabes (en baisse), et le budget est lourdement grevé par les dépenses militaires – même si celles-ci se réduisent depuis 1991 – et par une lourde dette extérieure.

■ Une agriculture modernisée

La réforme agraire qui s'est effectuée en plusieurs étapes de 1958 à 1963 avait supprimé la grande propriété foncière. Une politique de grands travaux a permis d'accroître notablement les surfaces cultivables et de développer l'irrigation dans les vallée de l'Oronte et de l'Euphrate. Les résultats de cette politique ont été inégaux. Les années 1970 ont connu des pénuries récurrentes en fruits et légumes, et la production de blé était loin de couvrir les besoins. Le développement de la culture de la betterave sucrière a entraîné d'énormes gâchis dus aux problèmes d'acheminement. La récente politique de libéralisation économique et la création de

Le barrage sur l'Euphrate

Épine dorsale de la politique de développement, le barrage devait permettre l'électrification du pays et le doublement des terres agricoles. Réalisée avec l'aide de l'Union soviétique, sa construction, entre 1968 et 1973, a nécessité la mobilisation de milliers d'ouvriers et de centaines d'ingénieurs, recrutés dans toute la Syrie. Une ville de 100 000 habitants est née sur le site du village de Tabqa, rebaptisé Madinat ath-Thawra (Ville de la Révolution). Barrage-poids en terre (comme le barrage d'Assouan), long de 4,5 km et haut de 60 m, il retient un lac de 80 km de long (640 km^2, 12 milliards de m^3 d'eau), qui a permis un développement intensif de la pêche.
La production d'électricité a démarré fin 1973 et atteint aujourd'hui 5,6 milliards de kWh par an, ce qui permet à la Syrie d'en exporter une partie. En revanche, de gros retards ont été pris dans l'aménagement des terres, du fait tant des lenteurs bureaucratiques que des difficultés techniques (évaporation, salinisation des terres). Ces travaux ont cependant permis d'améliorer les cultures traditionnelles (blé, orge, coton) et d'en introduire de nouvelles (légumes, riz, betterave). Mais la construction par les Turcs d'un nouveau barrage en amont a réduit le débit de l'Euphrate en Syrie et suscité un conflit durable entre les deux pays pour le partage de l'eau.

nombreuses sociétés mixtes dans le secteur agricole ont contribué à redresser la situation. La culture sous serre a progressé et les vergers se sont multipliés. Le retour à la terre des néocitadins qui réinvestissent sur les terres familiales, favorisé par la baisse du revenu des salariés et les difficultés sur le marché de l'emploi, a contribué à ce développement. D'autre part, l'élevage du mouton, bien que tributaire des conditions météorologiques, s'est beaucoup développé et représente une source d'enrichissement importante pour les populations de la steppe.

■ Industrie : le retour de l'entreprise privée

La principale mesure de libéralisation de l'économie, la loi n° 10 de mai 1991, multiplie les garanties pour les investisseurs privés, y compris étrangers. Elle a été suivie d'une croissance rapide des investissements dans les transports, le tourisme, l'agroalimentaire, la petite industrie de transformation.

Le dualisme qui caractérisait le secteur industriel jusqu'au milieu des années 1980 tend à s'estomper. Entre 1985 et 1991, la promulgation de lois favorisant l'investissement privé a suscité une vague de créations d'entreprises, qui s'est cependant ralentie dès 1992.

Dans les années 1970, le développement du **secteur public industriel** s'est accompagné d'un effort de diversification sectorielle et géographique. Des usines ont été créées dans tout le pays, recrutant une main-d'œuvre d'origine rurale, sollicitée par les travaux agricoles. Mais les entreprises publiques souffraient de sous-effectifs ouvriers, aggravés par la tendance inverse à employer des administratifs en surnombre. La gestion bureaucratique et la corruption, le sous-emploi des capacités productives et la faible productivité du travail ont entraîné de graves gaspillages.

Morcellement de la production, sous-traitance, recours aux réseaux informels de financement et à l'association (favorisée par la prégnance de l'éthique islamique) permettent aux petits entrepreneurs de contourner les contraintes étatiques.

Le **secteur privé industriel**, réhabilité dès 1970, n'en souffre pas moins des ambiguïtés de la politique à son égard. Dominé par les petites entreprises employant des techniques de production souvent semi-artisanales, il fait preuve d'un étonnant dynamisme. Depuis 1991, l'entreprise privée s'est développée dans de nouveaux secteurs : habillement, papier, produits ménagers, alimentaire. Ces entreprises s'installent dans les nouvelles zones industrielles à la périphérie des villes, et leurs créateurs sont souvent de jeunes diplômés qui introduisent de nouvelles façons de travailler.

■ La question de l'emploi

Sur une population active d'un peu plus de 4 millions de personnes, près de 20 % sont employés par l'État. L'éducation représente le quart de l'emploi public, et à peu près autant d'actifs sont dans les diverses administrations centrales et locales – sans compter l'armée, qui occupe encore un demi-million de personnes. En 1995, 28,6 % étaient dans l'agriculture, 17,3 % dans l'industrie, 36,3 % dans les services tandis que 5,2 % étaient dans les transports et 12,6 % dans le BTP.

L'agriculture emploie un peu moins de 30 % de la population active, contre 48 % en 1970. Dans le même temps, elle s'est beaucoup modernisée. Aujourd'hui, l'autosuffisance alimentaire est à peu près assurée.

L'évolution la plus remarquable reste celle des « professions scientifiques et techniques » : de 4,3 % de l'emploi en 1970, elles étaient passées à 11,2 % en 1996. Les diplômés ont longtemps bénéficié de la garantie de l'emploi : jusqu'en 1995, les ingénieurs devaient 5 ans à l'État, qui s'engageait à les recruter. Depuis 1990, les créations d'entreprises ne compensent pas la chute de l'emploi public. L'émigration dans les pays du Golfe se ralentit avec la baisse de la rente pétrolière, tandis que le Liban, depuis la fin de la guerre civile, a retrouvé sa fonction d'« espace d'absorption » pour la main-d'œuvre syrienne : estimés avant 1975 à 200 000, les travailleurs syriens sont sans doute encore plus nombreux à la fin des années 1990.

Le chômage, qui s'aggrave avec la libéralisation économique et touche particulièrement les diplômés, est difficile à mesurer, en l'absence de tout système d'indemnisation. Seules l'entraide familiale et les activités précaires permettent à un nombre de plus en plus grand de jeunes de s'en sortir : la croissance de la part des « travailleurs familiaux non payés » dans la population active (17,7 % en 1995, pour 13,9 % en 1991) en est sans doute un indice.

■ Des milieux d'affaires souvent liés au pouvoir

L'arrivée au pouvoir du parti Baas puis la succession des mesures socialistes (réforme agraire, nationalisations) avaient provoqué l'exil de la bourgeoisie industrielle. Les années 1970, période de croissance économique, ont vu la montée en puissance d'une nouvelle « classe parasitaire » d'intermédiaires, patrons de sociétés publiques d'import-export ou de travaux publics, souvent issus de l'armée ou liés à elle. La plus grande entreprise de travaux publics, Milihouse, était une société militaire, et l'armée avait créé de nombreuses usines, non seulement pour ses propres besoins, mais aussi pour une production civile (eau minérale, piles électriques). En 1985 et 1986, deux décrets ont autorisé la création de sociétés mixtes dans les secteurs touristique et agricole : de grosses entreprises ont émergé, créées par des proches du régime.

Aujourd'hui, entrepreneurs et hommes d'affaires forment un milieu composite : rescapés de l'ancienne bourgeoisie qui réapparaissent ; hommes d'affaires enrichis à l'ombre de l'État et qui, ayant acquis de l'autonomie, investissent dans l'hôtellerie, les transports, le tourisme ; nouveaux entrepreneurs, d'origine plus modeste, hautement qualifiés, qui créent des entreprises de production de biens de consommation courante.

Ces nouveaux milieux d'affaires sont entrés au Parlement à l'occasion des élections de 1990 mais, loin de représenter une diversification de la représentation politique, ils restent en fait très liés au pouvoir en place.

Politique et institutions

Dans les médias occidentaux, le régime syrien se confond avec son président, Hafez el-Assad, au pouvoir depuis 1970. Malgré des institutions formellement démocratiques, il reste en effet marqué par l'autoritarisme et un culte de la personnalité envahissant. Dirigé par un parti à idéologie laïque, il accorde cependant quelques privilèges à l'islam, religion du président et principale source du droit. Si les observateurs s'interrogent sur les effets possibles de la libéralisation économique dans le domaine politique, la plupart admettent qu'ils restent limités. L'état d'urgence instauré en 1962 n'était toujours pas levé en 1998.

■ Les institutions syriennes

La République arabe syrienne est, selon la Constitution de 1973, une « république démocratique populaire et socialiste ». Le parti Baas dirige la société et l'État. Le **président de la République,** qui est aussi le secrétaire général du parti, détient l'essentiel du pouvoir. Il s'appuie sur le parti, l'armée et les forces de sécurité, qui recrutent majoritairement dans la communauté alaouite. L'**assemblée du peuple** est plus une chambre d'enregistrement qu'un lieu d'élaboration politique. Quant au **système judiciaire,** son indépendance, en théorie garantie par la Constitution, a disparu avec la fonctionnarisation des magistrats et le contrôle de l'ordre des avocats par le parti Baas. Des **assemblées régionales et locales** élues à tous les échelons sont censées faire contrepoids aux instances nommées par le pouvoir central et jouent un rôle important dans la définition des politiques locales autant que dans la formation des élites politiques. Dans la pratique, le parti Baas a généralement le dernier mot, mais il peut arriver que les décisions finales résultent de subtiles négociations et de rapports de force qui varient en fonction d'enjeux locaux spécifiques.

■ Les partis politiques

Le **parti Baas** *(→ p. 153)*, fort de centaines de milliers d'adhérents, est présent à tous les niveaux de la société, dans les quartiers et les villages, les entre-

Les limites de l'État-providence

En matière d'équipement et de médicalisation du pays, l'État a fourni un énorme effort qui a permis des progrès certains en matière de santé publique. Le taux d'encadrement médical atteint aujourd'hui un niveau proche de celui des pays développés (1,16 médecin et 1,2 lit d'hôpital pour 1 000 habitants), mais les inégalités régionales restent importantes (1 médecin pour 660 habitants sur la côte, 1 pour 2 700 habitants à l'extrême Est). La doctrine officielle est jusqu'à présent celle du service public et de la gratuité pour tous, mais secteur public et secteur privé ont toujours coexisté. La pratique privée est essentiellement une pratique libérale de cabinet, mais en raison de la dégradation du secteur public, les années 1990 ont vu la multiplication des hôpitaux privés, sur un mode souvent spéculatif. D'où une inégalité croissante dans l'accès aux soins, que la multiplication des systèmes de prise en charge contribue à accentuer.

Les portraits du président Assad sont omniprésents dans la rue.

prises et les organismes publics. Détenteur réel du pouvoir, il double les structures de l'administration et peut être le lieu de féroces batailles pour le contrôle de positions lucratives.

Créé en 1972 suite au « Mouvement de redressement » de Hafez el-Assad (→ *p. 153*), le Front national progressiste rassemble, aux côtés du Baas, quatre petits partis. Le Parti communiste, autrefois puissant, a éclaté en trois fractions rivales, dont l'une est dans l'opposition. Ces quatre partis ont généralement des représentants au gouvernement et, lors des élections nationales ou locales, ils présentent des candidats sur les listes du Front. Néanmoins, toute activité politique leur est de fait quasiment interdite, et ils sont plus des otages entre les mains du pouvoir que l'expression d'un véritable pluralisme.

L'**opposition** est faite de deux courants opposés, islamiste et laïque, qui convergent dans la critique du régime et de l'absence de respect des libertés. Si les Frères musulmans représentaient autrefois plutôt les secteurs traditionnels de la société urbaine, leur audience s'est élargie à des couches très diverses. Violemment réprimés entre 1978 et 1982, ils ne sont plus guère présents sur le terrain. L'opposition laïque, extrêmement morcelée, est composée de partis nés pour la plupart de scissions à l'intérieur des partis de gauche alliés au Baas.

■ Le corporatisme d'État : syndicalisme et organisations populaires

Le parti Baas encadre et mobilise les différents secteurs de la société à travers un certain nombre d'organisations populaires. Créée en 1964, l'Union des paysans (870 000 adhérents en 1996), joue un rôle essentiel d'encadrement et d'organisation de la production, de médiation dans la mise en œuvre des directives du ministère. Si elle a favorisé la promotion de nouvelles élites politiques locales issues des familles les plus pauvres, elle a aussi été investie, après 1970, par d'anciennes familles de notables qui l'ont utilisée pour préserver leurs positions. La Fédération ouvrière, née en 1946, est passée sous le contrôle du Baas en 1966. Avec près de 650 000 adhérents, elle reste surtout présente dans l'administration et le secteur public, où l'adhésion au syndicat est quasi automatique, même si la renaissance de l'entreprise privée a entraîné la résurgence d'un discours revendicatif un peu oublié.

Dans de rares cas (textile, pétrole), le syndicat est encore un outil de défense des travailleurs. En revanche, les ordres ou syndicats professionnels qui regroupent les professions scientifiques ou à tradition libérale (avocats, médecins, ingénieurs, agronomes, pharmaciens...) ont surtout une fonction réglementaire ou mutualiste. L'Union des femmes a fortement contribué à la promotion de l'éducation des femmes, tandis que les organisations de jeunesse, les Pionniers du Baas pour les plus petits, la Jeunesse de la Révolution pour les adolescents, ont une vocation éducative et visent à inculquer aux nouvelles générations l'idéologie du socialisme arabe.

■ Une démocratisation en trompe l'œil

En mai 1990, une réforme électorale a fait passer l'effectif du Conseil du peuple de 195 à 250 députés, pour permettre l'élection d'un plus grand nombre d'indépendants. Les partis du Front, qui détenaient auparavant la quasi-totalité des sièges, n'en ont plus obtenu que les deux tiers. Les élections de 1994 ont confirmé le processus, dans les mêmes limites. Peu après, les élections à la chambre de commerce de Damas ont vu pour la première fois s'affronter plusieurs listes. La censure s'est allégée et des dizaines de prisonniers politiques ont été libérés.

La libéralisation économique s'accompagne d'une transformation des relations entre l'État, les entrepreneurs privés et les militaires. On parle de réduire la domination du parti Baas sur les syndicats. En réalité, l'ouverture se fait clairement au profit des milieux d'affaires, lesquels n'ont pas forcément intérêt à un processus de démocratisation qui profiterait aux salariés, aux classes populaires, aux partis d'opposition. Si la réintroduction des lois du marché exige d'accorder aux acteurs économiques une plus grande liberté d'action, ceux-ci ont besoin d'un pouvoir fort leur garantissant la stabilité sociale.

Pour l'instant, les changements en cours ressemblent donc plutôt à un rééquilibrage visant à prendre en compte les changements sociaux entraînés par les réformes économiques, qu'à un véritable processus de démocratisation.

La vie culturelle et artistique

La politique culturelle du régime baassiste s'est caractérisée par un effort visant à rendre la culture accessible à tous, par la multiplication des structures à l'échelle locale. L'élévation générale du niveau culturel de la population est devenue une réalité, qui ne pouvait que favoriser le développement de la création. Mais, dans le même temps, l'imposition d'une culture officielle a introduit des limites à la liberté d'expression (particulièrement dans le domaine de l'écrit), qui sont ressenties par beaucoup d'écrivains et d'artistes comme insupportables. Sur un autre plan, une culture populaire vivante s'est maintenue, transformée et renouvelée dans divers domaines – musique, conte, poésie – et a su profiter des nouveaux moyens de diffusion.

■ Des réalisations positives

Les efforts du régime en matière éducative ne se sont pas limités à l'école et à l'université : la construction à Damas de la bibliothèque Assad, bibliothèque nationale ouverte au plus large public, et celle, toute récente, du Théâtre national sont les manifestations les plus prestigieuses d'une politique visant à développer les infrastructures culturelles dans tout le pays. Chaque ville a son « centre culturel arabe » où se produisent toutes sortes d'animations culturelles : conférences, récitals de poésie, expositions... Les organisations de masse, syndicats ouvriers, mouvements de jeunes encouragent leurs membres à la production littéraire ou théâtrale. L'université joue aussi un rôle croissant dans la vie intellectuelle.

■ Difficultés et contraintes politiques

À côté de cela, les universitaires manquent totalement de moyens pour la recherche, et ils sont découragés par les salaires dérisoires, les difficultés de la vie quotidienne, sans parler de la soumission des carrières à des logiques étrangères à l'esprit académique. De plus, les limites de la liberté d'expression sont autant d'entraves au développement de l'esprit critique, donc de l'innovation. La production artistique, populaire et savante, traditionnelle et moderne, a souffert, à des degrés divers, des contraintes politiques et idéologiques imposées par le pouvoir autant que des évolutions sociales, économiques ou culturelles. De nombreux artistes et écrivains se sont réfugiés au Liban. D'autres vont et viennent, publient, produisent, exposent à Beyrouth, devenue la capitale culturelle du Moyen-Orient et le lieu des innovations littéraires et artistiques dans les années 1960. Pour les Syriens, la proximité du Liban fait que cet exil n'en est pas tout à fait un. Et la Syrie à son tour est inondée – quand la censure ne les arrête pas – par les ouvrages édités à Beyrouth. Pendant la guerre du Liban, Chypre a en partie pris le relais.

■ Une production littéraire méconnue

La production littéraire syrienne, peu connue en France, est relativement abondante. Le poète **Nizar Qabbani**, mort en février 1998 à l'âge de 75 ans, s'est rendu immensément populaire auprès d'un très large public par sa poésie consacrée essentiellement aux femmes et à l'amour ; farouchement nationaliste, il se voulait aussi « conscience des Arabes ». **Adonis,** installé au Liban dès 1956, partage aujourd'hui son temps entre Paris et Beyrouth ; traducteur de Saint-John Perse, il a contribué à renouveler le discours poétique *(Chants de Mihyar le Damascène, Soleil second)* et publié de nombreux essais d'analyse littéraire.

Pour plus de précisions, reportez-vous à la bibliographie proposée p. 494.

Dans le roman et la nouvelle, les auteurs les plus connus – traduits en français – sont **Abd el-Salam Ujayli** *(Damas téléphérique)*, **Hanna Mina** *(Soleil en instance)*, **Zakariya Tamer** *(Printemps de cendres)*, ainsi que l'écrivain kurde **Salim Barakat** *(Le Criquet de fer, Sonne du cor)*, aujourd'hui passé à Chypre. Leurs récits, parfois proches d'un réalisme poétique inspiré de la littérature sud-américaine, s'attachent le plus souvent à mettre en scène des destins marqués par l'histoire récente du pays, autant que par

***Le Roman de Baïbars* (10 volumes sur 60 actuellement traduits aux éditions Babel-Sindbad), consacré au célèbre sultan mamelouk, est un de ces récits épiques interminables que les conteurs reprenaient inlassablement, pour un public toujours passionné.**

les contradictions de la société. Parmi les femmes, les romans de **Ghadah Samman** (pas encore traduits en français) ont eu un grand retentissement par leur audace et leur violence.

En revanche, de la grande tradition de littérature populaire, il reste peu de chose : les derniers conteurs, que l'on pouvait entendre encore récemment dans les cafés de Damas, ont aujourd'hui disparu. Seule se perpétue la tradition des joutes poétiques en arabe dialectal, le *zajal,* dont l'origine remonterait à l'Espagne musulmane.

Théâtre et cinéma : le renouveau

Le théâtre et le cinéma ont à la fois bénéficié de la création d'institutions de formation, et souffert des entraves à la liberté de création. Aujourd'hui, une nouvelle génération de créateurs est à l'origine d'un mouvement de renouveau intéressant, sur le plan théâtral autant que cinématographique. **Saadallah Wannous,** représentant d'une école théâtrale exigeante et plus directement engagée, s'est imposé bien au-delà des frontières de la Syrie. Mort en 1997 à l'âge de 56 ans, il avait étudié le théâtre au Caire et à Paris. Son œuvre est marquée par les recherches théâtrales les plus contemporaines, et traversée par une réflexion sur le pouvoir dont la portée critique est universelle. Un théâtre en dialectal, satirique et populaire, dont **Durayd Lahham** *(→ encadré),* qui produit surtout pour la télévision, est le représentant le plus illustre, met en scène des histoires de la vie quotidienne et vise à faire rire le spectateur sur les travers des gens ordinaires.

Quant au jeune cinéma syrien, il compte quelques auteurs de qualité trop peu connus, dont certains des films, interdits dans leur pays, ont obtenu des récompenses dans les festivals internationaux (ainsi, *La Vie quotidienne dans un village syrien,* d'**Omar Amiralay,** ou *La Nuit* et *Les Rêves de la ville,* de **Mohammed Malas**).

Des médias sous contrôle

La presse et les médias sont sous le contrôle du ministère de l'Information qui dispose d'une agence officielle (SANA), d'une radio et de quatre quotidiens nationaux, de quelques journaux provinciaux, de magazines et de revues spécialisées, et de deux chaînes de télévision. Entre *al-Baas,* organe officiel du parti Baas, *ath-Thawra* (la Révolution), un peu plus intellectuel, et *Techrine* (Octobre, en référence à la guerre de 1973), la différence est surtout de style ; le *Syria Times* en est une version anglaise abrégée. S'il ne faut pas y chercher d'informations sur une vie politique inexistante, on y

Un comédien populaire

Durayd Lahham, auteur, metteur en scène et comédien, est connu dans tout le monde arabe à travers ses séries télévisées, qui mettent en scène des personnages emblématiques des milieux populaires damascènes. Ses pièces, souvent écrites avec Mohammed al-Maghout, poète et auteur de théâtre, sont des allégories où le public reconnaît facilement une satire du monde qui l'entoure et des grands qui le gouvernent. Lunettes cerclées de noir, moustache et sourcils broussailleux, vêtu du *seroual* (pantalon bouffant turc) et portant le tarbouche, il mime autant qu'il joue des personnages naïfs et un peu perdus, qui rient de leurs malheurs pour ne pas en pleurer. Le héros d'un de ses films les plus célèbres, *Houdoud* (« Frontières »), est prisonnier dans le no man's land entre deux frontières, parce qu'il lui manque toujours un papier pour passer. Un autre, dans la salle de torture, rit aux larmes… à l'idée de recevoir l'électricité avant son village. « Fou du roi », titulaire de la médaille syrienne du mérite en 1976, il reconnaît être un peu un alibi pour le régime, tandis que certains intellectuels font la grimace devant ce qu'ils considèrent comme une critique facile et un jeu ambigu.

trouve néanmoins des indications souvent riches sur la réalité sociale ou économique, et parfois même critiques, lorsque les autorités décident de sanctionner telles pratiques douteuses qui passent un peu trop les bornes. Mais si la presse est peu lue, les Syriens écoutent beaucoup toutes sortes de radios arabes ou internationales : leur intérêt pour la politique est à la mesure de leur sentiment nationaliste, et s'ils s'expriment rarement sur la situation politique intérieure, ils se passionnent pour la situation régionale.

■ Une télévision en pleine mutation

La télévision, créée en 1960, a longtemps été réduite à un rôle éducatif et de propagande. À côté des feuilletons égyptiens, qui inondent jusqu'à aujourd'hui les télévisions du monde arabe, les séries syriennes étaient souvent le véhicule des idées « révolutionnaires », défendant la lutte des paysans contre les propriétaires terriens, ou le rôle nouveau de la femme dans la société. Les émissions pour enfants inculquaient l'idéal de la défense de la patrie de l'unité arabe – en les familiarisant avec la langue arabe classique. Depuis les années 1980, la programmation d'émissions religieuses aux heures de grande écoute signale le souci des autorités de répondre à une demande du public, dans l'espoir de mieux le contrôler et d'éviter les débordements.

Avec la politique d'ouverture économique, des sociétés privées ou mixtes de production se sont mises à produire des émissions plus variées. Certaines émissions historiques suscitent des débats houleux, mais obtiennent aussi, par leur qualité, un énorme succès dans le monde arabe, grâce aux nouveaux systèmes de diffusion. Aujourd'hui, les feuilletons syriens, plus libres dans leur peinture de la société, sont suivis par toute la population. La multiplication des antennes paraboliques et des magnétoscopes permet en outre d'accéder à une production arabe et internationale de plus en plus standardisée, intensifie l'usage du petit écran et contribue à modifier les rythmes de vie.

■ Musique et arts plastiques : entre héritage et modernisme

Alep reste, avec Bagdad, un des hauts lieux de la **musique** classique arabe. Mais celle-ci se limite souvent à des milieux restreints d'amateurs, qui organisent des soirées le plus souvent privées. En revanche, divers aspects de la musique traditionnelle se perpétuent, et la musique religieuse, en particulier vocale, jouée à l'occasion des anniversaires de naissance des personnages saints *(mawlid)* ou des cérémonies de *zikr* (soufis) dans les lieux de culte, est très appréciée d'un large public. Les enregistrements de Sabri Moudallal, Souleiman Daoud, Hamza Chakour, Adib Dayekh ont contribué à faire connaître la musique religieuse syrienne en France. D'autre part, la pratique de la musique classique occidentale a connu un développement remarquable, grâce au soutien dont a bénéficié le conservatoire de musique de Damas, parfois au détriment de la tradition orientale. La Syrie dispose aujourd'hui d'un orchestre symphonique de bon niveau, qui se fait connaître à l'étranger.

Dans le domaine des **arts plastiques**, de nombreux jeunes peintres ont profité d'un marché en pleine expansion, favorisé par la renaissance d'une bourgeoisie liée au développement du secteur privé, et de la quasi-absence de la censure, peu intéressée par la production symbolique et figurative. Certains exposent hors de Syrie, comme **Fateh Moudarris**, en France, ou **Marwan**, qui réside en Allemagne où il est très connu. Il faudrait encore mentionner le caricaturiste **Ali Farzat**, que Plantu a contribué à faire connaître dans l'Hexagone, le graphiste **Yousef Abdelki**, exilé à Paris, et tant d'autres, qui témoignent de la richesse d'expression des nouvelles générations d'artistes syriens.

Des premiers occupants à l'empire d'Alexandre

par Jean-Claude Margueron,
directeur d'études à l'École pratique des hautes études

Point de contact de l'Afrique, de l'Europe et de l'Asie dont il assure toutes les relations par voie terrestre, le Proche-Orient occupe une situation exceptionnelle parce que depuis les débuts de l'histoire il a permis tous les passages d'un continent aux autres. Ceint au nord par le Taurus, à l'est par le Zagros, et par les déserts de l'Arabie au sud, le bassin drainé par le Tigre et l'Euphrate forme en quelque sorte la plaque tournante du dispositif : y arrivent et en repartent les voies qui desservent les trois continents.

Dans cet ensemble, la place de la Syrie explique en grande partie son destin historique. Son originalité majeure réside dans ce qu'elle est elle-même un carrefour que l'on peut qualifier de stratégique à l'intérieur de cette croisée des continents.

■ La Syrie : une clé du Proche-Orient

Une large fenêtre vers l'ouest sur la mer Méditerranée qui assure aussi une circulation côtière de l'Asie Mineure à l'Égypte ; un fleuve majeur, l'Euphrate, qui s'ancre profondément dans les montagnes anatoliennes puis, tout en restant lié au Taurus grâce à ses affluents de rive gauche, le Balikh et le Khabour, réoriente son cours vers le sud-est pour former le bassin mésopotamien avant de se jeter dans le golfe Arabo-Persique ; une grande voie intérieure de direction méridienne entre le versant oriental du bourrelet qui longe la mer et le domaine steppique – depuis l'Amanus jusqu'aux collines de Galilée au sud, en passant par les montagnes Alaouites et l'ensemble formé par le Liban et l'Anti-Liban – : tels sont les traits physiques marquants qui vont faire de la Syrie la partenaire des civilisations de la Méditerranée, de l'Asie Mineure, du bassin mésopotamien ainsi que des domaines méridionaux de l'Arabie et de l'Égypte.

Si l'axe nord-sud a principalement desservi les relations entre l'Asie Mineure (et par là l'Europe et l'Asie) et le continent africain, l'axe ouest-est a été déterminant parce qu'il a favorisé les liens entre l'univers méditerranéen et le monde de l'Asie du Sud-Est.

■ Une structure territoriale alvéolaire

Les chaînes de montagnes, le réseau hydrographique, les plateaux et les fossés d'effondrement ont compartimenté la Syrie en une série de petits territoires bien délimités. Le domaine côtier est limité par les montagnes ; derrière celles-ci, les oasis et plaines de Damas, Hama, Homs et Alep forment un chapelet de territoires nettement circonscrits ; des verrous segmentent l'Euphrate en alvéoles ; au nord, la plaine du Khabour forme une unité de piémont ; quant au domaine subdésertique, l'aggravation des conditions climatiques n'y permet plus que la présence de quelques oasis.

Les conséquences d'un tel compartimentage ont été lourdes pour les hommes qui ont exploité les ressources de ce domaine. Car celui-ci a naturellement engendré des unités territoriales très limitées, de force équivalente, incapables de s'imposer aux cités voisines, et surtout incapables de résister aux ambitions de voisins impérialistes, avides de mettre la main sur un pays que sa position et sa structure prédisposaient à la richesse grâce à ses ressources agricoles et au commerce.

De la pierre taillée à la céramique

Le **paléolithique,** l'âge de la pierre ancienne, c'est-à-dire taillée, couvre en réalité toute la première partie de l'aventure de l'homme lorsque celui-ci est un chasseur-cueilleur. Cette période d'un million d'années est subdivisée en plusieurs phases : le Paléolithique inférieur, de 1000000 à 250000, dont l'industrie lithique est essentiellement celle du biface ; le Paléolithique moyen (250000-40000), caractérisé par son industrie à lames de haute qualité qui révèle peut-être l'arrivée de populations nouvelles ; le Paléolithique supérieur (vers 50000-vers 10000), qui voit la sédentarisation et la disparition des derniers chasseurs-cueilleurs.

La pierre polie n'est qu'une caractéristique accessoire du **néolithique** : cette période cruciale est surtout celle de la domestication des végétaux et des animaux, de la découverte de la céramique et d'un essor sans précédent de la maîtrise du feu. La première phase (15000-10000) est marquée par le processus de la sédentarisation ; la seconde (10000-7000), par la naissance de l'agriculture et de l'élevage dans le cadre du village en expansion. La troisième phase (7000-4000) est considérée comme le vrai néolithique avec la découverte de la céramique ; y prennent place les cultures de Halaf et d'Obeid. Quand elle sera supplantée par la civilisation d'Uruk au IVe millénaire, l'urbanisation sera en marche.

Des premiers occupants aux civilisations villageoises

Des premiers hommes qui ont occupé la Syrie, nous ne savons encore que peu de choses malgré les découvertes qui ont ces dernières années complètement renouvelé notre connaissance sur le paléolithique. Il est clair en tout cas que les premiers hommes sont venus d'Afrique et que le Proche-Orient a été le point de passage obligatoire des premières migrations qui les ont conduits vers l'Asie et l'Europe.

Mais pour l'avenir de l'humanité, c'est un phénomène capital – la sédentarisation et la naissance des premiers villages – qui va prendre place sur les bords de l'Euphrate et dans la région des collines du Croissant Fertile.

■ Les premières traces de l'homme chasseur-cueilleur

C'est dans le courant du Paléolithique inférieur, il y a 350 000 ou 400 000 ans, que l'on peut fixer la plus ancienne attestation de la présence humaine en Syrie. Dans le désert syrien, la cuvette d'al-Kowm recèle des centaines de gisements de cette époque. Dans l'un d'entre eux dénommé Nadaouiyé Aïn Askar, à l'emplacement d'un puits artésien qui explique une présence humaine longue de plusieurs centaines de milliers d'années, une équipe de préhistoriens a découvert en 1996 le pariétal gauche du crâne d'un *homo erectus*. L'usage du feu ne semble pas encore attesté de façon permanente, et, vivant de la chasse et de la cueillette, l'homme est le prédateur qu'il restera jusqu'à la découverte de l'agriculture. Pour connaître ses activités et son environnement – du type steppique –, on se fonde sur les restes animaux du gisement, mais c'est l'outillage lithique qui permet de se faire une idée de ses possibilités intellectuelles : il paraît remarquable qu'à ce stade du développement, l'homme éprouve le besoin de réaliser des bifaces avec un souci marqué d'esthétique puisque la symétrie, qui n'était nullement nécessaire sur le plan fonctionnel, est un des traits caractéristiques d'une production intense – c'est par centaines que ces bifaces ont été retrouvés.

Le Paléolithique moyen a été illustré par une autre découverte, à peine moins récente : une tombe d'enfant retrouvée dans la grotte de Dederiyeh, près d'Afrin (dans le Nord du pays), inhumation qui pourrait remonter à plus de 60 000 ans. Trouvaille remarquable par tout ce qu'elle implique pour le développement de la pensée humaine. À partir de ce moment la documentation s'accroît, mais c'est l'étape franchie à la fin du Paléolithique supérieur qui marque le moment capital.

■ L'apparition des premiers villages

En effet, entre 15000 et 10000, une transformation fondamentale des modes de vie apparaît sur les collines du Croissant Fertile. Le chasseur-cueilleur qui vivait dans une sorte de nomadisme lié aux déplacements saisonniers des animaux et à la maturation différenciée des végétaux, préfère se fixer, au moins sur d'assez longues périodes de l'année, en un point précis où il trouve des ressources diversifiées qui suffisent à sa subsistance. Ce début de sédentarisation semble lié à la récolte d'une céréale sauvage qui, à la faveur de l'adoucissement climatique à la fin de la dernière glaciation, s'est épanouie dans les collines. Cette céréale, qu'il était possible de stocker, assurait l'avenir, mais imposait une fixation au sol car elle n'était pas plus transportable que le matériel de broyage nécessaire pour sa préparation.

Mureybet, retrouvé sur la rive gauche de la boucle de l'Euphrate, n'est pas le plus ancien site de la période de la sédentarisation, mais il a donné un exemple remarquable et très évolué des maisons circulaires qui ont alors marqué les débuts de l'architecture. Un autre village de la même période, qui a été dégagé à Jerf al-Ahmar sur les bords du nouveau lac Tishrin, a fourni une documentation exceptionnelle sur le passage de cette architecture circulaire, que l'on peut qualifier d'originelle, à des maisons orthogonales (→ *encadré p. 93*), concept nouveau qui va permettre le grand développement de l'architecture.

La maison circulaire

Première forme d'habitat humain stable, la maison circulaire, partiellement enterrée sur un terrain en pente, est de forme cylindrique et à couverture plate, comme le montre clairement la plus connue d'entre elles, trouvée à Mureybet. Elle utilise divers matériaux locaux (bois, terre, pierre). Sur le pourtour de l'espace intérieur compartimenté par des cloisons basses, des banquettes de hauteurs différentes désignent les emplacements du couchage, tandis que des coffres et des silos permettent de conserver des denrées alimentaires. Ces différents compartiments sont accessibles à partir d'un petit espace central relié directement à la porte et délimité par les poteaux qui soutiennent la toiture. Le diamètre de ces maisons peut varier ; il est généralement dépendant de la longueur des poutres de bois que fournit la région (env. 3 m). Il est possible d'agrandir cet espace en établissant autour du premier cercle une couronne supportée par une série de poteaux. Cette formule n'a cependant été que rarement utilisée, et le problème de l'extension a été réglé par la mise en œuvre de plans orthogonaux (→ *encadré p. 93*).

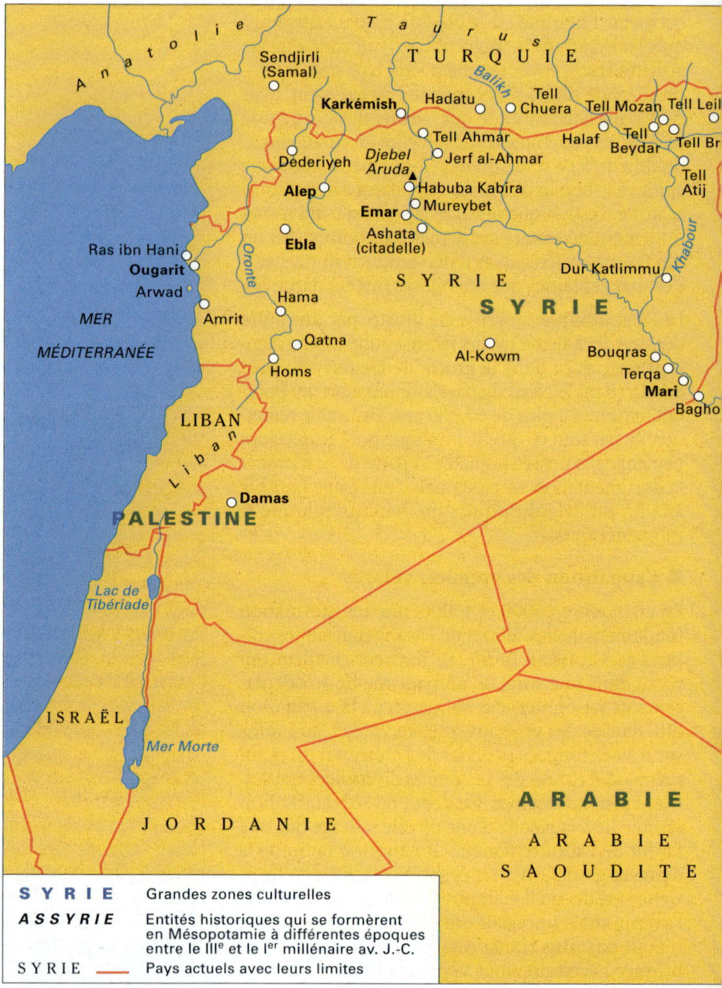

Le Moyen-Orient dans l'Antiquité préclassique.

■ La naissance de l'agriculture et de l'élevage

La domestication du blé et de certaines légumineuses est consécutive au phénomène de la sédentarisation ; si nous ne connaissons pas encore les modalités exactes du passage de la simple récolte à la culture volontaire, il est un point sûr : c'est dans le Croissant Fertile qu'ont été engagées – et réussies – les premières expériences. On ne sait pas non plus très bien comment l'élevage a commencé : sans doute des formes intermédiaires, ou protoélevage, ont-elles permis de passer par étapes de la simple chasse à l'abattage contrôlé d'un troupeau retenu prisonnier dans un fond de vallée en cul-de-sac par

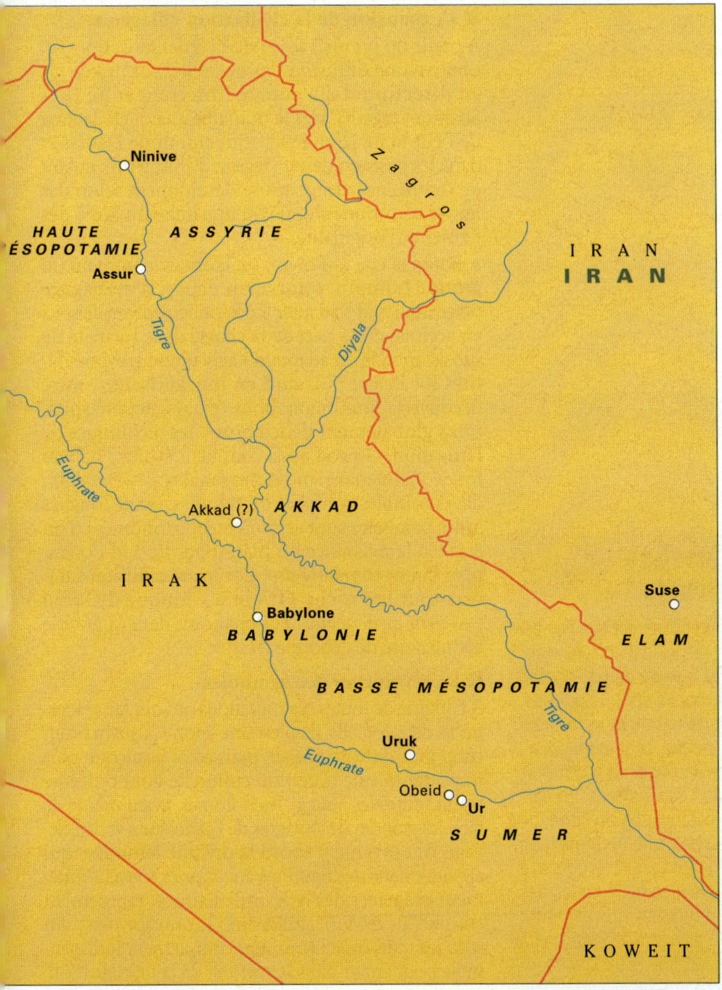

exemple, et de là à l'élevage proprement dit. Toujours est-il qu'à l'origine de ces mutations se trouve une nouvelle attitude mentale de l'homme à l'égard des forces de la nature et que les conséquences des premières découvertes – thésaurisation de la production agricole avec une confiance croissante dans la survie à moyen terme, constitution de liens sociaux nouveaux à l'intérieur des communautés villageoises, expression d'une nouvelle idéologie – vont favoriser la réflexion et provoquer d'autres découvertes, comme celle de la céramique. À long terme c'est la ville qui est en germe dans les découvertes consécutives à la sédentarisation.

■ L'expansion de la civilisation villageoise

À partir du premier foyer de la sédentarisation, on observe une diffusion des nouvelles formes de vie en direction de la côte méditerranéenne (Ras Shamra-Ougarit), vers le domaine anatolien, le long de l'Euphrate (Bouqras), tout autour de Damas et dans les oasis du désert (région d'al-Kowm) : autant de centres nouveaux qui se développent selon des lignes communes, mais où apparaissent aussi des ferments d'originalité.

À Bouqras et à al-Kowm, on constate comment un groupe humain, pourvu au départ d'un bagage déterminé, sait s'adapter à des milieux diversifiés, ici en accroissant la part de la chasse dans l'activité de subsistance, là en adaptant l'agriculture aux possibilités locales et plus tard en introduisant – autre découverte importante pour ce pays aux précipitations globalement déficitaires – les techniques de l'irrigation. On voit aussi comment évolue l'habitat fondé maintenant sur l'orthogonalité *(→ encadré)* : des ensembles complexes à Bouqras, où de longues salles parallèles sont certainement surmontées d'un étage, à la naissance du plan tripartite à al-Kowm, plan qui va connaître une étonnante diffusion à travers tout le Proche-Orient à l'époque d'Obeid *(→ Petit dictionnaire)* et s'épanouir dans la grande architecture de l'époque d'Uruk.

■ La révolution des symboles

À l'origine de toutes ces mutations qui ont laissé leurs traces dans les tells, il en est une selon J. Cauvin beaucoup plus difficile à saisir, mais aussi beaucoup plus importante, une mutation culturelle dont procéderaient toutes les autres : les hommes, avant même de faire les grandes découvertes de l'agriculture et de l'élevage, ont inventé d'abord la divinité féminine, qui apparaît dans des figurines aux formes souvent fortement exagérées dès le Xe millénaire, et rapidement ensuite (au IXe-VIIIe millénaire) le principe masculin sous les traits du taureau, son complément indispensable pour entrer dans le concept de la reproduction.

Ces symboles qui accompagnent l'homme au quotidien prennent la forme de statuettes, de figurines et de peintures. Mais les dernières découvertes de Jerf al-Ahmar mettent en évidence que l'homme grave aussi des symboles représentant des animaux (quadrupèdes, serpents, vautours…) ou des signes abstraits (triangles, cercles, flèches…) sur des galets, comme il les peindra un peu plus tard sur les murs de ses maisons. Avec l'apparition de la céramique, il aura à sa disposition un nouveau support pour exprimer ses conceptions : les cultures de Halaf et d'Obeid *(→ p. 481 et 486)* en feront grand usage.

L'architecture orthogonale

C'est progressivement que l'on est passé du cercle au rectangle, mais, comme le montre Jerf al-Ahmar, les deux modes ont pu coexister. L'intérêt de la nouvelle formule vient de ce que, contrairement au cercle, elle multiplie les possibilités d'extension des maisons. En partant du rectangle ou du carré, on peut passer à une juxtaposition d'espaces allongés (à Bouqras), à une organisation qui autorise des développements intéressants, comme le plan tripartite retrouvé à al-Kowm, prototype de l'architecture monumentale et à étage de l'époque d'Obeid. Jusqu'à l'époque d'Uruk, ce modèle restera l'expression normale de la monumentalité ; ce n'est qu'à partir du début du IIIe millénaire que les architectes s'affranchiront du principe de la construction répétitive de la même formule pour s'engager dans l'exploration d'une architecture complexe où l'on remodèle la structure selon la fonction désirée.

L'essor de la civilisation urbaine et les premières villes (IIIe millénaire)

Dans le courant du IVe millénaire, on constate dans certaines agglomérations l'apparition de traits nouveaux. Jusqu'alors, si un ordre régissait l'organisation d'un village, il reflétait plus un souci d'organisation conceptuelle de l'espace qu'un aménagement lié aux exigences de la vie communautaire ; en outre, l'aspect identique des unités d'habitation caractérise les villages : aucune maison ne s'impose par rapport aux autres, et par conséquent aucune hiérarchie ne paraît les différencier. Or, dès la fin du Ve millénaire et au début du IVe, on observe que des maisons sont plus importantes que d'autres, que certaines occupent un emplacement privilégié, que des rues commencent à organiser des quartiers, enfin que certaines constructions paraissent avoir une vocation plus communautaire que privée. La ville commence à se profiler sous les traits du village.

■ Une nouvelle mutation

C'est que la ville est le produit d'une mutation : l'essor des villages et de leur production agricole et le développement de certains échanges favorisent l'apparition de communautés complexes et en complète transformation, où les différences sociales et économiques donnent naissance à la ville dont les premiers exemples reconnus émergent à Uruk en Mésopotamie et à Suse en Élam durant la seconde moitié du IVe millénaire. D'après les dernières recherches, la Syrie a connu sa première urbanisation sous l'effet d'une expansion de la **civilisation d'Uruk**, dont la base semble bien avoir été en pays sumérien.

La civilisation d'Uruk est caractérisée par l'apparition du système urbain, mais aussi par la naissance de l'écriture, la mise en œuvre d'une architecture monumentale, le premier développement de la métallurgie du cuivre et du bronze, et par la découverte de la roue.

■ Les premières villes en Syrie

Le processus chronologique de l'urbanisation de la Syrie n'est pas encore parfaitement dominé, et l'on ne sait si tous les sites repérés ont vécu en même temps ou s'ils ont été fondés lors de plusieurs vagues d'expansion. Toujours est-il que celle-ci s'est faite par une remontée le long des vallées de l'Euphrate et du Khabour. Si les sites sont rares le long de l'Euphrate lorsque celui-ci coule dans le plateau subdésertique, en revanche deux foyers ont joué un rôle important : le premier se situe dans la plaine du Khabour où Tell Brak apparaît d'après les dernières fouilles

Comprendre

comme un centre majeur de la civilisation urukéenne ; le second occupe les deux rives du grand coude de l'Euphrate, à l'emplacement du grand carrefour. Sur trois sites explorés dans ce secteur, l'un, aujourd'hui appelé Habuba Kabira, présente tous les caractères d'une ville avec ses rues, ses maisons, son centre administratif et peut-être religieux et son port, tout cela protégé par une double enceinte ; un deuxième site, sur le djebel Aruda, pourrait bien avoir eu une vocation religieuse.

C'est donc une civilisation venue de l'extérieur et dans une certaine mesure plaquée pour un temps sur le pays qui a introduit le système urbain en Syrie. Mais il semble bien qu'il y ait eu intégration ou acculturation. On ne sait pas encore comment a pris fin cette période.

■ La montée en puissance des cités

La disparition de la civilisation d'Uruk n'a pas fait disparaître la civilisation urbaine de la Mésopotamie méridionale, même si les traces de ses successeurs immédiats n'ont guère été recherchées jusqu'à ce jour. En Syrie en revanche, il semble que l'effacement des cités ait été très prononcé. Mais rapidement cependant, comme le montrent bien la fondation de Mari et la situation dans la plaine du Khabour au tout début du IIIe millénaire, la vitalité des échanges a relancé le développement des cités. C'est sans doute de Mésopotamie qu'est venue l'impulsion qui a redynamisé la Syrie.

En effet, le développement plus précoce de la plaine alluviale la fait demandeuse d'un certain nombre de produits qui lui font cruellement défaut comme le bois, dont elle fait une ample consommation alors qu'elle n'en possède suffisamment ni en qualité, ni en quantité. Comme à l'époque d'Uruk, c'est par les fleuves qu'elle va le chercher, surtout dans les montagnes du Taurus, donc par le Khabour, avant d'aller jusque dans la boucle de l'Euphrate : c'est le meilleur moyen pour le transporter, à une époque où la traction animale se limite au bœuf et à l'âne, qui vient d'être domestiqué comme animal de bât, et où la roue vient juste d'être inventée.

C'est donc tout naturellement le long des fleuves que s'est structurée la vie urbaine, et le rôle des échanges issus de la complémentarité du pays mésopotamien et du domaine montagnard qui l'entoure a été prépondérant dans cette évolution.

■ Mari : une ville neuve dans une vallée réorganisée

La cité de Mari offre un excellent exemple des modalités de la mise en valeur d'une région sous

Les premières écritures

L'apparition de l'écriture à la fin du IVe millénaire en pays sumérien est l'indice que de nouveaux besoins apparaissent pour la gestion des domaines et des échanges. Mais c'est seulement vers le milieu du IIIe millénaire que des textes vont permettre de faire l'histoire, au sens traditionnel, de ces régions. La première écriture est de type pictographique : elle dessine les choses. Quand les pictogrammes exprimeront des idées, ils deviendront des idéogrammes. Les Sumériens ont utilisé les signes sous cette forme pour leur langue de type monosyllabique. Quand les Akkadiens adopteront cette écriture pour leur langue polysyllabique, ils affecteront à chaque signe une valeur syllabique et composeront des mots avec plusieurs signes.

l'effet d'une demande commerciale. La cité en effet a été fondée dans un espace libre de toute construction, au XXIXe s. sans doute – acte éminemment politique, puisque d'emblée les constructeurs lui ont donné une forme et des dimensions qu'elle gardera jusqu'à sa disparition : un cercle dont le diamètre atteint 1,9 km avec une ceinture qui représente à la fois le rempart et une digue de protection. En même temps que cette fondation, les autorités ont aménagé sur la terrasse de la rive droite un grand canal d'irrigation et sur la rive gauche un canal de navigation, long de 120 km, reliant le Khabour à l'Euphrate peu en aval de la cité, à l'emplacement du verrou de Baghouz (ville moderne d'Abou Kémal). Il s'agit là d'une entreprise de grande envergure, révélatrice des aptitudes techniques de cette civilisation sumérienne, et qui montre l'ampleur des travaux que les dirigeants étaient prêts à engager pour contrôler les échanges entre la Mésopotamie et le Taurus, échanges qui assuraient de très gros revenus.

Telle a été la vocation de Mari dès sa fondation et jusqu'à sa disparition au XVIIIe s. Et si nous connaissons mal l'organisation de la première ville, parce qu'elle est enfouie à la base du tell, nous pouvons être certains qu'elle a d'abord connu une période de puissance. Mais il semble qu'avant de retrouver une seconde vie, elle a été abandonnée quelque deux siècles après sa fondation pour des raisons que nous ignorons totalement.

■ La plaine du Khabour

Que Mari ait été fondée en ce début du IIIe millénaire montre que les échanges entre la Mésopotamie et le Khabour, prolongé par son arrière-pays montagneux, étaient suffisamment intenses pour justifier l'aménagement de l'Euphrate. La vie urbaine n'était peut-être pas partout très développée dans cette plaine de piémont, mais Tell Chuera, un peu à l'ouest du Khabour, atteste la vigueur de l'essor de cette région dès le début du IIIe millénaire. Ce qui importe, c'est que par la plaine passent le bois et les métaux qui viennent du Taurus et qui sont acheminés d'abord vers Mari, puis vers la Mésopotamie.

En revanche l'agriculture, qui peut ici être pratiquée sans irrigation, jouait déjà un grand rôle, comme le montrent les nombreux sites de silos (Tell Atij, par exemple) qui jalonnent le haut Khabour ; le blé qui y était rassemblé au début du IIIe millénaire partait en barque vers les régions méridionales : Mari, dont la production, malgré le canal d'irrigation de la rive droite, était sans doute déficitaire, devait en bénéficier.

La richesse agricole et le passage des marchandises ont assez rapidement enrichi la plaine, et la vie urbaine s'y est considérablement développée, très généralement sous la forme de petites cités, comme Tell Beydar, qui ont, au cours de l'histoire, exprimé la vitalité de cette région.

■ La splendeur de la seconde ville de Mari

Au XXVIe s. sans doute, le site de Mari a été réoccupé, et une nouvelle ville a été construite sur les ruines de la première. Un très grand palais intégrant, ce qui est tout à fait exceptionnel, un sanctuaire – l'Enceinte sacrée –, est juxtaposé dans le centre de la cité au secteur des temples pourvu d'une haute terrasse cultuelle. La richesse de ceux-ci, le haut niveau de confort que manifestent les quartiers d'habitation de la cité prouvent l'importance des revenus que lui assure le contrôle de la route de l'Euphrate et une puissance qui lui permet de s'opposer un temps aux prétentions hégémoniques d'Ebla. La ville dut cependant subir la domination des souverains akkadiens et connut alors une destruction totale.

Des temples d'Ishtar et de Ninni-Zaza sont sorties de splendides statuettes qui représentent les rois (Lamgi-Mari), l'intendant (Ebih-Il), le meunier (Idi-Narum), des membres de la famille royale (Salim, le frère du roi), des prêtres, des courtisans ou de simples adorants qui sont parmi les plus grands chefs-

Comprendre

L'Enceinte sacrée, temple intégré dans le palais, offre un plan particulier à Mari : le lieu de l'offrande est un très grand espace central couvert (16 m de côté), ceint d'une série de pièces servant de dépendances et bordé au sud d'une grande salle qui servait de logement à la divinité.

Pendentif en forme d'aigle à tête de lion – peut-être en fait une chauve-souris – trouvé à Mari (IIIe millénaire av. J.-C., musée de Damas). Le corps est en lapis-lazuli, tandis que la tête et la queue sont en bitume recouvert d'une feuille d'or.

d'œuvre de la statuaire sumérienne (*→ illustr. p. 211*). De nombreuses pièces de panneaux avec incrustations de coquilles prouvent qu'en ce domaine aussi les habitants de Mari avaient créé une école d'art exceptionnelle.

Le « trésor d'Ur », en revanche, a sans doute été composé en partie avec des objets venus d'ailleurs : si le célèbre pendentif de l'aigle léontocéphale fait regarder du côté de la Mésopotamie, en revanche la petite statuette de la divinité conductrice d'un char ou les figurines en ivoire nous orientent du côté de la Syrie. (Ces pièces sont conservées au musée de Damas.)

■ Ebla et l'émergence de la Syrie occidentale

C'est vraisemblablement avec un léger retard que la Syrie occidentale s'est engagée dans la voie de l'urbanisation ; les conditions y étaient en effet différentes, parce que si les possibilités agricoles y étaient grandes, l'absence de voies navigables était un frein à l'expansion des échanges. C'est l'utilisation intensive de l'âne pour le transport qui intégra l'ensemble de la Syrie occidentale dans le système économique du bassin syro-mésopotamien.

Les origines de la ville d'Ebla (Tell Mardikh) remontent à la première moitié du IIIe millénaire, mais c'est vers 2500 qu'elle rayonne en dominant un vaste territoire de la Syrie intérieure et en portant ses ambitions vers la Mésopotamie ; des liens sont attestés avec Mari, parfois conflictuels, parfois d'alliance. Mais la cité a succombé sous les coups de **Sargon d'Akkad** vers 2300. La destruction du Palais royal a permis de retrouver non seulement des objets de grande valeur (statuettes, figurines, restes du mobilier royal, bijoux où l'or le dispute au lapis-lazuli venu des lointaines montagnes d'Afghanistan), mais aussi les archives administratives qui gisaient au pied des étagères où elles avaient été classées. Cette découverte a introduit la Syrie dans le concert des civilisations historiques du IIIe millénaire ; comme on ne possède en effet pour cette période qu'une quarantaine de textes à Mari et quelques dizaines à Tell Beydar, on saisit ce que peuvent représenter comme masse documentaire 15 000 textes et plus concernant les échanges de la ville et ses relations avec les grandes cités de Syrie et de Mésopotamie.

Les grands royaumes du IIe millénaire

La tentative de Sargon d'Akkad pour réaliser l'unité du Proche-Orient, malgré son échec final, restera pour tous les princes mésopota-

L'escalier monumental du Palais royal d'Ebla. Long de 22 m, il reliait le secteur administratif à l'acropole, centre du pouvoir religieux et politique.

miens un rêve permanent, un idéal à atteindre. Aussi, jusqu'à la construction des grands empires du Ier millénaire, voit-on les royaumes chercher à affermir leurs bases et à amorcer une dilatation, souvent éphémère comme le fut la brève construction de Hammourabi de Babylone au XVIIIe siècle.

■ L'efflorescence de la civilisation urbaine et l'éveil des ambitions des grands voisins

À la suite de la disparition de l'empire d'Akkad, on assiste à une réorganisation du monde oriental. Tandis que les souverains de la IIIe dynastie d'Ur relèvent le pays sumérien de ses ruines en menant une active politique militaire et commerciale, tandis que l'Euphrate joue à nouveau un rôle moteur – comme le montre la reconstruction de Mari –, la Syrie occidentale connaît peut-être une certaine atonie liée aux **Amorrites**. Mais la renaissance arrive dès la fin du IIIe millénaire, et une vie particulièrement intense caractérise le début du IIe. Les royaumes mésopotamiens sont absorbés dans l'empire de Hammourabi de Babylone, dont l'unité et la puissance seront éphémères ; sur ses décombres, après le raid hittite qui passa par l'Euphrate pour détruire Babylone, se mettent en place en Mésopotamie, du sud au nord, le royaume kassite, le Mitanni et l'Assyrie. Quant à la Syrie, dont la vie est étroitement associée à celle de la Mésopotamie, elle est divisée en petits royaumes, souvent rivaux mais très actifs

Les Amorrites sont des nomades sémitiques dont les tribus ont envahi l'ensemble du Proche-Orient vers le XXIIIe s. et dont certains chefs ont progressivement réussi à s'installer à la tête des cités syro-mésopotamiennes entre le XXe et le XVIIIe s. À l'époque de Zimri-Lim, tous les rois sont d'origine amorrite.

Comprendre

sur le plan économique. La grande nouveauté de cette période est que la civilisation urbaine si raffinée de la Syrie attire les convoitises des puissants voisins : Hittites au nord, Assyriens au nord-est, Égyptiens au sud. La Syrie se transforme alors souvent en champ clos des rivalités extérieures.

■ Mari : les derniers feux

Les ruines laissées par le passage des Akkadiens furent nivelées par une nouvelle dynastie, celle des *shakkanakku* (gouverneurs militaires), qui entreprit la reconstruction de la ville. Cette troisième cité de Mari se couvre alors des monuments qui dureront jusqu'à sa destruction : le grand Palais royal, le palais Oriental, la haute terrasse cultuelle, le temple aux Lions sont parmi les grands monuments qui assurent alors la renommée de la capitale de la moyenne vallée de l'Euphrate. C'est aux Shakkanakku que l'on doit cette œuvre, mais l'essentiel du matériel retrouvé date de la dernière période de la ville, où règne une dynastie amorrite dont deux des grands représentants furent Yahdun-Lim et le dernier souverain, Zimri-Lim (*→ encadré*).

L'intérêt de la découverte de l'ultime période de la cité tient moins à son importance réelle dans le jeu des puissances – elle vit alors ses derniers moments et Zimri-Lim lutte en vain contre une réelle déchéance – qu'à la connaissance que nous avons de cette période aussi bien sur le plan diplomatique que sur celui de l'administration des provinces ou du palais, grâce à la découverte de 15 000 textes cunéiformes qui représentent les archives du palais au moment de sa destruction.

On sait que Hammourabi de Babylone est responsable de la fin de Mari et l'on commence à entrevoir les actions diplomatiques et militaires qui ont précédé celle-ci. La ville ne se relèvera jamais de ses ruines : c'est que les raisons de sa fondation et de sa puissance ont disparu, l'Euphrate ne jouant plus le même rôle qu'au IIIe millénaire dans la vie du Proche-Orient.

■ Mari, centre d'art

Parce que le palais et les autres monuments de la ville ont été détruits par Hammourabi, une très riche récolte d'objets d'art ou de la vie quotidienne a pu être effectuée (un abandon progressif du site n'aurait rien laissé sur place). Dans le domaine de la statuaire, on observe une évolution remarquable entre les œuvres de l'époque des Shakkanakku et celles du temps des dynasties amorrites. La statue d'Ishtup-Ilum (*→ illustr. p. 286*) correspond à deux tendances différentes de la statuaire des environs de 2000 av. J.-C. : sévérité d'une part, maniérisme de l'autre, alors

Zimri-Lim, roi de Mari

Zimri-Lim était sans doute neveu de Yahdun-Lim (1815 ?-1799 ?), un grand roi qui avait conduit les armées de Mari jusqu'à la mer Méditerranée avant d'être évincé ou assassiné lors d'une révolution de palais. Grâce au soutien du roi d'Alep Yarim-Lim, Zimri-Lim monta sur le trône vers 1775, après la mort de Shamshi-Addu (*→ encadré p. 99*), le souverain du royaume de haute Mésopotamie qui avait dominé Mari pendant une vingtaine d'années. Son règne est assez bien connu grâce aux archives retrouvées dans le palais. Désirant restaurer la puissance de Mari, il mena une politique active sur le plan militaire pour élargir sa base territoriale le long de l'Euphrate en direction de la Syrie occidentale et du Khabour, deux régions dont dépendait une grande partie de ses approvisionnements. Placé entre les ambitions expansionnistes des royaumes orientaux (Larsa, Eshnunna, Babylone), septentrionaux (haute Mésopotamie) et occidentaux (Alep et Qatna), il fut dans l'obligation de mener une politique d'équilibre en entrant dans des alliances qui se renouvelaient au fur et à mesure du déplacement des dangers. Il eut le tort de soutenir le roi d'Eshnunna contre Hammourabi de Babylone : victorieux, ce dernier saisit l'occasion de se retourner contre Mari. On ne sait pas exactement comment le roi de Babylone s'empara de la ville, ni ce qu'il advint de Zimri-Lim qui disparaît alors de nos sources.

Cortège de marchands syriens (vers 1400 av. J.-C.). Au IIe millénaire, l'activité commerciale de la Syrie s'intensifie, comme en témoigne cette fresque découverte à Thèbes, en Égypte.

que la très célèbre déesse tenant le vase aux eaux jaillissantes *(→ illustr. page suivante)* appartient à une veine où la sensibilité de l'artiste trouve plus facilement à s'exprimer.

Le second titre de gloire de Mari est d'avoir montré, grâce aux peintures murales qui ont été retrouvées dans la cour du Palmier, la chapelle d'Ishtar et les appartements privés du roi, le haut degré de perfection atteint par les artistes mariotes en ce domaine, perfection qui reflète certainement un art mésopotamien méconnu du fait de la destruction de l'architecture.

Même du matériel de la vie courante manifeste le goût pour les beaux objets, comme en témoigne la belle collection de plats à gâteaux retrouvés dans une dépendance des cuisines du palais (aujourd'hui au musée d'Alep et au Louvre).

■ Ebla : une grande ville muette

En Syrie occidentale on connaît l'existence de grands centres comme Karkémish ou Alep, mais l'absence de fouilles ne permet pas d'en faire état ici. En revanche, Ebla a fourni une image très riche de ce qu'était une ville syrienne de la première moitié du IIe millénaire. Un système défensif exceptionnellement puissant, des forteresses, trois palais, des sanctuaires dont le plus important de la ville, sans doute voué à Ishtar et associé à une terrasse cultuelle haute peut-être de 15 m et d'un type nouveau, puisqu'elle semble équipée d'une énorme fosse de 52 m sur 42 m dont la fonction n'est pas claire. Richesse architecturale, mais aussi en matériel cultuel ou de

Une grande figure : Shamshi-Addu

C'est Shamshi-Addu qui bâtit le royaume de haute Mésopotamie, souvent mais improprement appelé Ancien Empire assyrien. Il régna d'une main de fer pendant le premier quart du XVIIIe s. av. J.-C. et mourut en 1776. Ekallatum en Assyrie, Shubat Enlil dans le Khabour formaient la base de son domaine. Il y ajouta à partir de 1797 et jusqu'à sa mort la ville de Mari où il plaça comme vice-roi son fils Yasmah-Addu, qui n'avait manifestement pas les mêmes qualités et ne put garder Mari à la mort de son père. Ces trois villes lui permettaient de contrôler, sur le plan économique autant que militaire, la route de l'Euphrate et celle du piémont.

Le Palais royal de Mari

Dans les cités syro-mésopotamiennes, l'institution royale était la forme normale du pouvoir : le Palais royal en était l'expression visible, et toute ville orientale en possèdait au moins un, destiné à magnifier l'institution. Célèbre jusqu'à Ougarit, dont le roi envoya un de ses fils pour le visiter, le palais de Mari (début du IIe millénaire avant notre ère) est un organisme complexe dont la fonction de base est de permettre au roi l'exercice du pouvoir.

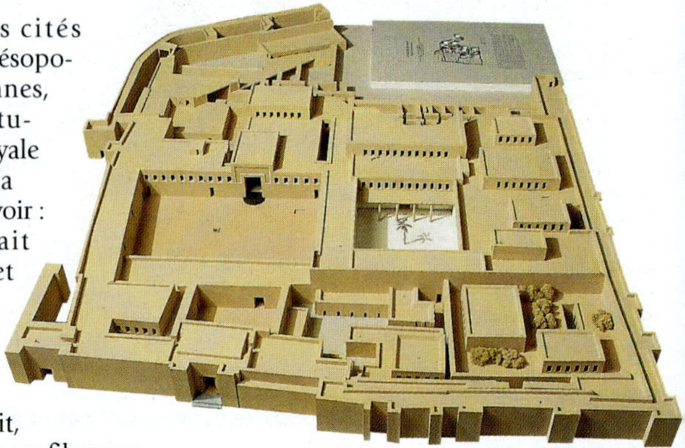

▲ Maquette du Palais royal restitué avec, au centre, la cour du Palmier, l'une des trois salles d'apparat. S'étendant sur deux niveaux, avec une surface au sol de 2,5 ha, il devait compter quelque 500 espaces – salles et cours. Si les formes d'ensemble sont certaines, quelques détails peuvent prêter à discussion : les bordures des terrasses ou le mode de récupération de l'eau sur ces terrasses.

La résidence de la famille royale

Centre de la vie du royaume, le palais doit tout d'abord, dans les meilleures conditions de sécurité, assurer le logement du roi et de la famille royale en préservant leur intimité. Une partie du palais constitue la maison personnelle du roi ; elle entoure le groupe officiel et se répartit entre les appartements royaux à l'étage, le secteur des services, des cuisines et des réserves, le logement du personnel, le domaine réservé à l'administration et au stockage des archives. Une salle permet au roi de donner ses instructions et de surveiller les transactions les plus importantes. Tout l'angle nord-ouest est occupé par l'appartement des femmes, où résident la reine mère, la reine, les reines en second, les concubines, les danseuses, les chanteuses et musiciennes, ainsi que le personnel.

Une fonction d'apparat

Le palais doit aussi donner aux fastes royaux – et parfois au culte royal – la possibilité de s'exprimer dans la plus grande splendeur. Ces fastes se déroulent dans un ensemble de trois espaces que l'on retrouve de façon pratiquement identique

◄ Déesse tenant le vase aux eaux jaillissantes (Musée archéologique d'Alep). Elle se dressait sur un podium, dans l'antichambre de la salle du Trône. Dispensatrice de l'eau, elle conférait à cette pièce, par son geste symbolique, un caractère particulier, une certaine sacralité qui protégeait et isolait la salle du Trône. Un conduit en terre cuite était ménagé à travers son corps afin que l'eau jaillisse du vase.

Fresque de la Procession (conservée au musée du Louvre), fragment d'une grande peinture murale qui se trouvait entre la cour du Palmier et l'antichambre de la salle du Trône. Cette scène de sacrifice montre la phase de la cérémonie où l'on conduit l'animal vers l'autel. Le roi, deux fois plus grand que les autres participants, ouvre la marche. Derrière lui, sous un registre où l'on ne voit que les pieds des personnages passant, arrive le taureau aux cornes couvertes d'or ou d'argent, le front orné d'un croissant ; il est tenu par deux prêtres munis des signes sacerdotaux. ►

dans tous les palais de l'époque des dynasties amorrites : la cour du Palmier, une grande cour d'honneur ornée d'un palmier artificiel (constitué probablement de matériaux précieux), symbole de la puissance créatrice royale ; après un passage encadré de peintures mettant en scène l'association du pouvoir royal et des divinités vient l'antichambre de la salle du Trône, où se trouvait la statue de la déesse tenant le vase aux eaux jaillissantes ; enfin, la salle du Trône où, face à la statue d'Ishtup-Ilum (l'un des souverains de Mari, → *illustr. p. 286*) dressée sur la tribune, le roi reçoit les ambassadeurs et donne des banquets dans une pièce immense (longue de 25 m, large de 12 et haute certainement de 12 m sinon plus). Un protocole très rigoureux règle ces cérémonies, où le roi apparaît dans toute sa splendeur.

► Comme à Ebla et à Ougarit, les archives trouvées dans le Palais royal de Mari, telle cette tablette administrative en écriture cunéiforme, constituent une documentation exceptionnelle sur le fonctionnement du royaume.

Un centre administratif et économique

Dans le palais, l'administration se divise en plusieurs activités et se répartit en différents secteurs. Si dans la maison du roi une salle qui reproduit en plus petit la salle du Trône est réservée au souverain pour les affaires dont il s'occupe, les salles d'archives, elles, se trouvent à l'étage. D'autres centres associés aux activités de certains intendants peuvent se trouver ailleurs dans le palais. Il faut en outre gérer les entrées et les sorties des produits – alimentaires et autres – nécessaires à la vie quotidienne ainsi qu'au paiement des salaires, puisque à l'époque le travail était rémunéré en nature par des distributions de blé, d'huile et de vêtements.

la vie quotidienne, vases, coffres aux parois décorées de frises de personnages, stèles, statues et figurines. La nécropole royale, dont certaines tombes creusées dans le sous-sol rocheux ont échappé en totalité ou partiellement au pillage, a fourni un précieux matériel : vases et bijoux de la tombe de la Princesse (vers 1800 av. J.-C.), statuettes, bijoux, vaisselle en argent ou en pierre, et armes (dont une masse de facture égyptienne) du Seigneur aux caprinés.

Malheureusement les documents écrits de cette période sont rares, et l'histoire de la cité, à cette époque de grandeur certaine, nous reste en grande partie inconnue. C'est sans doute **Mursili Ier**, le conquérant hittite destructeur de Babylone, qui mit fin à l'existence d'Ebla en 1600.

Le raid du roi hittite Mursili Ier en 1594, qui mit fin à l'empire paléobabylonien, est aussi la première grande manifestation des Hittites hors de l'Asie Mineure.

■ Le Khabour : un pôle pour les royaumes septentrionaux

L'importance de la situation de la plaine du Khabour ne s'est pas démentie au IIe millénaire, bien au contraire : aux activités agricoles et aux échanges dans le sens nord-sud est venu s'ajouter, grâce à l'essor du trafic caravanier et du transport par chariot, un axe est-ouest qui depuis le Tigre rejoint, en longeant les collines de piémont, l'Euphrate à la hauteur de Tell Ahmar. Cette route s'affirme suffisamment pour concurrencer la voie fluviale de la vallée de l'Euphrate, et les villes deviennent florissantes. Si Tell Brak, vers 2350, a servi de base aux rois akkadiens et reste un grand centre au IIe millénaire, d'autres se développent : Urkish (Tell Mozan) où un palais est en cours de fouille ; Tell Leilan, qui contient les restes de l'ancienne Shubat Enlil et servit de capitale au roi Shamshi-Addu *(→ encadré p. 99)* lorsqu'il constitua le royaume de haute Mésopotamie qui s'étendit jusqu'à Mari durant le premier tiers du XVIIIe s. Le royaume mitannien, qui a recouvert aux XVe et XIVe s. la Mésopotamie du Nord et la région du piémont, a laissé sa marque sous la forme d'un bel édifice public à Tell Brak. Enfin, à Tell Sheikh Hamad (Dur Katlimmu), une première implantation assyrienne à la fin du Bronze récent marque déjà l'intérêt que l'Assyrie porte aux régions occidentales.

■ Les Hittites en Syrie du Nord et la province d'Ashtata

Fondée sur la rive droite de l'Euphrate au IIIe millénaire, Emar a eu pour fonction d'opérer la jonction entre le trafic caravanier qui vient d'Alep et le trafic fluvial qui relie la Babylonie à la Syrie. Active dès l'époque d'Ebla, elle est mentionnée aussi dans les textes de Mari au début du IIe millénaire. Mais au milieu du XIVe s., la ville est reconstruite sous l'autorité du roi hittite qui domine alors la Syrie du Nord.

La province d'Ashtata est alors sous le contrôle du roi de Karkémish, lui-même dépendant du Grand Roi hittite qui réside à Hattusha. Emar est alors, au cœur de la province, une ville économiquement importante, mais sans puissance politique puisqu'elle est sous le contrôle d'un général hittite qui dirige aussi la citadelle d'Ashtata (Tell Faqous), laquelle domine le fleuve en aval d'Emar et la protège contre les entreprises qui pourraient venir de Babylonie. Ce dispositif montre que l'Euphrate, s'il ne joue plus le rôle qui était le sien au IIIe millénaire, n'a cependant pas perdu tout son poids économique ou stratégique : malgré l'importance grandissante de la route du piémont, c'est encore une grande voie de liaison entre la Mésopotamie et la Syrie.

La domination hittite et les relations étroites avec la Babylonie au contact du fonds syrien traditionnel ont donné un étrange mélange d'influences qui cohabitent plutôt qu'elles ne fusionnent, et mettent en relief la tentation des élites d'imiter la puissance dominante en même temps que le domaine religieux apparaît comme un ferment de résistance à l'assimilation.

La citadelle d'Ashtata et Emar disparaissent vers 1187 dans le cataclysme qui bouleverse la Syrie septentrionale et occidentale.

■ Ougarit : l'ouverture de la Syrie sur la Méditerranée

Les origines d'Ougarit (Ras Shamra) plongent en plein néolithique. La ville s'est développée au Bronze ancien et au Bronze moyen, mais ces niveaux n'ont pas été explorés. En revanche, la ville du Bronze récent est très bien connue, car elle a fait l'objet de fouilles systématiques depuis 1929. Ougarit oscille entre l'indépendance et le protectorat hittite ; elle est aussi étroitement liée par voie de mer avec tout le monde créto-mycénien et avec l'Égypte, dont l'influence par voie de terre s'arrête à la hauteur de la Syrie intérieure.

La ville, très vivante et bien organisée avec ses temples de Baal et de Dagan sur l'acropole, son domaine royal sur le flanc occidental et ses quartiers d'habitation, forme le centre d'un petit royaume côtier dont la puissance et la richesse sont très supérieures à l'idée que pourrait donner sa superficie. C'est une ville cosmopolite, point de rencontre de la Méditerranée et de l'Orient, désireuse d'efficacité et à la pointe du progrès : à côté du système cunéiforme traditionnel, elle adopte un nouveau système d'écriture, le **cunéiforme alphabétique**.

L'écriture en cunéiforme alphabétique représente une innovation technique remarquable. Mais ce qui lui donne une portée exceptionnelle, c'est qu'elle a servi à transcrire les textes mythiques (par exemple, *Baal et la Mer* ou *Baal et la Mort*), les rituels et les oraisons de la religion d'Ougarit. L'analyse de ces textes a permis de préciser les tendances intellectuelles du milieu sacerdotal et lettré du Levant à l'époque où commencent à se préciser les fondements de la religion du peuple hébreu.

Buste d'un prince ou d'une princesse d'Ougarit (IIe millénaire av. J.-C., musée de Damas).

Les œuvres d'art – ors, bijoux, statues, stèles et figurines en métal, objets en pierre et en ivoire (lit et guéridon du palais) – attestent le degré de raffinement atteint par cette brillante civilisation du Bronze récent ; les maisons particulières et les tombes qui leur sont associées montrent aussi que la partie de la population qui participe à cette richesse est beaucoup plus large qu'auparavant.

Mais comme Emar, comme la plupart des cités de Syrie, Ougarit disparaît au début du XIIe s., sans que l'on sache exactement ce qui a provoqué les destructions systématiques dont on accuse, mais sur des bases assez fragiles, les « Peuples de la Mer ».

La Syrie au Ier millénaire : enjeu des rivalités extérieures

Marasme économique, invasions, affaissement momentané de la vie urbaine, c'est une période sombre qui suit l'effondrement de la civilisation si brillante du Bronze récent. Et même si toute vie n'est pas arrêtée, il faut attendre plus d'un siècle pour voir renaître une véritable activité. Les données d'ailleurs changent profondément. L'arrivée d'une nouvelle invasion de nomades, la découverte et le développement de la métallurgie du fer, la généralisation des écritures alphabétiques, la naissance d'une idéologie prônant la domination universelle sont autant de ferments nouveaux qui contribuent à caractériser le Ier millénaire. Mais, trait dominant sur le plan politique, les villes syriennes vont rapidement perdre leur indépendance parce que des maîtres extérieurs imposent une domination plus ou moins dure.

■ Les Araméens

Attestée dès le VIIIe s. par de grandes inscriptions provenant de Syrie, la langue araméenne a dû un très large essor aux Achéménides qui en ont fait au Ve s. la langue officielle de leur Empire, si bien que les monuments de cet « araméen d'empire » s'étendent sur une aire immense.

A. Caquot, *Les Premières Civilisations* (PUF)

Ils apparaissent peut-être dès le XIVe s. sous forme de tribus nomades, rameau du groupe sémitique que l'on trouve installé au Proche-Orient dès le début du IIIe millénaire. On ne sait pas très précisément d'où ils viennent, mais le mode de vie qui les caractérise est fait de pastoralisme et d'activités commerciales, et il est fort possible que certains d'entre eux soient des Syriens des villes retournés à la vie nomade en raison des circonstances. Ils rencontrent la violente opposition des **Assyriens**, mais leur pression est si forte qu'ils finissent pas s'installer à la tête des cités renaissantes et réussissent à créer des principautés dans toute la Syrie intérieure, de Damas au sud jusqu'à Sendjirli (Sam'al). Preuve de leur succès définitif, la langue de ces envahisseurs devient bientôt prépondérante.

■ La domination des Assyriens et des Babyloniens

Lorsque l'on voit réapparaître les petites villes du Nord et de l'Ouest, comme Guzana (Tell Halaf), Hama, Karkémish, Sam'al, c'est bien souvent parce que, tombées au pouvoir des Araméens, elles rencontrent l'hostilité des Assyriens. De fait, depuis l'époque du Moyen Empire assyrien (XIIIe s.), les Assyriens sont de plus en plus attirés par la Syrie. Des raids sont périodiquement lancés, parfois pour s'opposer aux Araméens, parfois aussi pour faire payer des tributs fort rémunérateurs aux cités qui préfèrent la transaction à l'anéantissement. Mais progressivement la tactique des Assyriens change : aux incursions rapides et aux dominations de courte durée, les grands souverains à partir du VIIIe s. préfèrent l'implantation stable, l'organisation de provinces et une mise en exploitation systématique au profit de la capitale.

C'est ainsi que Tell Barsip, sur la rive gauche de l'Euphrate, qui avait été le centre d'un royaume araméen, le Bit Adini, devint, sous le contrôle assyrien, le centre d'une province et le siège d'un palais, conçu sur le plan des palais des capitales assyriennes et décoré de belles peintures murales. D'autres cités, comme Hadatu (Arslan Tash), ont donné des monuments identiques. On constate alors la mise en sommeil de l'axe euphratique ; cependant, dans la basse vallée du Khabour, Dur Katlimmu est devenue un centre provincial de grande importance.

Les Babyloniens ne firent que recueillir l'héritage assyrien après la chute de la ville de Ninive en 612, et la brièveté de leur domination n'a guère laissé de traces en Syrie.

■ La Syrie dans l'Empire perse

En 539, la chute de Babylone entre les mains des Perses entraîna automatiquement la dévolution de la Syrie dans ce nouvel empire ; elle fait partie d'une satrapie qui englobe ses voisins et elle connaîtra apparemment une vie calme et sans doute le retour d'anciens déportés selon la politique de Darius. Mais peut-être est-ce là l'effet d'une documentation particulièrement pauvre. Quelques sites cependant attestent la présence perse : Tell Mardikh (Ebla), où ont été retrouvés un palais et une forteresse, Ras ibn Hani et Ras Shamra (Ougarit) apportent quelques modestes témoignages, ou encore l'île d'Arwad et le temple d'Amrit.

Avec les dominations assyrienne et babylonienne, la Syrie avait en réalité perdu son indépendance, et lorsque les Perses s'emparent de Babylone, c'est l'ensemble du bassin syro-mésopotamien qui bascule à son tour dans le giron de puissances extérieures. Les traits fondamentaux et originaux de la Syrie en seront profondément altérés.

En attendant, la Syrie n'a pas été profondément marquée par la Perse achéménide ; elle se trouve en quelque sorte à l'écart des grands problèmes politiques de l'empire, mais elle a cherché à profiter de cette marginalité pour s'ouvrir encore plus largement sur le monde méditerranéen. Ses marins partent alors à la conquête de la grande mer intérieure, en sorte que l'arrivée d'Alexandre, en 333 av. J.-C., ne fera que confirmer cette vocation.

D'Alexandre à Dioclétien
La Syrie hellénistique et romaine

par Georges Tate,
professeur à l'université de Versailles - Saint-Quentin-en-Yvelines

La conquête d'Alexandre inaugure pour la Syrie une période de deux siècles marquée par la prédominance de l'hellénisme et par son appartenance au monde méditerranéen. Amorcée à l'époque hellénistique, cette prédominance s'affirme avec force sous le gouvernement de Rome grâce à la paix extérieure et intérieure qu'il a su installer durablement.

La Syrie hellénistique (333-64 av. J.-C.)

Après la victoire d'Issos (333), Alexandre se rend maître de la Syrie. Sa mort, en 323, ouvre une période de rivalités entre ses successeurs, les Diadoques. En 301, au terme de plus de vingt ans de guerres fratricides, son empire est partagé entre les vainqueurs. Dans ce partage, la Syrie antique, délimitée au nord par le Taurus, à l'est par le cours de l'Euphrate, au sud par le Sinaï – dans l'espace occupé aujourd'hui par la Syrie, le Liban, Israël et la Jordanie –, est partagée entre le roi Ptolémée d'Égypte, qui reçoit la partie située au sud de Homs, et le roi Séleucos Ier, à qui échoit le reste. Celui-ci est à la tête d'un royaume immense qui comprend aussi l'Asie Mineure, la Mésopotamie et l'Iran jusqu'à la vallée de l'Indus.

Alexandre le Grand.

Séleucos, fondateur de la monarchie syrienne

Le centre de cet empire est formé par la Mésopotamie et la Syrie qui rassemblent les terres les plus riches du Proche-Orient asiatique. C'est aux deux extrémités de ce Croissant Fertile que Séleucos Ier (301-281) établit les bases de sa puissance.

En Syrie du Nord, il n'existait de villes importantes que sur le plateau intérieur, avec Alep, Qinnesrin et Hama. À l'embouchure de l'Oronte et sur le littoral au nord de Lattaquié, au contraire, on ne trouvait pas de ville ni de port de quelque importance ; cette situation s'expliquait par la présence d'une barre qui rendait la navigation dangereuse et avait ainsi empêché le développement d'une vie maritime importante. Les Grecs, au contraire, purent surmonter cet obstacle grâce à leurs connaissances techniques : ils surent construire des ports artificiels en eau profonde. De cette région peu peuplée et dépourvue d'activités de relations, Séleucos fit ainsi le centre de son royaume par la fondation de quatre villes en 300-299 : Séleucie de Piérie et Laodicée (l'actuelle Lattaquié) sur la côte, Antioche et Apamée à quelque distance dans les terres mais en des lieux accessibles par voie fluviale.

Le pivot du royaume séleucide

La Tétrapole syrienne d'un côté, Séleucie du Tigre et les nombreuses villes fondées par Alexandre au fond du golfe Persique, de l'autre, sont les deux pôles de l'axe politique et économique qui constitue le pivot du royaume séleucide. Entre ces deux extrémités, d'autres villes, fondées sur l'Euphrate, assuraient leur liaison : Europos, Séleucie Zeugma, Nikatoris, Thapsaque, Nicéphorion (Raqqa) et Doura-Europos. Ces simples postes fortifiés finirent par devenir de véritables villes. Dans ces villes nouvelles, qui étaient en même temps des cités, des colons macédoniens et grecs furent installés à côté d'éléments locaux, mais dans des quartiers distincts séparés par des murs. L'implantation gréco-macédonienne fut enfin consolidée par la transformation d'anciennes villes en cités grecques à la suite de l'adjonction d'un nouveau quartier peuplé d'hellénophones : Alep devient ainsi Beroia et Qinnesrin, Chalcis.

La Syrie lagide

Seule une partie infime de la Syrie lagide appartient à la Syrie actuelle, mais elle contient Damas. Contrairement au Nord, la Syrie lagide avait été fortement urbanisée avant la conquête d'Alexandre ; elle comprenait la majeure partie des cités phéniciennes et des villes de Palestine. À l'intérieur, on ne trouvait guère que Damas, vieille métropole

Les dieux de Syrie

Quand Macédoniens et Grecs s'installèrent en Syrie, après la conquête d'Alexandre, ils trouvèrent sur place de nombreux dieux et des sanctuaires puissants qui exerçaient un rôle politique et social majeur. Les Grecs établirent des correspondances avec leurs propres dieux, en distinguant grands dieux et dieux locaux. Le dieu suprême **Baal,** assimilé à Zeus, était le dieu des sommets, du tonnerre et même des moissons et de la pluie. Il était honoré sous le nom de **Baalshamin** sur la côte phénicienne, dans le Hauran sous celui de **Hadad,** en particulier dans les régions de peuplement araméen, en Syrie intérieure. Bêl-Mardouk, le grand dieu cosmique de Babylone, maître du destin, était vénéré en Syrie sous le nom de **Bêl.** Il pouvait être assimilé à Zeus Olympos ainsi qu'aux *gad*, dieux tutélaires des cités connus sous le nom de Tychè, qui désigne la Fortune.

Parmi les divinités sémitiques féminines, **Astarté** était la forme syrienne d'Ishtar, la déesse mésopotamienne de la guerre mais aussi de la fécondité et du renouveau. Elle était honorée sous le nom d'**Atargatis** à Hiérapolis, où elle était en plus déesse guérisseuse et déesse des eaux. L'une et l'autre furent assimilées à deux déesses grecques souvent créditées d'un rôle guerrier, Artémis et Athéna. Quant à **Allat,** déesse d'origine arabe, elle avait un caractère guerrier.

À l'époque romaine, la continuité avec les époques précédentes sera totale dans le domaine de la religion. *Voir aussi les pages illustrées 112-113.*

Comprendre

sémitique, qui demeura surtout une ville de garnison et le siège d'un grand sanctuaire. L'hellénisation du Hauran, par colonisation ou acculturation, ne commença qu'à la fin de la période hellénistique.

■ Agressions extérieures et dissensions internes

Trop vaste pour être administré avec efficacité, le royaume séleucide fut exposé aux attaques de l'Égypte, puis de Rome et des Parthes et à des dissidences intérieures, en Iran et en Asie Mineure.

Séleucides et Lagides s'affrontent durant la majeure partie du IIIe s. en cinq guerres longues et difficiles : la monarchie séleucide l'emporta finalement par la bataille de Panion qui lui livra, en 200, toute la Syrie lagide, jusqu'au Sinaï. L'avènement d'**Antiochos III** dit le Grand *(→ encadré)* en 223 marque dans l'histoire des Séleucides un tournant qui aurait pu être décisif. C'est lui qui l'emporte sur l'Égypte lagide. Il tente alors d'intervenir dans les affaires balkaniques, au moment où Rome, après avoir vaincu Philippe V de Macédoine (198) et proclamé la « liberté » des Grecs, considère que la Grèce appartient à sa sphère d'influence. La guerre s'achève en 189 par la défaite de l'armée séleucide à Magnésie du Sipyle, en Asie Mineure. Antiochos III doit abandonner toutes ses possessions en Asie Mineure jusqu'au Taurus. Les Attalides qui gouvernaient Pergame au nom des Séleucides obtiennent le titre de rois. Antiochos III doit, en outre, renoncer à toute intervention militaire à l'ouest de l'Asie : il est chassé de la Méditerranée. La monarchie séleucide est déchue de son rang de grande puissance.

Dans ce contexte général de déclin, Antiochos IV (175-163) donne à la Syrie séleucide un éclat politique factice et éphémère : en 168, il se rend maître de toute l'Égypte, à l'exception d'Alexandrie ; mais cette revanche est anéantie par Rome qui l'oblige à la retraite.

■ La perte de l'Iran et de la Mésopotamie

Trop éloigné du reste du royaume pour être réellement gouverné, l'Iran est travaillé par le séparatisme latent de ses élites rebelles à l'hellénisme. Il est en outre menacé par des envahisseurs venus du nord, les Parnes, qui s'installent en Parthie, dans le Nord de l'Iran, et prennent le nom de Parthes. Ces étrangers cristallisent les résistances aux Séleucides et finissent par s'emparer de l'ensemble de l'Iran et, après la prise de Babylone et de Séleucie du Tigre en 141 av. J.-C., d'une grande partie de la Mésopotamie. Au milieu du IIe s., le royaume séleucide se réduit à la Syrie du Nord.

Antiochos III : grandeur et décadence

Le règne d'Antiochos III (223-187) correspond à un tournant dans l'histoire du royaume séleucide et même de l'ensemble du monde hellénistique. Jusque vers 196, Antiochos apparaît comme l'un des plus puissants rois de son temps. Après avoir surmonté la crise intérieure de son royaume, il réussit à récupérer, par une « anabase » qui rappelle celle d'Alexandre et le mène jusqu'à l'Indus, les territoires immenses que ses prédécesseurs avaient perdus, et s'empare du Sud de la Syrie aux dépens des Lagides en 200, réalisant ainsi une unité que d'interminables guerres n'avaient pu auparavant sceller. Il peut être considéré comme le plus puissant des rois hellénistiques, après les deux défaites infligées par Rome à la Macédoine. En fait, cette puissance est illusoire : la reconquête des satrapies orientales est factice, et le recul de l'Égypte est surtout dû aux propres faiblesses de ce pays. Cette fragilité est mise au grand jour par Rome. En 189, les armées d'Antiochos III sont écrasées à Magnésie du Sipyle par une armée romaine près de deux fois moins nombreuse. Rome lui impose une paix léonine : il doit abandonner l'Asie Mineure, livrer sa flotte, verser une lourde indemnité et aligner sa politique extérieure sur celle de Rome. Il est tué en juillet 187 au cours de l'attaque lamentable d'un temple dont il voulait piller les biens pour renflouer ses finances, quelque part dans le Sud-Ouest du plateau iranien.

■ Démembrement et disparition du royaume

Après la mort d'Antiochos VI en 141, les Séleucides se déchirent en des luttes fratricides qui opposent ses descendants et ceux de Séleucos IV. Dans ce contexte, les cités acquièrent une réelle autonomie : elles sont de plus en plus nombreuses à battre monnaie. Elles sont exposées, en contrepartie, aux raids, voire à la domination de tribus arabes et de leurs chefs installés au Liban, comme les Ituréens, ou venus de la steppe et infiltrés dans toute la Syrie intérieure tels que les Éméséniens de Sampsigeramos. À la même époque, les Nabatéens établissent leur royaume en Transjordanie et poussent jusqu'aux abords de Damas. Les Parthes, après avoir pris Doura-Europos (113 av. J.-C.), font de l'Euphrate la frontière de leur royaume.

Dans cette situation d'insécurité et de danger, les citadins s'alarment. En 83, les habitants d'Antioche offrent le royaume à Tigrane, roi d'Arménie et allié de Mithridate, l'ennemi de Rome. Tigrane conquiert la Syrie du Nord tandis que les Nabatéens s'emparent de Damas et que l'insécurité et le pillage sévissent partout ailleurs. Vaincu par Lucullus, Tigrane se retire en 69 ; Pompée fait la conquête de la Syrie et la transforme en province romaine en 64-63.

■ Idéologie et religion sous les Séleucides

Les rois séleucides instaurent en Syrie un nouveau type de pouvoir. Le roi exerce un pouvoir quasi absolu, sans autre limite que celle qu'il s'impose. Le royaume est sa propriété personnelle. Ses collaborateurs sont des parents ou des proches, ils lui sont liés par des liens de fidélité et d'allégeance. Le roi mérite son pouvoir par ses succès, preuves visibles de la faveur et de la protection des dieux dont il est l'image sur terre. Son nom est accompagné de qualificatifs qui expriment ses éminentes qualités : Nikator (victorieux), Sôter (sauveur), Évergète (bienfaiteur), restaurateur de la paix.

C'est une époque de déclin de la dévotion aux dieux traditionnels et de développement de l'astrologie, de la magie et de la superstition. On croit davantage au Destin, à la « fortune », c'est-à-dire à la Tychè. Aristote avait déjà soutenu que les grands hommes étaient « comme » des dieux. On finit par admettre que les rois, c'est-à-dire les grands hommes, étaient plus que des hommes et par leur vouer un culte dès leur vivant.

■ Des villes nouvelles

Les Séleucides ont été d'infatigables fondateurs de villes. Leur but était d'installer des points d'appui pour mieux contrôler le plat pays, et d'attirer des Macédoniens et des Grecs dans des établissements

C'est à Doura-Europos, dont le site est demeuré inoccupé depuis le milieu du IIIe s. apr. J.-C., et partiellement à Antioche, grâce à la fouille, que l'on a pu connaître le plan initial des cités hellénistiques. On a longtemps estimé que, dans sa régularité géométrique, le plan des villes modernes d'Antakya, de Lattaquié et d'Apamée renvoyait à celui de leur origine hellénistique. En réalité, ces villes ont connu au cours de leur histoire millénaire de nombreuses transformations, ne conservant de leurs états les plus anciens que l'organisation géométrique de leur voirie, sans que les rues reprennent toutes le tracé exact des voies anciennes.

attractifs, propices à leur épanouissement, comme seules les cités leur en offraient. Ces fondations de villes leur permettaient en même temps d'entretenir la tradition créée par Alexandre et de mériter le titre de Philhellène, amoureux de l'hellénisme ou des Grecs.

Le plan des villes hellénistiques, conforme au modèle d'Hippodamos de Milet, se définit par l'organisation géométrique des rues selon des axes nord-sud et est-ouest, sans hiérarchie entre elles, et par l'existence, au centre, d'une agora. Socialement, ce plan traduisait le caractère égalitaire d'une société de colons de condition modeste mais nantis des meilleures terres (→ *encadré p. 111*).

Ces villes n'ont d'abord disposé d'aucune autonomie. En théorie, elles sont liées au roi par des traités et négocient avec lui de puissance à puissance. En fait, elles ne peuvent s'affranchir de son autorité quand il est fort et mettent tout en œuvre pour s'en libérer s'il est affaibli. Elles obtiennent ainsi le droit de battre monnaie et la liberté de gérer leurs finances à leur gré.

■ Immigration et richesse économique

La Syrie a connu une certaine expansion économique sous les Séleucides, grâce à l'afflux des colons – avec ses effets démographiques –, à l'accroissement du nombre des villes et à la diffusion de l'usage de la monnaie. Il est en revanche impossible d'apprécier la condition des vaincus. En dehors des villes, l'hellénisation fut des plus superficielles.

Les rythmes de l'économie n'ont pas toujours correspondu à ceux de la puissance séleucide. Le règne de Séleucos Ier (301-281) fut marqué par une incontestable puissance politique qui coïncida avec la fondation d'innombrables villes. Mais ces villes étaient de dimensions réduites, et certaines d'entre elles se réduisaient à des forteresses, voire des fortins. Ce n'est que dans les décennies qui suivirent que de nouveaux flux d'immigration leur permirent de remplir le cadre monumental initial, qu'elles ne débordèrent qu'à partir du milieu du IIe s. av. J.-C.

■ Fusion ou colonisation ?

À la suite de Droysen, le grand historien allemand de la fin du XIXe s., on a longtemps adhéré à l'illusion que les successeurs d'Alexandre, et en particulier les Séleucides, avaient encouragé le développement d'une civilisation gréco-orientale, expression culturelle et artistique d'une véritable fusion entre vainqueurs et vaincus. Tel ne semble pas avoir été le cas. Le gouvernement des Séleucides a été marqué au contraire, en Syrie, par l'exclusivisme politique et culturel, et l'hellénisation n'aurait guère progressé que dans les villes où les colons étaient nombreux. À côté des villes grecques subsistent des sanctuaires sémitiques : on y honorait Atargatis comme à Bambyce ou Hadad comme à Damas, ou encore Baal en maints sanctuaires où les dispositifs architecturaux et les formes artistiques étaient certainement conformes à la tradition orientale.

Au bilan, durant la période séleucide, la Syrie subit une transformation profonde. Les bases de l'implantation de l'hellénisme ont été posées, mais il n'a pas connu de grande diffusion parmi les populations orientales.

La Syrie romaine (64 av. J.-C. - 330 apr. J.-C.)

L'établissement du gouvernement de Rome en Syrie, en 64-63 av. J.-C., et la fin des guerres civiles après Actium (31 av. J.-C.) marquent le début d'une période de paix extérieure quasi totale jusqu'au milieu du IIIe s. apr. J.-C. Dans ce contexte, la Syrie connaît une expansion démographique et économique marquée par la croissance des villes et le recul des nomades au profit des sédentaires dans le cadre d'un hellénisme triomphant.

■ L'établissement du gouvernement de Rome

Auguste avait d'abord laissé subsister une série de protectorats dépourvus d'indépendance extérieure mais capables de faire régner l'ordre et de ménager la sédentarisation des nomades, tout en assurant la diffusion du mode de vie grec par le développement des villes. Le gouvernement romain s'appuie en effet sur les cités grecques et sur l'hellénisme. Dans la seconde moitié du Ier s. apr. J.-C., les exarchats et autres émirats sont définitivement absorbés.

Sous Auguste, les sédentaires étaient encore serrés de près par les nomades. Alors que la frontière avec les Parthes suivait le cours de l'Euphrate, les tribus arabes tenaient les territoires situés à l'ouest du fleuve, si bien que les cités d'Alep et de Chalcis marquaient la limite orientale du territoire des sédentaires. Au cours des Ier et IIe s., Rome réussit à faire reculer les nomades et à élargir le territoire des sédentaires. Il devint possible de se rendre directement d'Antioche à l'Euphrate en passant par Alep (Beroia), suivant une direction ouest-est. Plus au sud, Rome installe des postes militaires en avant du territoire des sédentaires, en pleine steppe, avec parfois des sanctuaires (Isriyé), tandis que des routes militaires de tracé nord-sud et est-ouest matérialisent un carroyage serré qui permettait de contrôler le territoire tout en assumant sa défense contre les agressions extérieures.

Avec les Parthes, la paix règne tout au long de la période, si l'on met à part les guerres offensives menées par Trajan, Avidius Cassius sous Marc Aurèle, Septime Sévère et Caracalla. Ces guerres furent toutes menées en territoire ennemi : elles n'entraînèrent aucun dommage pour les populations syriennes.

■ Des villes restructurées et en pleine expansion

En ce qui concerne les cités, Rome reprit la politique des Séleucides mais en inversant l'ordre des objectifs : il ne s'agissait plus de mettre en place des bastions, mais de créer des conditions propres à l'hellénisation des Syriens et à leur intégration dans l'empire. C'est ainsi que les cités syriennes s'ordonnèrent sur les échelons d'une hiérarchie déterminée par les faveurs que les empereurs romains leur concédèrent par des statuts différenciés. Progressivement, le droit de cité romain et, pour les élites, le titre de sénateur furent attribués à des Syriens.

Les villes tiraient leur richesse de leurs activités variées, artisanales et commerciales, mais aussi de la rente foncière. Cette richesse était très considérable si l'on en juge par les dimensions et le luxe des

Un urbanisme renouvelé

Que leur origine remonte à l'époque hellénistique ou à des temps plus anciens, les villes syriennes connaissent, à l'époque romaine, une croissance démographique de grande ampleur. Dès le début de notre ère, entre le règne d'Auguste et celui de Claude, elles se donnent un cadre monumental grandiose qui reproduit, partout, un même dispositif. Antioche, comme Apamée, mais aussi Damas et Laodicée, s'organisent autour d'une grande rue monumentale (le *cardo*) bordée de colonnades et de boutiques, et coupée perpendiculairement par des voies secondaires (les *decumani*). Dans certains cas, elle reproduit le tracé d'une des rues de la ville hellénistique. En réalité, tout a changé : le plan de l'époque hellénistique convenait à une société égalitaire, alors que le plan de l'époque romaine correspond à une société hiérarchisée et à une spécialisation des conditions et des fonctions. De chaque côté de cet axe central s'ordonnent l'agora et les différents monuments, publics et religieux, de la ville. À Palmyre, la ville romaine s'est développée non au-dessus mais à côté de la ville hellénistique. C'est elle et elle seule que l'on peut admirer aujourd'hui, les constructions d'époque hellénistique demeurant enfouies. La plus grande et la plus large de ces rues se trouvait à Apamée ; c'est aussi la seule ville antique, avec Palmyre, où elle ait été aussi magnifiquement conservée *(→ p. 295)*.

L'édit de Caracalla (212), qui concédait la citoyenneté à tous les hommes libres de l'empire, ne fit que parachever une évolution en marche depuis longtemps.

Temples de Syrie

▲ Le temple funéraire de Palmyre.

Commencée avec la présence de colonies dès le VIIIe siècle avant notre ère, l'hellénisation de la Syrie culmina sous le règne des Séleucides, d'origine macédonienne, puis se poursuivit avec l'occupation romaine à partir du Ier siècle avant Jésus-Christ. Cette empreinte étrangère est fortement présente dans les édifices de la Syrie romaine. Pourtant, derrière le vocabulaire architectural traditionnel subsistent des influences et un style proprement asiatiques.

▲ Cette niche provenant de l'ensemble cultuel de Sia, dans le djebel Druze, témoigne du goût pour la décoration à l'époque romaine. On y déposait une idole ou des ex-voto.

■ Une décoration luxuriante

Les investigations archéologiques, notamment dans le Hauran et le djebel Druze, au sud de Damas, ont révélé un goût pour la décoration foisonnante. Les motifs sculptés sur les chambranles de portes et les encadrements des niches sont exécutés avec beaucoup de naturel et une grande liberté d'expression. Au centre des linteaux comme sur les chapiteaux des colonnes se détache souvent un buste en relief aux traits stylisés : une marque distinctive de la décoration des édifices du Sud syrien. Ce type de décor architectural se retrouve sur les édifices les plus anciens de Palmyre, et jusqu'en basse Mésopotamie.

■ L'Orient romanisé

À l'époque impériale, les divinités locales sont peu à peu assimilées à celles du panthéon gréco-romain. Leurs temples sont réaménagés au goût du jour, ou le plus souvent reconstruits. Tout en suivant dans ses grandes lignes le style classique, ces édifices témoignent d'un solide ancrage dans la tradition orientale : à côté des propylées et des chapiteaux corinthiens caractéristiques de l'architecture romaine apparaissent sur le rebord des toits des merlons empruntés à Babylone, tandis que des fenêtres sont percées dans les murs de la cella. Des autels monumentaux sont dressés au milieu de vastes cours, comme à Hosn Souleiman (près de Safita), où l'on pratique les sacrifices en plein air selon les exigences des cultes orientaux.

■ Des temples à terrasse

Parmi les édifices que nous a laissés l'Orient gréco-romain, une quarantaine

► Rinceaux de vigne, rameaux chargés de fruits, grenades ou pommes de pin prennent sous le ciseau des artistes syriens une liberté et une exubérance qui se retrouvent dans d'autres temples de la région, comme à Baalbek, au Liban.

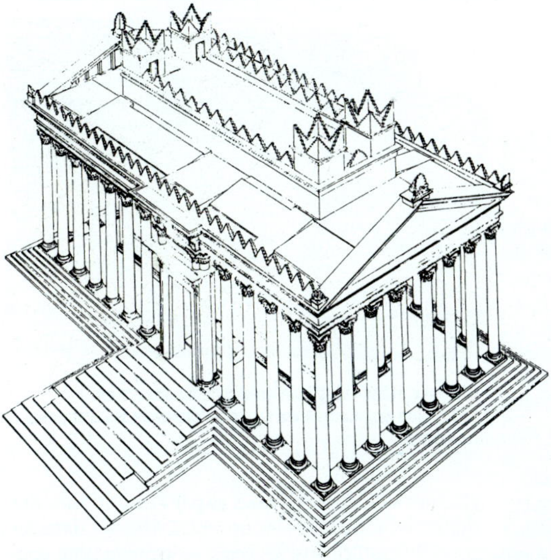

◀ **Reconstitution du temple de Bêl à Palmyre (Ier s. apr. J.-C.), avec son péristyle à chapiteaux corinthiens, typiquement romain, et son toit en terrasse orné de merlons, typiquement oriental. Sur les petits côtés, les deux frontons ne soutenaient aucune couverture : ils jouaient donc un rôle purement décoratif. L'ouverture sur le grand côté du temple et les fenêtres dans le mur de la cella sont aussi des influences de l'Orient.**

de temples se distinguent par une disposition particulière, nécessitée sans doute par les exigences du culte. Le temple de Bêl à Palmyre, le mieux conservé d'entre eux, présente ainsi, malgré son apparence classique, plusieurs singularités. Outre l'ouverture de la cella sur le grand côté, la plus flagrante est le dispositif de couverture : non pas un toit à double pente, mais une terrasse bordée de merlons. Cette terrasse supportait un autel monumental, visible depuis la cour à péristyle et accessible par un escalier depuis la cella.

◀ **Dans la cella du temple de Bêl (Palmyre), la porte est décentrée vers la droite en raison des liturgies qui se déroulaient du côté gauche. L'image de l'idole était exposée dans la niche, encadrée par deux reliefs figurant la disposition du temple : on distingue la cella, flanquée de colonnes et surmontée d'un fronton, et, coiffant le tout, un autel à ciel ouvert.**

D'Ougarit aux cathédrales gothiques

Cette combinaison cella-autel à ciel ouvert existait depuis longtemps en Orient. Le plus ancien exemple est sans doute le temple de Baal à Ougarit, une tour surmontée d'un autel. Près de quatorze siècles plus tard, la tradition en était toujours vivace à Palmyre ; seul le péristyle est une concession à la modernité. Certains ont vu dans ce dispositif l'origine des façades de plusieurs églises byzantines de Syrie, comme à Qalb Lozé, dont le porche était encadré de deux tours accessibles par une échelle. De ces façades byzantines dériveraient directement celles des cathédrales gothiques d'Occident.

S.B.

Officiers méharistes palmyréniens. Ils assuraient la protection des caravanes ou servaient dans les troupes romaines.

Palmyre et le commerce

Grâce à leur connaissance du désert, du monde gréco-romain et des civilisations orientales, les Palmyréniens purent jouer un rôle d'intermédiaire dans le commerce, ce qui leur valut une fabuleuse richesse. Ce commerce mettait en relation l'Empire romain avec l'Inde et, au-delà, la Chine. Il portait sur des denrées de très haut prix : pierres précieuses, perles, colorants, épices telles que poivre et gingembre, mais aussi onguents, parfums, tissus – surtout de la soie originaire de Chine.

De Palmyre, les caravanes se dirigeaient vers le sud-est à travers le désert et gagnaient le pays de Meisan, ou Émésène, un petit royaume vassal de la monarchie parthe installé au fond du golfe Persique, d'où les navires partaient pour l'océan Indien. Jusqu'en 106 apr. J.-C., les Palmyréniens furent en concurrence avec les Nabatéens de Pétra, mais après la conquête du royaume nabatéen par Trajan, ils exercèrent un quasi-monopole. Les caravanes étaient escortées par une petite troupe d'hommes armés montés à cheval ou à dos de chameau, avec à leur tête un chef caravanier. Les patrons qui les finançaient – de véritables cheikhs aux pouvoirs considérables – créaient les conditions politiques de leur bon déroulement en négociant avec les tribus du désert. Certains Palmyréniens installés dans le royaume de Mésène (sud de la Mésopotamie) exerçaient des fonctions de confiance au service du roi, ou alors armaient des navires marchands qui partaient pour l'Extrême-Orient.

grandes maisons urbaines et par l'importance des dépenses auxquelles les notables siégeant dans les conseils municipaux, les *boulè*, se livraient pour couvrir les besoins édilitaires, les charges afférentes aux cultes et les distractions de la cité.

■ L'exceptionnelle opulence de Palmyre

Isolée au milieu du désert, à mi-chemin entre la Méditerranée et l'Euphrate, Palmyre s'est développée autour d'une oasis, à partir de son annexion par Rome au début de notre ère. Peuplée d'Araméens et dans une moindre proportion d'Arabes, elle a su s'adapter à la situation nouvelle en adoptant, pour sa vie politique intérieure, des institutions de type grec, tout en conservant ses structures tribales traditionnelles. La statuaire et les fresques qui ont subsisté montrent que les Palmyréniens adoptèrent la langue, les coutumes et les pratiques gréco-latines, tout en demeurant eux-mêmes. À leur ville, ils ont aussi donné un aspect grec. Les sanctuaires avaient une apparence conforme à la tradition hellénistique, tout en offrant, à l'intérieur, des dispositifs propres à des temples orientaux. D'autres sanctuaires, au contraire, étaient entièrement de type gréco-romain. L'opulence de Palmyre, dont témoignent les vestiges monumentaux, tirait son origine de la pratique du commerce de denrées luxueuses et coûteuses avec l'Extrême-Orient *(→ encadré)*.

■ La mise en valeur des campagnes

Sous l'Empire romain, les campagnes syriennes sont marquées tout à la fois par l'extension du territoire cultivé et par une notable croissance démographique. À l'intérieur du territoire, certaines zones marginales commencent à être mises en valeur par une paysannerie dynamique en quête de terres vacantes. Dans plusieurs régions, dans le Hauran (au sud de Damas), l'Émésène (région de Homs) et la Syrie du Nord, des vestiges de cadastres antiques qui sont matérialisés par des murets de pierre et organisés selon un carroyage orthogonal, révèlent l'intervention de l'État dans la répartition des terres. Plutôt qu'à une distribution massive et gratuite à des vétérans, ces limitations ont pu répondre à la volonté de contrôler, en particulier dans un but fiscal, un mouvement spontané de colonisation.

Le développement des campagnes a dépendu aussi de l'accomplissement de grands travaux d'aménagements hydrauliques en vue de l'irrigation des régions arides, ou de la régulation de l'alimentation en eau des zones marécageuses. Le barrage de Kharbaqa, en Palmyrène, les aménagements de Qdeym et d'Amsareddi, dans la steppe, ont fait gagner à l'agriculture des terres qui seraient demeurées infécondes ; le barrage d'Émèse (Homs) a permis, au contraire, la régularisation du cours de l'Oronte et le développement de plantations dans sa vallée.

■ La paysannerie en Syrie du Nord et dans le Hauran

Pour connaître l'aspect des campagnes à l'époque romaine, nous disposons de ruines de villages impressionnantes par l'état de conservation des maisons, dans deux régions : le Massif calcaire dans le Nord (dans une zone d'environ 100 km du nord au sud sur 20 km d'est en ouest), et le Hauran au sud. Dans ces villages, les paysans vivaient dans des maisons constituées d'un ou de plusieurs bâtiments donnant sur une cour. Ces bâtiments avaient généralement deux niveaux : le rez-de-chaussée était consacré aux tâches économiques, l'étage à l'habitation des hommes. Les pièces étaient superposées, chacune sur les deux niveaux, correspondant à une famille conjugale. Les maisons se différenciaient généralement par le nombre de familles conjugales qu'elles regroupaient (→ *aussi encadré p. 336*). Ce n'était pas des demeures de grands propriétaires, comme les villas construites en Gaule à la même époque, mais des maisons de paysans de condition moyenne pratiquant le faire-valoir direct. Cette paysannerie était loin d'être toujours miséreuse. En dépit du poids des impôts et de la lourdeur éventuelle de la rente foncière, il existait des paysanneries libres, de condition modeste mais assez aisées pour accumuler des surplus.

Les grands propriétaires résidaient dans les villes et non dans les villages. Ils n'étaient pas à la tête de domaines d'un seul tenant : leurs biens se composaient de villages dont les paysans étaient assujettis au versement de redevances foncières de type non connu.

■ Hellénisme et cultures sémitiques

En dépit de leur appartenance aux cultures orientales, les Syriens ont adopté les formes grécoromaines mais surtout grecques de la culture, qu'il s'agisse de l'organisation des villes, de l'aspect des monuments ou des formes du décor sculpté et du costume. C'est à l'époque romaine, bien plus qu'aux temps hellénistiques, que l'on constate l'essor du grec dans les villes mais aussi, ce qui est nouveau et d'importance majeure, dans les campagnes, où l'on a trouvé des milliers d'inscriptions grecques qui prouvent qu'une partie au moins de la paysannerie connaissait le grec et, surtout, le parlait.

■ La « crise » du IIIe siècle et l'aventure palmyrénienne

À partir de 250-260, la Syrie connaît une série de difficultés qui viennent d'abord d'invasions perses réussies – dont la prise et le pillage d'Antioche sont la manifestation la plus grave – et, d'autre part, d'un arrêt de l'expansion et d'un recul de l'usage de la monnaie, ce qui entraîne un déclin des échanges. La peste, enfin, fait de nombreuses victimes. On ne saurait pour autant parler de crise structurelle.

La « crise » a procuré aux Syriens l'occasion de jouer un rôle actif dans les affaires de l'empire après la défaite et la capture de l'empereur Valérien à Carrhes en 260. Ce sont les Palmyréniens, menés par leur chef Odenat, qui réussissent, grâce à leur aptitude à combattre à cheval et après avoir constitué une cavalerie cuirassée, à chasser les Perses de Syrie et à les poursuivre jusqu'à leur capitale Ctésiphon. Odenat est promu par l'empereur au rang de *corrector totius Orientis* (« correcteur de tout l'empire »). Ce titre exceptionnel, adapté à une situation exceptionnelle, lui permet d'exercer le pouvoir avec la reconnaissance des autorités légitimes, mais par ses propres forces. Après son assassinat en 267, sa femme, la célèbre Zénobie *(→ encadré p. 450)*, lui succède. Rêvant sans doute de créer un empire gréco-oriental, elle proclame son indépendance. Elle réussit à s'emparer de l'Égypte et d'Antioche, mais ses troupes ne tiennent pas devant l'armée de l'empereur Aurélien (270-275), qui s'avance jusqu'à Palmyre ; la reine est capturée alors qu'elle tente de s'enfuir chez les Perses. Aurélien parti, la ville se révolte. Cette fois, Palmyre est prise et saccagée. Elle est réduite au rang de ville fortifiée d'importance secondaire.

La Syrie byzantine

par Georges Tate

La période byzantine commence sous Constantin. Sous cet empereur, une nouvelle capitale, Constantinople – la nouvelle Rome –, est donnée à l'Empire romain ; le christianisme est reconnu comme religion légale, et en Orient le grec est la langue de l'administration et des élites, parfois aussi de la majorité de la population. Constantinople, christianisation et hellénisme sont les trois composantes qui définissent ce qu'il est convenu d'appeler l'Empire byzantin et n'est autre, en réalité que l'Empire romain continué en Orient.

Paix et expansion (de 330 aux années 540-550)

La période comprise entre 330 et le milieu du VIe s. correspond à l'apogée de la prospérité économique et de l'éclat culturel de la Syrie antique et médiévale. Cette prospérité et cet éclat ont laissé de nombreux témoignages archéologiques sur l'ensemble du territoire syrien. Ils ne sauraient pourtant masquer l'importance des changements qui s'opèrent en profondeur avec le triomphe du christianisme, l'essor du monachisme et la renaissance des cultures orientales, dans un contexte de graves dissensions religieuses.

■ La « paix byzantine »

Après les difficultés du IIIe s. et la dernière grande guerre contre la Perse, qui s'achève en 298 par la paix de Nisibe, la Syrie connaît à nouveau une période de paix quasi totale durant plus de deux siècles. La seule guerre importante de cette période est celle de Julien en 363. La frontière de l'empire est ramenée au Chaboras (Khabour), et Nisibe passe aux Perses.

■ Le développement du commerce

Cette période de paix est propice à l'épanouissement du grand commerce international, mais après la défaite de Palmyre celui-ci emprunte des voies nouvelles. Il suit désormais les routes longeant le Tigre et l'Euphrate, atteint Nisibe, Batnae (célèbre par ses foires), gagne Alep, Antioche et Séleucie, ou passe par Hiérapolis pour aboutir aux mêmes points d'arrivée. Une autre route, de moindre importance, traverse le désert arabique et atteint Bostra (Bosra) à travers le Wadi Sirhan, puis le grand port de Tyr. Ce commerce ne rapportait pas des profits moindres qu'à l'époque précédente, bien au contraire. Il semble même que le rôle des Syriens, déjà important, se soit étendu jusqu'à l'Occident, si l'on en juge par le nombre des colonies syriennes établies en Gaule et dans le Nord de l'Italie.

La Syrie à l'époque byzantine : les principales villes et l'origine de leur fondation.

À Apamée, les fouilles de la mission belge dirigée par J.-Ch. Balty ont mis au jour de très grandes maisons. À Qinnesrin, site de l'ancienne Chalcis du Bêlus, la ville déborde le tell auquel elle s'était réduite pendant des siècles et s'étale désormais dans la plaine qu'il domine.

■ La croissance urbaine

Après avoir probablement été suspendue dans la seconde moitié du IIIe s., l'expansion antérieure reprend. Le cadre monumental des villes ne connaît pas de modifications fondamentales car rien n'est changé dans la morphologie de la voirie ni dans l'organisation générale de l'espace. Les cités se parent toutefois de nouveaux édifices publics, d'ensembles ecclésiaux et parfois de bâtiments civils, tandis que de nombreux sanctuaires païens comme le grand temple de Zeus à Apamée sont détruits. Du point de vue quantitatif, les villes syriennes remplissent et parfois débordent le cadre de développement tracé par le périmètre des murs d'enceinte, dont la fonction était souvent plus symbolique que défensive.

À la même époque, d'autres agglomérations qui n'avaient qu'une importance secondaire ou même étaient de simples fortins, sont devenues de véritables villes : Zenobia (Halébiyé) et Sergiopolis (Résafé). Sergiopolis était à l'origine un simple fortin de la strata Diocletiana ; grâce au prestige que lui valut le martyre des saints Serge et Bacchus lors de la persécution de Dioclétien (284-305), elle devient un lieu de pèlerinage de grand renom, et le fortin se transforme en une véritable ville dont les ruines, en plein désert, demeurent impressionnantes.

Sur les villages du Massif calcaire, voir les pages 342-343.

■ L'expansion démographique et économique des campagnes

Après avoir été interrompue dans la seconde moitié du IIIe s., la croissance démographique et économique des campagnes reprend sur un rythme soutenu, à partir de la décennie 330-340. Elle s'observe en Syrie du Nord, dans le Massif calcaire et, à partir du Ve s., aux confins de la steppe ; en Syrie moyenne, dans le Qalamoun, au nord de Damas ; et, en Syrie du Sud, dans le Hauran et dans le Golan. Cette expansion présente un aspect quantitatif : davantage d'hommes, des villages plus peuplés et plus nombreux sur des terroirs élargis ou conquis sur la friche pierreuse ou privée d'eau. Il s'y ajoute, du moins en Syrie du Nord, une expansion de type qualitatif : à la qualité de la construction des maisons, à l'abondance et à la qualité de leur décor sculpté, on relève que leurs occupants sont plus riches qu'à l'époque antérieure, alors que, dans le village, les paysans sont devenus plus riches tout en disposant de moins de terres. Toutes les maisons, les plus grandes comme les plus petites, montrent les mêmes signes d'enrichissement. Dans le Massif calcaire, il correspond au développement de la culture de l'olivier, de la vigne, des arbres fruitiers, de la fabrication de l'huile et du vin, dans le cadre inchangé d'une polyculture prudente.

■ Le triomphe du christianisme

À l'époque de Constantin, le christianisme avait plus d'adeptes en Syrie que dans la plupart des régions de l'empire. Les chrétiens se rencontraient particulièrement dans la région d'Antioche et d'Édesse, et appartenaient à des communautés grecques aussi bien qu'araméennes. Ils n'en demeuraient pas moins minoritaires. Leur nombre augmente aux IVe et Ve s. À la fin du IVe s., certains évêques ainsi que des moines prirent la tête de mouvements de persécutions contre les repaires des « démons », c'est-à-dire les sanctuaires païens, dans les villes comme dans les campagnes. Devenu majoritaire dans les villes, le christianisme s'implante dans les campagnes : dans les villages du Massif calcaire, les premières églises datent du dernier tiers du Ve s. Progressivement, le rôle des évêques dans les villes s'accroît ; dans la seconde moitié du Ve s., ils finissent par supplanter

Les divisions de l'Église

Le développement du christianisme s'est accompagné pendant plusieurs siècles de graves divisions. Dès le IVe s., un conflit oppose les partisans du concile de Nicée, qui avait proclamé l'égalité des trois Personnes dont se compose Dieu, et les **ariens,** pour qui le Père précède le Fils et le Saint-Esprit. En Syrie, les ariens l'emportent jusqu'au IIe concile œcuménique de Constantinople (381) qui marque la victoire des nicéens. Les divisions du Ve s., beaucoup plus graves, portent sur la nature du Christ. Les **nestoriens,** qui insistaient sur l'importance de la nature humaine et étaient bien représentés en Syrie, sont condamnés par le IIIe concile œcuménique d'Éphèse (431). Les **monophysites** qui, au contraire, mettaient l'accent sur la prédominance de la nature divine, sont à leur tour condamnés par le **concile de Chalcédoine** (451) mais demeurent nombreux, en particulier en Antiochène. À partir de l'avènement de Justin Ier (518), de violentes persécutions sont menées par les Byzantins contre les chrétiens non chalcédoniens, en particulier les monophysites. Les luttes prennent parfois des allures de guerre civile : des fidèles chalcédoniens venus en pèlerinage au sanctuaire de Saint-Siméon, près d'Alep, sont massacrés en chemin par des moines monophysites. Finalement, sous l'impulsion du moine Jacques Baradée, une Église monophysite syrienne dissidente, appelée encore **Église jacobite,** se constitue : elle conserve aujourd'hui de nombreux adeptes en Syrie et au Liban.

Comprendre

les autorités municipales. L'expansion du christianisme s'accompagne cependant de divisions graves (→ *encadré p. 119*).

■ Le développement du monachisme

Un autre changement réside dans l'apparition et le développement du monachisme. Les moines sont d'abord des ermites qui s'obligent à des privations, à des pratiques d'ascétisme et vivent dans l'isolement, sauf à évangéliser ceux que leurs exploits surhumains attirent. Ils acquièrent dans les campagnes un rôle parfois dominant, en protégeant les villageois contre les agents du fisc et en faisant régner la justice. À partir du Ve s. se multiplient les couvents où ils vivent ensemble, pratiquant le cénobitisme. Il en subsiste de nombreux vestiges dans le Qalamoun – à Mar Mousa et dans la région de Saidnaya et de Maaloula (dans l'Anti-Liban) – ainsi que dans le Massif calcaire de la Syrie du Nord, en particulier avec les couvents de Téléda (Tell Adé), Télanissos (Deir Seman), mais aussi beaucoup d'autres.

■ Le premier des stylites

À la même époque, de nouvelles pratiques ascétiques sont inventées, à l'exemple de saint Siméon le Stylite. Après avoir été chassé des couvents où ses pratiques ascétiques étaient jugées excessives, il s'installe sur un promontoire, puis s'établit sur des colonnes de plus en plus hautes (jusqu'à près de 20 m). Là-haut, il s'expose à toutes les intempéries ; il vit enchaîné, supporte les plaies purulentes qui en résultent, se livre quotidiennement à d'innombrables prières accompagnées de génuflexions, et à un apostolat qui attire des fidèles venus de partout et même des tribus arabes du désert (→ *aussi les pages 354-355 et l'encadré p. 356*).

■ La dernière mutation de l'hellénisme

Contrairement à ce que les textes des Pères de l'Église ainsi que les idéaux des moines peuvent suggérer, le triomphe du christianisme n'a pas entraîné de changement radical dans la culture dominante, mais seulement des inflexions. L'héritage de la culture païenne est considéré comme un acquis positif, mais il convient de le compléter par une éducation chrétienne. Les genres de vie, avec la fréquentation de la palestre et des thermes, ne connaissent aucun changement, mais les fidèles y ajoutent l'assistance aux offices religieux. Les représentations païennes sur les fresques et les mosaïques sont conservées, mais on leur attribue un sens symbolique. Une conséquence imprévue du triomphe du christianisme fut la résurgence des vieilles cultures sémitiques. Le christianisme n'accordait pas de valeur particulière au latin ni au grec, ni d'ailleurs à aucune autre langue. Sans disputer sa prédominance

Sévère d'Antioche et les monophysites

Bien implantés en Syrie, les monophysites récusaient le dogme reconnu par le concile de Chalcédoine (451) suivant lequel il existait, dans le Christ, une nature divine et une nature humaine, égales entre elles, indivisibles et inassimilables l'une à l'autre. Sévère, patriarche d'Antioche depuis 512, avait redonné élan et dynamisme à leur « parti » sous le règne de l'empereur Anastase (491-518), favorable à leur cause. Par son œuvre abondante, Sévère peut apparaître comme un des fondateurs de la doctrine monophysite syrienne. Sous Justin Ier et Justinien (518-565) au contraire, les monophysites furent soumis à une alternance de périodes de paix occupées par des négociations en vue d'un compromis avec les chalcédoniens, et de périodes qui aboutirent à l'exil de la plupart des évêques adhérant à leur doctrine. Dans ce contexte troublé, les monophysites bénéficièrent de l'appui de l'impératrice Théodora, la femme de Justinien. Mais en 536, Sévère et les autres chefs monophysites furent exilés par Justinien, qui les remplaça par des évêques chalcédoniens. Sévère se réfugia en Égypte, où il mourut en 538. Sa mémoire fut honorée comme celle d'un saint par les coptes ainsi que par les monophysites syriens.

Un grand élan de foi

À partir de Constantin, la Syrie se couvre d'églises, dans les villes puis dans les campagnes. Les plus nombreuses sont du Ve siècle, les plus spacieuses et les plus richement ornées de la première moitié du VIe siècle. Au sein de l'Empire byzantin, cette architecture se démarque par sa puissante originalité : des traditions locales, qui ne doivent rien à l'hellénisme ni à Constantinople, s'y affirment avec force.

Des édifices calqués sur les maisons

Construites en pierre locale, calcaire (dans les villages du Massif calcaire, en Syrie du N.) ou basalte (dans le Hauran, au S.), les églises ne sont pas des édifices isolés, ouverts vers l'extérieur : elles appartiennent à des ensembles ecclésiaux ou monastiques fermés sur eux-mêmes, qui se composent de l'église, de l'habitation du prêtre ou des moines, d'entrepôts, peut-être d'ateliers, et de tombeaux et de baptistères disposés autour d'une cour centrale. Cette disposition est la même que celle des maisons urbaines ou villageoises.

▲ Courants dans les églises de Syrie, les reliquaires étaient conservés dans l'une des deux sacristies encadrant le chœur. Dans l'orifice supérieur, on versait de l'huile qui allait imprégner les reliques du saint puis était recueillie dans un orifice inférieur.

Les premières églises

Elles sont à nef unique et ont souvent, de l'extérieur, l'aspect de simples maisons couvertes d'un toit à double pente. Orientées vers l'E., elles ouvrent à partir de la fin du IVe s. par deux portes au S.

Les églises d'Antiochène. Du dernier tiers du IVe s. à la construction du sanctuaire de Saint-Siméon (fin du Ve s.), les édifices religieux se multiplient dans cette région qui englobe le Massif calcaire et qui dépendait d'Antioche. Ce sont des basiliques à trois nefs séparées par des colonnes surmontées de chapiteaux sur lesquels des arcs prennent

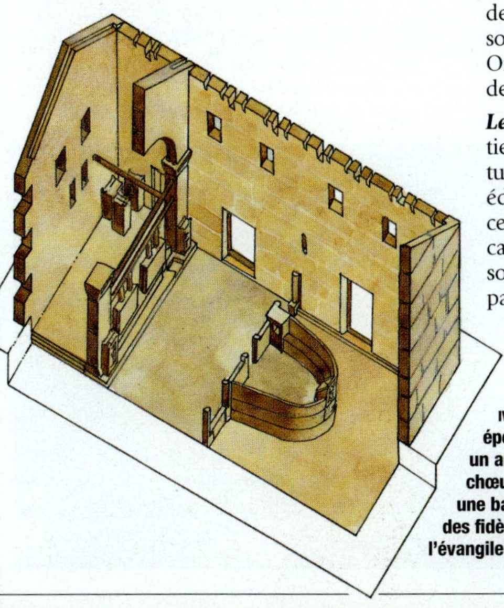

◄ L'église de Qirqbizé (2e moitié du IVe s.) : coupe longitudinale. Dès cette époque, les églises d'Antiochène possèdent un arc triomphal et un chancel séparant le chœur de la nef ; au centre, le bêma comportait une banquette autour de laquelle prenaient place des fidèles, et un trône central où était posé l'évangile ou une icône.

◄ **Reconstitution de l'église de Qalb Lozé, dans le Massif calcaire (ve-vie s.), à trois nefs et abside saillante. La façade à tours jumelles est une des particularités des églises de Syrie à cette époque. Principale innovation : la toiture s'appuie sur des consoles et non plus directement sur la corniche au-dessus de la nef, permettant de renforcer la structure de l'édifice.**

appui. Certaines sont à chevet plat, d'autres à absides saillantes ; d'autres encore offrent des absides saillantes inscrites dans des chevets plats. Deux pièces encadrent le chœur : au N., un diaconicon, au S., une prothésis (ou martyrion). Elles conservent des portes au S., mais certaines en ont aussi une à l'O., parfois même deux autres au N. Le décor sculpté, d'abord limité aux linteaux puis aux chambranles des portes, s'étend aux corniches et à l'arc triomphal entre le chœur et la nef.

Les églises d'Apamène. La région d'Apamée connut un développement intense du monachisme à partir du début du ve s. Par rapport aux édifices d'Antiochène, la salle de prière, dans les couvents, est généralement allongée dans le sens N.-S. et de plan carré, selon un dispositif attesté en Mésopotamie et dans le Tur Abd-Din (S.-E. de la Turquie). À l'intérieur, les colonnes sont souvent surmontées d'architraves au lieu d'arcs, et il existe des tribunes. Enfin, les deux sacristies, le diaconicon et le martyrion, sont inversées.

Après Saint-Siméon : les basiliques du vie siècle

La fin du ve s. marque un tournant dans l'architecture religieuse de Syrie. C'est à Qalb Lozé que l'on constate pour la première fois le remplacement des

Sanctuaire de Saint-Siméon (fin du ve s.) : façade de la basilique Sud. La construction, aux frais de l'empereur, de ce magnifique ensemble dédié à Siméon le Stylite a probablement eu une influence sur les églises de Syrie qui deviennent alors plus spacieuses et plus richement décorées. ►

◄ **Chapiteau de l'église de Qalb Lozé. Au VIe s., la décoration sculptée devient foisonnante : motifs géométriques et végétaux sont représentés selon une opposition clair-obscur dont le plus ancien exemple apparaît à Saint-Siméon et qui est probablement originaire de la région turque du Tur Abd-Din et de Constantinople.**

colonnes portant des arcades par des piliers très puissants sur lesquels s'appuient des arcs de très grand rayon : l'espace intérieur est élargi, et éclairé de surcroît par les fenêtres des tribunes. Second changement, les constructions deviennent plus complexes : les absides ou les entrées, ou même les deux, sont flanquées de tours puissantes. Enfin, le décor sculpté devient proliférant, sur les chambranles des portes, les corniches, les arcs intérieurs. À l'extérieur, les chevets sont pourvus de demi-colonnes sur deux niveaux, portées par des impostes et des consoles.

◄ **Coupe de l'église de Qasr ibn Wardan, près de Hama, édifiée par l'empereur Justinien (vers 560). Ce type, assez rare en Syrie, est caractéristique du style impérial de Byzance : utilisation de la brique, plan basilical avec coupole. En revanche, les tribunes au-dessus des bas-côtés sont fréquentes au VIe s. en Apamène.**

De ces églises, il existe des exemples bien conservés dans le Massif calcaire, au N. (Qalb Lozé, Rouweiha...), mais aussi dans une ville comme Résafé, dans la steppe. La même évolution s'observe au S. dans le Hauran, mais les arcs transversaux du Ve s. sont remplacés par des arcs longitudinaux.

Après la décennie 540-550, les constructions sont moins nombreuses et le décor devient moins abondant et moins élaboré.

Les édifices à plan central

Ces églises dont la salle centrale était surmontée d'une coupole se multiplient à la fin du Ve s. On en trouve des exemples en Syrie du Sud, telles la cathédrale de Bosra et l'église d'Ezra (→ *encadré p. 229*), et plus rarement en Syrie du Nord. L'octogone de Saint-Siméon et son baptistère observent ce type de plan. Ils étaient l'un et l'autre couverts de toits pyramidaux en bois à six pans.

au grec, le syriaque a ainsi connu un regain d'importance comme langue de culture. Dès lors, l'hellénisme cessait d'être la seule norme culturelle.

La montée des difficultés et des crises

À partir du deuxième tiers du VIe s., tous les maux semblent s'abattre sur la Syrie. Ils ne s'inscrivent pas tous dans la même causalité, mais ils apparaissent à peu près en même temps, sous une forme aiguë. Ils contribuent à conférer aux changements et aux dissensions amorcées à l'époque antérieure un caractère extrême, et mettent en péril la solidité de l'appartenance de la Syrie à l'empire, tout en compromettant la prédominance de l'hellénisme.

■ Les guerres contre les Perses

À partir de Justinien, les guerres permanentes succèdent à la paix. La première guerre contre les Perses, de 527 à 531, n'a été qu'une entrée en matière. Elle reprend en 540 : prise de Sura, d'Alep puis d'Antioche, et sièges d'Apamée, de Chalcis et de Sergiopolis. Elle se termine en 561 après des alternances de guerre ouverte et de trêves, sans qu'aucune ville de Syrie ait été épargnée. Une troisième guerre, déclenchée cette fois à l'initiative de Justin II (565-578), est jalonnée par la même succession d'invasions, de prises de villes et de déportations : la prise d'Apamée, en 573, se solde par la déportation de 292 000 personnes. Une dernière guerre commence en 602 pour ne s'achever qu'en 627 : durant vingt-cinq ans, la Syrie est sous administration perse.

■ Catastrophes naturelles, épidémies et disettes

Aux guerres et aux invasions s'ajoutent les destructions dues à des catastrophes naturelles : une série de tremblements de terre de grande amplitude cause de terribles destructions aux villes syriennes – à Antioche (527), à Apamée et à Bothrys (Batroun), où ils entraînent un violent raz-de-marée. Les épidémies de peste réapparaissent en 540. Il s'agit d'une peste bubonique dont les textes indiquent qu'elle entraîna un nombre de morts qui a pu représenter 30 à 50 % de la population des grandes villes. Elle connut des périodes de recul et de quasi-disparition, mais reprenait avec violence.

Ces catastrophes sont enfin aggravées par la réapparition, localement à partir de 501 dans la région d'Édesse, sur une plus grande échelle à partir des années 530 et surtout de la décennie 540-550, de disettes, auxquelles s'ajoutent des invasions de sauterelles, des sécheresses inattendues, des pluies excessives, qui eurent des effets profonds à cause de la rupture qui s'accentuait entre la croissance démographique et l'impossibilité d'augmenter les subsistances.

■ La fin de la Syrie byzantine : la conquête arabo-islamique

C'est un empire affaibli que les armées perses attaquent en 602. Elles bénéficient en outre des dissensions qu'entraînent la persécution des monophysites et, en réaction, la constitution de l'Église monophysite jacobite. Durant les vingt ans de son occupation, la Perse offre à la Syrie des conditions nouvelles : les persécuteurs devinrent persécutés, et l'Église jacobite se développa librement.

La victoire d'Héraclius en 627 fut éphémère. En moins de temps qu'il n'en fallut à Alexandre, les armées arabo-musulmanes s'emparèrent de la Syrie. Il ne semble pas cependant que la défaite byzantine ait été due à des dissidences ou à des trahisons : l'État byzantin était épuisé, tandis que les armées arabes surent utiliser à merveille les ressources du désert pour se déplacer rapidement et apparaître là où on ne les attendait pas. Plus important que la conquête arabo-islamique est le caractère durable de sa victoire. Il ne fait pas de doute qu'entre les conquérants et la population sémitique de la Syrie, les connivences culturelles étaient nombreuses.

De la conquête arabe au Mandat français

par Thierry Bianquis,
professeur à l'université Lumière-Lyon II

L'Irak sassanide et la Syrie byzantine furent les deux premières conquêtes de l'islam hors de la péninsule arabique. De 660 à 750, les califes omeyyades de Damas dirigèrent la conquête et gérèrent un immense empire, de l'Atlantique aux confins de l'Inde. L'installation en 750 du califat abbasside en Irak, puis la fortune prodigieuse de Bagdad imposèrent à la Syrie un effacement relatif et un rapprochement avec l'Égypte. De la fin du XIe siècle à la fin du XIIIe, la Syrie dut affronter, à la suite de l'appel à la croisade lancé par le pape Urbain II, un pouvoir franc installé sur le littoral et en Palestine. Nour ed-Din réunifia au milieu du XIIe siècle la Syrie musulmane autour de Damas puis, en 1187, Saladin, fondateur de la dynastie ayyoubide, maître de l'Égypte et de la Syrie, chassa les Francs de Palestine, leur abandonnant cependant les grands ports. Au milieu du XIIIe siècle, les Mamelouks remplacèrent les Ayyoubides au Caire puis en Syrie ; ils protégèrent cette province contre les Mongols et firent disparaître les derniers établissements francs. Maîtres des routes vers l'Asie méridionale, ils entretinrent un fructueux commerce avec l'Europe méditerranéenne. Cependant, après trois siècles d'une prospérité qu'atteste le raffinement de l'artisanat et de l'architecture, la Syrie connut à partir de 1400 le marasme, surtout quand les navigateurs européens purent accéder directement à l'Inde, puis à la Chine.

En 1516-1517, la Syrie tomba avec l'Égypte sous la domination ottomane. Une certaine prospérité revint au XVIe siècle avec l'installation, à Alep et dans quelques ports syriens, des échelles du Levant, étapes commerciales protégées, gérées par des négociants européens. Après une nouvelle intervention de l'Égypte en Syrie entre 1832 et 1840, un nationalisme arabe soutenu par certains milieux français se développa dans les années 1850-1914 en Syrie et en Égypte, alors en voie d'occidentalisation. Durant la Première Guerre mondiale, la Grande-Bretagne encouragea la révolte arabe de libération contre les Ottomans, tout en préparant avec la France le partage du Proche-Orient. Après la défaite des Turcs en 1918, qui mit un terme au régime ottoman, la Syrie se constitua en entité politique mais son territoire était très réduit, et l'indépendance lui fut à nouveau refusée.

L'espace médiéval de la Syrie

Le Croissant Fertile est un arc de terres arrosées par la pluie ou irriguées par des cours d'eau, qui enserre la steppe aride irako-syrienne. Au Moyen Âge, les Arabes appelaient Bilad al-Cham la branche occidentale de cet espace cultivable, qui va, en s'élargissant, du Sinaï à la vallée moyenne de l'Euphrate.

■ Un arc de terres à l'est de la Méditerranée

La Syrie actuelle ne s'inscrit pas exactement dans le territoire que les géographes arabes désignaient au Moyen Âge comme Bilad al-Cham, les « pays syriens ». Rapportés à la cartographie actuelle des États, ceux-ci incluaient le Liban, la Palestine mandataire – c'est-à-dire Israël et les Territoires occupés –, la Jordanie et la Syrie actuelle, plus l'ancien sandjak d'Alexandrette, rattaché à la Turquie depuis 1939. En dehors de l'ancien Bilad al-Cham, les frontières de la Syrie contemporaine englobent au sud-est une portion de la steppe bédouine syro-irakienne rattachée par les géographes médiévaux à l'Arabie et, au nord-est de l'Euphrate les plateaux fertiles de l'actuelle Djéziré, de Raqqa jusqu'au cours du Tigre à Qamishli, région qui au Moyen Âge faisait partie, avec le Diyar Bakir actuellement turc et le Diyar Rabia actuellement irakien, d'une marche autonome, face à Byzance.

■ Des reliefs parallèles au littoral

Les géographes médiévaux avaient bien repéré et décrit les deux systèmes montagneux du pays, parallèles et allongés du sud-ouest au nord-est : l'un, le Liban et le djebel Bahra (aujourd'hui montagne des Alaouites), dominant sur sa face occidentale le littoral, l'autre, le djebel al-Sheikh ou Hermon et le djebel Sanir, dominant sur sa face orientale la steppe et quelques plaines irriguées d'altitude. Entre ces deux séries de chaînons alignés se creusait une dépression parallèle, d'abord désertique au sud jusqu'à la mer Morte, puis plus profondément enfoncée entre les montagnes et plus fertile vers le nord, vallées du Jourdain, du Litani, de l'Oronte, jusqu'au bassin d'Antioche. Ce système de relief ne constituait pas une véritable barrière entre la côte et la steppe grâce à la présence de plusieurs vallées et ensellements transversaux ; la large et basse dépression Tripoli-Homs-Palmyre-Rahba, sur l'Euphrate, offrait l'accès le plus aisé vers l'Irak et l'Asie intérieure. Chaque ville disposait en suffisance d'eau et de vivres frais pour ravitailler les caravanes, et produisait des objets d'artisanat permettant d'alimenter un commerce au long cours.

■ Le relief détermine les voies de passage

La Syrie voyait donc se recouper plusieurs itinéraires est-ouest traversant les reliefs et permettant de gagner la Méditerranée en venant des plateaux arméniens, de la Mésopotamie ou de la péninsule arabique, et trois itinéraires nord-sud reliant les débouchés du Caucase par la Djéziré, ainsi que l'Anatolie et la Cilicie, avec l'Égypte et la péninsule arabique.

Pour aller du nord vers le sud, le passage le long de la côte, coupé fréquemment par des avancées du relief vers la mer, était difficile et exposé aux attaques de pirates ou de marines hostiles. Au centre, les dépressions ne constituèrent jamais un itinéraire continu, mais des segments furent très passagers, notamment le long de l'Oronte. La route principale de l'Égypte ou du Yémen vers l'Anatolie ou l'Arménie suivait la retombée orientale de la chaîne intérieure sur la steppe. De La Mecque et Médine (ou même d'Égypte et du Sinaï, au temps des croisades), on gagnait, par Amman et Bosra, Damas, Homs, Hama puis Alep ou Antioche. De cette route se détachaient vers l'est des pistes très fréquentées : à la hauteur d'Amman et de Bosra, vers le bas Irak ; au niveau de Damas ou de Homs par Tadmor (Palmyre), vers Rahba puis Bagdad ou Mossoul ; d'Alep, vers Balis (Meskené) sur le coude de l'Euphrate, et vers l'Arménie, le Nord de l'Irak et l'Iran.

Vers l'ouest, on gagnait, depuis Damas, la Palestine puis l'Égypte par le Golan, ou Tyr, Saïda et Tripoli par la Bekaa libanaise. De Homs, on se rendait facilement à Tripoli par la trouée de la Bocquée ; d'Alep, on pouvait rejoindre directement le littoral à Lattaquié, ou emprunter un itinéraire plus long mais plus aisé par Antioche.

Durant la période médiévale, quand les Byzantins dominaient la Méditerranée, menaçant jusqu'au début du XIe s. les villes proches du littoral, ou lorsque, au XIIe s., les croisés installèrent leurs États à l'ouest de la Syrie, l'itinéraire continental connut une fréquentation importante et les grandes villes le contrôlant furent prospères. À l'inverse, pendant les époques de navigation paisible, au XIe s. puis aux XVIIIe-XXe s., les villes portuaires se développèrent rapidement, sans que cela portât toujours tort aux villes intérieures.

■ Des villes moyennes et des terroirs bien identifiés

Bien avant la conquête arabe, dès la haute Antiquité, la Syrie était redevable de sa prospérité à sa position sur un isthme très fréquenté, reliant l'Europe (à travers l'Anatolie), l'Asie profonde et la Mésopotamie, l'Arabie et enfin l'Égypte et l'Afrique nilotique. La richesse archéologique du sol témoigne de la succession de grandes civilisations, fondées sur un tissu dense de villages abritant des agriculteurs experts et novateurs, et sur des réseaux de villes moyennes, placées le long des itinéraires principaux, peuplées d'artisans créatifs et de négociants avisés et voyageurs, d'un haut niveau de culture. Aucune capitale démesurée ne s'imposa durablement à l'intérieur de cet espace. Le pouvoir demeurait décentralisé alors que l'Égypte et la Mésopotamie avaient développé des États unitaires et volontiers impérialistes, menaçant les autonomies syriennes. À plusieurs reprises, l'Anatolie fut également dominée par un puissant État militaire, convoitant les plaines fertiles de Syrie. Avant la conquête arabe, Empire byzantin méditerranéen et Empire sassanide asiatique s'affrontaient le long d'une frontière qui traversait la Syrie.

Comprendre

Naissance de la Syrie arabe

Facilement conquise par les Arabes qui en étaient familiers, la Syrie abrita à partir de 660 le siège du califat omeyyade. En un peu moins d'un siècle, le nouveau pouvoir allait conquérir, puis dominer le plus grand espace jamais réuni sous la coupe d'un seul souverain. L'ancienne frontière nord-sud, entre Syrie byzantine et Irak sassanide, s'effaça au cœur de l'Empire arabe, remplacée par un nouveau front entre Anatolie byzantine et Syrie arabe, front traversant la Cilicie et l'Arménie, partiellement conquises par les musulmans.

■ La Syrie, première province conquise

La Syrie fut, avec l'Irak, le premier territoire occupé par les Arabes en dehors de la péninsule arabique.

Pour les Arabes avant l'islam, ces deux provinces, qui avaient été des régions de contact avec les civilisations sédentaires et urbaines, étaient familières. Bosra et Damas avec sa prestigieuse oasis étaient les principaux points d'aboutissement des caravanes arabes venues du Yémen.

La conquête de la Syrie, commencée en 634, deux ans après la mort du prophète Mahomet, fut marquée par le succès décisif de la bataille du Yarmouk, contre les Byzantins, en août 636 ; elle était pratiquement achevée deux ans après. Grâce à la présence ancienne dans la région de tribus arabes chrétiennes, l'acculturation réciproque des Syriens et des Arabes fut rapide. Une entente profonde s'établit entre les envahisseurs musulmans et les indigènes d'expression syriaque, chrétiens nestoriens ou monophysites, hostiles aux Byzantins chalcédoniens *(sur les divisions de l'Église à l'époque byzantine, → encadré p. 119)*. En acceptant que les différentes communautés chrétiennes et juives conservent toutes leurs spécificités religieuses, sociales et culturelles, les Arabes tranchaient avec le fanatisme chalcédonien et la volonté de conversion affichés par les précédents maîtres byzantins.

Entre 680 et 740, les armées arabes, qui n'avaient guère rencontré de difficultés jusqu'à la conquête d'Antioche, tentèrent en vain de progresser à travers l'Anatolie vers Constantinople, capitale de l'État byzantin. Au nord-ouest de la Syrie, la Cilicie, occupée par les Arabes du VIIe au Xe s., constituait un maigre glacis protégeant mal la province contre les attaques byzantines.

■ Le découpage territorial de la Syrie arabe

La Syrie fut divisée après la conquête arabe en quatre, puis cinq circonscriptions fiscales et militaires ou junds. On trouvait, du sud au nord : le jund de Palestine, avec pour capitale Ramla, ville fondée par les Arabes ; le jund du Jourdain, dont le chef-lieu était la ville romaine de Tibériade ; le jund de Damas, comprenant Syrie centrale et Liban ; celui de Homs qui, à l'origine, couvrait toute la région située au nord de la dépression Tripoli-Homs-Palmyre. Plus tard, on préleva sur le jund de Homs celui de Qinnesrin, dont la métropole réelle fut Alep. La région frontalière au nord de ce dernier jund, Syrie du Nord et Cilicie, fut organisée autour d'Antioche en « métropoles », centres de défense à forte garnison protégés en périphérie du territoire musulman par des forteresses ou places frontière. Chaque jund levait une armée de combattants arabes, assurant sa défense et pouvant se porter au secours d'une province proche menacée.

Une terre d'accueil

Depuis la conquête arabe jusqu'à nos jours, la Syrie, tout en conservant une forte identité, a connu d'importants mouvements de populations. Les Syriens, attirés de tout temps par les voyages, s'installèrent tout autour de la Méditerranée ainsi qu'en Afrique noire et sur le littoral du Dekkan indien. D'autre part, au cours des siècles d'affrontement face à des envahisseurs variés, cette province frontalière manifesta constamment une grande compassion à l'égard de ceux qui, chassés de leurs terres, vinrent s'installer à demeure sur son territoire. La Syrie a ainsi accueilli, en particulier à Damas, des réfugiés de toutes religions et de toutes origines, Andalous, Maghrébins, juifs espagnols, Kurdes, Turcomans, Circassiens ou Tcherkesses, Crétois, Arméniens, Palestiniens, Somaliens. Nombre de quartiers, à Damas ou à Alep, ont conservé un nom ou une identité locale, marqués par le souvenir de ces pérégrinations forcées.

Un lien secret avec l'Espagne

L'Espagne musulmane, l'Andalus des Arabes, occupait sur le littoral occidental de la Méditerranée une position de marche face aux États chrétiens, symétrique à celle du Bilad al-Cham, les deux isthmes contrôlant un accès obligé de l'Europe vers l'Afrique. Un rapport préférentiel, politique et culturel, rapprocha ces deux territoires qui seuls connurent des capitales omeyyades. Les grandes mosquées califales de Jérusalem, de Damas et, plus tard, de Cordoue, furent ornées de mosaïques inspirées par Byzance, technique de décoration presque absente ailleurs dans le monde musulman. Grenade rappelait Damas par l'agrément de son site au cœur d'une oasis fertile, dominée par une montagne abrupte, comme par son goût de la résistance face aux envahisseurs. Contrairement à Bagdad ou au Caire, ni Damas, ni Cordoue ne colonisèrent jamais leur province à leur unique profit. Le Bilad al-Cham continua à abriter de nombreuses villes à forte personnalité, animant des territoires qui s'identifiaient à elles. Une abondante production littéraire et artistique était générée par tous ces centres régionaux.

En 750, les Abbassides massacrèrent tous les membres de la dynastie omeyyade, à l'exception d'un enfant ; celui-ci, réfugié en Espagne, fonda en 756 l'émirat de Cordoue, qui devint en 929 le califat omeyyade d'Andalus.

Une province frontière toujours menacée

L'image prédominante de la Syrie chez les Arabes à l'époque classique, du VIIe au XIe s., était donc celle de la « marche », région frontalière de résistance à Byzance. Au XIIIe s., un Aleppin évoque cette frontière comme si elle jouait encore ce rôle. Il est vrai que, si l'Anatolie fut annexée au domaine musulman par les Turcs à partir du milieu du XIe s., l'irrédentisme chrétien, byzantin ou arménien y persista jusqu'au début du XIVe s. De plus, de 1099 à 1291, la Syrie dut résister aux croisés qui occupaient le littoral et de nombreux chaînons du relief occidental. Dès 1260, alors que la menace franque s'atténuait à l'ouest, les Mongols occupaient provisoirement Alep et Damas ; jusqu'en 1400, ils devaient réitérer leurs attaques destructrices contre la Syrie orientale. En 1516-1517, les armées envoyées par le sultan d'Istanbul chassèrent de Syrie, puis d'Égypte, le régime des sultans mamelouks, esclaves militaires d'origine turque ou circassienne, qui régnaient sur les deux provinces depuis le milieu du XIIIe s. Désormais, les Turcs ottomans protégèrent efficacement la façade maritime de la Syrie jusqu'au début du XIXe s., et la Syrie continentale ne connut pas non plus de nouvelles invasions importantes venues de la steppe orientale et de la Mésopotamie. Mais le territoire cultivé recula sans doute à cause d'une surveillance moins efficace des tribus bédouines.

Médecins et astronomes au temps des califes

Tout au long de la période médiévale, Damas fut l'un des grands foyers de la vie scientifique du monde arabe et le berceau de nombreux chercheurs de renom, plus particulièrement dans le domaine de la médecine et de l'astronomie.

► **L'astrolabe universel d'Ibn al-Sarraj (1328).**

◄ **Astronome et computistes (Psautier de Paris, XIIIe s.). On ignore encore comment les astronomes effectuaient certains de leurs calculs mais leurs erreurs, récemment calculées à l'aide d'un ordinateur, sont insignifiantes.**

Des instruments perfectionnés… Pour mieux mesurer le temps et les phénomènes cosmiques, les savants mirent au point des instruments très sophistiqués : des globes bien sûr, mais aussi des cadrans solaires, dotés de marques spécifiques pour les heures des prières, et des astrolabes, qui

L'astronomie au service de l'islam Les astronomes s'employaient alors à définir les positions des planètes et des étoiles, les éclipses, les solstices et la durée des crépuscules. Mais leur science s'appliquait aussi à la pratique religieuse : le calendrier musulman étant strictement lunaire et le fidèle étant tenu de prier dans la direction de la Kaaba sacrée (La Mecque), l'une des préoccupations majeures du *mouwaqqit* était de déterminer, en fonction de la latitude et de la longitude, les heures précises des prières ainsi que l'orientation des mosquées.

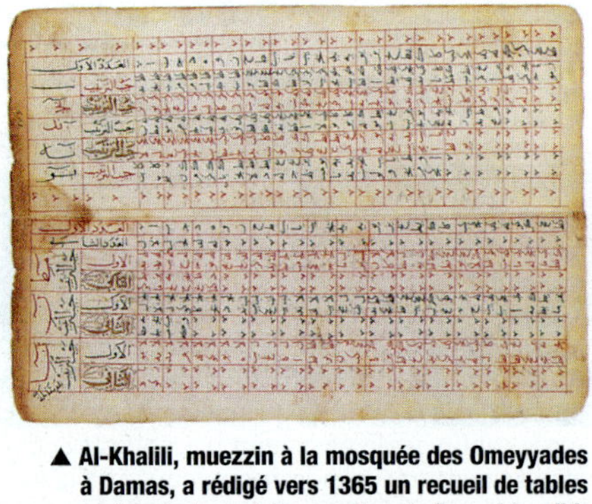

▲ **Al-Khalili, muezzin à la mosquée des Omeyyades à Damas, a rédigé vers 1365 un recueil de tables astronomiques très complexe indiquant la *qibla* (direction de La Mecque) ainsi que l'heure de la prière à quatre secondes près.**

◀ **Médecins préparant une potion (*De materia medica* de Dioscoride, Bagdad, XIIIe s.). À côté des produits courants comme la cannelle ou la coriandre, les médecins prescrivaient onguents et décoctions. À Alep, le *zhouret*, une tisane à base de guimauve, de rose et de camomille qui régule le système digestif, est encore très répandu.**

permettaient de repérer facilement la position d'un astre donné par rapport à l'horizon. Le Syrien Ibn al-Sarraj a ainsi conçu au début du XIVe s. un remarquable astrolabe universel utilisable pour toutes les latitudes.

■ … et des théories novatrices

Les astronomes syriens ne se contentèrent pas de compiler les traditions héritées de leurs prédécesseurs indiens, persans ou grecs. Ils menèrent aussi leurs propres recherches – notamment au sein de la mosquée des Omeyyades à Damas ou du monastère du mont Qassioun –, élaborant de nouvelles théories ou apportant des modifications aux systèmes de l'Antiquité. Le traité d'al-Battani, par exemple, qui consigne les observations du maître lors d'une éclipse à Antioche (910), a exercé une grande influence et a été cité par Kepler et Galilée. Le Damascène Ibn al-Shatir, auteur de l'ancien cadran solaire de la mosquée des Omeyyades, a proposé, 150 ans avant Copernic, une « alternative » au modèle de Ptolémée.

■ Médecins et herboristes

Grâce à Nour ed-Din (1146-1174) et à l'émir al-Qaymari, Damas a disposé très tôt de deux hôpitaux où des praticiens venaient exercer leur art, dispenser des cours et rédiger le fruit de leurs recherches : Ibn al-Moutran († 1191) y a composé un abrégé des connaissances médicales, le *Livre du jardin des médecins*, et Ibn al-Qouff (1233-1286), une monographie sur la chirurgie et les vaisseaux sanguins. Mais c'est sans doute dans le domaine de la pharmacopée que les Syriens se sont distingués, à l'instar d'Ibn al-Baytar dont le traité des simples (1295) a longtemps fait autorité. La profession d'herboriste est d'ailleurs toujours très vivante. Dans les années 1980, un chercheur français, Floréal Sanagustin, a inventorié 250 plantes curatives auprès des herboristes *(attatin)* d'Alep, qui se transmettent leur savoir de père en fils depuis des générations.

J.-Ph.F.

◀ **Albarelle épigraphiée (Damas, XIVe s.). Les « drogues » étaient préparées dans des vases en céramique peinte (appelés albarelles) et stockées dans de grosses jarres de pharmacie.**

Des Omeyyades aux Mamelouks, une histoire contrastée (660-1516)

La Syrie médiévale connut des statuts politiques variés. La période omeyyade, où elle fut le siège du califat, fut généralement prospère. Après 750, simple province des Abbassides d'Irak, elle aborda un passage difficile. Au siècle suivant, elle devint pour ses parties centrale et méridionale une dépendance d'un pouvoir installé en Égypte, alors que des émirats arabes autonomes tenaient le Nord. De 1075 à 1516, la Syrie fut dominée par des princes musulmans d'origine non arabe, officiers turcs ou kurdes, et fut confrontée au long épisode des croisades. La dynastie la plus glorieuse fut celle des Ayyoubides (1175-1260). Ensuite, la prépondérance revint à l'Égypte des Mamelouks qui protégèrent la Syrie contre les Mongols et mirent fin à la présence des croisés sur le littoral.

■ Prospérité et déclin des Omeyyades

Le califat omeyyade fut fondé à Damas en 660 par Moawiya, un membre du clan omeyyade, hégémonique à La Mecque au début de la prédication de Mahomet, et qui le combattit jusque peu avant sa mort. Jusqu'en 750, la Syrie connut une prospérité certaine. Les chrétiens et les juifs participèrent, aux côtés des convertis à l'islam, à l'élaboration de la première civilisation musulmane et à la naissance d'une architecture religieuse d'une grande élévation. Les magnifiques mosquées que les califes omeyyades firent édifier à Jérusalem, Damas et Alep furent un exemple pour tous les architectes musulmans ultérieurs. Abandonnant l'araméen, le syriaque et le grec, les Syriens adoptèrent l'arabe. Pour gérer un immense territoire s'étendant du cœur de l'Asie au littoral atlantique, le régime omeyyade créa une monnaie d'or *(dinar)*, d'argent *(dirham)*, de cuivre *(fils)*, dressa des premières listes d'ayants droit aux pensions et d'assujettis aux impôts, mais il ne sut pas installer une administration solide, alors que l'arrêt des conquêtes requérait une fiscalité plus efficace. Damas demeurait une ville modeste, et les califes préféraient résider dans leurs palais du désert *(→ encadré)*. Les tribus arabes s'affrontaient dans la steppe, perdant un grand nombre de jeunes hommes. Rapidement, les difficultés s'accumulèrent.

■ Sous les Abbassides, une province affaiblie

En 750, le califat abbasside, issu du clan hachémite du Prophète, détruisit facilement le pouvoir omeyyade, devenu impopulaire, et s'installa en Irak grâce à l'appui de troupes venues du Khurasan, à l'est de l'Iran. Bagdad, la nouvelle capitale, au centre d'un carrefour commercial contrôlant les échanges avec l'Asie des Moussons par le Golfe comme par les itinéraires terrestres, atteignait moins d'un demi-siècle après sa fondation les dimensions d'une mégapole exceptionnelle. La Méditerranée se fermait à la navigation lointaine, Damas et Alep végétaient. La Syrie, province marginale, était affaiblie par la pression des tribus bédouines sur les terres sédentaires.

Le Moyen-Orient voyait ainsi peu à peu se remettre en place l'ancienne tripartition : au nord-ouest, l'Empire byzantin, militairement efficace jusqu'au milieu du XIe s., tenait l'Anatolie et menaçait la Syrie du Nord ; à l'est, l'Irak abbasside dominait officiellement la Syrie, mais, après 950, l'Irak se tourna toujours plus vers l'Iran ; au sud-ouest, l'Égypte accrut sa capacité économique et politique régulièrement du IXe au XIe s. et se retrouva en position hégémonique en Syrie méridionale. Entre ces trois pôles menaçants, la Syrie essaya, avec la Djéziré, de se ménager un espace d'autonomie. Elle conservait une identité forte grâce

Le palais de Qasr al-Hayr al-Sharqi est l'une de ces résidences que les califes omeyyades se firent construire dans le désert, loin de leur capitale.

à l'activité économique et au niveau culturel étonnamment élevé des élites de ses villes moyennes – Damas, Alep, Tripoli, Tyr, Jérusalem – ou même modestes. Ainsi, la bourgade de Maaret an-Nouman, entre Alep et Hama, vit naître Abou al-Ala-al-Maari, le plus grand poète arabe, et abrita également un grand nombre de poètes et de prosateurs connus.

■ L'attirance pour l'Égypte

Aux IXe et Xe s., les désordres se multiplièrent dans le Bas-Irak, et toutes les provinces musulmanes accrurent leur autonomie. Les impôts rentraient mal, le pouvoir central abbasside échappa au calife et aux vizirs – ministres civils –, au profit de chefs militaires, souvent des Turcs d'origine servile. De 950 à 1050, le califat abbasside arabe sunnite connut la tutelle humiliante d'une dynastie chiite iranisante, les Bouyides, surtout préoccupés de l'Irak et de la partie orientale du monde musulman.

De son côté, la Syrie, tout en étant une proie désignée pour les grands officiers vaincus à Bagdad, subissait depuis 870 l'attraction de l'Égypte, nouveau centre politique en pleine prospérité. De 876 à 905, la Syrie, en totalité ou en partie (le Sud et le Centre), fut gouvernée par les Turcs toulounides, puis, de 936 à 969, par les Ikhshidides, deux dynasties installées à Fustat, chef-lieu provincial de l'Égypte. Le Caire fut fondé au nord de Fustat en 969 par les **Fatimides**, califes chiites descendants du Prophète, de lointaine origine syrienne et désireux de détruire le califat abbasside. Après des guerres, entre 969 et 980, très destructrices pour Damas, incendiée à plusieurs

Des palais dans le désert

Pour échapper à la vie à Damas, cité aux espaces limités et à la population dense, les califes omeyyades firent construire à leur usage, en trois quarts de siècle, une douzaine de « châteaux du désert » dans la steppe, aride l'été mais si verte au printemps. Ces complexes, dispersés à la lisière du désert entre le golfe d'Aqaba et l'Euphrate, à la hauteur de Raqqa, alliaient bâtiments d'agrément, espaces cultivés et prairies temporaires. Des canalisations aériennes ou souterraines, parfois alimentées par des barrages, fournissaient l'eau de boisson et assuraient l'irrigation des jardins et des vergers. Des lacs lenticulaires se formaient pendant la saison froide pour s'assécher l'été venu, offrant un pâturage abondant aux chevaux des califes qui y paissaient entre deux campagnes. Qasr al-Hayr al-Sharqi, à 120 km au nord-est de Palmyre, est l'ensemble le plus vaste et le mieux conservé *(→ p. 462)*.

Comprendre

Un historien damascène, Ibn al-Qalanisi, a laissé un récit détaillé des conflits qui opposèrent fréquemment Damascènes et Fatimides de 970 à 1075. Au xe s., de nombreux quartiers de Damas furent pillés et brûlés ; au xie s., la mosquée des Omeyyades fut incendiée.

reprises, ils dominèrent la Syrie jusqu'à Homs et Tripoli. Les Fatimides purent rarement étendre leur domination sur la Syrie du Nord : des princes arabes installés à Alep la contrôlaient avec l'appui des Byzantins qui poussaient des raids meurtriers en Syrie centrale.

Déclin des Fatimides et arrivée des Seldjoukides

Après la disparition du calife al-Hakim *(→ encadré)*, les tribus arabes de Syrie profitèrent de la faiblesse fatimide pour se soulever. Au sud, les Tayy du plateau jordanien ravagèrent la Palestine. Au nord, les Kilab mirdasides se rendirent maîtres d'Alep et créèrent une prospère principauté bédouine. Au centre, les Kalb de la région de Palmyre firent en vain le siège de Damas. Ses habitants défendirent vaillamment leur cité ; ne pouvant se battre aux côtés des soldats fatimides qu'ils détestaient trop, ils intervenaient en alternance journalière avec ceux-ci.

Les Fatimides échouèrent dans leur projet de califat unique. L'Irak, l'Anatolie et la Syrie furent envahis au milieu du xie s. par les tribus turcomanes et par l'armée turque seldjoukide, bien plus efficace que l'armée du Caire. Pourtant, un général turc, rallié aux Fatimides, quitta avec des hommes et un important trésor la Syrie pour l'Irak ; il ne put faire reconnaître à Bagdad le califat du Caire que pendant quelques mois en 1058, puis la ville fut reprise par le sultan seldjoukide Toughril beg. Les grands sultans seldjoukides furent désormais les protecteurs des Abbassides de Bagdad. Les Fatimides, très affaiblis, durent abandonner toute la Syrie sauf quelques ports, mais l'installation des Francs en Palestine leur permit de subsister en Égypte jusqu'en 1171.

Comment naquirent les Druzes

Le calife al-Hakim (996-1021), premier imam fatimide né en Égypte, prit directement les affaires en main pour se rendre populaire auprès des sunnites de Fustat. Saisi de lubies étranges, il s'acharna contre les chrétiens et les juifs, détruisant leurs lieux de culte, dont plusieurs églises à Damas et le Saint-Sépulcre de Jérusalem, et il obtint ainsi nombre de conversions à l'islam. Cependant, avant de disparaître dans le désert proche du Caire, al-Hakim abandonna ses persécutions, toléra le retour au judaïsme ou au christianisme des convertis par contrainte et accepta de leur rendre une partie de leurs biens fonciers. Entre-temps, un Persan, adepte d'un ismaïlisme extrême, avait proclamé la divinité du calife. Il ne fut guère suivi en Égypte, mais des paysans de cantons montagneux, au sud-ouest de Damas et au nord-est d'Alep, se convertirent à la nouvelle doctrine. Ainsi naquit la religion druze. Byzantins et Fatimides s'unirent pour tenter en vain d'écraser l'hérésie naissante. On reconstruisit le Saint-Sépulcre et on rendit aux chrétiens et aux juifs la plupart de leurs biens.

La première croisade : les succès francs

Après la prise d'Antioche en 1098 et celle de Jérusalem en 1099, c'est en Syrie que les croisés, partis d'Europe en 1095 pour conquérir les Lieux saints, installèrent les États francs : principauté d'Antioche, comté d'Édesse, royaume de Jérusalem, comté de Tripoli. Ils développèrent leur emprise territoriale jusque vers 1125, ensuite la conquête se ralentit. La ceinture de formidables forteresses mises en place au cours des ans, où les ordres militaires montaient une garde vigilante, semblait préserver les terres franques de toute atteinte. L'Égypte chiite, protégée contre les Seldjoukides sunnites par le royaume de Jérusalem, n'était guère hostile aux Francs. L'Irak abbasside et l'Iran seldjoukide se désintéressaient du littoral méditerranéen. En vain, à Damas, des hommes de mos-

Les États latins d'Orient et les principales forteresses croisées et musulmanes. La création des États francs de Syrie et de Palestine modifia le paysage de cette région : outre les magnifiques citadelles élevées sur les reliefs, les ports du littoral, prospères, affichaient une architecture soignée, plus ouverte sur les rues et les places.

quée tentaient de mobiliser par leurs écrits les princes musulmans contre les Francs et prônaient la reconquête de Jérusalem.

Comprendre

La gloire des Ayyoubides

L'atabeg turc **Zanki**, qui avait déjà réussi, en 1127-1128, à mettre la main sur Mossoul et Alep, reprit Édesse aux croisés en 1144. Mais c'est son fils, **Nour ed-Din**, musulman austère et chef d'État efficace, qui imposa neuf ans plus tard son pouvoir à Damas, autour de laquelle il réunit la Syrie musulmane. Envoyé en Égypte, son général kurde Salah ad-Din ibn Ayyoub (Saladin) profita de circonstances favorables pour mettre un terme, en 1171, au califat fatimide. À la mort de Nour ed-Din, **Saladin** se fit reconnaître sultan d'Égypte et de Syrie. Après la victoire de Hattin en 1187, il chassa les Francs de la Palestine intérieure, leur reprenant notamment Jérusalem, mais il dut leur abandonner les grands ports, Acre, Tyr, Tripoli, ainsi qu'Antioche. Après sa mort, c'est surtout son frère et les descendants de celui-ci qui régnèrent en Égypte et dans les principautés ayyoubides de Syrie (Damas, Alep, Kérak), jusqu'à ce qu'ils soient remplacés par les Mamelouks (en 1250 en Égypte, 1260 en Syrie).

Princes très pieux et très riches, les Zankides et les Ayyoubides construisirent à Alep et à Damas de nombreux édifices – citadelles, bains, mosquées, madrasas – à la grâce mesurée, et les artisans syriens produisirent des chefs-d'œuvre en verre, en céramique et en métal travaillé. Dès Nour ed-Din, de nouveaux quartiers se développèrent autour du vieux Damas, au nord sur les pentes du Qassioun, à l'ouest vers Raboué et Mezzé, au sud-ouest le long du Midan conduisant en Palestine. Ce mouvement allait s'accélérer sous les Mamelouks.

■ La réaction des musulmans : la contre-croisade

Ce furent des émirs turcs, Zanki puis son fils Nour ed-Din, qui lancèrent les premières opérations efficaces de contre-croisade. Après la mort de Nour ed-Din (1175), qui était devenu maître de toute la Syrie continentale, son général Saladin, fondateur de la dynastie ayyoubide *(→ encadré)*, réunit l'Égypte et la Syrie, et prit le titre de sultan sous l'autorité morale du calife de Bagdad. Il remporta en 1187 la victoire décisive de Hattin, ne laissant subsister que des lambeaux d'États croisés sur le littoral. Mais à la suite de la IIIe croisade, menée avec vigueur par les souverains européens, notamment par Richard Cœur de Lion et Philippe Auguste, Saladin dut abandonner aux Francs la majeure partie du littoral et Antioche. Les dernières places franques n'allaient tomber qu'au cours du siècle suivant. Les princes ayyoubides qui lui succédèrent se partagèrent la Syrie sous la suzeraineté lointaine de leur parent, le sultan d'Égypte. La guerre avec les Francs s'humanisa. L'action avisée des négociants vénitiens et génois accrut les échanges économiques et financiers entre musulmans et chrétiens, et la Syrie connut à nouveau la prospérité.

■ Les Mamelouks face aux invasions mongoles

En Égypte, le pouvoir ayyoubide, incapable de résister efficacement à l'attaque du Delta par l'armée chrétienne dirigée par Louis IX, fut renversé en 1250 par les Mamelouks. En 1258, une attaque mongole sur Bagdad mit fin au califat abbasside, et les coalisés – Mongols, chiites iraniens, chrétiens nestoriens, arméniens et antiochiens – envahirent la Syrie continentale, Alep et Damas. Les Ayyoubides de Syrie, vaincus, disparurent à leur tour. Les Mamelouks, ayant reçu des Francs de Palestine l'autorisation de franchir leur territoire, vinrent écraser un détachement mongol à Aïn Jalout (près de Nazareth) en 1260. Ils libérèrent Damas et Alep, replaçant les chrétiens qui avaient pactisé avec les envahisseurs en position dominée de sujets protégés. Les Mamelouks établirent leur pouvoir sur toute la Syrie sauf sur les territoires francs qu'ils reprirent un à un dans les années suivantes. À l'instar des Ayyoubides, ils développèrent le commerce avec l'Europe méditerranéenne et poursuivirent, lors de leur grande prospérité de 1260 à 1400, une politique de protection de l'artisanat, alors très créatif, et de construction de monuments prestigieux. À Damas, les Mamelouks restaurèrent la citadelle et édifièrent notamment la madrasa Zahiriyé (1279), un mausolée bien conservé en bel appareil de pierres taillées, élevé à la gloire de Baybars, le plus glorieux sultan d'Égypte.

Un porte-étendard mamelouk. Soldats esclaves turcs, les Mamelouks prirent le pouvoir aux Ayyoubides en 1250, faisant reconnaître leur chef comme sultan par le calife abbasside de Bagdad.

La véritable menace sur la Syrie, désormais annexée à l'Égypte mamelouke, vint des invasions mongoles qui se poursuivirent irrégulièrement jusqu'en 1400. D'autre part, la peste noire qui, après une première épidémie en 1347, revint à plusieurs reprises, portait des coups sévères au peuplement de la Syrie. L'invasion destructrice de Damas par Tamerlan en 1400, avec transfert forcé des artisans vers la Transoxiane, acheva d'affaiblir la province qui vécut mal le dernier siècle mamelouk. Un style nouveau, d'un goût moins assuré, marque les édifices construits à cette période.

La domination ottomane (1516-1918)

Pendant quatre siècles, la Syrie fit partie de l'Empire ottoman. Après une époque brillante au XVIe siècle, une lente apathie saisit l'État dont l'efficacité s'affaiblissait. Pourtant, grâce à un artisanat vivant et à un commerce intelligemment géré par de grands négociants musulmans et des chrétiens levantins, Alep et les ports du littoral connurent un développement certain. Le XIXe siècle marqua le retour en Syrie d'armées étrangères et la montée du sentiment national arabe. Enfin, la défaite, en 1918, de l'armée ottomane devant les armées alliées et arabes aboutit à une courte période d'indépendance de la Syrie.

Sur la route de La Mecque

Bien qu'en 1517 le sultan ottoman Selim Ier, conquérant de la Syrie, se fût arrogé le titre de calife et de gardien des Lieux saints d'Arabie, Damas conserva le rôle insigne de point de départ de la grande caravane annuelle qui partait pour La Mecque. De 20 000 à 30 000 pèlerins venus de Turquie, d'Alep et de Perse se rassemblaient pendant le mois de ramadan à la tekkiyé Suleymaniyé ou au khan al-Haramayn, près de la mosquée des Omeyyades. En tête de la caravane, une armée de spahis (cavaliers) et de janissaires protégeait le *Mahmal*, baldaquin porté par un chameau richement harnaché, et sous lequel se trouvait la *Kissoua*, une somptueuse étoffe brodée d'or offerte par le sultan pour recouvrir la Kaaba. L'émir al-Hajj, chef du pèlerinage, porteur de la bannière du sultan, donnait le signal du départ sur la place Merjé. Commençait alors un voyage périlleux de 35 jours, qui comprenait la traversée du désert, parcouru de hordes de pillards. Aussi les pèlerins déposaient-ils leurs objets de valeur et leurs testaments dans la forteresse de Mouzayrib, à une centaine de kilomètres au S.-O. de Damas.

■ Organisation du pouvoir sous les Ottomans

En 1516-1517, la Syrie, suivie peu à peu par l'ensemble du monde arabe à l'exception du Maroc, tomba sous le pouvoir ottoman. Le sultan reprit nombre de traditions byzantines et résida à Istanbul. Il protégea les communautés ethniques et en confia l'administration à leurs propres notables religieux.

L'empire comptait 32 grandes provinces, comprenant 279 circonscriptions (sandjaks) englobant chacune un certain nombre de cantons. Les provinces de Raqqa, Alep, Damas et Tripoli correspondaient à la Syrie dans des limites plus larges qu'aujourd'hui. Le découpage de ces provinces en sandjaks se modifia souvent, certains sandjaks étant rattachés à l'une puis à l'autre province.

Les gouverneurs ottomans qui se succédèrent rapidement ne furent pas toujours loyaux à Constantinople, ni très désintéressés. Les impôts étant élevés, les révoltes de milices, de corps d'armée ou de civils furent innombrables, et les conflits de pouvoir et de perception entre gouverneurs voisins, fréquents. Les gouverneurs devaient tenir compte des élites locales, des hommes de mosquée (oulémas), des préposés financiers et des janissaires, plusieurs milliers de vrais ou faux militaires, protégeant certains artisans et commerçants. En général, les fonctionnaires d'autorité ottomans étaient désignés pour une courte période, trois ans au maximum ; cependant, de véritables dynasties urbaines, comme les Azem à Damas, traversèrent tout le XVIIIe s. et le début du XIXe s. Ils fournirent des gouverneurs à Damas, mais aussi à Saïda, Alep et Tripoli.

■ La transformation du paysage urbain

L'histoire de la Syrie pendant les quatre siècles de domination ottomane est complexe. Certains aspects furent positifs : de magnifiques demeures ou des monuments commerciaux ou religieux construits à cette époque marquent encore le paysage urbain. En effet, l'époque ottomane, peu propice au développement rural, fut plus heureuse pour les villes, notamment pour celles qui participaient au grand commerce transméditerranéen, en expansion rapide. Les familles pieuses et riches, et certains gouverneurs fondaient, soit par piété, soit pour assurer un patrimoine à leurs descendants, des *waqf* qui offraient aux citadins des services variés *(→ p. 140-141 et 490)* : mosquée, madrasa, bain, entrepôt, café. Financés grâce à des revenus fonciers ruraux ou urbains, locatifs, commerciaux, artisanaux, ces bâtiments présidaient au développement des villes dont ils dessinaient le plan. Peu à peu, à l'intérieur du vaste Bilad al-Cham médiéval, des solidarités locales se construisaient, sur l'Euphrate, en Syrie du Nord autour d'Alep, en Syrie centrale autour de Damas, sur le littoral libanais et dans la montagne proche, en Palestine autour de Jérusalem.

■ Le développement du commerce : les échelles du Levant

Le développement de l'artisanat urbain et des échanges avec l'Occident fut facilité par les traités dits Capitulations (1536). Les commerçants français et les chrétiens arabes protégés par la France (plus tard, le système fut étendu à d'autres « nations ») pouvaient librement exercer leur négoce et pratiquer leur religion ; leurs biens et leur vie étaient protégés, et un consul les représentait auprès de l'autorité ottomane. Des escales maritimes ou terrestres, les « échelles du Levant », furent privilégiées pour ces contacts, en Syrie : principalement Alep, Tripoli, Beyrouth et Saïda. Le grand commerce s'accrut harmonieusement aux XVIe et XVIIe s. À partir du XVIIIe s., un déséquilibre des échanges favorisa les manufactures européennes qui imposèrent leurs produits sur le marché au détriment de l'artisanat local, trop lent à se moderniser.

■ Alep plus prospère que Damas

Le système des Capitulations profita particulièrement à Alep. Ayant tissé des liens économiques étroits avec l'Occident grâce à l'importance de ses minorités chrétiennes, la ville sut développer un commerce lointain et un puissant artisanat. Les magnifiques khans et souks couverts, bien que très partiellement conservés, témoignent de cette richesse et d'un goût architectural sûr. Le pouvoir central, à Istanbul, surveillait avec une particulière vigilance l'action du gouverneur d'Alep. Damas, jusque-là capitale incontestée de l'espace syrien, dépassée en richesse par Alep qui ne dépendait plus d'elle, se vit également reléguée au second plan par les ports du littoral, notamment par Saïda. Son rôle principal était à cette époque d'organiser la grande caravane des pèlerins qui se rendaient à La Mecque (→ *encadré*). La ville a conservé des grands khans fermés et en partie couverts, d'un style différent de ceux d'Alep, qui attestent de l'importance et de la régularité du commerce caravanier ainsi que d'une production artisanale de qualité, maintenue sur place.

■ Nouvelle intervention de l'Égypte

La sécurité extérieure prit fin en même temps que le XVIIIe s. L'armée française d'Égypte, conduite par Bonaparte, entra en Syrie en 1799 avant d'être défaite sous les murs d'Acre. En 1832, Ibrahim, le fils de Mehmet Ali, gouverneur d'Égypte qui s'était rendu indépendant de Constantinople, envahit la Syrie et défit l'armée ottomane près de Homs. Les Égyptiens entreprirent de moderniser le pays, de créer des écoles et de gommer les différences communautaires ; pourtant, ayant augmenté les impôts, ils devinrent impopulaires. Ibrahim vainquit une deuxième fois l'armée ottomane en 1839, mais en 1840, les Anglais, pour aider Constantinople, bombardèrent le littoral et provoquèrent une révolte des Libanais. En 1841, année du traité de Londres (qui plaça, contre le gré de la France et de la Russie, l'Empire ottoman sous la protection militaire de la Grande-Bretagne), la Sublime Porte reconnut la quasi-indépendance de l'Égypte, mais obtint que celle-ci se désintéresse de la Syrie.

■ Incertitudes et désordres au XIXe siècle

L'ère des réformes s'ouvrait dans l'Empire ottoman, éveillant une conscience publique – jusque-là dominée par l'apathie, et suscitant de nombreux conflits locaux. Les identités ethniques, religieuses ou linguistiques se réveillaient en Orient où certains se mirent à rêver d'un État-nation. En mai 1860, des incidents graves mirent aux prises les montagnards druzes et les villageois chrétiens maronites qu'ils combattirent durement dans la montagne libanaise et au sud

La ville musulmane

On l'a souvent écrit, l'islam est une religion des villes : certaines prescriptions canoniques comme la prière collective, l'aumône ou la profession de foi ne se conçoivent en effet qu'en collectivité et dans un milieu urbain. Au-delà d'une grande diversité due aux traditions locales et aux époques, il est possible de dégager quelques traits fondamentaux des villes islamiques, qu'elles soient capitales ou modestes chefs-lieux de province.

▲ Autour du cénotaphe d'un personnage puissant, il était d'usage de construire un ensemble architectural abritant une école coranique. Ici, les coupoles des madrasas Zahiriyé et Adiliyé à Damas (XIIIe s.) : l'une abrite le tombeau du sultan Baybars, l'autre celui d'al-Adil Sayf ad-Din, le frère de Saladin.

Des quartiers nettement séparés

À la suite des voyageurs occidentaux en Orient, on a voulu opposer l'organisation des cités occidentales à la prétendue anarchie des villes arabes. En fait, elles répondent chacune à une économie qui leur est propre. D'artères principales en ruelles, de ruelles en impasses, la ville islamique conduit progressivement de l'espace public à un univers privé, celui des familles, retranchées derrière les hauts murs des maisons, loin des bruits de la ville et de sa circulation. C'est aussi le monde des quartiers, où l'on se regroupe en clans apparentés, survivance du temps de la conquête où chaque tribu plantait ses tentes dans la même partie du camp. L'espace public, c'est bien sûr celui du souk (*→ p. 274-275*), avec son regroupement de boutiques par type d'activité : un phénomène que l'on observe encore dans les parties modernes des villes.

◄ Porte de la Grande Mosquée d'Alep, décorée d'enchevêtrements de petits corbeaux et d'une alternance typiquement mamelouke de pierres de deux couleurs.

▲ **La cour du bimaristan Argoun d'Alep, construit au milieu du XIVe s. par le gouverneur mamelouk de la ville. Le premier hôpital musulman fut fondé à Bagdad vers 800 par le sultan Haroun al-Rachid. Dès le Xe s., toutes les grandes villes étaient dotées de telles institutions. On y soignait les malades et on y enseignait la médecine.**

■ Des fondations privées

L'espace public, c'est aussi celui des édifices caractéristiques des villes musulmanes. Les Arabes se sont montrés les dignes héritiers de leurs prédécesseurs byzantins et romains en édifiant fontaines et bassins avec le même soin que jadis les nymphées ; des inscriptions y rappellent que le Coran voit dans le don de l'eau le premier acte de générosité. Mais ils ont surtout créé une architecture spécifique : mosquées (→ *p. 186-187*), hôpitaux, hôtelleries, mausolées puis, à partir du XIIe s., madrasas. Ces monuments, à caractère religieux, étaient toujours des fondations de princes ou de riches particuliers. Souvent, les fonds nécessaires à leur fonctionnement – le paiement des professeurs pour les madrasas, par exemple – provenaient des revenus de biens qui leur étaient attachés, bains ou caravansérails. Ces biens-fonds étaient déclarés *waqf*, c'est-à-dire inaliénables.

■ Du petit peuple au fin lettré

Si elle n'a pas connu avant le XXe s. d'administration municipale, la ville musulmane fut régie jusqu'à l'époque ottomane par un certain nombre d'institutions : le gouverneur, le préfet de police, le *cadi*, responsable de la justice, et le *mouhtasib*, chargé de faire respecter les prescriptions morales et religieuses. Le monde des villes arabes, c'était aussi celui des fins lettrés, du *adib*, ce citadin aux bonnes manières et au langage raffiné. C'est aussi le monde des boutiques et des ateliers, méprisé par les intellectuels religieux pour son ignorance et sa propension à suivre des prédicateurs aux doctrines simplistes. C'est enfin celui du petit peuple, manœuvres et portefaix ignorés de l'histoire, mais qui, enrôlés dans des milices, se manifestèrent violemment en périodes de troubles.

S.B.

La cour de la madrasa Firdaous à Alep (XIIIe s.) illustre à merveille ce commentaire de Jean Sauvaget : « Les monuments musulmans ont été élevés sous l'inspiration d'un idéal quelque peu ascétique, mais fait de mesure, de discrétion ; nul goût pour le colossal ou pour l'étranger, rien qu'un souci d'harmonie et de sobriété, une recherche de la ligne plutôt que de la couleur, de la clarté plutôt que du brillant. » ▼

de Damas ; en juillet 1860, les musulmans sunnites de Damas massacrèrent des chrétiens résidant dans cette ville. Ceux-ci furent protégés par l'émir algérien Abd el-Kader, exilé à Damas. La réaction ottomane aux désordres étant inexistante, l'armée française débarqua en septembre sur le littoral libanais pour mettre un terme à ces troubles, et un statut d'autonomie fut reconnu à la montagne libanaise par l'Empire ottoman.

■ L'éclosion du nationalisme arabe

Au milieu du siècle, un mouvement de renouvellement culturel, la *Nahda*, avait marqué le réveil, en Égypte et en Syrie, d'une culture arabe usant d'une langue modernisée. À partir des années 1880, un nationalisme arabe antiottoman soutenu par certains milieux français se développa dans l'ensemble de la Syrie et en Égypte. Abd al-Rahman al-Kawakibi, né à Alep au milieu du XIXe s., y fonda le premier journal politique en arabe, mais en 1899, l'autorité ottomane le contraignit à s'exiler au Caire où il mourut peu après. Les Ottomans répondirent à l'agitation intellectuelle des Arabes en engageant les puissances européennes à installer routes et chemins de fer en Syrie pour permettre un développement plus rapide. En 1914, la Syrie et le Hedjaz arabes comptaient 2 350 km de chemin de fer, contre 1 850 km en Anatolie turque. Damas fut éclairée à l'électricité et eut des tramways en 1906, avant Istanbul. Mais le système politique ne parvenait pas à se réformer. En 1906, à Damas, un groupe de jeunes officiers turcs, dont le futur Atatürk, instituaient une cellule révolutionnaire pour combattre l'impéritie d'Istanbul, alors que les jeunes civils arabes développaient une résistance idéologique au pouvoir ottoman déconsidéré.

■ La fin de l'Empire ottoman

Quand, en 1914, les Ottomans décidèrent de s'engager dans la guerre du côté des Allemands, les Syriens, qui avaient organisé un congrès à Paris en 1913, furent très déçus. Durant la guerre, la Grande-Bretagne encouragea la révolte contre les Ottomans, tout en s'engageant à partager le Proche-Orient avec la France lors de la paix et en promettant aux israélites britanniques de faciliter l'installation de colons juifs en Palestine. En 1915 et 1916, les Turcs exécutèrent publiquement, successivement à Beyrouth puis à Damas, deux groupes de jeunes nationalistes arabes de religions variées. Le Liban et la Syrie commémorent avec solennité, chacun à sa date anniversaire, le sacrifice des martyrs *(Shuhada)*. En octobre 1918, l'armistice de Moudros, mettant un terme à la guerre, scellait la défaite de l'Empire ottoman et annonçait sa fin prochaine. La Syrie put enfin se constituer en entité politique. Mais les frontières imposées étaient très réductrices, et elle se vit à nouveau refuser l'indépendance.

Au nom de la Nation arabe

La Syrie de 1918 à nos jours

par Nadine Méouchy, historienne

C'est à la Première Guerre mondiale qu'il faut remonter pour comprendre la Syrie d'aujourd'hui. En effet, à la faveur de la chute de l'Empire ottoman et d'un rapport des forces militaires et politiques qui leur est favorable, la France et la Grande-Bretagne ont alors privé les sociétés du Proche-Orient de leur droit à disposer d'elles-mêmes et donc à construire leur avenir politique.

Dans l'espace qui correspond aux anciennes provinces arabes de l'empire, les Alliés imposent des frontières au sein desquelles se mettent en place des États dépendants (Liban, Syrie, Irak, Palestine, Transjordanie). Le fait de se retrouver d'un côté ou de l'autre d'une frontière implique pour les populations d'assumer une histoire, voire une identité, différente (Syrie/Liban, Syrie/Turquie par exemple), ou un avenir compromis par les ambitions sionistes (Palestine). Avec les indépendances après la Deuxième Guerre mondiale, cette multiplicité d'États fournit autant de prises aux grandes puissances dans leur compétition pour la domination du Moyen-Orient. La création de l'État d'Israël (1948) en dramatise les enjeux. La Syrie, de par sa position géographique et son engagement nationaliste arabe, est au centre de ces rapports de forces qui s'exercent dans un contexte de guerre froide.

Jusqu'en 1970, chaque crise au Proche-Orient aura des conséquences directes sur la politique intérieure syrienne, sur le renouvellement des élites politiques – rendu possible par la démocratisation de l'enseignement –, et notamment sur l'ascension des militaires au sein du parti Baas et de l'appareil d'État. Ces militaires sont dans leur majorité d'origine modeste, rurale et minoritaire. À partir de 1970 se met en place en Syrie un régime autocratique qui justifiera sa poigne de fer à l'intérieur par la nécessité, à l'extérieur, de faire barrage à l'expansion israélienne, de contrôler la turbulente résistance palestinienne, et par son ambition de rendre à Damas son rôle ancien de capitale du Bilad al-Cham.

Le Mandat français malgré les Syriens (1918-1946)

En 1918, du point de vue de la France, ce qui fonde ses « droits » sur la Syrie, c'est moins les intérêts financiers ou économiques que l'ancienneté de son établissement et de son action, la présence de nombreux alliés « naturels » (francophones, catholiques orientaux) et son rôle comme puissance « civilisatrice ». Or, la disparition du cadre ottoman soulève un immense espoir dans les provinces arabes de l'empire, déjà séduites depuis le début du siècle par les idées des arabistes, précurseurs du nationalisme arabe. Cet espoir est aussi à la mesure des promesses d'indépendance faites par la Grande-Bretagne aux Arabes, pendant la guerre, en échange de leur participation aux combats aux côtés des Alliés.

C'est dans ces promesses non tenues que les crises régionales et les rancœurs tenaces, qui caractériseront longtemps les rapports de la Syrie indépendante aux puissances occidentales, trouvent leur origine.

Les promesses anglaises...

Les engagements, principalement britanniques, sont les suivants :
– entre juillet 1915 et janvier 1916, dans la « correspondance Hussein-MacMahon », le chérif Hussein de La Mecque négocie avec Sir Henry MacMahon, haut-commissaire britannique en Égypte, les conditions de l'engagement des Arabes dans le camp allié. MacMahon accepte le principe d'une Arabie indépendante dont le chérif prévoit qu'elle inclura notamment les vilayets de Mossoul et d'Alep ;
– le 9 novembre 1918, la déclaration franco-anglaise reconnaît la légitime aspiration des populations de la région à se doter de gouvernements nationaux.
Pourtant, ces promesses et ces déclarations sont contredites :
– par les accords Sykes-Picot, secrètement conclus le 16 mai 1916, qui divisent la région en cinq zones sous influence française ou anglaise ;
– par la déclaration Balfour (2 novembre 1917) qui accorde aux sionistes l'appui de la Grande-Bretagne pour « l'établissement en Palestine d'un foyer national pour le peuple juif » ;
– par le fait que la conférence de la Paix, qui s'ouvre à Versailles en janvier 1919, statuera sur le sort des provinces syriennes sans jamais en recevoir un seul représentant ; elle accueillera le prince Fayçal comme représentant du Hedjaz uniquement.

■ Du rêve à la réalité (1918-1920)

C'est à Damas, libérée le 1er octobre 1918 par des troupes anglo-arabes, que le prince Fayçal proclame le premier gouvernement arabe de la région. Damas, haut lieu du jeune nationalisme arabe, tente de se tailler un rôle de capitale arabe à la mesure des rêves de ses nationalistes et des ambitions de ses notables. Très vite, toutefois, les véritables intentions franco-anglaises apparaissent : elles sont d'appliquer les accords Sykes-Picot *(→ encadré)*, avec quelques modifications qui sont le résultat du rapport des forces militaires, favorable sur le terrain aux Anglais. Dans la balance des enjeux français et anglais autour du partage de la région, les revendications syriennes portées par Fayçal à Paris et à Londres pèsent bien peu.

Pour leur part, les nationalistes arabes de Damas s'attellent à prendre de court les ambitions des Alliés et à construire un État moderne, indépendant, multiconfessionnel et représentatif, quelle qu'en soit la forme future. Du point de vue de ses frontières, ils

En fin de volume, le Petit dictionnaire regroupe, dans l'ordre alphabétique, les définitions des noms propres ou communs spécifiques à chaque pays.

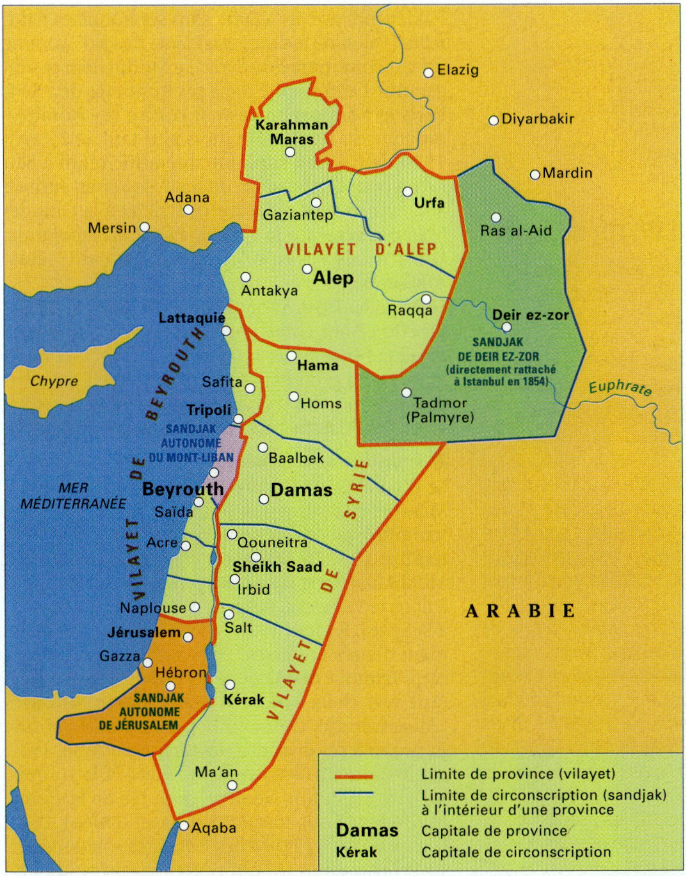

Les provinces syriennes de l'Empire ottoman avant 1914.

espèrent rallier la province autonome du Mont-Liban (créée en 1864) et la Palestine, encore considérée comme « Syrie du Sud ».

Dans l'urgence d'un rapport des forces qui leur est de plus en plus défavorable, les nationalistes font élire un Congrès général syrien en mai 1919, qui comprend des délégués des villes et campagnes syriennes et libanaises et des villes de Palestine. Une commission d'enquête américaine, la commission King-Crane, est envoyée en juillet 1919 pour évaluer, dans l'esprit de la déclaration Wilson, les aspirations des populations. Son rapport est sans appel pour les projets franco-anglais en Syrie et en Palestine. Il restera lettre morte.

■ L'imposition du Mandat

En décembre 1919, les Anglais achèvent leur retrait de Syrie, laissant les Français et les nationalistes syriens face à face. Dès lors, les événements vont se précipiter : le 8 mars 1920, le Congrès général syrien proclame à l'unanimité l'indépendance de la Syrie dans ses frontières naturelles (Palestine incluse) et acclame Fayçal Ier comme roi constitutionnel de Syrie. Le Mont-Liban se voit garantir l'autonomie dans ses frontières de 1864. Paris et Londres protestent contre la « bombe » syrienne du 8 mars. Un mois plus tard, le 25 avril 1920, le Conseil suprême interallié, réuni à San Remo pour l'élaboration du traité de Sèvres, attribue à la France le Mandat sur la Syrie et à la Grande-Bretagne celui sur la Palestine et la Mésopotamie. Dès lors, le royaume arabe de Fayçal Ier était condamné.

Le 24 juillet 1920, à Maysaloun, la IIIe division de l'armée du Levant, commandée par le général Gouraud, défait la petite armée syrienne qui s'était portée à sa rencontre. Fayçal Ier prend le chemin de l'exil ainsi que les principaux chefs nationalistes, et, en quelques jours, les Français prennent possession de la Syrie.

Fayçal Ier, roi de Syrie

Né à Taëf en 1883, le prince Fayçal est le troisième des quatre fils du chérif Hussein de La Mecque, gardien des Lieux saints de l'islam et descendant du Prophète (il est donc un hachémite). T. E. Lawrence (Lawrence d'Arabie) le décrit ainsi : « Grand, plein de grâce et de vigueur, avec la plus belle démarche et une dignité royale dans le port de la tête et des épaules, il connaissait son ascendant physique. » Il avait été éduqué à Istanbul : « Son initiation à la cour d'Abdül-Hamid l'avait rendu maître en diplomatie ; il avait retenu, de son commandement dans l'armée turque, une connaissance efficace de la tactique ; enfin, sa vie à Constantinople et ses fonctions dans le Parlement turc [où il avait été député de Djeddah, dans le Hedjaz] l'avaient familiarisé avec les mœurs et les problèmes de l'Europe. Il jugeait les hommes avec grand soin. »

Le 5 juin 1916, le chérif lève à Médine l'étendard de la Révolte arabe – ou « révolte du désert » – contre la domination turque. Le prince Fayçal y participe en conduisant l'armée chérifienne du Nord, composée de troupes bédouines et de soldats originaires des provinces de Syrie et de Mésopotamie. Son éphémère royauté à Damas, abolie par Maysaloun, le conduira sur les chemins de l'exil, en Italie et en Suisse, avant que le destin, poussé par la main britannique, l'appelle, encore une fois, à occuper un trône : celui d'Irak.

■ Frontières et divisions

Le général Gouraud, premier haut-commissaire du Mandat, inaugure une politique de division des territoires qui ont été confiés à la France : le 1er septembre 1920, le Liban est créé par annexion au Mont-Liban de quatre cazas syriens (dont les populations réclameront, jusqu'en 1943, leur réintégration à la Syrie). En juin 1921, la Syrie se retrouve finalement divisée en quatre États autonomes (Damas, Alep, Territoire des Alaouites et Djebel-Druze) coexistant avec deux sandjaks également autonomes (Alexandrette, Deir ez-Zor). Des modifications mineures à ces divisions suivront. En octobre 1921, par le traité d'Ankara entre la France et la Turquie, la Syrie est définitivement amputée de la Cilicie (qui relevait auparavant du vilayet d'Alep). Dans la mesure où les nouvelles frontières « nationales » sont largement incohérentes du point de vue humain et économique (dislocation des réseaux traditionnels de l'échange rural, troncage de l'aire de mouvance des tribus), leur tracé constitue un élément conflictuel majeur et un facteur d'instabilité sur le terrain. Aux modifications de l'ordre social interne qui s'ensuivent s'ajoute, de surcroît, le rejet par la conscience populaire musulmane de la domination d'une puissance chrétienne promouvant les relais de son pouvoir de préférence chez les minoritaires. C'est pourquoi, de 1919 à 1923, une succession d'insurrections armées soulève les campagnes syriennes. La « pacification » sera de courte durée puisqu'en 1925 éclate « la Grande Révolte syrienne ».

■ La Grande Révolte syrienne (1925-1927)

Déclenchée à la suite d'un différend entre un clan druze et le haut-commissaire, le général Sarrail, cette

Le général Gouraud (haut-commissaire français en Syrie) échappe à un attentat sur la route de Damas à Qouneitra. Première page du *Petit journal illustré*, n° 1594, juillet 1921.

révolte est conduite par Sultan pacha al-Atrache, jeune chef druze gagné aux idées nationalistes. Après une première victoire en juillet 1925, l'insurrection s'étend à tout le djebel Druze. Puis la victoire de Soltan pacha sur la colonne Michaud (3 août 1925) galvanise les rebelles et auréole de prestige la Révolte dans toute la Syrie. Les nationalistes damascènes, et parmi eux le Parti du peuple du Dr Chahbandar, se rallient au mouvement ; des contacts sont pris avec les chefs de tribus transjordaniens, avec les chefs de clans chiites de la Bekaa et du Hermel. Les objectifs du soulèvement sont les mêmes qu'au temps de Fayçal : unité et indépendance de la Syrie, gouvernement constitutionnel et référence aux principes de la Révolution française. La Révolte embrase la Syrie du Sud, monte vers Damas et Hama, s'implante dans la Ghouta et passe au Liban. Le général Sarrail, redoutant le soulèvement de la capitale, fait alors bombarder Damas, du 18 au 20 octobre 1925. Ce bombardement, dont la ville porte encore la trace dans sa toponymie (quartier de Hariqa, « l'incendie »), fait l'objet de vives protestations en France même – de la part des communistes, surtout, qui demandent l'abandon du Mandat – et dans de nombreuses capitales du monde. L'arrivée, au printemps 1926, de 30 000 soldats, aguerris au Maroc et venus en renfort des troupes françaises du Levant, condamne définitivement la Révolte syrienne. Les campagnes rebelles paient alors un lourd tribut en hommes, en

Un précieux héritage du Mandat

Le 14 octobre 1922, le haut-commissaire prend un arrêté portant sur la création d'un Institut français d'archéologie et d'art musulman à Damas, installé au palais Azem, au cœur de la vieille ville. En 1928 lui est adjointe la Section scientifique des arabisants. Venus des rangs de l'armée française, de brillants officiers y affirment leur vocation orientaliste (Pierre Rondot, Louis Massignon, Robert Montagne, etc.) aux côtés d'universitaires talentueux tels Michel Écochard, Jean Sauvaget, Jacques Weulersse ou Maxime Rodinson. Avec la place prépondérante ainsi prise par les études arabes, ces deux institutions fusionnent en 1930 pour donner naissance à un institut qui prend le nom, en 1947, d'**Institut français d'études arabes de Damas.** L'IFEAD publie depuis 1931 un périodique, le *Bulletin d'études orientales*, et de nombreux ouvrages scientifiques.
Aujourd'hui situé dans le quartier d'Abou Romané, l'IFEAD réunit des chercheurs, français et syriens principalement, dans une exigeante quête du savoir sur l'histoire de la Syrie et sur la culture arabo-musulmane. Cet institut prestigieux possède une des plus importantes bibliothèques spécialisées de la région.

récoltes et en biens, et les chefs historiques de la révolte (Sultan pacha al-Atrache et le Dr Chahbandar) sont exilés.
Cependant, les insurrections armées puis la Grande Révolte syrienne auront contribué à porter les idées nationalistes et le sentiment national jusqu'au plus profond du monde rural syrien.

■ Le temps des combats politiques pour l'indépendance

Le choc insurrectionnel de 1925 a été si violent que Paris met un terme à la succession des généraux de la République au poste de haut-commissaire et nomme désormais des civils dont la mission est d'élaborer une « politique d'entente » avec les nationalistes. L'objectif est la signature d'un traité destiné à substituer au régime mandataire des rapports contractuels entre la France et la Syrie, à l'image de ceux existant déjà entre la Grande-Bretagne et l'Irak. Le régime militaire d'exception est levé en 1927, et le haut-commissaire, Henri Ponsot, jette les bases d'une vie constitutionnelle dans le pays.
Après l'échec des résistances armées, le pôle d'attraction de la vie politique se déplace pour longtemps dans les villes. Les nationalistes s'organisent dans le « Bloc nationaliste », animé par deux personnalités d'envergure : Ibrahim Hanano, d'Alep, et Hachem Atassi, de Homs. Le Bloc présentera sans discontinuer ses revendications d'indépendance et d'unité de la Syrie.
En 1930, à défaut de s'entendre avec le Bloc nationaliste, le haut-commissaire promulgue « sa » Constitution (le « statut organique »), qui conserve à la France l'essentiel de ses prérogatives. La protestation et l'agitation nationalistes finissent par pousser celle-ci à conclure, le 9 septembre 1936, un traité franco-syrien prévoyant l'indépendance de la Syrie au terme d'un délai de trois ans. Les quatre cazas annexés au Mont-Liban en 1920 demeurent définitivement libanais.

■ Un départ sans gloire

Le gouvernement français ouvre peu après deux nouvelles crises avec les Syriens : en 1938, par la cession à la Turquie du sandjak d'Alexandrette (débouché sur la mer de la région d'Alep) et, en 1939, par la dénonciation du traité de 1936. Le haut-commissariat s'étant rallié, avec la guerre, au gouvernement de Vichy, la Grande-Bretagne et les Forces françaises libres envahissent la Syrie en juin 1941. Le général Catroux proclame en septembre, au nom de la France, l'indépendance de la Syrie et du Liban. Pourtant, les difficultés que font les Français à abandonner leurs positions dans ces deux pays sont source de heurts violents avec les chefs politiques locaux. En réponse aux exaspérations exprimées à Damas, la France, pour la seconde fois de son Mandat, fait bombarder la capitale syrienne, le 29 mai 1945, et notamment le Parlement. Il faudra l'intervention des Britanniques pour que cessent les affrontements.
Enfin, le 17 avril 1946, le dernier soldat français quitte le sol syrien. C'est cet événement-là que les Syriens commémorent le jour de leur fête nationale : la « fête de l'Évacuation », Aïd al-Jalaa.

La Syrie au cœur d'un puzzle géopolitique (1946-1961)

Libérés des Mandats britannique et français, les nationalismes des États nouvellement indépendants prennent leur essor, portant en bannière leurs vieux rêves d'unité. Pourtant, à l'aube des années 1960, tous ces États arabes se seront maintenus et ils auront travaillé à construire leurs entités et leurs identités séparées. En Syrie, cette période se lit à trois niveaux interdépendants : interne, régional ou intra-arabe, international. À l'intérieur, la vie politique est fragilisée par la vive concurrence de groupes sociaux pour le pouvoir. Au plan régional et international, la Syrie est l'enjeu de la compétition entre l'axe hachémite et pro-occidental (Irak, Jordanie), et l'axe constitué par l'Égypte – qui évolue vers des positions neutralistes – et l'Arabie saoudite.

■ Préludes à une fin d'époque (1946-1958)

Après l'indépendance, l'élite qui forme le Bloc nationaliste, composée de notables et de propriétaires fonciers, tous citadins, fait figure de vieille garde incapable de répondre aux revendications sociales de la nouvelle génération. Cette vieille garde nationaliste est en perte de crédibilité face à l'ascension de partis, idéologiquement structurés, créés dans les années 1930 ou 1940 (Frères musulmans, Parti national social syrien, Parti communiste, parti Baas). En effet, les fils des classes moyennes et de la paysannerie ont entamé, depuis les années 1930, leur ascension sociale grâce à l'éducation et à l'armée. Ces jeunes gens, civils et officiers, apportent aux nouveaux partis une vision sociale et une assise régionale. Ils leur apportent aussi un recrutement de minorités ethniques et religieuses, fondé sur le thème de la commune identité syrienne ou arabe.

Choukry al-Kouwatli, élu président de la République en 1943 puis en 1955, est le symbole de cette vieille élite que l'indépendance va ruiner.

La guerre de Palestine en 1948 vient accentuer les tensions politiques et le malaise social. L'armée syrienne est mal équipée, mais les soldats se sont battus avec courage. La fin des combats, en janvier 1949, renvoie donc chez eux des officiers amers qui reprochent au gouvernement civil des nationalistes son incurie dans la gestion du conflit. La défaite en Palestine est aussi celle de l'unité : elle avive les débats stratégiques, en Syrie et à l'extérieur, autour de la question de savoir à quelle unité la Syrie devrait adhérer, et si elle devrait accepter l'union proposée par les Hachémites et passer dans la mouvance anglo-américaine.

En 1947 a lieu le premier congrès du parti Baas arabe (la « Résurrection arabe ») dont les initiateurs sont Michel Aflak et Salah Bitar. Pour le Baas, le niveau national est celui de la Nation arabe dans son ensemble, et le niveau régional celui des différents États. Ce parti panarabe se définit comme « nationaliste, démocratique, socialiste et révolutionnaire ».

Trois coups d'État militaires, mettant en cause partisans et détracteurs des Hachémites, se succèdent entre 1949 et 1951. Le dernier, celui du colonel Adib Chichakli, inaugure une période de dictature militaire jusqu'en 1954. Les militaires syriens, dont la présence est toutefois équilibrée par celle des civils entre 1954 et 1958, ont fait leur entrée en politique. Ils y resteront.

■ Une position centrale au Proche-Orient

En 1946, les hommes du Bloc nationaliste accèdent au pouvoir après avoir conduit le combat pour l'unité et l'indépendance. L'indépendance acquise, reste ouverte la question de l'unité. Unité de la Grande

Syrie (centrée sur Damas), unité du Croissant Fertile (centré sur Bagdad), unité arabe, les contenus peuvent en être divers. La Syrie, de par sa situation géographique, « trait d'union entre cinq mers et trois continents », comme l'écrivait Jean Gaulmier, est au centre des rivalités entre États arabes pour la direction de cette unité à construire. De plus, l'alliance avec les Syriens, peuple politiquement dynamique et habité par la passion de l'unité, est aux yeux du monde arabe une caution de nationalisme.

Ainsi, depuis le début des années 1940, les monarchies hachémites (Jordanie, Irak) sous influence anglaise courtisent la Syrie en vue de constituer un vaste bloc pro-occidental au nord de l'Arabie et au sud de l'Union soviétique. À ces projets s'opposent l'Arabie Saoudite (jusqu'en 1957) et surtout l'Égypte, qui se rangent dans le camp antihachémite. Les pressions occidentales et israéliennes (raids militaires de décembre 1955 au nord-est du lac de Tibériade) sur la Syrie, pour la dissuader de se rapprocher de l'Égypte et de l'URSS, s'insèrent dans un ensemble de pressions sur l'Orient arabe qui atteignent un sommet avec le **pacte de Bagdad** (1955) et la campagne de Suez (1956).

Le pacte de Bagdad assure une fourniture en armes aux États orientaux. Les pays signataires (Irak, Iran, Pakistan, Turquie, Grande-Bretagne) se rallient à la « doctrine Eisenhower », suivis en 1957 par la Jordanie, le Liban et l'Arabie Saoudite.

■ Vers l'union avec l'Égypte

Avec le pacte de Bagdad, élaboré dans l'esprit de la politique américaine du « containment », la doctrine Eisenhower et la proximité agressive d'Israël, les Syriens se sentent encerclés par le camp pro-occidental et hostile. Pour rompre son isolement, le 22 février 1958, la Syrie se donne littéralement à l'Égypte de Nasser, le prestigieux « héros » de Suez. Elle apporte dans la corbeille de la République arabe unie (RAU) ainsi constituée une légitimité nationaliste arabe et une position stratégique avancée. En Syrie, le parti Baas, devenu en 1953 parti Baas arabe socialiste, et les militaires syriens soutiennent le projet d'union pour plusieurs raisons, autres qu'idéologiques : écarter le parti communiste, rival du Baas dans la marche au pouvoir, stabiliser la vie politique intérieure, affronter Israël et négocier en position de force vis-à-vis des États-Unis et de l'Union soviétique. Le parti Baas espère bien, de surcroît, promouvoir sa doctrine et son implantation en Égypte.

Lors de la proclamation de l'union syro-égyptienne, Choukry al-Kouwatli, se démettant de ses fonctions présidentielles au profit de Nasser, lui aurait dit : « Vous n'avez pas idée, monsieur le président, de la tâche que vous vous êtes assignée. Vous trouverez la Syrie bien difficile à gouverner. Vous avez accueilli un peuple dont tous les individus se prennent pour des politiciens, la moitié d'entre eux pour des leaders nationaux, le quart pour des prophètes et le dixième au moins pour des dieux. » (Cité par M. Seurat dans *La Syrie d'aujourd'hui*, 1980.)

Pour Nasser, l'arabisme consiste dans la solidarité arabe avec la politique égyptienne d'indépendance vis-à-vis des grandes puissances [...]. Le baassisme recherche un lien organique, une fusion de tous les Arabes pour permettre une renaissance totale du monde arabe.

Henry Laurens, *Le Grand Jeu* (1991)

■ La fin du rêve unitaire (1958-1961)

Avec la République arabe unie, l'Égypte nilotique sort d'Afrique pour porter le nassérisme, alors au sommet de sa gloire, au faîte d'une vocation nationaliste arabe. Aux yeux des Syriens, cette vocation dura ce que dura la RAU, le temps d'une illusion. Nasser impose, de fait, une fusion totale au profit de l'Égypte. Il est le chef d'un État centralisé dont le gouvernement siège au Caire et dont la Syrie n'est que la province nord. La chape bureaucratique égyptienne tombe sur la Syrie, les réformes économiques, notamment la réforme agraire, se font en des termes égyptiens, et la bourgeoisie syrienne se voit empêchée d'accéder au marché égyptien. Le parti Baas, qui s'est dissous pour que ses membres puissent entrer, individuellement, dans le parti unique égyptien, voit les nassériens lui bloquer toute possibilité d'influence. Dès décembre 1959, Nasser perd le soutien des baassistes, et avec eux une carte maîtresse de l'union.

■ La sécession

Le nationalisme arabe, même lorsqu'il est socialiste révolutionnaire, est opposé aux deux piliers de la doctrine communiste, c'est-à-dire la dictature du prolétariat et l'internationalisme prolétarien. Les communistes, ayant montré leurs réserves à l'égard de la RAU, sont l'objet d'une impitoyable répression. L'URSS, indisposée par cette répression, tourne ses regards vers l'Irak. Les États-Unis essaient alors, dès 1960, de s'engouffrer dans la brèche ouverte par les tensions entre la RAU et les Soviétiques.

À la fin des années 1950, les officiers baassistes syriens forment un noyau actif au sein de l'armée. Déçu par l'échec de la politique panarabe de Nasser (refus irakien de rejoindre l'union), par l'évolution de ses alliances extérieures (États-Unis, Jordanie, Arabie Saoudite) et par la politique répressive des Égyptiens en Syrie même, un groupe d'officiers annonce la sécession syrienne, le 28 septembre 1961. Ce coup d'État rallie le soutien de tous les mécontents de l'union, au plan social – catégories bourgeoises, petits commerçants et fonctionnaires – et au plan politique – une partie des baassistes, divers groupes d'indépendants et de nationalistes. La République arabe syrienne est immédiatement reconnue par Washington et par Moscou. Les temps ont changé, ils ne sont plus à la guerre froide mais à la coexistence pacifique.

Comprendre

La conquête de l'État (1961-1970)

La sécession syrienne introduit une restauration parlementaire. Restauration de courte durée puisque l'affrontement entre baassistes et nassériens, à l'intérieur et hors du pays, conduit à une radicalisation doctrinale du parti Baas fondée sur une conception autoritaire de l'État.

La perte du Golan, consécutive à la guerre de 1967, précipite l'issue du conflit interne au parti entre tenants de la priorité socialiste et tenants de la priorité nationale. En trois coups d'État (1963, 1966 et 1970), le parti Baas achève sa conquête du pouvoir, les militaires nationalistes imposant progressivement leur suprématie en son sein. En 1970, l'un d'entre eux, le général Hafez el-Assad, prend les commandes du pays.

■ Instabilité et tensions

Après le coup d'État de 1961, associant des civils et des officiers, règne un climat politique relativement libéral, rappelant la courte période parlementaire de 1954-1958. Le gouvernement, sous l'influence des vieilles familles de Damas et d'Alep, multiplie les concessions aux grands propriétaires terriens (fin de la réforme agraire) et à la grande bourgeoisie (arrêt des nationalisations). Le mécontentement gronde dans les couches populaires rurales et urbaines, favorisant l'instabilité gouvernementale. Les discours politiques évoluent sous l'influence de la propagande communiste, et le monde arabe se divise désormais en régimes progressistes et en régimes réactionnaires. Les jeunes baassistes, qui se considèrent comme progressistes, font évoluer la doctrine et le vocabulaire du parti en mettant l'accent non plus sur l'union mais sur la lutte contre l'impérialisme, sur le socialisme arabe et sur un gouvernement centralisé et autoritaire. Civils et militaires se divisent entre nassériens et baassistes. Le « Comité militaire », créé au Caire pendant la RAU par 16 officiers baassistes (dont Hafez el-Assad), antinassériens et opposés aux fondateurs du Baas, se prépare dans l'ombre à prendre le pouvoir.

D'autre part, toute nouvelle tentative d'union arabe semble condamnée par la confusion et la division qui règnent dans le monde arabe (c'est la « guerre froide arabe ») : guerre entre Égypte et Arabie Saoudite au Yémen, conflit de l'Irak et du Koweït, rivalités entre « progressistes » arabes (nassériens et baassistes), et ce devant une ligue des États arabes impuissante. Les pays pétroliers se constituent en force économique (création de l'OPEP en 1960), et Fayçal, le roi d'Arabie Saoudite, utilise les dividendes du pétrole pour jouer la carte de l'islamisme face au socialisme arabe prôné en Égypte, en Irak, en Syrie (après 1963) et au Yémen du Sud. Il obtient, pour cela, l'appui des États-Unis.

■ L'ascension des militaires

Le 8 mars est jour férié en Syrie, par référence non pas à la proclamation de la Syrie indépendante en 1920, mais au coup d'État de 1963.

Le 8 février 1963, un coup d'État baassiste en Irak reçoit l'aval de Michel Aflak, un des pères fondateurs du parti. Un mois plus tard, jour pour jour, un coup d'État porte au pouvoir, à Damas, une junte militaire composée d'officiers nassériens et baassistes. Les partis conservateurs sont interdits, et la loi martiale, en vigueur jusqu'à aujourd'hui (1999), est instaurée. Le premier cabinet ministériel, dirigé par Salah Bitar, un des leaders historiques du Baas, favorise un rapprochement avec l'Irak baassiste et l'Égypte dans la perspective d'une nouvelle République arabe unie. Le conflit d'intérêts entre baassistes et nassériens est inévitable au plan régional comme au plan interne. En novembre 1963, le parti Baas est écarté du pouvoir en Irak. En Syrie, où il s'est acquis l'adhésion de la majorité des officiers, le Baas s'engage dans un double combat :

– un conflit sans merci de tendances au sein du parti entre les dirigeants historiques, réformistes et centrés sur la question de l'unité arabe, et le « Comité militaire », regroupant de jeunes officiers radicaux. Ce dernier fait son entrée au grand jour sur la scène politique et complète en 1965 sa mainmise sur les instances du parti ;

– une lutte, qui passe par l'élimination des nassériens, pour instaurer l'autorité du parti non seulement sur l'appareil d'État mais aussi sur tout le pays. Le Baas s'attache, en outre, à priver ses deux principaux rivaux, le Parti communiste et les Frères musulmans, de leurs bases politiques car ils recrutent en partie dans les mêmes catégories sociales que lui. De plus, le parti commence à mettre en place les premiers maillons d'un contrôle social toujours croissant : les « organisations populaires » (syndicats, coopératives, unions, etc.) d'abord, les secteurs de la culture et de l'information ensuite.

■ Deux hommes pour un seul parti

Un nouveau coup d'État, le 23 février 1966, donne le pouvoir au Baas dominé alors par les « néobaassistes », ensemble d'officiers socialistes arabes et de civils marxisants qui expulsent du pays les pères fondateurs, Salah Bitar et Michel Aflak. L'homme fort du régime est le colonel Salah Jdid, qui s'entoure de jeunes idéologues et forme un gouvernement dont la priorité affichée est la construction du socialisme : nationalisations, affaiblissement de la bourgeoisie urbaine, impitoyable répression contre les ennemis du régime.

Le Baas revient au pouvoir, en Irak, le 30 juillet 1968. Il défend la ligne des pères fondateurs et s'oppose donc, jusqu'à aujourd'hui, au « parti frère » syrien. Michel Aflak, réfugié à Bagdad en 1968, y résidera jusqu'à sa mort en 1989.

La période 1966-1970 marque aussi le début d'une rivalité entre deux hommes : Salah Jdid et Hafez el-Assad, tous deux officiers, alaouites et néobaassistes. Assad s'oppose à l'objectif socialiste intransigeant de Jdid et, au nom d'un objectif nationaliste, donne la priorité à la lutte contre Israël et donc au renforcement de l'armée et des alliances arabes de la Syrie. La défaite de 1967 et la perte du Golan (→ *encadré p. 155*), dont le pouvoir baassiste porte, aux yeux du peuple, la responsabilité, pousse le duel Jdid-Assad au cœur de la scène publique. Hafez el-Assad, suivi par les forces armées, défend plus que jamais la nécessité pour la Syrie d'opter pour la priorité nationale. Le conflit entre les deux tendances se durcit encore et s'aggrave en septembre 1970, lorsque Assad, ministre de la Défense, refuse de secourir les Palestiniens attaqués par l'armée jordanienne (« Septembre noir », en Jordanie), car il estime que les menaces israélo-américaines font courir un trop grand risque à l'armée syrienne. Le général Assad élimine Salah Jdid, soutenu par les instances civiles du parti, et prend le pouvoir le 16 novembre 1970 : c'est le « Mouvement de redressement ».

Avec la succession de « purges », entre 1963 et 1967, l'armée syrienne aurait perdu quelque 400 officiers qui lui feront cruellement défaut lors de la guerre des Six Jours.

Le « parti » de la puissance intérieure et régionale (de 1970 à nos jours)

Le régime qui s'instaure avec Hafez el-Assad inaugure une longue période de stabilité interne, à un coût terrible pour la société civile,

Le Golan : l'enjeu de la paix entre la Syrie et Israël.

et contribue à donner à la Syrie une place incontournable dans le jeu politique régional, au prix d'alliances extérieures contradictoires avec les principes du nationalisme arabe. Les évolutions politiques internationales (chute du mur de Berlin, etc.) et régionales (rupture avec l'Irak, guerre du Liban, guerres du Golfe, autonomisation du combat palestinien…), qui ont progressivement réduit l'horizon de la Nation arabe aux frontières de la Syrie, dans le cadre attendu de la paix, mettent au centre des questions sur l'avenir du régime actuel celle du développement. Et donc celle des modalités de son alliance avec les élites économiques du secteur privé et celle de la démocratie politique.

De la guerre de 1973 à celle du Liban

Hafez el-Assad a 40 ans lorsqu'il est élu président de la République en mars 1971. Il laisse se développer dans le pays l'espoir d'une ouverture politique et économique. Ses véritables préoccupations sont ailleurs : d'une part, la mort de Nasser, en septembre 1970, a laissé vacante la direction du monde arabe. D'autre part, Assad, profondément marqué par l'humiliation de 1967, veut faire rentrer le Golan dans le giron national. La Syrie doit donc devenir une puissance régionale capable de soutenir l'« équilibre stratégique » avec Israël. La guerre de 1973, soigneusement préparée par les états-majors syrien et égyptien, est l'occasion d'une nouvelle déception pour les Syriens : les Égyptiens poussent sur le terrain leur propre stratégie au détriment de celle convenue en commun. Assad réussit toutefois, avec la médiation de Henry Kissinger, à négocier un accord de désengagement (1974) partiel sur le Golan occupé par Israël.

Cependant, la question palestinienne – qui sensibilise largement l'opinion syrienne – reste entière. Du point de vue du pouvoir syrien, la Palestine est une partie intégrante de la Nation arabe (la devise panarabe du Baas est : « une seule Nation arabe au message éternel ») ; de plus, la Palestine tout comme le Liban appartiennent à la Grande Syrie dont le Baas aspire à prendre la tête. Assad ne peut donc tolérer ni une politique palestinienne autonome, ni un État libanais fort à ses frontières. La guerre civile du Liban, qui éclate le 13 avril 1975, donne rapidement l'avantage aux « islamo-progressistes » et à leurs alliés palestiniens. C'est pourquoi Assad répond à l'appel des chefs de la droite chrétienne libanaise, soutenue par Israël, et décide l'intervention de ses troupes, le 31 mai 1976.

Realpolitik et répression (1976-1987)

De son intervention au Liban contre les Palestiniens et la gauche libanaise à la mise en place de l'axe Syrie-Iran, dirigé contre l'Irak, en 1980, le régime heurte, par ses alliances extérieures, les sentiments nationalistes arabes des Syriens. Ces alliances régionales, accompagnées de la répression impitoyable de toute velléité d'opposition interne, privent progressivement le régime de toute légitimité réelle : par exemple, écrasement de Hama, en février 1982, au nom de la lutte contre l'activisme des Frères musulmans (d'ailleurs appuyés par des pays voisins et occidentaux).

En juin 1982, l'invasion israélienne du Liban contraint l'armée syrienne, présente sur la côte depuis 1976, à un repli stratégique, tandis qu'Israël liquide la présence armée palestinienne entre Beyrouth et Sour (Tyr). Les alliés libanais et palestiniens

Le Golan

Le Golan est un plateau fertile et bien arrosé qui couvre 1 750 km^2 et qui culmine à 2 814 m. Il comptait, en 1967, 147 613 habitants répartis en 163 villages et 108 fermes. Lors de la guerre de 1967, en dépit de deux jours de résistance acharnée des soldats syriens sans couverture aérienne, Israël s'empare de 1 250 km^2 : 133 villages et 61 fermes sont rayés de la carte, 125 000 personnes sont chassées et deviennent des réfugiés. En 1973, Israël occupe quelque 500 km^2 supplémentaires. Mais l'accord israélo-syrien de désengagement, du 28 mai 1974, restitue à la Syrie ces terres, plus une centaine de kilomètres carrés occupés en 1967. Israël conserve donc 1 150 km^2 de terres, portant 6 villages arabes (7 000 habitants) et une trentaine de colonies (15 000 colons) ; en 1981, il annexe le Golan.

Contraints par les pressions américaines à rendre la ville de **Qouneitra** en 1974, les Israéliens en dynamitèrent toutes les maisons. Les Syriens reconstruisirent une ville moderne à quelques kilomètres de la ville sacrifiée, devenue une ville-musée dont on peut encore aujourd'hui visiter les décombres *(permis obligatoire).*

des Syriens poursuivent, entre 1982 et 1983, la chasse aux fedayine à Tripoli et dans la Bekaa.

L'occupation israélienne du Sud du Liban, l'accord de paix israélo-libanais de mai 1983 (qui écarte la Syrie du règlement) et une grave maladie d'Assad, qui l'éloigne du pouvoir, semblent sonner le glas des ambitions régionales du régime et de sa stabilité interne. Mais un retournement de situation, entre 1984 et 1985, permet à Damas de reprendre en main et son régime et la carte libanaise. En février 1987, l'armée syrienne entre à nouveau à Beyrouth.

■ Le temps des décrispations

Le régime d'Assad n'est pas seulement l'expression d'une revanche des campagnes sur la « bande des quatre » villes syriennes (Damas, Homs, Hama, Alep), d'une revanche de la communauté alaouite sur l'Histoire, du lien quasi organique entre un parti et l'armée ou du triomphe du baassisme pragmatique sur la scène régionale. Il porte aussi, à la fois, l'encadrement total de la société civile et le développement d'une nomenklatura militaire corrompue aux prérogatives démesurées. Après une grave crise politique et économique (1975-1987), le régime fait de timides ouvertures, limitées toutefois par l'ancrage de ses pratiques bureaucratiques. En effet, le caractère inévitable de la paix comme la nécessité d'assurer les dépenses d'un développement que l'État ne peut plus financer ouvrent la voie, en 1990, à l'*infitah* (ouverture) économique et à une relative décrispation politique.

Décrispation également au plan régional : la paix syrienne qui règne, à partir de 1991, au Liban autorise un progressif retour de ce pays à la vie normale sans qu'aucun des problèmes qui sont à l'origine de la guerre civile ait été réglé. Il n'y aura guère que la France pour s'émouvoir du rôle de la Syrie au Liban. L'évolution de l'Union soviétique et des pays de l'Est, à la fin des années 1980, convainc Assad de se rapprocher des États-Unis et de l'Égypte. La Syrie sait que sa prise de position en faveur du camp occidental durant la crise du Golfe (1990-1991) et sa reprise en main de la carte libanaise font d'elle un partenaire incontournable de toute négociation globale de paix. Elle sait aussi que, dans le cadre du processus de paix, la recherche d'un équilibre avec Israël ne passe pas uniquement par l'inaccessible parité militaire, mais se joue également en termes de développement.

■ Le chemin de la paix passe par le Golan

À la fin de la seconde guerre du Golfe (mars 1991) qui consacre la puissance américaine dans la région, les États-Unis encouragent un règlement de paix israélo-arabe. S'engagent alors des négociations syro-

L'or bleu : un capital menacé

Avec la création récente des frontières nationales, la difficulté principale de la Syrie en matière hydraulique repose sur sa dépendance d'eaux nées hors de son territoire (l'Euphrate surtout). Les ressources en eau deviennent naturellement un motif de litige entre États voisins, engagés dans des politiques d'urbanisation et de mise en valeur agricole, grandes consommatrices d'eaux souterraines et de surface. Les projets hydrauliques turcs ont déjà réduits de 40 % le débit de l'Euphrate en Syrie. Depuis 1980, la Syrie et l'Irak s'efforcent de faire cause commune contre l'extension prévue de ces projets. Israël, qui a couplé les occupations de terres avec le détournement des eaux, a privé les Syriens des eaux du lac de Tibériade, des sources de Banyas et du Golan. La Syrie a, par conséquent, augmenté son exploitation des sources du Yarmouk, provoquant des tensions avec la Jordanie.

Les contentieux territoriaux et politiques de la Syrie avec la Turquie et Israël, deux pays eux-mêmes stratégiquement alliés, hypothèquent tout effort pour aborder en confiance le dossier de l'eau partagée.

israéliennes en vue de la participation des Syriens à la conférence de Madrid (30 octobre-1er novembre 1991). Le Golan en est l'enjeu. Les Syriens, pour leur part, s'appuient sur le principe de « l'échange de la terre contre la paix » définitive. La méfiance mutuelle entre les deux parties et la rigidité israélienne sur les questions de sécurité bloquent les négociations.

L'échec de la conférence de Madrid et l'impasse des pourparlers multilatéraux à Washington (1992-1993) poussent Israéliens et Palestiniens à engager, seuls, des négociations secrètes avec une médiation norvégienne (Oslo, 1993), conclues par l'accord historique signé à la Maison-Blanche, sous le patronage de Bill Clinton (13 septembre 1993). Des développements en Israël (assassinat d'Yitzhak Rabin en novembre 1995, échec des efforts des travaillistes pour faire aboutir les négociations avec la Syrie, arrivée au pouvoir, en mai 1996, de la droite ultranationaliste) contribuent à détruire l'esprit d'Oslo et à décevoir les attentes syriennes quant à la restitution du Golan.

Le processus de paix, engagé en 1991, suppose aussi la construction de relations économiques entre les pays de la région. L'idée d'un marché régional intégré a, un temps, favorisé les initiatives locales, dans l'esprit libéral de l'ordre international. En Syrie, le développement économique et technologique peut difficilement faire l'économie de la démocratisation politique. Cette démocratisation permettrait, en outre, à l'intelligentsia syrienne de donner la pleine mesure de ses capacités.

Repères chronologiques

L'Antiquité préclassique

- **6000-4500** Période de Tell Halaf ; révolution agricole. En 5500, fondation de Hama
- **4000-3300** Expansion de la civilisation d'Uruk (en basse Mésopotamie) le long de l'Euphrate, sous forme de comptoirs commerciaux. Naissance des villes, début de l'écriture
- **2900** Fondation de Mari et d'Ebla
- **2500** Construction du Palais royal de Mari et de celui d'Ebla ; premiers documents historiques en Syrie
- **Vers 2300** Empire akkadien de l'Iran à la Méditerranée. Sargon d'Akkad conquiert Mari et Ebla
- **2000-1600** Arrivée des Amorrites. Dynastie amorrite à Mari et à Ebla
- **1760** Destruction de Mari par Hammourabi de Babylone
- **1610-1580** Les Hittites détruisent Alep, Ebla, puis prennent Babylone
- **1470-1450** Protectorat égyptien sur la Syrie
- **1350-1180** Empire hittite en Syrie, de l'Euphrate à la Méditerranée et du Taurus à Damas. Vers 1350, apogée d'Ougarit, invention de l'alphabet par les Phéniciens
- **1275** Bataille de Qadesh (près de Homs) entre Ramsès II et Muwatalli ; les Hittites récupèrent des terres qu'ils avaient perdues au Sud
- **Vers 1200** Invasion des Peuples de la Mer ; destruction d'Ougarit
- **1250-1150** Établissement de royautés indépendantes araméennes et néo-hittites
- **856-612** Conquête de la Syrie par les Assyriens ; Damas est prise en 732
- **605-539** Empire néobabylonien en Syrie
- **539** Prise de Babylone par Cyrus ; les Perses remplacent les Assyriens
- **333** Bataille d'Issos : Alexandre le Grand bat Darius III et occupe la Syrie et la Phénicie

La Syrie hellénistique, romaine et byzantine

- **301** Partage de l'empire d'Alexandre, début de l'ère séleucide ; la Syrie du N. échoit à Séleucos, maître d'un immense empire qui va de l'Asie Mineure à l'Indus. Fondation d'Antioche comme capitale de la dynastie macédonienne. Damas revient aux Lagides
- **188** Traité d'Apamée : Rome est reconnue prépondérante en Méditerranée orientale
- **64** Pompée annexe la Syrie au nom de Rome. Fin de l'Empire séleucide

- **20 av. J.-C.** Traité entre Parthes et Romains établissant l'Euphrate comme frontière entre les deux empires
- **105 apr. J.-C.** Annexion du royaume nabatéen par Trajan qui crée la province d'Arabie avec Bosra pour capitale ; deux autres provinces sont créées : la Judée et la Syrie
- **193-211** Règne de Septime Sévère ; début de la dynastie syrienne
- **267-272** Zénobie, reine de Palmyre
- **531-579** Les Perses sassanides en Syrie ; Chosroès Ier prend Antioche et Apamée
- **611-622** Chosroès II rejette les Romains et occupe la Syrie (satrapie perse)
- **622-629** Contre-offensive byzantine d'Héraclius contre les Sassanides ; il réoccupe Damas
- **634-638** Conquête de la Syrie par les Arabes musulmans

Des Omeyyades aux Ottomans

- **660-750** Dynastie omeyyade, avec Damas pour capitale ; en 750, les Omeyyades sont massacrés par les Abbassides
- **750-968** Califat abbasside, avec pour capitale Bagdad, fondée par al-Mansour en 762
- **969** Les Fatimides établissent un califat rival au Caire
- **970-1072** Contrôle fatimide sur Damas et le S. de la Syrie
- **1069-1085** Mainmise des Turcomans et des princes seldjoukides sur la Syrie intérieure
- **1071** Bataille de Manzikert : défaite de Byzance devant les Seldjoukides qui assurent leur contrôle sur toute la Syrie ; la présence fatimide en Syrie est réduite au littoral
- **1099** Prise de Jérusalem par les croisés ; création des royaumes francs de Syrie
- **1149** Nour ed-Din, maître d'Alep, réunit la Syrie musulmane contre la présence franque
- **1174-1260** Dynastie ayyoubide en Syrie, fondée par Saladin qui, en 1074, réunit Égypte et Syrie
- **1187** Victoire de Saladin contre les Francs à la bataille de Hattin : il reconquiert des places fortes croisées
- **1260-1516** Dynastie mamelouke en Syrie ; Damas est la deuxième ville de l'Empire mamelouk après Le Caire
- **1291** Chute d'Acre ; fin de la présence des croisés en Syrie
- **1260-1400** Plusieurs invasions mongoles en Syrie
- **1516-1918** Période ottomane : la Syrie devient province secondaire d'un immense empire
- **1798-1801** Expédition française en Égypte, incursion en Syrie méridionale
- **1832-1837** Occupation de la Syrie par Ibrahim Pacha, le fils du vice-roi d'Égypte Mehmet Ali ; en 1841, les Européens imposent le retrait des troupes égyptiennes de Syrie
- **1860** Druzes et musulmans se révoltent contre les chrétiens au Liban et en Syrie. Massacres à Damas ; débarquement français

- **1914** Le sultan d'Istanbul s'allie à l'Allemagne
- **1916** Révolte du Hedjaz : le chérif Hussein et ses fils appellent à la révolte contre les Ottomans
- **1918** Retrait définitif de Syrie des Ottomans

De 1918 à nos jours

- **1920** En avril, proclamation par le Congrès général syrien de l'indépendance de la Syrie ; Fayçal Ier roi de Syrie

  En juillet, début du Mandat français en Syrie ; exil de Fayçal Ier
- **1925** Le chef druze al-Atrache mène la révolte contre les Français
- **1938** La France cède à la Turquie le sandjak d'Alexandrette
- **1940** Création du parti Baas à Damas
- **1941** Le général Catroux proclame l'indépendance de la Syrie et du Liban ; fin officielle du Mandat
- **1943** Choukry al-Kouwatli élu président de la République
- **1946** Le dernier soldat français quitte le territoire syrien
- **1948** Création de l'État d'Israël ; première guerre israélo-arabe
- **1949-1951** Coups d'État militaires ; période de dictature militaire jusqu'en 1954
- **1958** Proclamation de la République arabe unie (Égypte-Syrie)
- **1961** Coup d'État ; la Syrie retrouve son indépendance
- **1963** Le parti Baas au pouvoir
- **1967** Guerre des Six-Jours (juin) ; le Golan est occupé par Israël
- **1970** Arrivée au pouvoir du général Hafez el-Assad
- **1973** Octobre : quatrième guerre israélo-arabe
- **1974** Accord israélo-syrien de désengagement
- **1976** Début de l'intervention syrienne au Liban
- **1980-1981** Rupture diplomatique avec Bagdad
- **1981** Annexion du Golan par Israël
- **1982** Invasion du Liban par Israël. Insurrection de Hama (révolte des Frères musulmans)
- **1990** La Syrie se range sous la bannière américaine contre l'Irak
- **1992-1993** Premières rencontres officieuses entre Israël et la Syrie
- **1994** Rencontre entre Clinton et Assad pour relancer les négociations israélo-syriennes. En août, élection du nouveau parlement ; des candidats indépendants entrent à l'assemblée
- **1998** Visite d'Hafez el-Assad à Paris
- **1999** Réélection du président Assad avec 99,98 % des voix

Région par région, les villes et les sites

Visiter

Damas et le Sud

Grotte d'Adam au flanc du mont Qassioun, minaret de Jésus à la mosquée des Omeyyades, par où descendra le fils de Marie à la fin des temps : la région de Damas balise toute l'aventure humaine. Entre Création et Derniers Jours, elle conserve aussi le souvenir des plus grands prophètes. Abel y est enterré, Abraham y naquit – c'est du moins ce qu'affirment juifs, chrétiens et musulmans du côté de Berzé, un faubourg du nord de Damas. Dans la ville même, on peut évoquer, sur la rue Droite, l'ombre de saint Paul aveugle attendant Ananie. Le prophète Mahomet, lui, se contenta d'admirer la ville du haut d'une colline. Mais c'est à Bosra qu'il fut initié aux mystères du monothéisme par un moine chrétien.

Alors, Damas et sa région ne seraient-elles qu'une longue litanie de pieux pèlerinages ? Loin s'en faut : si la religion demeure un signe d'appartenance communautaire, elle n'a rien d'ostentatoire, et on reste bien loin du fanatisme. La coexistence pacifique entre une bonne douzaine de communautés religieuses est à ce prix. C'est plutôt vers les plaisirs de l'existence que l'on se tourne ici, depuis des siècles. Plaisirs de la bouche, avec les déclinaisons infinies des entrées, les *mezze,* qui défilent sur les tables, ou des sucreries, pâtisseries et fruits confits tirés des

La madrasa Abdoullah al-Azem à Damas, occupée par un magasin d'artisanat et d'antiquités.

Damas et le Sud

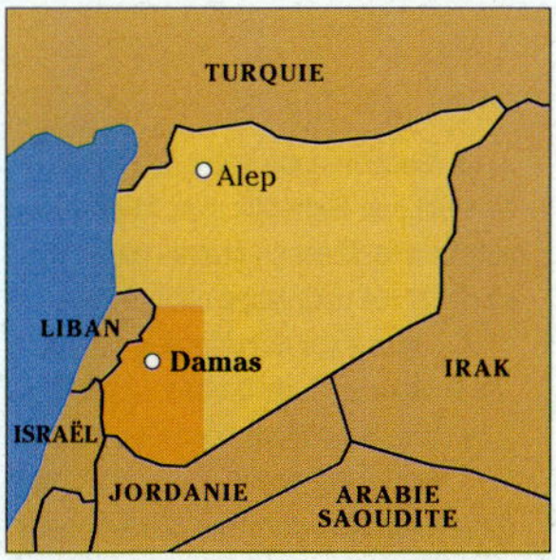

vergers des environs. Et c'est dans la montagne druze, au sud de Damas, qu'est produit le meilleur arak de Syrie. Plaisirs esthétiques aussi, qui se révèlent dans la décoration raffinée des palais de la ville. Un goût pour l'ornementation déjà manifeste dans les édifices d'époque romaine qui couvrent le Hauran et le djebel Druze. Quant à l'artisanat, la capitale de la Syrie a donné au monde les plus belles étoffes, dont le célèbre damassé.

Le Hauran et le djebel Druze

Au sud de Damas, la plaine du Hauran et le djebel al-Arab (appelé aussi djebel Druze) offrent le charme austère de leurs étendues vastes et nues où affleure un peu partout la noirceur du basalte. Pourtant, les sols ici peuvent être extrêmement fertiles.

■ Des paysages basaltiques

La région appartient à une zone volcanique qui se prolonge, au-delà du Yarmouk qui marque la frontière, loin vers le S. en Jordanie. Côté syrien, elle se divise en trois zones. La vaste plaine du Hauran, qui vient buter à l'O. au pied du Golan, est, depuis l'époque romaine, le domaine de la culture des céréales. Plus à l'E. se détache la silhouette sombre du djebel al-Arab, massif allongé en amande sur env. 60 km du N. vers le S. Soigneusement épierrés, les flancs de la montagne portent arbres fruitiers – les pommes du djebel sont réputées – et vignes, un legs du Mandat français. Au-delà vers l'E. commencent les vastes étendues de la steppe, domaine traditionnel des nomades et des troupeaux.

■ Le grenier à blé de Damas

Année 106 de notre ère : les Romains annexent le royaume des Nabatéens qui contrôlaient jusque-là le sud du Hauran. L'exploitation de la région peut commencer : grâce à l'aménagement des ressources en eau du djebel, la plaine se couvre de blé qui, depuis Bosra, la capitale provinciale, s'en ira approvisionner les marchés des grandes villes de l'Empire romain. C'est ainsi qu'à partir du IIe s. le Hauran connaît un développement spectaculaire : les villages s'y multiplient, peuplés de commerçants enrichis ou de vétérans des armées. Tous ont à cœur d'embellir leur village à la mode impériale : ils se font construire de somptueuses villas ou des tombeaux monumentaux. Certaines localités possèdent

La fonction nourricière du Hauran ne s'est pas démentie avec la présence musulmane. C'est en grande partie pour accueillir les caravanes chargées de blé que s'est développé le faubourg du Midan, au S. de Damas *(→ p. 214)*. Les céréales étaient déposées dans de vastes entrepôts, les *baykès*, dont beaucoup sont parvenus jusqu'à nous.

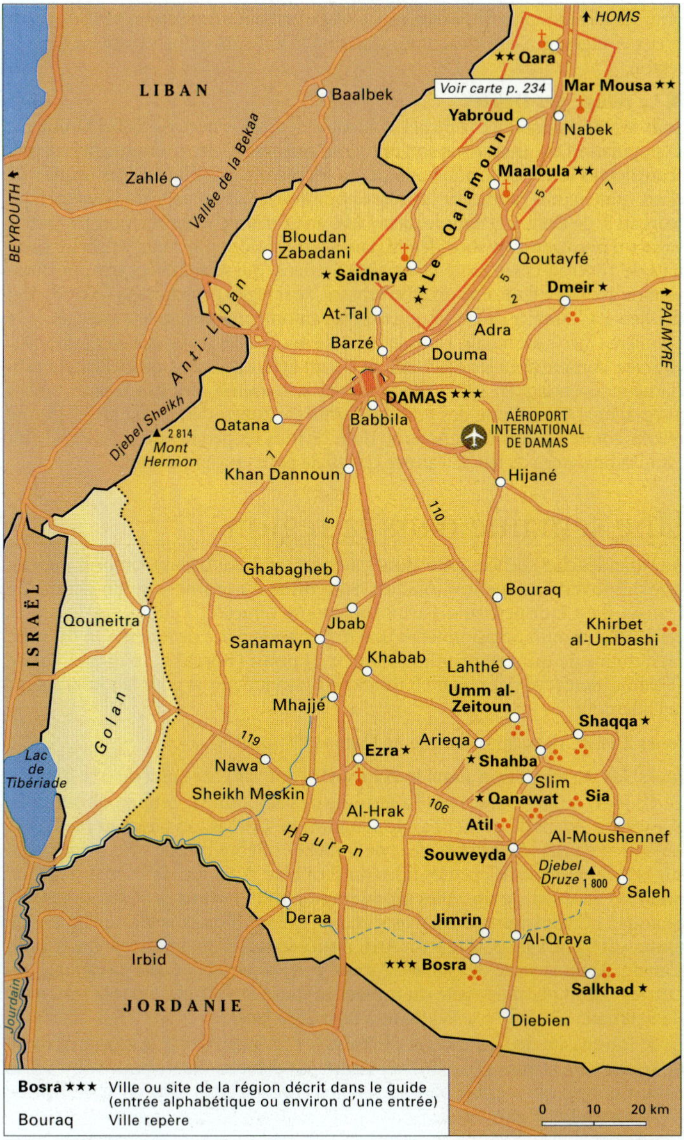

Que voir dans le Sud de la Syrie.

même leur théâtre ou leurs bains. D'autres, après Bosra, seront promues au rang de cités : Souweyda, Qanawat, Shahba ou encore Shaqqa. À la suite de la christianisation précoce, chaque village possédera bientôt son église, plusieurs même pour les localités plus importantes. Ce réseau urbain très dense a laissé de nombreux vestiges, qui constituent un des attraits majeurs d'une excursion dans la région.

■ Le refuge des Druzes

Sous le Mandat français, le djebel al-Arab reçut aussi le nom de djebel Druze, car sa population est druze dans son immense majorité. Cette communauté est présente depuis le XVIIe s., lorsque certains de ses membres, en butte à des rivalités de clans, quittèrent la montagne libanaise pour trouver refuge en Syrie, dans ces hauteurs au S. de Damas et dans le djebel Ala, à l'O. d'Alep (Massif calcaire). D'autres vagues d'immigrants se succédèrent dans les deux siècles suivants. Après les combats de 1860 au Liban entre Druzes et chrétiens, qui se soldèrent par une intervention militaire française, un afflux massif de réfugiés paracheva la colonisation du djebel. C'est cette situation que trouva l'autorité mandataire française après la Première Guerre mondiale. Dans le souci de se concilier les faveurs des minorités, elle créa, comme pour les Alaouites au N., un État des Druzes, officiellement proclamé indépendant en 1922. La manœuvre se retourna contre la France : Sultan al-Atrache, l'émir d'une des grandes familles druzes, déclencha en 1925 une révolte contre l'occupant français au nom de tous les peuples de la Syrie. Il fallut toute la puissance de feu de l'armée coloniale pour en venir à bout.

Une semaine dans la région

Aux grandes chevauchées touristiques menées tambour battant, on peut préférer une découverte par petites touches, au rythme du promeneur. En dehors de Damas, il est indispensable d'avoir son propre véhicule : l'utilisation des transports en commun occasionnerait une trop grande perte de temps. On trouvera facilement de quoi se restaurer dans le Hauran (Bosra) et le djebel Druze (Shahba, Souweyda). Prévoir en revanche un pique-nique pour la journée dans le Qalamoun.

Jours 1 et 2 : visite approfondie de **Damas***** *(p. 175).*

Jours 3 et 4 :* excursion dans le Hauran* *(350 km)* avec nuit du 3e j. à Bosra. Le **1er jour,** quitter Damas par l'autoroute de l'aéroport et sortir en direction de Souweyda. Avant de quitter l'agglomération de Damas, on passe au pied de la **mosquée de Sayida Zeinab**, de style iranien : célèbre lieu de pèlerinage chiite sur la tombe d'une des petites-filles du Prophète. À 88 km de Damas, visite de **Shahba*** *(p. 247)* : le site et les mosaïques du musée ; puis petit détour jusqu'à **Shaqqa*** où vous verrez un palais romain *(p. 250).* Poursuivre jusqu'au site de **Qanawat*** *(14 km ; p. 242)* via **Atil**, petite localité qui conserve un temple romain. Après la visite de Qanawat, route vers **Souweyda** *(4 km),* la capitale des Druzes : déjeuner puis visite du musée. La journée s'achèvera par la forteresse de **Salkhad*** *(28 km ; p. 256).* Nuit à Bosra *(26 km).*
Le **2e jour,** visite du site antique de **Bosra***** *(p. 218).* Après le déjeuner, route de retour vers Damas *(142 km)* via **Ezra*** *(à 60 km de Bosra)* pour voir l'église Saint-Georges, qui serait le plus ancien lieu chrétien en activité en Syrie. Arrivée à Damas en fin d'après-midi.

Jour 5 : **excursion dans le Qalamoun**** *(190 km ; p. 233)* : **Saidnaya***, **Maaloula****, **Yabroud et Qara****. Retour le soir à Damas.

Jour 6 : excursion au **monastère de Mar Mousa**** *(p. 238),* également dans le Qalamoun, ou journée à Baalbek au Liban.

Jour 7 : dernières flâneries à Damas.

Damas★★★

« Si le paradis est sur terre, certes c'est à Damas », s'écriait le voyageur andalou Ibn Jobayr, mort en 1217. Avec lui, des générations de poètes arabes ont loué ce « grain de beauté sur la joue du monde ». Pour les bédouins surgis du désert, la ville apparaissait sans doute comme un rêve verdoyant et parfumé, traversé des eaux fraîches de la rivière Barada. Un véritable Éden que le Prophète se contenta d'admirer de loin : on n'entre pas deux fois au paradis.

Mais aujourd'hui le plus pieux des musulmans ne commettrait aucun péché en se rendant à Damas : l'oasis a peu à peu été mangée par les constructions modernes, et les vergers qui jadis venaient buter contre les murs de la ville ont cédé la place à des boulevards circulaires et à des immeuble sans grâce. C'est plutôt à l'intérieur de la vieille ville qu'il faut chercher les beautés de Damas. Cernée par les souks, voici la mosquée des Omeyyades, orgueil de l'islam depuis le VIIIe siècle. La via Recta de la cité romaine, là même où saint Paul rencontra le disciple Ananie, traverse toujours la ville d'ouest en est. De part et d'autre, un fouillis de ruelles bordées de façades aveugles ne laisse en rien deviner le luxe des palais damascènes et le charme de leurs jardins. Ici surgit du sol un chapiteau corinthien ; plus loin c'est un bain mamelouk, toujours prisé des habitants du quartier. Ailleurs enfin c'est un arc romain qui soutient miraculeusement une demeure branlante. Sans oublier les souks, moment fort de toute promenade dans une ville arabe. S'ils n'ont pas la beauté architecturale de ceux d'Alep, ils n'ont rien à leur envier en animation et en couleurs.

Alt. 700 m ; 1 500 000 hab., 2 500 000 pour la conurbation ; capitale de la Syrie ; université ; aéroport.

☎ 011

ⓘ rue 29-Ayar *(I C2)* ☎ 222.23.88 ; ouv. t.l.j. sf ven. 9 h-19 h.

À ne pas manquer

La mosquée des Omeyyades★★★	**188**
Le Musée national★★★	**204**
Les souks★★ Hamidiyé, Assagha et Bzouriyé	**184, 193 et 197**
Le palais Azem★★	**193**
Le khan Assad Pacha★★	**197**
La rue Droite★★	**199**
La tekkiyé Suleymaniyé★★	**212**

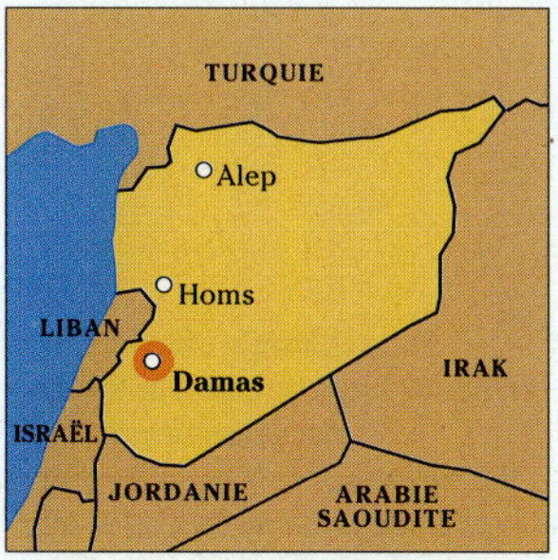

Une rue caractéristique de la vieille ville, avec ses maisons en encorbellement qui permettent d'utiliser l'espace au maximum.

Damas mode d'emploi

■ Arriver

L'**aéroport** se trouve à env. 30 km au S.-E. de la ville. Pour gagner le centre, le moins cher est de prendre le bus de l'aéroport (départ toutes les 30 mn env.) : terminus rue al-It'Tihad (I B/C2), à deux pas du quartier des hôtels. Paiement **en livres syriennes uniquement** : prévoyez de changer de l'argent dans l'aérogare.

À la sortie de l'aérogare, vous ne trouverez pas de taxi urbain ; les seules voitures particulières habilitées à vous conduire en ville sont des véhicules de location appartenant aux compagnies qui ont un comptoir à l'aéroport. Toutes pratiquent le même tarif, de l'ordre de 20 US$ (pour la voiture), payables uniquement en devises. On peut en revanche emprunter les taxis urbains depuis le centre ville jusqu'à l'aéroport.

■ S'orienter

Les principaux centres d'intérêt de Damas se trouvent dans la **vieille ville** *(plan II)*. Au N.-O. s'étendent les quartiers modernes construits depuis le début du siècle : la **rue an-Nasr** (I B2/3) bordée d'édifices ottomans, avec en point de mire la gare du Hedjaz et, dans le prolongement, le Musée archéologique national ; la **place Merjé** (I B2), autour de laquelle se trouvent de nombreux petits hôtels très bon marché ; la **place Youssef al-Azmé** (I B2), près de laquelle sont situés le quartier des affaires, la plupart des grands hôtels de la ville et l'office de tourisme.

Le quartier le plus animé le soir est celui de la place Youssef al-Azmé *(I B2)*, avec ses restaurants, ses cinémas et ses boutiques populaires.

Au-delà, sur les contreforts du Qassioun qui limite la ville au N., s'étendent les quartiers résidentiels d'**Abou Romané** (I B1) et de **Malki** (I A1), avec leurs belles demeures, leurs artères ombragées et leurs boutiques à l'occidentale. Un peu plus haut se trouve **Salihiyé,** un pittoresque quartier populaire. Au S. de la ville, le **Midan** (I A4) est un autre faubourg populaire ancien. À l'E. de la vieille ville se trouvent principalement des zones industrielles et des camps de réfugiés palestiniens qu'on longe en venant de l'aéroport.

■ Se déplacer

Pour rejoindre la province depuis la capitale, tous les modes de transport sont disponibles : minibus, bus ordinaires, bus Pullman (les mieux) et Karnak, taxis collectifs, avion, train.

En ville. Malgré l'accroissement de ces dernières années, Damas reste une ville de dimensions modestes. Les distances ne sont jamais bien grandes et il est tout à fait possible de rejoindre la vieille ville à pied, depuis la place Youssef al-Azmé, au centre du quartier des hôtels. Traversant la populaire place Merjé, la balade ne manque d'ailleurs pas de pittoresque. Il existe bien entendu des lignes d'autobus d'État, ainsi que des minibus privés (de couleur blanche) qui permettent de se déplacer d'un bout à l'autre de la ville. Mais, en l'absence de toute signalisation, vous risquez d'avoir du mal à les utiliser efficacement. Un conseil : si, à la fin de votre promenade, vous êtes trop fatigué pour rentrer à pied, prenez un taxi (de couleur jaune) : le prix en est extrêmement modique pour un Occidental (env. 50 LS pour un trajet en ville).

Bus vers la province. Les compagnies Pullman et Karnak, qui desservent toutes les destinations, disposent chacune d'une gare routière où ont lieu tous les départs. Pour les bus ordinaires, les minibus et les taxis collectifs (« taxis service »), les gares routières varient en fonction de la destination.

Bus Pullman (avec air conditionné et réservation de siège) : c'est le meilleur moyen pour se déplacer de ville en ville. La gare principale se trouve rue Omar bin Abi Rabia (I A2) : une vingtaine de compagnies y sont regroupées et desservent la plupart des localités du pays, plusieurs fois par jour ; de ce fait, les départs sont quasi continus. Toutes pratiquent à peu près les mêmes tarifs. Le mieux est de venir la veille de son départ pour choisir son horaire et réserver sa place. Toutefois, pour un départ le jour même (en dehors des week-ends et j. fériés), il serait bien étonnant que vous ne trouviez pas à embarquer pour la destination de votre choix dans l'heure qui suit. On peut également trouver des autobus pour la Jordanie, le Liban, la Turquie et l'Europe orientale.

Bus Karnak : toutes directions également, mais nettement moins confortables ; la gare routière se trouve immédiatement à l'O. de la gare des Pullman (I A2).

Autres bus et taxis collectifs. **Vers le N., l'E. et la côte** : bus ordinaires et minibus : rue Farès al-Khoury *(hors plan I par D3)*, à 1 km N.-E. de la place des Abbassides ; taxis collectifs : rue Mohammed Anwar Kamel *(hors plan I par D3)*, immédiatement à l'E. de la place des Abbassides.

Vers Bosra et le S. : bus ordinaires et minibus : terminal Karnak (I A2) ; taxis collectifs : à 200 m au S.-E. de la place al-Yarmouk *(hors plan I par B4)*.

Vers Maaloula et les villages du Qalamoun : bus ordinaires, minibus et taxis collectifs : place Bilal *(hors plan I par D3)*, au S. de la place des Abbassides.

Vers Bloudan et Zabadani : minibus et taxis collectifs, terminal Karnak (I A2).

Location de voiture : → le chapitre « Séjourner », *p. 49*.

Vers l'*American way of life* ?

Mai 1998 : inauguration en grande pompe à Damas, avec deux membres du Congrès américain, d'un fast-food venu tout droit des États-Unis : le *Kentucky Fried Chicken* (KFC). Un pas supplémentaire vers la découverte de la culture occidentale qui s'inscrit dans la politique d'ouverture aux entreprises étrangères mise en place depuis 1991. Les premiers jours, les Damascènes se sont rués en nombre vers le nouvel établissement. Mais l'engouement a été de courte durée : les Syriens restent très attachés à leur cuisine traditionnelle, ils n'ont pas l'habitude de faire la queue pour commander leur repas, ni de boire des boissons gazeuses en mangeant. Qui plus est, un menu avec quelques morceaux de poulet coûte plus cher qu'un poulet grillé entier qu'on peut s'acheter à tous les coins de rue… Devant cet échec presque politique, les autorités ont réagi : le restaurant s'appelle désormais « Compagnie syro-koweïtienne pour les établissements touristiques – Kuwaitli Food Company (KFC) » (le représentant de la marque Kentucky dans plusieurs pays arabes), le drapeau syrien a été placé à côté de l'enseigne, et le portrait du président Hafez el-Assad affiché à l'intérieur. Un revirement qui a laissé la population indifférente : hormis les membres des forces de l'ONU et quelques Syriens aisés ravis d'être servis – contrairement à la tradition – par des jeunes femmes, la clientèle reste rare.

Damas, plan I : ensemble.

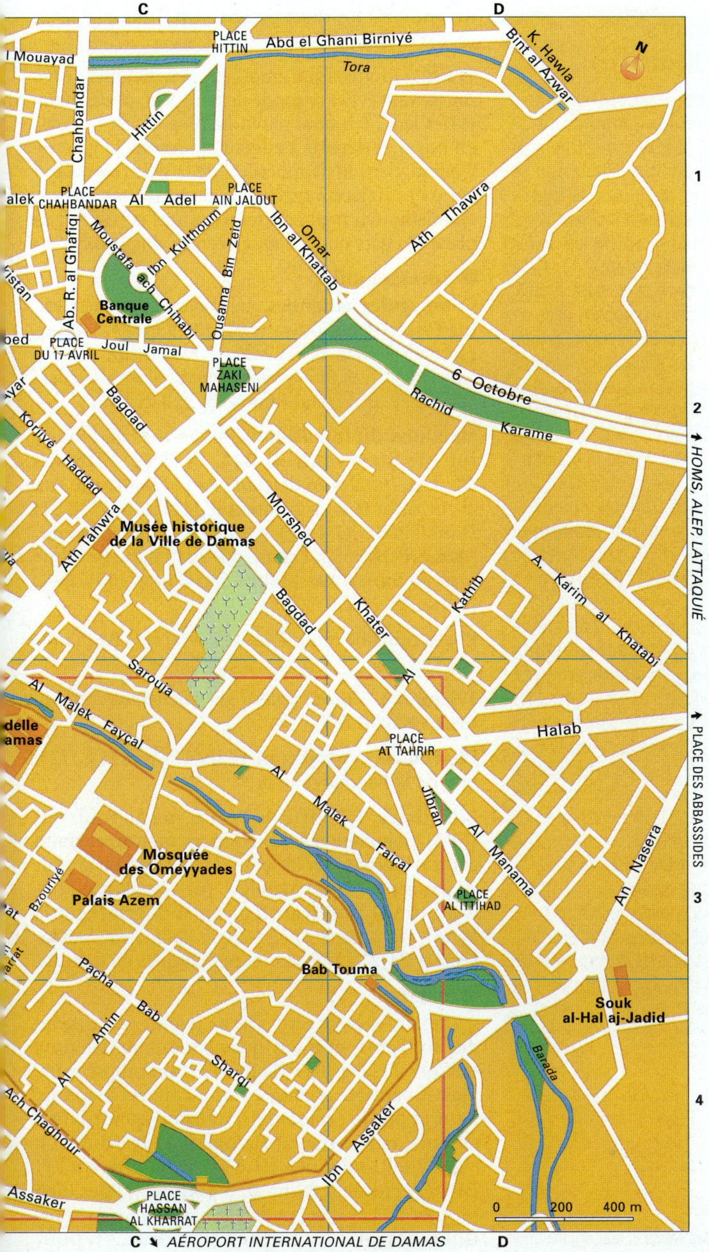
C
D
N
1
2
3
4
PLACE HITTIN
Abd el Ghani Birniyé
Tora
K. Hawla
Bint al Azwar
Mouayad
Chahbandar
Hittin
PLACE CHAHBANDAR
Al Adel
PLACE AIN JALOUT
Ibn Kulthoum
Ousama Bin Zeid
Ibn al Khattab
Omar
Ath Thawra
Moustafa ach Chihabi
Ab. R. al Ghafiqi
Banque Centrale
PLACE DU 17 AVRIL
Joul Jamal
PLACE ZAKI MAHASENI
6 Octobre
Rachid Karame
Bagdad
Korjiyé
Haddad
Musée historique de la Ville de Damas
Ath Tahwra
Morshed
Bagdad
Khater
Kathib
A. Karim al Khatabi
Sarouja
Al Malek Fayçal
Al
PLACE AT TAHRIR
Halab
Al Malek Faiçal
Jibran
Al Manama
Mosquée des Omeyyades
Palais Azem
Bzouriyé
PLACE AL ITTIHAD
An Nasera
Bab Touma
Souk al-Hal aj-Jadid
Pacha Bab
Al Amin
Sharqi
Barada
Ach Chaghour
Ibn Assaker
Assaker
PLACE HASSAN AL KHARRAT
0 200 400 m
HOMS, ALEP, LATTAQUIÉ
PLACE DES ABBASSIDES
AÉROPORT INTERNATIONAL DE DAMAS

Les trésors de l'artisanat

Depuis des siècles, la renommée artisanale et commerciale de Damas a fait le tour de l'Orient. Si les lames damasquinées que se disputaient les émirs de tout le monde musulman ont depuis longtemps disparu, restent les belles étoffes brodées (damassées), le travail du cuivre et du verre soufflé, la marqueterie (superbes boîtes en bois incrusté), l'orfèvrerie, à quoi s'ajoutent les tapis, les antiquités – des périodes sumériennes aux souvenirs kitsch du début du siècle –, les bijoux bédouins, sans oublier les plaisirs de la bouche : pistaches, fruits confits (une spécialité de Damas), épices... ***Les souks à ne pas manquer :*** ceux des **rues Assagha**** *(→ p. 193)* et **Bzouriyé**** *(→ p. 197)*, auxquels vous ajouterez, si vous avez du temps, la **rue Nour ed-Din ash-Shahid*** *(→ p. 198)*. Le **souk Hamidiyé**** *(→ p. 184)*, le plus connu des touristes, est bordé de boutiques qui présentent partout le même bric-à-brac de nappes, cuivres, boîtes incrustées et verreries ; ce n'est pas forcément là que vous ferez les meilleures affaires. Mentionnons aussi le **centre artisanal de la tekkiyé Suleymaniyé** *(→ p. 212)*, où une vingtaine de boutiques présentent un panorama complet de l'artisanat et du commerce syriens : une excellente entrée en matière.

Sur les souks et leur organisation, voir aussi les pages illustrées 274-275.

Avion. *Syrian Airlines* dessert Alep, Lattaquié, Deir ez-Zor et Qamishli.

Train. À moins d'être amoureux des chemins de fer, mieux vaut éviter ce mode de transport, poussiéreux et très lent : 6 h pour rejoindre Alep contre 4 h env. en bus. Les départs s'effectuent depuis la gare de Qadam, dans la périphérie S. de la ville *(hors plan I par A4)* ; liaisons avec Alep, Raqqa, Deir ez-Zor, Qamishli. On peut acheter les billets et réserver sa place à la gare du Hedjaz, en centre ville (**I B2**).

■ Adresses utiles

Compagnies aériennes. *Air France*, hôtel *Méridien*, rue Choukry al-Kouwatli ☎ 221.95.67 • ***Sabena***, place al-Hedjaz ☎ 222.24.37 • ***Swissair***, rue an-Nasr ☎ 221.25.01 • *Syrian Airlines*, place al-Hedjaz ☎ 222.90.01 ; rue al-Fardos ☎ 223 21 54.

Missions diplomatiques. ***Ambassade de France***, rue Ata al-Ayyoubi (**I B1**), POB 769, Damas ☎ 332.79.92 • ***Ambassade de Belgique***, rue Ata al-Ayyoubi (**I B1**), Immeuble Hachem, POB 31, Damas ☎ 333.28.21 • ***Ambassade du Canada***, Mezzé, POB 3394, Damas ☎ 223.68.92 • ***Ambassade de Suisse***, rue Mehdi ben Barka, POB 234, Damas ☎ 332.11.37.

Poste centrale : rue Saadallah al-Jabri (**I B2**) ; ouv. 8 h-19 h.

Téléphone : *Bureau central des télécommunications*, rue an-Nasr (**I B2**).

Pharmacie centrale : place du 17-Avril (**I C1/2**), près de la Banque centrale.

Librairies. ***Librairie Avicenne***, rue at-Touhami (**I B2**) ; journaux et périodiques en français et grand choix d'ouvrages sur la Syrie en français et en anglais • ***Librairie de l'hôtel Méridien***, rue Choukry al-Kouwatli (**I A1**) : journaux français et ouvrages sur la Syrie • ***Librairie de l'hôtel Cham Palace***, rue Maysaloun (**I B1/2**) : journaux et périodiques en français.

■ Achats

À Damas, vous ne serez pas en peine pour trouver des souvenirs authentiques à ramener. Chaque quartier de la vieille ville possède son propre souk, mais le véritable quartier commerçant est concentré dans la partie occidentale, dans un quadrilatère délimité par les rues al-Hamidiyé au N. (**II A-B1**), Saad Zaghloul à l'O. (**II A1**), al-Bzouriyé à l'E. (**II B2**) et Midhat Pacha au S. (**II A-B2**). Pour bien profiter de la variété et de l'atmosphère caractéristique des souks, comptez au moins 2 h pour parcourir les allées principales.

Bijoux : le souk des Orfèvres, immédiatement au S. de la Grande Mosquée, est la partie N. du souk Assagha ; on y trouve essentiellement des bijoux en or. Cartes de paiement internationales acceptées dans de nombreuses boutiques.
Épices et fruits : le souk des Épices commence après le souk Assagha et se poursuit vers le S. dans le souk Bzouriyé jusqu'au souk Midhat Pacha, dans la rue Droite *(→ p. 199)*.
Tapis : le souk des Tapis s'étend au S. du souk Hamidiyé, peu après l'entrée dans la vieille ville. On trouve là les petites boutiques des négociants et réparateurs qui conservent l'essentiel de leurs collections dans leurs entrepôts, dans une autre partie de la ville. Une occasion de prendre un premier contact. D'autres boutiques de tapis se trouvent sur la rue Droite, à l'E. de l'arc romain, en direction de Bab Sharqi.
Tissus : dans le souk de la Soie, dans le premier tronçon de la rue Nour ed-Din ash-Shahid *(→ p. 198)*, au débouché du souk Hamidiyé.
Objets en bois : les ébénistes sont concentrés près de l'arc romain, sur la rue Droite. Nombreux coffres anciens en bois (de noyer) incrusté de nacre, mais aussi, plus faciles à transporter, des boîtes en marqueterie.
Cuivres : principalement dans le souk Hamidiyé. Mais on peut aussi les acheter directement aux artisans dans le quartier des dinandiers, au N. de la rue al-Malek Fayçal (**II B-C1** ; *→ p. 213*) : bruyant, mais d'intéressantes affaires à y faire.
Antiquités : plusieurs boutiques au long de la rue Droite à l'E. de l'arc romain ; également dans la rue Ananie (Hananya ; **II D4**) et près de l'entrée du palais Azem (**II B2**). Pour les passionnés : ne manquez pas les collections de monsieur Dahdah, qu'il vous présentera en son palais *(→ p. 202)*.

■ Fêtes et manifestations

En sept. : **Foire de Damas.**
En oct.-nov. : **Festival international de cinéma ou de théâtre** (alternativement, une année sur deux) à l'hôtel *Cham Palace.*

Programme

Il faut prévoir au minimum deux jours complets pour découvrir l'essentiel de la ville.

■ Deux jours à Damas

Deux demi-journées seront consacrées à la **vieille ville** *(p. 180)* : l'une à la partie occidentale, la mosquée des Omeyyades et ses environs, l'autre à la rue Droite et au quartier chrétien à l'E. Matinée de la seconde journée au **Musée national** *(p. 204)*. Vous occuperez la dernière demi-journée selon vos goûts : découverte de l'un des quartiers anciens périphériques, le **Midan** *(p. 214)* ou **Salihiyé** *(p. 214)*, promenade dans la ville moderne, ou tout simplement balade dans les souks à la recherche des épices, des fruits confits ou des tapis d'Orient, à moins que la curiosité ne vous pousse vers les boutiques d'antiquaires de la rue Droite et du quartier chrétien. En fin de journée, vous pourrez également vous faire conduire (en taxi) au **belvédère du mont Qassioun** pour embrasser toute la ville d'un coup d'œil au soleil couchant. En haut du mont Qassioun, quelques terrasses permettent de prendre un arak tout en admirant le paysage.

■ Trois jours et plus

Une ou deux journées supplémentaires vous permettront de découvrir plus à fond les charmes secrets de la vieille ville, en partant par exemple à la découverte des vieux palais damascènes, des caravansérails enfouis dans les ruelles, et des quartiers d'artisans. Deux petits musées méritent aussi une visite : le **bimaristan Nour ed-Din** (musée de la Médecine arabe, *p. 185*) dans la vieille ville, et le **Musée historique de la ville de Damas** *(p. 213)*, lui-même logé dans un beau palais ancien. Avec une journée de plus, vous pourrez organiser une excursion dans le massif du **Qalamoun****, au S. de Damas *(→ p. 233)*, où abondent églises et monastères nichés dans de superbes paysages, ou encore dans le Hauran et le djebel Druze vers **Bosra*****, en passant par **Shahba*** et **Souweyda** *(→ p. 218, 247 et 252)*.

Damas dans l'histoire

■ Une des plus anciennes cités du monde

Mentionnée dès le IIIe millénaire sur les tablettes de Mari, au XVe s. sur les murs du temple d'Amon à Karnak, puis au siècle suivant dans les archives d'Amarna, la capitale rêvée d'Aménophis IV et de la belle Néfertiti, Damas n'entre véritablement dans l'histoire qu'aux environs de l'an 1000 av. J.-C. C'est alors la capitale d'un de ces royaumes araméens qui se disputent la Syrie du Nord. Et déjà les maîtres de la ville avaient fort à faire avec le puissant voisin de l'O., le royaume hébreu, au point de payer tribut au roi David (2 S 8, 5-6). À partir du VIIIe s., les menaces viennent du N., des grands empires mésopotamiens : aux Assyriens qui, en 732, mettent un terme à l'indépendance du royaume de Damas succèdent les Babyloniens (VIIe s.), puis les Perses au VIe s., sous la domination desquels la ville conserve son importance. Ce n'est qu'après la mort d'Alexandre et le partage de son empire entre ses généraux (323 av. J.-C.) que Damas décline quelque peu : Séleucos Nikator, le premier roi séleucide, choisit en effet Antioche pour capitale.

■ Sous le signe de Jupiter

À l'époque romaine, Damas comptait une importante communauté juive : une dizaine de milliers d'individus, déjà regroupés dans la partie S.-E. de la ville. Au Ier s. avant notre ère, elle servit de refuge aux membres de la secte de Qoumran et à son Maître de justice, persécutés par les autorités sacerdotales de Jérusalem.

L'arrivée des Romains bouleverse entièrement la physionomie de Damas. Les nouveaux maîtres de l'Orient édifient une cité nouvelle, entourée d'un mur percé de sept portes et traversée par de larges avenues se coupant à angle droit. Au-dessus du sanctuaire du dieu araméen Hadad s'élève désormais un vaste et magnifique temple, dédié cette fois à Jupiter, « le Damascénien, Très-Bon et Très-Grand ». La ville se dote également d'un théâtre, d'un hippodrome, de thermes, d'un gymnase dont l'emplacement exact reste encore conjectural. C'est cette grande cité d'une centaine de milliers d'habitants qui sert de cadre à la première prédication de

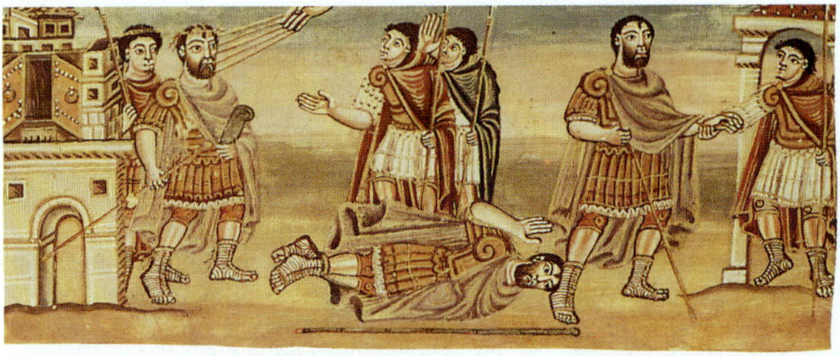

Saint Paul sur le chemin de Damas (enluminure de la Bible de Charles le Chauve, vers 846, Paris, BN). La mémoire de l'Apôtre des Gentils et les lieux traditionnels liés à son passage sont toujours vénérés à Damas.

saint Paul, après sa miraculeuse conversion sur le chemin de la ville où il se rend en persécuteur des chrétiens *(→ encadré p. 203)*.

■ Capitale d'un empire arabe

Aux Ve et VIe s., à l'époque byzantine, Damas eut à souffrir de ses convictions religieuses. La population, en majorité sémite, était en effet gagnée pour l'essentiel au monophysisme *(→ encadré p. 120)*, théorie condamnée au concile de Chalcédoine en 451. Les hérétiques furent jetés dans des bûchers, les massacres s'étendirent à la communauté juive et aux Samaritains. Si l'on ajoute à cette Inquisition avant l'heure le poids fiscal qui pressurait les habitants, on conçoit que c'est en véritables libérateurs que furent accueillis en 635 les conquérants musulmans conduits par Khaled ibn al-Walid. Ce fut Mansour ibn Sarjoun, notable chrétien et grand-père de saint Jean Damascène, qui négocia avec les vainqueurs la reddition de la ville. Son propre fils, Sarjoun, servit d'intendant et de ministre des Armées à Moawiya, le premier des Omeyyades : ainsi, c'est un chrétien qui se trouvait à la tête des troupes musulmanes qui contrôlaient un empire s'étendant de l'Atlantique à l'Indus.

■ La Damas omeyyade

À en croire les chroniqueurs, les musulmans témoignèrent d'une grande tolérance dans les premières décennies de leur présence. Ils installèrent leur campement à la lisière de la ville et se contentèrent d'édifier un modeste lieu de prière à côté de l'église Saint-Jean-Baptiste, édifiée sous Théodose (379-395) à l'emplacement du temple de Jupiter. Les choses ne se gâtèrent qu'au siècle suivant, avec l'avènement du calife Walid Ier (705-715). Déjà, l'administration califale était en voie d'arabisation : les documents, rédigés jusque-là en grec ou en persan, le furent désormais dans la langue du Prophète, consacrant le déclin des élites chrétiennes. Walid chassa les chrétiens de leur cathédrale et entreprit d'élever à sa place la somptueuse mosquée des Omeyyades, à la construction de laquelle participèrent nombre d'architectes, de maçons et de mosaïstes byzantins. Alors que la renommée de Damas s'étendait dans l'ensemble du monde musulman, la dynastie omeyyade s'acheva dans un bain de sang par le massacre de tous les prétendants au trône. Une nouvelle dynastie domina l'Orient : celle des Abbassides, qui régnèrent depuis Bagdad. Pour plus de douze siècles, Damas n'allait plus être capitale.

Saladin, rassembleur et magnanime

Grand pourfendeur de chrétiens, Saladin fut avant tout une figure d'exception. D'un tempérament mystique – il aspirait même à devenir soufi –, au départ peu intéressé par la carrière militaire, il réussit, grâce à son charisme et à sa probité, à s'affirmer comme le véritable successeur de Nour ed-Din – le puissant atabeg de Syrie dont la piété et l'autorité faisaient l'admiration de tous – et à unir autour de sa personne l'ensemble des musulmans, entamant contre les Francs une véritable contre-croisade (→ *aussi encadré p. 136)*. Pourtant, son esprit chevaleresque est souligné par tous ses contemporains, musulmans comme chrétiens : d'une grande courtoisie envers ses ennemis vaincus, il n'hésitait pas à leur laisser la vie sauve et à épargner les églises des croisés. À sa mort en 1193, sa conquête était inachevée puisque les Francs conservaient presque toute la côte ; mais il avait conquis Jérusalem et redonné aux musulmans une ferveur religieuse en couvrant le pays de madrasas (écoles coraniques), gagnant ainsi le surnom mérité de Rassembleur de la Foi. Sa renommée est restée éclatante à travers les siècles. À Damas, où se trouve son tombeau, une statue monumentale moderne lui rend hommage rue Saad Zaghloul, devant les murs de la citadelle ; on y voit le conquérant triomphant et, sous son cheval, les vaincus de la bataille de Hattin contre les Francs : Guy de Lusignan, le roi de Jérusalem et Renaud de Châtillon, seigneur d'Oultre-Jourdain.

■ Sous la menace des croisés

Bagdad, la capitale abbasside, était bien loin, et les gouverneurs de Damas multiplièrent au cours des siècles les tentatives de s'émanciper de leur lointain suzerain. S'ouvrit alors, comme dans toute la Syrie, une période de troubles qui dura du IXe au XIe s. C'est l'arrivée des croisés qui mit un terme à cette instabilité chronique : les émirs de Damas trouvèrent dans le royaume de Jérusalem un rempart efficace contre la menace égyptienne des Fatimides et adoptèrent une neutralité bienveillante à l'égard de la noblesse franque, avec laquelle ils entretenaient des rapports courtois. L'arrivée de la deuxième croisade (1147-1149) rompit ce fragile équilibre : conduits par le roi de France Louis VII et par l'empereur d'Allemagne Conrad, les croisés n'entendaient rien aux subtilités de la politique locale. Après de longs mois d'inaction, ils se jetèrent sur le seul allié des Francs en Orient, l'émir de Damas. Le 24 juillet 1148, Louis VII et ses barons se lancèrent à l'assaut de la ville. Bien vite, les chevaliers s'enlisèrent dans le labyrinthe de la Ghouta, où ils furent taillés en pièces avant même d'atteindre les murs de la ville. Le 28 juillet, Louis VII décida sans gloire de lever le camp. Cette défaite cuisante et inutile eut pour désastreuse conséquence de jeter la population de la ville dans les bras du gouverneur d'Alep, l'atabeg Nour ed-Din : en 1154, le maître de la Syrie réunifiée entrait à Damas en triomphateur. Ce fut pourtant à Saladin, son lieutenant et successeur, qu'il revint de chasser les croisés de Jérusalem en 1187. Ce dernier mourut à Damas, où il est enterré à l'ombre de la mosquée des Omeyyades.

■ De l'âge d'or ayyoubide à la somnolence ottomane

Sous le règne des successeurs de Saladin, les Ayyoubides, Damas se couvre de bâtiments et joue un rôle de phare culturel pour l'ensemble du monde musulman. De nombreux intellectuels, venus de l'Occident, s'installent à Damas, comme le célèbre soufi Ibn Arabi, dont le tombeau dans le quartier de Salihiyé, sur les contreforts du Qassioun, fait encore l'objet d'une intense vénération. Cet âge d'or s'achève avec l'arrivée des Mongols, qui prennent la ville et la détruisent en partie en 1260. Ils en sont chassés par les Mamelouks, dont la présence pendant plus de deux siècles consacre une nouvelle mainmise de l'Égypte sur la Syrie. En 1516, les troupes du sultan Sélim Ier entrent victorieuses à Damas. La présence des Ottomans va durer quatre siècles : le temps pour eux d'ériger quelques mosquées, comme la belle Suleymaniyé, et de favoriser quelques grandes dynasties de gouverneurs locaux, tel le clan Azem dont on admire toujours le merveilleux palais au cœur de la vieille ville.

■ Le Mandat français

Le 1er octobre 1918, les troupes de l'émir Fayçal, conduites par Lawrence d'Arabie, entrent à Damas. Depuis la veille, le drapeau arabe flotte sur le toit de l'hôtel de ville, avant même que les dernières troupes turques et allemandes n'aient franchi les faubourgs. Et tandis qu'explosent un à un les dépôts de munitions sabotés par les Turcs, les guerriers de Lawrence prennent possession de Damas dans une pagaille indescriptible. La joie sera de courte durée : le jour suivant paraît l'armée britannique, épaulée par un détachement français. Tout en nommant Fayçal gouverneur – les Arabes voulaient le faire roi –, les Alliés entendaient faire respecter les fameux accords Sykes-Picot définissant le partage du Proche-Orient entre la France et l'Angleterre. Damas doit au Mandat français quelques bâtiments publics (le Musée national notamment), le percement de grands boulevards… et deux bombardements. Le premier eut lieu en 1925, lors de la grande révolte du djebel Druze, et livra aux flammes des quartiers entiers. Le second intervint les 29 et 30 mai 1945, lorsque les forces d'occupation furent débordées par les manifestations populaires en faveur de l'indépendance. Quelques mois plus tard, les dernières troupes françaises se retiraient sans gloire. Après douze siècles, Damas retrouvait son rôle de capitale.

Damas aujourd'hui

■ Une capitale surpeuplée

Malgré un rôle historique considérable à travers les siècles, Damas resta jusqu'au milieu du XXe s. une ville de taille modeste (90 000 habitants au XVIIIe s., contre 120 000 à Alep et 263 000 au Caire). Au contact de la steppe, elle présentait le séduisant visage d'une oasis de montagne traversée par les eaux fraîches du Barada et de ses canaux. Au centre de cet écrin de verdure, abrité derrière ses murs que venaient lécher les jardins de la Ghouta, un réseau de rues ombreuses

Les jardins de la Ghouta, la célèbre oasis (sans palmiers) qui entoure Damas. Au temps de la conquête, ils apparurent aux musulmans comme une préfiguration du paradis promis par Allah. Aujourd'hui, ils disparaissent chaque année davantage sous les avancées de l'urbanisation et de l'industrialisation.

Damas et le Sud

Illégales… mais officielles

Pas vraiment occupants légaux, pas non plus squatters : ce sont les habitants des *moukhalafat* (habitations en contravention) qui occupent notamment le flanc du Qassioun, un quartier de ruelles étroites, tortueuses et pentues où les nouveaux arrivants élèvent leur maison sur les espaces laissés libres. Mais que l'on ne s'y trompe pas : il ne s'agit pas ici de bidonvilles en matériaux précaires, mais de maisonnettes pourvues d'une cour, le plus souvent embaumée d'un jasmin et d'un rosier, où l'on prend le frais en famille les soirs d'été. Sans compter que ces habitations sont reliées tout ce qu'il y a de plus officiellement au réseau d'électricité, d'eau et d'égout.

Damas,
caravane d'étoiles sur un tapis vert,
seins de braises et d'oranges.

Adonis (poète syrien contemporain)

enserrait de belles demeures ordonnées autour de cours plantées d'arbres et de fleurs. Avec l'accroissement spectaculaire de la population dans les 50 dernières années, ce fragile équilibre est aujourd'hui en danger. La capitale syrienne a phagocyté ses vieux murs et s'est développée dans toutes les directions, intégrant dans un même tissu urbain les villages de la Ghouta les plus proches, Berzé au N., Mezzé au S.-O.

Malgré l'alignement presque militaire des barres de HLM qui semblent monter la garde aux approches de la ville, et en dépit des plans d'urbanisme élaborés à la fin du Mandat français et mis en œuvre jusque dans les années 1970, le développement de la ville s'est bien souvent affranchi de toute directive officielle. Les programmes de logement s'étant révélés bien vite insuffisants, on s'est alors regroupé dans des zones périphériques encore vierges de toute construction *(→ encadré)*.

■ Un patrimoine en danger ?

À l'intérieur des murs, les vieux palais, incommodes et difficiles à entretenir, ont été abandonnés par leurs riches propriétaires au profit de résidences luxueuses dans les quartiers modernes. Quand ils n'ont pas été divisés en plusieurs appartements, sacrifiant au passage les cours qui faisaient tout leur charme, nombre de palais sont aujourd'hui laissés à l'abandon. Et c'est depuis une dizaine d'années seulement que certains d'entre eux ont fait l'objet de restaurations, à l'initiative d'institutions publiques ou de particuliers amoureux de leur patrimoine. On est loin cependant de voir le vieux Damas se transformer en ville-musée, d'autant qu'y reste concentré l'essentiel du commerce.

La vieille ville

Le périmètre de la vieille ville recouvre à peu près celui de la ville romaine, qui dessinait un rectangle de 1 330 x 850 m. Elle était enfermée dans une enceinte aux murs droits, sauf du côté du Barada (au nord) où elle suivait le cours de la rivière. À l'intérieur, des rues au tracé rectiligne se coupaient à angle droit. Cette ordonnance antique a depuis longtemps disparu pour céder la place à l'enchevêtrement caractéristique des villes arabes, à deux exceptions près : l'ancienne via Recta, la rue Droite, qui traverse la ville d'est en ouest, et le quartier de Hariqa (de l'Incendie, II A/B1/2), qui doit son plan orthogonal à sa reconstruction après les bombardements de 1925.

La promenade qui permet de voir l'essentiel de la vieille ville va de la citadelle, à l'ouest, jusqu'à Bab Sharqi, à l'est. Il vous faudra une journée complète pour la suivre entièrement tout en vous ménageant de longs instants de détente à la terrasse d'un café ou aux étals des souks.

Organiser son temps : si vous voyagez en été, scindez plutôt cette balade en deux demi-journées : pendant les grosses chaleurs, les rues se vident autour de midi, ce qui leur enlève beaucoup de charme.

Où faire une pause : dans le pittoresque café de la rue an-Natta (**II C2** n° 3), dans le quartier an-Nofara, à l'E. de la Grande Mosquée. Pour déjeuner, vous aurez l'embarras du choix : restaurants traditionnels comme *Al-Ezz*, rue Bab al-Barid (**II B1**), ou *Old Damascus* (**II B1** n° 1), près de la Grande Mosquée, à moins que vous ne préfériez les établissements plus occidentalisés du quartier Bab Sharqi, sur la place Haret az-Zeitoun (**II C/D4**) ou dans la rue Hananya. Pour manger sur le pouce et bon marché, goûtez les sandwichs proposés dans les nombreux étals tout au long des rues (**II D4**).

■ **LA CITADELLE*** (II A/B1 ; *f. actuellement à la visite*). Contrairement à Alep, Damas ne possédait pas d'éminence naturelle sur laquelle construire une place forte. Il fallut donc trouver l'endroit le plus propice et s'en remettre à l'épaisseur des murs. La citadelle fut ainsi construite, probablement à l'emplacement du castrum romain, dans le coin N.-O. de la ville, au contact de deux branches de la rivière Barada.

Ce monument est placé depuis une quinzaine d'années sous l'autorité du service des Antiquités, après avoir abrité une garnison et une prison municipale. Les travaux de dégagement et de restauration se poursuivent à l'intérieur. Ils pourraient présager une ouverture prochaine au public. Actuellement, il faut se contenter d'en faire le tour à l'extérieur.

Histoire d'une place forte. La première citadelle fut construite au XIe s. par les Seldjoukides, qui avaient enlevé la ville aux Fatimides d'Égypte. Toutes les dynasties suivantes apportèrent leur pierre à l'édifice. Dans son aspect d'ensemble, l'enceinte remonte à l'époque ayyoubide (→ *encadré p. 136)* ; les travaux débutèrent en 1203 sous le règne d'Adil, frère de Saladin. C'est du haut des murs de la citadelle que les Français bombardèrent la ville durant les terribles journées d'octobre 1925.

L'enceinte dessine un vaste quadrilatère (230 x 150 m) dont le mur N. s'infléchit à mi-course vers le S.-O. pour suivre le cours de l'Aqrabani, l'une des branches du Barada, tandis que l'autre branche, le Baniyas, pénétrait dans l'enceinte même de la forteresse : l'approvisionnement de la place en eau était ainsi garanti, tout comme le remplissage des douves en cas d'attaque. Le haut mur était défendu par douze tours, dont quatre tours d'angle en forme de L. Elles étaient construites en avant de la muraille, afin d'assurer chacune la défense de la tour voisine et du rempart entre elles. De fait, la distance entre deux tours est la portée d'une flèche. Certains murs présentent un bossage grossier : il servait à atténuer l'impact des projectiles lancés par les mangonneaux, de formidables machines de guerre.

Le tour de l'enceinte. Du côté de la **rue ath-Thawra** (côté O.), les deux tours du S. ont été reconstruites (l'une entièrement, l'autre partiellement) par le service des Antiquités. La puissante tour d'angle a été surnommée tour du Belvédère : le sultan mamelouk Baybars avait en effet aménagé la partie supérieure en terrasse d'où il passait ses troupes en revue. Entre cette tour d'angle et la tour du milieu, on distingue les structures de la poterne par où la rivière Baniyas entrait dans la citadelle.

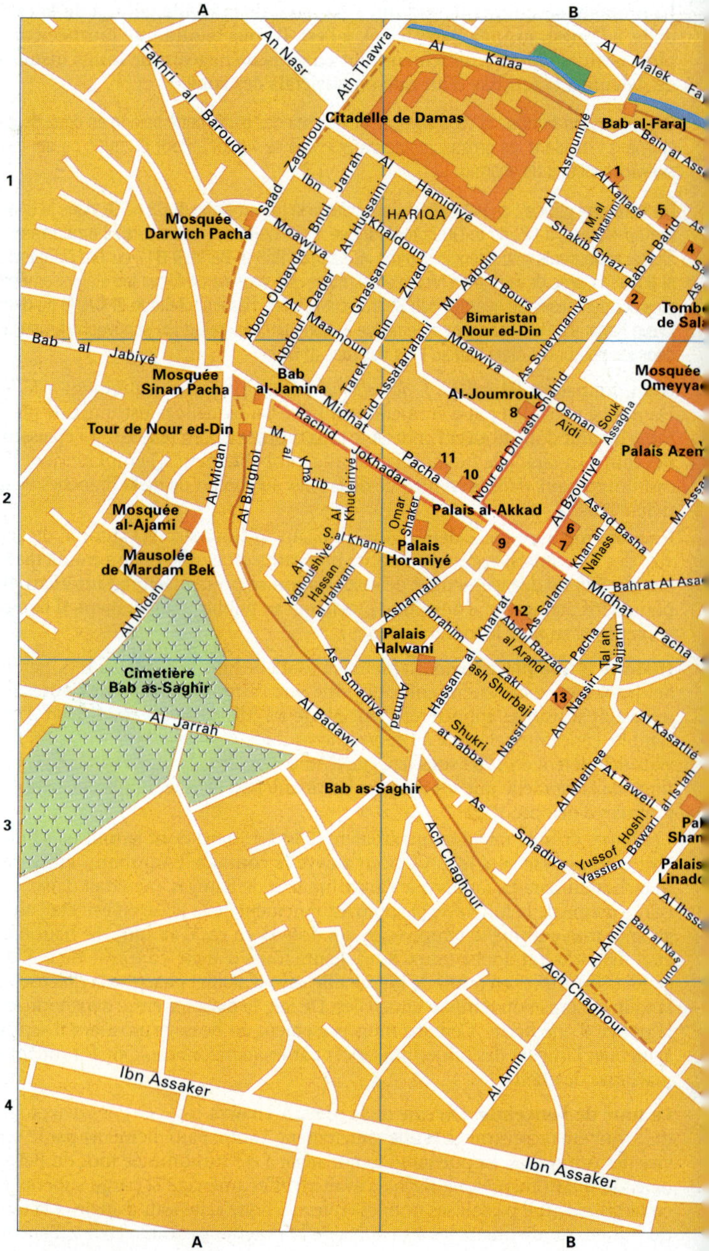

Damas, plan II : la vieille ville.

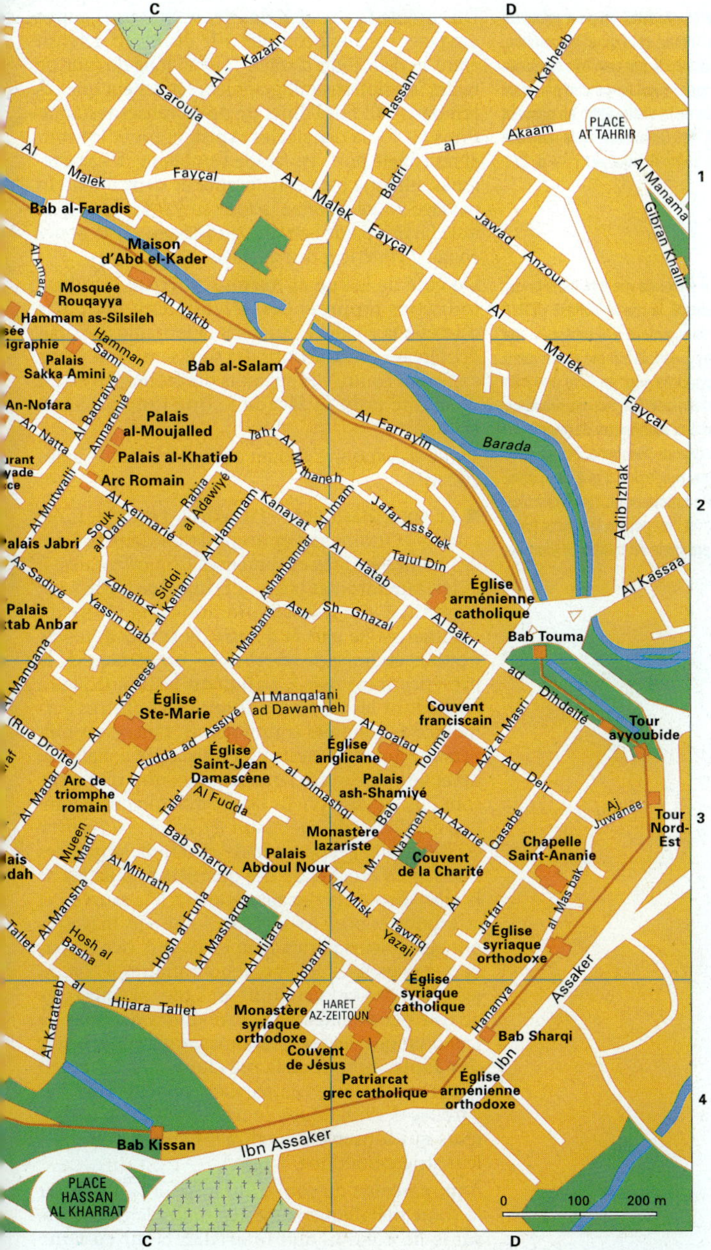
C
D
1
2
3
4
PLACE AT TAHRIR
Al Katheeb
Akaam
al
Rassam
Al Kazazin
Sarouja
Al Malek Fayçal
Al Malek Fayçal
Al Malek Fayçal
Al Malek Fayçal
Badri
Jawad Anzour
Al Manama
Gibran Khalil
Bab al-Faradis
Maison d'Abd el-Kader
Al Amara
Mosquée Rouqayya
Hammam as-Silsileh
An Nakib
Hamman Sami
Palais Sakka Amini
Bab al-Salam
An-Nofara
An Natta
Al Badraiyé
Annarenié
Palais al-Moujalled
Palais al-Khatieb
Arc Romain
Al Farrayin
Barada
Taht Al Mi'thaneh
Al Mutwalli
Al Keimarie
Souk al Qadi
Rabia al Adawiyé
Al Hammam
Kanayat
Al Imam
Jafar Assadek
Tajul Din
Adib Izhak
Al Kassaa
Al Hatab
Palais Jabri
As Sadiyé
Zgheib A. Sidqi
al Keilani
Ashahbandar
Ash Sh. Ghazal
Église arménienne catholique
Bab Touma
Al Bakri
Palais
Yassin Diab
Al Masbane
ad Dihdeilé
Tour ayyoubide
Al Manqalani ad Dawamneh
Couvent franciscain
Al Mangana
Kaneesé
Église Ste-Marie
(Rue Droite)
Al Fudda ad Assiyé
Église Saint-Jean Damascène
Al Boalad
Église anglicane
Touma
Aziz al Masri
Ad Deir
Arc de triomphe romain
Al Madar
Tale'
Al Fudda
Y. al Dimashqi
Palais ash-Shamiyé
Bab
Al Azarié
Qasabé
Aj Juwanee
Tour Nord-Est
Mueen Madi
Bab Sharqi
Monastère lazariste
M. Na'imeh
Chapelle Saint-Ananie
Al Mihrath
Palais Abdoul Nour
Couvent de la Charité
Al Mas bak
Al Mansha
Hosh al Funa
Al Masharqa
Al Misk
Al
Tallet
Hosh al Basha
Al Hijara
Tawfiq Yazaji
Jaafar
Église syriaque orthodoxe
Assaker
Al Abbarah
Église syriaque catholique
Al Katateeb
al Hijara Tallet
Monastère syriaque orthodoxe
HARET AZ-ZEITOUN
Hananya
Bab Sharqi
Couvent de Jésus
Ibn
Patriarcat grec catholique
Église arménienne orthodoxe
Bab Kissan
Ibn Assaker
PLACE HASSAN AL KHARRAT
0
100
200 m

Depuis la citadelle, on peut rejoindre Bab Touma et le quartier chrétien, à l'E. *(II D2 /3)*, par une très agréable promenade qui longe une partie de l'enceinte de la vieille ville, en passant par le souk des Dinandiers et la nouvelle mosquée chiite Rouqayya* :** **→ *p. 213.***

La seconde rue à g. dans la rue al-Asrouniyé, la rue al-Kallasé *(II B1)*, conduit directement à la mosquée des Omeyyades. Elle a été récemment restaurée pour en faire une jolie promenade qui, accessoirement, permet aux dignitaires de gagner en voiture la Grande Mosquée. On y trouve quelques magasins d'artisanat ainsi qu'un restaurant, *Old Damascus (II B1 n° 1)*, où l'on pourra faire une halte agréable en milieu de journée.

Du côté de la **rue al-Kalaa** (côté N.), trois autres ouvrages venaient compléter le dispositif défensif entre les deux tours d'angle. Tout au long du mur, de belles inscriptions calligraphiées rappellent que ces remparts ont fait l'objet de nombreuses restaurations au cours des siècles. Ainsi, la première tour après l'angle porte en façade l'emblème des Mamelouks, un long bandeau encadré de deux lions. Un passage voûté traverse la tour suivante, dont il ne reste qu'une partie : au-delà du passage, on se trouve en fait à l'intérieur de l'ouvrage.

Du côté de la **rue al-Asrouniyé** (côté E.), deux tours très rapprochées défendaient une porte d'accès à la citadelle. Au-delà, la muraille disparaît derrière les constructions des souks qui sont venus s'appuyer contre elle au cours des siècles ; il en est de même pour la façade S. que longe le souk Hamidiyé.

La rue al-Asrouniyé aboutit au souk Hamidiyé après 200 m.

■ **LE SOUK HAMIDIYÉ**** (II A/B1). Le XIXe s. finissant, les Ottomans s'éprirent de modernité. Foin des ruelles étroites et sinueuses trop orientales, il fallait faire droit et large. À Damas, ce fut le souk Hamidiyé, nef haussmannienne à la gloire du commerce. De part et d'autre de la rue, dotée de trottoirs et ornée de réverbères – un héritage de la présence française –, s'alignent les boutiques à étage dont les façades portent des pilastres surmontés de colonnes corinthiennes. Quant aux milliers d'orifices qui étoilent la couverture métallique devenue voûte céleste, on entend parfois dire qu'ils sont dus aux shrapnells des bombardements français de 1925. Chaque matin *(sf le ven., où l'activité est très réduite)*, une foule de chalands, venue des campagnes proches ou des quartiers populaires de la ville, dispute la rue aux vendeurs à la sauvette et aux touristes pour lesquels de nombreux magasins ont ouvert leurs portes. Sauf exception, ce n'est pas là que vous ferez les meilleures affaires. C'est du reste l'un des rares endroits en Syrie où vous serez accosté par des rabatteurs vantant les richesses de leur boutique. Jetez néanmoins un œil sur le **bazar des Tapis**, au coin de la rue Oubayda bnul Jarrah (II A1), du côté de l'entrée dans la vieille ville. On y trouve des boutiques de négociants et de réparateurs qui conservent quelques belles pièces dans leur arrière-boutique.

À mi-parcours du souk Hamidiyé, à l'endroit où la voûte métallique laisse apparaître le ciel, la rue sur la dr. conduit au **bimaristan Nour ed-Din*** *(→ ci-dessous)*.

L'entrée du souk Hamidiyé du côté de l'esplanade de la Grande Mosquée. Les vestiges romains de l'entrée monumentale du temple de Jupiter font partie intégrante de la ville : sous la colonnade se sont installés des marchands de livres religieux qui constituent le souk des Libraires.

■ **LE PROPYLÉE ROMAIN** (II B1 *n*° 2). Au débouché du souk Hamidiyé, à l'entrée de l'esplanade de la mosquée des Omeyyades, on arrive aux imposants vestiges du propylée de l'ancien temple de Jupiter *(→ p. 189)*, une porte monumentale surmontée d'un fronton qui marquait l'entrée O. du temenos, l'espace sacré qui entourait le temple. C'est l'un des endroits les plus animés de la ville.

Depuis le propylée romain, une longue allée commerçante en partie couverte part sur la dr. : c'est la rue Nour ed-Din ash-Shahid★ *(→ p. 198)*, qui rejoint vers le S. la rue Midhat Pacha, l'ancienne rue Droite romaine.

■ **LE BIMARISTAN NOUR ED-DIN★ (musée de la Médecine arabe** ; *rue M. Aabdin* ; **II B1** ; *ouv. t.l.j. sf mar. 8 h-14 h ; entrée payante*). Après avoir pris la ville en 1154, Nour ed-Din voulut la doter de somptueux édifices publics : des bains, une madrasa, ainsi qu'un hôpital qui, depuis, porte son nom. Depuis 1978, il abrite un musée consacré à la médecine arabe. Le porche d'entrée (restauré) en nid d'abeilles donne accès à une belle cour centrale ornée d'iwans

La mosquée, lieu de prière et lieu de vie

La mosquée est au centre de la vie religieuse, sociale et même politique de toute ville musulmane. À côté de la Grande Mosquée – appelée également mosquée du Vendredi –, où doivent se rendre l'ensemble des fidèles une fois par semaine, se trouvent un peu partout de petits oratoires de quartier destinés aux prières quotidiennes. Parfois il s'agit d'une simple pièce à l'étage des souks que signale de l'extérieur un petit balcon utilisé pour l'appel à la prière.

▲ Comme un appel vers Dieu, le minaret s'élance vers le ciel (ici, celui de la mosquée al-Adiliyé d'Alep). Il signale de loin la mosquée, imbriquée souvent dans le lacis des ruelles de la vieille ville.

Et la maison du Prophète devint oratoire

Repliée à Médine, la première communauté musulmane avait besoin d'un lieu de prière. Ce fut la propre maison du Prophète, une demeure construite à la mode gréco-romaine autour d'un cour à portique. Pour se prosterner vers Jérusalem, la première direction de la prière musulmane, les fidèles se plaçaient à l'ombre du portique, sur un même rang (l'islam est une religion fondamentalement égalitaire), derrière Mahomet qui conduisait lui-même la cérémonie. Un seul portique, ce fut bien vite trop exigu pour la communauté en constant accroissement. Empiétant sur la cour, d'autres rangées de fidèles s'ajoutèrent, au-dessus desquels on dressa des tentures pour les protéger du soleil. Le plan type des premières mosquées était né. C'est celui que l'on retrouvera dans la Grande Mosquée (des Omeyyades) de Damas au début du VIIIe s.

De la cour à la salle de prière

Au cœur des vieilles villes musulmanes ouvre la cour de la mosquée, bordée d'un haut mur contre lequel viennent buter les ruelles avoisinantes. C'est en réalité une sorte de place publique : on s'y rencontre, on y bavarde, on y somnole aussi à l'ombre des portiques les après-midis de grande chaleur. Un des côtés de la cour est

▲ La cour de la mosquée des Omeyyades (ou Grande Mosquée) de Damas. Au premier plan, les bassins où les fidèles doivent accomplir leurs ablutions avant la prière. La cour d'une mosquée fonctionne comme une véritable place publique : c'est le seul espace ouvert de la ville.

◄ **La salle de prière de la mosquée des Omeyyades, à Damas : les alignements de tapis parallèles au long mur de *qibla* (vers lequel les fidèles se tournent pour prier) marquent l'emplacement des rangées de fidèles.**

occupé par la salle de prière. Ce vaste espace est divisé par une ou plusieurs colonnades parallèles au mur de *qibla*, qui indique la direction de La Mecque. Au centre de ce mur, le mihrab – parfois flanqué de mihrabs secondaires – est la niche devant laquelle se tient celui qui dirige la prière. À côté se trouve le minbar, une haute chaire d'où l'imam prononce le prêche du vendredi ; elle rappelle à tout musulman le trône où se tenaient les premiers califes lorsqu'ils dirigeaient eux-mêmes la prière de la communauté des croyants.

■ Au centre de la vie citadine

La Grande Mosquée est aussi un lieu d'enseignement : on y voit des professeurs disposant chacun de son cercle, au pied d'un pilier ou dans une encoignure de la salle de prière. Elle joue aussi un rôle politique non négligeable. C'est au nom du souverain qu'est prononcé le sermon du vendredi *(qutba)* : une manière de rappeler à l'assemblée des croyants qu'il détient fermement le pouvoir. Ainsi, lorsqu'un sultan était renversé, l'un des premiers actes de son successeur était de faire prononcer la *qutba* en son nom à lui. Aujourd'hui, assister à la prière, agenouillé au premier rang de l'assistance, est pour tout dirigeant musulman un acte majeur de la vie politique. Simple oratoire sans caractère sacré à l'origine, la mosquée s'est entourée au cours des siècles d'une certaine sainteté. On dit que la mosquée des Omeyyades de Damas réunit chaque vendredi matin le conseil des saints invisibles qui régissent secrètement la marche du monde.

▲ **Le mihrab est une niche vide car les musulmans se prosternent non pas devant des idoles mais devant l'Ineffable. Lieu de convergence de tous les regards pendant la prière, il reçoit souvent une décoration particulièrement soignée (ici, celui de la mosquée Firdaous, à Alep).**

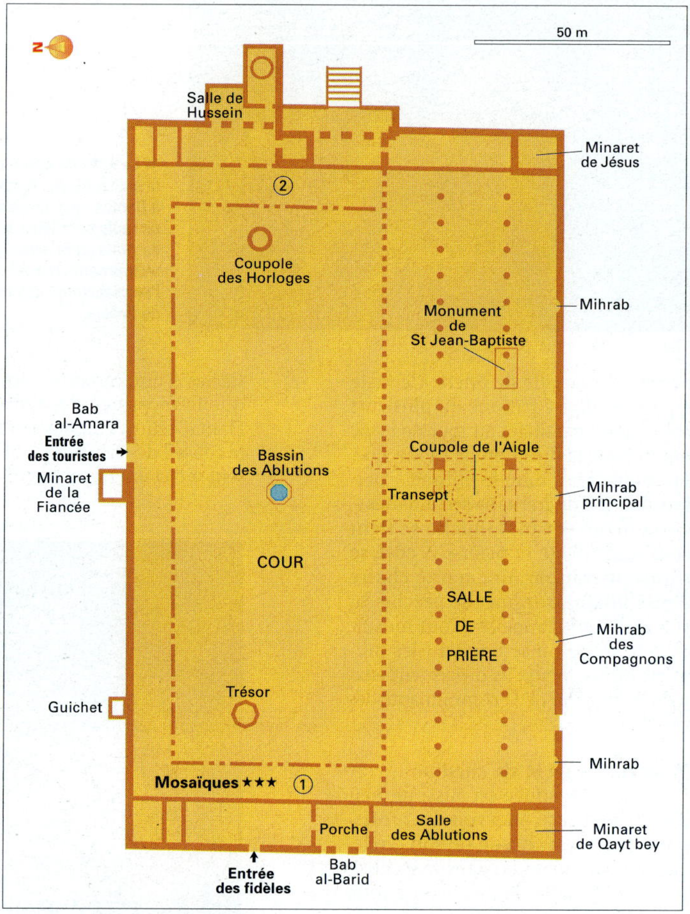

Plan de la mosquée des Omeyyades.

(porches monumentaux, d'origine persane). C'est là que les professeurs dispensaient leur enseignement aux étudiants en médecine. Les salles d'exposition présentent des collections d'instruments ainsi que des traités médicaux. Une partie est consacrée à la mémoire des grands scientifiques musulmans, dont Ibn Sina (980-1037) est le plus connu en Occident sous le nom d'Avicenne.

■ **La mosquée des Omeyyades***** (ou **Grande Mosquée** ; **II B1-C2**).

Visite : ouv. du lever au coucher du soleil pour les fidèles, 9 h-17 h pour les visiteurs ; f. le ven. pour la prière de la mi-journée ; entrée payante.

Accès : l'entrée des touristes se trouve sur le côté N. de l'enceinte (l'entrée O. est réservée aux musulmans). Les femmes doivent revêtir un long manteau à capuche, fourni au guichet. On ne se déchausse qu'à l'entrée de la salle de prière.

La Grande Mosquée de Damas est l'une des plus vénérées de l'islam. Commencée sous le calife Walid Ier en 705, elle fut, dès son achèvement en 714-715, unanimement considérée comme une des merveilles du monde, la fierté et la gloire des musulmans. Les murs des portiques de la cour étaient tapissés de superbes mosaïques à fond or qui constituaient sans aucun doute la plus importante superficie jamais réalisée à cette époque. Si les influences byzantines sont certaines dans l'architecture comme dans la décoration – la présence de mosaïstes byzantins, venus peut-être de Constantinople, ne fait guère de doute –, l'intérieur fut adapté aux exigences du culte musulman, et les thèmes développés sur les murs de la cour dénotent à coup sûr une influence orientale.

Les minarets

La Grande Mosquée est dominée par trois minarets, figures tutélaires de la vieille ville. Celui du S.-O., du côté de l'esplanade, fut construit par le sultan mamelouk **Qayt bey** (XVe s.) dans le style propre à l'Égypte, au-dessus de la seule tour d'angle antique presque entièrement conservée. Le minaret du S.-E. (XIIe s. et adjonctions ottomanes dans sa partie supérieure), appelé **minaret de Jésus,** est particulièrement considéré : selon la tradition, c'est par là que Jésus descendra sur terre au jour du Jugement dernier pour combattre l'Antéchrist. Au centre du mur N., du côté de l'entrée des touristes, le **minaret de la Fiancée** (Xe et XIIe s.) est le premier de la ville à lancer l'appel à la prière.

La cour

Ce vaste quadrilatère (le *sahn*) sert tout autant de prolongement extérieur de la salle de prière que de véritable place publique. Sur trois côtés, il est bordé de portiques à colonnes et piliers dont les deux étages répondent aux deux étages des colonnades intérieures. À l'origine, les murs des portiques étaient entièrement plaqués de marbre et décorés de mosaïques en cubes de verre ; les chapiteaux des colonnes étincelaient d'un placage d'or.

Le **portique Ouest** *(1)* conserve, outre des **moucharabiehs** en marbre très travaillés, la seule partie des mosaïques qui a échappé aux vicissitudes du temps, et notamment aux deux sacs de la ville, en 1260 par les Mongols et en 1400 par les troupes de Tamerlan. Il s'agit d'un long **panneau***** (restauré dans les années 1960) décrivant des paysages imaginaires de villes au milieu de jardins luxuriants et

De Jupiter à Mahomet

Au cœur de la ville gréco-romaine, à l'emplacement de la **mosquée des Omeyyades,** s'élevait un temple dédié à Jupiter, qui avait lui-même remplacé celui de Hadad, le dieu sémitique de l'orage. C'était l'un des plus vastes sanctuaires de l'Orient romain. Il se trouvait au centre d'une double enceinte : le temenos, l'immense espace sacré du temple (385 x 305 m), à l'intérieur duquel s'inscrivait le péribole, un autre mur d'enceinte doté de quatre tours d'angle qui enserrait le temple lui-même. Depuis les quatre entrées du temenos – on voit les vestiges de l'une de ces portes à l'O. de la Grande Mosquée, à l'entrée du souk Hamidiyé –, une allée bordée de colonnes monolithiques conduisait vers le temple. C'est l'ancien mur du péribole qui a servi à délimiter le périmètre de la mosquée ; il est conservé sur toute sa longueur du côté O. – là où se trouve l'entrée de la mosquée pour les musulmans – et il en subsiste des vestiges sur les trois autres côtés. Au IVe s., le temple fut remplacé par une église dédiée à saint Jean Baptiste. À leur arrivée en 635, les musulmans laissèrent aux chrétiens leur église, se contentant d'un modeste lieu de prière à l'intérieur du péribole antique. Ce n'est qu'en 705 que le calife Walid Ier ordonna l'édification d'une mosquée digne de ce nom pour la communauté musulmane. 12 000 ouvriers participèrent à la construction, qui dura 10 ans.

La cour de la Grande Mosquée est un véritable lieu de vie. Ne vous étonnez donc pas d'y rencontrer des promeneurs en grande conversation bras dessus, bras dessous, des villageois des alentours occupés à déjeuner sous les portiques, tandis que d'autres profitent de l'ombre pour une sieste réparatrice.

Une arcade du portique Ouest de la mosquée des Omeyyades avec, sur le mur du fond, les célèbres mosaïques à fond or qui tapissaient à l'origine les quatre portiques de la cour.

traversés par de frais cours d'eau : une image du paradis comme aiment à le chanter les poètes arabes.

En avant de ce portique, le **Trésor** (koubbet al-Khazné) est un élégant édicule décoré de mosaïques qui repose sur huit colonnes antiques ; il abritait à l'origine le trésor de la mosquée. Un édifice de même plan lui répond de l'autre côté de la cour : la **coupole des Horloges,** appelée ainsi parce que jusqu'à la fin des années 1950, c'est là qu'on remisait toutes les horloges de la mosquée. Le **bassin des ablutions,** au centre de la cour, remonte à la période ottomane, en intégrant quelques éléments d'un bassin plus ancien.

Le **portique Est** *(2)* conserve au mur, près de la porte de l'angle S.-E., quelques placages de marbre qui sont peut-être les uniques vestiges du placage originel : les dalles de marbre sont agencées de telle manière que les veines de la pierre se prolongent d'une dalle à l'autre, composant d'étonnants motifs géométriques. Sous ce portique, une porte donne accès à une **longue salle** au fond de laquelle un reliquaire abrite, selon la tradition chiite, la tête de Hussein, le fils d'Ali, assassiné à Kerbela en 680. Les chiites iraniens sont nombreux à y venir en pèlerinage, et c'est toujours un moment extrêmement émouvant que d'entendre les déchirantes lamentations de ces hommes et de ces femmes qui, devant la relique de leur saint, psalmodient entre deux sanglots l'histoire de Hussein et de son martyre.

La salle de prière

La **façade** est une entrée à trois baies surmontée d'un fronton triangulaire et flanquée d'arcades à deux niveaux : elle dérive directement de modèles byzantins (et particulièrement des palais impériaux).

À l'**intérieur,** l'immense salle rectangulaire (136 m de long), couverte de tapis, est baignée d'une lumière tamisée qui entre par les multiples fenêtres. Elle est divisée en trois travées par deux colonnades à étage, où l'on reconnaît aussi l'influence de l'architecture byzantine. Ces colonnades sont interrompues en leur milieu par un transept plus élevé, placé dans l'axe du mihrab central. En 1893, un terrible incendie ravagea la salle de prière qui dut être entièrement reconstruite, à l'identique ; aucune décoration intérieure n'est donc antérieure à cette date. À cette occasion, un lourd dôme de pierre, la **coupole de l'Aigle,** remplaça celui en bois du XIe s.

Le **mur Sud** de la salle, décoré de marbres polychromes d'une grande variété, est creusé de quatre niches, les mihrabs : c'est le **mur de qibla** qui, dans toute mosquée, indique la direction de La Mecque, vers laquelle les fidèles se tournent pour prier. Le **mihrab principal,** le seul qui soit ouvragé, est flanqué d'une belle **chaire***, le minbar, dont la marqueterie de pierre imite le bois ; c'est de cette chaire qu'est prononcé le prêche du vendredi. La niche située à g. du mihrab principal est appelée **mihrab des Compagnons.** Selon la tradition, elle marque l'emplacement de la petite mosquée où priaient les musulmans dans les premières décennies de leur présence dans la ville.

Dans la partie E. de la salle de prière, le petit **édicule à coupole** (fin de la période ottomane) passe pour abriter la tête de saint Jèan Baptiste, découverte, dit-on, lors de la construction de la mosquée au VIIIe s.

Pour les musulmans, Jean Baptiste est aussi un prophète, vénéré sous le nom de Yahiya.

L'extérieur de la Grande Mosquée

Vous pourrez compléter la visite en faisant le tour du mur d'enceinte. Dans ce cas, nous vous conseillons d'aller d'abord visiter le tombeau de Saladin (et éventuellement les madrasas Zahiriyé et Adiliyé), qui est situé tout près de l'entrée des visiteurs *(→ ci-dessous).*

Du **côté occidental** (celui de l'esplanade, où se trouve la porte qu'empruntent les fidèles), le mur a gardé, pour l'essentiel, sa physionomie antique : un ouvrage de gros appareil dont la verticalité est interrompue par 11 pilastres ; à l'extrémité S., il conserve sa tour d'angle qui sert de base au minaret de Qayt bey.

Le **mur Sud**, lui aussi en grande partie d'origine antique, est bordé d'ateliers d'ébénistes. En son centre, un linteau sculpté marque l'une des quatre entrées originelles du péribole. Lors de la transformation du sanctuaire païen en église, il reçut une inscription gravée : « Ton règne est un règne de tous les temps, et ton empire dure à travers les âges » (Ps 145, 13).

Devant le mur S. de la Grande Mosquée commence le souk Assagha, le souk des Bijoutiers *(→ p. 193).* En le suivant vers le S., on rejoint directement le palais Azem après 150 m.

Dans la rue an-Natta (quartier an-Nofara) se trouve l'un des plus pittoresques cafés de la vieille ville *(II C2 n° 3)*. Une occasion bienvenue de s'asseoir pour prendre un thé ou une boisson fraîche en compagnie des habitants du quartier. Jusqu'à il y a peu, un conteur s'y produisait chaque jeudi et vendredi soir.

Le **mur Est** est également en grande partie d'origine antique. C'était à l'époque romaine l'entrée principale du péribole (l'enceinte intérieure du temple) : elle était précédée d'un monumental portique à colonnes, dont subsistent quelques éléments. En suivant sur 150 m la **rue an-Natta** (II C2) qui descend à dr. du mur E., on parvient aux vestiges d'une des portes d'entrée de l'enceinte sacrée du temple de Jupiter. En chemin, vous rencontrerez quelques boutiques d'antiquaires et surtout un très pittoresque café *(n° 3)*.

■ **Le tombeau de Saladin*** (II B1 ; *ouv. t.l.j. 9 h-17 h ; entrée libre ; se déchausser en entrant*). C'est dans ce modeste édifice, construit à la fin du XIIe s. à l'ombre de la Grande Mosquée, que repose l'un des plus grands hommes de guerre que l'islam ait connus. Salah al-Din (1138-1193), le Saladin des Francs, réussit en effet à réunir sous sa bannière tous les musulmans contre les croisés, auxquels il reprit Jérusalem à la suite de la victoire de Hattin (près du lac de Tibériade). Son souvenir est toujours vivace (→ *encadré p. 178*).

Le monument fut en fait longtemps laissé pratiquement à l'abandon, jusqu'à la visite en Orient de l'empereur d'Allemagne Guillaume II en 1898. Le souverain finança la restauration de l'édifice, qu'il dota d'un nouveau cénotaphe en marbre. C'est celui-ci que l'on voit aujourd'hui au centre de la salle funéraire, tandis que les lampes portent le monogramme de l'empereur à côté de celui du sultan de Constantinople. Le cénotaphe original, en bois sculpté d'arabesques, se trouve à côté. Aux murs, belle décoration de carreaux de faïence du XVIIe s.

■ **Le musée d'Épigraphie arabe (madrasa Jaqmaqiyé** ; **II B/C1** ; *ouv. t.l.j. sf mar. 9 h-17 h ; entrée payante*). La belle madrasa Jaqmaqiyé (XVe s., style mamelouk) abrite une collection de manuscrits anciens : corans enluminés d'époque mamelouke, parchemin du Xe s. en écriture coufique, inscriptions sur os de chameaux et de moutons remontant au VIIIe s. C'est de cette manière qu'un siècle plus tôt furent retranscrites par ses premiers disciples les paroles que le Prophète reçut d'Allah. Cette collection, bien qu'importante, n'intéressera cependant que les visiteurs passionnés par l'histoire de l'écriture arabe. On peut en revanche entrer dans l'édifice pour en apprécier l'architecture intérieure et les marqueteries de marbre.

■ **Les madrasas Zahiriyé et Adiliyé** (**II B1** *n° 4 et n° 5 ; ouv. 8 h-17 h sf ven. ; entrée libre*). Ces deux anciennes écoles coraniques qui se font face de part

Un lieu de perdition…

« Je ne peux pas aller là-bas comme ça », nous confia un jour, en parlant du souk, une jeune chrétienne d'Alep en lissant d'une main sa longue chevelure brune. Il est vrai que l'on voit peu de femmes en cheveux déambuler dans les souks. Longtemps, on n'en vit pas du tout. Les souks étaient considérés comme des lieux de perdition, particulièrement pour les femmes : la promiscuité qu'impose l'étroitesse des ruelles pouvait avoir un effet fâcheux sur la moralité publique. De temps à autre, il arriva qu'on leur en interdise même l'accès, comme on interdisait, à tous cette fois, de s'y promener de nuit. Car le souk est aussi le lieu de toutes les intrigues. C'est là que se rencontrent les hommes, dans les bains publics et les cafés : « Là se préparent, presque en silence, les fréquentes révolutions qui ensanglantent la capitale », écrivait Lamartine à propos de Damas. C'est la raison pour laquelle les souks, pendant longtemps, ne connurent pas d'éclairage public.

et d'autre d'une ruelle remontent à l'époque ayyoubide (XIIIe s.). Celle de dr., la **madrasa Zahiriyé**, aujourd'hui bibliothèque universitaire après avoir été le siège de la Bibliothèque nationale syrienne jusqu'en 1980, abrite le tombeau du célèbre sultan mamelouk Baybars (1223-1277), victorieux de bien des places fortes franques (dont le Krak des Chevaliers) et vainqueur des Mongols en 1260. Belles décorations de marbre polychrome dans la salle du cénotaphe *(à dr. en entrant)*. Le hammam situé juste derrière la madrasa en dépendait.

En face, la **madrasa Adiliyé** (qui appartient également à une institution universitaire), un peu plus ancienne, est distribuée autour d'une jolie cour avec bassin et palmier. Elle abrite, dans le coin g., la **tombe d'al-Adil Sayf ad-Din** (dit Salafin, le « Sabre de la Foi », 1143-1218), le frère de Saladin qui, à la mort de celui-ci, devint pour quelques années maître de l'Égypte et de la Syrie et réussit une éphémère réunification des possessions ayyoubides.

■ **Le souk Assagha**** (II B2). Depuis la Grande Mosquée, vous le traverserez pour vous rendre au palais Azem. C'est la rue des **orfèvres**, où les commerçants sont en majorité chrétiens. À l'intérieur des minuscules boutiques ruisselant d'or, une balance trône sur le comptoir : c'est au poids que s'évalue le prix d'un article. Les clients s'assoient sur la banquette adossée aux murs, le cou tendu vers le comptoir où étincellent colliers, bracelets et boucles d'oreilles. Pas de bijoux d'argent ici : seules les femmes bédouines en portent. Dans le bas de la rue, l'or laisse la place aux **épices** et aux **parfums** (avec pas mal d'imitations de grandes marques françaises). De part et d'autre de la rue, des passages ouvrent vers de petites cours intérieures, celles d'anciens caravansérails (khans), occupées aujourd'hui par des boutiques. Dans le prolongement du souk Assagha ouvre le souk Bzouriyé *(→ ci-dessous p. 197)*.

■ **Le palais Azem**** (**musée national des Arts et Traditions populaires** ; II B2 ; *ouv. t.l.j. sf mar. 9 h-17 h ; entrée payante*).

Au cœur du brouhaha des souks, un havre de calme, de fraîcheur et de verdure : c'est le palais Azem, le plus vaste des 150 palais que comptait la ville au XVIIIe s. Depuis son rachat par l'État syrien en 1952, il abrite des collections ethnographiques (présentées au travers de scènes de la vie quotidienne reconstituées avec des mannequins de cire) ; mais le véritable intérêt de la visite réside dans l'architecture et la décoration : pavillons élégants aux façades ouvragées, cours plantées de citronniers, de cédratiers et

Heurs et malheurs d'un palais

Le palais Azem fut construit sur l'ordre d'Assad pacha al-Azem, gouverneur de Damas au service des Ottomans. Entrepris en 1749, les travaux mobilisèrent tous les artisans de Damas, au point que pendant plusieurs mois, dit-on, il fut impossible de trouver un ouvrier en ville. Pour les matériaux de construction, les sites antiques du Hauran servirent de carrière. Quant à la décoration, elle provient en grande partie d'autres maisons de la ville que le pacha lui-même ordonnait de dépouiller de leurs boiseries ou de leurs plus belles pierres. C'est pourquoi elle présente un condensé des plus belles traditions artisanales damascènes. En 1922, les autorités mandataires françaises rachetèrent le palais aux 68 descendants du pacha qui le possédaient en commun. Il fut destiné à abriter l'Institut français d'archéologie. Lors du soulèvement d'octobre 1925, les émeutiers se portèrent sur le palais qui abritait la résidence du tout nouveau haut-commissaire, le général Sarrail, que déjà les fines langues damascènes surnommaient « le monsieur du palais Azem ». Tout fut saccagé et une grande partie de la décoration disparut aux mains des pillards. Lorsque les troupes françaises reprirent le contrôle de la ville, le palais n'était plus qu'un tas de décombres. Les restaurations entreprises à partir de 1933 ont permis de lui rendre son état originel.

Dans l'intimité des palais

▲ Robinet de bassin (palais Maktab Anbar, Damas).

Dissimulés aux regards extérieurs par de hauts murs aveugles, les palais arabes sont les héritiers des villas gréco-romaines. Au centre, une cour agrémentée d'un bassin sert d'espace de communication entre les diverses parties du bâtiment. Ses grandes dimensions – elle occupe souvent plus du tiers de la superficie de l'ensemble – et la nette séparation établie entre l'espace privé et l'espace public sont les principales caractéristiques des palais syriens.

■ Une double exigence

Par leur disposition d'ensemble, les demeures privées répondent à la double exigence que s'impose l'architecture traditionnelle arabe. Exigence culturelle d'abord, qui exige la stricte distinction du *haramlik,* la partie la plus vaste, où se déroule la vie familiale en l'absence de tout homme n'appartenant pas à la famille, et du *selamlik,* où le maître de maison reçoit ses invités. Exigence climatique ensuite, qui réclame l'alternance de l'ombre et de la lumière : en été, on peut se protéger des grosses chaleurs en prenant place sous de hauts porches (iwans) orientés au nord, tandis qu'en hiver, les salons tournés vers le sud permettent de profiter des rayons du soleil.

◄ Au XVIIIe s., Damas comptait 150 palais. Le plus grand, le palais Azem (1749), était celui du gouverneur de la ville. À la luxuriance du jardin répond la sobre bichromie des murs du *haramlik,* la partie privée où vivait la famille.

■ Un jardin au cœur du palais

Plus qu'une cour, c'est un véritable grand jardin, objet de tous les soins, qui sert d'espace commun aux membres de la famille. Au centre, un bassin agrémenté d'un jet d'eau ; tout autour, des plantes et des fleurs, en parterres ou en pots : basilic, sauge, baume, hysope, sans oublier la rose de Damas, introduite en Occident par quelque chevalier du temps des croisades. Et puis des arbres : citronniers, orangers, cédratiers, espèces toujours vertes et aux fleurs odorantes. Dans les maisons les plus riches, on trouve sur l'un des côtés une estrade surélevée, fermée par une grille où s'accrochent des plantes grimpantes : c'est là que prennent place les musiciens venus agrémenter les soirées. Sur la cour ouvre le *qaa,* lieu qui remplit à la fois l'office de salle de réception et de salon d'hiver. Cette vaste pièce coiffée d'une coupole abrite encore une fontaine. On prend place sur une estrade garnie de tapis, confortablement installé sur des coussins.

▲ **Le palais Nizam, à Damas, est utilisé pour les réceptions d'État. Au centre de la cour, le traditionnel bassin, dont le ruissellement de l'eau vient bercer les invités installés sous l'iwan. Les fauteuils sont une concession à l'Occident : on préférait autrefois les tapis et les coussins.**

Un art de vivre raffiné

Selon les heures du jour ou les saisons, on passe librement d'une partie de la demeure à l'autre. Cette forme de nomadisme domestique est facilitée par la simplicité du mobilier : coussins, tapis, petits coffres sont facilement transportables. Ici, point de ces lourds fauteuils où l'on doit s'asseoir les jambes pendantes, une position particulièrement inconfortable dans les pays chauds. Et lorsqu'on meuble les pièces d'apparat, c'est une concession aux modes occidentales. Concession relative car, du fait de leurs grandes dimensions, il est facile d'y prendre place les jambes repliées. Stade suprême du raffinement à l'orientale : les moucharabiehs. Loin d'être des cages pour les femmes, ces ouvertures à claies de bois permettent de profiter de la brise pendant les grandes chaleurs. Ceux que l'on peut voir au palais Azem de Hama bordent sur trois côtés un petit salon construit en encorbellement. Des banquettes permettent à plusieurs personnes d'y prendre place et de profiter du courant d'air rafraîchi. L'ancêtre de la climatisation, en somme.

Décor de marqueterie de pierre et de stuc au palais Maktab Anbar de Damas (XIXe s.). À partir du XVIIIe s., une abondante décoration colorée envahit murs, portes et plafonds des riches demeures. ▼

◄ **Un des somptueux plafonds peints du palais Nizam (Damas). Les motifs complexes et délicats rappellent les enluminures de manuscrits.**

de myrtes, embaumées par le jasmin et le chèvrefeuille, intérieurs richement décorés de marbre, de bois peint ou de stuc... Tout évoque admirablement le cadre de vie raffiné de l'aristocratie damascène des siècles derniers. Par sa disposition d'ensemble, avec la séparation bien nette entre espaces privés et espaces publics, le palais Azem répond aux normes de l'architecture traditionnelle arabe *(→ les pages 194-195)*.

Le haramlik

Au-delà du guichet qui délivre les billets, un passage, coudé afin de préserver l'intimité des lieux, donne accès à la **partie privée de la demeure,** le *haramlik.* Cette partie occupe près des deux tiers de la superficie totale et s'organise autour d'une splendide cour ornée de bassins et de cyprès qui lancent leur cime vers le ciel.

La cour**. C'est l'unique espace de circulation : toutes les salles du rez-de-chaussée ouvrent sur elle. En levant les yeux vers l'étage, on découvre les **fenêtres*** des anciennes chambres à coucher, encadrées de véritables dentelles de pierre ou de stuc et équipées de verres colorés. Quant aux murs donnant sur la cour, ils jouent des variations de leurs couleurs : jaune, blanc, ocre, que soulignent des bandes horizontales en pierre noire.

Les salles du rez-de-chaussée. Elles sont souvent décorées aux murs et aux **plafonds*** *(n'oubliez pas de lever la tête)* de superbes boiseries peintes de motifs végétaux et floraux, que rythment des versets coraniques ou des poèmes. Pour la plupart, elles possèdent une estrade de marbre, jadis recouverte de tapis et parfois agrémentée d'une fontaine. C'est là que l'on prenait place, confortablement installé sur des coussins après s'être déchaussé devant les quelques marches qui y donnent accès. Souvent le sol est décoré de mosaïques de marbre multicolore, sous l'iwan principal ou sous le portique d'hiver par exemple. Les salles présentent les collections du **musée des Arts et Traditions populaires.**

La visite s'effectue en suivant le sens des aiguilles d'une montre.

À la **salle de classe** fait suite le **salon d'hiver,** orienté au S., qui permettait de profiter du soleil d'hiver (collection d'instruments de musique). La **salle de la Mariée*** est l'une des plus richement décorées du palais : au mur, décoration de marbre, de pierre et de bois ; au plafond de bois peint, l'inscription calligraphiée est à la gloire d'Assad pacha. Dans la **salle de la Belle-mère***, également très joliment décorée, est présenté un siège d'accouchement.
Après la **salle de Fayçal,** où les meubles incrustés de nacre et d'os sont d'un style typiquement damascène, la **salle du Pèlerinage** rappelle que Damas fut longtemps le point de départ du pèlerinage vers La Mecque *(→ encadré p. 138)* ; les objets présentés ici évoquent ce grand moment de l'année musulmane : chameau bâté portant le *mahmal* (un baldaquin brodé de tissu d'or qui abritait un précieux exemplaire du Coran), fidèles en costume de pèlerins (une pièce d'étoffe sans coutures), exemplaires rares du Coran, photographies anciennes.
On arrive ensuite à la reconstitution d'un **café** populaire avec ses conteurs et son théâtre d'ombres, tels qu'il en existait encore récemment à Damas. Dans la **salle des Armes,** les épées damasquinées – c'est-à-dire où l'acier de la lame est incrusté de fils d'or ou d'argent – étaient, comme leur nom l'indique, une spécialité de Damas. Le **bain,** caractéristique des pays arabes, est constitué de trois salles reliées par un étroit couloir, chacune devant offrir une température différente *(→ sur les hammams, voir les pages illustrées 54-55)*.

La dernière salle donnant sur la cours est la **salle de réception** (le *qaa*), au plan en T, qui s'ouvre en haut de quelques marches. Un pacha de cire trône au centre, entouré de ses conseillers. De là, on passe dans une pièce, à dr., dont les mannequins évoquent la vie dans le djebel Druze et le Hauran.

On quitte ensuite le *haramlik* par un passage coudé qui conduit au *selamlik*, l'autre partie du palais.

Le selamlik

La **partie publique du palais,** dévolue au maître de la maison et à ses hôtes, fut partiellement détruite du côté E. *(à g.)* lors du soulèvement de 1925 ; un bâtiment sans grâce a été reconstruit sur les décombres. Les salles restantes exposent des collections de costumes traditionnels ainsi que des objets d'artisanat : cuivre, cuir, textiles. Sous l'iwan sont reconstituées deux activités traditionnelles de la ville : le verre soufflé et la poterie.

■ **Le souk Bzouriyé**** (II B2). Il commence à la sortie du palais Azem, qu'il relie à la rue Droite ; c'est l'un des coins les plus animés du bazar. On y trouve des **épices** et surtout des **fruits confits,** célèbres produits de la Ghouta, l'oasis qui entoure Damas : abricots surtout, mais aussi poires ou prunes, renommés dans tout l'Orient *(→ encadré).* Au long de la rue, deux édifices méritent un arrêt : le hammam Nour ed-Din et le khan Assad Pacha. Ils sont tous deux situés du côté g. en se dirigeant vers la rue Droite.

Le hammam Nour ed-Din** (II B2 *n°* 6), signalé par un panonceau en anglais, est le plus ancien bain de la ville toujours en activité. Il fut construit sur l'ordre de Nour ed-Din après la prise de la ville en 1154. Messieurs, vous pourrez descendre dans la belle salle de relaxation à coupole monumentale – les dames se contenteront d'y jeter un coup d'œil depuis le couloir – et, si le cœur vous en dit, revenir en fin de journée pour un bain de vapeur et un massage relaxant *(ouv. de 8 h à minuit).*

Le khan Assad Pacha** (II B2 *n°* 7) jouxte le hammam – un passage reliait autrefois les deux bâtiments pour le confort des voyageurs. Ce caravansérail est une des merveilles architecturales léguées par les Ottomans. Il fut construit au XVIIIe s. sur l'ordre d'Assad pacha, ce même dignitaire à qui l'on doit le palais Azem. Il vaut la peine de prendre du recul (autant que faire se peut dans cette rue étroite) pour admirer le magnifique **porche d'entrée****. Haut de plus de 11 m sous la voûte, il porte une décoration raffinée qui joue des différences de

La rose et l'abricot

Au Xe s., les chroniqueurs arabes vantaient déjà la beauté de la Ghouta, l'oasis d'altitude proche de Damas, à mi-chemin entre le désert et la montagne. Son sol graveleux arrosé par une abondante eau vive convient particulièrement bien à la culture des arbres fruitiers, en particulier de l'abricot *kallabi*, une variété locale qui sert à confectionner le *qame ed-din*, une friandise consommée lors du ramadan, ou les délicieux abricots confits fourrés aux pistaches. Au printemps, on respire les arômes boisés de la violette qui, autrefois, couvrait entièrement la vallée du Barada. Quant aux fameuses roses de Damas, aux pétales de deux teintes, elles sont toujours très appréciées en parfumerie. En 1238, un chevalier de la VIe croisade ramena en France cette *rosa damascena*, qui allait devenir la « rose de Provins ». Les roses de Damas étaient jadis conservées dans un récipient en terre cuite scellé. Arrosés d'eau fraîche, leurs pétales s'ouvraient, libérant dans toute la pièce un parfum capiteux. Malheureusement, ce paradis terrestre ne sera bientôt plus qu'un souvenir parfumé.

Sur les caravansérails, voir les pages 280-281.

coloris des pierres. Dans le tympan, le travail de stalactites *(mouqarna)* est remarquable. Au-dessus du porche, deux fenêtres ouvraient sur les locaux du directeur du caravansérail qui, de là, pouvait observer le spectacle de la rue. Au centre du linteau en arc qui surmonte la porte, un espace circulaire s'ornait, dit-on, d'un magnifique rubis. Les deux **vantaux** de bois décorés de clous de fer sont d'origine. Remarquez sur celui de dr. une petite porte qui permettait d'entrer et sortir plus facilement.

L'**intérieur** s'organise autour d'une grande cour carrée dotée d'un bassin au centre et dont les murs alternent avec élégance pierres noires et blanches. C'est là que les marchands présentaient leurs produits (soie, épices, pierres précieuses…), qu'ils remisaient la nuit dans les entrepôts du rez-de-chaussée ; eux-mêmes s'installaient dans les chambres (44 au total) à l'étage. Autour du bassin, quatre piliers massifs soutiennent les huit **coupoles** qui protègent la cour, l'espace central restant ouvert de manière à dispenser suffisamment de lumière à l'intérieur du bâtiment. L'ensemble fait l'objet d'importants travaux de réhabilitation conduits par le service des Antiquités.

Dans Bab al-Barid (au N. de la rue Nour ed-Din ash-Shahid ; *II B1*), où se trouvent de nombreuses boutiques de chaussures, un étroit passage sert d'entrée à un excellent restaurant, *Al-Ezz*, dont les salles se trouvent à l'étage ; des spectacles de derviches tourneurs y sont donnés en soirée. Au rez-de-chaussée, on peut se régaler de pains garnis de tomates et d'épices : à déguster tout chauds, au coude à coude avec les marchands du souk.

■ **LA RUE NOUR ED-DIN ASH-SHAHID*** (II B2). Au débouché du souk Hamidiyé, cette longue allée commerçante, en partie couverte, part du propylée romain qui précède la façade occidentale de la Grande Mosquée, et se dirige vers le S. jusqu'à la rue Droite (ou Midhat Pacha).

Le premier tronçon, le **souk al-Harir** (souk de la Soie), propose broderies, étoffes et parfums. De part et d'autre de la rue ouvrent une demi-douzaine de caravansérails (sur la vingtaine que compte la vieille ville), portes étroites vers l'extérieur débouchant sur des cours envahies par les commerces. Voyez surtout le **khan al-Joumrouk*** (de la Douane), à 70 m de l'entrée du souk à dr. : construit au tout début du XVIIe s., il diffère des caravansérails traditionnels par son plan en L surmonté de six coupoles.

À dr. au carrefour, la rue Moawiya conduit au bimaristan Nour ed-Din*, ancien hôpital qui abrite un musée de la Médecine arabe *(→ p. 185)*. À l'extrémité de la rue, la mosquée Darwich Pacha (1571 ; *II A1*), de style ottoman, possède de très beaux carreaux de faïence à décor végétal sur les murs de la salle de prière et de la cour.

Au croisement de la rue Moawiya, sur le côté S.-O. du carrefour, un long mur signale un édifice ancien : il s'agit de la **madrasa Nour ed-Din** (II B2 *n° 8*), fondée au XIIe s. par l'atabeg d'Alep. C'est là que ce grand rassembleur du monde musulman fut enterré ; on peut apercevoir son cénotaphe à travers une grille. À g. du carrefour, la rue Moawiya devient rue Osman Aïdi et conduit au palais Azem ; du côté dr., jetez un coup d'œil dans la très belle **cour intérieure*** de la **madrasa Abdoullah al-Azem**, un bel édifice du XVIIIe s. aujourd'hui occupé par un magasin d'artisanat *(→ illustr. p 164)*.

Au-delà du carrefour, en direction de la rue Droite, ouvre le **souk al-Khaiyatin** (échoppes de tailleurs).

■ **LA RUE DROITE** (rues Midhat Pacha et Bab Sharqi** ; II A2-D4).
« Va dans la rue Droite, et demande dans la maison de Judas un nommé Saul de Tarse » (Ac 9, 11). Depuis l'époque romaine où, sous le nom de via Recta, elle formait le decumanus de la ville, la rue principale de Damas traverse la ville sur une longueur de plus de 1 300 m : à l'O., c'est aujourd'hui le **souk Midhat Pacha,** recouvert d'une voûte de tôle, qui rappelle le nom de son promoteur ; à l'E., c'est la **rue Bab Sharqi,** qui se termine par l'ancienne porte romaine du même nom, entièrement conservée. D'O. en E., la rue Droite est un long bazar où se décline la richesse des produits de l'Orient.
Droite, elle ne le fut pas toujours. Dès la domination byzantine, puis à l'époque musulmane, la majestueuse colonnade fut progressivement grignotée par les commerces et les habitations. Visitant la ville en 1867, l'humoriste Mark Twain ironisait : « La rue que l'on appelle Droite est plus droite qu'un tire-bouchon mais pas aussi droite qu'un arc-en-ciel. » Ce sont en fait les travaux de dégagement entrepris aux XIXe et XXe s. qui ont rendu à la célèbre artère, sinon sa largeur, au moins son tracé.
Midhat pacha, le gouverneur ottoman qui entreprit la rénovation de la rue à la fin du XIXe s., usait de méthodes plutôt expéditives : pour remplacer les ruelles sales et étroites, il fit mettre le feu à tout le quartier. Sur les ruines, il put construire la belle artère qu'il avait projetée.

Tout au long de la via Recta, de petits détours d'un côté ou de l'autre permettent de découvrir de magnifiques témoignages de la splendeur architecturale de la ville : de nombreux khans ottomans – surtout dans la partie O. de la rue – et de belles demeures anciennes dissimulées derrière leurs murs aveugles, au fond de paisibles ruelles. Certaines ont fait l'objet de restaurations, d'autres sont toujours habitées.

Le souk Midhat Pacha (II A-B2). Sous la voûte métallique, voici légumes et fruits de la Ghouta, que vantent les marchands de leurs inlassables mélopées : « Plus sombres que la nuit mes aubergines », « Toi qui aimes manger, achète mes radis »... Plus loin, les effluves de café fraîchement torréfié rappellent la douceur de siroter son nectar, à l'ombre d'un cédrat, bercé par le glouglou d'un narguilé. Pistaches et fruits secs se dressent en pyramides colorées dans leurs couffins d'osier. Les plus beaux caravansérails de la rue Droite ouvrent dans le souk Midhat Pacha ; voyez au moins le khan Souleiman Pacha.

Le khan Souleiman Pacha** (II B2 *n° 9*) fut construit au XVIIIe s. par un gouverneur appartenant au clan Azem. Ouvrant par une porte monumentale, il s'organise autour d'une cour rectangulaire, couverte autrefois par deux coupoles. En remontant 20 m plus à l'O., du coté dr. de la rue, on peut encore voir deux caravansérails : le **khan Jaqmaq** (*n° 10)*, construit sous les Mamelouks (XVe s.), et le **khan az-Zeit** (fin XVIe s., *n° 11*), doté à l'étage d'une élégante galerie reposant sur des arcs.

▶ Immédiatement à l'O. du khan Souleiman Pacha s'ouvre la **rue Rachid Jokhadar** (II A-B2), parallèle à la rue Midhat Pacha. Cette ruelle populeuse et commerçante, en grande partie couverte, conduit à **Bab al-Jabiyé** (II A2), une porte du XIIe s. avec de très beaux vantaux qui remplaça la porte romaine de Jupiter, dont elle réutilise des matériaux. En chemin, vous passerez devant le **palais Horaniyé** (II B2), une demeure du XVIIIe s. qui a été partagée en plusieurs habitations. On peut encore voir un iwan au beau plafond ouvragé et quelques éléments de décoration. ◀

Formes et couleurs

▲ **Production typique de l'artisanat damascène : les coffrets de bois marquetés, qui dénotent une rationalisation de la technique de l'*intarsia* (incrustations). Des baguettes de bois coloré sont assemblées selon un dessin géométrique, puis débitées en fines tranches et collées sur un support ; des incrustations de nacre ou d'os rehaussent l'ensemble.**

Depuis toujours, Damas est réputée pour son artisanat qui, tout en perpétuant d'antiques techniques de marqueterie de bois et de pierre, a intégré les apports stylistiques de différents conquérants. Parmi eux, les Mamelouks sont à l'origine d'un type de décoration à figures géométriques toujours en vogue et d'une production de faïence connue dès le XIIIe s. en Europe sous le nom de céramique de Damas.

■ Une création indigène

Les récentes découvertes faites à Mari et à Ebla (IIIe millénaire av. J.-C.) semblent montrer que l'art de la marqueterie est d'origine très ancienne et syrienne. Meubles et objets d'apparat en bois rehaussés d'incrustations de coquillages et de pierres semi-précieuses montrent dès cette époque un goût très sûr pour la polychromie. Ce savoir-faire connaîtra deux orientations différentes au cours des siècles : la marqueterie de marbre *(opus sectile)* et l'incrustation de meubles et de coffrets en bois *(intarsia)*.

▲ **Maison Ajiqbach, Alep (XVIIIe s.). À l'instar des villas romaines, les cours et les pièces d'apparat des maisons patriciennes sont dallées de marbres polychromes disposés selon un schéma d'origine mamelouk : à partir d'une étoile à six branches se développe un dessin complexe répété à l'infini.**

▲ **C'est sur les murs des palais damascènes que la marqueterie de pierre a atteint son plus grand raffinement (ici, le palais Azem). À partir du XVIIIe s., l'*ablaq,* alternance de pierres claires et foncées destinée à souligner les encadrements de portes et de fenêtres, s'enrichit de motifs floraux exécutés en marbre.**

▲ **Mosquée Darwich Pacha à Damas. Cette composition florale de 1572 est sans doute une création damascène. Elle se caractérise par l'absence du fameux rouge tomate cher aux céramistes d'Iznik, et par la place centrale qu'occupent l'oiseau solaire et le cyprès, d'origine zoroastrienne.**

■ Marqueterie de marbre...

C'est en Syrie que les Romains puis les Byzantins trouvèrent les artisans les plus habiles pour découper et assembler des marbres polychromes, destinés à habiller murs et sols des édifices publics et religieux. Cette technique a connu depuis lors un succès ininterrompu, qu'il s'agisse de fines incrustations de marbre sur une façade ou d'agencements géométriques déployés sur le sol à la manière d'un tapis de pierre.

■ ... marqueterie de bois

Dans le quartier chrétien de Bab Touma à Damas, le métier d'ébéniste se transmet de père en fils. C'est de l'oasis de Damas ou des proches montagnes libanaises que proviennent les essences de bois précieux (noyer, citronnier, cèdre) utilisées pour la fabrication de meubles sertis de nacre, d'ivoire ou d'os de chameau. À côté d'une production de coffrets et de vantaux de portes inspirée du traditionnel dessin mamelouk, les artisans damascènes sont passés maîtres dans la fabrication de mobilier surchargé d'incrustations de nacre.

■ Damas ou Iznik ?

Si l'on polémique toujours sur l'origine damascène du décor bleu et blanc de la manufacture ottomane d'Iznik (aujourd'hui en Turquie), il est incontestable que, sous les Mamelouks (1260-1516), des ateliers de Bab Sharqi, à Damas, ont produit une faïence de très grande qualité. Les gouverneurs ottomans encouragèrent cette activité, notamment par l'édification d'un grand nombre de mausolées et de mosquées dont la décoration intérieure consiste en panneaux de faïence peints de motifs floraux apparentés à la production d'Iznik.

▲ **Mausolée de Saladin, Damas. Ce décor de faïence du XVIIe s. montre des tulipes et des grappes de raisin, motifs persans particulièrement prisés par les Ottomans.**

Les palais Sibai et Nizam**** (II B2/3 *n° 12 et n° 13*). Au coin de la rue Hassan al-Kharrat, à 100 m au S. du souk Midhat Pacha, le **palais Sibai** offre un bel exemple de restauration réussie ; il abritait, voici quelques années, la résidence de l'ambassadeur d'Allemagne.

Un peu plus loin, dans la rue Nassif Pacha, le **palais Nizam****** a fait lui aussi l'objet d'une restauration complète. Construit au XVIIIe s., il servit de résidence à l'ambassadeur britannique au siècle suivant. Aujourd'hui, il est utilisé épisodiquement pour les réceptions d'État. Pour visiter, sonnez à la porte d'entrée : un gardien habite sur place et se fera un plaisir de vous conduire. Ce palais est constitué de deux cours successives parées d'iwans et décorées d'une riche marqueterie de pierres *(→ p. 200-201)*. Dans les pièces, peintures et boiseries ont été patiemment reconstituées. L'une d'elles présente une décoration peinte illustrant des vues de différentes capitales européennes au XIXe s.

Le palais Maktab Anbar**** (*au fond de la rue du même nom* ; II C2). Troisième exemple d'une restauration réussie, il est lui aussi composé de deux cours qui se succèdent ; c'est la seconde qui présente la décoration la plus riche. Construit au XIXe s., l'ensemble abrita une école avant d'être restauré pour accueillir des services administratifs de la municipalité de Damas. On peut y entrer librement durant les heures d'ouverture.

Le secteur de l'arc romain. Un arc romain (II C3) dégagé par les Français marque la mi-course de la voie antique ; à l'époque romaine, il matérialisait l'intersection entre le cardo maximus (la voie principale N.-S.) et le decumanus. Sur la g., la coupole de la **cathédrale grecque orthodoxe Sainte-Marie** (II C3) signale que l'on entre dans le quartier chrétien *(→ ci-dessous)*. À dr. de la rue, le haret al-Yahoud, l'ancien quartier juif, n'est plus qu'un souvenir. Autour de l'arc, les échoppes d'alimentation ont laissé place aux **magasins d'antiquités** ; on y trouve notamment de vieux coffres en noyer incrustés d'os et de nacre, un travail spécifiquement damascène. Jusqu'à Bab Sharqi, la majorité des boutiques proposent tapis, antiquités et objets précieux : un régal pour les chineurs.

Le palais Dahdah**** (*au S. de l'arc romain* ; II C3). Pour l'atteindre, prendre à dr. de l'arc romain la rue al-Madar, puis tourner à dr. à 150 m. L'entrée se trouve du côté g. de la ruelle ; elle est signalée par un panonceau en anglais. Belle demeure du quartier juif construite au XVIIIe s., elle est habitée par un antiquaire, monsieur Georges Dahdah, qui vous fera avec plaisir les honneurs de sa maison et vous montrera sa belle collection (mais évitez de le déranger à l'heure de la sieste, de midi à 16 h). Le palais se compose d'une cour unique, un jardin plutôt, planté d'arbustes et de fleurs. Du côté O., un haut iwan au plafond ouvragé, tout comme ceux des deux salons qui l'encadrent.

Bab Sharqi (II D4). Au bout de la rue Droite, la seule des portes romaines entièrement préservée fut dégagée de sa gangue de constructions durant le Mandat français. Avec l'esplanade qui la précède, elle a retrouvé son ampleur originelle : une ouverture centrale, sur la chaussée, servait aux chars et aux cavaliers, les deux baies latérales ouvrent sur les trottoirs abrités par les portiques. C'est par là, dit-on, que Khaled ibn al-Walid, le général musulman, entra triomphalement à Damas en 636. Le minaret fut construit sous le règne de Nour ed-Din. À dr. de la porte se trouvent les patriarcats arménien orthodoxe et grec catholique.

Entre Bab Sharqi et Bab Kissan (porte Saint-Paul ; II C4), on peut voir sur près de 400 m, dans la partie inférieure du mur, le soubassement de la muraille romaine construite en blocs de gros appareil.

■ **LE QUARTIER CHRÉTIEN** (II D2-C4).

Chaque dimanche, la **place Haret az-Zeitoun** (II C/D4) est envahie par les chrétiens de toutes confessions ; ils viennent de célébrer l'eucharistie dans l'une des églises qui bordent la place. On s'y croise, on s'interpelle, on échange les dernières nouvelles des familles avant d'aller partager le repas dominical. L'animation, c'est **rue Bab Touma** (II D2-3) qu'il faut aller la chercher le reste de la semaine, au long de la principale artère commerçante du quartier chrétien.

La chapelle Saint-Ananie* (II D3 ; *ouv. t.l.j. sf dim. et fêtes religieuses 9 h-13 h et 15 h-18 h ; entrée gratuite, mais une offrande sera toujours bienvenue*). Au bout de la rue Hananya, bordée de magasins d'antiquités et de souvenirs, la mémoire du passage de saint Paul à Damas est conservée dans la pierre. D'après la tradition, une église aurait été construite vers le Ve s., à l'emplacement de la maison d'Ananie, le chrétien qui dessilla Paul sur la rue Droite (*→ encadré*). L'existence de cette église est attestée par des récits de voyageurs musulmans aux premiers temps de l'islam. Elle fut détruite sans doute vers le XIIIe s. Le souvenir du lieu se perpétua pourtant, si bien que des fouilles entreprises dans les années 1920 permirent la mise au jour des vestiges d'un édifice byzantin et, par-dessous, de ceux d'une habitation que les archéologues datèrent du Ier s. de notre ère. On voit aujourd'hui une crypte qui englobait une partie de la demeure antique. Dans la salle de dr., une série de chromos relate la vie de saint Paul.

La rue Bab Touma (II D2-3). Dans cette rue commerçante très animée, beaucoup de magasins appartiennent à la communauté arménienne. La rue aboutit au N. à la porte du même nom, **Bab Touma*** (porte de Thomas ; II B2), un puissant édifice militaire construit au XIIIe s. à l'emplacement d'une porte de la ville romaine. Au long des ruelles adjacentes, d'autres églises ou des écoles confessionnelles signalent le dynamisme de la chrétienté orientale.

La conversion de Paul

« Saul faisait route et approchait de Damas quand soudain une lumière venue du ciel l'enveloppa de sa clarté. Tombant à terre, il entendit une voix qui lui disait : « Saul, [...] je suis Jésus que tu persécutes ; relève-toi, entre dans la ville et l'on te dira ce que tu dois faire. » [...] Saul se releva de terre, mais quoiqu'il eût les yeux ouverts, il ne voyait rien. On le conduisit par la main pour le faire entrer à Damas. Trois jours durant, il resta sans voir, ne mangeant et ne buvant rien. Il y avait à Damas un disciple du nom d'Ananie. Le Seigneur l'appela dans une vision [...] : « Pars, va dans la rue Droite et demande dans la maison de Judas un nommé Saul de Tarse. Car le voici qui prie et qui a vu un homme du nom d'Ananie lui imposer les mains pour lui rendre la vue. » [...] Alors Ananie partit, entra dans la maison, imposa les mains à Saul et lui dit : « Saul mon frère, celui qui m'envoie, c'est le Seigneur, ce Jésus qui t'est apparu sur le chemin par où tu venais » [...]. Aussitôt, il lui tomba des yeux comme des écailles et il recouvra la vue. Sur le champ il fut baptisé. » (Ac 9, 3-19.)

Deux lieux à Damas rappellent la présence de saint Paul : la **chapelle Saint-Ananie** et **Bab Kissan**, la porte de Paul, qui s'élève à l'emplacement où le saint aidé des disciples aurait quitté la ville dans un panier pour fuir les juifs.

La ville moderne

Dans la partie moderne de la ville, vous visiterez principalement le Musée national, l'un des plus riches musées archéologiques au monde, ainsi

que la tekkiyé Suleymaniyé toute proche, élégant édifice ottoman qui abrite aujourd'hui des échoppes d'artisanat traditionnel. La longue rue an-Nasr, qui part de l'entrée ouest du souk Hamidiyé (I B3), est bordée de bâtiments remontant aux dernières années de l'occupation ottomane. À son extrémité occidentale, la gare du Hedjaz, en style néo-oriental, fut l'une des dernières constructions léguées par les Ottomans. Aujourd'hui désaffectée, elle abrite néanmoins un guichet qui délivre des billets de train. L'occasion d'entrer pour admirer l'étonnante décoration intérieure. Au-delà, l'avenue conduit à la tekkiyé Suleymaniyé et au Musée national.

Devant l'entrée du musée est aménagée une agréable terrasse où l'on peut prendre un thé ou un rafraîchissement.

■ **LE MUSÉE NATIONAL DE DAMAS***** (*rue Choukry al-Kouwatli* ; I B2).

***Visite** : ouv. 9 h-16 h en hiver, jusqu'à 18 h en été ; f. le mar. toute la journée et le ven. de 11 h 30 à 13 h ; entrée payante. Sacs et appareils photos doivent être déposés au vestiaire à l'entrée, mais on peut les récupérer pour se promener dans les jardins et pour photographier la façade d'entrée du bâtiment principal.*

***Combien de temps** : comptez au minimum 2 h de visite.*

À NE PAS MANQUER AU MUSÉE NATIONAL

- La mosaïque de Gê** (s. 2)
- La mosaïque de l'Eutêkneia** (s. 5)
- La synagogue de Doura-Europos*** (s. 6)
- La fresque de Conon*** (s. 11)
- La salle d'Ougarit*** (s. 12)
- La salle de Mari*** (s. 15)
- La salle de Raqqa* (s. 16)
- Les faïences à décor polychrome** (s. 18)
- Le cénotaphe de Walid** (s. 20)
- Le salon damascène** (s. 22)

Le Musée national abrite la plus riche collection archéologique de Syrie (avec celui d'Alep) et constitue une remarquable introduction à un voyage à travers le pays. Il comprend trois sections principales : Antiquité classique, Orient ancien et arts islamiques. Deux autres sections, préhistoire et art contemporain, sont d'un intérêt moindre pour le visiteur étranger. Le premier bâtiment du Musée national date de 1936. Devant les moissons extraordinaires de découvertes archéologiques, il fallut agrandir l'ensemble à deux reprises, en 1954 et entre 1956 et 1961.

L'entrée du bâtiment principal est marquée par la monumentale **façade** du palais de Qasr al-Hayr al-Gharbi** (*n° 1 sur le plan*), dans la steppe orientale, un de ces « châteaux du désert » construits par les souverains omeyyades pour leur servir essentiellement de résidence de chasse. Celui-ci fut construit entre 724 et 727 sous le règne du calife Hisham (*→ aussi p. 461*). Cette façade a été reconstituée pierre par pierre grâce aux fouilles conduites entre 1936 et 1939. Encadrée de deux tours, elle présente sur plusieurs registres une décoration de stuc avec des motifs végétaux et géométriques, ainsi que des bustes de jeunes femmes sur les chapiteaux. Des vestiges découverts sur le site laissent penser qu'un bas-relief représentant le souverain lui-même ornait le tympan au-dessus de la porte d'entrée. Une maquette du palais est exposée dans le hall qui fait suite à l'entrée.

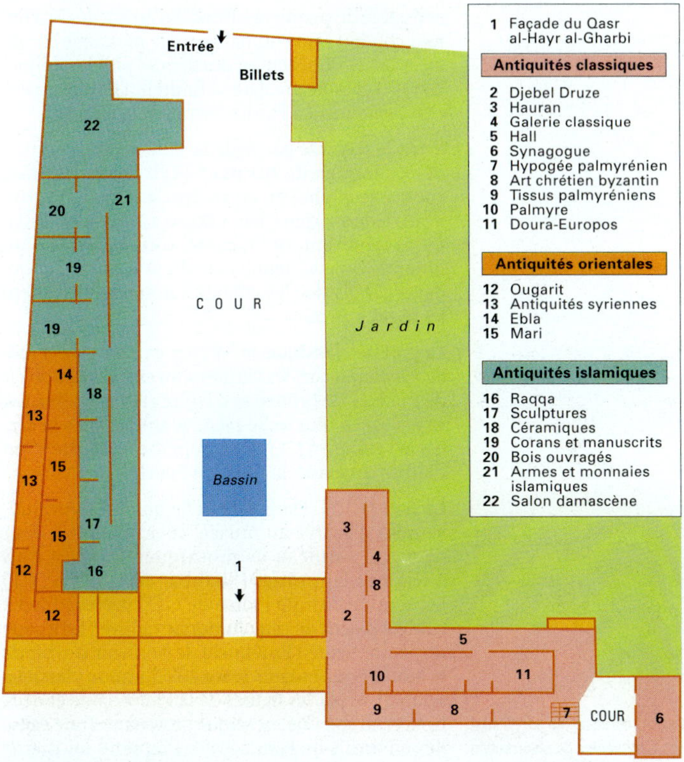

Plan du Musée national.

Les antiquités classiques

Le djebel Druze et le Hauran (*n*^*os* *2 et 3*). À l'époque romaine, cette région au S. de Damas – un des greniers à blé de l'empire, avec Bosra pour capitale – était couverte de petites localités opulentes, telles Shahba, Souweyda ou Qanawat, et de riches villas, ce qui explique l'importance des découvertes archéologiques. Les statues sont taillées dans un style assez rude, comme la pierre du pays, un basalte noir et rugueux. La plus belle collection de statuaire de cette région se trouve au nouveau musée de Souweyda (*→ p. 254*), mais le Musée national possède quand même quelques pièces très intéressantes.

Arrêtez-vous un moment devant la superbe **mosaïque de Gê**** provenant de Shahba (2e moitié du IIIe s.), qui est placée contre le mur de g. La composition foisonnante s'organise autour de Gê (la Terre), assise au centre du tableau, une corne d'abondance à la main ; autour d'elle gambadent quatre bambins portant des corbeilles de fruits. Dans la partie supérieure du tableau, deux groupes de deux figures joufflues figurent les vents, tandis qu'au centre, deux angelots représentent la **rosée.** Dans les coins inférieurs, deux personnages qui encadrent la Terre méritent l'attention : à g., **Aion,** le Temps, tourne sa roue, symbole du cycle infini de la nature, tandis qu'à dr. **Prométhée** façonne l'enveloppe périssable du premier homme. En arrière de Gê, **Hermès** conduit l'âme humaine. Cette mosaïque constitue une belle illustration des thèmes philosophiques chers à l'époque : malgré sa finitude, l'homme participe pleinement à l'ordre éternel de la nature.

Dans la seconde partie de la salle, voyez au centre deux **casques de bronze*** (Tell Umm Hauran, époque romaine) et, en arrière de ceux-ci, un panneau de mosaïque (début du IIIe s., région de Lattaquié) représentant l'Oronte, sous la forme d'un homme assis : il tient à la main une corne d'abondance tandis que les enfants autour de lui figurent les terres à arroser.

La galerie classique *(n° 4 ; à g. en sortant de la salle du Hauran)*. Dans les vitrines sont exposés des objets de marbre, de bronze et d'ivoire (figurines, bustes, vases...). La plus belle pièce se trouve dans la dernière vitrine (n° 1) : une superbe **statuette** en marbre** d'Aspasie, la Muse de Périclès.

Le hall *(n° 5)*. Dans cette salle qui servait primitivement d'entrée au musée, voyez contre le mur de dr. un **panneau de mosaïque**** portant trois allégories féminines (Shahba, début du IVe s.) ; l'ensemble évoque l'idéal de vie dans les milieux cultivés païens de cette Antiquité tardive : l'allégorie du centre figure l'**Eutêkneia**, le bonheur d'avoir de beaux et bons enfants grâce à l'éducation classique symbolisée par les figures de la Philosophie et de la Justice. Au sol, une mosaïque provenant d'une église des environs de Hama (VIe s.) reprend un thème classique de l'iconographie chrétienne : deux **paons** se font face de part et d'autre d'un vase d'où jaillissent des rameaux de vigne peuplés de petits oiseaux : une image du paradis.

Dans l'art chrétien, les paons sont symboles de résurrection et d'immortalité. Représentés affrontés de part et d'autre d'un calice, ils représentent aussi l'Église gardienne de l'eucharistie.

La synagogue de Doura-Europos*** *(n° 6 ; accès par le hall)*. Voici l'une des pièces les plus remarquables du musée : la **reconstitution d'un sanctuaire juif** mis au jour à Doura-Europos, sur le bord de l'Euphrate, en 1932-1933. Lors de la prise de la ville par les Perses sassanides au milieu du IIIe s., les murs du bâtiment s'effondrèrent face contre terre, préservant ainsi miraculeusement ce cycle de fresques unique au monde, qui a conservé une étonnante fraîcheur de ton. L'édifice se composait d'une cour à portique précédant la salle de prière fermée par deux portes de bois. Contre le mur, une niche abritait la Torah et marquait la direction de Jérusalem. Au pied des quatre murs étaient aménagés des gradins où prenaient place les fidèles. Les murs intérieurs étaient recouverts de fresques tandis que le plafond s'ornait, entre les poutres de la charpente,

Sur Doura-Europos, voir aussi p. 429.

de médaillons portant des motifs floraux et des visages féminins.

Les **fresques murales** illustrent des scènes de l'Ancien Testament, où patriarches et prophètes sont représentés sous leur forme humaine. Le cycle de peintures est disposé sur quatre registres, le registre inférieur étant uniquement décoré d'animaux (symboliques ?). Seul le mur de la Torah (face à l'entrée) a été intégralement conservé, les murs latéraux présentant d'importantes lacunes.

Mur latéral dr. *Bas :* **mort de Joab**, général et neveu de David qui fut exécuté à l'intérieur même du Temple où il avait espéré trouver refuge pour échapper à la vindicte de Salomon • **vision d'Ézéchiel** stigmatisant les péchés d'Israël (« Vous avez multiplié les cadavres de tués dans cette ville ; vous avez jonché ses rues de vos victimes », Ez 11, 6). *Milieu :* prise de l'Arche par les Philistins. *Haut :* le songe de Jacob.

Mur de la Torah *(de dr. à g.). Bas :* Moïse sauvé des eaux, en quatre scènes • David sacré roi d'Israël • *de l'autre côté de la niche de la Torah :* histoire d'Esther et de Mardochée • Élie ressuscite le fils de la veuve de Sarepta (1 R, 17, 17-24). *Milieu :* l'Arche aux mains des Philistins, le Temple, le prophète Josias • *de l'autre côté de la niche :* Aaron et ses fils devant le Tabernacle • Moïse abreuvant les 12 tribus. *Haut :* **les Hébreux sortant d'Égypte**, en quatre tableaux : les plaies s'abattant sur une cité, Moïse fendant les eaux de la mer Rouge, la noyade des Égyptiens, Moïse abreuvant son peuple • *au-delà de la niche :* **Moïse recevant la Loi** *(illustr.)*, la majesté de Salomon.

Mur de g. *Bas :* le feu du ciel embrase le bûcher dressé par Élie ; les vaines prières des prêtres de Baal ; Élie et la veuve de Sarepta. *Haut :* le retour triomphal de l'Arche à Jérusalem.

L'hypogée palmyrénien *(n° 7 ; au sous-sol, accès par le hall)*. Il s'agit de la reconstitution d'un tombeau souterrain de Palmyre. Une inscription nous apprend qu'il fut aménagé en l'an 108 de notre ère, par un certain Iarhaï. Il fut utilisé par ses descendants jusqu'au IIIe s. Deux portes monolithiques décorées vers l'extérieur, à la façon de portes de bois, en gardaient l'accès. À l'intérieur, du côté dr., le fondateur préside le banquet funéraire, tandis que les membres de la famille sont disposés le long du caveau dans des niches fermées par des bustes en relief évoquant leur mémoire.

Art paléochrétien et byzantin *(nos 8 et 9)*. Au mur de dr., deux **panneaux de fresques*** (XIIe s.) provenant de Qara, un très ancien centre chrétien du Qalamoun, au S. de Damas *(→ p. 240)* : trois

L'une des fresques de la synagogue de Doura-Europos : Moïse recevant les Tables de la Loi (IIIe s.). Représenter les prophètes et les patriarches sous leur forme humaine était contraire à l'orthodoxie du judaïsme, mais ce n'était pas rare à l'époque romaine dans ce milieu de juifs profondément hellénisés, comme l'ont montré en Palestine plusieurs mosaïques à figures humaines.

Sur Palmyre, voir aussi p. 445.

figures de saints et l'archange saint Michel. Dans la petite salle suivante est exposé un **autel à libations** (Hama, IVe s.), avec une frise représentant des fauves chassant la gazelle ; d'origine païenne, il fut réutilisé par les chrétiens. La salle suivante est la **salle des manuscrits** : volumes en syriaque (poésie, textes liturgiques, traité de médecine) et icônes.

Dans la dernière partie de cette section sont exposés différents types de **textiles,** coptes et palmyréniens. Les tissus provenant de Palmyre, la célèbre oasis syrienne, ont été trouvés dans des tombeaux de la ville. Ils témoignent du rôle de plaque tournante que jouait la cité du désert : aux coton, lin et laine produits localement s'ajoutait la soie importée de Chine *(→ aussi encadré p. 458)*. Quant aux teintures, si le jaune était tiré d'un végétal local, le pourpre venait du murex de Phénicie, le rouge de la cochenille de Perse et le bleu de l'indigo d'Inde.

Salle de Palmyre *(n° 10 ; à dr. en sortant des salles précédentes)*. Les plus belles collections de statues palmyréniennes se trouvent au musée de Palmyre. On peut voir ici *(mur de g.)* un **haut-relief** en calcaire représentant la déesse **Allat** entre deux lions : vêtue d'une cuirasse et portant une lance et un bouclier, elle fut assimilée à Athéna, comme le montre une statue monumentale déposée au musée de Palmyre. Un autre **haut-relief** en calcaire figure le dieu **Malakbêl** *(sur les dieux de Palmyre, → les pages 452-453)*, sur un char tiré par deux panthères (IIIe s.). Sur le mur de dr., **mosaïque*** du IIe s. représentant **Cassiopée** dévoilant sa nudité devant les Néréides étonnées.

Salle de Doura-Europos** *(n° 11)*. Sur le mur à dr. de l'entrée, une **peinture*** représente un prêtre du temple consacré aux dieux palmyréniens : vêtu d'une longue tunique blanche, il tient d'une main un plat et un couteau tandis qu'il lève l'autre au-dessus d'un petit autel. Devant le mur de dr., une **stèle** porte un globe surmonté d'un croissant : elle ornait l'entrée du temple de Doura-Europos dédié à la déesse Atargatis, la grande déesse syrienne, protectrice des eaux. Voyez aussi le **caparaçon**** constitué d'écailles de bronze fixées sur un drap (découvert dans un logement d'une tour de Doura).

La plus belle pièce de cette salle est située contre le mur du fond : c'est la grande **fresque***** représentant une **cérémonie dans le temple des Dieux palmyréniens** à Doura (Ier s. av. J.-C. ; *→ illustr. p. 453*). Elle fut découverte dans les ruines mêmes du temple. Deux prêtres coiffés d'un bonnet conique et d'une longue tunique officient : devant eux, un vase rempli d'eau et un petit autel ; derrière eux, le commanditaire

Cassiopée et les Néréides

Cassiopée, la reine d'Éthiopie, prétendait qu'elle-même et sa fille Andromède surpassaient en beauté les Néréides. Courroucées, les nymphes de la mer demandèrent à Poséidon de leur rendre justice. Le maître des eaux envoya alors un monstre marin ravager la contrée où vivaient les insolentes. Un oracle consulté déclara que le fléau serait repoussé au prix du sacrifice d'Andromède : attachée à un roc face à la mer (l'endroit traditionnel se situe au large du port de Jaffa), elle devait offrir son jeune corps au monstre. Alors qu'elle était sur le point d'être dévorée, elle fut délivrée par Persée qui tua la bête. Reconnaissante, elle suivit son sauveur en Grèce et l'épousa. Bien après sa mort, les hommes peuvent encore admirer sa beauté qui illumine le ciel septentrional, entre les constellations de Cassiopée et de Persée.

du sacrifice, Conon, accompagné de sa fille, richement parée de bijoux, et de ses trois fils (leurs noms, typiquement grecs - Diogénès, Lysias et Patroklos -, sont conservés par une inscription). Trois autres personnages, des enfants, assistent à la scène.

Les antiquités orientales

Salle d'Ougarit*** *(n° 12 ; suivre le sens des aiguilles d'une montre).* La cité cananéenne d'Ougarit (Ras Shamra), près de Lattaquié, fut le siège d'une brillante civilisation qui connut sa période la plus prospère aux XIVe et XIIIe s. av. J.-C. Les objets exceptionnels que présente cette salle en témoignent : ivoires finement ciselés, délicats bijoux en or, statuettes de divinités évoquent la richesse de ce port international. On peut y voir également le plus ancien alphabet découvert à ce jour.

Sur Ougarit, voir aussi p. 103 et p. 388.

Le **plateau de table**** en ivoire exposé dans la *vitrine 3* est un des plus saisissants témoignages de l'habileté des artisans d'Ougarit ; il est finement décoré de scènes animalières (sphinx, gazelles, aigles aux ailes déployées) disposées autour d'une rosace. Découvert brisé en un millier de fragments, ce chef-d'œuvre fut patiemment reconstitué par les services archéologiques syriens.

Dans la *vitrine 4* on peut voir le célèbre **alphabet d'Ougarit**** : sur ce minuscule abécédaire, les élèves apprenaient à mémoriser les 30 lettres dans l'ordre fixé au XIVe s. av. J.-C. et qui s'est transmis à l'alphabet phénicien, puis à l'alphabet grec et, de là, à l'ensemble des langues occidentales. L'écriture ougaritique se lisait de g. à dr. Les vitrines suivantes exposent des **tablettes** exhumées dans les salles des archives du Palais royal.

On a retrouvé à Ougarit plus de 17 000 tablettes, de textes administratifs, juridiques, diplomatiques et religieux, ainsi que la correspondance royale *(→ encadré p. 392).*

Les **statuettes en bronze** des deux vitrines suivantes représentent quelques-unes des divinités vénérées dans la ville : **El**, le grand dieu cananéen assis sur son trône (bronze plaqué d'or) et tenant à la main un sceptre, aujourd'hui disparu tout comme les cornes qui ornaient sa tête (on en voit les trous de fixation) ; deux représentations de **Baal** (appelé également Teshub), ainsi qu'une de **Bès**, le dieu difforme égyptien, protecteur des maisons dont il écartait les mauvais esprits.

Contre le dernier mur *(vitrines 10, 11 et 12)*, ne manquez pas la remarquable série d'**objets en ivoire**** : le **buste d'un prince***** (ou d'une princesse) ougaritique, œuvre d'un véritable artiste au ciseau très sûr ; un grand **panneau**** orné sur ses deux faces de scènes d'une délicatesse et d'une finesse de trait exceptionnels ; et une superbe **défense**

d'éléphant★★★ découverte dans les ruines du Palais royal : longue de 53 cm, elle est entièrement sculptée en forme de femme nue (probablement une déesse).

Sur Ebla, voir aussi p. 96 et p. 302.

Salle d'Ebla *(n° 14)*. Petite collection de tablettes et reconstitutions en images de cette capitale d'un petit royaume mésopotamien dont l'importance est attestée du IIIe millénaire à env. 1650 av. J.-C. Les collections les plus importantes concernant Ebla se trouvent au musée d'Alep.

Sur Mari, voir aussi p. 94-99 et p. 437.

Salle de Mari★★★ *(n° 15)*. Sont exposées ici quelques-unes des pièces les plus célèbres exhumées sur le site de Mari, qui fut l'une des plus importantes cités-États du N. de la Mésopotamie au début du IIIe millénaire et connut un nouvel apogée au IIe millénaire. Les fouilles sont conduites depuis 1933 par des missions archéologiques françaises.

Située en basse Mésopotamie, à l'embouchure de l'Euphrate, la cité-État d'Ur (actuellement en Irak et à l'intérieur des terres) domina à plusieurs reprises, au cours du IIIe millénaire, le pays de Sumer. C'est aussi la patrie d'Abraham.

La *vitrine 36 (à g.)* présente le **trésor d'Ur★★★**, une collection d'objets précieux retrouvés près d'un pilier du palais du IIIe millénaire, dissimulés dans une jarre. Une inscription rappelait qu'il s'agissait d'un cadeau du fondateur de la Ire dynastie d'Ur (XXVIe s.) au roi de Mari. À voir : des sceaux cylindres, une collection de **déesses en bronze** (représentées nues, les bras tendus en avant comme pour saisir les rênes d'un attelage, et les yeux incrustés de nacre et de lapis-lazuli), et surtout l'objet emblématique des fouilles de Mari : un **aigle à tête de lion★★★** *(→ illustr. p 96)*, composé de lapis-lazuli et de feuilles d'or.

Dans la *vitrine 38 (mur de g.)*, des **panneaux en nacre et ivoire** représentent des scènes de sacrifice (un prêtre vêtu du *kaunakès* – grand jupon bouffant fait de laine de mouton – s'apprête à égorger un agneau), de combat (char à quatre roues écrasant un ennemi) et de prière. La nacre était très prisée par les artisans de Mari et des cités de Mésopotamie : elle était découpée en figurines que l'on collait ensuite sur un fond de bitume afin de composer un tableau, les parties libres étant remplies de lapis-lazuli. L'ensemble était souvent entouré d'un cadre de bois.

La matière de prédilection des sculpteurs de Mari était l'albâtre. Ils utilisaient plus rarement la diorite, comme pour la célèbre statue d'Ishtup-Ilum du musée d'Alep.

Contre le mur de dr. sont présentés de superbes exemples de la statuaire de Mari *(→ illustr.)*, en particulier *(vitrine 41)* le célèbre **Ur-Nanshé★★★** – longtemps pris pour une femme et appelé Ur-Nina –, le grand danseur du temple d'Ishtarat (IIe millénaire), assis sur un coussin, le torse nu et sa longue chevelure noire lui tombant dans le dos. Voir aussi la **statue de Shibum★★★**, chef du cadastre, voué pour la vie au roi Iku-Shamagan ; il est représenté conven-

Deux types de statues existaient à Mari. Les unes, telle celle du danseur Ur-Nanshé (à g.), sont assez individualisées, même si ce ne sont pas vraiment des portraits : elles étaient réservées aux rois ou aux hauts dignitaires. Les autres statues, comme celle de Shibum (à dr.), sont assez standardisées : personnages vêtus du même *kaunakès*, le crâne rasé et les yeux incrustés, les mains jointes en signe d'adoration ; la plupart d'entre elles étaient déposées dans les temples par les fidèles comme ex-voto.

tionnellement en orant, vêtu du *kaunakès.* Sont aussi exposées de nombreuses statuettes d'orants provenant des temples de la ville.

Au milieu de la salle, voir encore la **maquette de maison**** du IIIe millénaire : de plan circulaire, elle comprenait neuf pièces disposées autour de cours intérieures. Certains détails (la surélévation des murs de l'espace central, la porte…) expriment un souci de réalisme, mais la forme circulaire évoquerait plutôt le plan originel de la cité de Mari. Ces maquettes, retrouvées généralement enfouies dans le sol des maisons, apparaissent donc comme des dépôts de fondation caractéristiques de la seconde ville de Mari, vers le XXVe s.

Les arts islamiques

Salle de Raqqa* *(n° 16)*. Conduites depuis 1949, les fouilles entreprises à Raqqa ont confirmé l'importance de cette ville-étape en bordure de l'Euphrate à l'époque islamique *(sur Raqqa, → p. 465)*. Deux maquettes évoquent la physionomie de la ville et de ses palais, dont quelques éléments décoratifs sont exposés aux murs. Voyez surtout l'admirable **cavalier en céramique**** polychrome, aux traits asiatiques : il combat de son sabre le dragon qui s'enroule autour de la jambe de sa monture. Cette œuvre, remontant sans doute au XIIe s., est originaire du Turkestan chinois. La vitrine contre le mur expose un **trésor**

monétaire de pièces en cuivre découvert fortuitement à Raqqa : il ne pèse pas moins de 50 kg et comptait plusieurs milliers de pièces, arabes et byzantines mêlées, témoignage des liens commerciaux qu'entretenaient, malgré leurs rivalités, les deux grands empires voisins, chrétien et musulman.

Céramiques, manuscrits et bois ouvragés *(n°s 18 à 20)*. De la salle de Raqqa part un long corridor (collections numismatiques) sur lequel ouvre à g. une série de pièces qui peuvent être parcourues plus rapidement. Voyez surtout, dans la deuxième *(n° 18)* les collections de **faïences à décor polychrome**** (XIIe-XIVe s.), ainsi que la **salle des manuscrits** (*n° 19* ; évangile du XVIIIe s., corans enluminés d'origine persane, pages de parchemin en écriture coufique des VIIIe et Xe s.).

Dans la dernière salle, belle collection de bois peints et sculptés, parmi lesquels un superbe **cénotaphe**** daté de 1265 *(n° 20)* : il fut commandé par le sultan mamelouk Baybars pour célébrer la mémoire de Khaled ibn al-Walid, le général musulman qui conquit Damas en 635, et déposé sur sa tombe à Homs.

Salon damascène** *(n° 22)*. Reconstitution d'un salon de réception du XVIIIe s., à partir d'éléments originaux offerts au musée en 1958 par l'ancien Premier ministre Jamil Mardam bey et prélevés dans sa propre demeure de Damas : la partie centrale du plafond, le bassin de marbre et certains panneaux de bois sont d'époque, de même que la cheminée de marbre.

■ **LA TEKKIYÉ SULEYMANIYÉ**** (*rue du Barada, tout près du Musée national* ; **I B2** ; *ouv. t.l.j. sf ven. 9 h-19 h ; entrée libre*). C'est l'un des plus cadeaux de la période ottomane à la ville. L'ensemble fut érigé au XVIe s. en l'honneur de Soliman le Magnifique (1520-1566), sur des plans dessinés par le grand architecte **Sinan** (v. 1489-1588). Architecte en chef à la cour du sultan, celui que l'on surnomme parfois le Michel-Ange ottoman édifia env. 335 bâtiments (mosquées, tombeaux, hammams, mais aussi caravansérails, fortifications et aqueducs) : entre autres merveilles, la mosquée Suleymaniyé d'Istanbul et la mosquée Sélimiyé d'Edirne, son chef-d'œuvre absolu, un édifice d'une légèreté aérienne inondé de lumière.

La tekkiyé Suleymaniyé est un vaste complexe regroupant une mosquée, un jardin et une madrasa (ajoutée ultérieurement) qui fut rapidement transformée en un caravansérail (khan) pour servir de logement et de lieu de regroupement aux pèlerins en partance pour La Mecque *(→ encadré p. 138)*. Cet ensemble était à l'origine un couvent de derviches (*tekke*, en turc).

La **mosquée,** très élégante, s'élève au milieu du jardin, précédée d'une cour rectangulaire agrémentée d'un bassin. Ses **minarets** polygonaux et pointus sont caractéristiques de l'architecture ottomane dont ce fut ici la première apparition à Damas. De part et d'autre s'alignent les cellules où logeaient les derviches du couvent, précédées d'un portique. Au-dessus des portes et des fenêtres, belle décoration de **carreaux de faïence***, un travail qui doit tout aux artisans de Damas. Chaque cellule était pourvue d'une cheminée.

À l'E. de la mosquée se trouve le **khan**, qui s'organise aussi autour d'une cour rectangulaire sur laquelle ouvrent les anciennes chambres des étudiants de la madrasa, utilisées ensuite pour héberger les pèlerins. C'est aujourd'hui un **centre artisanal*** qui abrite une vingtaine de boutiques où vous pourrez admirer toute la richesse de l'artisanat syrien : tissus, cuivre, bois, tapis, boîtes incrustées de nacre… À dr. en entrant, ne manquez pas l'**atelier de souffleurs de verre**.

Le jardin à côté du khan abrite, dans les anciennes cuisines de la tekkiyé, un **musée de l'Armée syrienne** *(ouv. t.l.j. sf mar. 8 h-14 h ; entrée payante)*.

■ **LE MUSÉE HISTORIQUE DE LA VILLE DE DAMAS★** (I C2 ; *ouv. t.l.j. sf mar. 8 h 30-15 h ; entrée payante*). Aménagé dans un ancien **palais damascène★** qui en lui-même vaut un détour, le musée présente une intéressante collection de photographies du vieux Damas, quelques beaux exemples d'ameublement et de décorations traditionnelles. On peut également y voir une remarquable **salle des maquettes,** l'une de la vieille ville, l'autre du quartier de Salihiyé.

À voir encore

Si vous avez encore un peu de temps, voici quelques suggestions pour compléter la découverte de Damas : dans la vieille ville, une promenade hors des sentiers battus reliant la citadelle au quartier chrétien, et en dehors de la vieille ville, deux quartiers anciens : Salihiyé, au flanc du Qassioun, et le Midan, qui s'étire au sud sur près de 3 km, le long de la route de La Mecque.

■ **DE LA CITADELLE À BAB TOUMA★★** (II B1-D2).
Depuis la citadelle (II A/B1 ; → *p. 181*), il est possible de rejoindre Bab Touma (II D2) et le quartier chrétien en suivant les ruelles qui bordent le N. de la muraille.

Devant la tour N.-E. de la citadelle, prenez à g. la **rue Bein al-Assourain** (II B/C1), une pittoresque allée en partie couverte et bordée de jolies portes ouvragées. Après une chicane, vous découvrirez bientôt à g. la porte de la Délivrance, **Bab al-Faraj** (XIIe s.), aujourd'hui noyée au milieu des souks.

Continuez dans la rue Bein al-Assourain jusqu'à la rue al-Amara qui la coupe perpendiculairement. Vous êtes alors en plein cœur du quartier chiite de Damas. La toute nouvelle **mosquée Rouqayya★** (1993 ; II C1) a été financée par des Iraniens. Elle est décorée de faïence bleue, dans le style persan, qui lui donne un petit air de Téhéran, que confirment les envolées d'*abaya,* ces longs voiles noirs portés par les femmes. Ce sont pour la plupart des Iraniennes venues à Damas en pèlerinage et qui en profitent pour faire quelques emplettes dans les boutiques du quartier.

En suivant à g. la rue al-Amara, vous atteindrez à 50 m **Bab al-Faradis** (II C1), la porte des Vergers, construite au XIIe s. non loin de l'emplacement de la porte romaine de Mercure.

Continuez vers les quartiers E. en suivant la rue an-Nakib qui longe l'enceinte de la mosquée iranienne. Non loin, deux portes à g. signalent l'entrée du **palais** qu'habita l'émir Abd el-Kader pendant son exil à Damas (→ *encadré p. 214*). Continuez tout

Les loisirs du samedi

À l'époque mamelouke, les citadins les plus aisés possédaient dans la Ghouta, l'oasis de Damas, un clos et un *qasr,* pavillon de plaisance à étage, où ils allaient prendre le frais pendant l'été. Aménagé à l'ouest des murailles, sans doute près de l'actuelle tekkiyé Suleymaniyé, le Maydan al-Akhdar, le jardin Vert, recevait le samedi les habitants de la ville. Les chefs de famille se regroupaient pour deviser, leurs épouses suivaient les allées en bavardant et en goûtant les nourritures qu'offraient les marchands ambulants, les enfants assistaient à des tours de jongleurs et d'escamoteurs. Même les serviteurs et les esclaves s'y retrouvaient pour partager leurs loisirs. À la fin de la journée, tout le monde rentrait chez soi pour la prière du couchant.

En franchissant la porte Bab al-Faraj et en continuant tout droit, on atteint la rue Malek Fayçal *(II B1).* Presque en face, légèrement à g., se trouve le quartier des dinandiers, qui fabriquent des objets en cuivre. Vous pourrez y faire d'intéressantes affaires, pour peu que vous supportiez le vacarme incessant du martèlement du métal.

droit pendant 300 m, jusqu'à **Bab al-Salam*** (**II C2**), la porte de la Paix, une des plus belles de la ville, édifiée aussi au XIIe s.

Après avoir franchi la rivière, vous poursuivrez votre chemin vers les quartiers E., à l'extérieur de l'enceinte cette fois, par la rue al-Farrayin, qui longe une partie du mur et le cours de la rivière. Après 300 m, voici **Bab Touma** (**II D2**), la porte de Thomas, qui marque l'entrée des quartiers chrétiens de la vieille ville *(→ p. 203)*.

■ Le quartier de Salihiyé** *(hors plan I par A1)*. Au XIIe s., des mystiques musulmans, chassés de Palestine par les Francs, fondèrent sur ces hauteurs un bourg à l'écart de la ville. Bien plus tard, d'autres vagues d'immigrants couvrirent les flancs de la montagne de nouveaux quartiers : Charkasiyé, où s'installèrent les Caucasiens (les Tcherkesses), al-Akrad, quartier des Kurdes, ou encore al-Mouharijin, où s'établirent les musulmans crétois chassés de leur belle île à la fin du XIXe s.

Le vieux Salihiyé, très populaire, est le plus pittoresque : sa longue rue centrale abrite un marché haut en couleur, dominé par les coupoles et les minarets d'édifices qui, pour la plupart, datent du XIIIe s.

À travers Salihiyé. Le meilleur moyen de ne pas se perdre, et de s'éviter une longue marche sans grand intérêt depuis le centre ville, est de prendre un taxi jusqu'à la **mosquée Sheikh Mohi ed-Din*** (XVIe s.), que l'on repère à son beau minaret polychrome à *mouqarna*. C'est l'un des seuls édifices historiques ouverts au public dans ce quartier qui pourtant n'en compte pas moins de 70, concentrés pour l'essentiel du côté O. de la rue principale. Dans la **crypte**, tapissée de beaux carreaux de faïence bleu cobalt et blancs, repose le grand maître soufi Mohi ed-Din ibn Arabi, mort à Damas en 1240. Il est considéré comme l'un des plus grands mystiques de l'islam. Autour de son cénotaphe entouré d'une grille d'argent, le recueillement des fidèles impose le silence. Un second cénotaphe est celui de l'émir **Abd el-Kader** *(→ encadré)*, lui-même un grand soufi.

Depuis la mosquée Sheikh Mohi ed-Din, on pourra suivre la rue principale. À 200 m à l'E. se trouve la **mosquée Hanbila*** dont on peut admirer, derrière la façade austère, l'élégante cour à portique. Elle aussi se visite.

■ Le Midan* (**I B4-A5**).
Au S. des remparts, Damas tend un bras de faubourgs en direction de La Mecque. C'est le quartier du Midan, où s'engageait chaque année le long

L'émir au grand cœur

Lorsque les forces coloniales françaises débarquèrent en Algérie en 1830, c'est l'émir **Abd el-Kader** qui conduisit la résistance algérienne jusqu'à sa reddition en 1847. Après cinq années de captivité en France (à Pau puis à Amboise), il finit par s'installer à Damas en 1855. Il y demeura jusqu'à sa mort en 1883. Lors des émeutes antichrétiennes de 1860, il parcourut les rues de la vieille ville pour soustraire les chrétiens à la fureur de la populace en les prenant sous sa protection. Franc-maçon, Abd el-Kader fut aussi un grand mystique soufi. Il voulut être inhumé auprès de son maître spirituel, Mohi ed-Din ibn Arabi, qui repose dans la crypte de la mosquée Sheikh Mohi ed-Din, dans le quartier de Salihiyé. Son corps fut rapatrié en Algérie en 1965, à la demande du jeune gouvernement algérien.

Une cour de maison dans le quartier de Salihiyé, comme il en existe tant à Damas. Comme toujours dans l'architecture arabe traditionnelle, ces havres de fraîcheur et de paix sont soustraits aux regards, dissimulés derrière de hauts murs.

cortège du pèlerinage. À partir des Ayyoubides (XIIIe s.) se sont peu à peu développés des quartiers d'habitation, avec leurs souks et leurs bains. Gouverneurs ou émirs tenaient à se faire inhumer dans leur mausolée le long de cette voie, dont l'édification de nombreuses mosquées confirmait le caractère sacré. C'est aujourd'hui un quartier populaire qui ne manque pas de pittoresque et où les passionnés d'architecture musulmane pourront, comme dans le quartier de Salihiyé, admirer des édifices dont les plus anciens remontent au XIIIe s.

Un quartier en péril. Le développement de l'agglomération damascène a porté des coups sévères au vieux Midan, aujourd'hui éventré par la voie rapide qui longe le S. de la ville. Le tissu urbain ancien disparaît à grande vitesse, car ce quartier ne fait pas l'objet de protections particulières. Des immeubles à étages ont fait leur apparition, contraignant les habitants des maisons traditionnelles à couvrir leurs cours et leurs terrasses de bâches ou de toits de tôle pour protéger leur intimité. Les monuments historiques, classés, ont eux plutôt mieux résisté, en particulier les nombreux **entrepôts à blé** (les *baykès*), du fait de leur architecture qui permet aisément une réutilisation. Seuls les bains n'ont pas supporté l'épreuve du temps : on en comptait encore six dans les années 1940, il n'en reste aujourd'hui qu'un seul en activité.

Les *baykès* sont des entrepôts construits à l'époque ottomane pour recevoir les récoltes de blé en provenance du Hauran. On en trouve une cinquantaine sur la rue principale du Midan. Certains sont laissés en ruine, mais d'autres abritent des commerces. Tous présentent la même disposition : une vaste salle en longueur divisée en travées par des arcs brisés parallèles à la rue. L'arc donnant sur l'extérieur est clos d'une porte de bois, une imposte ménagée au-dessus permettant l'éclairage de l'intérieur.

Dans les villes musulmanes, le terme Midan désigne un vaste espace libre où s'entraînaient les cavaliers. C'est l'origine du nom de ce quartier de Damas.

À travers le Midan. La **rue al-Midan** traverse le quartier sur env. 3 km, entre la mosquée Sinan Pacha (I B3, II A2), face à l'entrée de la rue Droite, et le cimetière Bab Misr *(hors plan I par A4)*, qui marque la limite S. du quartier. Tout au long de la rue partent de petites ruelles, souvent en cul-de-sac, caractéristiques du quartier. La partie la plus intéressante est celle qui va du cimetière Bab as-Saghir (I B3/4) à la voie rapide Hafez el-Assad (I A4) : c'est là – surtout à partir de la place al-Yarmouk – que le quartier est le plus animé, avec ses souks et ses petits restaurants, ouverts pour certains fort tard dans la nuit ; c'est là aussi que l'on trouve les bâtiments anciens les plus significatifs.

– Au N. de la rue al-Midan, au débouché de sa partie couverte, sur la dr., **mausolée Afridouniyé** et **mosquée al-Ajami** (I B3 ; XIVe s.), un des rares exemples de mosquée à plan cruciforme. À la pointe de la fourche qui suit, **mausolée de Mardam Bek*** (XIVe s.). À 200 m de la bifurcation (suivre l'embranchement de dr.), **madrasa Sabouniyé*** (I B4 ; XVe s.), avec sa belle alternance de pierres blanches et noires en façade. Plus loin, sur la g., d'anciens mausolées annoncent un cimetière.

Les chiites viennent en pèlerinage vénérer deux tombes (situées dans la partie méridionale, au S. de la rue al-Jarrah) : celle de Fatima, fille du Prophète et épouse d'Ali, et celle de Souqaina, fille de Hussein.

– **Le cimetière Bab as-Saghir*** (I B3/4). Reconnaissable à ses petites coupoles vertes, c'est le plus grand cimetière de Damas. Il fut utilisé par les musulmans à partir de leur prise de la ville au VIIe s. Il abrite les tombeaux de nombreux califes et savants, et la tradition y localise les sépultures de plusieurs compagnons et descendants du Prophète. Les tombes chiites se distinguent par leur dessus plat, tandis que celles des sunnites sont arrondies en dos de chameau.

– En continuant sur la rue du Midan (qui se poursuit à dr. de la rue principale, dans le prolongement de la rue al-Jarrah), **mosquée Mourad Pacha*** (I B3/4), un bel édifice des premières décennies de la présence ottomane (XVIe s.). Plus loin encore, du côté g., **mosquée de Mousalla** (I B4 ; XIIIe s.), avec une belle charpente de bois dans la salle de prière. On atteint ensuite la **place Bab Mousalla**, appelée également **al-Yarmouk** (I A/B4), une vaste place circulaire moderne. À 150 m de la place, à dr., **mausolée d'Arak as-Silahdar***, à la porte décorée de beaux carreaux de faïence. Voir encore 300 m plus loin *(à g.)* le **hammam Rifaï** (I A4 ; XVe-XVIIe s.), le seul encore en activité ; les hommes pourront franchir la porte étroite et pénétrer jusqu'aux salles chaudes en compagnie du gardien des lieux.

– Au-delà de la **voie rapide** (I A5), le tissu urbain ancien se fait plus lâche et les édifices anciens moins nombreux, tandis que le nombre des ateliers augmente. Immédiatement à g., le beau **mausolée de l'émir Taynabak**** (at-Taynabiyé ; *hors plan I par A5*), du XIVe s., récemment restauré, avec sa belle porte ornée de motifs géométriques bleus.

Vers le nord et l'est depuis Damas

1 Vers Homs et Hama par le Qalamoun** *(excursion de 120 km jusqu'à Qara, puis 65 km de voie rapide jusqu'à Homs)* : → *p. 240.*

2 Vers Palmyre : Dmeir* **(Dumayr** ; *65 km N.-E.*).

La bourgade de Dmeir possède un **temple** remarquablement conservé *(demandez à un habitant d'aller chercher le gardien qui a la clé)*. À la lisière S. du village (du côté dr. de la route en venant de Damas), une curieuse construction s'élève au milieu des maisons. Par une inscription relevée sur place, on apprit qu'elle fut un temple consacré à Zeus sous le règne de Philippe l'Arabe *(→ p. 248)*. Le plan général, bien différent de celui des temples classiques, incita les archéologues à chercher plus loin. Ils découvrirent alors, insérée dans un mur, une stèle du Ier s. de notre ère figurant le dieu Baalshamin (auj. à l'Institut du monde arabe à Paris). Les quatre larges **arches**, qui ouvrent sur chacun des côtés, ont fait penser à une sorte d'arc monumental, à la croisée de pistes caravanières (elles furent murées par les Arabes qui en firent un bastion militaire). Quant aux **tours** qui marquent les angles et les escaliers donnant accès à la terrasse, elles évoquent la disposition des temples phéniciens. L'énigme n'est toujours pas entièrement résolue.

En continuant sur la route de Palmyre, au croisement avec la route de Homs (70 km après Dmeir, et 135 km après Damas), on peut faire un petit détour pour aller voir le **barrage de Harbaqa*** et, si l'on a du temps, les vestiges de l'un des deux « châteaux du désert » omeyyades, **Qasr al-Hayr al-Gharbi** : → *Env. de Palmyre, p. 461.*

Bosra★★★

Situation : à 30 km N. de la frontière jordanienne, 31 km S.-O. de Souweyda, 137 km S. de Damas par Souweyda (142 km par Deraa).

Alt. 850 m ; 15 000 hab. ; mouhafazat de Deraa.

☎ 015

Hébergement : à l'hôtel *Bosra Cham* (le grand luxe), ou dans l'auberge aménagée tout en haut de la citadelle (confort spartiate).

À ne pas manquer

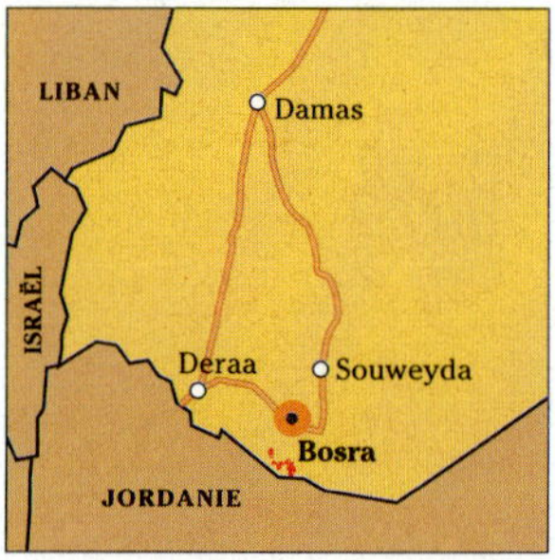

Ancienne capitale de la province romaine d'Arabie, Bosra, dans le Hauran, est l'étape touristique majeure d'un circuit dans la région au sud de Damas. Outre ses formidables vestiges, le site, qui est toujours habité, est l'un des plus étonnants en matière de réutilisation de matériaux antiques : les villageois des environs ont, au fil des siècles, trouvé dans cet amoncellement de ruines la plus commode des carrières. Pas une maison du vieux village qui ne possède son chapiteau corinthien, son linteau encastré ou ses bases de colonnes en guise de mur. Le tracé même des rues du village actuel suit peu ou prou celui de la ville antique. Clou de la visite : le théâtre romain, parfaitement conservé grâce à sa transformation en citadelle par les musulmans et au remblai de ses gradins qui les a protégés jusqu'à aujourd'hui.

Bosra mode d'emploi

Accès : services de bus entre Damas et Bosra (direct ou avec changement à Deraa ou Souweyda). L'itinéraire passant par Deraa, un peu plus long en kilomètres, est le plus rapide : il emprunte sur une bonne partie du trajet l'autoroute qui relie la capitale à la frontière jordanienne. L'itinéraire par Souweyda permet en revanche de faire d'intéressantes haltes en chemin *(→ p. 168).*

Visite : accès libre car le site est en partie un village habité. Citadelle et musée : ouv. t.l.j. 9 h-16 h du 1er nov. au 31 mars, 10 h-18 h le reste de l'année.

Combien de temps : 2 h pour une visite rapide du site, et une bonne demi-journée pour une découverte approfondie.

S'orienter : avec les campagnes de fouilles successives, l'ancien village construit sur le site antique s'amenuise année après année. Une bourgade nouvelle s'est développée à la lisière S. des ruines romaines : c'est là que vous trouverez magasins et arrêt d'autobus.

Où se garer : parking devant le théâtre (**B2**).

Où se restaurer : à la cafétéria située sur l'esplanade en haut du théâtre romain, dans les petits restaurants sur le parvis à l'entrée de la citadelle, ou, plus chic, au restaurant de l'hôtel *Bosra Cham*.

Fêtes et manifestations : en septembre, festival folklorique dans le théâtre, où se produisent des troupes du monde entier.

Bosra dans l'histoire

Des Égyptiens aux Nabatéens

Touthmosis III (1478-1426) ne conduisit pas moins de 17 campagnes en Orient : il entendait soumettre au pouvoir de Pharaon les cités-États de Palestine. La liste des villes assujetties fut gravée au pylône de Karnak. Parmi elles, Bosra, l'une des « soixante villes [... du] Bashan, toutes places fortes fermées de hautes murailles, munies de portes et de barres » que rencontreront deux siècles plus tard les Hébreux de l'Exode, à en croire le Deutéronome (3, 4-5). Ensuite, pendant plus d'un millénaire, aucun texte ne mentionne plus la ville. Tout juste sait-on qu'en 163 av. J.-C., la ville fut prise par Judas Maccabée qui passa toute la population mâle au fil de l'épée et livra la place aux flammes (1 M 5, 28). Puis suit un nouveau silence de près d'un siècle, jusqu'aux plus anciennes inscriptions découvertes dans la région : elles sont nabatéennes.

Capitale nabatéenne

Depuis le début du Ier s. av. J.-C., les Nabatéens de Pétra, sortant de leur domaine traditionnel de l'Arabie du Sud, poussent leur avantage vers le N. Entre 84 et 72 av. J.-C., le roi Arétas III occupe même Damas, alors qu'il avait été appelé par les habitants de la ville pour les protéger des troubles qui marquent la fin du royaume séleucide. Au Ier s. de notre ère, ce déplacement du centre du pouvoir nabatéen vers le N. conduit le roi, sans doute Rabel II (70-106), à choisir Bosra pour nouvelle capitale.

Comme le laissent supposer des monnaies découvertes sur place, un ou plusieurs temples sont probablement construits en l'honneur des principales divinités nabatéennes (Dushara, le dieu suprême, assimilé bientôt à Dionysos ; sa parèdre al-Uzza ; Allat, la divinité des tribus arabes, confondue avec Athéna). Mais peu de monuments nabatéens sont parvenus jusqu'à nous, à l'exception de l'arc « nabatéen » *(→ p. 230)*, qui marque la transition entre deux parties nettement distinctes de la ville.

Capitale de l'Arabie romaine

En l'an 106 de notre ère, Trajan annexe le royaume des Nabatéens, parachevant sa grande entreprise de conquête des principautés indigènes pourtant clientes de Rome. Bien qu'excentrée (presque à la frontière N. de la Syrie), mais au centre d'une fertile

L'épopée des Maccabées

167 avant notre ère : le prêtre Mattathias, à la tête d'une poignée de partisans, tient les collines de Judée. Ces hommes pieux s'opposent aux armées du roi séleucide Antiochos IV qui entend helléniser la Ville sainte et a profané son temple. À la mort de Mattathias l'année suivante, c'est Judas, l'un de ses cinq fils, qui lui succède à la tête de la révolte. Son courage au combat lui vaudra le surnom de Maccabée, « le Marteleur » (lointain ancêtre de notre Charles Martel). Après six années d'âpres combats qui le conduisent jusqu'en Transjordanie où il délivre les communautés juives opprimées, il meurt sur le champ de bataille. À la force succède la diplomatie : son frère Jonathan, dit le Rusé, qui sera le premier souverain de la dynastie asmonéenne, conduit les Juifs révoltés et, grâce à l'appui de la République romaine, réussit à imposer l'autonomie de la Judée.

région agricole, Bosra est choisie comme capitale de la nouvelle province d'Arabie au détriment de Pétra, une cité certes plus prestigieuse mais située à l'écart des grandes voies de communication. Avec l'établissement du gouverneur romain et le cantonnement d'une légion, la VIe Ferrata à partir de 106, puis la IIIe Cyrénaïque en 123, un vaste programme édiliaire est mis en œuvre *(→ encadré)*.

La restauration des remparts, entre 256 et 260, pour faire face à la menace perse n'empêche pas, quelques années plus tard (en 269), les Palmyréniens de la reine Zénobie de prendre la ville, mettant à sac au passage le temple de Zeus Ammon, le dieu de la IIIe légion Cyrénaïque.

Le célèbre Origène (v. 185-v. 254) se rendit en personne dans la capitale du Hauran afin d'y présider un synode au cours duquel l'évêque de la ville, Béryllle, abjura ses penchants hérétiques pour rentrer dans le droit chemin de l'orthodoxie.

■ Le développement du christianisme

Jusqu'à l'édit de Théodose proscrivant le paganisme (392), la population de la ville se répartit à part sensiblement égale entre chrétiens et païens, ces derniers disposant encore de leurs lieux de culte, même si les temples sont régulièrement pillés par les chrétiens les plus intransigeants de la ville. Il est certain qu'une communauté chrétienne était florissante à Bosra dès le IIe s.

Avec la paix de l'Église (313), la communauté chrétienne peut édifier au grand jour de vastes lieux de culte. Mais si dans les villages de la région on conserve des vestiges d'édifices religieux datant du IVe s., rien de tel à Bosra : les premières églises de la ville ont été remplacées par d'autres au VIe s. Seule demeure la basilique dite « de Bahira », édifice païen du IIe ou IIIe s. qui semble avoir été transformé en lieu de culte chrétien dès le IVe s.

■ La prospérité byzantine

Bosra connaît sa plus grande prospérité sous le règne de Justinien, au VIe s. Elle se couvre alors de nouveaux bâtiments, en particulier des églises, tandis que les relations commerciales se développent, notamment avec les Ghassanides, maîtres de ces confins de l'empire pour le compte de Constantinople avec lesquels les habitants de Bosra partageaient mode de vie et coutumes.

Lieu de résidence favori des émirs ghassanides, Bosra est le centre d'un vaste et fructueux réseau d'échanges avec le Hedjaz, dont elle est la grande pourvoyeuse de blé. On y achemine aussi du vin, dont les Mecquois sont friands et qu'ils exportent à leur tour vers des destinations plus lointaines. Les artisans de Bosra jouissent également d'une belle réputation pour les bijoux, les lames damasquinées, les cuirasses ou encore les cloches qui sortent de leurs ateliers. On comprend alors le grand prestige qui auréolait Bosra et « sa montagne aux vignes

La corporation des bijoutiers était si puissante à Bosra que ses membres bénéficiaient de places réservées au théâtre et que l'un d'entre eux prit à sa charge la construction de l'aqueduc qui acheminait l'eau de la ville depuis les contreforts du djebel Arabe.

inoubliables » auprès des marchands de La Mecque, qui entretenaient très certainement des comptoirs commerciaux permanents dans la ville.

La conquête musulmane

En 635, les musulmans s'emparent de la ville, chrétienne dans sa quasi-totalité. Pourtant, une décennie plus tard, les listes épiscopales ne font plus mention d'un évêque de la ville. Sans doute y a-t-il eu, au sein de la communauté chrétienne profondément divisée entre partisans de l'orthodoxie, hellénisés, et monophysites arabes, un vaste mouvement de conversion de la part de ces derniers, qui du reste ont favorisé l'avancée des troupes musulmanes, tandis que beaucoup d'orthodoxes regagnaient les terres restées sous le contrôle du basileus.

Dès le début de la présence de l'islam, Bosra devient un but de pèlerinage pour les musulmans, ainsi qu'une étape importante pour les caravanes de pèlerins en route vers La Mecque. À plusieurs reprises au XIIe s., les croisés tentent de s'emparer de la ville. Une menace qui conduit les Ayyoubides à développer les fortifications du théâtre pour en faire une puissante citadelle. La ville sombra ensuite dans l'oubli.

Visiter Bosra

■ **LE THÉÂTRE★★★ (la citadelle** ; A2 ; *ouv. t.l.j. 10 h-18 h, 9 h-16 h du 1er nov. au 31 mars ; entrée payante*). Construit au IIe s., dans les premières décennies qui suivirent l'annexion romaine, le théâtre de Bosra frappe par son ampleur et son exceptionnel état de conservation. Il doit à son corset de fortifications musulmanes d'avoir conservé la totalité de ses gradins et une bonne partie du mur de scène. Dès la conquête, il fut aménagé en **citadelle,** à laquelle chacun des maîtres musulmans de l'Orient, des Fatimides aux Ayyoubides et jusqu'aux Mamelouks de Baybars, fit des ajouts. Ainsi, au milieu du XIIIe s., il se présentait comme une puissante forteresse, protégée par huit bastions et entourée d'un fossé enjambé par un pont-levis. Au centre, l'orchestra et les gradins furent remblayés, de manière à former une cour où s'élevèrent plus tard des casernements et une mosquée. Les travaux de dégagement, achevés dans les années 1970, ont permis de révéler cet ensemble unique. La construction de ce gigantesque édifice représente un véritable tour de force : c'est en effet l'un des rares exemples de théâtre antique dont les gradins ne s'appuient pas sur une éminence naturelle.

Bosra la Glorieuse

Dès leur arrivée à Bosra, les Romains mettent en place un programme d'urbanisme, principalement dans la partie O. de la ville, au-delà de l'arc nabatéen, une zone dont l'habitat est alors sans doute plus lâche, permettant le percement d'artères rectilignes. En premier lieu est édifié le palais du gouverneur puis, le long de la voie principale, s'égrènent les bâtiments publics indissociables de la civilisation romaine : des thermes monumentaux, une vaste place commerciale bordée au S. par une galerie souterraine et à l'E. par des entrepôts, le khan ad-Dibs, récemment dégagé par les archéologues ; enfin, au S. de la ville, le théâtre, auquel conduit une belle allée bordée de colonnes de calcaire dont la blancheur tranche harmonieusement avec le gris du basalte utilisé partout ailleurs. Les voies sont pavées, bordées de trottoirs et de majestueux portiques sous lesquels ouvrent les commerces. Là où, à Palmyre ou encore à Jérash (en Jordanie), on ne compte que deux ou trois de ces rues à portique, à Bosra il n'y en a pas moins de six. Une originalité en Orient, et en tout cas le signe de l'importance que les Romains accordaient à leur nouvelle cité, qui reçut d'ailleurs le qualificatif grec d'*epikidis* : la Glorieuse.

Le théâtre des Romains

Même si, à Rome, le statut du théâtre fut toujours plus ambigu qu'en Grèce, le spectacle y jouait également un rôle social très important. Chaque cité un peu prospère était dotée d'un théâtre où se rassemblaient, à chaque manifestation, la plupart des habitants, de l'esclave au notable le plus en vue. Héritages de la colonisation romaine à partir du Ier siècle avant Jésus-Christ, plusieurs de ces monuments antiques se dressent encore sur le sol syrien, comme à Bosra, à Shahba ou à Palmyre.

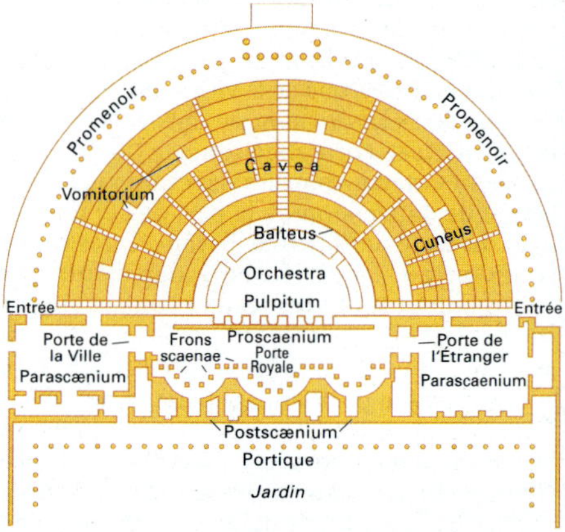

▲ Plan type d'un théâtre romain. Principales innovations par rapport au plan grec : la fusion des trois parties (cavea, orchestra, scène), jusqu'alors indépendantes, et le développement considérable de l'espace scénique, dû au goût des Romains pour les mises en scène somptueuses.

■ L'ancêtre grec

Dans les premiers théâtres grecs, les spectateurs s'asseyaient sur des gradins de bois, disposés sur le flanc d'une colline. À leurs pieds s'ouvrait une aire circulaire : le *choros* – nommé plus tard par les Romains orchestra –, où prenaient place ensemble les acteurs et les membres du chœur. Au-delà, les spectateurs avaient vue sur la cité ou sur la campagne environnante, qui créaient un décor naturel. Au Ve s. apparut la *skénè*, une construction en bois au fond du *choros* qui permit d'aménager un décor. Au siècle suivant furent adjoints de part et d'autre de la *skénè* deux pavillons entre lesquels évoluèrent dorénavant les acteurs, tandis que les membres du chœur restaient dans l'orchestra. Vers 340, une innovation décisive apparut à Priène (en Asie Mineure, aujourd'hui en Turquie) : en avant de la *skénè*, haute de deux étages, une estrade surélevée fut aménagée pour les acteurs. En même temps, le théâtre devint un lieu clos, séparé de la ville et du paysage. Enfin, la hauteur de la *skénè* permit le développement d'un décor plus élaboré.

■ Une architecture ingénieuse

Largement inspiré de son ancêtre grec, le théâtre romain subit cependant d'importantes modifications. Ainsi, grâce à la technique de la voûte, il pouvait être construit en terrain plat, et non plus forcément adossé à une colline : les gradins de la *cavea* étaient élevés sur de complexes substructures voûtées qui permettaient l'aménagement de boutiques ainsi que de multiples accès dans les gradins, les

vomitoria, par lesquels les nombreux spectateurs – entre 3 000 et 20 000 selon les théâtres – gagnaient aisément leur place.
Au pied des gradins, le ***balteus***, formé de trois degrés séparés des précédents par une balustrade, était réservé aux notables et aux hôtes de marque. Dans les théâtres où se déroulaient aussi des jeux de cirque ou des combats de gladiateurs, un muret de protection était dressé à l'emplacement des gradins inférieurs. Tout en haut de la cavea, un portique couvert servant de promenoir couronnait l'ensemble des gradins. Arrimé à l'extérieur, au niveau de l'attique, le ***velum*** protégeait les spectateurs en cas de pluie ou de fort soleil.

L'espace scénique

Beaucoup plus développé que chez les Grecs, il fait corps avec la cavea et l'orchestra. L'**avant-scène** *(proscaenium)* où évoluaient les artistes dominait l'orchestra d'environ un mètre. Elle était précédée du ***pulpitum***, une tranchée cachée par un muret où était logé le rideau qui se levait pendant les entractes. Sous le plancher, doté de trappes, une savante machinerie permettait divers aménagements de décor. En arrière, le **mur de scène** *(frons scaenae)*, aussi élevé que la cavea pour favoriser l'acoustique, constituait un décor permanent pour les représentations : colonnades superposées, niches abritant des statues, frises décoratives, portes par lesquelles les acteurs faisaient leur entrée, fenêtres réservées aux apparitions (dieux, fantômes, dragons...). L'érection du mur de scène devint un exercice de style très prisé des architectes et des sculpteurs romains, qui devaient néanmoins respecter certaines contraintes, telle la présence de portes praticables (au moins trois, et jusqu'à cinq). De part et d'autre, les ***parascaenia*** abritaient les décors et les accessoires, tandis que les loges et les coulisses des acteurs se trouvaient dans le ***postscaenium***.

▲ Mur de scène du théâtre de Bosra (IIe s.), l'un des mieux conservés du monde romain. À l'origine, il comportait deux niveaux. Au centre, la porte Royale évoquait une entrée de palais. Deux autres portes permettaient l'entrée en scène des acteurs : à dr., la porte de la Ville (le côté cour), réservée aux personnages principaux ; à g., la porte de l'Étranger (le côté jardin), dévolue aux seconds rôles.

De Bosorra à Bostra

Dans le livre des Maccabées, la ville apparaît sous le nom de Bosorra (1 M 5, 26 et 28). Les inscriptions palmyréniennes et nabatéennes la désignent à l'aide du trigramme BSR, à rapprocher d'une racine sémitique qui signifie « inaccessible ». Les Romains, auxquels la succession de consonnes était peu familière, ajoutèrent un t par euphonie : Bosra devient ainsi Bostra jusqu'à la période byzantine. Elle a repris aujourd'hui son nom sémitique.

L'entrée dans le théâtre s'effectue par une porte de l'enceinte médiévale. Passé le guichet, deux directions fléchées s'offrent au visiteur.

Itinéraire de dr. Il suit un long corridor médiéval qui mène à une longue **salle rectangulaire** qui borde la scène à l'arrière : c'est là que se tenaient les comédiens avant d'entrer en scène. Une fois sur la scène, vous découvrirez, comme l'acteur antique, l'impressionnant hémicycle de gradins, la **cavea** (102 m de diamètre) ; 17 000 spectateurs pouvaient y prendre place. Les trois étages de **gradins** (de 5, 18 et 14 rangs en partant du haut) sont desservis par des escaliers rayonnants ; ils étaient surmontés d'un **promenoir** orné d'un portique qui accueillait également une partie des spectateurs, debout (quelques colonnes subsistent avec leurs chapiteaux doriques et leur architrave). Au-dessus du public était suspendu un vélum afin de le protéger des ardeurs du soleil. De part et d'autre de la scène, cinq **loges** étaient réservées aux notables de la ville : la troisième du côté E. *(à g. depuis la scène)* conserve des restes d'ornementation peinte (des guirlandes). Le **mur de scène**** était décoré sur deux niveaux d'ordres différents (corinthien en bas, dorique au-dessus), dont seul celui du bas a subsisté. De part et d'autre de la scène ouvrent des cours annexes.

Itinéraire de g. Il emprunte le chemin de ronde de la forteresse médiévale sur lequel ouvrent à dr. des escaliers assez raides, les antiques **vomitoires,** vers les différents niveaux des gradins. En poursuivant l'ascension par le chemin de ronde, on parvient à une esplanade dominée par les logis qui furent construits avec la forteresse. Contre le mur de dr. sont exposés des reliefs et des mosaïques découverts sur le site de Bosra.

Le bâtiment à g. sur l'esplanade abrite une cafétéria tenue par les gardiens du site, des bédouins qui proposent également quelques chambres (confort très sommaire).

Devant le bâtiment de g., un escalier très raide ramène directement à l'arrière du mur de scène, c'est-à-dire tout près de la sortie.

Sortir de la citadelle par la g. puis, après les boutiques et les restaurants, tourner à dr.

■ **LA RUE ANTIQUE** (A1-2) qui conduit du théâtre au decumanus (la voie principale de la ville antique) est entièrement dégagée. Elle a révélé le souci décoratif qui présida à l'édification de la ville romaine. Il s'agit d'une des rues à portique de Bosra. Son originalité réside dans les **bases de colonnes,** toutes en calcaire, qui supportaient des colonnes où l'alternance du calcaire et du basalte était du plus bel effet. Au bout de la rue se dresse un arc monumental.

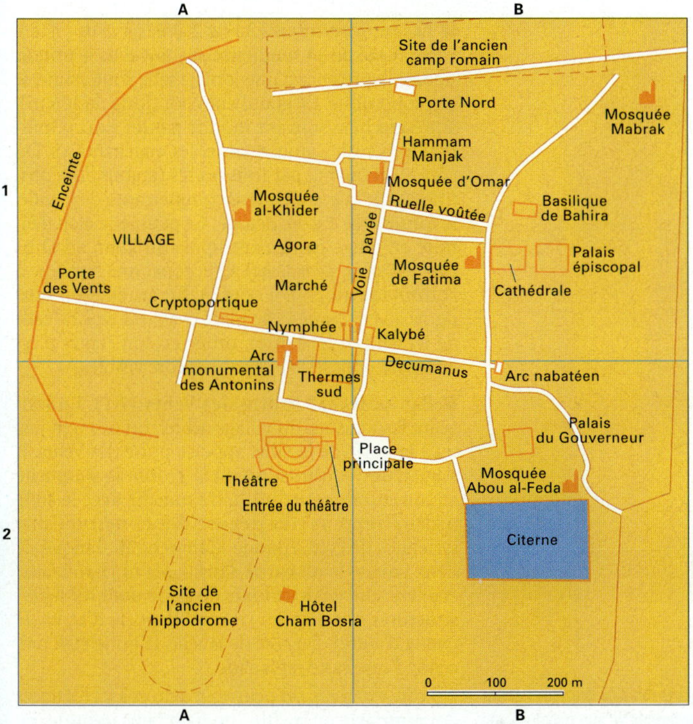

Plan de Bosra.

■ **L'ARC MONUMENTAL DES ANTONINS*** (A1/2). Il marquait le croisement avec le decumanus. Là encore, une autre originalité : alors que les arcs monumentaux sont généralement situés à l'intersection de rues importantes, celui-ci est simplement placé au débouché d'une rue qui ne se prolonge pas au-delà du decumanus. Cet édifice date de la période des Antonins (IIe s.) et fut érigé, comme nous l'apprend une inscription, en l'honneur de la IIIe légion Cyrénaïque et de Cornelius Palma, gouverneur de Syrie entre 105 et 108 qui, au nom de Rome, annexa le royaume nabatéen en 106. Il se compose classiquement de trois arches ; celle du centre, la plus élevée (restaurée à l'époque byzantine), a 13 m de haut.

■ **LE DECUMANUS***** (A-B1). L'artère principale de la ville romaine, orientée E.-O., s'étendait sur près de 900 m entre la porte des Vents (Bab al-Hawa, *à g.*) et l'arc nabatéen *(à dr.)*. Large à l'origine de 13 m, elle fut rehaussée de part et d'autre d'un large trottoir protégé par un portique. De place en place, et parfois inscrits dans les murs des maisons, subsistent des bases et des départs de colonnes. C'est sur cette artère qu'ouvraient les principaux édifices publics de la ville : thermes, marché, temples. Le dégagement entrepris par les services archéologiques a permis de découvrir le pavement originel sur une bonne partie de son tracé.

Suivre le decumanus sur la g.

■ **LE CRYPTOPORTIQUE** (A1 ; *à 250 m sur la dr.* ; IIᵉ s.). Une rangée de 34 soupiraux ouvrant sous le trottoir signale la présence d'une longue salle souterraine, le cryptoportique. Ce grand entrepôt (long de 106 m), à présent bien souvent inondé par les eaux d'infiltration, servait à emmagasiner les marchandises. Du côté N., il ouvrait par trois portes (aujourd'hui obstruées) sur la grande place commerçante de la ville, le **forum**, pas encore dégagé. Ce périmètre était délimité en outre par les entrepôts du khan ad-Dibs (→ *ci-dessous, Le marché*) à l'E. et par une belle rue à colonnade au N. Du côté O. fut aménagée, sans doute au IIIᵉ s., une vaste place ovale, du type de celle de Jérash (en Jordanie), ornée en son centre d'un **tétrapyle** dont les bases sont encore visibles.

■ **BAB AL-HAWA*** (**porte des Vents** ; A1). En longeant les maisons du village actuel, on parvient jusqu'à la porte de la ville, appelée porte des Vents. Il s'agit d'une construction du IIᵉ s. dont la simplicité architecturale toute militaire tranche avec le style ordinairement très décoré des constructions syriennes de cette époque. L'arc central, flanqué de deux paires de pilastres, sans bases ni chapiteaux, était encadré de deux tours de garde dont les superstructures ont disparu (il reste la porte d'accès de part et d'autre). Du côté de la ville, la porte était précédée d'une vaste esplanade.

Les remparts romains devaient s'élever au-dessus du mur nabatéen, qui englobait lui-même des éléments plus anciens. Ainsi, à l'O. du théâtre (à dr. de la route moderne), un amoncellement de pierres cyclopéennes devrait appartenir à la muraille primitive, celle peut-être que rencontrèrent les Hébreux sur le chemin de l'Exode.

Du côté extérieur, on peut voir, à dr. et à g., les traces des **remparts** de la ville : un haut talus informe où, en certains endroits, un éboulis plus important signale l'emplacement d'un ancien bastion. Une partie de ces murs était encore debout lorsque le site a été exploré, au début du XXᵉ s., mais ils ont été victimes du développement des quartiers occidentaux de la ville.

Revenir jusqu'au carrefour de la rue du théâtre et continuer tout droit sur le decumanus.

On peut supposer que, dès leur installation à Bosra, une des premières tâches des Romains fut d'édifier des bains, un des hauts lieux de l'exercice de la citoyenneté antique. Les archéologues ont relevé les vestiges de plusieurs établissements thermaux : l'un au cœur de la ville antique, un autre au N., à proximité du camp de la légion, et un troisième à l'intérieur du marché.

■ **LES THERMES** (A1/2). Ceux-ci, au centre de la ville, étaient les plus importants de Bosra. L'extrême simplicité de leur décoration les rend très difficiles à dater. Diverses hypothèses ont été avancées, allant du IIᵉ au IVᵉ s. L'entrée se faisait par un portique à huit colonnes au S. du bâtiment (côté opposé au decumanus). Puis on entrait dans l'**apodyterium** (le vestiaire), une vaste salle octogonale surmontée d'un dôme ; ce dernier était construit en débris de matières volcaniques prises dans un mortier *(l'accès à l'apodyterium est interdit en raison de la fragilité du dôme, qui a nécessité des travaux de consolidation)*. De l'apodyterium, on passait ensuite dans le **frigidarium**, la salle froide, puis dans la salle tiède, le

Sortant de la boulangerie, leurs galettes de pain bien en équilibre sur la tête, c'est tout naturellement que les habitantes de Bosra empruntent le decumanus, l'ancienne voie principale romaine : le village s'est en effet développé au cœur même du site antique. Sur la gauche, l'arc monumental des Antonins.

tepidarium. De part et d'autre de celle-ci ouvrait un **caldarium** (salle chaude), l'ensemble du bâtiment dessinant ainsi une forme en T. Chaque caldarium était flanqué d'une cour à portique, dont ont subsisté bon nombre de colonnes surmontées de chapiteaux corinthiens décorés d'oves.

■ **LE NYMPHÉE ET LA KALYBÉ** (A1 et B1). En face des thermes, deux élégantes constructions s'élevaient à l'intersection du decumanus et de la principale rue commerçante, orientée N.-S., qui conduit vers la mosquée d'Omar. Du côté g., quatre **colonnes monumentales** (14 m de haut) à chapiteaux corinthiens et bases octogonales s'élèvent à l'emplacement du nymphée de la ville, qu'elles encadraient. À dr., vous verrez une colonne et les restes d'un entablement finement ouvragé qui appartenaient à la **kalybé.** Ce type de construction, destiné à recevoir la statue d'une idole, n'appartient pas à la tradition religieuse gréco-romaine. Il s'agit sans doute d'un sanctuaire autochtone, reconstruit par la suite dans un vocabulaire architectural romain.

■ **LE MARCHÉ** (A1). La rue qui conduit vers la mosquée d'Omar, repérable à son minaret, a été presque entièrement dégagée. Elle était bordée à dr. par des magasins et à g. par une esplanade qui précédait une rangée d'entrepôts, le marché, que les habitants ont nommé **khan ad-Dibs** (marché de la Mélasse).

Le minaret de la mosquée d'Omar serait l'un des plus anciens encore debout, sinon le plus ancien (certains spécialistes le datent cependant du XIIe s.).

■ **LA MOSQUÉE D'OMAR*** (**B1**). Abandonnée et en ruine au XIXe s. lorsque la découvrirent les premiers voyageurs européens, cette mosquée a été restaurée en 1938-1939 puis rendue au culte musulman. Une pierre inscrite découverte lors des travaux de dégagement porte la date de l'an 102 de l'hégire, c'est-à-dire 720-721 de l'ère commune. L'édifice aurait donc été construit sous les Omeyyades et commencé dans les derniers mois du règne d'Omar II (717-720), d'où le nom que lui a attribué la tradition. L'ensemble est entouré d'un mur haut de 9,50 m qui montre en de nombreux endroits des traces de restauration ; du côté de la rue et de l'entrée, il repose sur des soubassements antiques.

La **salle de prière**, du côté S. de la cour, est divisée en deux nefs délimitées par trois rangées de colonnes, la troisième se trouvant contre le mur de prière. La couverture est constituée de dalles de pierre sur encorbellement, selon le procédé traditionnel utilisé jusqu'à nos jours pour la construction des maisons du Hauran. L'arche du centre des colonnades est deux fois plus large que celle des intervalles adjacents, un procédé que l'on trouve déjà dans les basiliques des IIe et IIIe s. ainsi qu'au « monastère » de Shaqqa *(→ Env. de Shahba, p. 250)*. Le **mihrab**, restauré après la construction, est surmonté d'une niche semi-circulaire monolithique : le mihrab primitif. Le **minaret*** carré, en basalte, repose sur un socle : au sommet est aménagée une salle à claire-voie, dont les ouvertures sont décorées de belles colonnettes torsadées.

Face à la mosquée, de l'autre côté de la rue, le **hammam Manjak** (**B1**), de l'époque mamelouke (XIVe s.), abrite un petit **musée ethnographique** *(mêmes horaires que la citadelle)*.

▶ En contournant la mosquée par le N. et en suivant le chemin qui se dirige vers l'O., on peut atteindre *(250 m)* la **mosquée al-Khider** (**A1**), de plan carré, construite en 1133. À 50 m au-delà vers l'E. s'étend une vaste dépression (200 x 90 m), aujourd'hui occupée par des jardins maraîchers. Elle a été identifiée avec la **naumachie**, une arène aquatique. ◀

Selon la tradition, c'est ici que le prophète Mahomet, accompagnant une caravane de son oncle à Bosra, aurait rencontré le moine chrétien Bahira, qui l'aurait initié au monothéisme.

■ **LA BASILIQUE DE BAHIRA**** (**B1**). Cette construction à l'impressionnante façade fut très probablement un édifice civil romain construit au IIIe s., transformé par la suite en église (sans doute dès le IVe s.) : la vaste baie cintrée fut ainsi rebouchée, et au-dessus des colonnes d'angle, on peut voir le départ d'un fronton triangulaire. Tel qu'il se présente aujourd'hui, l'édifice emprunte le plan d'une basilique à nef unique, avec pour toute décoration des reliefs sculptés à la clé de voûte de la belle abside semi-circulaire. L'intérieur est éclairé par huit fenêtres percées haut dans chacun des murs latéraux. À l'entrée, inscription grecque entre deux queues d'aronde.

▶ **La mosquée Mabrak** (B1 ; *suivre à g. la rue qui longe la façade de l'église, puis tourner à dr. après 200 m*). Elle fut construite, dit-on, à l'emplacement où s'agenouilla le chameau qui portait, venant d'Arabie, le premier exemplaire du Coran (le mihrab de la salle de prière de dr. marque le lieu exact). On dit aussi que le prophète Mahomet planta ici sa tente lorsqu'il vint à Bosra et y rencontra le moine Bahira. Une inscription au-dessus d'une fenêtre de la façade *(côté dr.)* mentionne pour date de construction l'an 530 de l'hégire (1135 de l'ère commune). La partie orientale, plus monumentale avec sa cour à deux iwans, remonte, elle, au XIIIe s. La mosquée était un but de pèlerinage pour les musulmans ; elle abrita une célèbre école coranique.

La rue qui borde la façade de la mosquée longe plus ou moins la limite N. de la ville antique. Au-delà des remparts, qui de ce côté ont pratiquement disparu, était établi le camp de la légion romaine stationnée en ville. ◀

Depuis l'église de Bahira, suivre vers le S. la rue qui ramène au decumanus.

■ **LA MOSQUÉE DE FATIMA** (B1). Elle fut certainement construite au XIe s. sous le règne des Fatimides (le minaret est sans doute postérieur). Elle reçut le nom de la fille du Prophète, dont les maîtres du Caire se voulaient les descendants. Seules trois arches sont d'origine. La mosquée est toujours en activité.

■ **LA CATHÉDRALE** (B1 ; *en face de la mosquée ; accès interdit*). En 512-513, l'évêque Julien consacra la cathédrale de Bosra aux saints Serge, Bacchus et Léonce. Un projet architectural d'une ampleur considérable qui marquait l'importance de Bosra dans la carte chrétienne de l'Orient. Très ruiné, l'ensemble est réduit aux soubassements. Les dimensions de la coupole étaient comparables à celles de la première version de Sainte-Sophie à Constantinople ; elle s'écroula assez tôt et ne fut jamais reconstruite. Après la conquête musulmane, sans doute vers le IXe s., une église à plan basilical fut aménagée dans le prolongement de l'abside centrale. Les dimensions ainsi réduites de l'édifice suffisaient à accueillir durant le Moyen Âge musulman la petite communauté des chrétiens de Bosra.

D'un quadrilobe à l'autre

La cathédrale de Bosra s'inscrivait dans un grand carré délimité aux quatre coins par des exèdres. Le côté E. ouvrait sur une abside encadrée de deux absidioles à chevet plat. Au centre de la grande salle carrée, 4 piliers en L et 18 colonnes dessinaient un espace quadrilobé (en trèfle). Cette salle était recouverte par une coupole. Par son architecture, la cathédrale de Bosra se rapproche d'une série d'édifices chrétiens, tous construits dans la première moitié du VIe s. : ainsi en Syrie, Sainte-Hélène d'Alep, la cathédrale de l'Est à Apamée et l'église à plan centré de Résafé. À l'exception de Résafé (important centre de pèlerinage), ces villes abritaient le siège d'un métropolite. Selon une des hypothèses, le plan quadrilobé commun à ces églises s'inspirerait de celui de la « Grande Église » du patriarcat d'Antioche (dont on ne possède que des descriptions écrites), et les églises des diocèses seraient dérivées de celle de leur archevêché. Ainsi, l'église Saint-Georges d'Ezra (→ *p. 231*) reproduit à échelle réduite le plan de la cathédrale de Bosra.

Damas et le Sud

Le plan en triconque du palais épiscopal de Bosra rappelle celui du palais du gouverneur de Qasr ibn Wardan (→ *Env. de Hama p. 318*), lui-même construit entre 561 et 564.

■ **Le palais épiscopal** (B1). Derrière le chevet de la cathédrale, un vaste édifice passe pour la résidence de l'évêque de la ville. Certains spécialistes ont mis cette affirmation en doute, arguant que généralement le palais épiscopal ne se situe jamais à l'E. de la cathédrale, mais plutôt au S. ou à l'O., plus rarement au N. (comme à Jérash, en Jordanie). Au vu du raffinement de sa décoration toute byzantine (colonnettes torsadées ornant les doubles fenêtres), ce bâtiment abritait en tout cas la résidence de quelque dignitaire de la ville.

Les fouilles conduites actuellement par une mission syro-italienne portent sur l'espace compris entre la cathédrale et le palais afin de préciser les relations entre les deux bâtiments.

C'est plutôt du côté E. de l'arc que devait se trouver la ville nabatéenne du Ier s. apr. J.-C. : l'orientation des rues est différente de celle du côté O., comme le signalent les maisons du village moderne dont l'alignement suit, dans ses grandes lignes, celui de l'Antiquité, et qui utilisent largement les soubassements anciens. Dans cette partie orientale se trouvaient sans doute une demeure royale (peut-être à l'emplacement du palais du Gouverneur romain) ainsi que les temples des dieux nabatéens, démolis ou recouverts lors de la christianisation de la ville au IVe s.

■ **L'arc nabatéen**★★ (B2). Cette élégante construction de basalte n'a cessé de poser problème aux archéologues. Par son style, elle doit tout à l'art des Nabatéens : les dimensions de l'arche, large et haute, la présence de niches semi-circulaires et de chapiteaux de type nabatéen (corinthien sans décoration), tout cela concorde à dater l'ensemble du Ier s. de notre ère. Pourtant, sa présence à l'extrémité E. du decumanus semble le faire appartenir au projet urbanistique romain. De plus, l'existence d'une colonne nabatéenne isolée, à 25 m à l'E. du portique, interdit de supposer le prolongement du decumanus de ce côté-ci de la ville : la colonne aurait été alors placée au milieu de la voie. Il semble donc que cet arc, construit sous le règne du dernier roi nabatéen, ait marqué, dès l'époque préromaine, un développement de la ville vers l'E.

► À 100 m à l'E., un vaste **complexe chrétien** datant du Ve s. a été en partie dégagé. Il s'agit d'une église à plan centré – un cercle inscrit dans un carré, comme pour la cathédrale (→ *encadré p. 229*) –, avec un chœur saillant et des absides occupant les angles du carré. Les matériaux de construction proviennent de bâtiments plus anciens (nabatéens et romains) qui furent méthodiquement démantelés ; les pierres furent numérotées avec des lettres grecques pour faciliter le remontage. ◄

Après l'arc, prendre la rue à dr. encore bordée de maisons villageoises.

L'historien K. A. C. Creswell a mis en évidence la parenté entre le palais du Gouverneur romain et les « châteaux du désert » omeyyades de Qasr al-Hayr al-Sharqi et Qasr al-Hayr al-Gharbi, qui en seraient les lointains descendants.

■ **Le palais du Gouverneur romain**★ (B2 ; **palais de Trajan** ; *à 50 m de la bifurcation, sur la g.*). Ce bâtiment, que la tradition a hâtivement nommé « palais de Trajan », fut édifié dès le début de la présence romaine, très probablement à l'emplacement du palais royal du dernier roi nabatéen. Il constituait en quelque sorte la marque de l'ordre romain au cœur de la « ville nabatéenne ». Cet élégant ensemble à deux niveaux ouvre sur une cour intérieure où donnent deux portiques, eux-mêmes à deux niveaux. À l'étage, la pièce de réception principale du palais, le **triclinium**, adopte un plan triconque où l'espace central est encadré de deux salles semi-circulaires. Cette disposition se retrouve dans le palais épiscopal de Bosra, ainsi que dans le palais de Qasr ibn Wardan (→ *Env. de Hama, p. 318*).

Suivre vers le S. la rue qui longe le palais en prenant pour point de mire le minaret de la mosquée Abou al-Feda.

■ **La mosquée Abou al-Feda** (B2). Cette mosquée-madrasa, d'élégantes et sobres proportions, fut édifiée en 1225, à l'époque ayyoubide. L'intérieur est une vaste salle rectangulaire et nue, dont le plafond est soutenu par six arcs reposant pour certains sur des colonnes antiques de remploi. Quatre iwans ouvrant sur cette salle complètent le dispositif architectural traditionnel d'une madrasa.

■ **Le birket al-Hadj (citerne** ; B2). L'immense réservoir (155 x 122 m) qui s'étend devant la mosquée – il en existe un autre plus à l'E. de la ville – permettait l'approvisionnement en eau de la population et, à partir de l'époque musulmane, des pèlerins en route vers La Mecque, d'où son nom qui signifie « bassin du Pèlerinage ». Il est l'œuvre des Romains, ou peut-être des Nabatéens.

En suivant la rive N. du bassin jusqu'au bout, on se retrouve en vue de l'entrée de la citadelle, point de départ de la visite.

Environs de Bosra

1 Jimrin *(3 km N. par la petite route de campagne qui longe le flanc E. du site et conduit également à Souweyda, à 25 km).*

Sur le cours d'eau qui traverse le village se trouvent les restes d'un pont et d'une retenue d'eau d'époque romaine. Sur la rive S., vestiges bien conservés d'une maison byzantine.

2 Ezra* *(60 km N.-O. en direction de Deraa).*

Accès : 4 km env. avant Deraa, prendre à dr. la voie rapide en direction de Damas puis, 20 km plus loin à dr., la sortie pour Ezra. Une fois dans le village, après avoir traversé la voie de chemin de fer, demander la direction de l'église Saint-Georges (Mar Georgis). La clé est chez le gardien, dans la rue qui conduit à l'édifice, 200 m avant celui-ci.

L'**église Saint-Georges**** **(Mar Georgis)** d'Ezra passe pour le plus ancien lieu chrétien en activité en

Deraa, à 41 km à l'O. de Bosra, est une grosse localité sans autre intérêt touristique que d'être le poste frontière avec la Jordanie. Mais son nom est passé à la postérité grâce à Lawrence d'Arabie : c'est là en effet que, en mission de reconnaissance et déguisé en bédouin, cet Anglais qui avait pris fait et cause pour le mouvement national arabe fut arrêté par les soldats ottomans et cruellement torturé. Il a relaté cette douloureuse expérience dans son livre *Les Sept Piliers de la Sagesse.*

Syrie (culte grec orthodoxe). Elle fut construite au début du VIe s., quelques années après la cathédrale de Bosra, dont elle suit le modèle architectural *(→ encadré p. 229)*. Durant la période byzantine, Ezra (Zorava) fut une ville d'importance et le siège d'un évêché, comme l'indiquent les listes épiscopales du concile de Chalcédoine (451).
Une inscription en grec sur la façade O. donne la date de construction de l'église (515) et ajoute que « là où s'élevait un temple voué aux démons, s'élève aujourd'hui la maison de Dieu ; là où l'on sacrifiait aux idoles, s'élève désormais le chœur des anges ». L'intérieur est superbe de grâce et de simplicité. La coupole (dont la toiture originelle a été remplacée par une couverture moderne) repose sur une base octogonale délimitée par des piliers massifs. Dans le chœur à abside, la tradition locale place le tombeau de saint Georges.

Le village abrite une seconde église, **Mar Elias,** datée également du VIe s. *(à 200 m ; descendez la rue par laquelle vous êtes arrivé, puis tournez dans la 1re rue à g. : l'église se trouve un peu plus loin à dr.)*. Considérablement restaurée (la toiture en particulier est moderne), elle adopte, elle, un plan basilical et est consacrée au culte grec catholique.

Le massif du Qalamoun★★

Des villageois parlant encore l'araméen, la langue du Christ ? C'est à Maaloula, petite localité au cœur du Qalamoun où nombre de linguistes sont venus étudier le phénomène. La région, vallée fertile coincée entre deux chaînes de montagnes, offre bien d'autres attraits : d'antiques églises dans de très beaux paysages et d'importants centres de pèlerinage – Notre-Dame de Saidnaya et le monastère Sainte-Thècle à Maaloula –, qui témoignent de la vitalité du christianisme oriental. Le tout à moins d'une heure de route de Damas. Une visite à ne pas manquer : le monastère de Mar Mousa, une forteresse plantée au-dessus d'un ravin depuis le XIe siècle et réoccupée depuis quelques années par une communauté qu'anime un dynamique père italien.

Situation : au N. de Damas, sur le contrefort E. de l'Anti-Liban.

Alt. : entre 1 400 et 2 000 m.

☎ 012

Hébergement : à Maaloula.

À ne pas manquer

Le Qalamoun mode d'emploi

Organiser son temps : depuis Damas, il est très facile, si l'on dispose d'une voiture particulière, d'entreprendre une excursion d'une journée à la découverte des principaux sites du Qalamoun. Au terme de cette promenade, vous pourrez regagner la capitale (circuit de 217 km) ou poursuivre vers le N. en direction de Hama, où se trouvent d'excellentes possibilités hôtelières (itinéraire de 232 km entre Damas et Hama). Vous pouvez aussi raccourcir l'excursion en ne visitant que Saidnaya et Maaloula (120 km AR depuis Damas).

Accès depuis Damas : depuis le centre de Damas, suivre l'indication Homs/Alep. À la sortie de la ville, prendre la direction de Saidnaya.

Fêtes et manifestations : à Saidnaya, fête de la Vierge le 8 septembre ; **à Maaloula,** fête de l'Exaltation de la croix (14 septembre), fête de sainte Thècle (24 septembre), fête de saint Serge (7-8 octobre).

Si vous ne souhaitez voir que **Maaloula** (à 42 km de Damas) sans passer par Saidnaya, suivez la route nationale d'Alep jusqu'à la bifurcation à g. vers Maaloula, juste après un ancien khan ottoman : le village se trouve 8 km après la bifurcation.

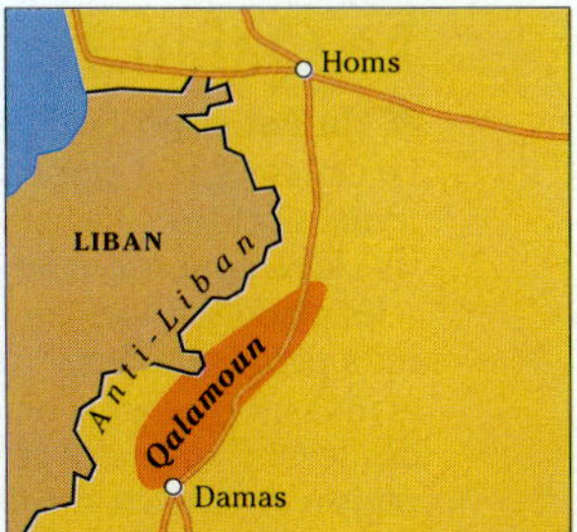

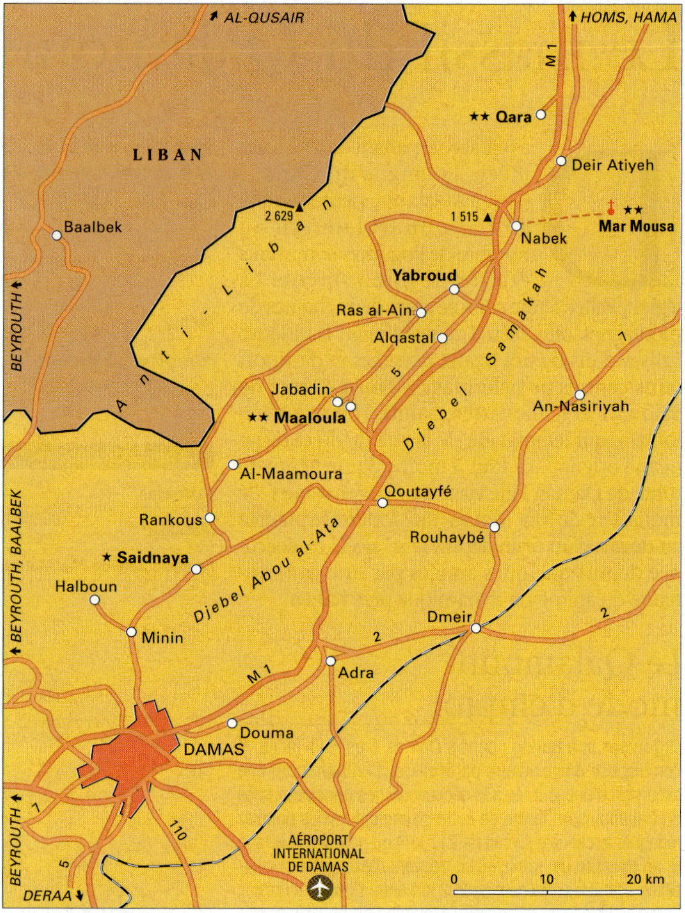

La région du Qalamoun.

Le Qalamoun dans l'histoire

■ Un îlot chrétien

Le Qalamoun se présente comme un long plateau fertile orienté N.-S. Il est fermé sur trois côtés par un rebord montagneux et s'incline progressivement vers le N. pour rejoindre la vallée de l'Oronte. Ce relatif isolement géographique – les grandes routes commerciales passant plus à l'E., à la limite de la steppe – lui a permis de demeurer à travers les siècles un îlot chrétien, oublié par les grands mouvements de l'histoire. Les premiers ermites s'y fixèrent sans doute dès le IIIe s. dans des grottes creusées dans la montagne. À partir du IVe s., la région se couvrit d'églises : temple païen transformé en église comme à Yabroud, ou simple oratoire de laure agrandi en ensemble monastique comme à Mar Mousa. Jusqu'au début du XVIIe s., la région comptait encore quatre diocèses : Saidnaya, Yabroud, Maaloula et Qara. Mais ce qui a valu une notoriété internationale à la région, c'est la survivance d'une forme d'araméen, la langue qu'utilisait le Christ, que parlent encore quelques habitants de la localité de Maaloula.

■ Un centre de pèlerinages toujours vivace

Même si dans la Syrie d'aujourd'hui le christianisme n'a pas besoin de s'isoler pour survivre, le Qalamoun reste un phare spirituel pour les chrétiens de Syrie et du Liban. Les dimanches, on vient par cars entiers en pèlerinage à Saidnaya, pour se recueillir sur le lieu d'une apparition de la Vierge à l'empereur Justinien *(→ encadré)*. D'autres fidèles s'en vont plus discrètement accomplir des retraites de prière et de réflexion dans les monastères de la région.

À 5 km de Damas sur la route de Homs-Alep, on passe à Berzé, un ancien village qui appartient aujourd'hui à l'agglomération damascène. Depuis des temps immémoriaux, on y vénère le lieu de naissance d'Abraham (maqam Ibrahim). Jusqu'au début du XXe s., c'était un pèlerinage pour les fidèles des trois religions monothéistes : musulmans, chrétiens et juifs. L'endroit existe toujours, à peu près au centre du village, au-delà du ruisseau : une petite cavité au fond d'un couloir où l'on doit entrer courbé.

Visiter le Qalamoun

■ **SAIDNAYA*** *(26 km N. de Damas).*

Les croisés se pressaient déjà à Notre-Dame de Sardenaye, but d'un pèlerinage connu au Moyen Âge dans toute la chrétienté. Ils marchaient sur les pas des Orientaux qui depuis le VIe s. se rendaient à l'endroit où était apparue une icône miraculeuse de la Vierge. Au pied de la colline du monastère Notre-Dame s'élève un **tombeau romain*** entièrement conservé ; il fut transformé dès l'époque paléochrétienne en chapelle dédiée à saint Pierre (rite grec catholique).

Notre-Dame de Saidnaya *(entrée libre)*. C'est sans doute vers le XIIe s. que fut entreprise la construction de ce monastère-forteresse qui est toujours un lieu de pèlerinage très important, où affluent Syriens et Libanais. Il est encore occupé par des religieuses de culte grec orthodoxe. Du fait des nombreuses restaurations (dans la dernière décennie pour les plus récentes), il ne conserve que peu de témoignages architecturaux de son passé. Dans l'escalier moderne qui conduit à l'entrée, vous remarquerez une grille protégeant une marche : d'une fissure s'écoule une huile miraculeuse que les fidèles effleurent avec respect. Une fois passée la porte du monastère, dirigez-vous à dr. pour gagner la **chapelle** qui abrite l'icône miraculeuse de la Vierge *(se déchausser à l'entrée)*. L'église du monastère (moderne) occupe le centre de l'ensemble. De la terrasse, **belle vue** sur la riche vallée en contrebas.

Le couvent des Chérubins* *(à 8 km ; quitter Saidnaya par la route de Maaloula, puis prendre à g. la route*

Justinien et l'icône miraculeuse

Alors qu'elle marchait à travers le désert contre l'ennemi perse, l'armée byzantine vint à manquer d'eau. L'empereur Justinien, qui la conduisait, partit en personne à la recherche d'une source. Ayant rencontré une biche, il la suivit jusqu'à un point d'eau. Comme il s'apprêtait à lui décocher une flèche, l'animal se transforma en icône de la Vierge et une voix s'éleva de l'image pour ordonner à l'empereur de construire une église à cet endroit. Un collège d'architectes fut constitué, qui soumit plusieurs projets. Aucun n'emportant l'adhésion, la Vierge apparut en songe à Justinien et choisit elle-même le plan de son sanctuaire. L'icône miraculeuse – peinte, dit-on, de la main même de l'évangéliste Luc – y fut exposée à la dévotion des fidèles. Depuis, on lui attribue d'innombrables miracles, comme en témoignent les ex-voto déposés dans la chapelle.

Niché sur la plus haute colline de la ville, le monastère Notre-Dame de Saidnaya est entouré de hauts murs qui lui donnent l'aspect d'une forteresse.

asphaltée qui monte au monastère). De cette terrasse haut perchée (2 011 m), on découvre un ample **panorama**★★ qui embrasse l'oasis de Damas, le mont Hermon et la chaîne de l'Anti-Liban. Les premiers occupants de ce véritable nid d'aigle furent sans doute des ermites, dès le IIIe s., comme en témoignent les nombreuses grottes qui parsèment le plateau. Des bâtiments monastiques furent construits sous le règne de Justinien. Abandonnés au fil des siècles, ils furent définitivement ruinés au cours du XVIIe s. En 1982, une nouvelle communauté monastique, dépendant de Notre-Dame de Saidnaya, s'est installée sur le site. C'est pour elle et pour les visiteurs que fut construit l'ensemble que l'on voit aujourd'hui : une chapelle qui utilise en partie des pierres des constructions antérieures, ainsi que des logements et des bâtiments d'accueil.

Si vous disposez d'une voiture avec chauffeur, faites-vous déposer au monastère Saint-Serge, au sommet de la colline, puis de là descendez à pied le défilé de Sainte-Thècle qui aboutit au monastère de la sainte, lequel surplombe le village du côté N.

■ **MAALOULA**★★ *(à 42 km de Damas, ou 53 km en passant par Saidnaya ; comptez 1 h 30 de promenade).* Ce petit village, à 1 650 m d'altitude, est la véritable star du Qalamoun : pas un voyage organisé qui n'y fasse halte, au point que le registre des visiteurs tenu au monastère Saint-Serge pourrait servir d'annuaire statistique des flux touristiques en Syrie ! C'est vrai que le village ne manque pas de charme : un amphithéâtre de maisons aux tons pastel accrochées au flanc des collines, et de très anciens monastères (celui de saint Serge aurait été fondé à l'époque de Constantin). Il est peu probable que vous entendiez parler araméen dans les rues du village, mais la langue est enregistrée sur cassette à Saint-Serge, où vous pourrez siroter un petit verre du vin que produisent les moines.

Le monastère Saint-Serge** (**Mar Sarkis** ; *à l'entrée du village, prendre la bifurcation à g. qui grimpe sur la colline*). Ce couvent, de rite grec catholique, passe pour le plus ancien de la région. De fait, l'archéologie semble donner raison à la tradition. Il faut tout d'abord franchir une porte très basse, dont les vantaux sont conservés dans le petit musée-boutique qui ouvre à dr. de la cour. L'église se trouve de l'autre côté de la cour. La charpente est soutenue par de puissantes poutres qui ont été analysées par un laboratoire allemand : selon ses conclusions, le bois aurait été coupé voilà 2 000 ans.

L'**intérieur** est d'une grande simplicité. L'**iconostase** porte des icônes des XVIIIe et XIXe s., œuvres de Michel de Crète : un Christ en majesté, une Vierge à l'Enfant, saint Serge et son compagnon saint Bacchus auquel le monastère est aussi dédié *(→ illustr. p. 241)*. On peut aussi voir deux icônes polonaises du XVIIe s., don du général Anders qui passa quelques jours au monastère en 1943. Dans le chœur, la **table du maître-autel*** emprunte sa forme aux autels des temples païens : un demi-cercle bordé d'une saillie destinée à retenir le sang des animaux sacrifiés avant qu'il ne s'écoule par un orifice. Comme il s'agit ici d'un autel chrétien, cet orifice est absent, de même que les reliefs qui ornaient d'ordinaire le rebord et qui montraient les animaux qu'il était loisible de sacrifier. Un autel du même type est exposé au musée de Damas.

Pour gagner le monastère de Sainte-Thècle par le défilé, continuer à pied la route qui part à dr. en sortant du monastère, puis à 300 m descendre à dr. au niveau d'un petit pont.

Le défilé de Sainte-Thècle* (**al-Fajj**). C'est cette étroite faille qui s'ouvrit miraculeusement, dit-on, dans la falaise pour permettre à Thècle d'échapper à ses poursuivants. Tout au long des 800 m de pente douce qui conduisent au village, vous verrez sur les parois des ex-voto gravés ainsi que des sépultures chrétiennes.

Le monastère Sainte-Thècle (**Mar Takla**). Ce monastère occupé par des sœurs de rite grec orthodoxe est construit sur une petite terrasse au pied de la grotte de sainte Thècle. Pour l'essentiel, les bâtiments sont modernes. En haut de l'escalier qui traverse l'enceinte, tourner à dr. pour aboutir à une petite place : à dr. ouvre la chapelle conventuelle, à g. une petite boutique où les religieuses proposent leur artisanat, de la broderie pour l'essentiel. Pour gagner la **grotte**, but de pèlerinage pour de nombreux croyants, emprunter l'escalier qui part à l'autre

Thècle la miraculée

Thècle était la fille du gouverneur romain d'Iconium (aujourd'hui Konya, en Turquie). À 18 ans, elle entendit par sa fenêtre la prédication de saint Paul. Elle décida sur le champ d'embrasser le christianisme. Scandale dans la haute société romaine : délaissant le riche jeune homme auquel elle était promise, Thècle choisissait de suivre un inconnu à la réputation sulfureuse. Paul et sa nouvelle disciple furent jetés en prison. Bientôt libérés, ils partirent pour la Grèce où Paul lança aux Athéniens sa célèbre apostrophe du « dieu inconnu » (Ac 17, 22-31).

Poursuivant sa route, vierge sans autre protection que sa foi, Thècle gagna Antioche où elle souffleta un prêtre païen qui la désirait. Condamnée à mort, elle échappa miraculeusement au martyre en s'aspergeant avec l'eau du bassin rempli de requins où on allait la précipiter.

Suivant la voie romaine qui conduisait à Jérusalem, elle choisit pour ermitage une grotte du Qalamoun. Mais la vindicte des Romains la poursuivit jusque-là. Alors que les soldats allaient s'emparer d'elle, la montagne se fendit en deux pour lui permettre d'échapper à ses persécuteurs : c'est le défilé de Sainte-Thècle, que l'on montre encore aux pèlerins. Elle passa le reste de sa vie dans sa grotte et y fut inhumée. C'est l'une des saintes les plus populaires de l'Orient chrétien.

extrémité de la place. Sous la grotte jaillit toujours la source où se désaltéra la sainte : elle possède, affirme-t-on, des vertus miraculeuses, notamment celle de guérir des rhumatismes. La sainte repose dans la petite chapelle creusée à dr. de la grotte. De là, belle vue sur le village.

■ **YABROUD** *(69 km de Damas).*
Cernée de collines crayeuses, Yabroud doit à ce voisinage la teinte claire des maisons de son vieux centre. Pour le reste, c'est à grandes coulées de béton que s'est effectué le développement de la principale localité du Qalamoun, gros bourg agricole et commerçant et siège d'un évêché grec catholique. Au temps de Rome, la ville abritait un temple à Jupiter, qualifié de Malek Yabroudis (roi de Yabrouda) et connu jusqu'en Italie comme l'a révélé une stèle gravée à son nom découverte à Rome.

La cathédrale (rite grec catholique ; *f. en principe en dehors des heures de culte, mais vous trouverez facilement le gardien en vous adressant à l'un des commerçants alentour*). Pour la tradition locale, c'est à sainte Hélène, mère de l'empereur Constantin, que Yabroud doit la transformation en église de son temple païen. Un bas-relief au-dessus de l'entrée montre d'ailleurs Hélène en compagnie de son impérial rejeton. L'édifice, de plan basilical, suit le périmètre du temple dont on peut reconnaître par endroits les soubassements de gros blocs. C'est dans les absides que la partie antique est le mieux préservée : ce temple avait été construit sans doute au Ier s. av. J.-C. Il fut considérablement remanié au IIIe s., notamment par l'adjonction d'une abside du côté oriental, sur laquelle s'appuient justement les absides de l'église chrétienne. Le reste de l'édifice présente moins d'intérêt du fait des importantes restaurations conduites en 1834 après un tremblement de terre. Dans la sacristie, à dr. de l'autel, collection de vieilles icônes.

■ **MAR MOUSA**** *(à 94 km de Damas par Nabek).*

L'accès du monastère de Mar Mousa est libre ; toutefois la communauté préfère ne pas recevoir d'étrangers les vendredis et les jours fériés, du fait de l'affluence de visiteurs locaux. De même, les dimanches et jours de fêtes chrétiennes sont réservés aux visiteurs à forte motivation spirituelle.

Accès depuis Yabroud : prendre à dr. la route de **Nabek** (9 km) où, depuis la place principale, la direction de Mar Mousa est très bien indiquée. Après 3 km, on sort de la localité pour s'engager sur une piste (praticable en dehors des périodes de pluies). À 13 km env. de Nabek, il faut laisser sa voiture pour continuer à pied (env. 20 mn de marche facile) en longeant un wadi, le cours d'une rivière à sec une grande partie de l'année. À 300 m de l'entrée du wadi, suivre le chemin qui surplombe le ravin à g. (plutôt que le lit de la rivière, caillouteux et malaisé).

Voici incontestablement le plus bel endroit de la région : au débouché d'une gorge, un monastère dominant la steppe qui s'étend à l'E. Plus qu'un simple but de promenade touristique, c'est une occasion de rencontre avec la communauté monastique qui y vit, cinq moines et cinq religieuses, européens et francophones pour la plupart. Cette communauté fondée en 1991 est animée par le père Paolo, un jésuite italien à qui l'on doit également les travaux de restauration de l'édifice, en ruine et abandonné jusqu'en 1988.

Vous effectuerez la visite des bâtiments monastiques sous la conduite d'un membre de la communauté : le petit musée, où sont exposés divers objets retrouvés lors des travaux de restauration, la bibliothèque, et surtout la chapelle et ses fresques. Après la visite, ne manquez pas de vous installer sur la terrasse où les moines vous désaltéreront d'un grand verre d'eau fraîche ou d'un thé. Moments inoubliables de silence et de méditation face à un paysage grandiose.

Mar Mousa dans l'histoire. Une mention du monastère dans un manuscrit syriaque de 575, des soubassements byzantins dégagés au cours des travaux de restauration, une monnaie datée de l'an 5 du règne de Justin II (565-578) : de nombreux indices laissent penser que les premiers moines s'installèrent là dès le VIe s. Ils vivaient alors dans les grottes creusées dans les parois du ravin et ne se réunissaient dans leur petite chapelle que pour un office commun les dimanches et jours de fêtes. L'église actuelle fut construite au XIe s., de même que les premiers bâtiments monastiques. Jusqu'au XVe s., période des dernières constructions, le monastère ne cessa de s'agrandir et de s'embellir : la chapelle reçut ainsi trois couches de fresques successives, dont une grande partie est conservée.

Par sa conception – une construction solitaire dans un paysage désertique –, Mar Mousa est plus proche des monastères de Palestine que des couvents syriens, le plus souvent construits à proximité des villages ou des agglomérations, tels ceux du Massif calcaire. De même, le système d'évacuation des eaux est identique à celui que l'on trouve dans les monastères de Palestine. Mar Mousa fut abandonné vers la fin du XVIIe s. et, jusqu'à sa réhabilitation en 1988, ne fit plus l'objet que d'un pèlerinage chaque 28 août pour la fête de Moïse l'Éthiopien, fils d'un roi d'Éthiopie, auquel la tradition attribue la fondation du monastère.

Le monastère. On arrive par le côté O. devant une façade presque aveugle : seule une porte basse permet l'accès à l'intérieur. À g., un ensemble de constructions modernes – dont l'architecture de pierre s'intègre remarquablement au paysage – est la manifestation tangible des grands projets de Mar Mousa : des bâtiments destinés au logement des hommes, moines et

Des ordinateurs au couvent

Tombé amoureux du site de Mar Mousa, un jésuite italien, le père Paolo, décida à la fin des années 1980 de restaurer l'édifice et d'y fonder sa propre communauté. Son objectif : œuvrer au dialogue entre chrétiens et musulmans, tout comme au rapprochement entre les différentes communautés chrétiennes d'Orient (la tâche la plus difficile des deux n'est peut-être pas celle que l'on pense…). Si, formellement, la communauté dépend de l'évêché syriaque catholique de Homs, auquel sa règle a été soumise, Mar Mousa bénéficie en fait d'une très large autonomie. Seule concession à sa hiérarchie, la construction d'un nouveau bâtiment pour les hommes : l'évêque voyait en effet d'un mauvais œil hommes et femmes cohabiter dans un seul bâtiment.

Selon la règle instituée par le père Paolo, la journée des moines se partage entre travaux manuels et intellectuels : ils passent ainsi de la bibliothèque à la laiterie – où se fabriquent d'excellents fromages de chèvre –, et de la chapelle à la pépinière. Les salles d'étude sont déjà équipées d'ordinateurs et on attend avec impatience l'autorisation de créer un site Internet. Mar Mousa doit à sa notoriété grandissante de nombreux visiteurs, excursionnistes de la journée ou retraitants pour quelques jours au monastère ou dans l'un de ses ermitages.

pèlerins, et plus loin contre la falaise, la laiterie et le poulailler, tandis que plus haut sont aménagés deux ermitages dans d'anciennes grottes de moines.

Dans l'**église** (XIe s. ; *se déchausser avant d'entrer*), les travaux de restauration ont permis de dégager un remarquable **ensemble de fresques***** dont seule une petite partie était connue jusque-là. L'église adopte un plan basilical à nef centrale flanquée de deux bas-côtés. Le chœur est doté d'une iconostase (copie récente d'un original disparu dans un incendie) : le monastère suit en effet une liturgie orientale.
De part et d'autre du chœur sont conservées les **peintures les plus anciennes** (2e moitié du XIe s.) : côté g., une simple croix sur fond blanc et une inscription grecque ; côté dr., un coq isolé, également sur fond blanc. D'autres peintures de cette époque se trouvent au-dessus de la nef du côté dr. (Élie, Élisée) ainsi que sur le haut du mur du bas-côté S. (sans doute Samson et le lion, à moins qu'il ne s'agisse de Daniel).
L'église fut décorée d'un **deuxième cycle de fresques** dans la chapelle à g. du chœur à la fin du XIe s. (une inscription qui donne le nom de l'artiste, Jean, et la date d'achèvement des travaux). On peut voir aussi un fragment d'un Baptême du Christ, et un personnage coiffé d'un bonnet noir au sommet d'une colonne, aisément identifiable avec saint Siméon le Stylite.

Le reste de la décoration appartient au **troisième cycle de fresques** (achevé en 1208). Dans l'abside du chœur, de haut en bas : le Christ et les apôtres, une scène disparue qui devait représenter un Christ en majesté, la Vierge et les Pères de l'Église. Le chancel de l'iconostase est décoré du thème des vierges sages *(côté g.)* et des vierges folles *(côté dr. ; → encadré)*. Au sommet des piliers de la nef figurent les quatre évangélistes présentant leurs manuscrits écrits en syriaque ; au-dessus, deux groupes de six chevaliers du Christ.
La plus belle scène orne le mur occidental, qui fait face au chœur : il s'agit d'une représentation du **Jugement dernier*****. *De haut en bas* : les apôtres Pierre et Paul encadrant la fenêtre, le trône avec la croix entouré des apôtres – dont les pieds reposent sur de moelleux coussins à la mode orientale ; sous l'autel, Adam et Ève ; la balance du Jugement tenue par deux anges et encadrée par David et Salomon ; du côté g., les élus conduits par les premiers martyrs, Étienne et Jacques ; à dr., les damnés, au premier rang desquels figurent des évêques, ceux de « l'autre bord », jugés hérétiques.

Après la visite de Mar Mousa, regagnez Nabek et la route nationale Damas-Alep.

■ **Qara**** *(à 16 km de Nabek ; comptez 1 h de visite).*
Au débouché du massif du Qalamoun, sur le dernier contrefort, la bourgade de Qara est elle aussi un très ancien centre chrétien. L'église grecque orthodoxe possède la liste presque complète de ses évêques du IVe s. à nos jours. Pourtant, sans doute en raison d'un moindre isolement géographique, la communauté chrétienne a connu un grand malheur : en 1266, la quasi-totalité de ses membres fut déportée par le sultan Baybars. Celui-ci transforma la cathédrale en mosquée, ce qui a eu pour effet de préserver cet édifice du VIe s. jusqu'à nos jours. Trois sites méritent une visite : l'église Saints-Serge-et-Bacchus qui abrite des fresques du XIe s., la Grande Mosquée, qui englobe l'ancienne cathédrale byzantine, et le couvent Saint-Jacques (Mar Yacoub), à la lisière occidentale de la ville.

L'église Saints-Serge-et-Bacchus* *(quitter la route nationale pour suivre la rue principale de la ville ; à 500 m, prendre une ruelle à dr. juste avant une grande place triangulaire : l'entrée de l'église se trouve à 50 m à dr. ; pour la visite, demander le gardien dans la boutique qui fait le coin de la rue).* Au fond de son petit jardin, cette église conserve des **fresques*** réalisées autour de l'an 1000 : protégées par

Officiers romains originaires de Syrie, Serge et Bacchus furent martyrisés à Résafé à la fin du IIIe s. pour avoir refusé d'accomplir un sacrifice en l'honneur du Soleil. Très vénérés en Syrie, ils ont de tout temps inspiré les artistes, et de nombreuses églises leur sont dédiées (ici, icône du monastère Saint-Serge de Maaloula).

un rideau sur le mur du bas-côté g., elles représentent saint Serge, sur un beau cheval caparaçonné, la Vierge allaitant l'Enfant, et saint Jean Baptiste. D'autres fresques provenant de l'église sont exposées au Musée national de Damas.

Le couvent Saint-Jacques* *(en quittant l'église, reprendre la rue principale à dr., traverser la place et continuer tout droit ; à la 1re fourche, suivre la voie de dr. : le monastère se trouve à 1 km env. de la sortie de la ville)*. Certains spécialistes considèrent qu'il s'agit du plus ancien monastère de la région : il repose sur un fort romain, dont on peut voir les soubassements à la base du mur d'enceinte. À l'intérieur, une forte tour domine l'ensemble des bâtiments monastiques : habitation, réfectoire, chapelle. En ruine jusqu'en 1995, le monastère a fait l'objet depuis d'une réhabilitation complète, dans le but d'y réinstaller une communauté de sœurs.

La Grande Mosquée* *(reprendre la rue principale, la suivre sur 300 m après le croisement qui conduit à l'église des saints Serge et Bacchus, puis tourner à dr. : la mosquée se trouve 100 m plus loin)*. L'ancienne cathédrale Saint-Nicolas fut transformée en mosquée en 1266. De la rue on peut en apercevoir la **façade****, d'un bel appareil régulier et rythmée de larges baies en plein cintre et d'oculi, dans le plus beau style des églises byzantines de Syrie. À l'intérieur *(porte à g. de la façade ; se déchausser avant d'entrer)*, on traverse tout d'abord une première salle de prière, puis une seconde, accolée au N. de l'ancienne cathédrale qui perdit à cette occasion son mur de ce côté-ci. Pour répondre aux nécessités de la prière musulmane, deux mihrabs furent creusés dans le mur S. Notez les chapiteaux antiques dont ils sont décorés.

Depuis Qara, on peut regagner Damas (97 km) ou poursuivre vers Homs (65 km) et Hama (112 km).

La parabole des dix vierges

« Dix vierges s'en allèrent, munies de leur lampe, à la rencontre de l'époux. Or, cinq d'entre elles étaient sottes et cinq étaient sensées. Les sottes prirent leur lampe sans se munir d'huile ; tandis que les sensées, en même temps que leur lampe, prirent de l'huile dans leur fiole. Comme l'époux se faisait attendre, elles s'assoupirent. Mais à minuit un cri retentit : « Voici l'époux ! » Et les sottes de dire aux sensées : « Donnez de votre huile car nos lampes s'éteignent. » Mais celles-ci leur répondirent : « Il n'y en aura sans doute pas assez pour nous et pour vous ; allez plutôt chez les marchands et achetez-en pour vous. » Elles étaient parties en acheter lorsque arriva l'époux : celles qui étaient prêtes entrèrent avec lui dans la salle des noces, et la porte se referma. Finalement, les autres vierges arrivèrent aussi et dirent : « Seigneur, Seigneur, ouvre-nous. » Mais il répondit : « En vérité je vous le dis, je ne vous connais pas. Veillez donc car vous ne savez ni le jour ni l'heure. » Cette parabole (Mt 25, 1-13) fait partie de la liturgie orientale du dimanche des Rameaux.

Qanawat★

Situation : à 4 km N.-E. de Souweyda, 108 km S.-E. de Damas.

Alt. 900 m ; 8 000 hab. ; mouhafazat de Souweyda.

Hébergement : à Bosra.

À ne pas manquer

L'antique Canatha fut une des villes principales de la région à l'époque romaine. Il en reste de nombreux vestiges disséminés à travers le village, une bourgade druze dominant un paysage de vergers et de vignes. Mais ce qui retiendra surtout votre attention, ce sont les deux basiliques paléochrétiennes aménagées dans des édifices païens antérieurs : un ensemble que sa majesté architecturale a fait surnommer par la tradition locale Seraya, « le Sérail ».

Qanawat mode d'emploi

S'orienter : les vestiges antiques se divisent en deux parties distinctes : à l'entrée du village en venant de la route Damas-Souweyda, le Sérail (l'ensemble le plus important) ; au N., les ruines des thermes, d'un odéon et d'un nymphée, puis celles du temple d'Hélios.

Visite : le Sérail est ouv. t.l.j. 9 h-16 h, jusqu'à 18 h en été ; entrée payante. Compter 2 h pour visiter l'ensemble du site.

Qanawat dans l'histoire

Qanawat (« canaux » en arabe) est mentionnée plusieurs fois dans l'Ancien Testament (à l'époque de l'Exode des Hébreux), mais les vestiges mis au jour ne remontent qu'à l'Antiquité gréco-romaine. Elle devrait son nom au réseau d'adduction d'eau que construisirent les Romains pour irriguer la plaine du Hauran depuis le djebel Druze. Dès le Ier s. av. J.-C., elle semble la ville la plus importante de ce djebel ; elle bénéficie sans doute de l'affluence des pèlerins au sanctuaire de Sia, tout proche (→ *p. 246*). En 55 apr. J.-C., le gouverneur romain de la province lui octroie le statut de ville grecque, ce qui lui vaut de jouir d'une autonomie d'administration. C'est l'une des villes de la **Décapole**, une fédération lâche de 10 cités hellénistiques (→ *encadré p. 244*). Septime Sévère l'honore de son gentilice : connue dès lors sous le nom de Septimia Canatha, c'est une cité prospère : les commerçants s'exilent aux quatre coins de l'empire. Très tôt christianisée comme le reste de la région, elle devient le siège d'un évêché

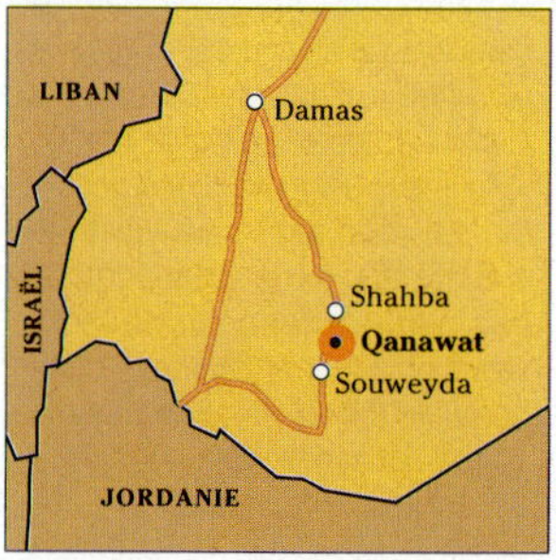

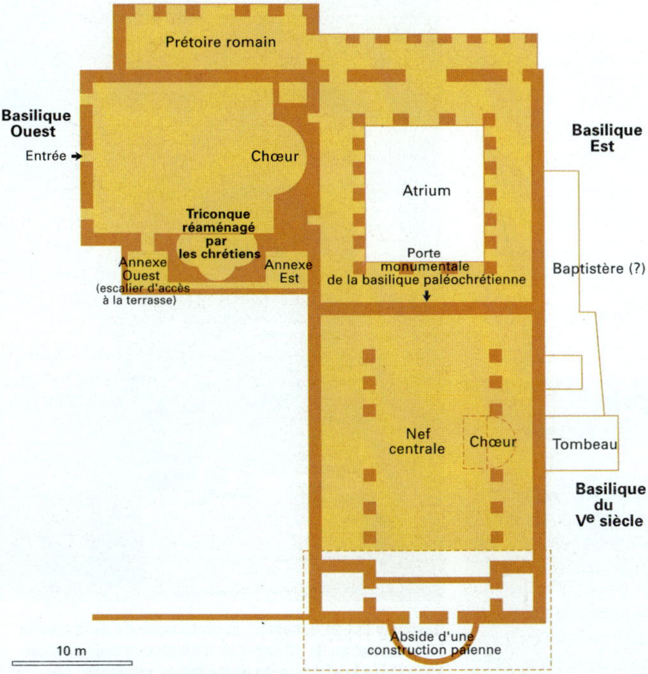

Qanawat : le complexe du Sérail.

dont les titulaires figurent sur les listes du concile de Chalcédoine. Mais après la conquête arabe en 637, elle décline rapidement. Le site était presque désert lorsque les premiers voyageurs occidentaux le découvrirent au XIXe s.

Le Sérail★★ (Seraya)

Ce complexe regroupe deux basiliques contiguës (Ouest et Est) qui furent édifiées au Ve siècle en réutilisant en partie des constructions païennes antérieures, et remaniées par la suite. C'est pourquoi il est parfois difficile de reconnaître la disposition exacte des différents édifices.

■ LA BASILIQUE OUEST

On l'aborde par la **façade occidentale**★ où se trouve l'entrée de l'ensemble du site. C'est le seul mur de la basilique construit à l'époque paléochrétienne. Les seuils des trois portes sont des matériaux de remploi : des blocs d'architraves romaines pour les portes latérales, une corniche provenant d'un édifice du Ier s. pour la porte centrale. À l'étage, cinq fenêtres donnaient sur une galerie intérieure.

Le chœur *(à l'intérieur)*. Aménagé en avant du mur qui vous fait face, il se composait d'une plate-forme rectangulaire et d'une estrade terminée du côté du mur par un synthronon (sièges pour les membres du clergé) en demi-cercle. La plate-forme – dont on devine le tracé sur le sol – était décorée de mosaïques et entourée d'un chancel (fermeture de chœur). Dans le mur, deux portes furent percées de part

Damas et le Sud

Basilique Est de Qanawat : la porte centrale de la façade. Si l'association de pilastres et d'un chambranle ouvragé est rare, la luxuriance du décor est en revanche caractéristique de la Syrie romaine.

et d'autre du chœur. Celle de dr. présente sur son linteau trois **croix pattées** sommairement incisées.

Le côté droit. Il est occupé par un triconque d'origine païenne (IIIe s.), encadré de deux annexes. Les trois marches ont remplacé à l'époque chrétienne l'escalier qui occupait toute la largeur du triconque, de manière à dégager le collatéral de l'église. Les deux colonnes surmontées d'un arc sont aussi un ajout chrétien : le triconque servait probablement de martyrion. Dans la **conque de dr.**, les traces de peintures dateraient de l'époque abbasside : l'édifice aurait donc été réutilisé après la période chrétienne. Dans l'**annexe de dr.** part un escalier : il donne accès à une **terrasse** qui existait déjà à l'époque romaine ; elle fut remaniée par la suite pour atteindre les tribunes de la basilique. Dans l'**annexe de g.** ouvre un passage qui traversait le triconque.

Le côté gauche. C'est par ce mur N. que l'on pénétrait dans l'édifice païen. La porte fut murée lors de l'édification de l'église. En avant du mur, à l'extérieur, restes d'un **portique à quatre colonnes** qui

La Décapole, dix villes en réseau

La Décapole (« ensemble des dix cités ») apparut au Ier s. avant notre ère, inspirée d'un modèle grec. Unies probablement par des liens plus religieux que réellement politiques, les dix villes qui la constituaient étaient établies dans une région qui va actuellement du N. de la Jordanie au S. de la Syrie, à l'E. du Jourdain – à l'exception de Scythopolis (Beit Shéan, en Israël). Deux d'entre elles étaient situées sur le sol de l'actuelle Syrie : Canatha (Qanawat) et Damas.
Toutes les villes de cette confédération se targuaient d'être grecques et d'avoir été fondées par Alexandre ou ses compagnons. En fait, les Séleucides, maîtres de la Syrie, avaient créé ce réseau afin de donner une base cohérente à leur royaume et de pouvoir contrôler le territoire. Avec la conquête romaine, cette institution perdit de son importance. Elle ne fut réorganisée qu'après le règne de Tibère, formant un territoire homogène jouissant d'une certaine autonomie sous l'administration d'un préfet et du gouverneur de Syrie. Trajan, en 106, modifia la division administrative de la province, et la Décapole n'eut bientôt plus de raison d'être.

précédait l'édifice païen. Il donnait sur une rue de la ville et était décoré en façade de statues dont les consoles sont encore en place sur le fût des colonnes.

■ **La basilique Est**

Par la porte à dr. du chœur de la basilique O., on accède à l'**atrium** de la seconde basilique paléochrétienne. À l'origine, c'était un vaste espace rectangulaire bien plus allongé, bordé sur ses deux longueurs par un portique tandis que l'espace central restait à ciel ouvert. Sur la partie S. fut édifiée la basilique, et la partie N. fut transformée en atrium.

La façade de la basilique. Conservée sur une hauteur de 10 m, elle fut entièrement construite avec des matériaux de remploi, d'époques et de provenances diverses. La **porte centrale**, très ornée, présente sur le linteau un motif martelé, sans doute un buste, remplacé par une croix. Sur la **porte de g.**, décor de svastikas et de rosettes disposés en un méandre continu (Ier s.), et pattes de lion sur le seuil (un motif courant dans la région). Sur la **porte de dr.**, un rinceau d'acanthes portant des fruits : un motif décoratif utilisé plutôt dans la deuxième moitié du IIe s.

L'intérieur. C'est un rectangle orienté N.-S. : un dispositif rare à cette époque mais pas unique, commandé ici par la réutilisation de l'édifice antérieur. Le **portique** païen, à dr. et à g., a été conservé de manière à délimiter un déambulatoire sur trois côtés ; sur les deux petits côtés, des colonnes ont été ajoutées. Dans le déambulatoire de dr., le dallage est celui de l'édifice païen. En avant de la nef (recouverte sans doute d'un toit à double pente), le **chœur** est nettement surélevé ; des rainurages bien visibles marquent l'emplacement du chancel, ouvert au milieu pour permettre l'accès à l'autel. Contre le mur est placé le **synthronon** souligné par un dallage concentrique. La vasque située au centre du sanctuaire provient du « baptistère ».

■ **Les dépendances**

Les vestiges de deux édifices appuyés contre la basilique et son atrium ont été dégagés : un tombeau – visible depuis le chœur, en contrebas – et un présumé baptistère.

Le tombeau. Autrefois voûté, il contient quatre **sarcophages.** Celui qui est contre le mur de dr. (IIIe s.) présente sur le couvercle une curieuse inscription grecque : *profitis*, c'est-à-dire prophète, comme se dénommaient d'ordinaire les prêtres païens. S'agit-il d'un remploi par les chrétiens, ou de la tombe d'un personnage qu'il vénérèrent par la suite et dont l'épithète « prophète » fut reprise au sens chrétien du terme ?

Le baptistère. Contre le mur E. de l'atrium, une salle en long a été identifiée avec le baptistère : du côté N., un évidement dans une colonne forme un petit bassin, tandis que du côté opposé prenait place la vasque déposée aujourd'hui dans la basilique E. Cependant, leurs dimensions ne permettaient pas d'y effectuer les baptêmes par immersion totale, selon la coutume de l'époque. Une porte, bouchée par la suite, permettait le passage entre l'atrium et ce « baptistère ».

Les autres vestiges

■ **Le temple de Zeus** *(en sortant du Sérail, suivre le chemin qui prend à g. de l'esplanade)*. Vestiges très ruinés d'un temple construit dans la deuxième moitié du IIe s. près de la porte de la ville que les pèlerins franchissaient pour se rendre au sanctuaire de Sia *(→ p. 246)*. Un portique à colonnes précédait l'entrée, l'intérieur était divisé en trois nefs par une double rangée de colonnes. L'entrée était encadrée de deux tours, dont l'une dotée d'un escalier.

Revenir au Sérail ; devant sa façade N., suivre la rue à g. qui descend dans le village moderne.

■ **À TRAVERS LE VILLAGE.** Passé *(à g.)* les vestiges des **thermes** (une partie des hypocaustes est encore en place), on atteint après 200 m le rebord de la gorge creusée par le wadi al-Ghar. Sur l'autre rive, vestiges nettement visibles d'un petit **odéon** dont neuf rangées de sièges sont conservées ; plus à dr., ruines d'un **nymphée**.

Continuer jusqu'à un carrefour *(150 m plus loin)* ; là, prendre la rue à g. qui conserve son dallage antique. Noter, à l'entrée d'une maison à g., un **linteau antique** encastré dans le mur, ainsi que, à dr., des **colonnes** toujours debout.

Poursuivre tout droit pendant 250 m. À dr. de la rue se dressent les colonnes du **temple d'Hélios**, le dieu-Soleil *(accès par un petit chemin bordé de murets)*. Ce petit temple périptère a été élevé dans le style décoré de celui de Baalbek (dans l'actuel Liban). Du temple, **vue*** superbe sur la plaine du Hauran, avec les hauteurs du Golan et le massif de l'Hermon (2 814 m) pour toile de fond. À la frontière entre le Liban et la Syrie, le mont Hermon est le sommet le plus haut de la chaîne de l'Anti-Liban. Il est cité à de nombreuses reprises dans la Bible.

Environs de Qanawat

■ **SIA** *(3 km S.-E.)*.

Accès : suivre la rue qui longe la façade N. du Sérail, tourner à dr. au coin de celui-ci puis continuer tout droit à la sortie du village ; à env. 3 km, une rampe grimpe à dr. jusqu'à Sia ; le site se trouve à l'entrée du village, sur la dr.

Sur cet éperon rocheux surplombant la vallée de Qanawat, face au massif de l'Hermon qui se détache au loin, se développa entre le Ier s. av. J.-C. et le IIIe s. de notre ère un **haut lieu païen** dédié à Baalshamin, le dieu suprême de la Syrie *(→ p. 107)*. La seule justification de cette petite excursion est la **vue*** splendide que l'on découvre sur la vallée en contrebas – le tracé des murets de pierre conserve en grande partie le parcellaire antique – et sur les montagnes à l'horizon. Car même si, du point de vue archéologique, ce site permet de montrer le développement sur plus de trois siècles d'une architecture locale qui ne doit que quelques emprunts au vocabulaire gréco-romain, tout est au niveau du sol, dans un éboulis informe de blocs, et les éléments décoratifs les plus intéressants ont été transférés au musée de Souweyda *(→ p. 253)*.

La visite. Avant d'atteindre le rebord de l'éperon où s'élevait le temple, les pèlerins traversaient tout d'abord deux **cours**, dont les contours sont à peine visibles parmi la végétation et les éboulis : la première construite sous les Sévères, la seconde par Rabel II, le dernier roi nabatéen (70-106). Ils y déposaient offrandes et ex-voto. Dans la seconde cour, quelques marches (encore en place) donnaient accès au temple de Baalshamin. À g. de cette cour, sur le rebord de l'éperon, on distingue encore les soubassements d'un **temple à Dushara**, le dieu nabatéen (Ier s. av. J.-C.). Sa façade s'ornait d'un fronton « syrien », fronton sur colonnade agrémenté d'un arc au-dessus des deux colonnes centrales : l'un des premiers exemples de ce type de fronton, appelé à un grand avenir dans la région aux siècles suivants.

On peut ensuite traverser le village moderne de Sia jusqu'à son extrémité. À voir : les restes d'un **rempart** conservé par endroits à une hauteur de 7 m, ainsi qu'une vaste **citerne**.

Shahba★ (Philippopolis)

Assis au bord de la rue principale, de vieux Druzes devisent paisiblement, profitant de la fraîcheur matinale. Image typique du djebel Druze ? Sans doute, mais ici l'ombre est dispensée par quelque fût de colonne romaine, et la chaussée est celle que connurent les Romains : de larges dalles de basalte aujourd'hui disjointes où s'épuisent les amortisseurs en de déchirants grincements. Sur la route de Damas à Souweyda, Shahba est une étape intéressante : l'antique Philippopolis a conservé d'imposants édifices voulus par son auguste promoteur, Philippe dit l'Arabe, natif de la région. Il ne resta que cinq ans sur le trône impérial, assez cependant pour célébrer le millénaire de Rome et construire, pour la gloire de son clan, une Rome en miniature, avec ses thermes, son théâtre et son forum.

Situation : à 16 km N. de Souweyda, 90 km S.-E. de Damas.

Alt. 1 050 m ; 11 000 hab. ; mouhafazat de Souweyda.

☎ 016

Hébergement : à Bosra.

À ne pas manquer

Visiter Shahba

S'orienter : la route Damas-Souweyda traverse la ville du N. au S. Venant de la capitale, on entre ainsi par le N., en laissant l'ancienne porte de la ville sur le rond-point qui précède l'entrée. La place centrale de Shahba se trouve 500 m plus loin. Au centre reposent les bases du tétrapyle antique. C'est autour de cette place qu'on laissera sa voiture pour effectuer la visite à pied.

Combien de temps : compter 1 h 30.

Philippopolis partage avec Bosra la particularité de suivre clairement un plan hippodamien, où deux artères se coupant à angle droit au centre de la ville déterminent quatre quartiers *(→ encadré p. 221)*. **À l'intérieur du carré de 1 000 m de côté que dessinent les murailles se répartissent les édifices caractéristiques de toute cité romaine : des thermes, un forum, un théâtre, un temple civique, ici dédié semble-t-il au père de Philippe l'Arabe, fondateur d'une lignée qui s'espérait impériale.**

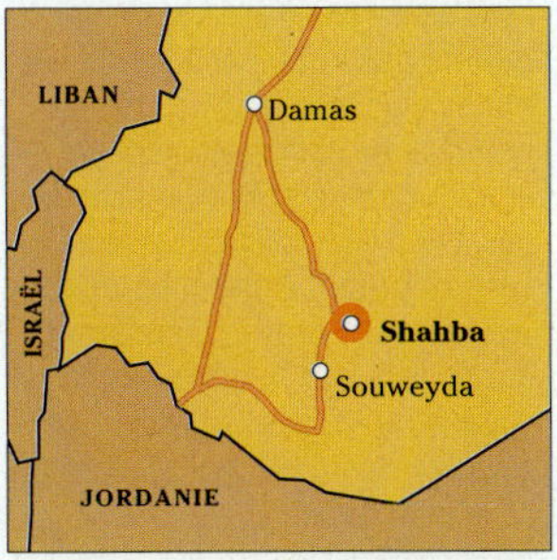

■ **Le forum et ses alentours★** *(accès libre)*. La rue qui, depuis la place centrale, conduit au **forum** *(à dr. en venant de Damas)* a largement conservé son dallage originel de basalte, et les maisons qui la

Damas et le Sud

bordent reposent en partie sur des soubassements antiques dont elles respectent l'alignement. Voyez notamment les colonnes du côté dr. qui ornaient la façade d'un temple à présent disparu.
Le forum était bordé des édifices les plus prestigieux de la ville. Face à la rue, légèrement à g. s'élevait un monument à exèdre : les découvreurs du site crurent y reconnaître un nymphée ; il s'agit plutôt, comme à Bosra, d'une **kalybé,** type de sanctuaire consacré généralement à une divinité locale et où devait trôner la statue de l'empereur divinisé. À dr. de cet édifice, on peut reconnaître les vestiges d'un **palais,** en grande partie encastrés dans les constructions modernes.

Du côté S. de la place *(à g.)*, Philippe fit élever un **temple** à la gloire de la famille impériale, et plus particulièrement de son père, Marinus. De plan carré, il suit le style impérial en vigueur à cette époque. Toutefois, du fait de la célérité avec laquelle il fallut élever l'édifice, l'ornementation est réduite à sa plus simple expression : des niches ménagées sur les côtés aveugles et de part et d'autre de la porte d'entrée, qui étaient destinées à recevoir les effigies des membres de la famille impériale. Pour les pilastres d'angle, on préféra des chapiteaux ioniques, plus simples à tailler que des chapiteaux corinthiens. À l'intérieur, les trous dans les murs marquent les points de fixation d'un parement de marbre.

En arrière du temple ouvre le petit **théâtre*** de la ville, de 40 m de diamètre ; le mur de scène et une bonne partie des gradins ont été préservés. C'est le dernier des théâtres romains construits en Syrie. Il faisait en 1998 l'objet d'une restauration (sans doute en perspective d'une prochaine entrée payante).

Revenez sur vos pas jusqu'à la rue principale et traversez-la en direction du musée (flèche indicatrice).

■ **LES THERMES.** Évocation de la grandeur de Rome, Shahba se devait de posséder ses thermes : ils furent monumentaux pour ce qui devait apparaître alors comme un gros village grandi trop vite. Autant qu'ont pu en juger les archéologues, la construction fut très soignée : couverture de coupoles monumentales, parements intérieurs de marbre et d'albâtre, système élaboré pour acheminer l'eau… Quelques hypocaustes des pièces chaudes, au centre de l'édifice, sont encore en place. De l'autre côté de la rue, restes d'un **aqueduc** qui alimentait la cité en eau.

■ **LE MUSÉE***** *(ouv. t.l.j. sf mar. 8 h 30-14 h ; entrée payante ; photos interdites)*. Cette construction moderne fut élevée sur les fondations d'une villa romaine où fut découvert un **ensemble de mosaïques***** qui en

Une ville créée de toutes pièces

De toute la région, Philippopolis fut la seule cité romaine construite *ex nihilo*, selon la volonté de l'empereur de Rome **Philippe l'Arabe**, un enfant du pays qui régna de 244 à 249 après avoir assassiné son prédécesseur. Sous son patronage, Philippopolis accède au rang de cité : un bien grand titre pour une réalité beaucoup plus mince. À la mort de Philippe, les bâtiments publics et quelques villas, certes somptueuses comme en témoigne la qualité des mosaïques retrouvées dans l'une d'elles, n'occupent qu'une partie de l'espace intramuros. Aucune construction d'importance ne semble postérieure à son fondateur, et la ville sombre peu à peu dans l'oubli. Elle ne sera véritablement repeuplée qu'au XIXe s., avec l'arrivée d'émigrants druzes venus de la montagne libanaise, dont les descendants représentent aujourd'hui la quasi-totalité de la population.

décoraient le sol et qui furent réinstallées *in situ*. Ces panneaux de toute beauté datent de la première moitié du IVe s.

Commencez la visite par le panneau de dr. et tournez autour de la salle dans le sens inverse des aiguilles d'une montre.

Ariane et Dionysos. Tout entière consacrée au vin et à l'ivresse, cette scène ornait légitimement la salle de banquet. Les deux personnages principaux, dont on célèbre les noces, occupent le centre de la composition, dans un tête-à-tête amoureux placé sous l'égide d'un Éros exprimant le désir amoureux. À leurs pieds, Héraclès, ivre, doit être soutenu par un putto. À g., un personnage à l'allure de satyre est désigné par son nom : Maron, dieu de l'ivresse, qui montre de la main la coupe de vin que tient la bienheureuse mortelle. L'encadrement est composé de rinceaux de vigne parmi lesquels s'ébattent de joyeux putti vendangeurs.

Orphée. Coiffé de son traditionnel bonnet phrygien, Orphée charme de sa lyre les animaux sauvages, forts et faibles côte à côte. Alliant force expressive (le visage extasié d'Orphée) et grande finesse d'exécution (le rendu du plumage de l'aigle et du paon), cette œuvre « apparaît comme l'une des plus puissantes et des plus sensibles de toute l'histoire de la mosaïque romaine tardive » (J. Balty).

Aphrodite et Arès. Voici un thème fréquemment traité dans l'iconographie gréco-romaine : les amours scandaleuses d'Arès (le dieu de la guerre) et de la belle Aphrodite, épouse d'Héphaïstos, qui donne rendez-vous à son amant dans la demeure même de son mari. Le choquant de l'histoire n'avait pas échappé aux Anciens eux-mêmes, Platon ou même Homère qui, dans l'*Iliade*, donne Charis pour épouse à Héphaïstos et non Aphrodite : une façon de moraliser les amours de celle-ci. Il semble que c'est cette version qui a été privilégiée ici. Au-dessus des quatre personnages principaux *(→ illustr.)*, la scène est complétée par Skopè, accoudée sur un rocher, sorte d'allégorie de l'Opinion publique. Le thème des putti se disputant les armes du héros est quant à lui tout à fait traditionnel. Cette tentative de moralisation d'un des mythes grecs les plus populaires intervient au moment (milieu du IVe s.) où l'Église chrétienne, en plein essor, dénonce l'immoralisme de la vieille tradition païenne.

Mosaïque d'Aphrodite et Arès. Charis, représentée ici en tant qu'épouse d'Héphaïstos, tend vers Aphrodite la couronne de moralité sous le regard d'Euprépia, la Bienséance, figurée à dr. d'Arès – l'amant d'Aphrodite – qui s'appuie sur sa lance.

Le « beau style »

À l'intensité narrative, voire dramatique du siècle précédent, la **mosaïque du IVe s.** préfère une représentation frontale des personnages, sans grand souci de réalisme ni d'effet de perspective. Toute la force d'expression se concentre désormais dans le visage et notamment dans le regard. La scène occupe la totalité de l'espace alors que, jusque-là, elle se limitait à un médaillon central entouré de figures géométriques ou décoratives. D'autre part, on assiste à une réinterprétation des grands thèmes de la mythologie, délaissés au siècle précédent au profit de représentations plus pittoresques (scènes de chasse ou de combat). C'est ce que les spécialistes ont appelé le « beau style » constantinien, qui annonce à plusieurs égards la mosaïque byzantine.

Le sommet du tell Chihan – un cône volcanique – est occupé par un petit sanctuaire, lieu de pèlerinage pour les Druzes.

Téthys *(dernier panneau, près de l'entrée à g.)*. Cette belle série de mosaïques se clôt par l'interprétation d'un thème souvent représenté dans les mosaïques romaines d'Orient : Téthys, épouse d'Océan et déesse de la mer. Son front orné d'une étoile de mer est encadré des deux petites ailes traditionnelles, sa chevelure est entremêlée de poissons, et à son cou un dragon à tête de chien lui sert de collier. Notez les charmantes scènes de putti pêcheurs qui occupent la bordure.

Dans la salle des mosaïques est aussi exposé un buste de Philippe l'Arabe retrouvé ici.

Environs de Shahba

1 UMM AL-ZEITOUN *(4 km N. par la route de Damas, puis à g. au pied du tell Chihan)*.

Comme son nom l'indique (« Mère des oliviers »), ce petit village druze est noyé au milieu des olivettes. En entrant dans la partie ancienne du village, autour de la petite éminence qui le domine, vous découvrirez quelques vestiges antiques, d'époque romano-byzantine. Sur l'« acropole » se trouvre un immense réservoir circulaire taillé dans le roc. À l'E. de celui-ci, on peut voir, insérée dans une construction moderne, la façade d'une maison romaine décorée de deux inscriptions grecques. En redescendant par le versant N. de l'acropole, vous rencontrerez d'autres vestiges, fûts de colonnes et blocs remployés, ainsi qu'une belle façade antique percée de trois ouvertures.

2 SHAQQA★ *(11 km E. ; sortir de Shahba par la route de Damas, puis suivre la 1re route à dr., à 1 km env. des murs de la ville)*.

Occupant le centre d'une plaine fertile, cette bourgade druze porta autrefois le titre de cité et fut honorée vers la fin du IIIe s. du nom de Maximianopolis. On peut encore y voir trois belles constructions antiques : dans le centre, un **palais romain** (appelé localement Kaisariyé) préservé jusqu'à la toiture, faite de dalles de basalte comme toujours dans la région. Trois ouvertures donnent accès à cette belle salle ponctuées de cinq arches transversales. En sortant par l'autre côté, on aboutit à la cour autour de laquelle était construit l'édifice. Sur la façade en retour, voir les **croix byzantines** gravées qui trahissent une occupation ultérieure du bâtiment. En faisant le tour du palais par la g. (de manière à retrouver la petite place qui précède l'entrée principale), belle **fenêtre ouvragée** près de l'angle g. À dr. de la place, restes d'une basilique chrétienne.

De la place, faites-vous conduire *(300 m vers le N.)* jusqu'à un **tombeau romain** entièrement préservé, qui sert aujourd'hui de lieu de réunion et de prière aux membres de la communauté druze.

À 500 m à l'E. du village s'élève un ensemble de bâtiments appelé **ed-Deir** (« le Monastère »), occupé par une famille de paysans. Délimité par un mur, il est dominé par une tour et comprend à l'intérieur les vestiges d'une église. Du côté dr. de la cour, la lourde porte de basalte tourne toujours sur ses gonds.

3 LA ROUTE DE SHAHBA À SOUWEYDA *(16 km S.)*.

En allant à Souweyda, on passe près de quelques vestiges antiques qui ne sont pas inintéressants.

À 7 km de Shahba, on aperçoit depuis la route principale, sur la dr., le sommet d'une éminence, le **tell Debbé** (500 m), qui est couronnée d'une ligne de fortifications s'élevant par endroits à près de 2 m. Elles datent du Bronze moyen (1950-1500).

3 km plus loin, à dr., se trouve le village de **Slim.** Au centre de la localité se dresse une **ante** isolée, unique vestige encore debout d'un temple écroulé, édifié dans les premières décennies de la période impériale (Ier s. av. J.-C.). Conservée sur toute sa hauteur, cette ante constitue une véritable épure de la richesse ornementale des édifices de cette époque. Le temple de Slim serait le plus ancien exemple du style impérial en Syrie.

Dans le village d'**Atil** *(2 km plus loin, sur la g.)*, on peut voir, à 150 m à dr. de la place du village, un **temple*** d'époque romaine. Sa structure est à peu près complète : une façade précédée d'un portique à deux colonnes à chapiteaux corinthiens encadrées de deux pilastres, et une cella de plan carré. Il est daté, par une inscription gravée à g. de la façade, de l'an 14 du règne d'Antonin le Pieux (151 de notre ère). Un second temple, identique, se trouve à 200 m au N. de la place, mais il est beaucoup moins bien conservé et en grande partie encastré dans une construction moderne.

Souweyda

Situation : à 37 km N. de la frontière jordanienne, 31 km N.-E. de Bosra, 106 km S.-E. de Damas.

Alt. 900 m ; 60 000 hab. ; chef-lieu de mouhafazat.

☎ 016

Hébergement : à Bosra (il existe un hôtel à Souweyda, mais vraiment pas attirant).

À ne pas manquer

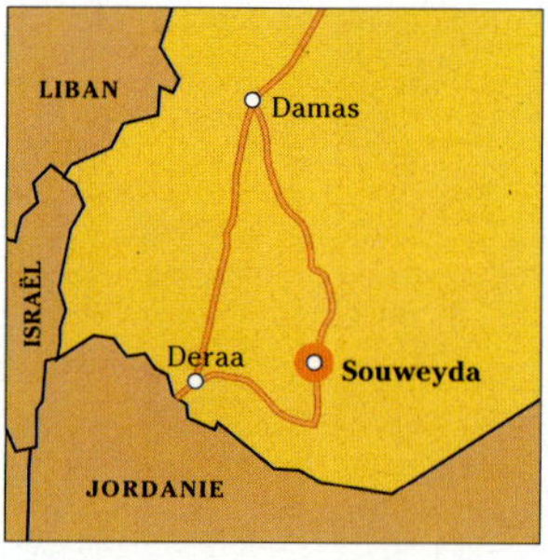

Au beau milieu d'une des places principales de la ville se dresse la statue de Sultan al-Atrache, le commandant de la Révolte druze contre la puissance mandataire française. C'est dire que dans la capitale du djebel Druze, l'épopée guerrière des grands ancêtres est loin d'être oubliée. Mais que le visiteur se rassure, les armes sont depuis longtemps remisées, et les Druzes d'aujourd'hui, épaisses moustaches sous un voile blanc, se contentent de déambuler pacifiquement dans les rues animées de la ville. Si vous y passez en septembre, vous tomberez en pleine fête du Vin. Pour le reste, bien peu de souvenirs du passé à se mettre sous la dent : seules quelques colonnes isolées à travers la ville rappellent une longue histoire. Une seule exception, mais de taille : le tout nouveau Musée archéologique, dont les belles présentations exposent les plus significatives des nombreuses découvertes effectuées dans la région. Une visite qui justifie à elle seule l'arrêt à Souweyda.

Souweyda dans l'histoire

■ Dionysias ou la splendeur romaine

Gros village de montagne à l'époque séleucide, Souweyda prend son essor avec la présence romaine. Sous le règne de Commode (180-192), elle est hissée au rang de cité grecque et prend le nom de Dionysias, en l'honneur du dieu Dushara, assimilé à Dionysos. La ville se couvre alors d'édifices (thermes, théâtre, fontaines monumentales, temples) dont les vestiges sont encore visibles au long des ruelles du village. Comme le reste de la région, Dionysias fut probablement christianisée très tôt, bien que le premier évêque de la ville ne soit attesté qu'en 325, l'année du concile de Nicée auquel il participe. Après la conquête arabe, la ville sombre dans l'anonymat.

■ Al-Atrache et la Révolte druze

Aux termes des accords de 1921, les Druzes acceptent la présence d'une garnison française dans leur chef-lieu pour peu de temps. En 1925, la révolte gronde à nouveau et la montagne se peuple d'hommes en armes. Sultan al-Atrache, puissant chef de clan, est à leur tête. Le 24 juillet, après avoir mis en déroute une colonne française, les insurgés assiègent la citadelle de Souweyda, tenue par les Français. Ceux-ci tiendront deux mois jusqu'à l'arrivée, le 24 septembre, de 7 000 hommes commandés par le général Gamelin et appuyés par 17 avions. Sitôt reconquise, la citadelle est évacuée par les Français, et occupée derechef par les Druzes. Ce n'est qu'en avril 1926 que le général Andrieu, à la tête de 10 000 hommes, réussira à hisser à nouveau le drapeau français sur la ville, dernier acte de la Révolte druze devenue entre-temps un soulèvement national syrien contre l'occupant français.

■ Souweyda aujourd'hui

En arrivant dans la ville, on ne peut manquer d'être frappé par le grand nombre de vastes et prétentieuses demeures qui bordent la route. Ces « châteaux », comme on les nomme localement, témoignent du formidable essor qu'a connu la ville au cours des dernières décennies : 5 000 habitants à l'époque du Mandat, 43 000 au début des années 1980, près de 50 000 aujourd'hui. Depuis l'indépendance, des industries se sont implantées dans la capitale du mouhafazat : distillerie, tannerie, agroalimentaire… De plus, les Druzes, héritiers d'une tradition d'émigration qui les conduisait vers l'Amérique du Sud dans la première moitié du XXe s., ont bénéficié du boom pétrolier des années 1970. Ceux qui étaient partis vers les États du Golfe en sont revenus fortune faite et se sont fait construire de splendides demeures.

C'est à Souweyda qu'est distillé le fameux arak de la marque Rayyan : le meilleur que l'on puisse trouver en Syrie, à en croire les connaisseurs.

Fêtes et manifestations : en septembre, fête de la Vigne avec élection d'une Miss Vigne (!).

Le Musée archéologique★★

Accès : à la sortie de la ville, sur la route directe de Qanawat.

Visite : ouv. t.l.j. sf mar. 9 h-16 h, jusqu'à 18 h en été ; entrée payante. Le musée possède une petite librairie.

Les riches collections du musée, présentées d'une façon agréable, sont consacrées exclusivement au passé antique du Hauran et du djebel Druze. À ne pas manquer, les superbes mosaïques exposées dans la grande salle qui occupe le centre de l'édifice.

■ SALLES 1 À 3. Dans cette enfilade de salles à g. de l'entrée sont dressés de remarquables panneaux explicatifs en français réalisés par une équipe du CNRS. Ils permettent de se familiariser (salle 1) avec

La sculpture du Hauran

D'évidence, le matériau est rebelle au ciseau du sculpteur : la rudesse du basalte a imposé aux artistes hauranais une esthétique propre. En étudiant les très nombreuses statues découvertes dans la région – elle constitue, avec celle de Palmyre, l'un des plus riches gisements archéologiques de la Syrie –, les spécialistes sont parvenus à distinguer deux manières nettement distinctes. La première appartient à la période préprovinciale, en gros nabatéenne. Aucune influence gréco-romaine ne peut encore se lire. Bien au contraire, les personnages sont vêtus de costumes purement locaux : chaussures montantes, pagne, écharpe jetée sur l'épaule. Contraint par la matière, l'artiste s'éloigne peu de la forme du bloc initial et privilégie un trait schématique, une symétrie et une frontalité dans la représentation. À partir du IIe s., si les contraintes liées au matériau demeurent, le vocabulaire gréco-romain s'impose, dans l'esthétique (apparition de la cuirasse...) comme dans la représentation (nombreuses statues d'Hercule, par exemple).

En Syrie, l'aigle était associé au dieu Baalshamin. Ceux découverts dans le Sud du pays étaient pour la plupart déposés dans des temples et dédiés à une divinité.

la géographie de la région et expliquent notamment comment la lente décomposition du basalte sous l'effet de l'érosion a créé des sols d'une grande fertilité. Les salles 2 et 3 sont consacrées à la préhistoire, à l'âge du fer ainsi qu'à la vie économique des villages antiques.

■ **SALLE 4 : salle « nabatéenne ».** Sont exposés de nombreux vestiges architecturaux à la riche décoration, provenant du sanctuaire de Sia (*→ Env. de Qanawat, p. 246*), en activité entre le Ier s. avant notre ère et le IIIe s. apr. J.-C. À dr. en entrant, **statue* en ronde bosse d'un potier à l'ouvrage** : du pied g. l'artisan actionne son tour tandis qu'il façonne l'objet de ses deux mains ; il porte une écharpe sur l'épaule, comme de nombreux personnages de la statuaire de cette époque – on pense qu'il s'agissait d'une distinction honorifique.

Près de l'angle opposé, à g. de la salle, un **chapiteau corinthien** provenant de Sia, d'un style dit « hétérodoxe » caractéristique de la Syrie aux Ier et IIe s. : un chapiteau trapu à une seule rangée de feuilles d'acanthe, au-dessus desquelles apparaît un buste sur chacune des faces. On ne trouve ce type de bustes que dans le djebel Druze. Dans le coin g. de la salle, un autre chapiteau à bustes provient de Qanawat (Ier s. av. ou Ier s. apr. J.-C.).

À g. de l'escalier conduisant à la salle suivante sont présentées une curieuse **tête de personnage*** portant un casque à trois rangs de plumes lui couvrant les joues (Sia) et une **tête de cheval*** (origine et date inconnues) équipée d'une bride ; on notera le traitement de l'œil, qui rappelle celui des têtes humaines.

■ **SALLE 5 : époques nabatéenne et romaine.** Cette salle présente une série sur le thème de l'aigle, motif très répandu dans toute la Syrie. On s'attachera à distinguer les réalisations romaines de celles de l'époque nabatéenne : dans ces dernières, le tuyau des plumes est toujours indiqué, ce qui n'est pas le cas des œuvres romaines dont le plumage est plus lisse. À g., **petit autel*** provenant de Sia, en forme de fronton de temple encadré de deux colonnes corinthiennes : l'aigle, au centre, est entouré d'un buste de Séléné (la Lune) et à dr. d'un soleil. À proximité, **linteau de niche*** (IIIe-IVe s.) décoré d'un aigle aux ailes déployées dressé sur des sarments de vigne. À dr. de la salle, un bel **aigle** aux ailes déployées** autour duquel s'enroule un serpent (Qanawat) : un thème très souvent représenté, où les spécialistes voient dans le mouvement du serpent le symbole de la course du soleil.

■ **Salle 6 : architecture romaine.** À l'entrée, au centre, se trouve un **linteau** provenant de Qanawat** (IIe s.), au centre duquel figure une divinité (féminine ?) coiffée d'un *polos* et vêtue d'une tunique et d'un manteau. Vers la g., un lion tourne la tête en direction d'Athéna, aisément identifiable grâce à sa lance, aux Gorgones sur sa cuirasse et à son bouclier. À dr. de la composition, Aphrodite dévoile sa nudité sous le regard d'Éros.
On remarquera encore à g. un **bloc provenant de Sia** (Ier-IIe s.), décoré d'un buste féminin tenant une corne d'abondance, et, au fond de la salle, un **linteau* portant le buste d'un homme barbu** d'où émanent des rameaux de vigne dont de petits oiseaux picorent les grappes : il s'agit de Zeus Ammon, dieu tutélaire de la IIIe légion Cyrénaïque ; ce linteau (IIe-IIIe s.) fut découvert sur le site de Gheidah. Contre le mur, un autre linteau provenant de Souweyda (datation inconnue) montre un cavalier bandant son arc et un personnage tenant une rosette.

À l'entrée de la salle 7, un passage à dr. ouvre sur la salle centrale (salle 8) où sont exposées les mosaïques (→ ci-dessous).

■ **Salle 7 : sculpture romaine.** Face à l'entrée, **stèle funéraire*** (date et origine inconnue) d'une jeune fille morte à 15 ans, coiffée de longues tresses et parée de bijoux (collier, bracelets). Contre le mur de dr., **buste acéphale**** (IIe-IIIe s.) portant un collier torsadé évoquant un torque et vêtu d'une tunique richement brodée d'une bande verticale, serrée par une large ceinture : ce type est unique dans le Hauran. On retrouve le même vêtement porté par Adonis sur un bloc découvert dans la région de Damas et par le dieu-Soleil sur un relief palmyrénien. À dr., **buste d'homme**** (IIIe s., Dhakir) où l'on a cru reconnaître un portrait de Philippe l'Arabe, l'empereur romain qui créa la ville de Philippopolis (Shahba).
Au centre, un **piédestal** (Souweyda, IIe-IIIe s.) porte une inscription en l'honneur de Julius Proclos, avocat auquel la ville dédia une statue à bouche d'or en raison de l'excellence dont il avait fait preuve dans l'exercice de sa profession. Cette épithète *(chrysostoma)* est à rapprocher de celle dont fut honoré, et pour les mêmes raisons, Jean d'Antioche, futur patriarche de Constantinople.

■ **Salle 9 : périodes paléochrétienne et byzantine.** Elle présente des éléments architecturaux appartenant à des monuments chrétiens dont les dates de construction s'échelonnent entre le IVe et le VIe s.

■ **Salle 10 : langues et écritures.** Un grand tableau expose le développement et les différents types d'écriture en Orient : safaïtique, palmyrénien, nabatéen, araméen, phénicien, grec… Des blocs inscrits (en grec, nabatéen, safaïtique…) complètent l'explication.

■ **Salle 11 : période islamique.** Fragments architecturaux avec inscriptions.

■ **Salle 8 : salle des mosaïques***.** Les panneaux exposés ici datent essentiellement du IIIe s. et témoignent, comme ceux du musée de Shahba (à 16 km N.-E. de Souweyda), de la vitalité des ateliers syriens durant la période impériale. Devant le mur de g. est exposée la statue d'un **personnage masculin** debout, vêtu d'une tunique retenue par un cordon à nœud d'Hercule et d'un long manteau : il est identifié au dieu Dushara.

Commencez par le mur du fond du côté g., puis tournez autour de la salle dans le sens des aiguilles d'une montre.
Le mariage de Thétis et Pélée*** (Shahba, fin du IIIe s.). Neuf personnages sont identifiés par des inscriptions : à g., Komos, le dieu des banquets, préside la cérémonie, une coupe dans chaque main ; Nérée désigne d'un geste Thétis assise, suivie de Pélée qui lui tient la main ; au centre figurent Zeus avec

Thétis, fille de Nérée, épousa Pélée, un mortel, après avoir refusé de s'unir à Zeus. Lors des noces, auxquelles assistaient les dieux, la déesse Discorde jeta la célèbre pomme au milieu de l'assemblée. De l'union de Thétis et de Pélée naquit le célèbre Achille.

son foudre et Hyménée, fils d'Apollon et d'une muse (ou de Dionysos et d'Aphrodite), dieu du mariage, son flambeau nuptial à la main ; viennent enfin quatre servantes.

Grand **relief de Gorgone** décorant un carreau, avec les serpents surgissant de sa chevelure (Qanawat, IIe-IIIe s.).

Image de la félicité antique* (Shahba, milieu du IIIe s.) : sur cette composition figurent Dionysos et Ariane, la Terre et les quatre Saisons.

Mur suivant. **Composition en deux registres** (Syrie du S. ; datation incertaine) montrant deux scènes de chasse et deux motifs d'oiseaux. **Téthys et les monstres marins**** (Shahba, datation incertaine, sans doute 2e moitié du IIIe s.) : occupant le médaillon central, Téthys, l'épouse d'Océan, le dieu de la mer, tient une rame sur l'épaule, tandis qu'aux quatre coins des amours chevauchent des monstres marins.

Mur suivant. **La toilette de Vénus***** (Shahba, milieu du IIIe s.) : dans cette très élégante composition, la déesse de l'amour, au centre, assise sur un coussin moelleux, contemple sa jeune beauté dans un miroir qui lui renvoie son image.

Artémis au bain*** (Shahba, milieu du IIIe s.) : la déesse de la chasse, entièrement nue en compagnie de ses amies les nymphes, est surprise au bain par le chasseur Actéon, dont on aperçoit la tête à g. de la composition, déjà pourvue des cornes du cerf en quoi Artémis allait le changer.

Le Thébain Actéon se vantait de surpasser Artémis à la chasse. Un jour, il surprit au bain la déesse qui, courroucée, le changea en cerf et le fit dévorer par les 50 chiens de sa propre meute.

Environs de Souweyda

1 QANAWAT* *(4 km N.-E.) :* *→ p. 242.*

2 SALKHAD* *(29 km S.-E. ; accès à la citadelle par une piste étroite et caillouteuse mais praticable aux véhicules de tourisme).*

La citadelle de Salkhad est gardée par l'armée. Avant d'y monter, vous devrez remettre votre passeport au poste militaire au pied de la colline.

Juchée au sommet d'un cône volcanique, visible à des kilomètres à la ronde, la citadelle de Salkhad commande un vaste **panorama*** sur toute la région : la steppe vers l'E. et le S. (la Jordanie), les hauteurs du djebel Druze vers le N., et le massif de l'Hermon vers l'O. au-delà de la plaine du Hauran. C'est d'ailleurs la principale récompense de l'ascension jusqu'au sommet, car les vestiges médiévaux sont assez confus.

Salkhad dans l'histoire. À partir de l'époque nabatéenne, Salkhad fut un puissant point d'appui contre les invasions nomades venues du S. La première citadelle fut construite sous les Fatimides (XIe s.). Devenue le centre d'un important fief sur les marches méridionales de la Syrie, la cité atteignit son apogée dans la première moitié du XIIe s. Au pied de la citadelle se développa une véritable ville, avec ses marchés, ses khans et ses mosquées. Au siècle suivant, elle tomba aux mains des Mamelouks. Ayant perdu son rôle de poste frontière au cœur d'un royaume qui s'étendait de l'Égypte à la Syrie, Salkhad conserva néanmoins son importance commerciale. La ville fut définitivement abandonnée pendant la période ottomane. À la fin du XIXe s., des Druzes réfugiés du Liban réoccupèrent le site, utilisant les ruines comme carrière.

La citadelle. Parvenu en haut de la colline, on longe tout d'abord des restes de baraquements construits par l'armée française pendant le Mandat, avant de monter par un raidillon au sommet de la citadelle. Ce n'est plus qu'un amas informe de blocs dont il est bien difficile de dire à quelle construction et à quelle époque ils appartiennent. On pourra cependant reconnaître sur de nombreux blocs un lion en relief, emblème du sultan mamelouk Baybars qui prit la ville en 1277.

Le village. Au centre du village, au milieu du marché, se dresse un très beau **minaret**** du XIIIe s., seul témoin de la prospérité de Salkhad à cette époque. D'une hauteur de 12 m, il repose sur une base hexagonale et offre de séduisants contrastes entre la base de pierre volcanique noire et l'étage, au-dessus d'une corniche (en pierres antiques de remploi) montée en basalte rouge et sur laquelle se détache une inscription en calcaire. Le style de ce minaret est unique dans le pays.

Alep et la vallée de l'Oronte

Alep, Hama, Homs et, plus bas, Damas : les grandes villes de Syrie se trouvent toutes sur la même ligne nord-sud. C'est l'axe économique traditionnel de la Syrie, la zone de contact entre steppe orientale et terres cultivées, entre nomades et sédentaires. Ce fut le lieu de passage par lequel, pendant des millénaires, transitèrent les caravanes, entre haute Mésopotamie et pays du Sud, Palestine et Égypte. Lieu de batailles aussi, où s'affrontèrent bien des fois les puissances qui se disputaient l'Orient. Si Qadesh, où s'opposèrent les armées du grand Ramsès aux Hittites, Ebla, qui a livré des milliers de tablettes inscrites, ou Apamée, la ville aux mille colonnes, ne sont plus que des souvenirs exhumés par les archéologues, d'autres cités ont poursuivi leur existence à travers les siècles. Ainsi, au bord de l'Oronte, Homs la provinciale, berceau de la dynastie romaine des Sévères, et Hama l'ottomane qui vit encore au rythme de ses célèbres norias. Et tout au Nord, Alep, la fière Orientale, dont les souks couverts sont certainement les plus beaux de tout le monde musulman. Elle sera un point de départ idéal pour une excursion au sanctuaire de saint Siméon le Stylite et dans les collines du Massif calcaire : dans un paysage superbe, des centaines de villages romains et byzantins parvenus jusqu'à nous dans un incroyable état de conservation.

Alep et la vallée de l'Oronte

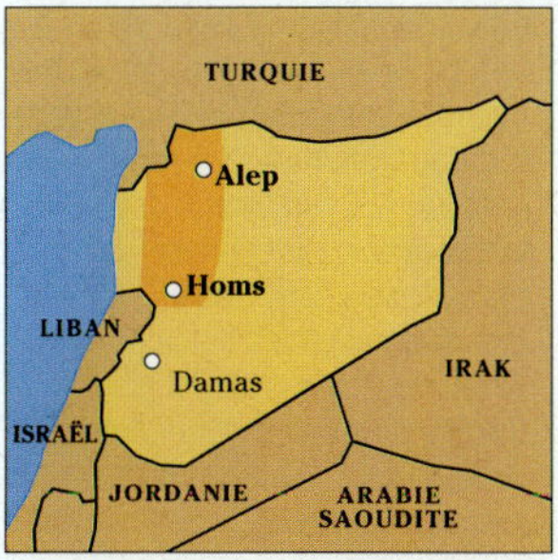

La bataille de Qadesh

À 30 km au S.-O. de Homs, **Tell Nebi Mend** a été identifié avec l'endroit où, au tout début du XIIIe s. av. J.-C., se déroula l'une des plus célèbres batailles de l'Antiquité. Le pharaon Ramsès II est sur le trône depuis cinq ans lorsqu'il lance une expédition vers Qadesh, forteresse qui verrouille un carrefour stratégique et commercial. Ses armées, déjà présentes dans toute la Palestine et au Liban, poussaient alors vers le N. pour gagner des terres sur la Syrie, vassale du roi hittite Muwattali. Celui-ci sollicite le soutien armé de tous ses vassaux anatoliens et syriens, quelque 35 000 hommes. Par une ruse, il fait croire au pharaon parvenu aux portes de la ville que les troupes hittites sont à plusieurs journées de Qadesh, alors qu'elles guettent non loin. S'étant découvert imprudemment, Ramsès II doit engager la bataille. C'est grâce à l'arrivée de renforts venus de la côte qu'il évitera une débâcle totale.
La bataille est longuement illustrée sur plusieurs temples égyptiens ; elle y est présentée comme une éclatante victoire du jeune pharaon. Les brèves mentions hittites connues indiquent, elles, une victoire anatolienne. À l'issue de la bataille, l'Égypte rendit des territoires, et la « paix éternelle » signée 20 ans plus tard entre les deux grands empires rétablit la situation antérieure aux avancées égyptiennes. La bataille de Qadesh semble donc avoir stoppé l'élan égyptien vers le N.

■ Le fleuve rebelle

C'est ainsi que les Arabes ont nommé l'Oronte (Nahr al-Assi). Rebelle car, si les grands fleuves de l'Orient – le Tigre et l'Euphrate – dirigent leurs cours majestueux d'O. en E., l'Oronte, lui, est beaucoup plus imprévisible. Descendu de la Bekaa libanaise, il semble tout d'abord hésiter en de multiples méandres entre Homs et Hama, avant de s'élancer vers le N. Il musarde ensuite dans la plaine du Ghab au-dessous d'Apamée, puis se dirige résolument vers l'O. pour rejoindre la Méditerranée près d'Antakya, l'ancienne Antioche. Cette ville qui fut la capitale de la Syrie séleucide, puis romaine et byzantine, appartient aujourd'hui à la Turquie, à qui elle a été donnée par la puissance mandataire française : une douloureuse amputation que les cartes officielles syriennes ne reconnaissent toujours pas.

■ Une semaine dans la région

Pour cette découverte détaillée de la région, seules deux villes pourront servir d'étapes : Hama et Alep, à partir desquelles vous rayonnerez.

Jour 1 : depuis Damas ou Palmyre, arrivée à **Hama**★ *(p. 310)* en milieu d'a.-m. Découverte de la ville et promenade au bord de l'Oronte.

Jour 2 *(138 km)* : visite de **Qalaat Shaizar**★ *(p. 300)* et d'**Apamée**★★ *(p. 293)*, puis retour à Hama par **Masyaf**★ *(→ La région côtière, p. 385)*, dont le château est le mieux conservé de ceux des Assassins.

Jour 3 *(185 km, prévoir eau minérale et pique-nique)* : départ assez tôt par la route d'Alep ; visite du **musée**★ de **Maaret an-Nouman** *(p. 346)* puis excursion à travers le **djebel Zawiyé** *(p. 346)*, la partie S. du Massif calcaire★★★ : **Sergilla**★★, **al-Bara**★★, **Dallozé**★, **Rouweiha**★ et **Géradé**★. En fin d'a.-m., continuer vers Alep via le site d'**Ebla**★ *(p. 302)*.

Jour 4 et 5 : visite d'**Alep**★★★ *(p. 262)*.

Jour 6 : excursion dans le N. *(200 km ; prévoir un pique-nique)* : le site gréco-romain de **Cyrrhus**★ (à la frontière avec la Turquie ; *p. 291*) pour les superbes paysages ; le temple néohittite d'**Aïn Dara**★ *(p. 358)* ; et pour finir le sanctuaire de **Saint Siméon**★★★ *(p. 351 ; arrivée en milieu d'a.-m. pour profiter de la meilleure lumière)*. Retour à Alep.

Jour 7 : une autre journée à travers le **Massif calcaire**★★★, du côté N. cette fois *(env. 150 km ; prévoir un pique-nique)*. Objectif : le village de **Qalb Lozé** et son **église**★★★, merveille de l'architecture paléochrétienne ; en chemin, nombreuses possibilités de découvrir d'autres sites byzantins *(→ les djebels Ala et Barisha, p. 333)*.

Que voir dans la région d'Alep et la vallée de l'Oronte.

Alep et la vallée de l'Oronte

Alep★★★

Situation : à 187 km N.-E. de Lattaquié, 335 km N.-O. de Deir ez-Zor, 355 km N.-E. de Damas.

1 500 000 hab. ; chef-lieu de mouhafazat ; université ; aéroport.

☎ 021

ⓘ en face du Musée archéologique *(I A3)* ☎ 222.12.00 ; ouv. t.l.j. sf ven. 8 h-14 h.

À ne pas manquer

Damas l'Orientale se veut une capitale arabe. Alep, elle, s'est essayée avec succès depuis un siècle à la modernité à l'occidentale, sans doute grâce à la dynamique communauté chrétienne traditionnellement tournée vers l'Europe. Et pourtant, c'est à Alep que vous opérerez une vertigineuse plongée dans le Moyen Âge. Sous leurs voûtes vieilles de huit siècles, les souks de la vieille ville – sans doute les plus beaux du monde musulman – n'ont pratiquement pas changé de disposition depuis le XIIe siècle : ici, les épices odorantes et colorées, plus loin, l'éclat de l'or, le chatoiement des étoffes, le velouté des tapis... Un labyrinthe d'allées à l'atmosphère mystérieuse et envoûtante, où les bédouins du désert sont encore nombreux à s'approvisionner. Enserrés dans le réseau des ruelles,

Vue d'Alep depuis le minaret de la Grande Mosquée, cernée par le labyrinthe des souks couverts : lumière et aération y sont dispensées par les multiples ouvertures ménagées au-dessus des voûtes. À l'arrière-plan, la mosquée al-Adiliyé, de style ottoman.

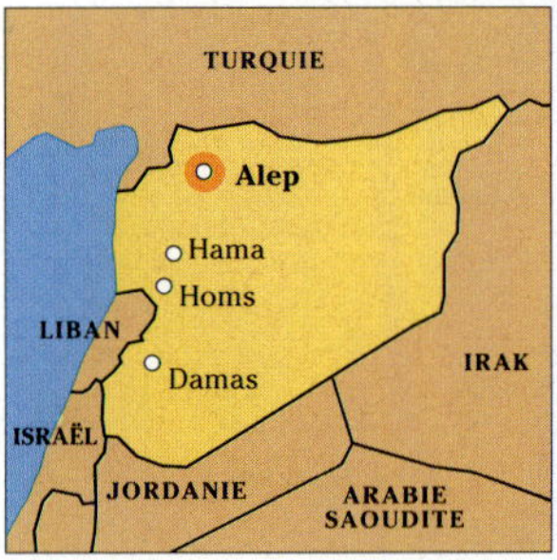

d'innombrables khans, entrepôts monumentaux où les caravanes venaient déposer leurs marchandises. Une visite qui marquera votre voyage en Syrie.

Alep mode d'emploi

■ S'orienter

À l'E. se trouve la **vieille ville,** dominée par la masse de la citadelle ; à l'O., la **ville moderne,** où sont situés la plupart des hôtels, des restaurants et des agences de voyage. La **rue Baron** (I A2) fait figure d'artère principale de la ville nouvelle, avec ses magasins, ses bureaux et le célèbre hôtel *Baron* qui vit défiler toutes les célébrités de l'entre-deux-guerres. Le quartier le plus animé en soirée est celui de la **place Aziziyé** (I B1), autour notamment de quelques bons restaurants. La **place Bab al-Faraj** (I B2), avec son horloge de la fin du XIXe s., est le centre du quartier des commerces populaires et des petits hôtels bon marché.

■ Se déplacer

En ville. À pied uniquement : c'est la seule façon de découvrir la ville. Les distances ne sont pas très grandes : du musée à la citadelle (les deux centres d'intérêt les plus éloignés l'un de l'autre), il n'y a pas plus de 30 mn de marche. Si votre hôtel est excentré ou si vous êtes fatigué après une longue journée de marche, n'hésitez pas à prendre un taxi : les tarifs sont très modiques, de l'ordre de 50 LS pour un trajet en ville.

Bus et minibus interurbains. *Terminal Hanano* : rue Ibrahim Hanano *(hors plan I par A2)*, à 1 km du centre en direction de l'université et de Damas : bus Pullman et autres compagnies ; toutes directions • *Terminal Karnak* : près de la rue Baron, non loin de l'office de tourisme (I A3) ; dessert toutes les villes de Syrie, ainsi que la Turquie et le Liban • *Terminal al-Mouwahad* : sur la place derrière l'hôtel *Amir* (I A3) ; bus, minibus et taxis collectifs pour toutes les grandes villes de Syrie et les environs d'Alep (en particulier Saint-Siméon).

Location de voitures. *Cham Car* : hôtel *Cham Palace,* place al-Jamaa, à l'O. de la ville *(hors plan I par A3)* ☎ 227.01.00 ; ou à l'agence de voyage ***Halabiya*** *(→ ci-dessous).*

Trains. Liaisons avec Damas (6 à 7 h), Hama, Homs, Lattaquié, Deir ez-Zor. *Gare centrale* : gare de Bagdad, au N. du jardin public *(hors plan I par A1).*

Avions. Vols Syrian Airlines pour Damas. *Aéroport* : à env. 10 km E. du centre, sur la route de Deir ez-Zor.

■ Adresses utiles

Agence de voyage. *Halabiya* : place ar-Rayes (derrière l'hôtel *Amir,* I A3, au 1er étage) ☎ 222.65.51, fax 221.96.57. Le directeur, dynamique, est un francophone distingué ; location de voiture avec chauffeur, guide, organisation d'un itinéraire à travers le pays... C'est le spécialiste du Massif calcaire (possibilités d'excursion d'un ou plusieurs jours).

Banque. *Central Bank* : derrière l'office de tourisme (I A3).

Compagnies aériennes. *Air France* : c/o *Palmyra Tours,* rue Baron (I A2) ☎ 223.22.38 • *Syrian Airlines* : rue Baron ☎ 222.05.01/02/03.

Poste et télécommunications. *Poste centrale* : rue al-Kouwatli (I A2), près du jardin public. Central téléphonique international ; cabines à carte à l'extérieur.

Prolongation de visa. Rue al-Kalah, au N. de la citadelle (I C3).

Alep, plan I : le centre ville.

Alep et la vallée de l'Oronte

Représentations diplomatiques. *Consulat de France* : rue Malek Fayçal *(hors plan I par A1)* ☎ 223.22.38. Presse française en consultation • *Consulat de Belgique* : khan al-Wazir (**I C3, II C1**) ☎ 362.26.67.

■ Loisirs

Fêtes et manifestations. En juill., **Foire au coton,** avec défilé de chars fleuris à travers la ville moderne.

Hammam. Si vous ne devez en essayer qu'un, choisissez le **hammam al-Yalbogha an-Nasri**★★, dans la vieille ville (**I C/D4** ; *→ p. 278*).

Programme

En **une journée** très remplie, on peut voir les trois objectifs à ne pas manquer : le musée, les souks et la citadelle.

Le mieux est de prendre **deux jours** complets. Le **1er jour**, découverte approfondie de la vieille ville★★★ *(→ p. 269)* : les souks, les quartiers peu connus des touristes, et la citadelle★★ *(→ p. 282)*. Le **2e jour** : le musée★★★ *(→ p. 285)*, les boutiques autour de la rue Baron, et le quartier chrétien de Jdeidé★ *(→ p. 290)*. Si on veut prolonger le séjour, les excursions dans les alentours ne manquent pas : Saint-Siméon★★★ *(→ p. 351)*, le Massif calcaire★★★*(→ p. 325)*, Ebla★ *(→ p. 302)*, Aïn Dara★ *(→ p. 358)*, Cyrrhus★ *(→ p. 291)*...

Alep dans l'histoire

■ Une cité très ancienne

Les Aleppins ne sont pas peu fiers de rappeler que leur ville est l'une des plus anciennes au monde qui soit toujours habitée. La position de cette éminence naturelle, à la lisière de la steppe syrienne et au croisement des pistes caravanières qui reliaient l'Orient à la Méditerranée et l'Arabie à l'Anatolie, lui assura en effet une occupation très ancienne. Mentionnée déjà il y a 4 000 ans dans les textes hittites qui la nomment Halap, elle est la capitale d'un puissant royaume. Les conquérants s'y succèdent par vagues jusqu'au XVe s. av. J.-C., époque à laquelle elle devient capitale d'une principauté hittite. Mais lorsque les Araméens fondent leurs royaumes dans le N. de la Syrie (à partir du Xe s.), ils négligent Alep au profit d'autres localités aux alentours.

■ La refondation séleucide

Il faut l'arrivée des Macédoniens d'Alexandre (IVe s. av. J.-C.) pour tirer la ville de son anonymat : Séleucos Nikator, maître de la Syrie après la mort du conquérant, y fonde une colonie qu'il nomme Beroia, en souvenir de la grande ville de Macédoine du même nom (auj. Véria, en Grèce). Pourtant, sous la domination des Grecs puis sous celle des Romains, Alep reste une cité d'importance secondaire. Elle est éclipsée par la proximité de Chalcis (auj. Qinnesrin ; *→ la note page suivante*), le grand centre administratif du temps, fondé à l'endroit où se croisaient les routes d'Antioche au moyen Euphrate, et de Cyrrhus à Émèse. Avant l'arrivée des musulmans, la ville voit le développement d'une importante communauté chrétienne. Elle sera détruite par les Perses en 540, à l'exception de la citadelle.

■ Capitale déchue

En 637, Khaled ibn al-Walid, le conquérant musulman de Damas, entre dans Alep. Là comme ailleurs, la présence musulmane se fait tout d'abord discrète. Un siècle plus tard, Alep est devenue une grande cité musulmane. Pourtant, sous les Omeyyades comme sous les Abbassides, elle reste une localité provinciale, sans fonction politique ou administrative. Ce n'est qu'au Xe s., sous le règne de l'émir Sayf ad-Daula, un général chiite, qu'Alep redevient la capitale d'un État. Le rayonnement de cette brillante dynastie hamdanide est de courte durée : en 962, l'empereur byzantin Nicéphore Phocas s'empare d'Alep qu'il livre au pillage durant toute une semaine. Une catastrophe dont la ville mettra deux siècles à se relever : tour à tour les bédouins, les Byzantins et les Fatimides, suivis des Turcs seldjoukides et des croisés, s'emparent de cette cité en grande partie ruinée et laissée à l'abandon.

Il ne reste pratiquement rien de la grande cité séleucide qui dépassa longtemps Alep en importance : Chalcis, auj. Qinnesrin, à 32 km S.-O. d'Alep par la route de Damas.
Le seul intérêt est le beau point de vue que l'on a, depuis l'ancienne acropole, sur les nombreuses maisons en pain de sucre de Qinnesrin.

■ Nour ed-Din, atabeg d'Alep

Alep ne retrouve son lustre qu'avec l'avènement de Zanki, un émir d'origine turque, puis avec le règne de son fils, le célèbre Nour ed-Din (1146-1174 ; → *encadré p. 136*), brillant chef de guerre. Il fait relever les murailles, construire de nombreuses mosquées et madrasas ainsi qu'un hôpital. C'est à lui surtout que l'on doit l'aspect général des souks de la vieille ville, ainsi que celui de la citadelle. À sa mort en 1174, son fils n'est encore qu'un enfant. C'est pourtant en son nom que les Aleppins résistent huit ans à un nouveau maître de Damas, et bientôt de tout l'Orient musulman : Saladin.

Nour ed-Din fut aussi, à la suite de son père, l'ardent propagateur de l'orthodoxie sunnite. Alep – comme Damas – lui doit de nombreuses madrasas, ces instituts coraniques où l'on enseignait les quatre écoles juridiques sunnites.

■ L'apogée médiéval

Capitale de Malik az-Zahir Ghazi, fils de Saladin, et de ses descendants, Alep s'impose comme une des grandes places commerciales de l'Orient, au débouché des routes venant de la Perse et de l'Inde. Dès 1207, les Vénitiens y possèdent un comptoir permanent. Le sac des Mongols en 1260 met un terme à la dynastie issue de Saladin et, provisoirement, à la prospérité de la ville, passée sous la domination des Mamelouks d'Égypte. Il faut au XVe s. la ruine du royaume d'Arménie et de Cilicie et de ses comptoirs pour rendre à Alep sa prééminence commerciale. De vastes faubourgs s'établissent aux abords du centre. Dans l'un d'eux se fixent les chrétiens : des maronites et des Arméniens principalement, qui servent d'intermédiaires pour les marchands européens revenus en force.

■ Le temps des consuls

En 1516, Alep comme toute la Syrie passe sous domination ottomane. Située désormais au centre d'un immense empire, elle en devient l'une des principales places commerciales. Les grandes nations marchandes d'Europe viennent tour à tour ouvrir leur consulat en plein cœur des souks : les Vénitiens en 1548, les Français en 1562, les Anglais en 1583, puis les Hollandais en 1613. Au XVIIIe s., Alep est la ville la plus peuplée de Syrie, loin devant Damas. Les produits d'Europe – étoffes, verre, papier, produits chimiques – y affluent et prennent

La place Bab al-Faraj, avec sa tour de l'Horloge et une de ces maisons en bois et fer forgé caractéristiques de l'architecture ottomane de la fin du XIXe s. À cette époque, le développement d'Alep en dehors de la vieille ville s'est fait avec ce type de maisons qui maintenant disparaissent peu à peu, remplacées par des immeubles de béton.

de là le chemin de l'Orient, avec la production locale de soieries et de cotonnades. Mais dès la fin du XVIIIe s., l'activité marque le pas du fait des guerres européennes. La première moitié du XIXe s. est encore plus catastrophique : délaissant les marchés d'Orient, les puissances européennes se tournent de plus en plus vers leurs colonies. Et un terrible séisme détruit une grande partie de la ville en 1822.

■ Un Paris en Orient

Dans la seconde moitié du XIXe s., Alep l'Orientale se prend à vouloir ressembler à une métropole européenne. Délaissant les ruelles de la vieille ville, la bourgeoisie locale investit de nouveaux quartiers aux larges rues rectilignes, construits à la périphérie : ainsi le quartier Aziziyé, achevé en 1868 et devenu aujourd'hui le centre de la vie nocturne aleppine, ou encore celui de Jamiliyé, à 4 km à l'O. des murailles médiévales. Des écoles sont ouvertes, des journaux voient le jour. En 1906, le train fait son apparition : il ne relie alors que Hama et Damas. Il faudra attendre 1912 pour qu'il atteigne Constantinople et soit, de là, relié à l'ensemble du réseau européen.

■ Alep aujourd'hui : la capitale du Nord

Le démantèlement de l'Empire ottoman après 1918 et le passage sous l'autorité mandataire française privent Alep de son arrière-pays désormais turc. De même, la cession en 1939 du sandjak d'Alexandrette par la France à la Turquie coupe la ville de ses accès les plus directs à la mer. Depuis l'indépendance, Alep entend se poser comme la capitale du Nord du pays, plus moderne et plus tournée vers l'Occident que Damas l'Orientale, sa vieille rivale. Si les productions traditionnelles (pistache, savon) sont toujours présentes,

Dans les dernières années de la période ottomane, un flux de nouveaux immigrants arrive à Alep, principalement des Arméniens chassés d'Anatolie par les massacres de 1915. Dans les années 1930, près de la moitié de la population est arménienne. C'est seulement depuis 1955 que la population de Damas a dépassé celle d'Alep.

Alep vit aujourd'hui principalement du coton. Tissé et imprimé dans les manufactures de la ville, il est également utilisé dans d'innombrables petits ateliers de confection dont la production est achetée pour l'essentiel par des intermédiaires russes. Ainsi, les marchands européens sont de retour, et on peut voir au centre ville des rues entières aux enseignes en cyrillique, tandis que des ballots de vêtements prêts à partir s'entassent dans les hôtels.

La vieille ville★★★

Sous les voûtes du souk, la même foule de chalands se presse depuis huit siècles dans les allées étroites : bédouins des steppes orientales ou ruraux des alentours venus acheter toiles noires en poil de chèvre, ustensiles de cuisine, tissus, or… Et ce sont toujours des ânes qui assurent seuls l'approvisionnement des boutiques en se frayant un chemin aux cris rauques de leurs guides. Peu de villes du Proche-Orient peuvent se flatter de présenter le même intérêt architectural que la vieille ville d'Alep. Du XIIe s. à l'époque ottomane, chaque siècle y a laissé sa marque : khans, mosquées, écoles ou hôpitaux, imbriqués dans les souks… Comme à Damas, la ville musulmane s'est établie sur la cité antique, qui occupait un espace carré de 1 500 m de côté. Le tracé orthogonal des rues a depuis longtemps disparu, sauf dans le quartier d'al-Djaloum, au S.-O.

À ne pas manquer

Combien de temps : compter une demi-journée pour voir l'essentiel (sans la vis. de la citadelle). Mais la vieille ville d'Alep est tellement envoûtante que l'on peut facilement s'y balader une journée entière.

■ DE BAB ANTAKYA À LA GRANDE MOSQUÉE

Cette promenade vous conduira de l'entrée occidentale de la vieille ville au cœur de la Mdiné. Compter env. 20 mn. À ne pas manquer : le **khan al-Joumrouk★★**.

Bab Antakya (I B3, II A1). Construite en 1245, la porte d'Antioche a subi plusieurs restaurations depuis. Le passage voûté, encadré de deux tours octogonales, donne accès à la rue principale qui traverse la vieille ville d'O. en E. jusqu'à la citadelle (survivance du plan orthogonal de l'époque hellénistique). Elle porte ici le nom de **souk Bab Antakya.** C'est la rue des bouchers et des commerces d'alimentation.

La mosquée al-Qayqan (mosquée des Corbeaux ; II A1). On l'atteint en suivant vers la g. (50 m) le tracé des remparts sitôt passée la porte d'Antioche. Elle fut construite au XIIe s. à l'aide de nombreux matériaux de

Alep et la vallée de l'Oronte

La Mdiné

Au cœur de la vieille ville, la Grande Mosquée lance son minaret vers le ciel. Tout autour grouille un véritable labyrinthe de ruelles, si étroites parfois que deux ânes ont du mal à s'y croiser. C'est la Mdiné, qui concentre l'essentiel de l'activité commerciale : souks, khans, ateliers de tissage… On n'y trouve aucun bâtiment d'habitation ; seuls les marchands européens y résidaient autrefois, reclus dans leurs khans au point de devoir passer par les toits pour se rendre visite le soir venu. La Mdiné est le royaume des boutiques : des centaines alignées côte à côte, minuscules niches aménagées jusque dans les murs de la Grande Mosquée, et où les marchands ne peuvent entrer qu'en enjambant leurs comptoirs.
Les souks servent également de point de contact entre la ville et les provinciaux. Ainsi, dans les marchés de la porte d'Antioche (Bab Antakya), on rencontre surtout des ruraux venant des régions de l'O., d'où sont originaires également bon nombre de marchands. Les nomades de la steppe orientale fréquentent eux les marchés à l'E. de la vieille ville, le souk az-Zarb notamment, où l'on vend les toiles noires en poil de chèvre qui servent à confectionner les tentes des bédouins. Près des portes de la vieille ville se trouvent les savonneries, une activité traditionnelle à Alep *(→ encadré p. 277)* : quatre sont encore en activité. Conservatrice dans sa géographie, la Mdiné l'est aussi par sa fréquentation : bien que de nombreux commerçants soient chrétiens, la clientèle reste essentiellement musulmane et, excepté les étrangères, on n'y voit pas de femmes en cheveux.

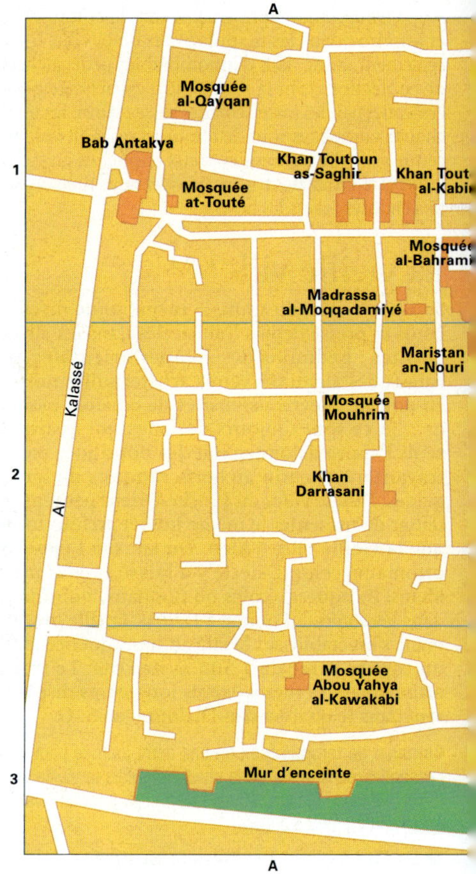

Alep, plan II : les souks.

remploi : des blocs appartenant à un édifice de la période hittite, des colonnes et des chapiteaux antiques. L'entrée est encadrée de deux colonnes de basalte.

La mosquée at-Touté (II A1 ; 1149). Voir sur la façade O. l'entablement antique sur lequel a été gravée au XIIe s. une inscription dans une **calligraphie*** d'un très beau style coufique. Cette mosquée du Mûrier recouvre l'emplacement de la mosquée des Boucliers : selon la tradition, les conquérants musulmans auraient aménagé ici, sous le portique de l'ancienne voie romaine, leur premier oratoire et y auraient entassé leurs boucliers.

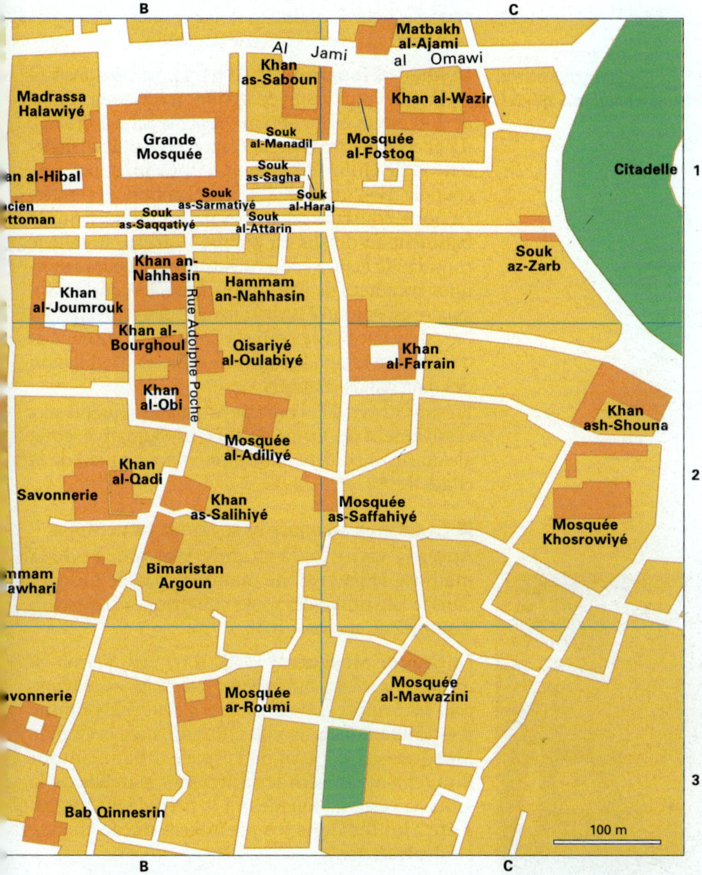

Les khans Toutoun as-Saghir et Toutoun al-Kabir (II A1). Ces deux khans jumeaux, construits au début de la période ottomane, étaient consacrés au commerce du tabac.

La madrasa Moqqadamiyé (II A1 ; *accès par la 1re ruelle à dr. après les deux khans du tabac*). Cette école coranique est la plus ancienne d'Alep (1168), et la seconde en Syrie, après celle de Bosra. Elle fut aménagée dans une église confisquée aux chrétiens. Sur le porche, deux **blasons mamelouks.**

La mosquée al-Bahramiyé (II A1 ; *ouv. aux heures de prière*). Ensemble (mosquée et madrasa) construit au XVIe s. dans le style turc. Le minaret fut reconstruit à la fin du XVIIe s., après un séisme. À l'intérieur de la salle de prière, beau **mihrab** décoré.

Un peu plus loin, à g. de la rue, un ancien **café ottoman** (II A/B1) sert de magasin pour un grossiste en cordages. À l'intérieur, au centre de l'édifice surmonté par une coupole, belle **fontaine** toujours en place. Peu après commence la partie couverte des souks.

Sur les caravansérails, voir les pages illustrées 280-281.

Le khan al-Joumrouk** (II B1/2). Ce caravansérail est l'un des plus vastes de la ville : il comprenait plus de 300 pièces, sur 6 500 m². À peine achevé (1574), il hébergea le consulat de France, puis ceux d'Angleterre et de Hollande. Depuis le souk principal, une coupole monumentale (disparue) annonçait l'entrée. La porte conserve ses deux vantaux de bois. Sur le **bâtiment au-dessus du porche** – où était installé le consulat de France –, du côté de la cour, belles ouvertures encadrées de fines colonnettes. La cour rectangulaire est entourée de bâtiments à deux niveaux : en bas, de vastes salles qui servaient de magasins et d'écuries ; à l'étage, les bureaux et pièces d'habitation des marchands étrangers.

En suivant vers l'E. la rue principale (qui prend successivement les noms de souk as-Saqqatiyé, souk al-Attarin et souk az-Zarb), on arrive au pied de la **citadelle**** *(→ p. 282)*.

■ La Grande Mosquée et le centre de la Mdiné

Après la visite de la Grande Mosquée et de la madrasa Halawiyé, ne manquez pas de plonger dans le labyrinthe des souks couverts *(→ ci-dessous)*. Comptez au moins 1 h 30.

Dans la vieille ville, arcades et maisons enjambent les ruelles, donnant ainsi de l'ombre aux passants.

La Grande Mosquée** (I B3, II B1 ; *vis. du lever au coucher du soleil ; entrée libre ; babouches et pèlerines pour les femmes sont disponibles à l'entrée*). Comme il est courant dans les villes musulmanes, la Grande Mosquée est le pivot de l'espace urbain, autour duquel s'organisent les différents marchés de la ville. La vaste esplanade qui la précède du côté N. a été ajoutée dans les premières décennies de l'indépendance.

L'édifice remonte au calife omeyyade Souleiman (715-717), qui voulait dépasser en splendeur les réalisations de son prédécesseur et frère al-Walid, le bâtisseur de la Grande Mosquée de Damas. Impossible de dire s'il y parvint : dévastée à plusieurs reprises, la mosquée date dans son état actuel de l'époque des Mamelouks (XIVe-XVe s.). Elle fut délaissée sous les Abbassides qui en pillèrent les placages de marbre, incendiée par le Byzantin Nicéphore Phocas au Xe s., restaurée par Nour ed-Din en 1168, puis à nouveau dévastée par les Mongols en 1260. L'élément le plus remarquable est le **minaret**** *(→ illustr. p. 62)* élevé sous la domination seldjoukide (XIe s.). Dégagée des peintures modernes qui la défiguraient, la **salle de prière** laisse apparaître la pierre nue de ses piliers massifs qui séparent les trois travées ; elle est de même

Le souk, cœur de la ville arabe

Le souk, pour les Occidentaux, c'est d'abord la magie des couleurs et des odeurs, mais c'est aussi un lacis de ruelles et d'impasses qui paraît incompréhensible et mystérieux. Pourtant, loin d'être laissée au hasard, l'organisation d'un souk répond à une logique précise : celle des villes arabes, dans lesquelles l'espace est très hiérarchisé.

◄ L'une des innombrables allées des souks couverts d'Alep. Autrefois, en raison de l'étroitesse des ruelles et de la pénombre ambiante – il n'y eut pas d'éclairage public pendant longtemps –, les souks passaient pour des lieux de perdition et d'intrigue. La nuit venue, on en fermait l'accès par de lourdes portes de bois.

Du commerce avant tout

Les vieilles villes d'Alep et de Damas sont héritières directes des cités hellénistiques et romaines. Pourtant, dans le labyrinthe des souks, on serait bien en peine de reconnaître les rues rectilignes de l'Antiquité. Car le cœur de la ville a changé de fonction : officiel dans l'Antiquité, avec son temple, son agora et son théâtre, il est devenu commerçant avec l'arrivée des musulmans. Pour eux, les villes étaient avant tout des centres d'échange. Peu à peu, un enchevêtrement de boutiques a grignoté la belle ordonnance classique. Sous les portiques des artères principales, on commença par tendre des toiles ; puis on éleva des murs entre les colonnes pour construire des boutiques qui ne tardèrent pas à empiéter sur la chaussée. On couvrit enfin les rues d'une architecture de pierre, percée d'ouvertures pour laisser entrer le jour. Des quartiers apparurent, où se regroupèrent commerçants ou artisans d'une même corporation et souvent d'une même origine géographique.

L'apparition des guildes

C'est aux qarmates, une secte chiite aux principes collectivistes, que revient l'organisation, au IXe s., des métiers en guildes. Dirigées par un cheikh qui distribuait équitablement les matières premières, levait les taxes collectives, veillait à la qualité des produits et en fixait les prix, ces guildes plan que celle de la Grande Mosquée de Damas, mais plus petite. À côté du mihrab, beau **minbar*** du XVe s. À g., une grille de cuivre protège les **reliques de Zacharie**, le père de saint Jean Baptiste ; elles font l'objet d'une intense vénération populaire.

La madrasa Halawiyé* (II B1 ; *ouv. du lever au coucher du soleil ; se déchausser avant d'entrer dans la salle de prière*). Cette école coranique est en fait l'ancienne cathédrale Sainte-Hélène d'Alep, construite au VIe s. et confisquée par les musulmans au début du XIIe s. en représailles de quelque attaque des croisés. Dans la **salle de prière**, voir le splendide **mihrab**** en bois incrusté d'ivoire (XIIIe s.). De l'édifice chrétien subsistent des piliers d'angle ainsi que de puissantes colonnes à chapiteaux corinthiens dont les feuilles d'acanthe ploient sous le vent : ce sont les vestiges d'un tétraconque central ; il était entouré d'un déambulatoire, selon un plan répandu au VIe s. et que l'on retrouve à Bosra ou à Ezra (→ *encadré p. 229*). L'abside de l'église se trouvait ainsi sous la cour de l'actuelle madrasa ; la Grande Mosquée elle-même fut édifiée sur les jardins et le cimetière de la cathédrale.

Le khan as-Saboun* (**khan du Savon** ; II B1 ; *au débouché du souk al-Haraj*). De ce caravansérail du début du XVIe s., voir surtout, au-dessus de la porte d'entrée, la très belle **fenêtre****, encadrée de deux fines colonnettes torsadées et entourée de bandes de décorations géométriques. Au pied de l'entrée, une **fontaine publique**, l'une des seules subsistant en ville ; elle est toujours protégée par sa grille de cuivre. L'intérieur du khan a été largement dénaturé par des aménagements successifs.

Le khan al-Wazir** (II C1). Malgré de nombreux réaménagements intérieurs, ce caravansérail (XVIIe s.) reste le plus beau de la ville. Son **entrée monumentale** est décorée d'un placage de pierres noires et blanches et de bandeaux de dessins géométriques. Sur chacun des côtés figure un lion sculpté. La **façade intérieure*** du bâtiment qui surmonte l'entrée porte une remarquable décoration. Selon la légende locale, les deux fenêtres du haut, entourées d'entrelacs, seraient l'œuvre de deux artisans différents : l'un, chrétien, aurait voulu représenter une croix *(à g.)*, l'autre, musulman, un minaret *(à dr.)* ; entre les deux fenêtres, deux ouvertures surmontées d'alvéoles, au-dessus d'une lucarne dans un encadrement imitant une fenêtre. L'ensemble de la façade est bordé d'une frise de feuillages. À dr. en entrant, magasin d'antiquités orientales, tapis et artisanat (le patron parle français).

La mosquée al-Fostoq (II C1 ; *sur la place précédant le khan al-Wazir*). Beau portail décoré de motifs géométriques pour cette ancienne madrasa du milieu du XIVe s.

Le matbakh al-Ajami (II C1). Face au khan al-Wazir, de l'autre côté de la rue al-Jami al-Omawi *(I B-C3)* – une saignée moderne qui traverse la vieille ville de part en part –, cet édifice *(en restauration)* est l'unique exemple aleppin d'un palais zankide (XIIe s.). Il appartint à un émir de Nour ed-Din avant d'être restauré à plusieurs reprises aux XVe et XVIe s. À l'intérieur *(actuellement f. au public)*, belle cour à deux iwans avec bassin surmonté d'une coupole.

■ **LES SOUKS***** *(ouv. t.l.j. 9 h-19 h sf ven. et fêtes religieuses)*.

En grande partie couverts, les souks d'Alep totalisent près de 10 km d'allées étroites. Comme dans toutes les villes musulmanes, les commerces sont regroupés par type d'activité et répartis dans l'espace en fonction de la valeur des produits (→ *double page suivante*). Une disposition qui n'a guère varié depuis le XIIe s.

mêlaient souvent musulmans, juifs et chrétiens, favorisant la fusion des communautés. Et s'il existait diverses catégories (apprentis, compagnons, maîtres), il s'agissait de degrés de qualification et non de rapports de soumission, tous les membres d'un atelier bénéficiant des mêmes droits.

Un désordre organisé

Sous le désordre apparent d'un souk arabe se dissimule en réalité un ordre rigoureux. La répartition des activités, semblable dans toutes les villes musulmanes, répond à une logique bien précise. Dès le départ, elle a probablement été régie par la pureté rituelle des marchandises. Ainsi orfèvres, changeurs, vendeurs de produits précieux, de tissus et de livres occupent une place privilégiée, au plus près de la Grande Mosquée, la construction la plus importante de la ville. À Damas et à Alep, certaines boutiques de bijoutiers s'appuient même directement contre ses murs. À mesure que l'on s'en éloigne, les produits deviennent plus courants : parfums, épices, alimentation. Certaines activités sont même reléguées à la périphérie du bazar : boucherie et tannerie à cause de l'odeur, dinanderie à cause du bruit...

Le souk mode d'emploi

Ne cherchez pas de belles et grandes boutiques : les échoppes sont en général minuscules. Un rectangle de quelques mètres carrés, fermé sur la rue par un double volet de bois. Le volet supérieur sert d'auvent, le volet inférieur d'éventaire et souvent de banquette où s'installent marchand et client. Car le maître mot du bazar est « marchandage ». Il ne faut pas être pressé et ne pas hésiter à accepter le café qu'on vous offre. Il est de bon ton de ne pas aborder directement l'essentiel : il vous faudra en passer par de longues digressions sur le temps qu'il fait, sur la santé de vos familles respectives, sur votre pays (« la France : ah ! Chirac, Zidane... »). Vous ne ferez peut-être pas toujours de bonnes affaires, mais vous aurez au moins passé un bon moment.

▲ Épices, parfums, narguilés, tissus et vêtements... Il y en a pour tous les goûts dans un souk. La répartition des activités et des produits n'a pratiquement pas varié depuis des siècles.

Dans les souks, plus d'une boutique sur deux est consacrée aux tissus. Mais n'espérez pas y trouver des merveilles de soie ou de broderie : ils sont presque exclusivement destinés à une clientèle rurale et populaire qui vient acheter les velours ou les imprimés que les femmes tailleront et coudront chez elles. On trouve aussi des tissus modernes, tergal ou autres fibres industrielles, qui serviront à confectionner, dans le paisible souk des Tailleurs (souk al-Jouk), le costume préféré des notables des campagnes : un veston à l'occidentale porté au-dessus d'une robe longue *(qoumbaz)*, taillés dans le même tissu.

Ne manquez pas la visite d'une savonnerie ; sachez cependant que l'activité est interrompue pendant les mois chauds d'été.

Tout contre la mosquée, du côté E., le **souk as-Sagha** (II B1), lacis d'allées étroites et rutilantes, abrite les minuscules boutiques des orfèvres : tout juste la place d'y installer une banquette pour les clients et un comptoir où trône une balance et l'indispensable coffre. C'est au poids que l'on vend les bijoux, destinés essentiellement aux ruraux pour qui un bijou en or est tout autant un placement qu'une parure. Les riches Aleppins fréquentent plutôt les grands bijoutiers du quartier chrétien de Jdeidé.

À l'E. du souk de l'Or, le **souk al-Haraj** (II B1) concentre les boutiques de tapis, dont l'activité est en déclin depuis le milieu du XXe s. ; on y trouve aussi des ornements et des costumes bédouins. Contre le flanc S. de la mosquée, le souk des Cordes (**souk al-Hibal**), non loin de celui des Toiles de jute (**souk Jounfas**) : deux marchandises précieuses au temps où la ville était un centre caravanier de toute première importance.

Au S. du souk des Cordes, le **souk as-Saqqatiyé** (II B1) est occupé par des commerces d'alimentation et de petits restaurants où les marchands de la Mdiné et leurs clients de passage viennent se restaurer au coude à coude de *falafel,* de *hoummous* ou de *foul,* des fèves bouillies et aromatisées. Dans le prolongement du souk as-Saqqatiyé, vers l'E., un bouquet de senteurs annonce le souk des Épices (**souk al-Attarin,** II B1). Le textile reste cependant le secteur d'activité majoritaire de la Mdiné. On trouve très peu de boutiques de confection, une activité relativement récente que l'on rencontre surtout dans les parties modernes de la ville.

■ Du souk as-Saqqatiyé à Bab Qinnesrin

Cette promenade de 45 mn AR à partir du souk as-Saqqatiyé (II B1) – le cœur des souks couverts – vous conduira vers la partie S. de la vieille ville. Vous quitterez un temps la Mdiné et ses commerces pour traverser des quartiers d'habitation. En chemin, vous passerez devant deux **savonneries** encore en activité *(→ encadré),* avant d'atteindre la porte de Qinnesrin. C'est de ce côté-ci que les remparts médiévaux sont les plus impressionnants.

La rue Adolphe Poche (II B2). Du nom d'un membre d'une grande famille aleppine qui donna plusieurs consuls aux puissances européennes. Partant du souk as-Saqqatiyé, elle est bordée dans sa première partie de plusieurs bâtiments intéressants : à dr., le **hamman an-Nahhasin** (XIIIe s.), toujours en fonction ; à g., le **khan an-Nahhasin** (XVIe s.), qui abrita plusieurs consulats européens (vénitien, puis belge jusqu'en 1930), le **khan al-Bourghoul** (fin de la période mamelouke), à la belle entrée voûtée, et le **khan al-Obi**, construit au début de la présence ottomane.

La mosquée al-Adiliyé* (II B2). La première mosquée de style turc construite à Alep (1517). L'entrée *(accès par un passage ouvrant sur la rue)* est décorée de beaux **panneaux de faïence.**
En traversant la cour qui précède le porche, on parvient à une rue parallèle à la rue A. Poche sur laquelle ouvre, immédiatement à g., la **qisariyé al-Oulabiyé** (II B/C2), édifice commercial ottoman qui a retrouvé sa décoration de bois peint et son dallage de marbre.

Le khan al-Qadi* (II B2). Ce petit caravansérail est le plus ancien d'Alep, construit au XVe s., à l'époque mamelouke. Remarquer son entrée coudée qui conduit à la cour, autrefois bordée d'un portique. À côté du khan s'élève une **savonnerie** (II B2), l'une des deux encore en activité dans cette partie S. de la vieille ville.

Le bimaristan Argoun*** (II B2 ; *ouv. t.l.j. sf mar. 8 h 30-17 h ; entrée payante ; → illustr. p. 141*). C'est le mieux conservé des hôpitaux musulmans de Syrie. Il fut construit en 1354 par l'émir Argoun et servait d'asile pour aliénés. L'entrée (splendide **portail**** à alvéoles) conserve ses deux vantaux de bois et une partie de leur décoration de bronze. Dans la **cour centrale** à deux iwans s'ouvrent les cellules des malades. Au fond à dr., un passage donne accès à **deux autres cours** plus petites, chacune avec un bassin : c'est dans ces cellules qu'étaient enchaînés les fous réputés dangereux. ***Sur la médecine des musulmans au Moyen Âge, voir les pages 130-131.***
L'hôpital servait encore au début du XXe s. Il accueille de temps à autre des concerts de musique arabe et des spectacles folkloriques *(rens. sur le programme auprès du patron du khan al-Wazir)*.

Poursuivre vers la g. en direction de Bab Qinnesrin. En chemin, on passe *(à dr.)* devant le **hammam al-Jawhari** (1384) et on aperçoit au bout d'une ruelle à dr. le beau minaret cylindrique de la **mosquée ar-Roumi** (II B3 ; 1365). Juste avant d'atteindre la porte, une ruelle à dr. donne accès *(à 50 m)* à la seconde **savonnerie** en activité du quartier (II B3).

Bab Qinnesrin* (XIIIe s. ; II B3). Au-delà, jetez un coup d'œil sur la ligne des **remparts*** conservés ici sur une belle hauteur : au pied, des blocs de 50 cm de haut et des bases de tours rondes qui pourraient remonter à l'Antiquité ; au-dessus, un moyen appareil soigné qui appartient au mur du XIIIe s. ; les parties supérieures datent des époques mamelouke et ottomane.

Le savon d'Alep

La propreté du corps étant l'une des priorités de l'islam, c'est à proximité de la Grande Mosquée des Omeyyades qu'il faut chercher les hammams et le souk as-Saboun (souk du Savon). Les fameux savons d'Alep parfumés à l'huile de laurier ne sont plus vendus aux enchères dans le magnifique édifice mamelouk qu'est le khan as-Saboun, mais on les trouve savamment imbriqués le long des parois de minuscules boutiques. Si l'usage du savon est connu depuis l'Antiquité, c'est à l'époque ayyoubide (XIIe-XIIIe s.) que se sont développées les savonneries. Là, on fait bouillir dans d'énormes chaudrons un mélange d'eau, de soude et d'huile d'olive. La pâte ainsi obtenue est pompée dans des bassins peu profonds où elle refroidit en séchant. On la découpe ensuite à l'aide d'une herse sur laquelle montent deux enfants pour qu'elle s'imprime profondément dans la pâte. On obtient des pains de savon qui reçoivent l'estampillage de la fabrique avant d'être empilés en tours cylindriques pour un séchage final de neuf mois. La production quotidienne est de 6 tonnes, soit environ 25 000 pièces.

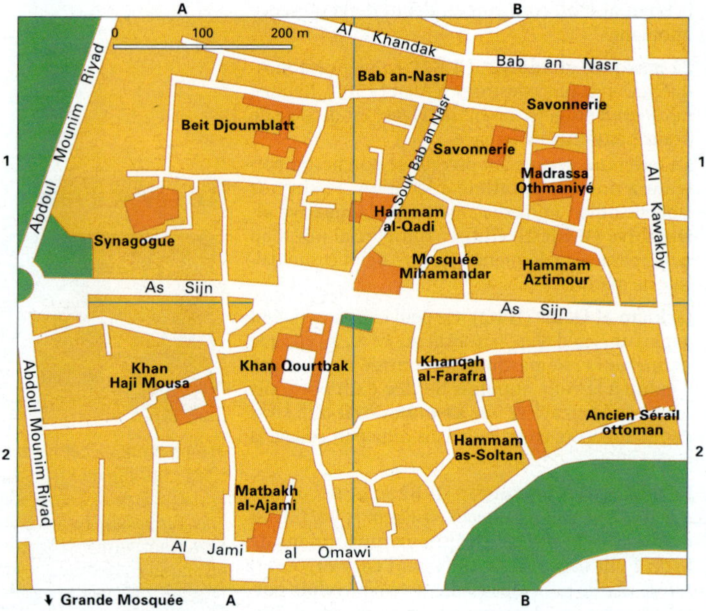

Alep, plan III : les quartiers Nord de la vieille ville.

■ Au sud de la citadelle

Pour compléter la visite d'Alep, quelques monuments musulmans sur le flanc S. de la citadelle. Compter 45 mn.

Le khan ash-Shouna (II C2 ; époque ottomane). Au pied de la citadelle, presque en face de l'entrée, ce caravansérail a été réaménagé pour abriter un souk touristique : on y trouve les différents produits de l'artisanat aleppin. Pas particulièrement bon marché et une atmosphère un peu aseptisée. À côté, petits cafés où l'on peut faire une halte.

La mosquée Khosrowiyé (I C4). L'ensemble de 1537 (mosquée, madrasa et couvent) est à Alep le second de style turc, après la mosquée al-Adiliyé. Sa construction est attribuée au grand architecte Sinan. La mosquée conserve une partie de sa décoration de carreaux de faïence.

La madrasa as-Soultaniyé (I C4). Cet élégant édifice daté de 1223 fut construit pour servir de mausolée à Malik az-Zahir Ghazi, qui reçut la ville de son père Saladin. Outre le cénotaphe d'az-Zahir, voir dans la salle de prière l'un des plus beaux **mihrabs**★★ d'Alep, plaqué de marbres de différentes couleurs.

La mosquée al-Outrouch (I C4 ; 1403). Construite pour servir de tombeau à un émir. La partie la plus intéressante est la **façade**, ornée de délicates sculptures et surmontée d'un minaret octogonal très gracieux. L'intérieur est moderne.

Le hammam al-Yalbogha an-Nasri★★ (ou **al-Labbadiyé** ; I C/D4). Ces superbes bains du XIVe s. ont été récemment réhabilités par les services du Tourisme pour fournir aux étrangers une occasion d'essayer les bains arabes dans d'excellentes conditions de confort. Allez-y pour le cadre et l'ambiance *(ouv. aussi aux femmes,* *t.l.j. sf ven. et dim.).* Sinon, jetez au moins un coup d'œil dans la **salle de repos** (quelques restes de décoration peinte) ; tout autour sont disposés banquettes et placards servant à ranger les vêtements.

Sur les hammams, voir les pages illustrées 54-55.

■ Le Nord de la vieille ville : du khan al-Wazir à Bab an-Nasr

Une promenade hors des sentiers battus qui vous fera traverser des quartiers d'habitation avec leurs petits marchés, en découvrant au passage d'autres khans anciens ou de belles demeures comme la **maison Djoumblatt***. Comptez 1 h.

Depuis le khan al-Wazir (II C1), *suivre à dr. la rue al-Jami al-Omawi en direction de la citadelle, puis prendre la 1re ruelle à g.*

Le khan Qourtbak* (III B2). C'est l'une des premières réalisations architecturales de la période ottomane à Alep (1540). Il se distingue par ses grandes dimensions et sa disposition singulière : il est précédé d'un petit souk carré où venaient s'approvisionner les occupants du lieu. L'entrée monumentale (un porche à coupole) donne accès à une vaste cour. Sur trois côtés, le rez-de-chaussée est bordé de magasins protégés par un portique dont les arcades répondent à celles de l'étage, réservé aux habitations. Face à l'entrée, un iwan monumental, dispositif peu commun pour un caravansérail. L'ensemble est occupé par des artisans.

Traverser la rue moderne as-Sijn (III A/B1/2) *qui coupe la ville d'O. en E. et suivre vers le N. la rue Bab an-Nasr.*

▶ La rue as-Sijn conduit vers l'E. à l'ancien **sérail ottoman** (I C3), qui abrite des services administratifs, parmi lesquels le bureau de l'immigration *(passage obligé pour les étrangers qui souhaitent faire renouveler leur visa).* En chemin, en prenant la première petite allée à dr. puis en tournant à g. au premier croisement, on peut aller voir le **khanqah al-Farafra*** (III B2). Ce couvent musulman (1237) est le mieux conservé des constructions de ce type en Syrie. Beau **portail à alvéoles,** cour à iwan sur laquelle ouvrent les cellules des soufis et, dans la salle de prière, mihrab décoré de mosaïques de marbre. ◀

Beit Djoumblatt* (III A1 ; *depuis la rue Bab an-Nasr, prendre la 1re rue à g. au coin d'un ancien hammam désaffecté reconnaissable à ses coupoles, puis tourner à dr. après 100 m ; l'entrée de la maison se trouve un peu plus loin à g. au bout d'une petite impasse*). Un des plus beaux palais d'Alep, construit au XVIIe s. pour un gouverneur de la ville. À voir surtout : le superbe **iwan****. De l'autre côté de la cour, ornée d'un bassin, un second iwan plus petit est précédé d'une

L'iwan principal de la maison Djoumblatt (XVIIe s.). D'une hauteur remarquable, il est entièrement décoré de carreaux de faïence bleus.

Les caravansérails

Relais sur les routes, entrepôts dans les villes, les caravansérails, que l'on appelle plutôt khans en Syrie, furent jusqu'à la fin du XIXe siècle la seule forme d'hôtellerie pour les voyageurs. Commanditées par des sultans, des vizirs, des corporations ou de riches particuliers, ces fondations sont issues d'une tradition orientale et islamique. Tout y était prévu pour le bien-être des hôtes et la remise en état de marche des bêtes et du matériel.

▲ **Marchands dans un caravansérail (enluminure d'un manuscrit irakien, v. 1240).**

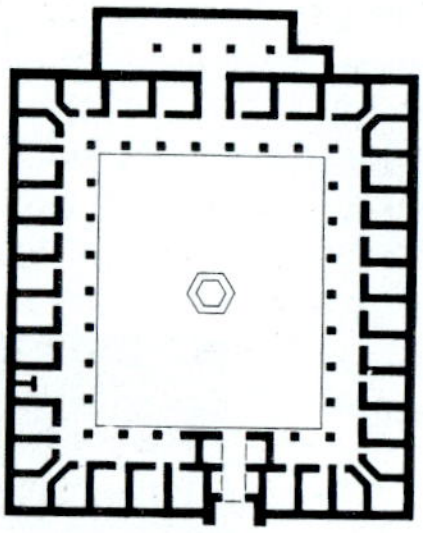

► **Plan type d'un caravansérail (ici celui de Pacha Hani à Istanbul). Autour d'une cour le plus souvent carrée ouvrent les magasins où sont entreposées les marchandises. Au centre, un bassin ou, plus souvent, un petit oratoire.**

■ Khan des champs...

Gîtes d'étape, ils jalonnaient les voies qu'empruntaient les caravanes : distants d'une journée de marche (20 à 25 km selon le terrain), dans des contrées où bandits et vagabonds rendaient les haltes périlleuses, ces établissements garantissaient la sécurité des voyageurs et de leurs biens. Une solide muraille dotée de tours d'angle entourait l'édifice. Les bâtiments, à un ou deux niveaux, étaient disposés autour d'une cour où se trouvaient une petite mosquée et une fontaine à ablutions. Tout était prévu pour le repos des voyageurs et de leurs bêtes : chambres, dortoirs pour les serviteurs, pièces communes, hammam, écuries, réserves d'avoine, entrepôts et ateliers où un maréchal-ferrant et des artisans réparaient harnais et attelages.

▲ **L'entrée des khans – ici celle du khan al-Wazir à Alep (XVIIe s.) – recevait toujours une décoration particulièrement soignée. Au-dessus d'un rez-de-chaussée présentant une alternance de pierres noires et jaunes (héritage mamelouk) est percée la fenêtre de l'administrateur des lieux, chargé de percevoir les loyers et d'assurer l'ordre.**

◀ **Un des nombreux caravansérails imbriqués dans les souks d'Alep. Les khans n'ont pas perdu leur vocation commerciale : à l'étage, dont on aperçoit la véranda typiquement ottomane, des bureaux ont remplacé les chambres des marchands. Le porche se fermait par une porte à double battant.**

■ Un indice de l'activité économique

Chaque khan était spécialisé dans un type de marchandises : on possède ainsi un décret daté de 1751 imposant l'exclusivité du commerce du savon dans le khan as-Saboun d'Alep. Une concentration qui rappelle celle que l'on trouve dans les souks et qui permettait un contrôle plus facile du commerce par les autorités. L'activité économique d'une ville se mesurait à son nombre de caravansérails. Ainsi, Alep et Istanbul en comptaient une centaine à l'époque ottomane, contre une cinquantaine à Damas et pas moins de 348 au Caire, la grande métropole commerciale de Méditerranée orientale. C'est à Alep en revanche que l'on trouve les khans les plus vastes d'Orient : plus de 6 000 m^2 pour le khan al-Joumrouk. Au XVIIIe s., rompant avec une remarquable stabilité architecturale, s'inaugure à Damas un nouveau type de caravansérails où la cour est couverte de coupoles, tel le khan Assad Pacha du souk al-Bzouriyé.

■ … et khan des villes

C'est surtout à partir de l'époque ottomane que les caravansérails se développèrent dans les grandes villes. Construits dans les zones commerçantes, au beau milieu des souks, ils servaient tout à la fois d'entrepôts, d'hôtelleries et de marchés où se traitaient les affaires. C'était aussi le lieu de résidence des marchands européens. Ces khans abritèrent les premiers consulats européens. Dépôts de marchandises et boutiques de vente s'ouvraient au rez-de-chaussée sur la cour intérieure. À l'étage se trouvaient les chambres, souvent bordées d'une galerie à portique. Sous le porche, un portier contrôlait les entrées pour le compte des autorités. L'hébergement était en général gratuit, mais les marchands devaient acquitter une taxe à l'entrée et à la sortie des villes.

▲ **Entre Alep et Damas, le caravansérail de Maaret an-Nouman, situé sur les grandes routes caravanières qui reliaient la haute Mésopotamie à la Palestine et à l'Égypte, est l'un de ces immenses khans fortifiés où les voyageurs faisaient étape au terme d'une journée de marche.**

terrasse. La plupart des bâtiments du palais ont disparu ; la partie subsistante abrite une école. *(Pour visiter, sonner à la porte d'entrée ; se présenter plutôt durant les heures de classe, en sem. avant 13 h).*

▶ Au-delà de la maison Djoumblatt commençait **Bahsita**, le quartier juif de la vieille ville. Il a été en grande partie détruit pour laisser la place aux bâtiments administratifs du quartier de Bab al-Faraj. La **Grande Synagogue d'Alep** (III A1) se trouvait dans ce quartier depuis l'époque byzantine. Restaurée à plusieurs reprises, elle fut entièrement reconstruite au milieu du XIXe s. et devint l'un des édifices les plus imposants de la ville. Gravement endommagée durant les émeutes de 1947 *(→ encadré)*, elle est aujourd'hui abandonnée et fermée à la visite. ◀

Bab an-Nasr (**porte de la Victoire** ; III B1). Appelée aussi **Bab al-Yahoud** (porte des Juifs) en raison de sa proximité avec le quartier israélite, elle appartient aux fortifications du XIIIe s. La partie centrale a disparu ; il ne reste que les deux tours qui encadraient le passage. En suivant la petite rue qui monte à dr. avant la porte, on peut atteindre *(100 m)* la **madrasa Othmaniyé** (III B1), une construction ottomane sévère mais de belles proportions.
Bab an-Nasr ouvre sur la rue du même nom, qui prend le nom d'**al-Khandak** vers la g. et conduit au quartier chrétien de Jdeidé *(→ ci-dessous p. 290)*.

■ **À VOIR ENCORE**

La madrasa Firdaous* *(hors plan I par C4, à 1 km S. du centre ville)*. Les amateurs d'architecture musulmane ne manqueront pas de visiter cette imposante école coranique entourée d'un cimetière, ensemble considéré comme l'un des plus élégants de la ville. Il fut construit en 1236 pour servir de mausolée à Dayfa, qui fut régente de la principauté d'Alep à la mort de son mari Malik az-Zahir Ghazi, le fils de Saladin (dont elle était également une nièce). Sur la cour, d'une grande simplicité, ouvrent les salles d'étude ainsi qu'un **iwan** monumental, encadré de colonnes à chapiteaux finement ciselés. La salle de prière conserve un beau **mihrab*** *(→ illustr. p. 187)* en marqueterie de marbre.

Les péripéties du codex d'Alep

Pendant six siècles, la communauté juive d'Alep s'enorgueillit de posséder le plus ancien manuscrit de la Bible. Il fut copié au Xe s. en Palestine, puis transféré au siècle suivant au Caire. Maimonide, le grand philosophe de Cordoue, le consulta pour établir les règles précises (toujours en vigueur) qui régissent la copie du texte saint. Au XIVe s., un de ses descendants emmena le précieux ouvrage à Alep. Il le confia à la communauté juive de la ville qui le considéra dès lors comme un véritable talisman : viendrait-il un jour à disparaître que la communauté périrait.
En 1947, à la suite du plan de partage de la Palestine, des émeutes antijuives éclatèrent à Alep, au cours desquelles la Grande Synagogue, qui abritait le manuscrit, fut incendiée. Le codex échappa aux flammes. Pendant 10 ans, il fut conservé secrètement par des juifs demeurés à Alep. À partir de 1957, ces derniers le firent passer en contrebande par la Turquie, feuille par feuille. En 1958, 295 des 487 pages étaient parvenues à Jérusalem. On crut longtemps le reste définitivement perdu. Il n'en était rien : le lent voyage du codex vers Israël s'est poursuivi discrètement jusqu'en 1995. Une partie de ces pages sont exposées au musée d'Israël à Jérusalem.

La citadelle**

Plan I C3

La citadelle d'Alep est un véritable chef-d'œuvre de l'art militaire médiéval. Évitez de la visiter aux heures les plus chaudes de la journée : l'ascension de la rampe d'accès peut être assez éprouvante.

Visite : t.l.j. sf mar. 9 h-16 h (17 h en été) ; entrée payante. Compter 1 h 30.

■ Un peu d'histoire

Le passage d'Abraham. Au sommet de la citadelle, une mosquée porte le nom d'Abraham : on dit que le patriarche y fit halte pour traire sa vache rousse. Les plus anciennes traces d'occupation (deux lions de basalte néohittites) remontent au Xe s. av. J.-C. Il semble que les Séleucides fortifièrent la place les premiers. Durant l'époque gréco-romaine, il y eut même un temple dédié à Hadad, divinité sémitique assimilée à Zeus. L'empereur Julien, dans sa tentative de restaurer les anciens cultes, se rendit en personne sur la colline sainte pour y sacrifier un bœuf blanc à Zeus. Le premier prince musulman à construire sur la colline fut l'émir Sayf ad-Daula au Xe s. : il y éleva un palais résidentiel destiné à remplacer celui de son père, détruit par un incendie. L'installation des Francs en Terre sainte décida de la transformation de l'acropole en citadelle. Alep se trouvait en effet sous la double menace de la principauté d'Antioche sur le littoral et du comté d'Édesse qui tenait les contreforts du Taurus au N.

La construction d'un chef-d'œuvre. Entreprise à partir de 1210, la citadelle est l'œuvre de Malik az-Zahir Ghazi, un des 17 enfants de Saladin. Au pied de la colline, il fit creuser un impressionnant fossé et maçonner entièrement les flancs de l'acropole (inclinés à 48° pour décourager toute tentative de sape), utilisant des fûts de colonnes antiques pour fixer les dalles. L'essentiel de ce parement a disparu pour servir de matériau de construction au XIXe s. Cette place jugée imprenable fut pourtant enlevée par les Mongols en 1260, puis par Tamerlan en 1400. De plus en plus intégrée au tissu urbain, elle perdit bientôt toute valeur militaire et ne servit plus que de résidence officielle aux émirs mamelouks et à leurs successeurs, les pachas ottomans.

■ **La rampe d'accès***. Au-delà du bastion avancé (*→ illustr. p. 284*), il fallait emprunter un **pont de pierre** à huit arches, d'une assez forte déclivité, sous les tirs des défenseurs en position derrière leurs meurtrières et dans les bretèches de la puissante **tour** qui défend l'entrée. S'ils parvenaient quand même au pied de la muraille, les assaillants se heurtaient à une façade aveugle : l'entrée est ménagée sur le côté dr., de sorte que le manque de recul interdisait l'utilisation d'un bélier. La **première porte** a conservé ses vantaux du XIIIe s., ornés de motifs de fer forgé en fer à cheval ; au-dessus figurent deux serpents enlacés. L'inscription sculptée sur le mur rappelle la restauration de l'édifice après le sac

De nobles prisonniers

Jamais aucun chef franc ne put franchir les murailles de la citadelle d'Alep, sinon chargé de chaînes. Ainsi Jocelin II, comte d'Édesse qui, dépossédé de sa capitale par Nour ed-Din en 1146, fut fait prisonnier en 1150 et conduit à la citadelle d'Alep. Après avoir eu les yeux crevés pour son refus d'abjurer le christianisme, il fut jeté dans un cachot où il mourut neuf ans plus tard. L'atabeg voulut sans doute lui faire payer ainsi ses nombreux manquements aux traités conclus avec les musulmans. Quant au bouillant Renaud de Châtillon – le prince d'Antioche, sorte d'aventurier sans foi ni loi –, il resta captif à la citadelle seize années. Dans un cul-de-basse-fosse, assurent les guides locaux tout en montrant une oubliette suintant l'humidité. La vérité historique incite plutôt à penser qu'un si noble personnage passa sa captivité entouré des égards dus à son rang.

La citadelle fut élevée au XIIIe s. par un des fils de Saladin. Le bastion qui en gardait l'accès était défendu par une bretèche et relié au rebord extérieur du fossé par un pont-levis de bois.

mongol de 1260 par le sultan mamelouk qualifié ici d'« Alexandre de son temps ». Au-dessus des mâchicoulis, sur la **partie supérieure de la tour,** belles **fenêtres*** encadrées de pierres noires et blanches alternées. Cette partie, ajoutée au XVIe s., permit de réunir en un seul ouvrage les deux tours massives de la construction originelle.

■ **L'ENTRÉE ET SES TRAQUENARDS***. Après la première porte court un long **couloir** formant cinq angles et défendu par deux autres portes, des postes de guet, des archères et des orifices ménagés dans les murs et au plafond. Au-dessus de la **deuxième porte,** relief représentant deux lions affrontés. La **dernière porte** a elle aussi conservé ses vantaux d'origine avec leur décoration de fer forgé et deux lions sur les montants. Un dernier couloir, bordé de salles de garde, aboutit au sommet de la citadelle. Au départ du couloir, **cénotaphe de saint Georges,** vénéré également par les musulmans sous le nom d'al-Khodr. Un chemin dans le prolongement du couloir conduit à la partie la plus haute de la citadelle, du côté opposé.

■ **LE SOMMET DE LA CITADELLE.** Contrairement au système défensif de l'entrée, parfaitement conservé, les édifices de l'intérieur de la citadelle, de diverses époques, sont assez ruinés ou ont fait l'objet de restaurations. Sur la dr., des escaliers descendent vers une vaste **salle souterraine.** À g. de celle-ci, un passage conduit à d'autres escaliers qui donnent accès à une salle obscure taillée dans le roc, où on a voulu voir des **oubliettes,** où aurait été enfermé Renaud de Châtillon *(→ encadré p. 283).* En gravissant le chemin, on atteint ensuite *(sur la g.)* une **petite mosquée** élevée en 1167 par Nour ed-Din ; elle marque l'emplacement où Abraham aurait fait halte. Plus loin, on arrive à la **grande mosquée** de la citadelle, construite vers 1214 par le fils de Saladin : belle cour à portique et minaret carré de 21 m de haut, qui pouvait aussi servir de poste de guet. On gagne ensuite le rebord de la muraille.

De la muraille, on découvre un vaste panorama* sur la partie N. de la ville. À dr., d'anciens casernements construits par Ibrahim pacha en 1834 abritent un petit café (vente de cartes postales). Devant ont été déposés des vestiges architecturaux découverts sur place.

■ **Vers la sortie.** Pour redescendre vers la sortie, on traverse les gradins du théâtre de plein air moderne ; au-delà de la scène, **vestiges des bains** attenants au palais de l'époque ayyoubide (XIIIe s.), dont subsistent quelques pans de murs autour d'une cour ornée d'un bassin. De là, on passe par une belle **porte à stalactites** (XVe s.) dans un vestibule à ciel ouvert où alternent pierres jaunes et noires. Une autre porte donne accès à la superbe **salle du Trône*,** construite au-dessus de l'entrée de la citadelle par les sultans mamelouks ; elle a été magnifiquement redécorée dans les années 1980. En avant du mur de dr., un petit escalier permet de regagner directement la porte d'entrée. En chemin, on traverse de longs couloirs d'où le regard plonge, par des ouvertures, sur le couloir d'accès.

Le Musée archéologique***

Plan I A2

L'un des plus beaux musées du pays avec celui de Damas. Il présente un panorama de l'art de la Syrie, de la préhistoire jusqu'à l'époque islamique. À voir absolument : le rez-de-chaussée qui, à travers des témoignages exceptionnels, retrace les différentes cultures de l'Orient ancien qui se succédèrent sur le territoire de la Syrie.

À NE PAS MANQUER

- La salle de Mari***
- Les bols d'or*** de la salle d'Ougarit
- Les statues** en basalte de la salle de Tell Halaf
- Les ivoires*** de la salle d'Arslan Tash

Visite : t.l.j. sf mar. 9 h-16 h ; entrée payante. Compter au minimum 1 h 30 de visite.

■ **Entrée.** Les statues monumentales en basalte qui précèdent le portail sont la réplique de celles qui décoraient l'entrée du **temple araméen de Tell Halaf** (Ier millénaire av. J.-C.), dans le N. du pays, à la frontière turque. Depuis le hall central (collections d'objets provenant de sites préhistoriques), prendre à dr.

Pour la localisation des sites, voir la carte p. 90-91.

■ **Salle de la Djéziré.** Au N.-E. de la steppe syrienne, entre le Tigre et l'Euphrate, la région de la Djéziré *(→ p. 426-427)* est un véritable paradis pour les archéologues : près de 700 tells artificiels attendent encore d'être explorés. Les sites qui ont été fouillés ont révélé des témoignages de civilisations vieilles pour certaines de plus de 6 000 ans.

Sur le site de **Tell Brak**, dont les couches les plus anciennes remontent au IVe millénaire, furent exhumés dans les années 1930 les restes du « **temple aux Yeux** », dont les murs atteignaient par endroits encore 3 m de hauteur. Il doit son nom aux centaines d'**ex-voto en forme d'œil** que l'on y retrouva. Quelques-uns sont exposés ici *(vitrine face à l'entrée)*. L'autel était orné d'une sorte de marqueterie de pierres de couleurs différentes, encadrée d'une frise en or *(vitrine contre le mur de dr. en entrant)*.

Sur le site de Mari, voir p. 437.

■ **SALLE DE MARI*****. Elle expose quelques-unes des pièces les plus prestigieuses mises au jour à Mari (au bord de l'Euphrate), une cité mésopotamienne qui connut son apogée aux IIIe et IIe millénaires.

Statue d'Ishtup-Ilum*** *(→ illustr.)*, en diorite. Elle fut retrouvée dans la salle du Trône du palais du IIe millénaire, gisant sur le dos, au pied des marches, là où l'avaient sans doute laissée les troupes de Hammourabi lors du saccage de la ville.

Lion du temple de Dagan***. Il appartient à une paire dont le pendant se trouve au musée du Louvre. Gardien de la porte du temple, il est constitué de plaques de cuivre qui étaient fixées sur une forme sculptée, probablement en bois (disparue).

Statue de la déesse au vase jaillissant*** *(→ illustr. p. 100)*. C'est l'œuvre la plus connue de Mari, chef-d'œuvre de la statuaire de l'Orient ancien. Elle fut découverte brisée en plusieurs morceaux dans une pièce attenante au palais du IIe millénaire. Déesse dispensatrice de l'eau, elle porte au front une paire de cornes, attribut courant des divinités. Un conduit en terre cuite était ménagé à travers son corps pour que l'eau jaillisse du vase qu'elle tient. Sur sa robe dont les plis évoquent les mouvements de l'onde figurent des silhouettes de poissons.

Statue en diorite d'Ishtup-Ilum. Le personnage est vêtu d'une tunique sur laquelle est jetée une écharpe ; il est nommé par une inscription cunéiforme gravée sur l'épaule droite.

Collection de statuettes d'orants, mains jointes et vêtus de la traditionnelle jupe de l'époque, le kaunakès. À voir surtout : un **couple d'amoureux*** qui avaient sans doute tenu à se faire représenter ensemble devant leur dieu ; à côté, la **statuette de Lamgi-Mari**** (1re moitié du IIIe millénaire), les cheveux ramassés en chignon. L'inscription sur son épaule permit à André Parrot d'identifier le site : « Lamgi-Mari, roi de Mari ».

Et encore : **tablettes** inscrites (une partie des archives du palais des Lim) ; bijoux et pièces d'orfèvrerie (parmi lesquelles une oreille en or destinée à orner une statue) ; **moules à pain** découverts dans les cuisines du Palais royal ; **panneaux incrustés** de coquilles et de pierres représentant une cohorte de prisonniers conduits par un officier.

■ **SALLE DE HAMA.** Plusieurs campagnes de fouilles conduites dans les années 1930 ont révélé les différentes strates d'occupation du site (la plus ancienne remonte à l'âge de pierre). Voir surtout *(vitrine de dr. en entrant)* une **statuette**★★ de divinité (désignée comme telle par sa paire de cornes) en bronze plaqué d'or (Xe s. av. J.-C.) et un **gobelet en ivoire**★ dont l'anse est en forme de gazelle (fin du IIe millénaire). Les deux **lions** en avant du mur de g. gardaient l'unique porte de la citadelle araméenne.

L'âge d'or de Hama se situe entre le Xe et le VIIIe s., lorsqu'elle fut la capitale d'une puissante principauté araméenne. Les armées assyriennes de Sargon II mirent un terme à son existence (→ *aussi p. 311*).

■ **SALLE D'OUGARIT**★★. À dr. en entrant, paire de **bols en or**★★★ ornés l'un de motifs animaliers, l'autre (copie ; original au musée du Louvre) d'un chasseur monté sur un char ; également **tête de hache**★★ en bronze décorée de motifs en or. Dans les vitrines du mur de dr., collection de **poids** en or et en bronze, bijoux en or avec les moules qui servaient à les fondre, ainsi qu'un petit **lingot de métal précieux** : témoignage de l'activité commerciale et artisanale de la ville. Parmi la collection de **vaisselle en albâtre** en provenance d'Égypte, une des pièces porte le cartouche de Ramsès II.

Sur Ougarit, voir p. 388.

L'apogée d'Ougarit se situe entre le XIVe s. et la fin du XIIIe s. av. J.-C.

■ **SALLE DE TELL HALAF**★★. Le site de Tell Halaf (au N. de Deir ez-Zor, sur la frontière turque, → *carte p. 90-91*) a été occupé depuis le Ve millénaire. Les fouilles conduites dans les premières décennies du XXe s. y ont révélé un palais et un temple. C'est la copie de l'entrée monumentale du temple qui orne la façade du musée. Après leur découverte, statues et reliefs furent en grande partie transférés à Berlin. Ils furent réduits en poussière lors des bombardements de 1945. Les originaux et les moulages du musée d'Alep constituent ainsi les seuls témoignages sur la culture originale de Tell Halaf.

Tell Halaf fut, du Xe au VIIIe s., la capitale d'une principauté araméenne connue par les textes sous le nom de Guzana. Conquise par les Assyriens au VIIIe s. av. J.-C., elle poursuivit son existence comme capitale de province.

En entrant dans la salle, on découvre un **extraordinaire bestiaire en basalte** sombre et rugueux. L'aspect terrifiant des animaux fantastiques ne le cède en rien à celui des personnages représentés, princes et princesses divinisés.

La description est donnée dans le sens inverse des aiguilles d'une montre.

Deux personnages féminins assis★★ *(mur de dr.)*. Ces statues monumentales (la première est un moulage) sont probablement des princesses de la famille royale. Elles sont représentées dans un style volontairement archaïsant, avec un curieux visage dont le

Les sites fouillés appartenant à la période araméenne n'ont pas mis en évidence une culture qui lui soit propre. Tant pour l'architecture que pour leur panthéon, les Araméens ont assimilé les éléments culturels des peuples qu'ils avaient supplantés. Une exception, Guzana (Tell Halaf). Si les dieux sont en majorité empruntés au panthéon suméro-akkadien, les cariatides monumentales, les divinités assises ou les génies à queue de scorpion semblent une création propre à cette culture. Ce qui fait tout l'intérêt des collections du musée d'Alep.

nez très busqué prolonge un front fuyant. Elles tiennent un bol à offrandes dans la main droite.

Scène mythologique★★★. Cette stèle *(entre les deux statues précédentes)* ornait la façade du temple. On y voit deux fois représenté le demi-dieu d'origine sumérienne Enkidou, créature fantastique mi-homme, mi-taureau. Il soutient le disque solaire ailé, à l'origine orné d'un cabochon de calcaire, dont le traitement dénote une influence égyptienne (tout comme la chevelure des Enkidou qui semble empruntée à celle de la déesse Hathor). Entre les deux, le célèbre **Gilgamesh** *(→ encadré)*, ami d'Enkidou, soutient les deux personnages dans leur tâche.

Deux cariatides★ *(mur suivant)*. Ces deux statues ornaient la façade du temple. À dr. la déesse, debout et vêtue d'un longue robe qui laisse apparaître ses bras, tient à la main un récipient d'eau lustrale. Elle était à l'origine juchée sur un lion. À g., le dieu (moulage) occupait le centre de la façade, debout sur un taureau, l'attribut du grand dieu. Il tient une sorte de croc retenu par une lanière de cuir, et s'appuie de l'autre main sur le pommeau d'une épée. La **dédicace** gravée sur la robe de la déesse peut être traduite ainsi : « Palais de Kapara, fils de Hadiani. Ce que mon père et mon grand-père n'ont pas fait, moi je l'ai fait. Celui qui effacera mon nom pour y inscrire le sien, que sept de ses fils soient brûlés devant Hadad et que sept de ses filles soient vouées comme esclaves à la déesse Ishtar » (trad. B. Meismer).

Scènes de chasse. Suivent deux reliefs illustrant deux scènes identiques : on y voit le roi, vêtu d'une tunique courte recouverte par un ample manteau serré à la taille, décochant une flèche à un cerf, et à un taureau. Vous remarquerez le traitement conventionnel des orteils superposés, ainsi que (scène du taureau) la façon de faire passer la corde de l'arc et la flèche derrière le visage du roi pour ne pas le masquer.
Le **taureau monumental**, au centre de la salle, était sans doute la monture du grand dieu de la façade.

Couple de divinités★★. Il s'agit probablement du grand dieu (coiffé d'une perruque de cérémonie) et de la grande déesse (portant une couronne de plumes), représentés assis, tenant à la main un bol d'offrandes. Devant eux, une cavité était destinée à recevoir le sang des victimes égorgées sur la partie plate attenante.

Génie ailé★ *(mur suivant)*. Cette sculpture monumentale ornait la base de l'encadrement d'une porte dont le montant retombait sur le dos de l'animal. Il s'agit d'un être composite, à la tête d'homme barbu,

L'épopée de Gilgamesh

Roi légendaire d'Uruk, Gilgamesh est l'un des principaux personnages de la mythologie assyro-babylonienne. Son épopée nous est connue par de nombreuses versions dont les plus anciennes, écrites en babylonien, remontent au XIXe s. av. J.-C. On possède également six poèmes sumériens (donc antérieurs) dont Gilgamesh est le héros. Dans tout l'Orient, son histoire fut contée pendant près de deux millénaires. On y trouve quelques-uns des thèmes fondateurs de toutes les grandes civilisations, tel le Déluge. Pour la première fois, ce n'était pas une divinité qui figurait au centre de la légende, mais un homme, mû par des passions universelles : l'amitié le liant à Enkidou, l'être sauvage civilisé par une courtisane ; le goût de l'aventure qui le poussa, avec son compagnon, à parcourir le monde ; l'angoisse de la mort, aussi, devant le corps sans vie d'Enkidou. Son désir d'immortalité le conduisit jusqu'au seul homme qui ait triomphé de la mort : l'ancien roi d'une des cinq cités antérieures au Déluge, qui échappa aux flots grâce au navire qu'il avait construit sur les conseils des dieux. Gilgamesh en obtint le secret de la vie éternelle : une plante qu'il lui fallut cueillir au fond des mers, mais qu'un serpent lui déroba sur le chemin du retour à sa ville natale. Condamné à la condition humaine, il s'enferma, amer, derrière les murs d'Uruk.

au profil sémitique accentué, au poitrail de lion, aux ailes et aux pattes d'aigle et à la queue de scorpion.

Orthostates* (originaux et moulages). Les bases des murs en brique du palais étaient protégées tout du long par des orthostates (dalles de pierre) ornés, alternant basalte et calcaire pour un plus bel effet décoratif. On peut en voir quelques exemplaires ici. Presque tous portaient gravée en cunéiforme l'inscription : « Palais de Kapara, fils de Hadiani ». Certains semblent avoir été prélevés sur des monuments plus anciens (l'un d'entre eux a même été placé à l'envers). Les motifs représentent des **animaux** (lion, taureau, griffon, aigle et même autruche) et des **personnages** dans diverses attitudes (archer, homme armé d'une lance ou d'un boomerang, personnages grimpant à un arbre pour y dénicher des oiseaux, roi sur son char tiré par deux chevaux).

■ **SALLE D'ARSLAN TASH***** *(dans le prolongement de la précédente)*. Ce site du N. de la Djéziré syrienne fut fouillé à partir de 1928 par une mission française. Après avoir servi de capitale à une petite principauté araméenne, Hadatu (Arslan Tash) devint à partir du VIIIe s. avant notre ère le siège d'un gouvernorat de l'Empire assyrien. C'est de cette époque que datent la plupart des objets exposés.

À voir surtout : la **collection d'ivoires sculptés***** destinés à servir de parure à une literie d'apparat. Exécutés pour Hazaël, roi de Damas au IXe s., les meubles qu'ils ornaient furent ensuite donnés aux Assyriens qui assiégeaient Damas pour qu'ils lèvent le siège. Ces pièces d'une grande finesse révèlent une influence égyptienne, en particulier dans les thèmes traités : la **naissance d'Horus***** encadré de deux génies ailés portant la double couronne d'Égypte, les **béliers d'Amon*** autour du palmier sacré, ou encore deux génies liant un faisceau de papyrus. Voir aussi *(vitrine de dr.)* une **femme à sa fenêtre*****, parée d'une belle coiffure à la mode égyptienne.

Devant les vitrines des ivoires, très belle **statue d'une divinité**** en pied, coiffée d'une tiare et portant une paire de cornes ; elle tient un coffre destiné sans doute à recevoir des offrandes. Plusieurs statues de ce type ont été découvertes à l'intérieur d'un même temple assyrien.

■ **SALLE DE TELL AHMAR*** *(dans le prolongement de la précédente)*. À 20 km au S. de Jérablous, le site de Tell Ahmar (Tell Barsip) a été fouillé lui aussi par une mission française. Cette capitale de principauté araméenne fut soumise au IXe s. av. J.-C. par les Assyriens, qui y construisirent un palais. Les objets mis au jour datent de cette période.

Ensemble de peintures** (*mur de g.* ; VIIIe s.). Il décorait le haut des murs intérieurs du palais. On y reconnaît des soldats ainsi que des dignitaires assyriens à la longue barbe caractéristique. Sur le mur opposé, dans le coin de la salle, reconstitution au trait d'une belle scène de chasse royale provenant des restaurations du même palais au VIIe s.

Les **deux grandes stèles*** *(contre le mur du fond)* rappellent la victoire d'Assarhaddon sur les Égyptiens en 671 av. J.-C. Devant le roi (debout, coiffé d'une tiare et portant un chasse-mouches) sont représentés les vaincus, l'anneau de servitude passé au travers de la lèvre : le fils du pharaon, Taharqa, et le roi de Sidon, qui fut fait prisonnier lors de cette même campagne et eut la tête tranchée l'année suivante. Sur la tranche des stèles figurent les fils du roi : celui de dr., revêtu d'un long manteau royal, est Assurbanipal.

■ **SITES DIVERS.** Dans la première partie de la salle, de nombreux objets sont présentés de manière assez confuse. Voir principalement la série de sculptures contre le mur du fond, face à l'entrée : **stèle de Teshub**** (Tell Ahmar, vers le XIe s.), le dieu hittite du tonnerre et de la pluie, debout sur un taureau ; **tête en basalte**** coiffée d'un bonnet en fourrure, provenant de Qatna (Mishrifé, 2e moitié du IIe millénaire, → *p. 324*) – les orbites creusées étaient à l'origine incrustées – ; deux reliefs provenant du site d'Aïn Dara (IXe s. av. J.-C. ; → *p. 358*) : une **stèle d'Ishtar**, la déesse de l'amour, et un **orthostate** avec un orant les bras levés.

Au fond de la salle, section consacrée à **Ebla** (→ *p. 302*). Voir la **porte en bois** portant des reliefs de visages de dignitaires (v. 2400-2250), les fragments de décorations de mobilier en bois et les **blocs bruts de lapis-lazuli,** qui témoignent de l'activité des ateliers royaux. Quelques tablettes complètent l'évocation du site.

■ **PREMIER ÉTAGE.** D'un intérêt moindre, il présente des objets appartenant à l'Antiquité classique et aux premières dynasties musulmanes (sculptures romaines, bronzes et verres romains et byzantins). Dans la section gréco-romaine, voir surtout *(coin dr. en entrant)* le **relief montrant Allat**★★, la déesse des Arabes, montée sur un chameau (IIe s. de notre ère). Plus loin devant le mur de g., stèle représentant la déesse Atargatis vêtue d'une tunique guerrière courte et encadrée de deux lions (découverte à Membij, l'ancienne Hiérapolis ; sans doute IIe s. de notre ère) ; une inscription rédigée en grec souhaite santé à l'empereur.

Le quartier de Jdeidé★

Le quartier chrétien d'Alep est en ébullition : depuis le milieu des années 1990, on réhabilite à tour de bras d'anciennes demeures pour les transformer en hôtels, en restaurants ou en bars de nuit. Cet engouement a du bon : le regain d'animation donne aux vieux palais condamnés à la décrépitude une nouvelle jeunesse. À pied, au hasard des ruelles du quartier, on découvrira ces belles demeures – dont l'une abrite le musée des Arts et Traditions populaires –, ainsi que des églises de différentes confessions. Quelques bijoutiers rappellent les grandes bijouteries arméniennes où affluait jusque dans les années 1950 la clientèle de la bonne société aleppine.

Accès : depuis la rue al-Khandak qui borde la lisière N. de la vieille ville (**I B2**), prendre vers le N. la rue al-Hayyali qui aboutit à la place Jdeidé, au cœur du quartier. En taxi, demandez simplement « Jdeidé » : le chauffeur vous déposera sur cette place.

Combien de temps : compter 2 h.

Où déjeuner : au restaurant *Sissi* (**I C1/2**), l'un des meilleurs et des plus agréables d'Alep, au premier étage d'une belle demeure ancienne (patron francophone ; réserv. indispensable ☎ 21.94.11).

■ **BEIT WAKIL ET BEIT DALLAL** (*rue Sissi* ; I B1). Toutes les anciennes maisons du quartier sont des propriétés privées ; elles abritent parfois des écoles

Les demeures des chrétiens

L'arrivée des négociants européens au XVIe s. fit la fortune des chrétiens d'Alep : nombre d'entre eux leur servirent d'intermédiaires avec les autorités musulmanes, se hissant au passage à des situations fort enviables. Cette prospérité ne se démentit pas durant toute la période musulmane et fut à l'origine, dès le XVIe s., du développement hors les murs de Jdeidé ou Judaydé, le « quartier neuf » où, le long de rues à la belle ordonnance, de somptueux palais se dissimulaient derrière leurs hauts murs. Le plus ancien d'entre eux, Beit Wakil, construit en 1601, vient d'être transformé en hôtel. Les demeures chrétiennes ne diffèrent pas de leurs homologues musulmanes : elles s'organisent autour d'une cour à ciel ouvert agrémentée de bassins et d'un iwan. Mais on n'y trouve pas une aussi stricte séparation entre la partie réservée à la famille et celle où l'on reçoit les invités. Ces maisons sont construites au-dessus de grandes caves qui servaient de réserves et étaient reliées à un vaste réseau souterrain. Certains assurent qu'il se prolonge jusqu'à la citadelle.

ou des institutions chrétiennes, ce qui n'en facilite pas la visite. En revanche, on peut facilement pénétrer dans la **maison Wakil**, transformée en hôtel. Depuis la place centrale de Jdeidé, on atteint la rue Sissi en prenant la rue à g. (au pied d'une boutique d'antiquités), puis immédiatement à dr. Dans cette même rue se trouvent la **maison Dallal**, qui abrite une école arménienne, ainsi que le **restaurant** ***Sissi***, l'un des meilleurs et des plus agréables de la ville, lui-même aménagé dans une ancienne demeure superbement restaurée.

■ **LA MAISON AJIQBACH**★ (*à g. avant d'atteindre la place centrale* ; I B2). Élevée au milieu du XVIIIe s. par une riche famille chrétienne (les Ajiqbach), elle abrite le **musée des Arts et Traditions populaires** (*ouv. t.l.j. sf mar. 8 h-14 h ; entrée payante*). On peut y voir les habituelles collections d'outils, d'artisanat (beaux meubles incrustés de nacre) et de vêtements traditionnels qui illustrent la vie quotidienne aux siècles derniers. C'est surtout la belle **cour intérieure**★★ qui retient l'attention : façade rythmée par des fenêtres surmontées de motifs floraux en stuc, linteaux sculptés dans la pierre au-dessus des portes, bel iwan sculpté, gargouilles...

■ **LES ÉGLISES** (I B2). Le quartier possède plusieurs églises appartenant à différent rites orientaux, qui donnent un bon aperçu de la diversité des minorités chrétiennes en Syrie (11 communautés, → *encadré p. 119*). Aucun de ces édifices, tous de construction relativement récente, ne présente de véritable intérêt architectural. Dans la rue de la maison Ajiqbach se trouve l'**église syrienne catholique**, qui abrite un petit séminaire. Plus loin, voir l'intérieur de l'**église arménienne des Quarante-Martyrs** pour le décor d'icônes et de *khatchka*, ces plaques de pierres ornées de la croix arménienne offertes par les riches commerçants de la ville. On dénombre encore une église maronite ainsi que deux églises de confession grecque, l'une catholique, l'autre orthodoxe.

Environs d'Alep

1 **LE SANCTUAIRE SAINT-SIMÉON**★★★ (*42 km O. ;* *→ p. 351*), excursion à laquelle on pourra ajouter plusieurs autres sites du **MASSIF CALCAIRE**★★★ : *→ p. 325.*

2 **EBLA**★ (*60 km S.*) : *→ p. 302.*

3 **CYRRHUS**★ (Nabi Houri ; *76 km N.-O. ; accès libre au site*).

Accès : depuis Alep, sortir vers le N. par la grande route en direction de Aazaz (53 km) ; à l'entrée de cette localité, prendre sur la g. vers Boulboul : la route, agréable, est bordée d'oliveraies et de champs de blé. **Depuis Aïn Dara** : en partant tôt le matin, on peut coupler cette excursion avec les visites de Saint-Siméon★★★ et d'Aïn Dara★. Dans ce cas, poursuivre jusqu'à Afrin (10 km d'Aïn Dara) pour prendre à dr. la grande route d'Alep ; à 9 km, tourner à g. en direction de Kafr Jannah, puis prendre à dr. peu avant Boulboul (30 km de l'intersection).

Le site antique de Cyrrhus se trouve au cœur d'un splendide **paysage**★★ – principal intérêt de l'excursion –, à la pointe occidentale du Kurdistan. La frontière turque passe immédiatement au N. 2 km avant d'arriver se trouve un premier **pont romain**★, suivi 1 km plus loin d'un deuxième. Peu avant l'entrée du site, un ancien **tombeau romain** (IIe ou IIIe s.) au curieux toit pyramidal abrite depuis le XIVe s. la dépouille d'un saint musulman. L'endroit est ainsi devenu un but de pèlerinage et, accessoirement, un lieu de pique-nique pour les familles aleppines, sous le nom de Nabi Houri.

Un peu d'histoire. Cyrrhus fut fondée par les Séleucides v. 300 av. J.-C., au carrefour d'importantes routes commerciales qui reliaient la côte méditerranéenne

Maisons traditionnelles en pain de sucre dans la région d'Alep. Faites d'argile, elles sont parfois encore habitées, mais le plus souvent, elles sont utilisées pour les animaux ou pour le stockage des réserves de céréales.

à l'Orient. Ce fut également une importante place militaire qui défendait les frontières N. du royaume. Après la campagne de Pompée en Orient, en 64 av. J.-C., elle fut annexée à l'Empire romain et servit alors de ville de garnison. Sous l'Empire byzantin, Cyrrhus devint le siège d'un évêché dont le plus célèbre évêque fut Théodoret (de Cyr), le biographe de saint Siméon *(→ p. 354)*. Conquise par les croisés au début du XIIe s. et incorporée au comté d'Édesse (auj. Urfa, en Turquie), elle tomba rapidement dans l'oubli après sa prise par Nour ed-Din en 1150.

L'accès au site se fait quelques centaines de mètres après le tombeau romain, par un chemin de terre sur la g.

La visite. L'ensemble est dominé par une colline couronnée des restes d'une **citadelle** datant du règne de l'empereur byzantin Justinien (VIe s.). En suivant le chemin, on arrive rapidement à la **porte S.** de la ville. De part et d'autre, on devine encore le tracé des murs. Poursuivre à pied jusqu'au **théâtre,** 400 m plus loin : c'est le monument le mieux conservé de la ville, grâce notamment aux archéologues français qui, depuis 1952, ont concentré leurs efforts sur cette partie du site. En continuant le chemin (qui suit le cardo de la ville antique), on passe devant les vestiges ruinés d'une basilique, puis on atteint les restes de la **porte N.**

Apamée★★ (Qalaat al-Moudiq)

Dominant la plaine du Ghab, le site antique d'Apamée est avec Palmyre l'un des plus beaux de Syrie. Deux temps forts dans la visite : la Grande Colonnade, l'épine dorsale de la ville, dont les quatre cents colonnes relevées donnent une idée saisissante de ce qui fut l'une des plus belles avenues du monde antique, et le musée, abrité dans un ancien khan ottoman. Sauf peut-être quelques brebis, il n'a fallu déranger personne pour entreprendre les fouilles à Apamée. Car ici, contrairement aux autres grandes cités séleucides, Antioche ou Laodicée, aucune occupation ultérieure n'est venue altérer le site antique. Actuellement, les travaux se sont concentrés sur la Grande Colonnade et ses abords immédiats.

Situation : à 55 km N.-O. de Hama.

Hébergement : à Hama.

À ne pas manquer

La Grande Colonnade★★★	295
Les mosaïques★★★ du musée	299

Apamée mode d'emploi

Visite : horaires libres ; entrée payante (guichet à l'intersection de la route moderne qui traverse le site et de la Grande Colonnade).

Combien de temps : 2 h au minimum.

Où faire une pause : en face du guichet, petite cafétéria où l'on peut prendre un repas léger.

Conseil : si vous avez un chauffeur, demandez-lui de vous attendre à la porte N. du site : cela vous évitera le retour par le même chemin et une longue marche (près de 4 km AR), éprouvante par grosse chaleur.

Apamée dans l'histoire

■ Une fondation séleucide

La bourgade de Qalaat al-Moudiq – la « citadelle du défilé » – occupe aujourd'hui le site primitif d'Apamée : une éminence naturelle qui domine magnifiquement la dépression du Ghab *(→ encadré p. 297)* au fond de laquelle coule l'Oronte. Les Hittites, les Perses et Alexandre l'occupèrent tour à tour. Mais ce n'est que lorsque Séleucos Nikator eut assuré son pouvoir sur la Syrie, en 301 av. J.-C., que la ville

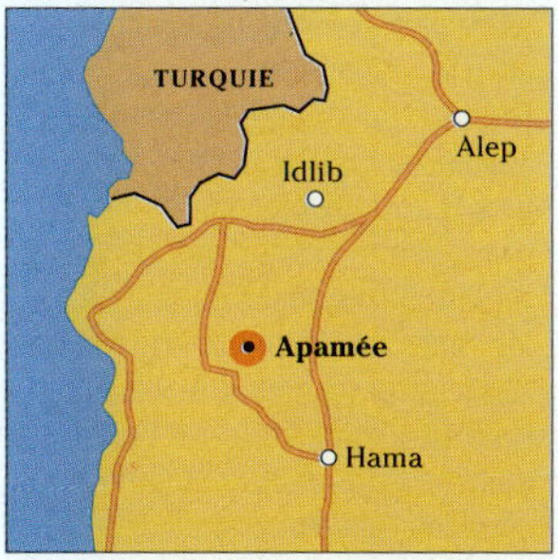

déborda largement de ses remparts pour occuper le plateau qui s'étend à l'E. de l'acropole. Apamée était née, l'une des quatre grandes cités fondées par les Séleucides en Syrie, avec Antioche, Séleucie de Piérie (toutes deux aujourd'hui en Turquie) et Laodicée (Lattaquié).

■ Une ville immense

Lors du recensement de l'an 6 ou 7 de notre ère, le district d'Apamée comptait 117 000 hommes libres, ce qui représente au bas mot 500 000 individus. De cette ville hellénistique, bien peu de choses sont parvenues jusqu'à nous : Apamée fut entièrement dévastée par un terrible séisme en 115 et totalement reconstruite tout au long du IIe s. Elle fut alors entourée d'une muraille de 7 km qui, selon les archéologues, mesurait 10 m de haut, et que défendait une cinquantaine de bastions. Du N. au S. courait l'immense cardo, l'artère principale de la ville, une des plus majestueuses avenues de l'Antiquité.

■ Le chœur des philosophes

Ville de garnison et centre agricole florissant (→ *encadré*), Apamée fut aussi l'un des plus brillants foyers du paganisme en Syrie. À l'O. de la Grande Colonnade s'élevait un temple à Zeus Bêlos, connu dans tout l'empire. On y venait de fort loin pour consulter son oracle, celui-là même qui avait prédit à Septime Sévère un destin impérial. Au IVe s. fleurit une école néoplatonicienne qui rayonna sur tout l'Orient. De ce « chœur des philosophes » cher au rhéteur Libanios, dernier carré des défenseurs de l'hellénisme, se détache la figure de Jamblique (250-330), fondateur de l'école d'Apamée et dont on conserve quelques œuvres. La ville comptait également une forte minorité chrétienne, avec des dizaines d'églises. La coexistence entre païens et partisans de la foi nouvelle était loin d'être pacifique. Ainsi, en 386, l'évêque de la ville dut recourir à l'armée pour détruire le temple de Zeus, sous les yeux horrifiés de la population, en majorité païenne et donc attachée à ce lieu de culte.

■ Les derniers temps

Apamée participe à la paix et à la prospérité qui règnent au Ve s. dans toute la Syrie byzantine. Au VIe s., elle subit des séismes et des incursions perses. En 636, c'est en libérateurs qu'elle accueille les musulmans, car elle est devenue l'un des foyers de la résistance monophysite à Constantinople. Par la suite, l'acropole est disputée entre Byzantins et musulmans ; les croisés eux-mêmes viennent l'occuper entre 1106 et 1149, mais le plateau de la ville basse est peu à peu abandonné. Au XVIIe s., alors que Qalaat al-Moudiq est devenu une étape importante

Des chevaux et du vin

Antioche était la capitale du royaume séleucide, puis des provinces romaines de Syrie. Apamée en fut la ville de garnison. Elle abritait le centre des haras royaux : 40 000 chevaux et 500 éléphants étaient parqués dans la plaine du Ghab. On y vit sans doute le célèbre Hannibal qui, chassé de Carthage par les Romains, vint en 196 av. J.-C. mettre ses talents guerriers au service des Séleucides. Cette vocation militaire ne se démentit pas durant la période romaine.

Apamée fut aussi un centre agricole prospère : sur les rives de l'Oronte s'étendaient des jardins, et au N. les plateaux du djebel Zawiyé, premiers contreforts du Massif calcaire (→ *p. 346)*, étaient couverts de vignes et d'olivettes. Le géographe Strabon, au Ier s. de notre ère, s'émerveillait des fertiles campagnes alentour et des vastes pâturages couverts de bœufs et de chevaux. Sous le portique de la Grande Colonnade, les boutiques aux belles façades peintes ou revêtues d'un faux placage de marbre regorgeaient des produits de la région. Sur le mur des magasins, les marchands de vin affichaient leurs tarifs, l'un pour le vin vieux, un autre pour celui de l'année, comme l'attestent plusieurs inscriptions retrouvées sur le site.

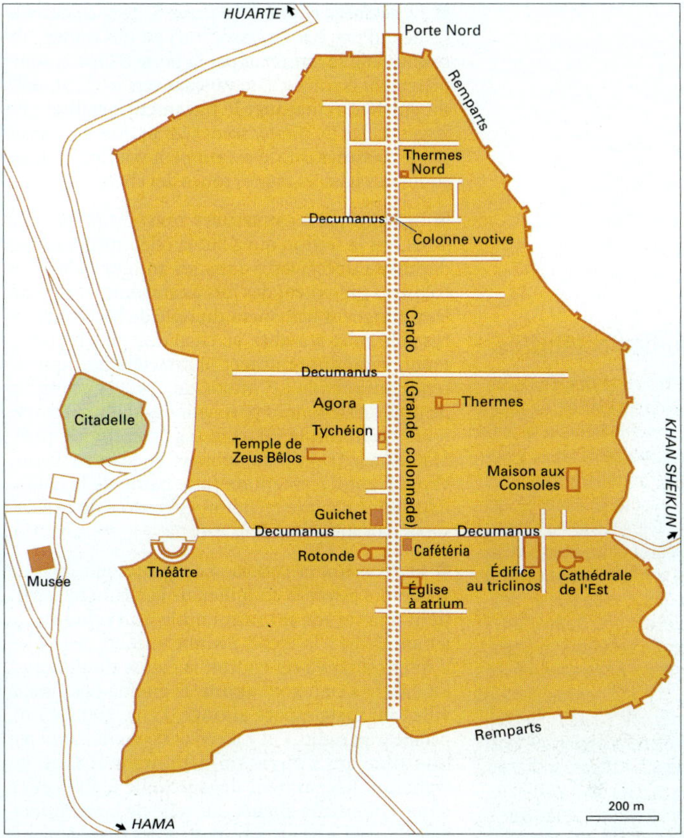

Apamée : plan du site.

sur les routes des caravanes, on construit sur le flanc de la colline, en surplomb du Ghab, une mosquée et un vaste caravansérail qui abrite aujourd'hui les belles mosaïques du musée.

La Grande Colonnade★★★

Départ : à l'intersection du cardo (la Grande Colonnade) et du decumanus, au niveau du guichet.

Devant vous s'ouvre la voie principale, l'artère officielle de l'antique Apamée. Longue de 1 850 mètres, elle remonte pour l'essentiel au IIe s. de notre ère (elle fut entièrement reconstruite après le séisme de 115). D'une largeur de 37,5 mètres, elle était bordée de part et d'autre d'un portique - d'abord dallé, plus tard recouvert de mosaïques - abritant des boutiques. De place en place, des colonnes plus hautes ou des constructions monumentales annonçaient un édifice d'importance : les thermes, un temple, l'agora.

■ **La première portion.** La partie S. de la colonnade (celle qui précède l'intersection) est très ruinée ; de ce côté, elle se terminait par la porte d'Émèse, complètement écroulée. En avançant vers le N., au-delà du guichet, remarquer le **pavement originel** : de larges dalles de pierre, soulevées parfois en vagues par les séismes du XIIe s. ; on peut voir les ornières continues laissées par les roues des chars.

■ **Le portique à cannelures torses**** *(à 300 m à dr.)*. C'est la section qui a fait la célébrité d'Apamée, depuis sa découverte dans les années 1930. Ces colonnes présentent des fûts à cannelures torses qui les distinguent nettement du reste de la colonnade. Les puissantes acanthes, au chapiteau ou à l'entablement, viennent renforcer le caractère baroque de cette construction (2e moitié du IIe s.). Les consoles de trois des colonnes portaient des statues d'empereurs : Antonin le Pieux et ses deux fils adoptifs, Marc Aurèle (inscription toujours en place) et Lucius Verus. L'emplacement de cette partie de la colonnade annonçait le tychéion et l'entrée de l'agora, situés de l'autre côté de la rue.

■ **Le tychéion et l'agora.** Le gigantesque amas de gros blocs écroulés au milieu de la chaussée appartient à la façade monumentale du **tychéion**, le temple dédié à la Tychè, divinité tutélaire de la ville. Il interrompait à cet endroit la course du portique. En arrière s'étendait l'**agora**, la grande place de la ville : un vaste espace allongé d'env. 300 x 45 m, parallèle au cardo. On y accédait depuis le cardo par une allée qui s'ouvre immédiatement au S. du tychéion. Récemment dégagée, elle était bordée d'une colonnade alignée sur celle de la rue principale. L'agora a beaucoup souffert des tremblements de terre (par endroits le dallage originel est littéralement soulevé). Elle était entourée d'un mur – dont une partie a été relevée à l'O. – percé de larges fenêtres à grillage de fer. Côté intérieur, elle était bordée d'un portique (vestiges au sol encore visibles). Du côté N. une **façade* à six colonnes** ornait l'entrée ; ses fûts émergent avec élégance d'un calice d'acanthe.

■ **La partie Nord de la colonnade.** Plus loin, on rencontre au milieu de la chaussée, au niveau de l'entrée N. de l'agora, la **base triangulaire d'une colonne** qui marquait une intersection importante. Autour était aménagée une banquette où les promeneurs pouvaient prendre place. Une autre colonne de ce type a été relevée 400 m plus loin ; un peu avant, un haut **fronton triangulaire** venait interrompre la colonnade, annonçant un temple ou un

La voie des célébrités

Si les pierres de la Grande Colonnade pouvaient parler, elles en auraient des souvenirs à raconter... Car là ont défilé les cortèges des grands conquérants et des visiteurs de marque : Pompée, qui venait soumettre la ville au nom du Sénat ; Cléopâtre qui, avec son bel Antoine, tentait de soustraire l'Orient à l'emprise de Rome ; Septime Sévère, venu consulter le célèbre oracle de Zeus ; Caracalla, un enfant du pays en somme *(→ p. 321)*, qui revenait d'un voyage en Égypte ; Julien l'Apostat, le dernier empereur païen qui tenta bien maladroitement de ranimer les feux de la culture classique moribonde. Il y rendit très certainement visite à l'école néoplatonicienne fondée par Jamblique. À l'ombre des portiques, boutiquiers et chalands commentaient les fastes du jour. Sur certains fûts de colonnes, des consoles supportaient les statues en bronze des bienfaiteurs de la ville, riches citoyens ou empereurs. Grâce aux inscriptions qui ornaient les consoles ou les bases des statues, les archéologues apprirent que c'est aux largesses d'un certain L. Julius Agrippa, notable de la ville, que l'on doit les thermes, ornés à l'intérieur de statues de bronze représentant Thésée et le Minotaure ou encore Apollon et Marsyas.

L'une des plus belles avenues du monde antique : la Grande Colonnade d'Apamée, longue de près de deux kilomètres. Au Ier s. de notre ère, la ville comptait plus de 500 000 habitants.

palais. Au-delà de la colonne, toujours du côté dr., l'entrée des **thermes Nord** de la ville a été relevée (en arrière, ruines du caldarium et du tepidarium, en pierre et en brique). Toujours plus au N. mais du côté g. de la rue, remarquer un **espace dallé** (surélevé par rapport au niveau antique) : il servit de salle de prière à une mosquée au début de l'occupation musulmane.

■ **LA PORTE NORD**★. L'entrée N. de la ville, entièrement dégagée, était primitivement gardée par deux tours sur lesquelles s'appuyait la muraille. Cette porte était précédée vers l'extérieur d'un monument commémoratif (un arc à trois baies) qui fut incorporé plus tard à un bastion formant une avancée défensive. Cet aménagement remonte sans doute au VIe s., lors des grands travaux de réfection de la ville entrepris sous le règne de Justinien. Dans le prolongement du cardo partait la **route d'Antioche**, dont un tronçon du dallage est conservé ; elle traversait la nécropole de la ville, où de nombreuses sépultures ont été mises au jour.

Vous pouvez voir encore

■ **LES REMPARTS.** En voiture, on peut longer vers l'E. *(à dr. en sortant de la ville)* la ligne des remparts défendus de tours carrées : c'est de ce côté qu'ils sont le mieux conservés. Au moment où la muraille s'interrompt, on rentre dans la ville *(à 2 km de la porte N.)* par la même route goudronnée qui la traverse d'E. en O. Les vestiges de quelques édifices du quartier E. peuvent mériter un arrêt.

La plaine du Ghab

Encadrée par les djebels Ansariyé (à l'O.) et Zawiyé (à l'E.), la longue dépression du Ghab est le dernier écho de la faille syro-africaine qui, par la vallée du Jourdain, la mer Morte et la mer Rouge se prolonge jusqu'au rift de l'Est africain. Région extrêmement fertile dans l'Antiquité, c'est là qu'étaient basés les haras des rois séleucides. Avec les siècles, la zone s'est transformée en une région marécageuse insalubre. Au XIXe s., c'était le repaire des populations marginales, fixées dans des villages dominant les roseaux et qui survivaient de la pêche et de l'élevage des buffles. En 1955, le gouvernement syrien mit en œuvre un vaste projet d'aménagement conçu durant le Mandat. Sur près de 70 km, le cours de l'Oronte fut recreusé pour drainer les eaux évacuées par des installations hydrauliques. Il fallut ensuite défricher et bonifier les terres, 134 000 ha au total, qui furent distribuées aux paysans en 1969 selon les principes de la réforme agraire. Organisées en coopératives qui ont permis la mécanisation, les exploitations se consacrent aujourd'hui essentiellement à la culture du blé, du coton et de la betterave à sucre.

■ **La cathédrale de l'Est.** Une volée de marches annonce l'entrée de ce vaste ensemble (12 000 m²). À l'origine (ve s.), une église à plan quadrilobé (comme à Bosra, → *encadré p. 229*) prolongée du côté E. par une chapelle : une disposition qui trahit généralement l'existence d'un martyrion, lieu de pèlerinage où les fidèles venaient vénérer une sainte relique. C'est sans doute là qu'était conservée celle de la Vraie Croix que les chrétiens d'Apamée avaient la fierté de posséder. Après les séismes du début du vie s., une église de plan basilical – qui devint la cathédrale de la ville – fut construite au centre même du martyrion. Autour se développa tout un ensemble de bâtiments : porte monumentale en haut des marches, palais épiscopal et dépendances de l'évêché. Cette succession de constructions rend aujourd'hui le site bien difficile à interpréter.

Par endroits on découvrira des vestiges du somptueux **dallage** de l'édifice du vie s. : mosaïque ou *opus sectile* (grands fragments de pierre assemblés). Le plus beau revêtement se trouve du côté E., dans l'ancien déambulatoire du martyrion qui fut fermé du côté O. par l'abside de la cathédrale : un superbe **pavement**★★ dont un médaillon au centre rappelle la mémoire de l'évêque de l'époque : « Après beaucoup d'autres, cet endroit-ci également Paul l'a décoré d'une composition aux formes variées. »

Suivre le decumanus jusqu'aux vestiges qui se trouvent à dr. de la route (100 m).

■ **La maison aux Consoles.** Des colonnes dressées vers le ciel annoncent l'emplacement d'une demeure particulière restaurée en 1977. Derrière la façade, une entrée en chicane donne accès à une cour centrale bordée d'un portique. Sur le petit côté E., face à l'entrée, se trouvait la pièce de réception principale, tandis que chambres et pièces réservées aux services étaient disposées sur les autres côtés. Cette maison doit son nom aux consoles qui supportaient la toiture plate. Elle a été réoccupée sans doute jusqu'au xe s. par des marchands et des artisans, d'où le caractère parfois peu compréhensible des vestiges.

■ **Le théâtre.** À l'O. du decumanus, en contrebas au pied de la citadelle, ce théâtre était l'un des plus vastes d'Orient (139 m de diamètre, contre 90 m à Bosra, par exemple). Il est très ruiné car il a servi de carrière aux habitants de la citadelle et pour la construction du caravansérail et de la mosquée, sur l'acropole.

■ **La citadelle.** On peut monter (en voiture) jusqu'à l'ancienne citadelle, entièrement occupée par le petit village de **Qalaat al-Moudiq.** Les nombreux vestiges visibles ont été tellement réutilisés qu'il est difficile de dire s'ils remontent à l'Antiquité ou à la période musulmane, ou même au temps des croisés (qui occupèrent la place pendant une quarantaine d'années au xiie s.). Du rebord des remparts, **vues**★ **superbes** sur la dépression du Ghab du côté O. (où un petit chemin permet de descendre jusqu'à la mosquée ottomane), et sur le site lui-même vers l'E.

Le musée★★

Ouv. t.l.j. sf mar. 8 h-16 h ; entrée payante. Compter au moins 45 mn de visite.

Il est abrité dans un beau **caravansérail**★ ottoman, sur le flanc O. de l'acropole construit au xvie s. pour abriter les pèlerins en route vers La Mecque. Autour d'une grande cour centrale, de longues salles voûtées et pourvues de cheminées servaient de gîte aux voyageurs. Elles abritent une partie des produits des fouilles, et notamment une splendide collection de mosaïques.

■ **GALERIE NORD** *(à g. en entrant).*

Mosaïque de Socrate***. Découverte sous la cathédrale de l'E., elle ornait une demeure païenne du IVe s., très probablement l'école néoplatonicienne d'Apamée, fondée par Jamblique. Noter l'extrême similitude entre l'attitude de Socrate, au centre du groupe, et certaines représentations du Christ entouré de ses apôtres : à cette époque, il n'était pas rare que les païens s'inspirent des thèmes chrétiens, de plus en plus en faveur. Cette mosaïque daterait de 362-363, au moment d'un séjour de l'empereur Julien.

Lors de son séjour à Apamée, Julien l'Apostat fréquenta sans doute assidûment l'école néoplatonicienne dont le maître d'alors, Sopatros, était son ami.

■ **GALERIE EST**

Mosaïque du jugement des Néréides***. Découverte dans le même édifice que la mosaïque de Socrate, elle rappelle le défi que lança Cassiopée aux Néréides, les nymphes de la mer *(→ encadré p. 208)*. Treize personnages occupent le long panneau. Dans la partie de dr., **Poséidon,** armé de son trident, est placé derrière la table où est déposée la couronne qui récompensera la plus belle ; une servante dévoile la nudité de **Cassiopée** qui, surprise !, reçoit des mains de **Nikè** (la Victoire) la couronne de la victoire (dans la version traditionnelle de la légende, Cassiopée est punie de son orgueil par les dieux).

Il s'agit sans doute d'une version locale de la légende des Néréides. Mais, étant donné le lieu qu'elle ornait – l'école païenne –, il pourrait bien s'y ajouter une signification philosophique : selon Janine Balty, le triomphe de la sérénité sur l'agitation des flots, symbole de la matière pour l'école néoplatonicienne.

Dédicace provenant de la cathédrale de l'Est. Elle appartient à une série de quatre dédicaces qui attribuent à l'évêque Paul l'essentiel de l'ornementation de la nouvelle cathédrale (533). L'inscription en hommage à Paul, « qui a l'esprit riche des dogmes d'en haut », occupe le centre d'un panneau à motifs animaliers.

Mosaïque des Amazones***. Panneau provenant du palais qui jouxte la cathédrale de l'E. (fin du Ve s.). Deux Amazones s'affrontent l'une à une panthère, l'autre à un lion : un thème rare pour la représentation des Amazones que l'on montre presque toujours occupées à combattre. Sans prétention narrative, purement décoratif (le même thème : un animal, une cavalière, un arbre, pouvant se répéter à l'infini), ce panneau est l'œuvre de deux artistes interprétant chacun à sa manière le même carton : comparer la différence du traitement des chevaux. Observer surtout la superbe **tête* de la première Amazone** : sa réalisation doit tout à l'agencement des tesselles et aux subtils dégradés des couleurs.

■ **GALERIES SUD ET OUEST** *(de l'autre côté de la cour).* Les plus intéressantes mosaïques de cette section proviennent du site de **Huarte** *(→ Env. 2)* où des archéologues français ont mis au jour un ensemble ecclésial du ve s. Voir tout d'abord (galerie S.) un long **panneau** qui ornait un des bas-côtés de la basilique N. Il se compose de deux scènes sans aucun rapport entre elles : trois compositions où deux lions et une lionne s'acharnent sur leur proie ; puis un homme conduisant deux mulets portant un brancard sur lequel est disposé une sorte de coffre, sans doute un reliquaire. Un **reliquaire** de marbre est d'ailleurs exposé à côté : les pèlerins versaient dans l'orifice du sommet de l'huile qui coulait sur les saintes reliques, puis ressortait par la petite coupelle du bas.

Dans la galerie O., **grande mosaïque** qui couvrait la nef principale de la basilique N. de Huarte. Adam est assis sur un trône à la manière d'un empereur, un rouleau à la main : il nomme les animaux qui s'ébattent autour de lui. Un thème iconographique qui rappelle celui d'Orphée séduisant les animaux sauvages, tel qu'on peut le voir par exemple au musée de Shahba *(→ p. 247)*. Dans le reste de la salle, autres scènes animalières, plus fragmentaires.

Un prince syrien face aux croisés

C'est à l'âge de 90 ans que Ousama ibn Munquidh, le vieux prince arabe de Shaizar qui avait connu l'arrivée des premiers Francs dans son pays, consigna ses souvenirs par écrit. Cet étonnant document, traduit de l'arabe par André Miquel, est un témoignage très précieux sur cette époque fertile en événements dans une Syrie cosmopolite et agitée de dissensions internes. Parmi les Arméniens chrétiens, les Turcs et Kurdes – dont Nour ed-Din et Saladin, artisans de la réunification de la Syrie –, les soldats soudanais et berbères et les Arabes sédentarisés ou non, les Francs ne font pas figure d'intrus mais seulement d'étrangers au comportement parfois bizarre et parlant une langue inconnue. Ainsi, Ousama admet qu'Antioche nouvellement conquise soit leur pays, mais s'étonne du manque d'honneur du chevalier franc qui mène sa femme au hammam pour qu'elle soit entièrement épilée par un homme. Il se lie d'amitié à Jérusalem avec un templier qui lui permet de prier dans une église, partage au Caire la table d'un Franc orientalisé qui a exclu le cochon de son alimentation. Mais il refuse de laisser partir son fils en Europe pour être éduqué par des infidèles. Ousama, qui avait quatre ans au moment de la prise de Jérusalem par les croisés, meurt un an après la fameuse défaite latine de Hattin en 1187.

Environs d'Apamée

1 SHAIZAR★ *(27 km S.-E. ; entrée libre).*

Le château de Shaizar occupe un **site splendide★★**, en surplomb de la route qui relie Hama et Apamée. Il est construit sur un éperon rocheux qui domine une profonde gorge au fond de laquelle coule l'Oronte. Comme au château de Saône, un fossé fut creusé pour isoler la forteresse du reste de la montagne. Même s'il présente de fortes similitudes avec les châteaux des Francs, Shaizar est un ouvrage entièrement musulman. Il servit de point d'appui contre les croisés qui tentaient, dans la première moitié du XIIe s., de prendre pied sur la rive E. de la plaine du Ghab (ils occupèrent même pendant une quarantaine d'années la citadelle d'Apamée). Les armées chrétiennes vinrent buter en vain contre les murs du château à plusieurs reprises. Il fallut les terribles séismes de 1157 et 1170 pour en venir à bout.

La forteresse actuelle est l'œuvre de Nour ed-Din, restaurée au XIIIe s. par le sultan mamelouk Baybars. Après le départ des croisés, Shaizar perdit toute importance militaire. Jusqu'à la Seconde Guerre mondiale, l'éperon était occupé par un petit village. On entre aujourd'hui par une superbe **porte fortifiée★** à laquelle on accède par un pont de pierre qui a remplacé l'ancien pont-levis. L'intérieur est assez ruiné : seule reste debout la petite mosquée du village (stèles anciennes incorporées dans les murs).

À l'autre extrémité de l'éperon, la masse du **donjon** reste impressionnante, tout comme les **vues** plongeantes sur le ravin.

2 HUARTE *(15 km N.).*

Accès : au N. du village moderne d'Apamée, prendre vers le N.-E. la direction de Maaret an-Nouman (demander son chemin, pas de panneau indicateur) ; au village de Deir Sombol (12 km env.), prendre à g. la petite route qui conduit à Huarte.

Il s'agit tout d'abord d'un très beau **site naturel*** : un petit village de bédouins sédentarisés sur une croupe rocheuse que domine une couronne de collines. C'est dans ce cadre paisible qu'une mission française a mis au jour un ensemble ecclésial du Ve s. De nombreuses mosaïques furent découvertes (certaines sont exposées au musée d'Apamée). Au point le plus haut de la colline, on a dégagé deux églises parallèles reliées par un portique, ainsi qu'un baptistère. L'ensemble, très ruiné, ne devrait intéresser que les passionnée d'archéologie. Ouvrant sur le passage central, un escalier monumental donne accès à la **basilique Nord,** appelée également **Michaelion** (un culte à l'archange saint Michel est attesté par plusieurs inscriptions découvertes *in situ*) ; sous l'exonarthex et le narthex se trouve un **hypogée** où sept sarcophages furent découverts. La seconde église comprenait un martyrion séparé du chœur par un chancel.

À la sortie du village à g. en revenant vers Apamée, un petit chemin carrossable permet de rejoindre (6,5 km) le village de Tarmala et, de là, la route asphaltée qui conduit à Kafr Nabl (10 km plus loin), à l'entrée du djebel Zawiyé, la partie S. du ***Massif calcaire*** *(→ p. 346). De Kafr Nabl, on est également à 10 km de Maaret an-Nouman et de la grande route d'Alep à Damas.*

Ebla★ (Tell Mardikh)

Situation : à 25 km S.-E. d'Idlib, 60 km S. d'Alep, 82 km N. de Hama.

Hébergement : à Alep.

Les monuments exhumés sont peu éloquents en regard de l'importance capitale d'Ebla dans l'histoire du Proche-Orient : une grande partie de la découverte des palais et temples d'Ebla se fait la tête penchée vers le sol, au bord des fosses de fouille. Mais le relief majestueux, la couronne des remparts ne manqueront pas de laisser une impression durable et suggèrent à eux seuls la gloire de la grande cité-État syrienne des IIIe et IIe millénaires, dont le destin suivit des routes semblables à celles de Mari.

À ne pas manquer

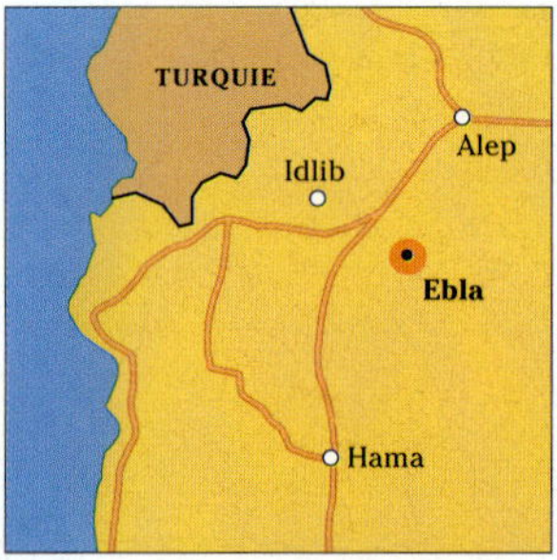

Ebla mode d'emploi

Accès : depuis Alep, par l'autoroute en direction de Damas ; 6 km après **Saraqeb,** un panneau indique la bifurcation sur la g. vers Tell Mardikh-Ebla, que l'on distingue depuis l'autoroute. Le site se trouve juste après un village aux maisons traditionnelles en pain de sucre (attention : les habitants détestent qu'on s'arrête pour prendre des photos).

Organiser son temps : en partant tôt le matin d'Alep, vous pouvez organiser une excursion d'une journée (env. 200 km) qui, après la visite d'Ebla, vous fera découvrir les principales villes mortes byzantines du S. du Massif calcaire (→ Le djebel Zawiyé, p. 346) : Géradé★ et Rouweiha★, Maaret an-Nouman pour son beau musée de mosaïques, Sergilla★★ et al-Bara★★ (puis retour à Alep par Idlib).

Visite : le site est ouv. t.l.j., du lever au coucher du soleil ; entrée payante. Accès par l'antique porte Nord ; il est permis de circuler en voiture jusqu'à l'acropole et à la porte de Damas.

Combien de temps : comptez entre 1 h 30 et 2 h car le site est vaste.

Restauration : on peut trouver dans les petites épiceries du village de Mardikh un ravitaillement sommaire, et des restaurants convenables à Saraqeb.

En fin de volume, le Petit dictionnaire regroupe, dans l'ordre alphabétique, les définitions des noms propres ou communs spécifiques à chaque pays.

Ebla dans l'histoire

■ Un village promu capitale (3300-2300)

La plus vieille ville s'est installée sur une petite colline rocheuse qui forme la base de l'acropole ; les premières traces remontent au début du IVe millénaire. Cette installation modeste connaît un essor spectaculaire au début du IIIe millénaire, pour devenir au milieu de ce millénaire une cité royale contrôlant un territoire qui s'étend sur la steppe syrienne, du moyen Euphrate, où il voisine celui de Mari, jusqu'à la chaîne de montagnes de la côte, et du piémont du Taurus turc jusqu'aux environs de l'actuelle Homs. Le fonctionnement de ce royaume est éclairé par les inestimables archives retrouvées sur le site (plus de 15 000 tablettes d'argile gravées), encore en cours d'étude. La ville administre son territoire depuis son grand Palais royal, géré par le roi assisté d'un ministre, tandis que les villes satellites sont gouvernées par des membres de la famille royale. La richesse du Palais royal lui vient du pays : il possède d'immenses troupeaux de moutons et de bœufs, centralise les récoltes (céréales, vignes, oliviers) pour les redistribuer, et organise vers la Mésopotamie le commerce de bois et de minéraux (argent, cuivre) en provenance des montagnes turques et libanaises.

Au moment des entreprises guerrières de Sargon d'Akkad, Ebla est l'un des trois centres urbains majeurs de Syrie, avec Mari et Nagar (auj. Tell Brak), ses alliés commerciaux ou militaires.

■ Le déclin de la Syrie centrale (2300-2000)

Vers 2300, Sargon assiège Ebla. Son petit-fils relance l'offensive, et la ville est détruite, peu de temps après Mari. Elle passe alors sous la dépendance de villes plus puissantes situées dans le N.-E. de la Syrie. Le palais de cette époque (le Palais archaïque) est beaucoup plus modeste, et la ville connaît une nouvelle destruction à la fin du XXIe s.

Vue de l'acropole d'Ebla, avec le Palais royal et ses dépendances (IIIe millénaire). Pour les préserver des intempéries, les fragiles murs en brique crue des bâtiments dégagés sont régulièrement recouverts d'un enduit à base de chaux et de paille réalisé selon une technique qui ne doit pas différer beaucoup de l'antique. Mais les trouvailles faites dans le Palais royal indiquent qu'ils étaient richement décorés de panneaux de marqueterie.

Sur Ebla, voir aussi p. 96 et 99.

■ Un renouveau spectaculaire (2000-1600)

La résurrection soudaine d'Ebla aux alentours de l'an 2000 avant notre ère se traduit par l'édification de nouveaux palais et de nouveaux temples. La ville connaît une extension de ses limites, attribuable soit à une explosion démographique, soit à un afflux de populations des campagnes. Elle prend une place prépondérante dans la Syrie occidentale, au moment de la gloire d'Alep, de Karkémish et de Qatna. Le commerce est vivace, en particulier avec l'Égypte. La plupart des monuments actuellement visibles d'Ebla datent de cette période : trois palais, six temples, et les fortifications intérieures et extérieures.

À partir de 1800, le prestige d'Ebla est un peu effacé par le royaume du Yamhad, dont la capitale est Alep. Mais la ville, à l'époque où Mari est détruite par Hammourabi de Babylone, reste prospère et poursuit son programme édilitaire de prestige.

■ La chute d'Ebla (1600-1200)

Au milieu du IIe millénaire, le roi hittite Hattusili Ier et son fils Mursili Ier ravagent la Syrie, prenant Alep, Alalah (près d'Antakya, en Turquie) et descendant jusqu'à Babylone, qu'ils conquièrent. Ebla tombe elle aussi. La ville est incendiée, ses richesses sont pillées et transportées en Anatolie. Pourtant, la ville ne meurt pas complètement ; elle se replie sur l'acropole, et le sanctuaire d'Ishtar conserve sa renommée à travers l'Orient.

Après la chute des empires autour de 1200, Ebla n'est plus qu'un petit village, et le demeure pendant plus de 500 ans.

■ La ville perse et la communauté stylite

Sous l'Empire perse, au VIe s., la topographie du site ruiné, propice à la défense, favorise une renaissance de la ville. Des quartiers d'habitation se développent dans la ville basse et sur l'acropole ; un petit palais-forteresse est édifié sur le rebord de l'acropole. Celui-ci est détruit au milieu du IVe s. av. J.-C., et Ebla redevient une agglomération rurale. À la fin de l'époque romaine ou au début de l'époque byzantine, une communauté de moines stylites vient s'installer dans la ville basse, sur les ruines du palais Occidental.

Qui a détruit Ebla ?

Ce n'est qu'en 1982, avec la découverte du texte mi-historique, mi-légendaire dit « Le poème de l'affranchissement », à Hattusha, la capitale hittite aujourd'hui en Turquie (Bogazköy), que l'on put mettre un nom sur le peuple responsable de la destruction finale d'Ebla. Le roi hittite, peut-être Hattusili Ier ou son fils Mursili Ier, compare ses exploits à ceux de Sargon d'Akkad et s'exprime ainsi : « J'annihilerai la ville d'Ebla et je la rendrai semblable à un lieu qui n'aurait jamais été habité. Je briserai l'enceinte de la ville basse comme un gobelet, et je disperserai les fortifications de l'acropole comme un tas d'ordures. Et au milieu de la place du marché j'anéantirai la population d'Ebla comme un gobelet. »

Visiter Ebla

■ LE PALAIS ROYAL**

Avec sa gangue de plâtre blanc, le Palais royal attire les regards dès que l'on a pénétré sur le site. C'est le plus vieux monument de la ville. On peut ainsi débuter sa visite ici, et poursuivre en suivant l'évolution d'Ebla.

Ce complexe, qui s'étale sur la pente de l'acropole, fut construit au cours de la deuxième moitié du IIIe millénaire. La partie située au sommet, qui comprenait des salles de réserve et de broyage de céréales (on voit encore des meules de basalte en place), est mal conservée. On estime au quadruple de la surface dégagée la superficie originelle du rez-de-chaussée du palais ; les parties situées sur la pente et au pied ont été recouvertes après l'incendie de 2300 avant notre ère par la ruine des parties en rebord de l'acropole : c'est pourquoi elles ont mieux traversé les siècles.

Voir le plan du Palais royal en page suivante.

L'espace protocolaire*. Cet espace, qui correspond à la partie réenduite de blanc, est dit **cour des Audiences.** De la cour proprement dite n'est conservé qu'un angle. Elle était bordée sur deux côtés par des portiques à colonnes en bois dont subsistent les dalles percées où se logeaient les piliers. Depuis le portique contre la colline part l'**escalier monumental****, d'une longueur impressionnante (22 m), qui reliait le secteur de la ville basse aux quartiers hauts du palais sur l'acropole.
Sous le portique de l'escalier (portique E.), à g., ouvre une petite pièce qui abritait une partie des archives palatiales. Le portique N. comporte un petit **podium** où se trouvait probablement le trône du roi : on suppose que le souverain donnait ici audience. Lui et les hauts dignitaires disposaient – ce qui est fréquent dans l'architecture palatiale – d'un accès particulier à l'étage du portique E. grâce à l'escalier à quatre volées situé dans la massive **tour d'angle** entre les deux portiques.

Le quartier administratif. Il se développe à dr. de l'escalier monumental. On y reconnaît d'abord une pièce de forme trapézoïdale contre une cage d'escalier indépendante, qui était une autre des trois **salles des archives** du palais. Ensuite viennent une salle dotée de quatre bases de colonnes, une grande pièce où les archéologues voient une deuxième **salle d'audience** (le podium du trône devait se trouver contre le mur du fond), puis une série de **réserves** et d'annexes domestiques. En montant l'escalier, la première pièce devant sur la g. était la **cuisine** où étaient préparées les collations pour les hôtes et les ambassadeurs (on y a retrouvé une série de fours ainsi que de grandes quantités d'herbes à infuser).
La **Bibliothèque royale** – la principale salle des archives – était aménagée sous le portique E. de la cour d'audience. Les textes y étaient disposés par taille et par contenu sur des étagères de bois fichées dans le sol, qui a gardé la trace des montants (on peut en voir la reconstitution au musée d'Idlib).

Ebla et le Proche-Orient

La découverte somme toute récente d'Ebla (la ville est fouillée régulièrement en été depuis 1964 par l'université de Rome) fut une révélation pour l'histoire du Proche-Orient : on ne soupçonnait pas qu'une cité aussi puissante pût exister à l'O. de l'Euphrate et que, dans cette région défavorisée, tellement à l'écart des développements culturels de la civilisation urbaine du IIIe millénaire, l'écriture fût connue.
Les archives du Palais royal, contemporaines de celles des temples du pays de Sumer mais plus vieilles que celles de Mari d'un demi-millénaire, traduisent une organisation étatique forte. Elles ont livré un des plus anciens traités connus, révèlent un panthéon syrien encore mal compris et nous éclairent sur la vie économique et politique de toute une région. Au point de vue de l'art et de l'architecture, outre les influences de la Mésopotamie ou de l'Égypte, on voit se développer à Ebla des styles et des techniques proprement syriens qui dureront plusieurs millénaires. En revanche, on a pensé un temps retrouver dans les textes d'Ebla des correspondances (linguistiques, historiques…) avec la Bible : il n'en est rien.

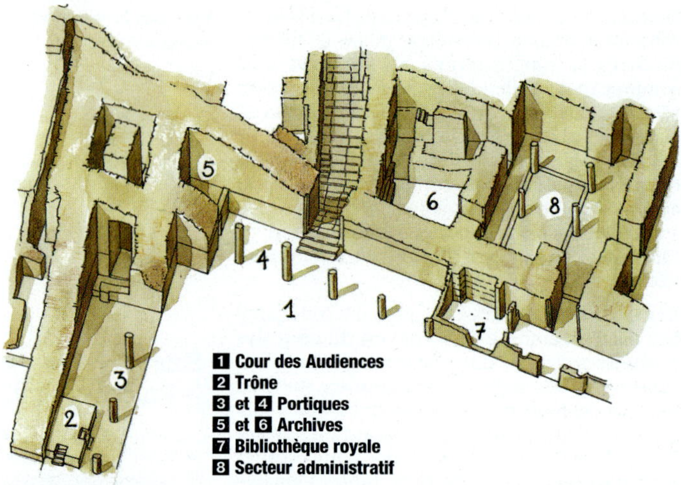

L'espace protocolaire et le quartier administratif du Palais royal.

Sur les quelque 17 000 tablettes retrouvées dans le palais, 2 000 sont intactes et 3 000 ont gardé d'importants fragments de texte ; le reste est formé de petits fragments. Il s'agit pour la plupart de documents économiques. La langue utilisée est un dialecte sémitique à part, que les scientifiques appellent l'éblaïte : il partage des traits avec l'akkadien, mais aussi avec des dialectes sémitiques de la côte.

Une partie des tablettes ont dû être écrites dans le petit vestibule accolé à cette salle : il était muni de bancs, et on y a retrouvé des fragments de baguettes en os qui pouvaient être des stylets.

■ L'ACROPOLE*

Sur la g. du Palais royal, sur les flancs de l'acropole, on distingue à certains endroits des lignes de pierres sur plusieurs assises, qui correspondent aux fortifications de la citadelle. Elles ont été aménagées en même temps que les remparts extérieurs, lors du renouveau de la ville au début du IIe millénaire, par-dessus les ruines des bâtiments anciens.
On monte sur l'acropole en longeant le Palais royal, et l'on débouche immédiatement sur le temple d'Ishtar.

Le temple d'Ishtar*. Ce grand bâtiment de pierre de forme allongée est conservé sur 1 m de haut. Son plan – un vestibule, une antichambre et une cella, avec une niche creusée dans le mur du fond pour recevoir l'effigie de la déesse Ishtar *(→ encadré p. 308)* –, en fait un bâtiment caractéristique de la Syrie du Nord. Les montants des portes sont garnis d'orthostates, ce qui est typique de l'architecture du début du IIe millénaire. Dans le vestibule fut retrouvé un grand bassin monolithique décoré en relief d'une scène de banquet.

Le palais de l'acropole. Sur le rebord du plateau de l'acropole à g. du temple d'Ishtar, deux bâtiments se chevauchent, le plus profondément enfoui étant bien sûr le plus vieux : il s'agit d'une partie du Palais royal de la dernière période de la gloire d'Ebla (1800-1600) ; c'était la résidence des souverains et le siège de l'administration royale. Il est recouvert en partie par une grande résidence de l'âge du fer. Celle-ci, appelée **petit Palais perse**, est faite de petits moellons et formée d'une cour pavée de galets bordée de tous les côtés par de petites pièces ; c'est le seul reste éloquent de la période perse d'Ebla.

Depuis ce point élevé, la **vue d'ensemble*** sur les différents monuments de la ville basse est remarquable. C'est en particulier le meilleur point de vue pour apprécier l'ampleur de la plate-forme d'Ishtar.

Pour visiter la ville basse, on peut se diriger tout d'abord vers le secteur situé au pied du Palais perse, et revenir en contournant l'acropole dans le sens inverse des aiguilles d'une montre, en direction de la porte de Damas.

■ LA VILLE BASSE

On arrive ainsi tout d'abord sur un petit bâtiment qui s'est un peu réenseveli depuis son premier dégagement ; il s'agit d'un petit **temple-tour**, dédié peut-être au dieu-Soleil Shamash, le frère d'Ishtar.

Plus loin, on rencontre le **Palais archaïque**, qui fut édifié juste après la première destruction de la ville par Sargon, à la fin du IIIe millénaire ; depuis le rebord de la fosse de fouille, on en distingue le plan dessiné par les épais soubassements de pierre des murs (la brique qui les surmontait pour former un ou plusieurs étages a fondu). On y reconnaît des cours pavées et des canalisations d'évacuation des eaux.

Six palais ont été dégagés à Ebla : le petit Palais perse (Ve s. av. J.-C.), le palais Nord, le palais Occidental et le palais de l'Acropole, tous trois de la dernière période (1800-1600), le Palais archaïque, immédiatement antérieur (2100), enfin le Palais royal, présargonique (2400-2300).

Le palais Nord, plus proche de l'acropole que le Palais archaïque, situé moins profondément que lui et le recouvrant en partie, est plus récent d'un ou deux siècles. Situé près de l'aire sacrée de la déesse Ishtar et n'ayant pas de fonction administrative, il devait être le centre des activités religieuses du roi. On y reconnaît une série de petites pièces identiques, qui sont des réserves. Au centre de l'édifice se trouve la **salle du Trône**, avec un podium adossé à un des petits côtés. Les montants des portes sont formés par ces grands blocs bien taillés que l'on retrouve dans la plupart des monuments d'Ebla de cette période.

Le grand temple d'Ishtar. Entre les deux palais et la plate-forme d'Ishtar se trouve le plus grand temple d'Ebla, qu'on a d'abord cru dédié au dieu de l'orage Hadad, mais que l'on pense plutôt être un autre édifice en l'honneur de la déesse maîtresse de cette cité, Ishtar. Il est contemporain de l'autre temple d'Ishtar de l'acropole et de la plate-forme de pierre, elle aussi vraisemblablement dédiée à cette divinité. Les restes sont peu éloquents, car il servit de carrière de pierre après la chute de la ville. Son plan est proprement syrien, constitué d'une salle allongée précédée d'un petit vestibule, et l'épaisseur des murs indique qu'il faut l'imaginer sur plus d'une dizaine de mètres de hauteur. La plupart des statues royales d'Ebla, qui représentent le roi trônant et la reine debout, proviennent de ce temple.

La plate-forme d'Ishtar*. Ce massif de pierre calcaire sur deux assises est un curieux monument dont l'interprétation reste hypothétique. La plate-forme ne possède apparemment aucun accès à sa cour intérieure depuis l'extérieur. L'archéologue qui fouille le site propose d'y voir une cage pour les lions sacrés dédiés à la déesse Ishtar (le lion était son animal emblématique). Devant la façade fut trouvée une *favissa,* fosse cultuelle où étaient enfouis des objets endommagés ou pas, appartenant aux dieux et que l'on ne pouvait ni désacraliser ni jeter.

Le palais Occidental. Le secteur suivant, malgré son aspect rebutant (le morcellement en carrés de fouille et l'usure des murs depuis leur dégagement rendent assez difficile la lecture du plan), a grandement contribué au succès des fouilles d'Ebla ; c'est celui du grand palais dit Occidental, qui était la résidence du prince héritier. Il ouvrait vers la porte de Damas par un **porche** supporté par quatre colonnes, par où l'on entrait dans une grande cour. Le palais possédait une cinquantaine de pièces au rez-de-chaussée, affecté pour l'essentiel au stockage des récoltes. On distingue encore une grande pièce destinée au broyage des céréales, avec des meules de basalte alignées contre les murs.

Sous le palais Occidental s'étendait la **nécropole royale** : c'est là que furent retrouvées les très riches **tombes** royales d'Ebla. Elles étaient creusées dans le rocher en voûte, en élargissant des grottes naturelles. Lorsqu'on les découvrit, plusieurs d'entre elles avaient été pillées dès l'Antiquité mais d'autres, telles la tombe de la Princesse ou la tombe du Seigneur aux caprinés, renfermaient encore des objets de luxe d'importation égyptienne et de fabrication locale, qui sont exposés aux musées d'Alep et d'Idlib. Cette nécropole fut utilisée pendant plusieurs siècles, du XIXe s. av. J.-C. jusqu'à la destruction hittite.

Le temple de Rashap. Avant de se diriger vers la porte de Damas, on peut passer voir l'excavation suivante, qui comprend deux temples. L'un, massif, est dédié au dieu des Enfers Rashap. L'autre, d'un plan original pour la Syrie, pouvait être réservé au culte des ancêtres royaux : celui-ci se serait déroulé dans la pièce centrale, équipée de banquettes le long des murs et d'un

La déesse Ishtar

Ishtar ou Inanna (Astarté pour les Phéniciens) est une divinité céleste, associée à l'étoile du matin et du soir Vénus ; c'est la déesse orientale de la guerre et de l'amour. Fille du dieu-Lune et du dieu infernal Nergal, elle a pour frère Shamash, le Soleil. Son union avec Tammuz (l'Adonis du monde classique), célébrée par de grandes fêtes au printemps, est l'objet du mythe du mariage sacré, représentant le renouveau de la nature. Dans la mythologie anatolienne, elle s'appelle Shaushga, et son culte est lié à celui du dieu de la montagne. Généralement vêtue d'un long manteau parfois ouvert, elle a pour attribut le lion, sur lequel elle se tient debout, ou assise, ou un pied posé sur son dos. Son ancêtre est peut-être la déesse mère ou la déesse dompteuse d'animaux, représentée dès les âges préhistoriques. De nombreux temples lui sont dédiés, en particulier à Mari, à Ebla et à Aïn Dara. Ishtar d'Ebla avait une renommée particulière dans tout l'Orient ancien.

podium en son milieu. Ces deux temples jouxtent un **secteur d'habitat privé,** assez mal conservé.

■ Les fortifications extérieures

La porte de Damas★★. Située au bout de l'actuelle route carrossable, la porte de Damas (appelée ainsi pour la seule raison qu'elle ouvre sur le S.) est un grand édifice qui répondait à des buts militaires et de prestige. Avant de pénétrer dans le passage, notez à g. un petit escalier qui monte le long du talus, et qui permettait d'accéder au sommet des tours de défense de la porte. Une première **tour** dont il reste la base couvrait la première portion du passage, puis une seconde tour fermait la grande **cour trapézoïdale** du côté extérieur. Il y avait à chaque extrémité une porte à double battant actionnée depuis l'intérieur. Le mur de petits blocs qui barre le passage dans la cour date de l'époque des croisades, pendant laquelle le site fut un court instant utilisé comme base militaire pour ses qualités défensives naturelles.

Les remparts extérieurs★. La porte de Damas est une des portes (au nombre de cinq ou plus) qui perçaient la ligne des remparts extérieurs d'Ebla. Longs de 3 km, ils enserrent la ville dans un moule en forme de losange occupé presque en son centre par l'acropole. Ils reprennent une technique qui se développe au début du IIe millénaire en Syrie et en Palestine : d'immenses masses de terre sont élevées en talus sur plusieurs dizaines de mètres de haut, en pente plus abrupte à l'extérieur qu'à l'intérieur de la cité ; la base est protégée par des blocs de pierre, et la surface revêtue d'argile imperméable ; un fossé les précède (on le remarque du haut du rempart E. par une végétation plus dense), et leur sommet est couronné d'une muraille bâtie en pierre et en brique, renforcée de place en place par des tours et des bastions dont on remarque à certains endroits le tracé au sol.

En faisant le **tour des remparts,** on a un aperçu sur le vaste territoire que contrôlait Ebla, fertile plaine assez unie, interrompue par de petits tertres qui marquent l'emplacement des villes vassales de la capitale.

Depuis la porte de Damas, on revient vers l'entrée du site par un secteur de fouilles récentes.

■ Le musée.

Le musée du site se trouve au point de péage. Une présentation rapide de l'histoire d'Ebla et des fouilles, avec photos et plans, dans un cadre agréable, apporte des précisions utiles pour mieux apprécier l'ensemble : faites-y un tour après la visite. Toutefois, l'aménagement date un peu et n'est pas à jour. Quelques vases et menus objets donnent une idée de la civilisation matérielle de la ville, collection bien pâle à côté de celle des musées d'Idlib ou d'Alep.

Au début du IIe millénaire en Syrie, la pierre taillée fait son apparition dans l'architecture. Placé à la base des murs et en jambage des portes, le bloc taillé et poli est un élément architectonique mais aussi décoratif : on joue sur l'alternance des couleurs (blanc du calcaire, noir du basalte). Les Hittites ont amplement illustré cette formule, qu'ils ont peut-être empruntée précisément à la Syrie lors de leurs raids au milieu du IIe millénaire ; ils ont parfois complété le polissage par des sculptures en bas relief représentant dieux, hommes et animaux, que l'on retrouve dans l'art syrien du début du Ier millénaire.

Hama★

Situation : à 47 km N. de Homs, 146 km S. d'Alep, 209 km N. de Damas.

Alt. 308 m ; 300 000 hab. ; chef-lieu de mouhafazat.

☎ 033

ℹ dans le jardin public du centre ville, au bord de l'Oronte *(B1)* ; ouv. t.l.j. sf ven. 8 h-14 h et 16 h-20 h, jusqu'à 22 h en été.

Poste : avenue al-Kouwatli *(B2).*

Hébergement : sur place, bonnes possibilités hôtelières.

Gares routières : *Karnak, al-Ahliah* et *al-Rayan (B2)* ; minibus *(A2)* ; taxis collectifs *(A2).*

À ne pas manquer

Les norias★★	314
Le palais Azem★ pour la mosaïque des Musiciennes★★★	313

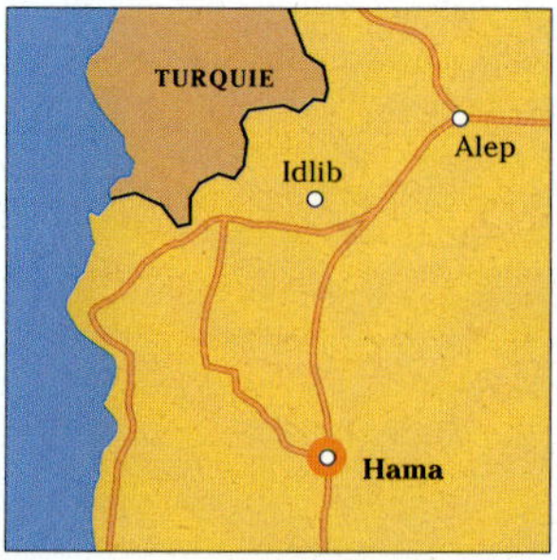

Difficile de croiser ici une femme en cheveux : Hama passe, et à juste titre, pour la ville la plus traditionaliste de Syrie. Conservatrice, elle le fut aussi longtemps en matière d'architecture : sur les deux rives de l'Oronte s'étiraient de pittoresques quartiers de jardins et de demeures anciennes. Depuis une quinzaine d'années, une frénésie de construction s'est emparée de la ville, et seuls quelques lambeaux des quartiers anciens subsistent, du côté du palais Azem. Il est vrai que l'ampleur des destructions consécutives aux événements de 1982 a permis de faire place nette dans une bonne partie du centre ville. Restent les célèbres norias, ces gigantesques roues qui hissaient l'eau du fleuve, et dont la plainte lancinante a traversé les siècles. À elles seules, elles justifient la halte à Hama.

Hama mode d'emploi

Combien de temps : 2 à 3 h suffisent.

Organiser sa visite : partir à pied de l'hôtel *Cham* (**B1** ; de la terrasse, superbe vue sur les norias et la façade du palais Azem), pour une promenade à travers le vieux Hama : la mosquée an-Nouri, de pittoresques ruelles en partie couvertes et le palais Azem. Puis suivre la promenade aménagée au bord de l'Oronte pour atteindre le groupe des quatre norias (**B1**), à la lisière de la ville.

Où faire une pause : en bordure de l'Oronte, plusieurs cafés et restaurants offrent d'agréables terrasses avec vue sur les norias. Hama est réputée pour être une ville où l'on mange très bien.

Visite de la région : Hama est un très bon point de départ pour visiter les sites de la région, en particulier Apamée (→ p. 293). La plupart des hôtels organisent pour leurs clients des excursions en minibus dans les environs (Apamée, Sheizar, les villages en termitières du désert, le Massif calcaire et même le Krak des Chevaliers), cela pour une somme modique. Ils peuvent aussi vous trouver une voiture avec chauffeur, ce qui vous permettra par exemple, en démarrant de bonne heure, de visiter les sites majeurs du Sud du Massif calcaire, puis de vous faire déposer, en soirée, à Alep, la voiture retournant à Hama à vide.

Hama dans l'histoire

■ De Hamat à Épiphania

Au cœur de la ville s'élève la « citadelle », un tell archéologique aménagé en promenade qui a révélé une occupation remontant au Ve millénaire. Capitale prospère d'un petit royaume au IIe millénaire, elle est brutalement mise à sac v. 1750 av. J.-C., peut-être par les Hyksos qui à cette époque ravagèrent l'Orient avant de fondre sur l'Égypte. Ce n'est que vers le XIe s. que la ville entre véritablement dans l'histoire, mentionnée dans la Bible à plusieurs reprises sous le nom de Hamat. Elle est alors la capitale d'un royaume araméen, qui devra un temps payer tribut au roi David. Ravagée par les Assyriens de Sargon II, elle ne se relèvera pas de ses ruines. Au IIe s. av. J.-C., elle est à nouveau un centre commerçant prospère appelé Épiphania en l'honneur d'Antiochos IV Épiphane (215-163). Conquise par Rome en 64 avant notre ère, elle devient une modeste cité provinciale au sein d'un vaste empire, romain, puis byzantin.

■ Hama, cité musulmane

En 650, les musulmans s'emparent de la ville. Durant les premiers siècles de l'islam, Hama reste dans l'ombre de Damas, puis dans celle des principautés qui se disputent la Syrie du Nord. Avec l'avènement des Ayyoubides (XIIIe s., → *encadré p. 136*), Hama devient un centre agricole de première importance : l'eau de l'Oronte arrose généreusement les champs et les vergers qui entourent la ville, tirée du fleuve par les gigantesques norias – il y en eut jusqu'à 30 –, dont les premières remontent à cette époque. Chef-lieu de province sous les Ottomans, Hama doit à ses pachas de somptueux palais, comme celui des Azem. Aujourd'hui quatrième ville de Syrie par sa population, elle passe pour l'une des plus conservatrices en matière religieuse. C'est sans doute ce traditionalisme qui servit de terreau aux fondamentalistes musulmans qui, en 1982, déclenchèrent un soulèvement contre les autorités du pays. Il fallut l'intervention de l'armée pour mater la révolte, au prix de nombreuses destructions dans le centre ville. Depuis, les restaurations sont allées bon train ; la mosquée des Omeyyades a été pratiquement rasée et reconstruite à l'identique. L'affaire de Hama reste un des sujets de conversation qu'il est préférable d'éviter en Syrie.

Une petite ville cachée, serrée dans un repli zigzaguant de l'Oronte, enjambant la rivière de tous ses ponts, plongeant ses maisons, ses palais dans cette eau précieuse, dont elle tire l'ornement de ses fontaines et la parure de ses jardins. [...] Jour et nuit, les grandes roues hydrauliques, quelques-unes de dimension colossale, à la fois ingénieuses et barbares, compliquées et primitives, font monter l'eau sans arrêt dans ses aqueducs. Le gémissement des lourds madriers qui, dans une pluie tourbillonnante, tournent lentement sur leur axe, forme une rumeur continue et profonde, la chanson de l'Oronte.

Maurice Barrès, *Enquête au pays du Levant* (1923)

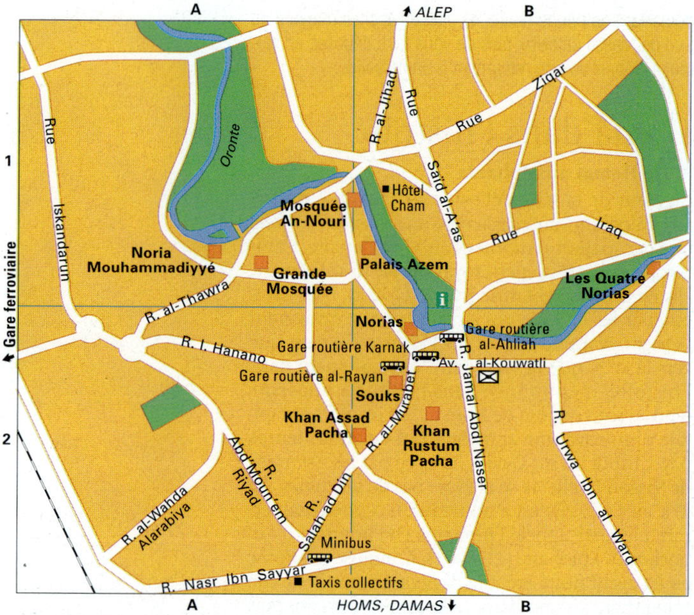

Hama : le centre ville.

Visiter Hama

■ **LA MOSQUÉE AN-NOURI** (**A/B1**). Elle doit son nom à l'atabeg d'Alep, Nour ed-Din *(→ encadré p. 136)*, qui en ordonna la construction en 1172. Son beau minaret carré alterne pierres noires et blanches, dans le style typique de Hama. Dans la salle de prière, remarquable **minbar*** en bois sculpté (XIIe s.)

Emprunter le passage couvert à g. de la mosquée pour suivre la ruelle bordée de maisons anciennes qui longe l'Oronte.

■ **LE PALAIS AZEM*** (**B2** ; *ouv. t.l.j. sf mar. 9 h-16 h, jusqu'à 18 h en été ; entrée payante ; compter 30 mn de visite*).

Dominant l'Oronte, il abrite depuis 1956 le **Musée archéologique** de la province. Bien que des travaux de restauration y soient (irrégulièrement) conduits, la décoration de nombreuses salles tombe en décrépitude : ce palais Azem est loin de soutenir la comparaison avec son homologue de Damas. Seul un examen attentif permet d'imaginer la splendeur originelle, lorsque les pachas, allongés sur les balcons, y prenaient le frais, bercés par les gémissements des norias.

Il reste que la **vue* sur l'Oronte** depuis les terrasses supérieures est très belle, et que dans une salle du rez-de-chaussée est exposé un chef-d'œuvre qui justifie amplement la visite : un panneau de mosaïque de la fin du IVe s. représentant un groupe de musiciennes.

Les étapes de la construction. Le palais fut édifié à partir de 1740, par Assad pacha al-Azem, fils du fondateur de cette longue lignée de dignitaires syriens au service du sultan ottoman. De cette époque datent les salles de réception du premier étage, surmontées d'un dôme, tandis qu'au niveau inférieur étaient aménagées écuries et remises. Le neveu d'Assad pacha, Nasouh pacha, adjoignit un complexe de salles de réception *(selamlik)* à ce premier ensemble réservé dès lors à l'usage exclusif de la famille *(haramlik)*. Vers 1830, son fils compléta le *haramlik* par une série de pièces où sont conservées aujourd'hui les collections ethnographiques, et embellit la cour du rez-de-chaussée d'un iwan monumental. Cette belle demeure servit de résidence familiale jusqu'en 1920, puis elle fut transformée en école : une façon habile d'éviter la mésaventure survenue au palais Azem de Damas, confisqué par la puissance mandataire française sans autre forme de procès. En 1956, le palais fut confié au service des Antiquités syrien. ***Sur les palais, → aussi p. 194-195.***

Le haramlik. On gagne la partie du palais réservée à la famille par un couloir sombre et coudé. Nudité des murs du côté de la rue, luxuriance des décors et de la végétation à l'intérieur. Préservée des regards indiscrets de la rue, la vie féminine s'y déroulait, nonchalante, à l'ombre d'un magnolia et de citronniers, dans les fragrances des plantes aromatiques disposées en pots tout autour de la cour. Le soir, le maître de maison prenait place dans l'**iwan**, haut porche ménagé du côté S. (remarquable voûte de pierre ouvragée).

Les bureaux du musée occupent les salons du rez-de-chaussée ; reliefs monumentaux et mosaïques sont exposés en plein air.

Du côté E. (à l'opposé de l'entrée), dans l'ancien cellier de la demeure, se trouve la célèbre **mosaïque des Musiciennes*****, découverte dans la petite localité de Mariamin (fin du IVe s.). Elle ornait le sol du triclinium d'une villa. Cette œuvre d'une grande qualité artistique s'écarte des thèmes traditionnels – mythologie ou allégories – traités par les mosaïques jusqu'à la fin du IVe s. Elle illustre un luxueux quotidien. Le sujet de ce grand panneau a passionné historiens et musicologues : six musiciennes jouant de leurs instruments représentés avec une précision qui donne un éclairage unique sur les techniques musicales de l'Antiquité

La mosaïque des Musiciennes (palais Azem, fin du IVe s.). Par son style, et notamment par la frontalité des visages aux yeux largement ouverts, cette œuvre annonce la première manière byzantine : hiératisme et gravité d'expression.

tardive. Les six concertistes se tiennent sur une estrade de bois percée de trois orifices afin de permettre une meilleure résonance.

De g. à dr. :

La **joueuse de crotales** : l'instrument est composé de deux baguettes réunies à un bout et pourvues à l'autre de deux disques métalliques qui tintent lorsqu'on les agite (le même type d'instrument se retrouve dans les orchestres de musique arabe d'aujourd'hui). De son autre main, la musicienne semble donner la mesure.

L'**organiste** est placée derrière le buffet de son instrument dissimulé sous une lourde étoffe brodée. Les deux petits garçons déguisés en angelots actionnent le soufflet qui fournit l'air aux 19 tuyaux.

L'**aulète** : c'est la joueuse de double flûte ; on ignore si elle utilisait ses deux instruments ensemble ou alternativement.

La **percussionniste** : de ses baguettes, elle heurte huit bols disposés devant elle sur une table. Selon les spécialistes, cet instrument dériverait des recherches acoustiques des pythagoriciens, auxquelles s'ajouterait l'usage oriental – indien semble-t-il – de baguettes de bois inconnues dans la tradition classique.

La **cithariste,** devant sa cithare à neuf cordes, et la **joueuse de castagnettes,** dont les instruments s'apparentent de très près à ceux que l'on utilise encore en Espagne, terminent la scène.

Premier étage du haramlik *(accès par la cour)*. Plutôt que de vous attarder devant les mannequins de cire des collections ethnographiques, levez les yeux pour voir les beaux **plafonds* de bois peint**, notamment celui de la salle des costumes locaux. De l'autre côté de la terrasse, un portique précède une vaste **salle à coupole.** Sous le dôme haut de 18 m (restauré depuis 1982), l'***ataba*** était l'espace carré où se tenait la domesticité. C'est là également que les invités déposaient leurs chaussures avant de gagner les parties surélevées de la salle ***(tazar)*** qui servaient de salon. Le *tazar* face à l'entrée est prolongé par un balcon de bois, dont les ouvertures donnent directement sur l'Oronte. Les *tazar* latéraux sont prolongés par deux salles également dotées de balcons ; elles étaient décorées de peintures murales dont il reste quelques pans. Là encore, très beaux plafonds de bois peint.

Le selamlik. Pour gagner la partie du palais où le maître de maison recevait ses invités, redescendre dans la cour du *haramlik* et traverser le hammam qui ouvre sur le côté opposé à l'iwan. On débouche sur une petite cour dont les salles du rez-de-chaussée étaient réservées à la domesticité. Un escalier assez raide conduit à l'étage sur lequel ouvrent les **salles de réception.** L'ensemble a beaucoup souffert du temps, et les restaurations entreprises depuis de nombreuses années ne sont toujours pas terminées. On peut tout de même voir quelques restes d'ornementation, notamment un plafond à la décoration surchargée : le summum du kitsch à l'orientale.

■ **LES NORIAS**** (B2). Au-delà du palais Azem se poursuit la partie de la vieille ville qui a résisté aux assauts du temps : une ruelle tortueuse en partie couverte, des impasses ombreuses et fleuries, des murs aveugles d'où débordent en vagues odorantes jasmins ou chèvrefeuilles…

À 300 m du palais, la ruelle s'élargit et atteint la **ville moderne.** Là, en plein cœur de Hama, sur une boucle de l'Oronte, s'élève le gémissement des **norias,** qui depuis des siècles appartiennent au paysage sonore, comme une basse continue sous les clameurs de la ville. Hautes parfois de 20 m, ces roues de bois remontent, pour les plus anciennes, à l'époque ayyoubide (début du XIIIe s.) et furent soigneusement entretenues à travers les siècles afin d'irriguer les jardins et les vergers tout autour de la ville.

Si, aujourd'hui, les motopompes ont pris la relève, les norias de Hama, qui tournent encore lorsqu'il y a de l'eau, font toujours la fierté des habitants. À leur pied a été aménagée une **promenade** envahie par les familles qui viennent y chercher la fraîcheur vespérale. Les norias font aussi la joie des adolescents, qui s'en servent comme plongeoir mobile. Face à la courbe du fleuve, cafés et restaurants (boissons sans alcool) proposent leurs terrasses.

Près du groupe des quatre norias, deux restaurants en plein air, qui comptent parmi les meilleurs de la ville, ont installé une agréable terrasse.

Si vous voulez voir d'autres norias, suivez la rive du fleuve pendant à peu près 1 km, jusqu'au groupe des **quatre norias**** (B1).

Vous pouvez voir encore

Si vous restez quelques heures de plus à Hama, voici quelques suggestions pour compléter la découverte de la ville.

Lors de votre séjour à Hama, ne manquez pas de goûter la spécialité locale, le *halawat al-giben* : sorte de « saucisson » sucré, dont l'enveloppe est faite de fromage et l'intérieur de crème. On le trouve nature ou agrémenté de pistaches et nappé de miel. Un délice que vous pourrez déguster dans l'une des pâtisseries de l'avenue al-Kouwatli *(B2).*

■ **La mosquée des Omeyyades** (Grande Mosquée ; A1). Pratiquement rasée lors des événements de 1982, elle a été reconstruite à l'identique. Édifiée sur le modèle de son homologue de Damas, elle présentait elle aussi une salle de prière à trois travées et englobait certains éléments du temple païen et de la basilique qui la précédèrent sur le site.

■ **Les khans de la ville.** Vocation commerciale oblige, Hama possédait de vastes caravansérails *(→ p. 280-281)* où s'abritaient marchands et caravanes. Deux de ces hôtelleries monumentales sont encore visibles : le **khan Roustoum Pacha** (B2), construit au XVIe s., et le **khan Assad Pacha** (B2), du XVIIIe s. (belle façade).

■ **La noria Mouhammadiyé** (A1). La plus grande des norias de la ville fut construite au XIVe s., comme l'indique une inscription gravée sur l'aqueduc.

Environs de Hama

1 Apamée** *(55 km N.-O.)*, l'une des plus grandes cités de la Syrie romaine : *→ p. 293.*

2 Masyaf* *(38 km O.)*, qui fut à l'époque médiévale l'un des châteaux de la redoutable secte des Assassins : *→ p. 385.*

3 Vers Alep par le djebel Zawiyé**, l'un des trois djebels où se nichent les célèbres « villes mortes » byzantines *(itinéraire d'env. 200 km entre Hama et*

Les norias de Hama

Pendant des siècles, une centaine de norias tournèrent inlassablement pour approvisionner en eau la ville de Hama et les campagnes de la région, insuffisamment arrosées par les pluies. Cet ingénieux système n'a été abandonné qu'au milieu du XXe siècle au profit de pompes à moteur, plus modernes mais beaucoup moins poétiques. Afin de préserver l'héritage culturel que représentent les norias, certaines d'entre elles ont fait l'objet de restaurations. Cela a permis de maintenir en activité la corporation des charpentiers spécialistes de ce type de constructions. Depuis des siècles, ils se transmettent les techniques de fabrication de génération en génération.

Les parties principales d'une noria de l'Oronte.

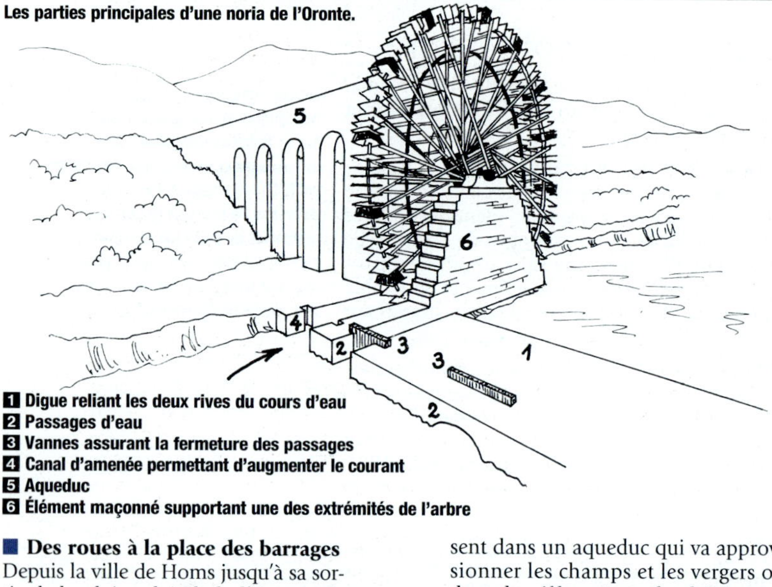

1 Digue reliant les deux rives du cours d'eau
2 Passages d'eau
3 Vannes assurant la fermeture des passages
4 Canal d'amenée permettant d'augmenter le courant
5 Aqueduc
6 Élément maçonné supportant une des extrémités de l'arbre

Des roues à la place des barrages

Depuis la ville de Homs jusqu'à sa sortie de la plaine du Ghab, l'Oronte, le « fleuve rebelle », s'assagit. Il doit serpenter en d'infinis méandres pour franchir cette région que les Romains appelaient la Syrie Creuse (Coele Syria). Ici, les berges du fleuve sont trop basses pour permettre la construction de barrages : les retenues d'eau recouvriraient de vastes superficies de terres arables. C'est pourquoi, depuis fort longtemps, les habitants ont eu recours aux norias. Entraînées par le courant, ces immenses roues tirent l'eau du fleuve puis la déversent dans un aqueduc qui va approvisionner les champs et les vergers ou, dans la ville même, les bâtiments publics ou les demeures privées. C'est à Hama que se trouvent les plus anciennes norias visibles aujourd'hui : elles remontent aux XIVe et XVe s. Mais la technique est certainement bien plus ancienne, comme en témoigne un panneau de mosaïque représentant une roue monumentale au bord de l'Oronte, découvert à Apamée et daté précisément de 469 de notre ère ; il est déposé dans le jardin du Musée national de Damas.

▲ À Hama, les norias sont indissociables du paysage urbain. Dix-sept sont encore visibles aujourd'hui, sur la trentaine que comptait la ville à l'époque ayyoubide (une centaine pour la région comprise entre Homs et Hama). Ci-dessus, la petite noria Sahouniyé, accolée à la Jaabariyé, en plein centre ville, près de la mosquée an-Nouri ; elles sont construites sur la même digue mais alimentent deux aqueducs différents.

Aménager le courant

Quelle que soit leur taille – entre 7 m et 21 m –, les norias sont toutes construites selon le même principe. Elles sont mues par le courant grâce à des pales disposées à la périphérie de la roue, dont la partie inférieure est immergée dans l'eau. Dans la région, le lit de l'Oronte est fort peu pentu, c'est pourquoi il est souvent nécessaire d'aménager un canal d'amenée. Pour cela, il faut construire en travers du fleuve une digue, assez large souvent pour servir accessoirement au passage des animaux. À travers cette digue est percée une conduite où le courant est plus important du fait de la différence de niveaux. D'autres passages, munis de vannes, traversent également la digue de manière à contrôler le niveau de la retenue en amont. Afin que le courant ne gêne pas leur fonctionnement, les pales doivent être écartées d'environ 50 cm, intervalle idéal que l'on appelle le pas de la roue. À la périphérie de la roue sont aussi fixés des godets : ils se remplissent d'eau, s'élèvent, puis se déversent dans l'aqueduc, autre partie essentielle d'une noria. La plus grande noria de Hama, la noria al-Manouriyé, est munie de 120 godets.

Le chant des norias

La construction de la roue est l'œuvre d'une corporation de charpentiers spécialisés dont les techniques se sont transmises oralement depuis des générations. Ces artisans sont les dépositaires d'un savoir complexe, fruit de la pratique et de l'observation, où les calculs mathématiques n'ont pas leur place. Les différents éléments qui composent la roue sont tout d'abord montés à plat non loin de l'atelier. Cette première phase se termine par la préparation du cloutage de l'ensemble des pièces qui sont ensuite transportées sur le chantier. La plus lourde d'entre elles, l'arbre, pèse de 200 à 250 kg. Commence alors le montage. Les deux extrémités de l'arbre reposent sur des éléments maçonnés : l'un, le triangle, en forme de double escalier, est construit sur la digue, l'autre (la tour) est un plan maçonné parallèle au courant et pourvu d'une ouverture (la fenêtre). L'arbre s'appuie sur deux coussinets de bois : c'est le frottement qui en résulte qui produit le grincement caractéristique des norias. Chacune possède un son qui lui est propre, sa « voix », dont la seule écoute permet au spécialiste de diagnostiquer l'état de la noria.

Alep, à faire en une journée ; le circuit dans le djebel Zawiyé [env. 55 km] commence à Maaret an-Nouman, à 63 km N. de Hama sur la route d'Alep) : → p. 346.

En cas d'absence du gardien, demandez-le dans une des maisons voisines.

4 QASR IBN WARDAN* *(58 km N.-E. ; à la sortie de la ville en direction d'Alep, prendre à dr. la direction d'al-Hamra ; ouv. 8 h-16 h ; entrée payante).*

Aux confins des terres cultivées et du désert, après plusieurs villages où l'on peut voir encore quelques maisons traditionnelles en pain de sucre, une sombre masse de brique et de pierre vient rompre la monotonie du paysage : ce sont les ruines de Qasr ibn Wardan, un ensemble de constructions voulu par l'empereur Justinien et achevé en 564, à la toute fin de son règne. Autour s'est installé un petit village moderne.

Les places fortes de Justinien. Durant son long règne (527-565), Justinien s'employa à fortifier les frontières orientales de son empire contre la menace perse : une ligne de places fortes fut ainsi dressée dans la vallée de l'Euphrate. C'est à ce vaste programme militaire qu'appartient l'ensemble de Qasr ibn Wardan. Pourtant, sa situation en retrait du limes ne le destinait pas à priori à contenir d'éventuels assauts perses. Il s'agissait plutôt de contrôler les bandes nomades qui sévissaient sur les arrières de la frontière. Du fait de son éloignement du théâtre principal des opérations, Qasr ibn Wardan se distingue du style militaire des postes frontière et s'inscrit davantage dans la tradition des palais de la capitale, Constantinople.

Un autre site de la région partage avec Qasr ibn Wardan la singularité de l'utilisation de la brique. Il s'agit d'al-Andarin *(22 km N. par une route asphaltée)*, l'antique Androna, qui conserve un castrum byzantin ainsi que les vestiges de deux églises.

La marque du style impérial. L'ensemble de Qasr ibn Wardan est composé de plusieurs édifices : un palais, une église, tous deux bien conservés, et des casernes dont il ne reste qu'un pan de mur. Contrairement aux autres constructions de cette époque en Syrie, ils utilisent largement la **brique** fine byzantine liée par une couche de mortier d'égale épaisseur, en alternance avec la pierre volcanique. Par endroits, marbre et calcaire blanc composent des motifs ornementaux.

Sur l'architecture religieuse à l'époque byzantine, voir les pages illustrées 121-123.

Le **palais**, probablement celui du gouverneur militaire de la région, était construit sur les côtés d'une cour carrée. Seule la partie S., par laquelle on entre, est conservée, avec ses deux étages de salles voûtées. L'**église** suivait un plan basilical surmonté d'un dôme haut de 20 m (écroulé). Il s'appuyait sur quatre pendentifs reposant sur des piliers massifs. À l'étage étaient aménagées des galeries à clôture (triforiums) qui subsistent en partie.

De Hama à Raqqa par la route de la steppe

Depuis 1997, une nouvelle route asphaltée, tracée à travers la steppe, relie Hama et la vallée de l'Oronte à Raqqa, au bord de l'Euphrate *(258 km N.-E.)*, évitant un long détour par Alep. Depuis Hama, il faut d'abord rejoindre Salamiyé puis prendre la direction de Raqqa.

■ **SALAMIYÉ** *(à 36 km de Hama)*, ville prospère et dynamique, compte 60 000 habitants, Ismaéliens dans leur grande majorité *(→ p. 362 et 383)*. Ancien centre de la secte abandonné depuis le Moyen Âge, elle connut une renaissance à partir de 1843. L'émir de Qadmous, le chef religieux des Ismaéliens, obtint en effet du sultan l'autorisation d'y installer ses coreligionnaires. Le véritable boom démographique vint plus tard, en 1887, lorsqu'une majorité des Ismaéliens du djebel Ansariyé se détourna de ses chefs traditionnels pour se placer sous l'obédience de l'Aga khan, qui résidait alors à Bombay : les dissidents quittèrent leurs montagnes pour s'établir à la limite de la steppe. Grâce aux subsides de leur chef spirituel, les Ismaéliens de Salamiyé bonifièrent les terres alentour en utilisant les techniques agricoles les plus modernes (ouverture d'une école d'agriculture en 1908, la première en Syrie). Dans le centre ville, près de l'ancien sérail, restes de constructions byzantines.

▶ À 5 km à l'O., à dr. de la route de Hama, une forteresse que l'on voit de très loin lorsque l'on sort de Salamiyé, le **qalaat Shmemis**, couronne un cône volcanique aux versants très abrupts. Elle fut fondée au XIIIe s. par le gouverneur ayyoubide de Hama. Au sommet, un fossé fut creusé dans la roche devant le mur d'enceinte assez bien conservé. Une longue rampe conduit jusqu'à la muraille que l'on ne peut gravir qu'à pied ou en véhicule tout terrain *(4x4 indispensable)*. L'ascension est périlleuse et n'offre pas grand chose de plus que les remparts (l'intérieur est très endommagé). ◀

■ **TEMPLE D'ISRIYÉ*** *(à 88 km de Salamiyé)*. Ce temple romain parfaitement conservé se dresse à 500 m à dr. de la route. Il date de la même époque que celui de Baalbek au Liban (IIIe s. de notre ère), auquel il s'apparente par la richesse de son **ornementation***.

■ **RÉSAFÉ**** *(à 178 km de Salamiyé)*, l'ancienne Sergiopolis, un camp militaire romain devenu à l'époque byzantine une ville de pèlerinage en l'honneur de saint Serge : → p. 468.

Homs

Situation : à 47 km N. de Hama, 162 km N.-E. de Damas, 193 km S.-O. d'Alep.

Alt. 495 m ; 607 000 hab. ; chef-lieu de mouhafazat ; université.

☎ 031

ℹ rue Choukry al-Kouwatli *(A2)*, dans le jardin public ; ouv. t.l.j. sf ven. 8 h-14 h et 16 h-20 h, jusqu'à 22 h en été.

Poste centrale : rue Choukry al-Kouwatli *(A2)*.

Hébergement : quelques hôtels à Homs, mais logez de préférence à Hama, beaucoup plus agréable.

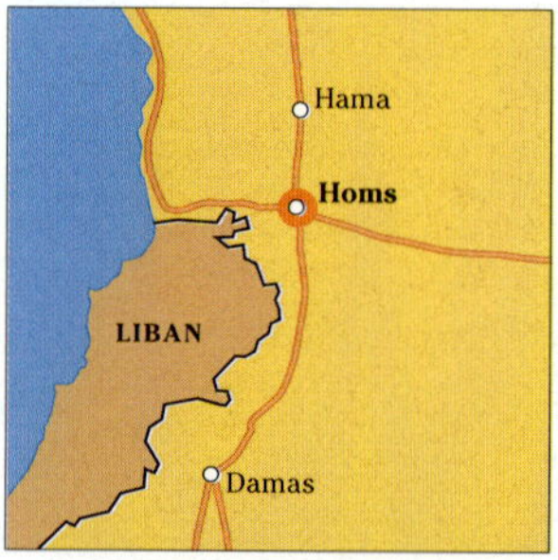

Troisième ville de Syrie, Homs offre assez peu d'intérêt pour les visiteurs de passage, hormis quelques allées de souks médiévaux très animés et colorés et, dans une église, des peintures du XIIe siècle. Pour les chrétiens orientaux, Homs est un but de pèlerinage car l'une de ses églises conserve une précieuse relique : la ceinture de la Vierge. Mais, de son riche passé antique, rien ne subsiste : sous le nom d'Émèse, elle fut pourtant la patrie d'Héliogabale, l'« anarchiste couronné » qui enflamma l'imagination d'Antonin Artaud, le petit roi-prêtre qui, devenu empereur, tenta d'imposer à Rome le culte de sa pierre sacrée.

Homs dans l'histoire

■ Des bédouins alliés de Rome

Émèse entre dans l'histoire en 64 avant notre ère : les chefs bédouins de la ville viennent d'égorger le dernier roi séleucide, Antiochos XIII. C'est qu'il faut plaire à Pompée – et à travers lui à Rome –, qui entend soumettre l'Orient à la République. Les chefs d'Émèse se montreront ainsi pendant plus d'un siècle de fidèles alliés de leur puissant maître. À l'ombre de Rome prospère, sur le trône d'Émèse, une dynastie de rois-prêtres dont sont issus les **Sévères,** qui règnent sur l'Empire romain de 193 à 235 (→ *encadré*). Sous la férule de leurs mères et tantes, clan de princesses syriennes installées en maîtresses de Rome, Geta (211-212), Caracalla (211-217) ou encore Héliogabale (218-222) laisseront par leurs excès et leur cruauté un pénible souvenir aux historiens romains des époques suivantes. On verra même Héliogabale, entre deux bacchanales, imposer aux citoyens de Rome le culte d'une pierre sacrée tout droit venue d'Émèse.

■ Le temple du Soleil

Dans la cour de l'actuelle mosquée an-Nouri de Homs, quelques pierres antiques signalent l'occupation ancienne du lieu : une cathédrale byzantine qui, elle-même, avait succédé à un temple païen. On vénérait là, autrefois, une pierre aniconique associée à un culte solaire pour laquelle fut élevé un sanctuaire colossal, resplendissant d'or, d'argent et de pierres précieuses, selon l'historien Hérodien, un contemporain. C'est là que les légionnaires romains tombent un jour sous le charme d'un jeune adolescent somptueusement vêtu : Héliogabale, le roi-prêtre qui accomplit les rites en psalmodiant d'étranges mélopées. Les rudes soldats voient en lui une incarnation de Bacchus. Il n'en est que plus facile pour sa grand-mère, Julia Maesa, de le faire proclamer empereur par la troupe. Il ne lui reste plus qu'à marcher sur Rome.

■ **Une cité de province prospère**

La chute de la dynastie sévérienne, en 235, n'entame pas la prospérité de la ville. Au carrefour d'importantes routes commerciales, elle continue à s'épanouir pendant la période byzantine, sous les califes omeyyades de Damas, puis à l'ombre de tous les pouvoirs musulmans qui se succèdent en Syrie. Devenue aujourd'hui un grand centre industriel et commercial en même temps que la troisième ville du pays, Homs abrite, depuis l'époque du Mandat français, l'Académie militaire de Syrie.

Visiter Homs

Organiser son temps : si vous avez 1 ou 2 h, garez votre voiture sur la place centrale où se trouve l'office du tourisme (rue al-Kouwatli ; **A2**). De là, gagnez à pied les souks puis l'église de la Ceinture-de-la-Vierge et Saint-Élie. Vu l'indigence de ses collections, le Musée archéologique (**A2** ; ouv. t.l.j. sf ven. ; entrée payante) est une visite dont vous pouvez vous dispenser.

■ **La rue al-Kouwatli** (A2). Sur cette grande artère, entre la poste et le Musée archéologique, deux **cafés populaires** accueillent une clientèle exclusivement composée d'hommes qui jouent aux cartes ou au jacquet tout en tirant consciencieusement sur leur narguilé. Autour d'eux virevoltent cireurs de chaussures et vendeurs de billets de loterie. Pour le visiteur, c'est une manière de prendre le pouls de la ville tout en sirotant un café. En face, le **bureau de tourisme** propose gratuitement des plans de la ville. Au S. de la rue s'élève un pan de la muraille antique (A2).

■ **La mosquée an-Nouri et les souks*** (B2). À l'entrée des souks, la Grande Mosquée de Homs, la **mosquée an-Nouri**, occupe, croit-on, l'emplacement de l'antique temple d'Émèse. C'est là que dansait le jeune Héliogabale autour de sa pierre

Héliogabale et les Sévères

En 182, le maître de l'Orient est un Africain : **Septime Sévère**, qui commande la IVe légion romaine stationnée près d'Antioche. Là, il tombe sous le charme de **Julia Domna,** la fille du roi et grand prêtre d'Émèse, qu'il ramène en Gaule et épouse. Très cultivée, Julia Domna – qui, en 188, a donné naissance à un fils, **Caracalla** – tient à Lyon un salon littéraire où se pressent les beaux esprits. En 193, Septime Sévère monte sur le trône impérial. Après sa mort et l'assassinat de Caracalla en 217, **Julia Maesa,** sœur de Julia Domna, pousse son petit-fils Héliogabale à reconquérir le pouvoir, usurpé par un certain Macrin. Dès son arrivée à Rome, **Héliogabale** contraint les Romains à lui rendre un culte et se distingue par ses mœurs dissolues. Nuit et jour, ce ne sont que grandes bacchanales où l'empereur, grimé en courtisane, se livre aux plus excentriques débauches en compagnie de ses mignons et de prostituées ; pendant ce temps, les plus hautes charges de l'État sont confiées à des danseurs ou à des cochers de cirque. Le peuple finit par se lasser : le 13 mars 222, Héliogabale est assassiné avec sa mère par les prétoriens qui jettent son corps dans le Tibre. Son cousin **Alexandre** (222-235) sera le dernier empereur de la dynastie des Sévères.

Homs : le centre ville.

sacrée. Rien ne demeure des anciens lieux de culte, exceptés quelques blocs déposés dans la cour.

Les **souks*** (A/B2) conservent pour l'essentiel l'aspect médiéval de l'époque de leur construction, sous les Ayyoubides (XIIIe s.), malgré des aménagements postérieurs (bains, khans) sous les Mamelouks et les Ottomans. Comme toujours en Orient, c'est l'endroit le plus animé de la ville : on y rencontre une foule colorée de chalands, pour beaucoup venus des campagnes voisines dans leurs plus beaux atours ; ils viennent admirer bijoux et vêtements, l'essentiel des produits vendus.

Après cette plongée dans la foule, vous suivrez à la sortie du souk une artère plus tranquille, la **rue Aboul'Hol** (B2), bordée de vénérables mosquées et de bains anciens. Plus loin, des clochers annoncent l'entrée dans les **quartiers chrétiens.**

■ **L'ÉGLISE DE LA CEINTURE-DE-LA-VIERGE** (B/C2 ; **al-Zounnar**). Le 20 juillet 1953, une nouvelle faisait l'effet d'une bombe dans le petit monde syriaque orthodoxe de Homs : on venait de découvrir la ceinture de la Vierge sous l'autel de l'église de la ville. Selon la tradition syriaque, la ceinture de la Vierge fut emportée en Inde par saint Thomas, puis ramenée de là avec la dépouille de

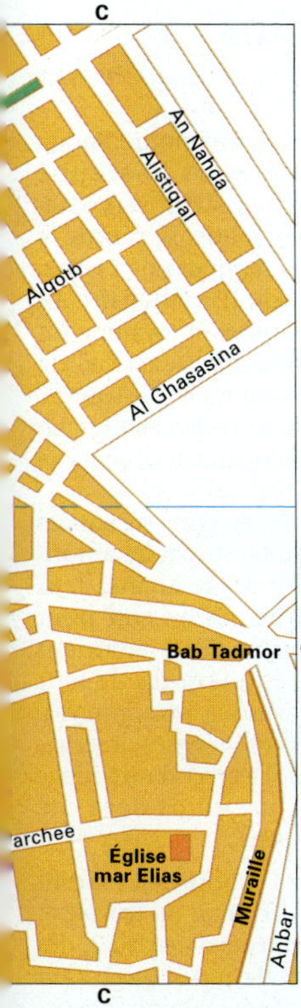

l'apôtre en 394. Depuis ce temps, elle aurait été dissimulée dans l'église de Homs.

C'est l'exploration de la bibliothèque patriarcale qui avait mis sur la piste de la vénérable relique. Un manuscrit en écriture *karshuni* (alphabet syriaque) daté de 1852 faisait état des travaux de restauration conduits cette année-là, au cours desquels fut découvert un reliquaire sous la table d'autel. Il conservait la ceinture de la Vierge Marie et fut replacé sous le nouvel autel cette même année. Les analyses scientifiques conduites par une mission des services archéologiques dépêchée sur place confirmèrent qu'il s'agissait très probablement d'une étoffe d'origine romaine. Il s'agit d'une bande de tissu de 74 x 5 cm, en lin et soie.

Lorsqu'on retrouva cette relique en 1953, elle reposait dans une cuve de pierre volcanique et sous un disque de cuivre, deux objets remontant à la période byzantine. Le tout était recouvert d'une dalle de pierre dont l'inscription rappelait les travaux de 1852. Un cylindre de métal contenant un fragment d'os humain accompagnait la relique. L'ensemble de ces objets est exposé à la vénération des fidèles dans une chapelle de l'église.

Plus loin vers l'E., tout près du tracé des anciennes murailles, l'église Saint-Élie s'élève au centre d'un vaste complexe de bâtiments ecclésiastiques modernes.

■ **L'ÉGLISE MAR ELIAS** (C2 ; **Saint-Élie** ; *sonner à la grille*). Derrière le chœur de cette église, dans une partie appartenant à un édifice antérieur, fut découvert en 1970 un cycle de peintures murales qui a été daté du XIIe s. : dans la conque, *Christ en majesté, Vierge* et *Baptême* ; au registre inférieur, sur les parois latérales, les quatre évangélistes qui écrivent en arabe. Une seconde couche a été mise au jour lors des restaurations : elle semble remonter au VIe s. Derrière le chœur de l'église se trouve le tombeau supposé de saint Élie, qui a donné son nom à l'église. Saint Élie était le fils d'un officier romain d'Émèse. Il embrassa le christianisme et fut martyrisé à la fin du IIIe s. pour avoir refusé d'abjurer sa foi.

En quittant l'église par la g., vous pourrez gagner **Bab Tadmor** (C2), la porte de Palmyre, où subsistent quelques soubassements de la muraille romaine.

■ **LA MOSQUÉE KHALED IBN AL-WALID** (B1 ; *reprenez votre voiture et suivez vers le N. la direction d'Alep*). Pour terminer la visite, vous pourrez pousser jusqu'à cette mosquée construite au début du XXe s. dans un beau style ottoman. À l'intérieur se trouve le cénotaphe du général Khaled ibn al-Walid, compagnon du Prophète qui conquit Damas au nom de l'islam. Ce type même du saint guerrier – on l'invoque également sous le nom de Sidi Khaled – passe pour le protecteur de la ville : la tradition veut ainsi que Tamerlan, lors de son raid en Syrie au XVe s., ait épargné la ville pour honorer le pieux général. Lors des fêtes de printemps (→ *encadré p. 324*), le tombeau d'al-Walid était un passage obligé pour les processions.

Les sept jeudis de Homs

Jusqu'au milieu des années 1950, Homs fêtait le printemps au cours de sept jeudis successifs, le dernier correspondant toujours au Jeudi saint du calendrier orthodoxe. Au cours de ce « jeudi des Cheikhs », un immense cortège traversait la ville. À sa tête, la bannière de Khaled ibn al-Walid, le protecteur de Homs. Venaient ensuite les confréries soufies : le maître de chacune chevauchait en tête, avec son étendard et ses fidèles, au rythme des tambours et des cymbales. À leur passage, les femmes de la ville tendaient leurs enfants aux cheikhs afin qu'ils les bénissent, ou même des fioles remplies d'eau qui servaient ensuite de remède. Les membres des confréries accomplissaient des prodiges : certains se transperçaient les joues ou une autre partie du corps avec un poignard, d'autres éteignaient des charbons ardents dans leur bouche... Le clou restait cependant la cérémonie de la *dousa* : les fidèles d'un cheikh s'allongeaient sur le sol, pour former un tapis humain devant le cheval de leur maître. Puis celui-ci lançait sa monture. On peut y voir le symbole de la renaissance de la nature : les hommes à terre, morts, se relevaient indemnes après le passage du cheval et de son saint cavalier.

Environs de Homs

■ **MISHRIFÉ (Qatna** ; *15 km N.-E. en direction de Salamiyé*).

Si, à partir de Homs, vous voulez rejoindre **Raqqa** **par la nouvelle route à travers la steppe** *(→ p. 465)*, vous traverserez, en allant vers Salamiyé, un petit village derrière lequel se profile le sommet des impressionnants **remparts de Qatna.** Pendant la première moitié du IIe millénaire av. J.-C., cette cité contrôlait un important royaume sur la route du S. reliant la Mésopotamie à la côte, via Palmyre. Au milieu du XIVe s. avant notre ère, son roi, fidèle à l'Égypte, s'opposa aux entreprises hittites. En représailles, le roi hittite pilla Qatna et déporta sa population.

Lorsque les fouilles se déroulèrent, dans les années 1930, les habitants furent contraints par les autorités à se réinstaller à l'extérieur des remparts, dans le bourg moderne de Mishrifé qui fut créé pour l'occasion. Beaucoup de ces familles viennent encore, le vendredi, pique-niquer près de leur ancienne demeure. Avec ses maisons abandonnées, son école vide, ses mosquées et ses églises désertes, l'ancien Qatna a aujourd'hui l'aspect d'un village fantôme, et son association aux ruines de la cité antique est un spectacle frappant.

On sera tout d'abord saisi par l'énormité des fortifications. Lors des fouilles, on découvrit un temple et son bassin sacré, les soubassements d'un palais, des tombeaux et la porte O. (celle par laquelle on aborde le site). On en a profité également pour construire une petite église, du côté N. du tell, pour la petite communauté chrétienne du bourg. Depuis quelques années, l'exploration archéologique a repris. Une piste carrossable permet de faire le tour du site en voiture.

Salamiyé, à 32 km de Mishrifé, est une localité peuplée en grande majorité d'Ismaéliens *(→ p. 319)*.

Le Massif calcaire★★★

Consacrer de longues heures à la recherche de vestiges byzantins : un programme qu'aucune agence de voyage n'oserait inscrire à son catalogue. Pourtant, la découverte du Massif calcaire est une des expériences les plus enthousiasmantes que l'on peut connaître en Syrie. Pas moins de sept cents sites antiques y ont été relevés, datant d'une période comprise entre le Ier et le VIe siècle. Plusieurs dizaines d'entre eux, des villages avec leurs maisons, leurs églises, leurs pressoirs, sont si bien conservés qu'ils semblent avoir été abandonnés d'avant-hier. À proximité, les hautes constructions des monastères ou les humbles ermitages de reclus rappellent la présence des hommes de Dieu. Autant d'émouvants témoignages, avec les croix et les symboles qui ornent les façades des demeures, du christianisme primitif et intransigeant qui s'épanouit en cette Antiquité tardive.

Aujourd'hui, le Massif calcaire est loin d'être un désert : les collines se sont repeuplées de villages depuis la fin du XIXe siècle. Et c'est l'autre intérêt d'un périple dans la région. À chaque arrêt, les habitants se proposeront de vous servir de guide ; puis, immanquablement, ils vous inviteront sous leur toit pour y partager le thé, les fruits du verger, voire le gîte et le couvert. Ne refusez pas cette hospitalité qui vient du fond du cœur, sans autre arrière-pensée que d'honorer et de fêter l'étranger de passage.

Le Massif calcaire mode d'emploi

Se déplacer : chaque année, le réseau routier gagne en kilomètres asphaltés. Pour les promenades suggérées ci-dessous, un véhicule tout-terrain n'est pas absolument indispensable, sauf pour monter au djebel Sheikh Barakat.

Situation : dans un rayon d'env. 60 km au N., à l'O. et au S. d'Alep.

Hébergement : à Alep.

À ne pas manquer

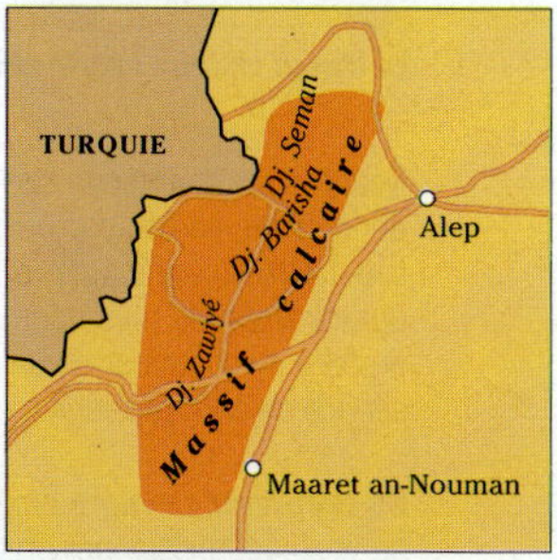

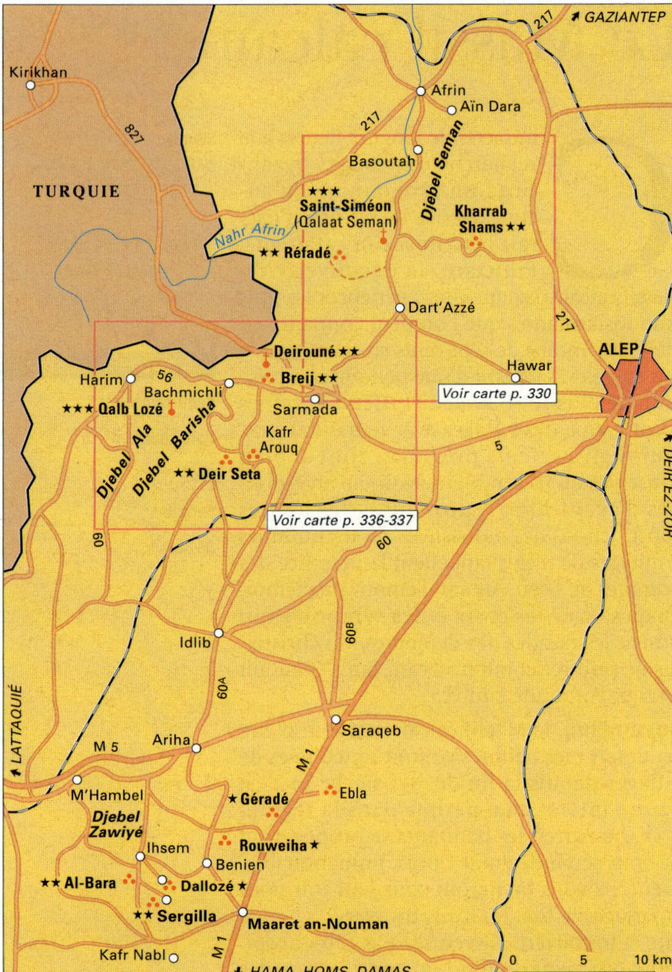

Le Massif calcaire : carte générale.

Néanmoins, l'approche des villages antiques, souvent à quelques centaines de mètres de la route, se fait par des pistes plus ou moins carrossables. Un 4x4 permet de se soustraire aux précautions qu'impose une voiture ordinaire. À l'exception des trois ou quatre sites les plus connus, les panneaux indicateurs sont rares ; mieux vaut donc prendre un chauffeur ou un guide. Avant le départ, faites le plein d'essence : les stations-service ne sont pas légion.

Se restaurer : malgré l'existence de nombreux villages, vous aurez peu d'occasions de vous approvisionner en route : prévoyez donc eau minérale et nourriture. Vous trouverez facilement un endroit agréable pour pique-niquer. De plus, l'hospitalité villageoise vous assure de ne mourir ni de soif, ni de faim.

Conseils : de bonnes chaussures de marche, montantes de préférence, et des pantalons longs sont indispensables pour affronter les chemins caillouteux, les hautes herbes et les murets à escalader. Les nu-pieds et les shorts pourraient de surcroît sembler saugrenus pour la population locale si c'est un homme qui les porte, et carrément choquants si c'est une femme. À prévoir également : un chapeau de soleil et un petit lexique arabe pour pouvoir échanger quelques mots lors des inévitables invitations à prendre le thé.

Propositions de circuits au départ d'Alep

■ Les « must » en une journée

En partant d'Alep tôt le matin, vous pourrez voir, en une journée bien remplie, quatre des sites les mieux conservés du Massif calcaire :

– Le **sanctuaire Saint-Siméon***** *(à 42 km O. d'Alep)*, sur le djebel Seman : → *p. 351.*

– L'**église de Qalb Lozé***** *(à 42 km de Saint-Siméon via Bachmichli, Harim et Hattan)* : → *p. 339.*

– Le site voisin de **Qirqbizé*** *(1 km de Qalb Lozé)*, sur le djebel Ala : → *p. 342.*

– La **ville morte de Sergilla**** *(à env. 78 km S. de Qalb Lozé via Bachmichli, Idlib, Ariha et al-Bara)*, remarquablement conservée, sur le djebel Zawiyé : → *p. 347.*

■ Deux ou trois jours dans le Massif calcaire

Si vous avez le temps de découvrir plus en profondeur la région, nous vous suggérons ci-dessous l'exploration de chacun des djebels qui constituent le Massif calcaire : il serait dommage que, à l'occasion de la visite de l'un des deux passages obligés du tourisme en Syrie, Saint-Siméon et Qalb Lozé, vous ne consacriez pas quelques heures à des sites tout proches qui complètent magnifiquement ces deux hauts lieux touristiques.

Chacun des itinéraires proposés peut être réalisé dans la journée à partir d'Alep, à condition de partir tôt. Vous pouvez aussi découvrir les principaux sites du djebel Zawiyé en allant de Hama à Alep : cela ne représente qu'un détour d'env. 50 km depuis la route principale.

Un peu de géographie

Le Massif calcaire, le Bêlus des Anciens, s'étend entre les cours de l'Oronte et de l'Afrin, à l'O., auxquels il oppose une forte dénivellation, et la plaine de Chalcis à l'E., vers laquelle il s'incline progressivement. Plus que de collines, la région est constituée d'un ensemble de plateaux séparés par des failles et des vallons, d'une altitude moyenne de 400 à 500 m et dominés par endroits par des cônes d'origine volcanique, tel le djebel Sheikh Barakat. On peut distinguer trois massifs : au N., le **djebel Seman,** qui s'abaisse au S. vers la plaine de Dana ; au S. de celle-ci, les deux massifs parallèles des **djebels Barisha et Ala,** séparés par la plaine du Chelf ; tout au S. enfin, au-delà de la plaine de Rough, le **djebel Zawiyé,** qui s'étend jusqu'aux environs d'Apamée. À première vue, la région présente de vastes étendues arides, où domine le gris du calcaire qui affleure presque partout. Mais en parcourant le Massif calcaire, on découvre rapidement que chaque repli de terrain et même les flancs des collines sont propices à l'agriculture.

Le Massif calcaire vu depuis le sanctuaire de Saint-Siméon avec, au fond, les derniers reliefs de la montagne kurde ; au-delà s'étend le pays d'Antioche.

Le Massif calcaire dans l'histoire

■ La mise en valeur de la région

L'occupation du Massif calcaire commence avec le début de notre ère et la construction d'une série de temples païens. Autour d'eux, des domaines agricoles dont l'exploitation assure les revenus nécessaires à leur entretien. À partir du début du IIe s., la région connaît une importante expansion démographique. À cette époque en effet, l'emprise romaine sur la Syrie déborde largement du domaine restreint sur lequel elle s'exerçait jusqu'alors : la région côtière et les contreforts du Taurus, alors que la steppe au-delà d'une ligne Beroia (Alep)-Chalcis-Émèse (Homs) restait aux mains des nomades (au point que les légions qui, depuis Antioche, se rendaient sur les frontières de l'Euphrate devaient effectuer un long détour par Cyrrhus, au N.). Au IIe s. tout change : la steppe est pacifiée grâce à un réseau de postes militaires qui vont rapidement devenir des localités d'importance. De plus, l'expansion démographique que connaît le littoral impose la mise en valeur de terres nouvelles. C'est dans ce contexte que se développent les villages du Massif calcaire.

À lire sur le sujet : ***Les Campagnes de la Syrie du Nord du IIe au VIIe siècle*, de Georges Tate (éd. Paul Geuthner, 1992), qui brosse une vaste fresque historique, sociale et économique de la région. L'ouvrage indispensable pour approfondir ses connaissances sur le sujet.**

■ La seconde expansion

Après un arrêt durant la deuxième moitié du IIIe s., l'expansion de la région reprend au IVe s. Conséquence d'une véritable explosion démographique, les collines se couvrent de villages aux belles maisons de pierre, dont l'appareillage et l'ornementation sont de plus en plus soignés. Dans le même temps, les espaces laissés libres sont occupés après dépierrage. Le grand nombre de pressoirs à huile construits pendant ces deux siècles d'expansion quasi continue (330-550) trahit l'activité principale des agriculteurs : l'oléiculture, dont les techniques réclament une main-d'œuvre abondante. Mais on exploitait aussi céréales et vignes, comme le rappelle une inscription célèbre relevée dans le village d'al-Bara : « Par nos récoltes de blé, de vin et d'huile, nous avons été comblés dans le pays » ; et les nombreuses auges de pierre retrouvées dans les villages témoignent de l'importance de l'élevage, bovin et ovin.

■ L'importance des échanges

Le Massif calcaire apparaît aujourd'hui comme une région relativement isolée. Il n'en était rien dans cette Antiquité tardive. Traversé depuis le IIe s. par d'importantes voies de communication, il se trouvait au cœur d'une des régions les plus urbanisées de l'Orient romain : Antioche, Laodicée (Lattaquié), Chalcis, Beroia (Alep), Apamée, Cyrrhus représentaient autant de débouchés commerciaux pour les exploitants de la région. L'afflux de numéraire dans les collines a entraîné une profonde modification de la physionomie des villages : les maisons s'agrandissent, une attention particulière est apportée à leur décoration. On voit même de riches notables disposer de moyens suffisants pour offrir à la communauté un édifice public : andron à Sergilla, basilique à Rouweiha… Ce développement qualitatif suppose de surcroît l'intervention de « gens de métier » : là où jadis les membres d'une même famille pouvaient venir à bout d'une construction sommaire, il faut dorénavant avoir recours à des spécialistes, tailleurs de pierre et maîtres d'œuvre. L'épigraphie a ainsi conservé une quarantaine de noms de ces ouvriers itinérants, qui s'en allaient de village en village construire les maisons des paysans enrichis.

■ Le déclin

À partir du milieu du VIe s., le Massif calcaire entame un processus de déclin qu'il faut sans doute mettre en rapport avec les troubles engendrés par la pression des Perses sur l'Orient romain (prise d'Alep et d'Antioche en 540-561, prise d'Apamée en 573, occupation perse à partir de 602 et pendant 20 ans). À quoi s'ajoute la réapparition de la peste en Orient à partir de 542. Pourtant, entre les crises majeures, la prospérité renaît dans le Massif calcaire, où l'on continue à construire de splendides édifices. Aux causes externes qui bouleversent le système des échanges mis en place depuis des siècles s'ajoute une crise interne de type malthusien : alors que la population des montagnes ne cesse de croître, il ne reste plus de terres à défricher et les exploitations, morcelées par les successions, sont de plus en plus petites. D'autre part, les surplus dégagés n'engendrent pas d'innovations techniques : les méthodes d'exploitation restent les mêmes que quatre siècles plus tôt, tout comme les maisons, qui derrière leurs façades richement décorées, présentent la même absence de confort. Faute d'innover, les paysans en sont réduits à « pétrifier leurs surplus dans la pierre » (G. Tate). Un processus qui leur fut fatal.

Le djebel Seman

Cette superbe excursion au nord du Massif calcaire à effectuer depuis Alep permet en une journée de découvrir les sites majeurs du djebel Seman, et en tout premier lieu le plus célèbre d'entre eux, le sanctuaire de Saint-Siméon *(→ p. 351)*. Un véhicule tout-terrain n'est pas indispensable, sauf pour l'ascension au djebel Sheikh Barakat.

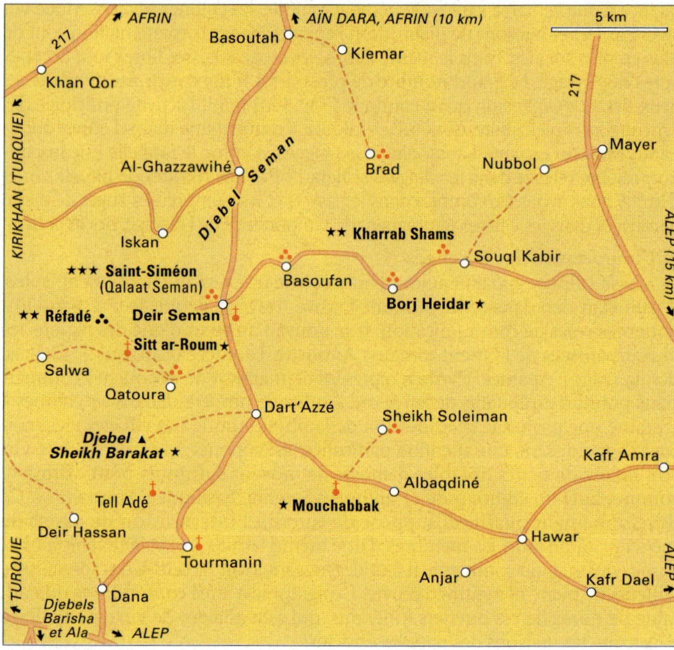

Le djebel Seman.

À ne pas manquer

Quitter Alep par la route de l'université et au-delà, la route directe de Saint-Siméon (panneaux indicateurs en lettres latines). Après 25 km, l'église de Mouchabbak apparaît sur une hauteur.

■ **L'ÉGLISE DE MOUCHABBAK**★ *(à 25 km d'Alep ; accès par une route sur la g. à 300 m de la route principale).*

Au prix de quelques réparations, l'église de Mouchabbak (Ve s.) pourrait servir à nouveau de lieu de culte tant son état de conservation est bon. Il s'agit d'une basilique à colonnes, à chevet plat, l'abside étant ménagée dans l'épaisseur du mur. Malgré l'absence de toute décoration sculptée, à l'exception des chapiteaux des colonnes, l'ensemble ne manque pas d'élégance. La haute façade est percée de fenêtres sur trois registres, tout comme les claires-voies au-dessus de la nef ; le tout assure un éclairage maximal à l'intérieur de l'édifice. Du côté N., des escaliers taillés dans le roc conduisent à un **tombeau souterrain**, sans doute un martyrion.

Sur la route d'Alep à Saint-Siméon, l'église de Mouchabbak apparaît sur une hauteur. Remarquablement conservée, elle date du ve s.

■ **Dart'Azzé** *(5 km plus loin par la route principale).* Cette bourgade est le point de départ de la piste qui grimpe au sommet du djebel Sheikh Barakat. À l'évidence, elle a profité de la proximité du célèbre sanctuaire de Saint-Siméon : restaurants et boutiques proposent leurs produits aux visiteurs de passage.

■ **Le djebel Sheikh Barakat*** *(sommet à 4 km O. de Dart'Azzé ; véhicule tout-terrain recommandé ; compter 1 h AR).*

N'entreprenez pas cette ascension pour découvrir des vestiges antiques : le temple de Zeus *(→ encadré p. 332)* est réduit à ses soubassements. En revanche, du sommet (880 m), le **panorama**** est exceptionnel : il s'étend des collines d'Antioche à la plaine de Chalcis, de la plaine de Dana en contrebas à la colline de Saint-Siméon et jusqu'aux contreforts du Taurus au loin vers le N. Cette situation stratégique n'échappa pas aux croisés qui établirent là un poste fortifié, réutilisant probablement le mur d'enceinte du temple. Au-dessus de l'entrée principale du temple antique s'élève un petit **oratoire musulman,** but de pèlerinage pour certains habitants du Massif calcaire. À 500 m en contrebas vers l'O., ruines d'un village byzantin : **Herbet Sheikh Barakat,** qui fut sans doute à l'origine une propriété du temple.

Le monastère de Téléda

Si le monastère de Téléda (Tell Adé, à 9 km de Dart'Azzé) n'est plus qu'un amas de blocs informes, il fut sans doute à l'époque byzantine l'un des plus prestigieux de Syrie. C'est vers le milieu du IVe s. que fut fondée la première communauté monastique, par un certain Ammianus, pour y « étudier la philosophie ». Or, à 4 km de là vivait dans une petite cellule sans lumière Eusèbe, reclus depuis son adolescence. Ammianus, qui peinait à diriger sa communauté, le persuada d'en assumer la charge. Attirés par la sainteté d'Eusèbe, les disciples affluèrent rapidement, certains moines quittant même leur couvent pour rejoindre Téléda. C'est là que Siméon passa dix années de sa vie avant de rejoindre Télanissos (Deir Seman) puis le sommet de sa colonne. Au VIe s., Téléda se rallia au monophysisme dont il devint l'un des principaux centres de diffusion. La conquête musulmane n'entama en rien son importance, qui s'accrut même auprès des populations paysannes restées chrétiennes, désormais libérées de l'influence des chalcédoniens de Constantinople. Et, paradoxalement, c'est la reconquête de la région par les chrétiens, sous la conduite de Nicéphore Phocas en 966, qui sonna le glas de la communauté qui disparut vers cette époque. En 1100, Bohémond d'Antioche occupa le site abandonné.

Le seul intérêt de Qatoura est un ensemble de sépultures creusées dans la falaise, à la sortie du village dans le vallon. L'une d'entre elles, à g. de la route, conserve un tympan sculpté où se distingue un personnage allongé sur un lit de banquet, surmonté d'un aigle aux ailes déployées. Une inscription en grec et en latin nomme le défunt : Titus Flavius Julianus, vétéran, de la VIIIe légion.

La sainte montagne

Le mont Coryphée des Anciens, point culminant du massif du Bêlus (880 m), connut très tôt une vocation religieuse. Sans doute y vénérait-on une idole sémitique, avant que la Rome impériale érige un temple à Zeus. Ce sanctuaire appartient à une série de temples construits dans la région entre le Ier et le IIe s., parmi lesquels celui de Borj Baqirha (→ p. 338). Cette floraison de sanctuaires occupant tous des éminences est peut-être à mettre en relation avec l'ouverture par décret impérial de la route reliant Antioche à Chalcis et Beroia (Alep). Elle est en tout cas contemporaine du premier essor démographique du Massif calcaire.
Le triomphe du christianisme entraîna l'abandon, et sans doute la destruction, dès le IVe s., de ce « temple des démons, très vénéré des gens du voisinage » (Théodoret de Cyr). Les contreforts de la montagne se couvrirent de monastères et d'ermitages jusqu'au sommet où, à en croire les explorations archéologiques les plus récentes, s'installa un stylite. Une manière de détourner de leurs anciennes croyances les populations locales qui, à n'en pas douter, continuèrent longtemps à grimper subrepticement au sommet de la montagne pour rendre un culte discret à leurs chères idoles.

Avant de gagner le sanctuaire de Saint-Siméon, deux villages méritent un petit détour : ***Sitt ar-Roum*** *et surtout* ***Réfadé.*** *Reprendre la route d'Alep jusqu'à l'embranchement (1 km) sur la g. pour* ***Qatoura.*** *À l'entrée de ce village qui se signale par une haute tour, prendre à dr.*

■ **SITT AR-ROUM★** *(à 800 m de Qatoura).*

La « Dame des chrétiens » des populations locales est une belle église à flanc de colline, en très bon état de conservation. Avant de l'atteindre, du côté g. de la route s'élèvent deux piliers monolithiques surmontés d'un linteau. En haut de chacun d'eux un évidement permettait de fixer une plaque de bronze. Ils marquent l'emplacement d'un **tombeau souterrain,** dont l'entrée se trouve quelques mètres en avant. Il est daté de 152 de notre ère et abritait 15 sarcophages.

L'**église★★** (IVe s.) conserve à peu près complète son enveloppe extérieure, dépouillée de toute décoration. Elle servit sans doute de chapelle à un monastère dont les ruines jonchent les abords de l'église. Elle était peut-être également utilisée comme église paroissiale par les habitants du bourg de Réfadé tout proche où, jusqu'à présent, aucune église n'a été repérée.

■ **RÉFADÉ★★** *(1 km plus loin).*

Ce site important est dominé par une haute tour qui s'élève tout au bout de la route ; de là, on découvre un panorama sur l'ensemble du village. Contrairement à d'autres villages où se côtoient riches demeures et simples maisons, les habitations de Réfadé sont toutes de grande taille, construites dans un bel appareil régulier et ornées de majestueux **portiques.** L'une d'entre elles, face à la tour en contrebas, est constituée de deux tours reliées par un portique. Certains spécialistes ont voulu y voir des ermitages dont la célébrité nécessita la construction d'un portique pour abriter leurs nombreux visiteurs. D'après les recherches les plus récentes, il s'agirait seulement d'une riche demeure qui abritait tout au plus deux familles, sans doute de la même parentèle. D'autres maisons possèdent ainsi portiques et loggias reliant les diverses parties de la propriété. La **tour** haute de 9 m est conservée sur presque toute sa hauteur. Sa position éminente semble indiquer qu'elle servit de tour de guet. Au premier étage, des latrines témoignent d'une occupation continue. Bien que des inscriptions attestent que les habitants du village étaient chrétiens, aucune église n'a été découverte à ce jour.

Regagner Qatoura puis reprendre la route de Saint-Siméon (à 3,5 km de Dart'Azzé).

■ **LE SANCTUAIRE DE SAINT-SIMÉON*** (Qalaat Seman) et DEIR SEMAN** *(à 3,5 km de Dart'Azzé, 42 km d'Alep)* ; l'une des merveilles de la Syrie byzantine, au cœur d'un paysage superbe : → *p. 351.*

Quitter Saint-Siméon par la route de Basoufan qui longe le versant E. du site.

■ **BORJ HEIDAR*** *(à 8 km de Saint-Siméon).*
En se rendant à Kharrab Shams, on longe ce petit village de quelques dizaines d'habitants qui conserve lui aussi de nombreux vestiges. À l'époque byzantine, il comptait au moins deux monastères et une basilique. À g. de la route, une double colonnade signale au milieu des habitations modernes les restes de la **basilique** du IVe s. ; elle conserve une abside latérale qui abrita sans doute un martyrion. En arrière de l'église, une **tour** domine le paysage de ses 11 m. À l'E. du village, à g. de la route, s'élève une remarquable petite **chapelle**** ornée de moulures (VIe s.) ; on peut observer à l'intérieur la belle décoration sculptée de l'arc de triomphe de l'abside. Sur le côté S. fut accolée par la suite une construction en gros blocs, qui servit peut-être de logement au prêtre.

■ **KHARRAB SHAMS**** *(à 12 km de Saint-Siméon).*
La visite du djebel Seman se termine par l'un de ses plus beaux sites, au cœur d'un magnifique paysage où l'on distingue au loin sur les crêtes d'autres vestiges byzantins. Le village se trouve au bout d'un petit chemin, à 300 m à g. de la route. De loin, l'impression est curieuse : au milieu des ruines s'élève une double rangée de colonnes surmontées de claires-voies percées de fenêtres ; il s'agit d'une église dont les murs extérieurs se sont écroulés (IVe s.). Elle fut transformée en fortin durant la période arabe (mur à travers la nef). C'est l'un des sites les plus photogéniques de la région.

Pour retrouver la route d'Alep, prendre à dr. 12 km après Kharrab Shams (24 km après Saint-Siméon). Passé l'embranchement, Alep est à 18 km.

Les djebels Barisha et Ala

Cet itinéraire à l'ouest d'Alep permet de traverser les sites majeurs des djebels Barisha et Ala, la partie du Massif calcaire la plus riche en vestiges archéologiques. En chemin, les occasions seront nombreuses de s'arrêter dans les petites localités de montagne, où les habitants ne manqueront pas de vous inviter à partager le thé, le café, voire leur repas.

Combien de temps : pour réaliser cette excursion en une journée sans que cela devienne un marathon, il

À ne pas manquer

Voir la carte détaillée p. 336-337.

vous faudra, même en partant d'Alep très tôt le matin, faire des choix dans les arrêts proposés.

Quitter Alep par la route de Damas, et à la sortie de la ville prendre à dr. en direction de Bab al-Hawa (vers la Turquie).

■ **TELL AQIBRIN** (**Tell al-Karamé** ; *à 40 km d'Alep*), dans la plaine de Dana.
Peu avant l'entrée du village, la route longe *(à dr.)* sur 1 200 m la **voie romaine**** qui reliait Antioche à Chalcis (Qinnesrin). Large de 6 m, elle est composée de blocs de calcaire dont certains atteignent 2 m de long. Elle remonte très probablement au IIe s. et fut restaurée à l'époque du Mandat français.

À 4 km env. de Tell al-Karamé, juste avant l'entrée de ***Sarmada*** *(3 000 hab.), tourner à dr. au rond-point en direction de la frontière turque.*

■ **BAB AL-HAWA***
À dr. de la route moderne est conservé un bel **arc** construit au VIe s., au milieu de vestiges informes (les pierres antiques furent réutilisées sous le Mandat français pour la construction du poste frontière après la cession à la Turquie du sandjak d'Alexandrette). Près de l'arc fut retrouvée une stèle inscrite rappelant qu'on entrait ici dans un vaste domaine impérial. Celui-ci fut donné par Constantin au prince Hosmisdas, frère du roi perse Sapor II, qui pourtant passa du côté byzantin et aida Constantin comme plus tard Julien dans leurs guerres contre les Perses. Après sa mort, le domaine retourna à l'administration impériale.

Continuer tout droit en direction de la frontière turque, puis prendre à g. à 3 km la route qui gravit les contreforts N. du djebel Barisha.

■ **BAOUDÉ** *(à 1 km du croisement, à g. en surplomb de la route ; 10 mn de marche).*
Cette ville occupant un plateau a conservé d'importants vestiges, parfois imposants, avec de nombreux éléments de décoration sculptée. En premier lieu, du côté N., un surprenant **ensemble de portiques*** sur deux niveaux que l'on a pris pour des façades de boutiques. Les recherches les plus récentes ont montré qu'il s'agissait plutôt de façades de maisons particulières ouvrant comme à l'accoutumée sur des cours dont les vestiges ont été mis au jour. Un bel exemple de l'aspect monumental que peuvent prendre les constructions de la région.
Du côté N.-O. du site (par lequel on arrive en venant de la route), un bâtiment diffère par son plan des maisons traditionnelles du Massif calcaire. Il s'agit d'une **construction à deux étages** bordée

La bataille de l'Ager Sanguinis

Le 28 juin 1119, dans la plaine de Sarmada, eut lieu la célèbre bataille de l'Ager Sanguinis où s'affrontèrent l'élite de la chevalerie d'Antioche et les musulmans de l'atabeg d'Alep. Conduits par Roger de Salerne, prince d'Antioche, Francs et Arméniens, sûrs de leur force, campaient dans la plaine entre Sarmada et Tell Aqibrin. Dans la nuit, le chef musulman fit discrètement grimper ses troupes au sommet du djebel Srir, au S. de Tell Aqibrin, puis les lança contre les chrétiens surpris. Au cours de la bataille que les chroniqueurs appelèrent plus tard le « champ du sang » périrent Roger de Salerne, l'évêque d'Apamée et les meilleurs des chevaliers d'Antioche.

La voie romaine de Tell Aqibrin. Ses énormes blocs de calcaire étaient autrefois striés afin d'empêcher les chevaux de glisser.

d'un portique (écroulé) sur ses deux longs côtés. Le rez-de-chaussée ouvrait largement à l'E. ; à l'étage, les longs côtés possédaient une ouverture soutenue par deux piliers. Le rez-de-chaussée était occupé par une huilerie, tandis que l'étage n'était qu'une grande pièce unique. Ce dispositif a laissé penser qu'il s'agissait d'un andron construit au-dessus d'un pressoir sans doute à usage collectif. La ville possède également une église (à l'extrémité E.) datée par une inscription de 392-393. Voyez aussi au S. du site la belle **maison** du VIe s. qui conserve ses murs jusqu'au départ de la charpente.

■ **BABISQA** *(1 km plus loin ; le village est habité : laisser la voiture à l'entrée et poursuivre à pied ; il serait bien étonnant qu'un villageois ne se propose pas pour guide).*

Le site, l'un des plus importants du djebel Barisha, fut probablement occupé dès le IIe s. Parmi les nombreux vestiges disséminés à travers le village actuel, les plus remarquables sont ceux d'une **église** (à l'E. du village) construite entre 390 et 401 par Markianos, un prêtre-architecte dont une inscription mentionne le nom sur un linteau entre la porte de l'église et le baptistère. À l'édifice primitif fut adjointe, au Ve s., une seconde construction, sans doute un **baptistère** dont la **porte**** est l'une des plus richement décorées de l'ensemble du Massif calcaire. Un reliquaire orné de deux rosaces repose sur le sol, parmi les herbes folles. La ville comptait une seconde église (à l'O. du village) dédiée à saint Serge, dont ne reste qu'une partie du mur O.

■ **DAR QITA*** *(2,5 km plus loin).*

Aujourd'hui, seul le tintement des clochettes des bêtes que les bergers kurdes viennent faire paître au printemps donne un peu de vie à cette ville abandonnée. Ce fut aux Ve et VIe s. une localité d'importance, comme en témoignent la présence de trois églises et les vestiges d'une quarantaine de maisons, dont certaines présentent de beaux éléments décoratifs. Dar Qita comptait deux baptistères : on a voulu y voir l'indice de la coexistence de deux communautés chrétiennes, chalcédonienne et jacobite *(→ encadré p. 119)*.

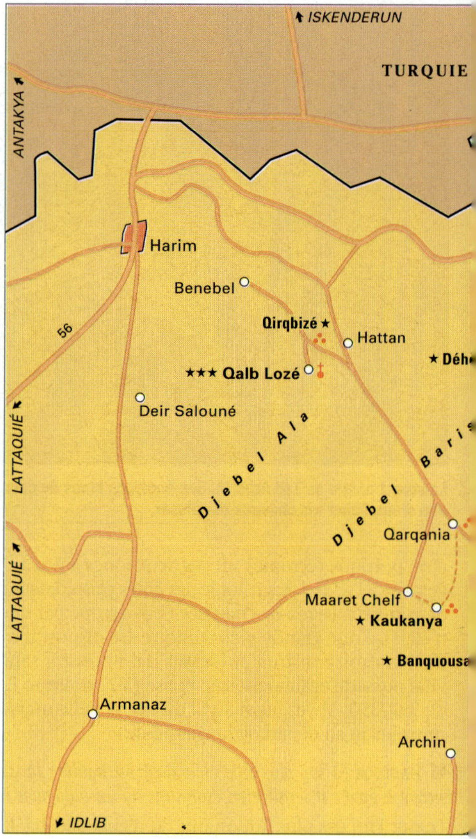

Les djebels Ala et Barisha.

Une société villageoise

En l'absence de tout texte contemporain, à l'exception de l'épigraphie, les archéologues – notamment français – ont joué un rôle décisif pour la compréhension de la région. Leurs travaux ont permis de ressusciter une société rurale cohérente, composée de paysans libres et qui possédaient leur terre. Une société foncièrement égalitaire, comme le montre l'absence de disparités significatives entre les habitations. Car si à côté des maisons à une ou deux pièces qui constituaient la majorité des habitations, on trouve aussi de vastes maisons dotées de nombreuses pièces, chacune de ces pièces abritait en fait une cellule familiale. On ne peut ainsi établir de hiérarchisation sociale entre les habitants d'une maison à pièce unique et ceux qui occupaient une pièce dans une maison en regroupant plusieurs : les deux habitats présentent sensiblement la même superficie et sont dans les deux cas dépourvus de tout confort (ni chauffage, ni système de canalisations). Tout au plus peut-on avancer que les habitants d'une maison à pièces multiples, le plus souvent des membres d'une même famille, avaient plus de chances de réussir en mettant en commun leur force de travail, dans une activité agricole exigeante en main-d'œuvre et dans une économie ouverte sur le marché.

La **première église*** que l'on aperçoit en abordant le village (qui s'étend à dr. de la route) fut dédiée en 537 à saint Serge. Elle était dotée, au-dessus de la prothésis, d'une tourelle, sans doute le logement du gardien. Elle fut augmentée d'un baptistère une trentaine d'années plus tard. Pour atteindre la **deuxième église,** on suit le sentier qui longe le chevet et descend vers le village. On découvre d'abord *(à g.)* une **tour*** conservée sur toute sa hauteur et couverte d'une terrasse (bien que certains spécialistes y aient reconnu une tour de reclus, sa fonction reste incertaine) ; plus loin s'élèvent les ruines d'un **baptistère****, richement décoré et pourvu d'une absidiole en saillie. Vient enfin l'**église** (418), consacrée aux saints Paul et Moïse

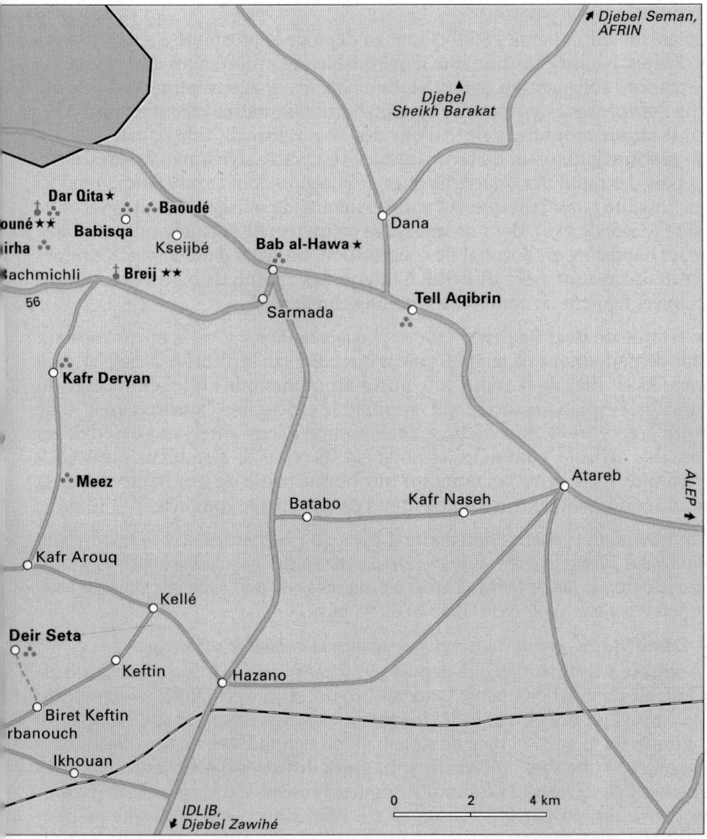

(beau portail décoré sur le mur S.). Près de là, un grand bâtiment a été identifié avec une auberge, sans certitude.

Revenez sur vos pas et suivez la route asphaltée à dr. En bordure O. du village s'élève la **troisième église**, une basilique de la seconde moitié du VIe s. consacrée à la Trinité. Le mur S. présente à l'étage les moulures caractéristiques qui se prolongent d'une fenêtre à l'autre.

■ **DEIROUNÉ**★★ *(1 km après Dar Qita)*.

À mi-chemin entre Dar Qita et Babisqa, cette église à la silhouette d'une rare élégance subsiste pratiquement intacte, à l'exception de sa toiture. Elle est ornée sur la façade et les murs latéraux de moulures enveloppantes qui tombent en volutes au pied des montants des portes. Ce fut la chapelle d'un monastère construit au vie s., dont subsistent quelques vestiges des bâtiments conventuels. Le nom de Deirouné dérive d'un terme syriaque qui signifie « petit couvent ».

■ **BAQIRHA** *(1 km plus loin).*
Malgré un terroir pentu et difficile, et en dépit de la proximité d'autres villages prospères, Baqirha a connu une remarquable expansion : plus d'une centaine de maisons s'alignent sur ce méplat dominant le paysage avec une régularité qui a pu faire penser à une ébauche de véritable urbanisme. Le site est dominé à l'E. par la **façade monumentale**** d'une des deux églises du village, datée de 546 par une inscription : sur quatre niveaux elle est percée d'élégantes fenêtres, enveloppées des moulures caractéristiques de la région dont l'exubérance prend ici une tonalité quasi baroque. À l'autre extrémité du village s'élevait la seconde église (datée de 416), dont ne subsistent qu'un pan de la façade orientale ainsi qu'un **baptistère** en bon état de conservation. Entre les deux églises, les ruines des maisons sont assez difficiles à interpréter ; parmi de belles décorations sculptées figurent de nombreux symboles chrétiens.

Le temple de Borj Baqirha* *(500 m plus loin sur la g.).* C'est le mieux conservé de la demi-douzaine de temples païens que comptait le djebel Barisha *(→ encadré p. 332)*. Près de la route, une **porte monumentale** est le seul vestige du temenos, l'esplanade sacrée qui entourait le sanctuaire. Construit au IIe s. de notre ère, celui-ci était dédié à Zeus Bomos (Zeus-autel) et possédait un domaine agricole, comme en témoignent les restes de nombreux pressoirs à proximité. Il conserve ses murs sur une bonne partie de leur hauteur ; sur la façade se dressent deux colonnes, dont l'une est encore complète.

*Continuer dans la même direction sur 1,5 km ; à l'intersection avec la route reliant Sarmada à Harim, prendre à dr. en direction de Harim jusqu'à **Bachmichli** (1 km). Pour aller voir le site de Déhès, tourner à g. au centre du petit bourg sur une belle route asphaltée qui traverse le djebel Barisha du N. au S.*

■ **DÉHÈS*** *(à 2,2 km de Bachmichli, un panneau indique le site sur la dr.).*
Ce site est activement fouillé depuis 1975 par l'IFAPO (Institut français d'archéologie du Proche-Orient). Deux raisons ont suscité cet intérêt : l'étendue du site – c'est l'un des plus grands villages du Massif calcaire – et son occupation continue, du IIe au Xe s., date de son abandon définitif. Les ruines, disséminées au milieu d'une vaste oliveraie, sont assez difficiles d'accès et recouvertes d'herbes folles. On peut néanmoins admirer l'ensemble de l'**église Est*** *(en arrivant sur le site, prendre le 1er chemin à g.)*. Édifiée au Ve s., elle adopte un plan basilical à sanctuaire rectangulaire. Les murs, à l'exception de celui du N., subsistent sur une belle hauteur, et le mur S. est percé d'une **porte*** décorée de beaux symboles chrétiens. La nef conserve les soubassements du bêma, tandis que dans le chœur, auquel conduisent quelques marches, on devine la base de l'autel : on voit les quatre cavités où s'emboîtaient les colonnettes soutenant la table. Au S. de l'église, un **baptistère*** fut ajouté ultérieurement (belles décorations moulurées). À la porte, une inscription en syriaque conserve le nom de son architecte : Yohanan. À l'intérieur, les fonts baptismaux sont toujours en place. Au S. de l'ensemble, grande **citerne** couverte de dalles de calcaire.

Le monastère de Deir Déhès* *(à 700 m au S.-O. du village ; continuer tout droit après le chemin qui conduit à l'église E., puis tourner à g. au 1er croisement).* Construit sur un rebord montagneux, ce monastère dont il reste d'imposantes ruines domine un superbe **paysage***. Abordant l'ensemble par le N., on découvre tout d'abord les vestiges, très ruinés, de la basilique, dont la construction sur cette pente nécessita d'importants travaux de terrassement. Il en subsiste la partie N. de l'arc de triomphe marquant l'entrée du chœur, ainsi que les soubassements de l'autel. Plus loin se trouvaient les bâtiments monastiques, tandis qu'une haute **tour** (de reclus, de guet ?) s'élevait à l'autre extrémité du périmètre ; seul le mur N. subsiste sur toute sa hauteur (env. 7 m).

Revenir à Bachmichli, continuer en direction de Harim ; à 4,5 km, prendre à g. la route asphaltée jusqu'à ***Hattan*** *(7 km) ; à la sortie du village, une route à dr. grimpe à flanc de colline jusqu'à Qalb Lozé.*

■ **Qalb Lozé***** *(à 12 km de Bachmichli et 42 km de Saint-Siméon ; accès facile par une belle route toute neuve ; église ouv. t.l.j. 8 h-18 h ; entrée payante).*

Sur les hauteurs du djebel Ala, au milieu d'un village peuplé de Druzes, l'**église** de Qalb Lozé est, avec le sanctuaire de Saint-Siméon, une des étapes majeures d'une visite du Massif calcaire. Depuis sa découverte en 1862 par le comte de Vogüé, elle demeure le plus bel exemple d'un style architectural et décoratif qui fleurit dans cette société agricole du Massif calcaire et que l'on ne retrouve sur aucun site des régions d'Apamée ou d'Antioche.

En 1935, l'église fit l'objet de relevés détaillés et de travaux de déblaiement et de consolidation par Georges Tchalenko, dont le nom est toujours prononcé avec respect par les habitants du village. Par ses dimensions et son aménagement, l'édifice ne peut avoir été une simple église paroissiale, et le village semble avoir dépendu de l'église, plutôt que l'inverse. Il semblerait que l'on soit en présence d'un lieu de pèlerinage dont, en l'absence de texte, nous ignorons tout.

Selon Georges Tchalenko, il faudrait situer la construction de l'église vers le milieu du ve s. ; elle serait ainsi antérieure au sanctuaire de Saint-Siméon, et présente une série d'innovations qui seront reprises dans les grands sanctuaires du vi^e s.

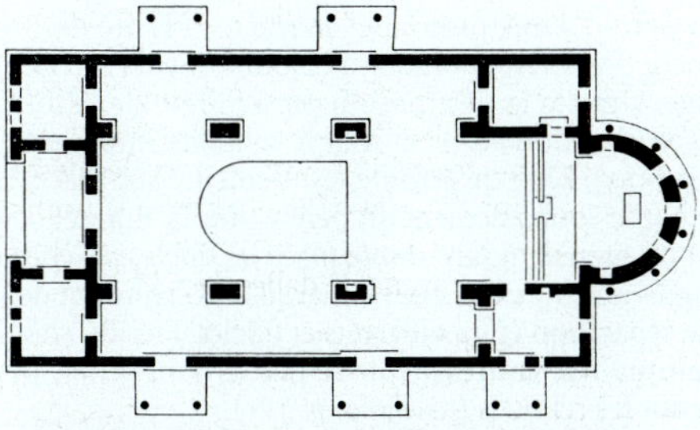

Plan de l'église de Qalb Lozé (ve s.), à trois nefs séparées par de puissants piliers. Cet édifice a joué un rôle majeur dans l'histoire de l'architecture syrienne. Comme dans la plupart des églises d'Antiochène, deux sacristies encadrent le chœur : un diaconicon, et un martyrion qui abritait le reliquaire.

La localité de Harim *(16 km O. de Bachmichli)*, tout près de la frontière turque, domine la plaine d'Antioche. On peut y voir les restes d'une forteresse occupée par les Francs de 1098 à 1164 (castrum Harench) et quelques demeures de l'époque ottomane.

Comptez env. 2 h de Bachmichli à Qarqania avec la visite de Qalb Lozé et du site voisin de Qirqbizé.

Grâce au dispositif de consoles supportant la toiture de la nef, l'église de Qalb Lozé est parvenue jusqu'à nous dans un état de conservation exceptionnel, alors que bien d'autres églises de la région furent gravement endommagées par les séismes qu'a connus la Syrie au cours des siècles. Si le mur N. de l'édifice a disparu, c'est qu'il fut démonté par les habitants du village moderne pour servir de matériau de construction.

Sur Qalb Lozé et l'architecture religieuse de cette époque, voir aussi le texte et les illustrations des pages 121-123.

Un projet architectural novateur. À l'**intérieur,** pour la première fois, des **piliers massifs** rythment l'édifice, au lieu des colonnes que l'on trouvait jusque-là. Leur puissance permet d'augmenter la portée des arceaux entre la nef et les collatéraux, intégrant ces derniers au volume général de l'édifice. Mais l'innovation la plus audacieuse concerne la couverture. Jusqu'alors, la charpente de la nef reposait directement sur la corniche de la claire-voie au-dessus des deux côtés de la nef. Ici, la toiture s'appuie sur des **consoles** portées par des colonnes reposant elles-mêmes sur d'autres consoles. Ce dispositif, repris par exemple dans la basilique de Résafé, permet de renforcer la structure de l'édifice.
La couverture des **collatéraux** (conservée du côté S.) consistait en de longues dalles de calcaire, formant saillie vers l'extérieur. Cet allégement du poids des superstructures permit de multiplier les ouvertures dans les claires-voies, percées chacune de onze fenêtres auxquelles s'ajoutent les neuf fenêtres de chacun des collatéraux, les trois fenêtres de l'abside et les trois fenêtres de la façade. L'intérieur, vaste volume libre de colonnes, était ainsi baigné de lumière de toute part.

À l'**extérieur,** sur la façade O., un **narthex** est flanqué de deux tours à trois étages pourvues d'escaliers : ils permettaient d'accéder à l'étage des collatéraux d'où les fidèles, les jours de grande affluence, pouvaient assister à l'office. En façade, les deux **tours** carrées étaient reliées par un arceau cintré, dont seul subsiste le départ de g. C'est à Qalb Lozé qu'apparaît l'**abside saillante,** déterminant vers l'extérieur un chevet semi-circulaire décoré de deux ordres de colonnettes reposant sur des consoles, dispositif qui se retrouvera dans la basilique principale de Saint-Siméon.

La décoration sculptée. Moulures, frises, rosaces témoignent du soin apporté à la construction de l'édifice. Pour la première fois sans doute, les fenêtres sont reliées du côté extérieur par une bande moulurée continue, sauf du côté de l'abside. De même, un socle mouluré entoure l'ensemble de l'édifice.

■ **QIRQBIZÉ*** *(1 km N. de Qalb Lozé, à dr. de la route en venant de Hattan).*
Un terre-plein où l'on peut laisser son véhicule divise le site en deux : à dr., des constructions modestes et très ruinées ; à g., un groupe de bâtiments plus importants, avec tout d'abord un ensemble de trois constructions, pratiquement dans un même alignement.

L'église*, qui a pu être datée du IVe s., serait l'un des plus anciens lieux de culte chrétien de Syrie. Elle a passionné historiens et archéologues car elle est construite selon un plan identique à celui d'une maison : elle est précédée d'une cour entourée d'un mur et percée d'une profonde citerne recouverte de cinq dalles ; sa **façade** est également ornée d'un portique à colonnes. Seul l'**intérieur,** une salle unique sans étage, signale la destination particulière de l'édifice *(→ illustr. p. 121)*. Depuis son abandon au VIIe s., tout le mobilier liturgique (à l'exception des éléments en bois), bien qu'écroulé, est demeuré sur place. Le centre de la nef est occupé par le soubassement du **bêma,** autour duquel courait une banquette à dossier où prenaient sans doute place les fidèles. Le chœur fut surélevé de plusieurs degrés au cours des siècles, marquant l'évolution de la liturgie vers une plus grande séparation entre officiants et fidèles. Près du chœur se trouvent toujours des **reliquaires,** coffres de pierre percés d'un orifice permettant de verser de l'huile sur les reliques *(→ illustr. p. 121)*.

Les maisons et la tour du Reclus. Dans le prolongement de l'église se dressent deux belles demeures construites en gros appareil ; elles sont précédées d'une cour et agrémentées de belles façades à portique. La **première maison,** la mieux conservée, était dotée de part et d'autre de la façade de deux cages d'escalier permettant d'atteindre l'étage. Au-delà, on arrive aux ruines moins lisibles d'un second groupe de maisons. La cour de l'une d'elles abrite un curieux édifice : une petite **tour**

Druzes de Qalb Lozé fabriquant du pain. En dépit de l'abondance de « villes mortes », le Massif calcaire est loin de n'être qu'un vaste champ de ruines : de nombreux villages sont réoccupés depuis la fin du XIXe s.

haute de 3,65 m, dont l'étage est seulement percé de deux étroites ouvertures. Il s'agissait certainement d'une tour de reclus, destinée peut-être à une fille du propriétaire de la maison qui choisit de se consacrer à Dieu tout en restant près des siens. Les textes de l'époque relèvent plusieurs exemples de ce genre. Au S. de la tour, une profonde citerne est encore utilisée par les habitants de Qalb Lozé.

Depuis Qalb Lozé, redescendre vers Hattan et au croisement (2 km) prendre à dr. jusqu'à ***Qarqania*** *(1,5 km) en suivant la fertile vallée de Chelf qui sépare les djebels Ala et Barisha.*

Qarqania est une bourgade très animée, la plus importante du djebel Barisha.

▶ **Kaukanya*** *(à 3 km S. de Qarqania)*, petite localité de 200 habitants, fut, avec Déhès et Qarqania, un des principaux centres du djebel Barisha à l'époque byzantine *(à Qarqania, prendre la rue de la mosquée al-Kébir, et au bout, tourner à dr. puis à g. de manière à sortir du village)*. La route qui y mène monte à travers les olivettes. Arrivé au village, laissez votre voiture au pied de la **tombe pyramidale*** visible de la route (elle date de la fin du IVe s.). L'instituteur du village parle quelques mots d'anglais et pourra vous être d'une aide précieuse et sympathique.

Vers le S. s'élèvent les ruines d'une basilique à colonnes construite au Ve s., puis une belle maison précédée d'un portique à colonnes et piliers. Au S.-O. de la basilique, un curieux édifice se détache au milieu d'un verger : une construction à étage, reposant sur quatre piliers massifs ; il s'agissait probablement d'une **tour de reclus.** En poursuivant vers le village actuel, on rencontrera d'autres maisons à portique dont plusieurs ont été réaménagées par les habitants du village, ainsi qu'un hypogée conservant une inscription en grec. ◀

Passé Qarqania, on arrive après 4 km à ***Kafr Arouq,*** *où l'on prend à g. la direction de Kafr Deryan.*

Depuis Kafr Arouq, on peut terminer cet itinéraire par le site de Deir Seta, au S. du djebel Barisha, puis regagner directement Alep via Sarmada :**

→ ***Extension au départ de Kafr Arouq, p. 344.***

Alep et la vallée de l'Oronte

Des villages par centaines

Les villageois du Massif calcaire construisirent pour défier le temps. Quinze siècles plus tard, au milieu d'un paysage aride de collines dénudées, leurs belles demeures et leurs églises subsistent dans un étonnant état de conservation. Tous les villages présentent à peu près la même physionomie : un ensemble assez lâche de maisons regroupées en îlots, sans véritables rues. Dans cette société où, en l'absence de plan d'urbanisme, tout reposait sur l'initiative individuelle, seule l'existence par endroits d'un petit mur d'enceinte – tout juste bon à protéger les habitants contre les bêtes sauvages – trahit une volonté collective.

◀ L'une des nombreuses croix byzantines gravées sur les façades des églises et des maisons.

■ Un bel habitat de pierre

Les maisons du Massif calcaire se ressemblent toutes : un édifice rectangulaire à deux niveaux, le rez-de-chaussée servant de remise, d'atelier ou d'étable, tandis que l'étage était réservé à l'habitation. Un portique soutenu par des colonnes ou des piliers bordait la façade ; il prolongeait les pièces de l'étage, auquel on accédait par un escalier extérieur. Devant la façade, la cour dallée était le domaine des animaux et de la basse-cour. Elle était entourée d'un haut mur destiné à dissimuler les communs aux regards extérieurs pour ne laisser apparaître que l'étage, la partie « noble » de la demeure.

▲ Le village de Sergilla (VIe s., djebel Zawiyé), avec les deux seuls types d'édifices publics que l'on ait identifiés dans le Massif calcaire : un bain (à g.) et un andron (à dr.), salle de réunion pour les hommes. Dans les villages, pas de véritables rues, mais des chemins qui longeaient les limites des constructions et servaient au passage des bêtes et des gens. De même, les sépultures – hypogées, sarcophages ou constructions monumentales – n'étaient pas regroupées en cimetières mais disposées, sans ordre apparent, à la lisière des villages ou même à l'intérieur.

■ Églises et monastères

Les nombreuses chapelles et églises témoignent, tout comme les croix gravées sur les maisons, de la profonde piété de cette société paysanne. Les églises les plus anciennes ne se distinguent en rien des maisons particulières. Avec la basilique à colonnes (seconde moitié du Ve s.), l'ensemble prend un caractère monumental que souligne le développement de la décoration intérieure *(sur les églises de l'époque byzantine, → les pages 121-123)*. Un peu à l'écart des villages s'élevaient des couvents. Ils étaient à la tête de vastes domaines agricoles dont l'une des principales activités était la production d'huile, dans les pressoirs. Ces couvents abritaient également des foyers spirituels de première importance : certains d'entre eux ont servi de centres de diffusion au monophysisme, qui était très populaire dans les campagnes.

▲ **Les bâtiments monastiques étaient souvent accompagnés d'édifices à deux niveaux entourés d'un portique (ici, à Deir Seman, à côté de Saint-Siméon) : hôtellerie pour les pèlerins ou logement des moines ? La question reste discutée.**

■ Tours et androns : des édifices énigmatiques

Nombre de villages sont dominés par des tours, hautes parfois de plus de 10 m. Celles à un seul étage servaient de logement à des ermites, mais il est douteux que les plus monumentales aient été édifiées pour l'usage d'un seul moine. La présence de latrines en surplomb trahit néanmoins une occupation permanente. Peut-être ces tours servaient-elles à un guetteur pour surveiller les plantations, tandis que les étages inférieurs étaient utilisés comme remises. Certains villages (Sergilla, Baoudé, Meez) possèdent en outre un bâtiment singulier : pourvu d'une pièce unique à l'étage, il ouvre directement sur l'extérieur, en l'absence de cour. Sur la base d'une inscription découverte à Meez, ces édifices ont été qualifiés d'« androns », lieux où se réunissaient les hommes du village. La nature exacte de ces réunions reste à déterminer.

La tour de Géradé, d'une hauteur de 18 m, comprenait quatre étages séparés par des planchers de bois. C'était probablement une tour de guet. ▼

◄ **Une maison de Sergilla. L'escalier de bois et le portique qui précédaient l'étage ont disparu, mais il reste les fenêtres et les portes, encadrées de moulures, ainsi que les niches où l'on déposait des lampes à huile.**

■ **Meez** *(à 6 km de Kafr Arouq).*
Cette localité est unique dans la région : construite au beau milieu d'une plaine, elle est également le seul site où l'on puisse véritablement parler de projet urbanistique. Malgré le très mauvais état de conservation des monuments, les archéologues ont pu reconnaître, disposés autour d'un vaste bassin (dont on devine le tracé à g. de la route), un ensemble d'édifices publics : andron (daté de 129), temple et agora. Côté dr., ruines d'une basilique du VIe s. Le site fut encore occupé à l'époque musulmane, comme en témoignent les restes de deux mosquées ainsi que des stèles funéraires.

■ **Kafr Deryan*** *(3 km plus loin).*
Cette petite localité très active conserve, disséminés parmi les maisons modernes, de nombreux vestiges antiques. Aucune construction n'est encore debout, à l'exception d'une chapelle, **ed-Deir***, à la lisière orientale du village *(suivre la rue qui prend à dr. dans un virage au centre de la localité)*. Elle fut élevée vers la fin du VIe s. près de l'endroit où vécut Younan le Stylite, qui participa à un synode monophysite en 567. La **colonne** où il vécut (8,70 m de haut à l'origine) gît à terre devant la chapelle. Près de la colonne, une cavité ménagée dans le roc abritait le corps du saint homme.

3 km après Kafr Deryan, au carrefour de la plaine de Sarmada, prendre à dr. pour gagner Breij.

■ **Breij**** *(à 3,5 km de Kafr Deryan ; le site se trouve à 200 m à g. de la route).*
Le couvent de Breij (VIe s.) est le mieux préservé et le plus spectaculaire des ensembles monastiques de la région (trois corps de bâtiment). Il est particulièrement riche en décorations – notamment des croix et des rosaces –, d'une grande diversité de styles, qui ornent presque tous les linteaux des portes et des fenêtres.
À g., la **première construction**, parallèle à la falaise et flanquée d'une tour, est assez ruinée. Sa destination reste incertaine (logis des moines ?), à l'exception du rez-de-chaussée qui pourrait avoir servi d'étable, comme semblent l'indiquer les nombreuses auges de pierre.
Le **second groupe de constructions**, perpendiculaire à la falaise, est en bien meilleur état. À la petite chapelle conventuelle fait suite un **portique**** à deux étages, conservé sur toute sa hauteur. Il précède un bâtiment de même hauteur, sans doute une hôtellerie pour les pèlerins, dont le sous-sol abritait un pressoir. Au-delà fut creusée dans la roche une vaste salle, en avant de laquelle ouvre une grande citerne (certaines des dalles de calcaire qui la couvraient sont encore en place).
À dr. de l'ensemble s'élève le **troisième groupe de bâtiments** : deux **tours** accolées, de trois étages chacune, qui communiquaient par le premier étage. La première, sans doute la plus ancienne, était dotée d'un judas au-dessus de la porte d'entrée, qui permettait au moine gardien de s'assurer de l'identité des visiteurs. Au rez-de-chaussée de la seconde fut aménagé un tombeau comprenant cinq sépultures : l'une d'entre elles (celle du fondateur du couvent ?) semble avoir fait l'objet d'une vénération particulière.

Après Breij, poursuivre jusqu'à Sarmada, d'où l'on pourra regagner Alep (47 km) en repassant par Tell Aqibrin.

■ **Extension au départ de Kafr Arouq : Deir Seta****
Deir Seta, au cœur d'un très beau **paysage*** de collines et de vergers, est un des sites importants du djebel Barisha. De là, on peut regagner directement Sarmada puis Alep. Compter env. 2 h, avec la visite de Deir Seta, pour couvrir la distance entre Kafr Arouq et Sarmada *(30 km)*.

Cette porte de l'église Est de Deir Seta est caractéristique du foisonnement ornemental qui envahit linteaux, corniches et chambranles à partir de la fin du Ve s.

À 3,5 km de Kafr Arouq, au centre de la bourgade de **Kille,** *prendre à dr. jusqu'à Biret Keftin (4 km plus loin) ; là, emprunter à dr. la route asphaltée qui monte à Deir Seta (2 km) et se termine en cul-de-sac.*

Deir Seta.** Quelques dizaines de familles occupent le site, et parfois les ruines, de ce village antique qui ne possédait pas moins de trois églises. On y trouvait également de belles maisons, la plupart écroulées mais dont on peut avoir une idée de la décoration au vu des blocs sculptés épars qui jonchent les abords du village moderne.

Le martyrion*. En avançant vers le village, à g., s'élève un édifice hexagonal – il en reste une des trois entrées ainsi que trois **fenêtres**** richement décorées – qui abritait sans doute la tombe d'un saint particulièrement vénérée. L'édifice fut plus tard transformé en mosquée, et son périmètre en cimetière musulman (stèles funéraires dont les plus anciennes remontent au XIIIe s.).

L'église Est** *(au centre du village, à dr. de la route asphaltée)*. Transformée en étable, elle conserve presque entièrement ses murs N. et S., percés de fenêtres reliées par une ligne continue de moulures enveloppantes. La partie S. – une cour de ferme, qui conserve son dallage originel – est la plus intéressante. On peut y voir une **porte**** avec son linteau orné d'une rosace et surmonté d'une corniche richement décorée d'acanthes. Le montant de dr. se termine près du seuil par une superbe volute, caractéristique de l'art de la région.

Banqousa* *(2 km O. de Deir Seta ; accessible uniquement à pied, à cheval ou à dos de mulet)*. Les ruines de cette « ville morte », occupée dès le IIe s., sont délimitées par les vestiges de deux églises. L'**église Sud,** une basilique à colonnes (VIe s.), conserve un beau

Pour ajouter un peu de piquant à la découverte du Massif calcaire, une visite à ne pas manquer : celle du monastère de Banqousa*, que l'on atteint à cheval ou à dos de mulet depuis Deir Seta. Les habitants du village se feront un devoir de mettre leurs bêtes à votre disposition et de vous accompagner (se présenter tôt le matin pour éviter la grosse chaleur). Prévoyez alors une journée complète pour cette partie du djebel en venant d'Alep.

chevet semi-circulaire percé de trois fenêtres moulurées et encadré par les chapelles latérales. L'**église Nord,** que l'on date du IVe s., serait l'une des premières basiliques construites en Syrie. Les murs conservés sont constitués d'énormes blocs dont certains atteignent plus de 2,50 m de long. Entre ces deux églises, on peut reconnaître les ruines de maisons d'habitation (beaux linteaux sculptés) ainsi que celles d'une troisième église, dont les plaques de chancel émergent d'un chaos de pierres.

Pour regagner Alep depuis Deir Seta, revenir à Kille ; de là, prendre à dr. jusqu'au croisement de Hazan (2 km), où l'on prendra à g. la route de Bab al-Hawa (13 km, → ci-dessus p. 334) via Sarmada.

Le djebel Zawiyé

Voir la carte p. 326 .

Le djebel Zawiyé constitue la partie sud du Massif calcaire. On peut aussi le découvrir au cours d'un trajet entre Hama et Alep ; et dans ce cas y intégrer la visite d'Ebla★ *(→ p. 302)*, la grande cité-État syrienne des IIIe et IIe millénaires avant notre ère. Le point de départ de cette promenade est Maaret an-Nouman. À partir de là, comptez quatre heures et une cinquantaine de kilomètres de trajet.

À ne pas manquer

■ **MAARET AN-NOUMAN** *(à 73 km S. d'Alep).*

Dans cette grosse bourgade agricole, au flanc E. du djebel Zawiyé, s'est déroulé un des plus douloureux épisodes des croisades : en 1099, 20 000 musulmans y furent massacrés par les Francs, qui se livrèrent même à cette occasion au cannibalisme.

Maaret an-Nouman mérite un arrêt pour la très belle collection de mosaïques de son **musée★**, aménagé dans un beau caravansérail *(ouv. t.l.j. sf mar. 9 h-13 h ; entrée payante ; belles cartes postales des mosaïques exposées)*. Les 7 000 m^2 de ce **khan★** du XVIe s. *(→ p. 280-281)* en font le plus grand de Syrie. Au centre de la grande cour centrale s'élève comme souvent un petit oratoire, en arrière duquel un édifice servait pour la distribution de nourriture aux nécessiteux. Les salles ménagées sur le pourtour servaient de logements aux voyageurs et d'entrepôts pour leurs marchandises ; elles abritent aujourd'hui des **mosaïques** qui constituent le principal intérêt du musée : elles sont d'une fraîcheur et d'une esthétique remarquables.

Premier pavillon *(à dr. de l'entrée)*. Trois panneaux à voir principalement : à l'entrée au sol, une grande composition qui décorait la nef et les collatéraux d'une église byzantine (VIe s.), avec des motifs géométriques et animaliers ainsi qu'une figure allégorique de la terre (ΓΗ) ; dans la deuxième partie de la salle, au sol, une mosaïque datée de 511 représentant **Romulus et Remus** dans un beau cadre géométrique ; contre le mur, une **mosaïque** dite **de Photios** (510) où animaux sauvages et domestiques figurent côte à côte parmi des rinceaux de vigne : une préfiguration du paradis.

Deuxième pavillon : à l'entrée, panneaux de mosaïques provenant d'une église de Salamiyé ; on y retrouve des séries d'animaux sauvages et domestiques, ainsi que le thème de la vasque où s'abreuvent deux colombes, allégorie des âmes vivifiées par l'Eucharistie. Au fond de la salle, beau panneau au sol où sont représentés les animaux vivant dans la plaine du Ghab (éléphants, ânes sauvages, lions, guépard).

Troisième pavillon : superbe mosaïque romaine consacrée au cycle d'Hercule (Homs, IIIe s.).

Sortir de Maaret an-Nouman vers l'O. en direction de Kafr Nabl (10 km), où vous trouverez des petits restaurants, des épiceries et un marché ; au carrefour qui marque le centre ville, prendre à dr. la direction de Sergilla et al-Bara, puis 8 km après Kafr Nabl, tourner à dr. en direction de Sergilla. Le site se trouve à 3,5 km du croisement.

À 8 km de Kafr Nabl, juste avant l'entrée du village moderne d'al-Bara, prendre à dr. la route pour Sergilla. Le site se trouve à 3,5 km du croisement.

■ **SERGILLA**** *(à 21,5 km de Maaret an-Nouman).* Le village est sans conteste le plus visité de ceux du Massif calcaire : l'état de conservation de ses ruines, son site charmant au creux d'un wadi et la facilité d'accès sont là pour justifier amplement cet engouement. Le village est construit sur les deux flancs d'un vallon ; dans le creux, où l'on a relevé les vestiges des habitations les plus anciennes et les plus modestes, deux constructions remarquables se distinguent : un andron et des thermes. Le petit raidillon qui descend au fond du vallon laisse à g. un groupe de sarcophages antiques.

Les thermes et l'andron. Ces deux belles constructions sont disposées sur deux côtés d'un espace libre, couvert de dalles de calcaire. Il s'agit de la citerne qui alimentait le bain en eau. C'est aussi un des rares exemples dans tout le Massif calcaire d'une place publique, qui pouvait servir à des marchés épisodiques ou à des réunions des habitants du village. Le premier bâtiment abrite les **thermes****. Une mosaïque découverte au début du XXe s., et disparue depuis, mentionnait le nom du généreux donateur et de sa femme, qui entreprit en 473 d'offrir l'édifice

De l'olive à l'huile

La fabrication de l'huile dans un **pressoir** comprend trois opérations. Il faut tout d'abord broyer les olives à l'aide de meules de pierre, pour séparer la pulpe des noyaux, et éliminer un liquide amer utilisé comme engrais ou pour la tannerie. Réduite en une pâte homogène, la pulpe est disposée dans des paniers que l'on presse à l'aide d'un levier, une longue poutre de bois, fixée d'un côté dans une cavité ménagée dans le mur du pressoir et que l'on abaisse, soit à bras d'homme, soit à l'aide d'un treuil ou d'une vis verticale. La première huile exprimée, il faut ensuite en éliminer les impuretés. Du panier, elle s'écoule dans des bassins où l'on verse ensuite de l'eau : les résidus se déposent au fond de la cuve, tandis que l'huile purifiée surnage et se déverse progressivement par une rigole vers un second bassin propre. Cette huile de première pression, la meilleure, était destinée à l'alimentation. Une seconde pression fournira de l'huile utilisée pour les cosmétiques ou pour l'éclairage.

à ses concitoyens. Le côté N. (on atteint le site par l'O.) est occupé par une longue pièce (où se trouvait la mosaïque), lieu de réunion et de déshabillage. Côté S. se trouvait une enfilade de petites pièces, dont une, à l'angle S.-O., devait être la salle chaude, comme le laisse croire la petitesse de ses ouvertures.

L'**andron**** voisin (fin du ve s.) est un beau bâtiment à étage, de plan presque carré et ouvrant directement sur l'extérieur. Ce qui suffit à le différencier des habitations communes, de plan rectangulaire et qui sont précédées d'une cour. En façade, élégant double portique, auquel ne manque que la couverture (un toit à double pente). Cet édifice singulier a été identifié avec un lieu de réunion pour les habitants du village. Mais rien ne permet de préciser la nature de ces réunions : banquets rituels comme à Palmyre et sans doute à Meez, « conseils municipaux », bourse de commerce ?

De là, on gravit l'autre versant du vallon jusqu'à un ensemble de ruines à mi-pente.

L'église et le pressoir. L'ensemble, assez ruiné, ne laisse pas facilement deviner son plan originel, d'autant que, construit au IVe s., il a subi des modifications aux Ve et VIe s. : du côté g., une basilique à trois nefs, à laquelle furent adjoints du côté dr. un édifice à colonnes et, en arrière, une salle carrée qui contient trois sarcophages ; au-dessous, un escalier donne accès à une crypte.
À g. de l'église, les installations d'un **pressoir** sont clairement identifiables : évidements circulaires pour installer les paniers de pressage, niche dans le mur pour fixer le bras du pressoir, meule, bassins de décantation *(→ encadré p. 347)*. La taille de cette installation ainsi que son isolement – les pressoirs se trouvent le plus souvent dans l'exploitation elle-même – font penser à une « industrialisation » de l'oléiculture, la principale activité du village.

Le village. Ses maisons s'élèvent au-dessus de l'église et du pressoir. Certaines conservent encore le mur de clôture de leur cour et présentent leurs belles façades sur deux niveaux, ornées de niches et percées de portes et de fenêtres à l'encadrement mouluré. On peut prolonger la promenade en suivant un petit chemin vers la dr., qui serpente entre les murs de maisons plus modestes. L'extrémité S. du site est occupée par une grande maison à belle façade, dont le rez-de-chaussée a conservé sa couverture originelle.

Revenir sur la route principale ; après 1 km, on entre dans le village moderne d'al-Bara.

■ **Al-Bara**** *(en venant de Sergilla, prendre dans le centre du village au coin de l'école la rue à g. qui descend dans la vallée vers le site antique ; au 1er carrefour, prendre l'embranchement de g.).*
Voici l'un des deux sites majeurs du djebel Zawiyé, avec Sergilla. Ici, ce n'est pas tant l'état de préservation des bâtiments, plus ruinés qu'à Sergilla, qui retiendra l'attention, mais plutôt l'environnement, qui évoque assez précisément la physionomie du village à l'époque byzantine : une large cuvette plantée de vergers et traversée par de petits chemins bordés de murets. Au milieu de cette riche végétation s'élèvent maisons, églises, tombeaux monumentaux.

Un véritable centre urbain. Al-Bara est une des seules localités du Massif calcaire qui puisse véritablement être qualifiée de ville. Couvrant 3 x 2 km, elle a pu compter jusqu'à 5 000 habitants. Cinq églises ont été repérées sur le site ; on y rencontre également des sépultures monumentales qui témoignent de la prospérité des habitants. Une prospérité largement due à l'oléiculture, qui atteignit ici un stade quasi industriel : dans un quartier à l'O. ont été mis au jour de nombreux pressoirs de grande taille où il est probable que les exploitants de la ville et de ses environs venaient apporter leur production. Pourtant, au contraire d'autres localités voisines, al-Bara ne se développa qu'à partir du IVe s. Elle connut en revanche une longue postérité. Lorsqu'ils atteignirent la ville en 1098, les croisés y trouvèrent un évêque grec que Raymond de Saint-Gilles s'empressa de déposer pour le remplacer par un évêque latin. Ils y restèrent jusqu'à ce qu'ils soient délogés, en 1123, par les musulmans qui érigèrent une forteresse à la limite N. de la ville.

À travers al-Bara. Une route asphaltée permet de parcourir le site en voiture. Parvenu à la route principale qui le traverse du N. au S., prendre à g. pour gagner le **monastère*** qui s'élève à la limite S. du site. Appelé Deir Siobat, il conserve une belle salle préservée sur deux étages et entourée sur trois côtés d'un déambulatoire. Sur le quatrième côté (à l'E.), une pièce servait probablement d'oratoire à la communauté.

Revenir sur ses pas pour suivre la route qui se dirige vers le N. Après une série de sépultures creusées dans la roche, on atteint une première **tombe monumentale**** à toit pyramidal. Richement ornée de frises d'acanthe, elle conserve à l'intérieur cinq sarcophages, eux-mêmes très décorés. En poursuivant vers le N. on laisse les vestiges très ruinés de villas et d'églises, une seconde tombe pyramidale, au-delà de murets d'origine antique construits en pierres sèches soutenues par des piliers. Parvenu à la limite N. du site *(la route s'infléchit à dr. pour regagner le village moderne)*, on laisse à dr. les ruines de la **basilique** appelée localement al-Hosn (fin du IVe s.). Plus loin sur la g. s'élève l'éminence qui supporte le **fortin** construit par les musulmans après leur reconquête de la ville sur les croisés *(petit chemin à g. bordé de murets de pierres sèches)*. Du fortin, belle **vue** sur l'ensemble du site. La route atteint ensuite la lisière du village moderne.

*De retour sur la route principale, continuer vers le N. ; au niveau d'**Ihsem**, 5 km au-delà d'al-Bara, la route s'infléchit à dr. Passé Benien, suivre la belle route récente d'Idlib ; après 4 km, un panneau indique sur la dr. la direction de Rouweiha et Géradé (à 5 et 7 km du croisement).*

▶ À Ihsem, avant de gagner Rouweiha, on peut faire un petit détour jusqu'à **Dallozé*** *(route sur la dr. à l'entrée du village ; 3,6 km)*, un petit hameau qui conserve un groupe de splendides **maisons**** en remarquable état de conservation. Les cours sont encore ceintes de leurs murs, et les façades offrent une belle harmonie de portes et de fenêtres ouvragées. Un petit chemin à flanc de colline permet de découvrir l'ensemble du site avec un peu de recul. ◀

L'une des deux tombes monumentales d'al-Bara, au milieu des plantations d'oliviers. Les pierres de la haute toiture pyramidale présentent toutes des saillies qui servaient peut-être à suspendre des lampes pour illuminer le mausolée dans les grandes occasions.

■ **ROUWEIHA*** *(à 25 km d'al-Bara).*
Perchée sur un haut plateau qui domine un vaste paysage, Rouweiha (auj. 100 hab.) fut une des principales localités du djebel Zawiyé au IIIe s. Sa prospérité ne se démentit pas dans les siècles suivants, puisqu'on y compte une centaine de maisons de belles dimensions, un ensemble de tombeaux monumentaux et deux églises.
Les ruines se trouvent pour l'essentiel à g. de la route. On découvre tout d'abord une **basilique à colonnes*** du Ve s., dont une partie est occupée par des villageois et leurs bêtes. En avant de l'édifice, du côté de la tour, s'élève un petit édicule posé sur huit colonnes. Il s'agissait très probablement d'une tour de reclus, ou plutôt de recluse comme semble l'indiquer son appellation locale : *amoud al-bint al-wazir,* la « colonne de la fille du vizir ». De fait, pour d'évidentes raisons de sécurité, les femmes qui choisissaient de se retirer du monde ne s'écartaient pas pour autant des lieux habités.

De l'église on peut poursuivre à pied vers le N. Parmi les vestiges, on remarquera à g. un bel **arc de porte** qui donne accès à un espace carré de 35 m de côté. Les découvreurs du site y virent l'entrée d'un marché encadré d'un portique. Il s'agit plus vraisemblablement de la cour d'une maison bordée de bâtiments sur ses quatre côtés.
Plus loin, un chemin antique de pierres sèches sort du village pour se diriger vers une seconde église, à 300 m. Il s'agit d'une grande **basilique*** à piliers et arcs transversaux – une innovation architecturale – qui fut offerte à la communauté au VIe s. par un notable du village, un certain Bissos. Sa tombe, un édifice à coupole rappelant les tombes des saints musulmans, se trouve dans l'abside latérale dr. Une inscription conservée y rappelle son nom. Une seconde sépulture, en forme de temple romain, flanque l'autre côté de l'édifice.

■ **GÉRADÉ*** *(2 km après Rouweiha).*
Le dernier village de cette promenade à travers le djebel Zawiyé est dominé par une **tour**** haute de 18 m. C'est l'édifice le mieux conservé du site, et sans doute la plus belle construction de ce type dans tout le Massif calcaire. Elle était pourvue de quatre étages (dalles de pierre au premier, planchers de bois soutenus par des poutres pour les trois autres). Le dernier étage présente vers l'extérieur une sorte de chemin de ronde – des dalles de pierre posées sur des corbeaux – courant sur les quatre côtés. On y accédait par quatre portes ménagées sur chacun des côtés. Ce dispositif semble indiquer une tour de guet. Aux alentours, de vastes **maisons** ont encore belle allure ; l'une d'entre elles est dotée d'une galerie au premier étage formant une terrasse au-dessus de la cour : un dispositif unique dans la région.

Continuer dans la même direction jusqu'à la grande route Hama-Alep (à 3 km). Le carrefour se trouve à 7,5 km au N. de Maaret an-Nouman.

Saint-Siméon★★★ (Qalaat Seman)

Situation : à 42 km N.-O. d'Alep, dans la partie N. du Massif calcaire.

Trente-six ans au sommet d'une colonne : l'exploit avait en lui-même de quoi susciter l'admiration. Mais à ces qualités d'athlète de Dieu, Siméon ajoutait la douceur et la compassion qu'il prodiguait à chacun des innombrables visiteurs venus recevoir sa bénédiction. Devenue lieu de pèlerinage à la mort du saint, cette « colline inspirée » fut coiffée d'un vaste ensemble architectural, l'une des merveilles de la Syrie byzantine. Admirablement restauré, le martyrion de Saint-Siméon et le baptistère, au cœur d'un paysage superbe dans le djebel Seman, constituent une des étapes majeures d'un voyage en Syrie. Vous passerez là un moment inoubliable.

C'est à la lumière du soir que les pierres de Saint-Siméon prennent tout leur relief, caressées par les rayons du soleil déclinant. Avis aux photographes.

Saint-Siméon mode d'emploi

Organiser son temps : à une heure de route d'Alep, Saint-Siméon est la plus belle excursion à entreprendre depuis la capitale de la Syrie du Nord. Comptez 4 h AR. Qalaat Seman peut également être au centre d'un itinéraire d'une journée à travers le djebel Seman★★★ (nombreux vestiges byzantins) : pour le détail, → p. 329.

Visite : le site est ouv. t.l.j. sf mar. 8 h-16 h, jusqu'à 18 h en été ; entrée payante. Comptez 2 h de visite.

Où faire une pause : au-dessus du site, un restaurant installé en terrasse face à un splendide panorama permet de déjeuner très agréablement.

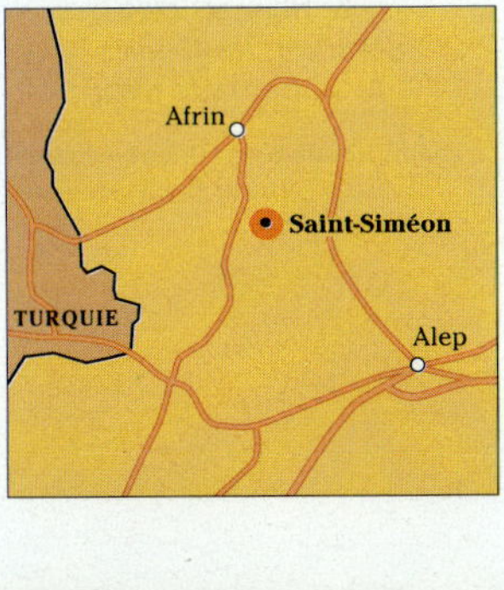

Saint-Siméon dans l'histoire

■ Un programme architectural unique

Les travaux du pèlerinage de Siméon ne débutèrent qu'en 472, alors qu'Antioche et Constantinople possédaient depuis la mort du saint (459) des édifices en son honneur. Ce fut un programme grandiose. Il fallut tout d'abord araser la colline de manière à obtenir une immense esplanade. Au N. s'élevait le martyrion, un octogone au centre duquel se dressait la colonne, flanqué de quatre basiliques à trois nefs, bras monumentaux tendus vers les quatre points cardinaux. L'ensemble fut achevé en un temps record, dès la fin du ve s.

Cette rapidité, tout comme l'originalité du plan et le raffinement de la décoration, suppose des moyens qui dépassaient les possibilités des villageois et des monastères des alentours. Il semble que le patriarche d'Antioche ait largement financé les travaux, et que l'empereur Zénon se soit lui-même intéressé au projet. L'exécution de l'ensemble fut probablement confiée à des ateliers d'Antioche. C'est qu'il s'agissait en quelque sorte d'un projet officiel. En ces temps où les campagnes syriennes cédaient à l'hérésie monophysite (→ *encadré p. 120)*, il n'était pas inutile de placer saint Siméon du côté de l'orthodoxie chalcédonienne.

L'histoire nous a légué un document extraordinaire sur la vie de Siméon : sa biographie écrite par Théodoret, évêque de Cyr, témoin des événements, qui recueillit de la bouche même du saint la matière pour écrire son ouvrage.

■ Le pèlerinage

Durant tout le haut Moyen Âge, des cohortes de pèlerins se pressèrent sur les lieux où avait vécu le Stylite : les citadins d'Antioche venus en voisin, ceux de Constantinople et des grandes villes de l'empire y côtoyaient les paysans de la région, « sarrasins » venus par villages entiers et qui conduisaient leurs bêtes jusque dans le martyrion, dansant autour de la colonne comme le faisaient leurs ancêtres autour des idoles païennes. Au plus fort de l'exaltation, certains croyaient voir apparaître, dans l'embrasure d'une fenêtre, le visage du saint, dissimulé sous son célèbre capuchon noir. Ils avaient auparavant gravi la voie processionnelle, qui partait de Télanissos. De part et d'autre de l'allée, des rangées de boutiques proposaient articles pieux, statuettes du saint, fioles à remplir d'huile sanctifiée au contact de la colonne. À mi-parcours, un arc de triomphe, dont restent des vestiges significatifs, rappelait la victoire en ce lieu de l'homme sur l'humaine condition. Puis les pèlerins parvenaient sur l'esplanade, laissant à dr. le baptistère octogonal, où certains d'entre eux seraient appelés, au terme de leur visite, à rejoindre la communauté chrétienne.

Comme [la] réputation [de Siméon] se propageait en toutes directions, tous accouraient à lui [...]. Et ainsi [...] c'est un océan de peuples qu'on peut voir rassemblé en ce lieu, un océan où se déversent les fleuves venus de toute part.

Théodoret de Cyr, *Histoire religieuse* (trad. A. J. Festugière)

■ La fin de la domination byzantine

Le pèlerinage de Saint-Siméon fut fréquenté jusqu'au début du xe s. À cette époque, la région tout entière était le théâtre de combats acharnés entre les Byzantins et les émirs d'Alep. Qalaat Seman fut ainsi fortifié par les Byzantins, avant d'être définitivement conquis par les troupes de Sayf ad-Daula en 968.

Visiter Saint-Siméon

On aborde le site par l'E. Sur l'esplanade, le complexe du martyrion est à dr., le baptistère à g.

■ **Le martyrion**★★★

Cet ensemble unique, le « joyau archéologique » de la Syrie centrale, combine trois types architecturaux : l'octogone inscrit dans un carré, au centre duquel

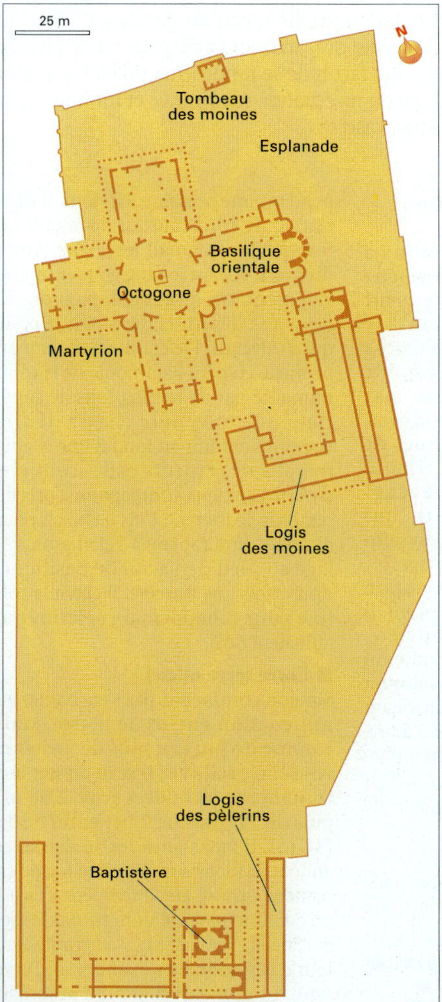

Plan du sanctuaire Saint-Siméon.

Les ascètes de Syrie

Depuis le milieu du IVe s., les campagnes syriennes étaient peuplées d'une foule d'ermites et de moines. Moins que d'un isolement, il s'agissait plutôt pour ces « athlètes de Dieu » de montrer l'exemple du renoncement. Ils s'installaient au bord des chemins, à la lisière des villes et des villages. Les habitants venaient les voir le dimanche en s'écriant avec saint Jean Chrysostome : « Voici nos anges... » D'autres parcouraient la campagne en psalmodiant des hymnes. Pour dominer leur corps, source de toute tentation et de tout péché, ils lui faisaient subir d'atroces ascèses. Ainsi les « brouteurs », qui ne se nourrissaient que d'herbes sauvages mangées à même le sol. D'autres s'enfermaient des années dans des puits, des citernes ou des cabanes qu'ils faisaient murer, à l'exception d'une petite ouverture par laquelle les villageois leur passaient une maigre pitance. Beaucoup suivaient le jeûne quadragésimal, s'abstenant de toute nourriture pendant les 40 jours du carême. Certains, les « dendrites », vécurent des années dans un arbre creux. D'autres encore choisissaient le cœur des villes, où ils se tenaient debout et immobiles pendant des jours. Siméon d'Éphèse, quant à lui, pour montrer qu'il avait réussi à domestiquer son corps, entra un jour nu comme un ver dans les bains publics réservés aux femmes !

Siméon le Stylite, au plus haut des cieux

Au début du Ve siècle, Siméon, un modeste moine du Nord de la Syrie, inaugure une nouvelle forme de pénitence : vivre au sommet d'une colonne qui, au fil des ans, prendra de plus en plus de hauteur. Une façon de se rapprocher du ciel qui valut rapidement à Siméon une grande renommée et fut imitée par de nombreux autres ascètes.

▲ **Plaque d'argent doré provenant d'un coffre à reliques (Syrie, VIe-VIIe s., musée du Louvre). Du haut de sa colonne, le saint tente de se soustraire aux tentations du monde, figurées par le serpent. Le coquillage est signe de résurrection.**

■ La vocation d'un berger

L'histoire nous a légué un précieux document sur la vie de Siméon : sa biographie écrite par Théodoret, évêque de Cyr, témoin des événements, qui recueillit de la bouche même du saint la matière pour écrire son ouvrage. Né vers 386, Siméon connut sa vocation très tôt, alors que, jeune adolescent, il gardait les troupeaux de son père. Il quitta sa famille pour rejoindre un groupe d'ascètes aux environs de son village. Il y resta deux ans, puis rejoignit le monastère de Téléda (Tell Adé, à une dizaine de kilomètres), phare du monachisme syrien en ce début du Ve s. Très vite, il se singularisa par la rigueur de ses ascèses.

■ Le champion de l'ascèse

Lorsque ses condisciples jeûnaient deux jours, Siméon s'abstenait de nourriture pendant une semaine. Un jour, il s'enroula une corde autour de la taille si fort qu'elle entamait les chairs. Après dix jours, voyant le sang goutter sous le vêtement, un de ses compagnons le força à se dévêtir et découvrit la plaie qui s'infectait. De crainte que Siméon ne mette en péril l'harmonie de la communauté par de tels exploits, le supérieur du couvent le chassa. Il alla d'abord s'enfouir au fond d'une citerne remplie de serpents et de scorpions d'où ses anciens compagnons, pris de remords, le tirèrent. Puis il choisit pour ermitage une cabane à Télanissos, village au pied de l'actuelle basilique. Après trois ans d'ascèse, il gravit la colline pour échapper aux pèlerins qui affluaient déjà.

■ Entre terre et ciel

Siméon commença par s'enchaîner au milieu d'un enclos de pierre. Mais comme de plus en plus de visiteurs venaient le solliciter, il se fit dresser une colonne, de 6 coudées (env. 2,50 m) puis de 12, puis de 22 et enfin de 36 (18 m). Il passa ainsi les 36 dernières années de sa vie sur une plate-forme en hauteur, exposé aux intempéries, face à un sublime paysage dominé par le djebel Sheikh Barakat. Mais cet ermite était loin d'être solitaire : matin et soir, avec douceur et bienveillance, il accordait des audiences aux pèlerins. On le vit même s'entretenir avec des dignitaires

▲ **Vitrail de l'église de Saint-Siméon, en Seine-et-Marne. Le culte du célèbre Stylite a très tôt gagné l'Occident grâce aux récits des pèlerins et des voyageurs.**

religieux venus d'Antioche, grimpés sur une échelle pour consulter le saint homme sur les querelles christologiques qui déchiraient la chrétienté orientale. Il envoya aussi des missives à l'empereur pour lui prodiguer ses conseils. À sa mort en 459, les Arabes chrétiens voulurent à tout prix conserver sa dépouille. Il fallut dépêcher d'Antioche 600 hommes pour ramener le corps dans la capitale.

La vogue des stylites

Siméon fut le premier ascète à se hisser au sommet d'une colonne (*stylos* en grec). Son exemple fut suivi. L'un des stylites les plus célèbres fut Daniel, qui s'installa aux portes de Constantinople : les plus hauts dignitaires de la cour se pressaient pour recevoir sa bénédiction. D'autres se fixèrent à Antioche et dans les campagnes syriennes : le spectacle étrange de ces hommes suspendus dans les airs suscitait partout la plus intense vénération. Mais la sainteté n'excluait pas toujours la passion : on vit ainsi deux stylites installés à proximité l'un de l'autre s'insulter du haut de leurs colonnes à propos de la nature du Christ. Le phénomène des stylites dura jusqu'au XIIe s. en Orient. Le dernier d'entre eux fut signalé au XVIe s. sur le mont Athos, en Grèce.

Vestiges de la colonne – en fait une plate-forme – de saint Siméon, autour de laquelle fut édifié au Ve s. le célèbre sanctuaire qui porte son nom. ▼

Le culte de Siméon en Occident

Grâce aux récits des voyageurs et des pèlerins, Siméon était très populaire en Gaule dès le haut Moyen Âge. Ainsi, dans une tombe du VIIe s. mise au jour à Poitiers en 1878, fut découvert un fragment de statuette gravé au nom de Siméon. Plus tard, les croisés racontèrent à leur tour les prouesses des stylites, celles du célèbre Siméon de Syrie mais aussi d'un autre Siméon, dit le Jeune, lui aussi stylite dans les environs d'Antioche et dont le pèlerinage était bien connu des Francs. Un petit village de Seine-et-Marne porte encore aujourd'hui le nom de Saint-Siméon *(→ illustr. p. 355)*. Dans son église est conservée une statue du XVIe s. dont plusieurs attributs laissent penser qu'il s'agit bien du saint de Qalaat Seman. Toujours dans cette église, qui possède, dit-on, une relique du saint, une autre statue, un vitrail et une bannière de procession (tous du XIXe s.) sont à l'effigie de Siméon, tandis que deux fresques rappellent les épisodes de sa vie. Trois commanderies de templiers se trouvaient aux alentours du village. On peut penser que, de retour au pays, certains membres de l'ordre – très présent à Antioche – ont ainsi voulu conserver la mémoire des prodiges qu'ils avaient vus en Orient.

Avant de gagner la basilique Orientale, allez sur la terrasse Occidentale : elle domine un superbe paysage avec, au-delà de la plaine de Télanissos, les hauteurs bleutées du Kurd Dagh, derniers contreforts du Kurdistan. Au-delà se trouvait Antioche (auj. Antakya, en Turquie).**

s'élevait la colonne, la basilique à trois nefs, et la croix que dessine l'ensemble. Des quatre bras qui partent de l'octogone, seul celui de l'E., légèrement plus grand que les trois autres, servait à la liturgie, le culte du saint étant rendu dans l'octogone. Les bras S. et N. servaient au passage du flot des pèlerins ; celui de l'O., terminé par une loggia, repose en partie sur une terrasse construite en surplomb du flanc de la colline.

La façade Sud***. C'était l'entrée principale du sanctuaire, par où pénétraient les pèlerins, qui venaient de traverser l'esplanade. L'entrée à quatre baies est précédée d'un portique à trois arcs inégaux, surmontés chacun d'un fronton triangulaire : dispositif qui annonce nos façades romanes. La richesse de l'ornementation mérite une attention soutenue pour les **reliefs**** de l'arc central, rappel de l'arc de triomphe de la voie processionnelle, pour les pilastres cannelés et les colonnes surmontées de chapiteaux dont les feuilles d'acanthe sont inclinées, comme poussées par le vent : une innovation esthétique que l'on retrouvera dans d'autres églises byzantines et jusque dans le Saint-Sépulcre des croisés à Jérusalem.

À l'**étage** de la façade, quatre fenêtres soulignées par une moulure continue : il s'agit d'un motif spécifiquement syrien que l'on retrouve dans nombre d'édifices du Massif calcaire. La couverture, comme celle des trois autres basiliques, était formée d'une toiture en charpente à double pente.

L'octogone***. Au-delà de la basilique méridionale, cette construction d'une rare élégance servait d'écrin à la **colonne** dont on voit encore un moignon. À nouveau, une observation attentive s'impose : c'est ici que s'est exprimé tout l'art des constructeurs. On y retrouve le motif de l'arc qui accompagne le pèlerin depuis la voie processionnelle : au-dessus des ouvertures qui permettent le passage entre l'octogone et chacune des basiliques, ainsi que devant les quatre absidioles ménagées dans les angles où les basiliques rejoignent l'octogone.

À l'origine, les murs étaient plaqués de marbre, comme l'indiquent les points d'ancrage. La question de la couverture de l'ensemble a posé un problème aux archéologues. Selon un visiteur du milieu du VIe s., la colonne s'élevait à l'air libre. Or, les investigations archéologiques ont mis en évidence des éléments architecturaux destinés à soutenir une toiture en charpente, voûte ou lanterne. Il faut alors supposer qu'elle s'est écroulée peu de temps après la construction, suite aux nombreux séismes qui frappèrent la Syrie au début du VIe s.

La basilique Orientale***. C'est le plus richement orné des quatre bras de la croix. Il suit un plan unique en Syrie, qui laisse supposer l'intervention d'architectes de Constantinople : l'abside centrale, à l'arc triomphal finement décoré, est encadrée de deux **absidioles** qui, contrairement à l'usage régional, ne sont pas des sacristies, mais les prolongements des nefs latérales. Les sacristies, prothésis et diaconicon, de plan carré, sont rejetées de part et d'autre des absidioles, à l'extérieur du rectangle que dessine la basilique.

Le chevet* de la basilique Orientale.** Avant de quitter le martyrion, ne manquez pas d'aller voir ce superbe chevet. Depuis la basilique, empruntez le passage qui s'ouvre dans le mur S. : vous aboutirez à une **cour** bordée sur deux côtés par des bâtiments conventuels à portique, d'un type fréquemment représenté dans le Massif calcaire. Du côté E., au plus près de la basilique, un second lieu de culte, aux dimensions plus restreintes, était destiné aux moines. De là, passez, par une ouverture ménagée dans le mur N., dans le petit verger qui occupe l'extrémité E. de la terrasse.

En prenant un peu de recul, vous aurez une vue d'ensemble du chevet de la basilique. Son ordonnance reprend un dispositif inauguré à l'église de Qalb Lozé *(→ p. 339)* : il souligne du côté extérieur les arrondis des absides, contrairement à l'usage du chevet plat, en vigueur jusqu'alors. Le **chevet principal** est orné de deux ordres de colonnettes, seules celles du registre inférieur ayant été remises en place. Notez également un élément décoratif caractéristique de l'architecture syrienne : la moulure sculptée qui encadre, en continu, l'arrondi des fenêtres.

Le tombeau des moines. C'est le petit édifice placé contre le mur d'enceinte à l'extrémité N. de l'esplanade. Les défunts étaient tout d'abord déposés dans le sarcophage à l'entrée. Puis leurs os étaient rangés par type, les crânes d'un côté, les fémurs de l'autre… comme cela se pratique encore dans les monastères orthodoxes.

■ **LE BAPTISTÈRE****. En traversant l'esplanade vers le S. en direction du baptistère, on laisse à g. des restes de bâtiments identifiés comme des **hôtelleries** pour les pèlerins. Par son plan, le baptistère se distingue lui aussi des traditions architecturales de la région. Du carré extérieur, doublé d'un couloir, on passe à un octogone central. La **cuve baptismale** est aménagée dans le couloir E. et séparée du chœur par un mur de clôture. Mais, fait exceptionnel, l'entrée s'effectue non par le chœur mais par le côté N. du couloir : le catéchumène descendait dans la cuve par quelques marches et en ressortait de l'autre côté. L'ensemble du baptistère comprend également (côté S.) une **chapelle** dont subsiste l'abside, ainsi que (vers l'O.) les restes très ruinés de la « porterie » par laquelle les pèlerins accédaient à l'esplanade après avoir gravi la voie processionnelle.

Deir Seman (Télanissos)

Accès : regagner le bas de la colline et prendre à dr. la route d'Afrin ; l'entrée du village se trouve tout près.

Avant de quitter Qalaat Seman, vous pourrez jeter un coup d'œil sur le bourg de Deir Seman, l'ancienne Télanissos. Dans ce vaste champ de ruines en partie occupé par un petit village, vous reconnaîtrez des bâtiments à portique qui servaient d'hôtellerie pour les pèlerins, des églises ainsi que des tombeaux. À la lisière O. du village se détache un curieux édifice : une petite **cabane de pierres** posées sur des murs élevés en blocs grossièrement appareillés et dont subsistent trois piliers sur les quatre qui soutenaient le toit. Certains spécialistes pensent qu'il s'agit de la loge d'un reclus.

Avant de quitter le site, vous pourrez suivre, comme les pèlerins autrefois, la voie processionnelle qui conduit à l'esplanade.

Environs de Saint-Siméon

1 RÉFADÉ ET LE DJEBEL SEMAN***** *(4 km S.-O.).* Cette région autour de Saint-Siméon constitue une avancée septentrionale du Massif calcaire : c'est dire que là aussi abondent les vestiges byzantins – églises, monastères, villages entiers souvent – dans un surprenant état de conservation. Dans les environs immédiats de Saint-Siméon, voyez au moins **Réfadé**** *(4 km S.-O. ; → p. 332)*, avec ses belles villas à portique, son église et sa tour de reclus qui domine le paysage. Pour un itinéraire dans le **djebel Seman***** et des descriptions détaillées, *→ Le Massif calcaire, p. 329.*

2 AÏN DARA* *(20 km N. de Saint-Siméon en direction d'Afrin ; entrée payante ; compter 30 mn de vis.).*

À 700 m à l'E. du tell coule la source ombragée qui a donné son nom au site ; c'est un lieu agréable pour pique-niquer.

Situé dans la vallée de l'Afrin, Aïn Dara est le seul site de Syrie à présenter des restes visibles de la période néohittite (XIe-IXe s. av. J.-C.). Son temple, orné d'un foisonnant décor sculpté, est né d'un projet ambitieux. Il était en construction lorsque la région fut envahie par les armées assyriennes de Salmanazar III, au milieu du VIIIe s. av. J.-C. Le temple inachevé fut laissé à l'abandon, mais le reste du site fut occupé sans interruption jusqu'au Moyen Âge.

Accès : depuis Saint-Siméon, 5 km avant Afrin, un chemin sur la g. conduit au pied du tell, à côté de la maison de fouilles tenue par le gardien du site. Quand les archéologues n'occupent pas les lieux, il y tient une cafétéria.

Depuis le sommet du tell, on a une vue sur l'étendue réelle du site antique : la ville basse s'étire le long de l'Afrin, délimitée par un bourrelet de terre qui indique le tracé des anciennes fortifications.

Le tell possède une ville basse entourée d'un rempart en terre, et une acropole. Le chemin fait le tour de l'acropole en passant entre des fortifications médiévales et en longeant le sommet : les restes visibles sont des habitations privées des époques byzantine et musulmane, tandis que dans les niveaux les plus bas, les vestiges remontent à l'âge du fer.

Le **temple*** se trouve à l'extrémité de l'acropole. Il est malheureusement défiguré par la toiture destinée à protéger les bas-reliefs, en cours de restauration. Selon toute vraisemblance, il était dédié à la déesse **Ishtar** *(→ encadré p. 308)* : une stèle la représentant (exposée au musée d'Alep) a été trouvée à l'intérieur de l'édifice. Si l'ensemble de son ornementation est proprement néohittite, son plan est syrien.

Le temple est édifié sur une terrasse massive de basalte noir, dont les parois extérieures sont ornées de reliefs de sphinges et de lions. Un escalier latéral, sur la g., permet de monter sur la terrasse et de faire le tour extérieur du temple proprement dit. Ce chemin par la terrasse menait à une entrée secondaire à l'arrière du temple, juste après le bas d'une stèle portant les pieds d'un dieu guerrier.
Avant d'entrer dans le temple, sur l'esplanade devant la terrasse, on remarque un **bassin de pierre** qui devait servir à des libations cultuelles, à côté d'un puits. Une série de **lions** de face gardent l'entrée encadrée de deux bases de colonnes.

On accède à l'antichambre par deux marches de basalte où ont été portées de monumentales **empreintes de pieds,** d'une taille trois fois supérieure à la normale : deux pieds joints puis un pied gauche. Le motif (un pied droit cette fois) est répété sur la dernière marche précédant l'entrée dans la cella. Ce phénomène tout à fait unique dans l'architecture orientale était d'ailleurs ressenti comme une particularité par les habitants de la ville, et son souvenir était vivace aux époques classiques : on retrouve la représentation de ce curieux pied sur la céramique d'Aïn Dara.
Les crapaudines de l'**antichambre** montrent que le temple se fermait de l'intérieur, les serviteurs habitant donc dans l'édifice. La cella est dallée et possède un podium sur la g. Son fond est décoré de motifs de guillochis sculptés, de reliefs de génies ailés à tête de lion et de montagnes divinisées en position d'atlantes. Dans le mur arrière, particulièrement épais, était sans doute aménagé un escalier menant à une terrasse où devait se dérouler une partie du culte.

Dans la maison du gardien se trouve une réserve où sont stockés pêle-mêle des objets découverts sur le site. On peut la visiter lorsque les archéologues ne travaillent pas sur place. Signalons de nombreux fragments sculptés, un bassin à libations d'un rouge lustré, un bloc couvert de hiéroglyphes louvites *(→ Petit dictionnaire)*, et un bas-relief représentant un roi hittite en costume de prêtre, datant de la fin de l'Empire hittite, au XIIIe s. av. J.-C.

Une des quatre immenses empreintes de pied qui précèdent l'entrée du temple d'Aïn Dara. Elles figuraient peut-être l'entrée effective du dieu dans son temple.

La région côtière

On ne vient pas en Syrie pour ses plages. Tant mieux, car les 175 kilomètres de côtes n'incitent pas tellement à la baignade, sauf au nord de Lattaquié. C'est plutôt à la découverte de près de quatre mille ans d'histoire que nous invitent le littoral syrien et la montagne qui le double, le djebel Ansariyé ou montagne Alaouite. Il y eut d'abord, au IIe millénaire avant notre ère, les Cananéens d'Ougarit qui donnèrent à l'humanité son premier alphabet, puis leurs descendants phéniciens, qui ont laissé leurs curieuses sépultures ainsi qu'un vaste temple à Amrit, au sud de Tartous. Les Grecs puis les Romains firent de Laodicée (Lattaquié) leur grand port, tandis que, plus tard, celui des croisés fut Tartous, où abordaient les vaisseaux chargés de pèlerins venus de toute la chrétienté. La région fut en effet le cœur battant de la Syrie franque. Hantées par le souvenir des templiers ou des hospitaliers, d'impressionnantes forteresses ponctuent toujours les hauteurs du djebel Ansariyé : le Krak des Chevaliers, bien sûr, mais aussi le Marqab et le château de Saône, pour ne citer que les plus belles. Face aux citadelles chrétiennes, les adeptes de la secte des Ismaéliens (les Assassins) fortifièrent une série de places, dans les endroits les plus reculés de la montagne. À l'exception de celui de Masyaf, tous leurs châteaux ont été démantelés mais ils peuvent être le prétexte de somptueuses balades à travers le djebel.

La région côtière

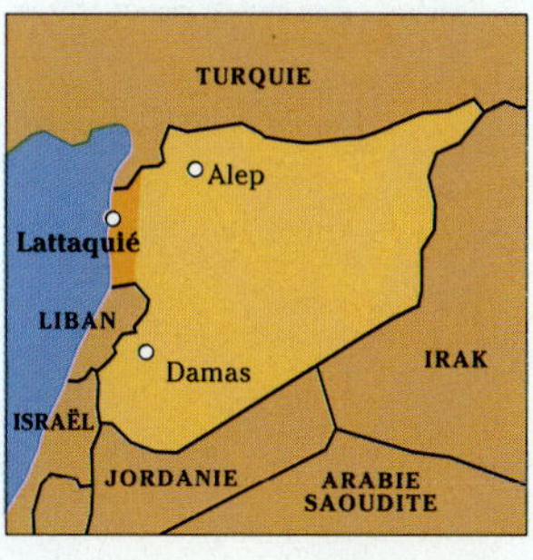

La montagne sauvage

À la différence du mont Liban dont elle est le prolongement, la montagne Alaouite (djebel Ansariyé) est une contrée encore rude où les espaces cultivés sont rares et dispersés. La faute en est sans doute au sol, une couche de calcaire qui absorbe les précipitations, pourtant abondantes, pour ne les rendre qu'au pied de la montagne.

Dans cette région, pour reprendre les mots d'un géographe français de l'époque du Mandat, Jacques Weurlesse, « ce n'est pas la montagne qui s'est humanisée [comme au Liban], mais l'homme qui s'est ensauvagé ».

■ Le refuge des hérétiques

Mis à part autour de Safita où prospère une communauté chrétienne en majorité grecque orthodoxe, le peuplement du massif a été relativement tardif. Dans l'Antiquité, c'était un quasi-désert humain, hanté par des lions que l'on a chassés jusqu'à l'époque des croisades. Au XIe s., la montagne connut une double vague de peuplement due à l'arrivée de deux sectes musulmanes hétérodoxes attirées par ces étendues sauvages et difficilement accessibles : les **Ismaéliens**, appelés encore Assassins *(→ p. 383)*, précédés sans doute de quelques décennies par les **Alaouites.** Ces derniers, après avoir été tolérés par les princes chiites d'Alep, durent affronter la restauration sunnite conduite par les nouveaux maîtres de la région : les Seldjoukides puis les Zankides. À la différence des maronites ou des Druzes, autres minorités montagnardes, les Alaouites ne parvinrent jamais à se fédérer sous la conduite de chefs puissants. Isolés dans les replis de la montagne, ils végétèrent pendant des siècles, jusqu'au Mandat français et à l'établissement, entre 1920 et 1936, d'un État alaouite dont la capitale fut Lattaquié.

■ Le syncrétisme religieux des Alaouites

Les Alaouites se manifestent surtout par leurs fêtes autour de nombreux lieux de pèlerinage disséminés dans la montagne : sépultures de saints surmontées d'une coupole ou arbres sacrés – souvent des chênes verts – entourés d'un mur de pierres sèches.

À l'appellation d'Alaouites, les membres de la communauté préfèrent celle de Nosaïri. Le terme dériverait du nom d'un théologien du IXe s., Ibn Nosaïr, qui passe pour le fondateur de la secte. Chiites à l'origine, les croyances des Alaouites se sont enrichies d'éléments empruntés au christianisme, voire de survivances d'un vieux fonds païen, pour aboutir à un syncrétisme ésotérique, accessible aux seuls initiés, les cheikhs. Les Alaouites ignorent les mosquées, mais ils ont le souci d'effectuer le pèlerinage à La Mecque. Ils commémorent avec solennité la mort de Hussein (l'Achoura), le fils d'Ali, tué à la bataille de Kerbela. Dans la montagne, ils célèbrent également Noël ou l'Épiphanie. Parmi les nombreuses fêtes qui rythment leur vie, il y a celles liées aux saisons, qui tirent peut-être leur origine d'anciennes traditions sémites. Le tout à grands coups d'arak, ce qui suffit à rendre la communauté abominable aux musulmans orthodoxes.

Que voir dans la région côtière.

La région côtière

Paysages verdoyants du djebel Ansariyé.

Une semaine dans la région

En rayonnant depuis Safita, Tartous et Lattaquié, on peut découvrir tranquillement la région en une petite semaine, en partageant son temps entre montagne et littoral.

La charmante bourgade de Safita est une agréable étape de montagne. Sur la côte, seules les villes de Tartous et de Lattaquié sont dotées d'hôtels convenables.

Jour 1 : arrivée à **Safita**★ *(p. 397)* ; en chemin (si vous venez de Damas), visite du **Krak des Chevaliers**★★★ *(p. 365)*.

Jour 2 : **excursion dans le djebel Ansariyé** *(130 km AR ; prévoir un pique-nique et de l'eau minérale)*. Cap tout d'abord sur **Hosn Souleiman** (vestiges d'un temple romain) puis sur **Masyaf**★ *(p. 385)*, la principale place forte des Assassins. Ensuite, prendre la belle route n° 35 vers Banyas jusqu'à **Qadmous** puis **al-Kahf** *(p. 386)*, dans l'un des plus beaux paysages du djebel. Retour à Safita par Sheikh Badr et Dreykish.

Jour 3 : route vers Tartous *(à 35 km de Safita)* via le donjon de **Qalaat Yahmour**★ *(p. 399)* et le site phénicien d'**Amrit**★ *(p. 412)*. À **Tartous**★ *(p. 407)*, visite de la cathédrale★★ des Francs, balade dans la vieille ville puis petite excursion jusqu'à l'**île d'Arwad**★ *(p. 411)*. Nuit à Tartous.

Pour trouver quelques beaux coins de littoral, il faut se rendre sur la « riviera » de Lattaquié, à env. 10 km au N. de la ville (où sont implantés les plus luxueux hôtels du littoral) ou, mieux encore, à Ras al-Bassit, tout au N. du pays, peu avant la frontière turque.

Jour 4 : sur la route de Lattaquié *(90 km)*, visite du **château de Marqab**★★ *(p. 379)*, puis arrêt à **Maniqa** *(p. 387)*, citadelle ismaélienne au-dessus d'un opulent paysage de cultures en terrasses. Retour sur la route côtière jusqu'à **Lattaquié** *(p. 374)* via **Jebblé** *(p. 413)* pour son théâtre antique.

Jour 5 : visite du petit musée de Lattaquié puis d'**Ougarit**★★ *(p. 388)*. Le reste de la journée, détente au bord de la mer.

Jour 6 : excursion au **château de Saône**★★ *(p. 401)* et à **Ras al-Bassit**★ *(200 km AR)*. Retour à Lattaquié pour la nuit.

Le Krak des Chevaliers★★★ (Qalaat al-Hosn)

Pour les autorités mandataires françaises, le Krak des Chevaliers fut un symbole : celui d'une présence occidentale séculaire en Orient. Si bien que la République l'acheta en 1933 et le déclara monument français. Auparavant, il avait fallu le dégager des milliers de mètres cubes de détritus accumulés pendant des siècles. Devant l'ampleur des travaux, on dut même faire appel à l'armée. Il fallut surtout reloger les quelque six cents habitants qui y avaient élu domicile. C'est l'origine du village actuel, en contrebas du site.
Aujourd'hui, le château vedette de Syrie tient toutes ses promesses : c'est sans doute la plus belle place forte que l'on peut voir en Terre sainte, un sommet de l'architecture militaire médiévale.

Situation : à 51 km O. de Homs, 65 km S.-E. de Tartous.

Alt. 750 m.

À ne pas manquer

Le Krak mode d'emploi

Accès : depuis Homs, prendre la direction de Tartous, puis tourner à dr. à 40 km (panneau indicateur).

Visite : ouv. t.l.j. 9 h-18 h en été, jusqu'à 16 h en hiver ; entrée payante. Pour une vis. guidée, s'adresser au guide près du guichet (explications en anglais, assez sommaires).

Combien de temps : compter 1 h 30 de visite.

Où déjeuner : deux restaurants (sommaires) sont installés tout près de l'entrée du Krak : l'un au pied, l'autre à 200 m.

Hébergement : pas d'hôtel au Krak. Si vous voulez passer la nuit dans les environs immédiats, essayez le charmant hôtel moderne, à proximité immédiate du monastère Saint-Georges (6 km N., → Env.) ; des chambres, belle vue sur le Krak.

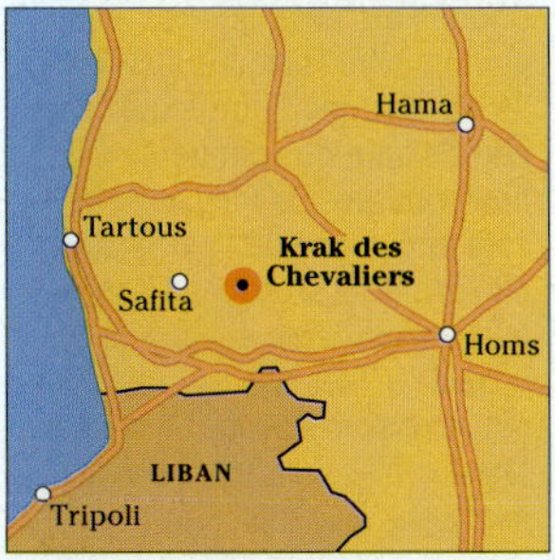

Le Krak dans l'histoire

■ Hosn al-Akrad

À l'origine du Krak, un fortin musulman où l'émir de Homs, en 1031, plaça une garnison de Kurdes.

D'où le nom d'al-Akrad sous lequel il est également connu, et qui explique sans doute l'origine du terme Krak. Sur le chemin de Jérusalem, Raymond de Saint-Gilles, à la tête des croisés, enlève la forteresse aux musulmans. Lorsque, 10 ans plus tard, les Francs s'y installent de manière permanente, les États latins tiennent fermement le littoral et une partie de la montagne. Le Krak contrôle une position éminemment stratégique : il surveille la **trouée de Homs** *(→ encadré p. 369)*, point de passage le plus aisé entre la côte et l'intérieur. Il tient de plus sous sa menace permanente les petits émirats de Hama et de Homs. Le Krak, « clé de la Terre chrétienne » selon un chroniqueur du XIIIe s., joue un rôle capital dans le dispositif stratégique des Francs. C'est pourquoi le comte de Tripoli, suzerain de la place, décide de la confier au puissant ordre militaire des **Hospitaliers** *(→ encadré)*, qui en prennent possession en 1142.

■ Les étapes de la construction

Les hospitaliers vont faire de la citadelle le chef-d'œuvre de l'art militaire franc en Orient. Contrairement à la plupart des places fortes médiévales, le Krak n'occupe pas le sommet d'une éminence, mais l'extrémité d'une croupe montagneuse. Il n'est pas le plus vaste des châteaux des croisés : 2,5 ha de superficie, à peine la moitié du château de Saône. Il présente ainsi aux assaillants une masse compacte et ramassée, où chaque élément défensif est sous le contrôle immédiat d'un autre. Dans un premier temps, les hospitaliers édifient l'enceinte intérieure avec ses trois puissants donjons, opposés au côté le plus vulnérable donnant de plain-pied sur le rebord montagneux. Ils dressent une seconde enceinte et renforcent les murailles intérieures d'un puissant talus. À la veille de la prise du Krak par le sultan Baybars en 1271, on y construisait encore la magnifique galerie de la salle des Chevaliers.

■ La vie au Krak

En tant de paix, le Krak abritait une garnison de 2 000 hommes. Des cavaliers principalement, frères hospitaliers avec leurs hommes d'armes ainsi que des troupes auxiliaires composées d'Arméniens, de Syriens chrétiens, mais aussi de musulmans, les turcoples, qui combattaient en mercenaires aux côtés des Francs. La relative exiguïté des lieux imposa l'aménagement de plusieurs niveaux, étages et sous-sols, où s'entassaient hommes et bêtes, ainsi que de prodigieuses quantités de provisions. Sur une tour des remparts extérieurs se dressait un moulin à vent, au-dessus d'une aire à battre. Quant à l'eau, elle provenait de puits et de citernes et, pour les bêtes, du

Les hospitaliers de Saint-Jean

Fondé à la fin du XIe s. par les marchands d'Amalfi, peu avant celui des Templiers, l'ordre des Hospitaliers de Saint-Jean de Jérusalem avait à l'origine un but purement religieux d'assistance aux pèlerins malades. Après la prise de la Ville sainte par les croisés en 1099, il devient rapidement un ordre militaire divisé en trois classes : les chevaliers soldats, les frères servants et les chapelains, organisés en sept groupes ou « langues » (Provence, Auvergne, France, Italie, Espagne, Angleterre et Allemagne) qui ont à leur tête un bailli, membre du chapitre de l'ordre placé sous la présidence du grand maître.
Contraints de se retirer de leur forteresse de Saint-Jean d'Acre prise par les Mamelouks en 1291, les chevaliers de Saint-Jean s'installent à Chypre jusqu'en 1306, puis à Rhodes où, sous la direction du grand maître Foulques de Villaret, ils arment une flotte importante afin de faire du commerce maritime. Chassés de Rhodes et de la côte turque en 1523 par le sultan ottoman Soliman le Magnifique, les hospitaliers, avec à leur tête Philippe de Villiers de l'Isle-Adam, se réfugient alors à Malte. L'« ordre de Malte », bien qu'affaibli, s'y maintient jusqu'en 1798.

berqil, un immense bassin alimenté par un aqueduc et par les eaux de ruissellement. Au pied du château s'étendait une plaine toujours cultivée aujourd'hui, la **Boquée,** où dès leur arrivée les Francs implantèrent des colons, chrétiens orientaux essentiellement. Il faut imaginer, derrière les hauts murs aujourd'hui silencieux, la foule grouillante des occupants de la place s'interpellant dans toutes les langues de l'Orient et de l'Occident, tandis que les paysans des alentours grimpaient avec leurs bêtes la longue rampe d'accès pour apporter aux maîtres des lieux les fruits de leurs récoltes.

■ La fin d'une citadelle imprenable

Les plus grands chefs de guerre musulmans vinrent buter contre les murs du Krak. Nour ed-Din y subit une cruelle défaite en 1163. Le grand Saladin lui-même, après sa victoire de Hattin en 1187 et la prise de Jérusalem, dut reculer en 1188 devant la défense acharnée des occupants du Krak. Ce n'est qu'en 1271, dans les dernières années de la présence franque en Terre sainte, alors que les croisés ne contrôlaient plus que quelques lambeaux de territoires sur le littoral, que le sultan Baybars put enlever la place *(→ encadré).* C'est aux musulmans que l'on doit les derniers travaux de fortification de la place. Mais avec la chute de Saint-Jean d'Acre en 1291 et la disparition de la menace franque en Syrie-Palestine, la citadelle, devenue inutile, sombra rapidement dans l'oubli.

Visiter le Krak des Chevaliers

■ **L'entrée et ses pièges.** La passerelle de fer par laquelle on accède à l'entrée du château remplace un pont-levis qui enjambait un fossé depuis longtemps comblé : premier obstacle d'une longue série de pièges pour les assaillants. Au-dessus de la **porte,** une inscription laissée par Baybars commémore sa victoire de 1271. Passé le **vestibule voûté** où se trouve le guichet, une longue **rampe*** également voûtée conduit à la cour du château. Elle était défendue par une succession d'archères, de mâchicoulis et de herses, tandis que des **salles de garde** ouvraient sur la g. (certaines pourvues d'un puits). Au sol, le dallage originel subsiste : de larges pierres inégales qui facilitaient aux chevaux la montée de cette rampe.

Laisser sur la dr. la rampe à l'endroit où elle dessine un virage en épingle à cheveux.

■ **Le fossé Sud.** Revenu à l'air libre, retournez-vous pour découvrir la puissante **tour à bossage** qui contrôlait le passage entre les deux enceintes. Au-

Le dernier assaut

Le 24 mars 1271, **Baybars,** le sultan des Mamelouks, se présente sous les murs du Krak. Pour les chevaliers, le dernier espoir de renfort a disparu six mois plus tôt à Tunis, lorsque saint Louis, à la tête de la VIIIe croisade, fut emporté par la peste. Bien vite, les sapeurs sont à l'œuvre et creusent leurs mines sous les murailles qui s'écroulent en plusieurs points. Par les brèches, les assaillants s'engouffrent dans la place. Face à eux, une soixantaine de chevaliers, appuyés par une petite troupe de fantassins qui succombent rapidement sous le nombre. Une poignée de survivants réussit pourtant à gagner la cour supérieure et à s'enfermer dans le plus puissant donjon du flanc S., celui qui abrite le logis du maître. Certain de sa victoire, Baybars veut éviter de poursuivre un combat inutile. C'est qu'il n'entend pas détruire une si formidable place forte, car il craint une contre-attaque toujours possible des hospitaliers qui tiennent encore le château de Marqab. Il fait alors parvenir aux assiégés une fausse missive qui imite le sceau du comte de Tripoli et leur enjoint de se rendre. Les chevaliers obéissent et sont autorisés à quitter le Krak sains et saufs.

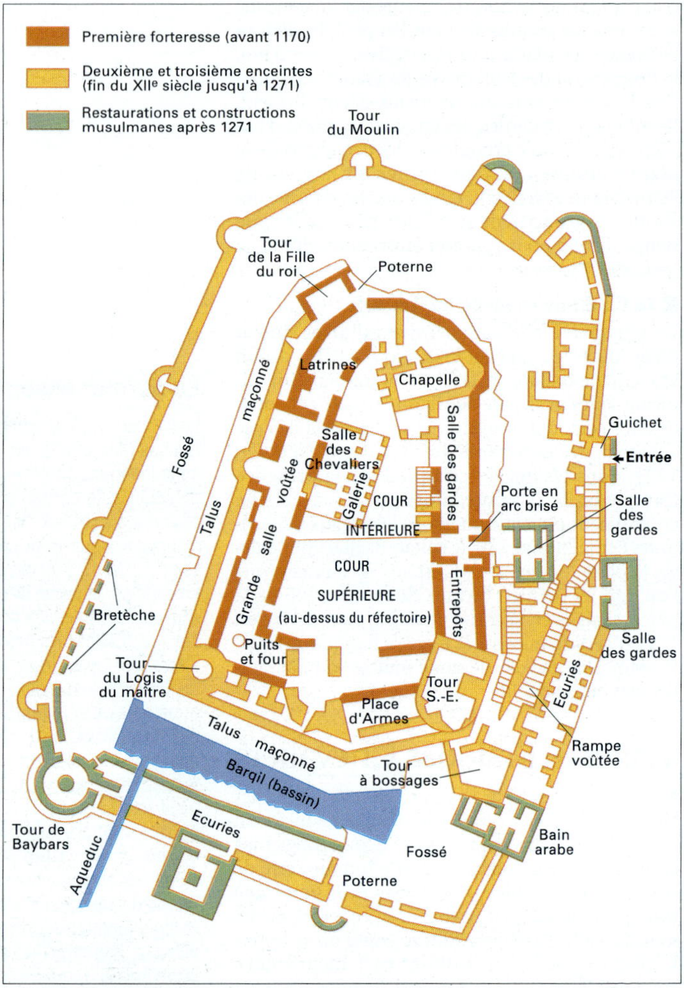

Le Krak des Chevaliers.

dessus de la porte, restes de deux reliefs de lion. À g., légèrement en contrebas, vestiges d'un **bain** : un des premiers ouvrages construits par les musulmans après leur conquête de la place. En effet, le Krak était dépourvu de tout confort, comme la plupart des citadelles franques. Ni bain ni chauffage ne venaient adoucir la rude existence des moines-soldats.

L'immense **réservoir***, le *berqil* (72 m de long), est le plus grand de toutes les citadelles franques. Alimenté en eau par un aqueduc, il servait à abreuver les bêtes et constituait une défense supplémentaire en ce point le plus faible de la citadelle. Devant le *berqil*, l'immense salle couverte qui longe le pied du rempart étaient les **écuries.** Les trois **tours** qui défendent la muraille extérieure sont musulmanes ; la dernière *(« tour de Baybars » sur le plan)* est soutenue par un énorme pilier carré planté au centre de la salle.

Poursuivre le chemin entre les deux enceintes, en laissant sur la g. les escaliers qui montent au chemin de ronde.

■ **LE TOUR DU FOSSÉ.** Sur la dr., remarquer l'énorme **talus de pierres** qui vient soutenir le mur. Un couloir intérieur court sur toute sa longueur, à mi-hauteur ; les plus aventureux pourront y accéder par une petite porte ménagée à la base du talus *(lampe de poche et présence du guide du Krak indispensables).* À l'angle N., la **tour de la Fille du roi*** est l'une des plus intéressantes de la forteresse, avec ses trois colossaux **mâchicoulis** en arc reposant sur un talus : par l'ouverture, on pouvait jeter des projectiles qui, en rebondissant sur le plan incliné, fauchaient les assaillants. On retrouve ce type d'arcades dans les cathédrales languedociennes du XIIe s., par exemple à Agde. Ce dispositif fut renforcé au-dessus par une rangée de mâchicoulis reposant sur des corbeaux (il n'en reste que les ouvertures). Du côté du mur extérieur, presque en face, se trouve la **tour du Moulin à vent.** Un peu plus loin, du même côté, deux tours jumelles protégeaient une poterne. On arrive ensuite à une brèche qui permet de rejoindre la rampe d'accès par des escaliers et d'arriver à la cour intérieure.

Le moulin à vent du Krak servait à moudre le blé, mais aussi la canne à sucre, une des découvertes que firent les croisés en Orient. Réfugiés à Chypre après la chute d'Acre, les hospitaliers aménagèrent d'ailleurs une sucrerie industrielle dans leur commanderie de Kolossi.

■ **LA COUR INTÉRIEURE ET LE RÉFECTOIRE.** On y entre par une belle **porte en arc brisé,** défendue autrefois par une herse. On ne peut qu'être frappé par l'exiguïté de cet espace qui constituait le cœur de la citadelle : la salle des Chevaliers, la chapelle des moines-soldats, les réfectoires, les cuisines et les vastes réserves ne sont séparés que de quelques pas. Le Krak ne fut jamais la demeure d'un seigneur, mais bien un casernement incommode destiné à fondre à tout instant sur les armées musulmanes. Engagez-vous d'abord dans les couloirs et les salles couvertes de g. *(au-dessous de la terrasse de la cour supérieure)* : le **réfectoire** de la troupe, où quelques montants de tables en pierre ont survécu, suivi des **réserves,** où l'on a découvert d'immenses jarres de terre cuite destinées à l'huile, au vin ou aux céréales. Un **puits,** toujours en eau, assurait le ravitaillement de la troupe.

■ **LA GRANDE SALLE VOÛTÉE**.** Du réfectoire, un passage à g. permet d'atteindre l'extrémité de la grande salle voûtée qui occupe tout le mur occidental. Longue de 120 m pour une largeur de 8 m et une hauteur de 10 m, c'est la plus importante construction de ce type dans les châteaux de Terre sainte. Elle

La trouée de Homs

Entre le mont Liban et le djebel Ansariyé, un affaissement des plis montagneux offre un passage facile entre la steppe orientale et le littoral méditerranéen. Cette position stratégique fut reconnue bien avant l'arrivée des croisés. Les archives pharaoniques de la XVIIIe dynastie (XVIe-XIIe s.) font déjà état à cet endroit d'une place forte égyptienne contrôlant le passage. Les armées d'invasion ont aujourd'hui disparu, mais pas le vent qui s'engouffre, souvent avec violence, dans la célèbre trouée. La promenade sur les remparts du Krak doit alors être entreprise avec précaution.

Les Francs en Syrie

◄ **Maquette du Krak des Chevaliers, la forteresse la plus impressionnante et la mieux conservée de toute la Terre sainte.**

En 1095, à Clermont-Ferrand, le pape Urbain II enjoignait aux chrétiens d'aller délivrer le tombeau du Christ. Folle entreprise qui jeta barons et manants sur les routes inconnues d'Anatolie et de Syrie. Découvrant à mesure de leur avancée leurs ennemis musulmans, les fortifications de leurs villes et leurs tactiques militaires, ils conduisirent en Orient une guerre empirique et réussirent l'impossible : prendre Jérusalem et s'implanter durablement sur le littoral de la Syrie devenue franque.

Une fièvre bâtisseuse

Sitôt leur but atteint (la conquête de Jérusalem en juillet 1099), bon nombre de croisés regagnèrent l'Europe, considérant leur devoir accompli. Ce mouvement prit une telle ampleur que, pendant un moment, Godefroi de Bouillon ne se retrouva plus qu'à la tête d'une misérable armée de 300 chevaliers pour défendre la Terre sainte. Ceux qui restèrent furent pris d'une véritable frénésie de construction. Bien vite, les territoires aux mains des Francs se couvrirent de places fortes, simples postes de guet ou puissantes forteresses.

Efficacité avant tout

Dressées tout d'abord au hasard de la conquête, ces citadelles furent

La salle capitulaire du Krak des Chevaliers. Jusque dans les dernières années de leur présence en Orient, les chevaliers francs continuèrent à embellir leurs citadelles. Ce chef-d'œuvre de l'art gothique fut achevé quelques années seulement avant la prise du Krak par les musulmans en 1271. Comme pour la salle des Chevaliers du château de Tortose (Tartous), il est quasiment certain que, pour conduire des travaux d'une telle qualité, on a fait appel à des maîtres d'œuvre venus de France. ►

▲ **L'extraordinaire pilier monolithique du château de Saône. Lors du creusement du fossé qui allait séparer l'éperon rocheux supportant le château du reste de la colline, les bâtisseurs réservèrent cette aiguille haute de 28 m avec la partie maçonnée (toujours visible) pour servir de point d'appui au pont-levis. Les 500 000 m³ de roches dégagées furent utilisées pour édifier le château. Après la prise du Sahyoun par Saladin, une grotte dans la falaise abrita une prison. On sait qu'un chevalier picard, Pierre de Queivillers, y mourut en 1227 après de longues années de captivité.**

organisées par la suite en un efficace système défensif. De place en place, depuis la côte jusqu'à l'E. de la vallée de l'Oronte, un réseau de relais permettait aux occupants des châteaux de communiquer entre eux au moyen de grands feux allumés au sommet des tours. Face à la menace que constituait les États musulmans de Damas et d'Alep, c'est la frontière orientale des États francs qui fit l'objet de l'organisation la plus méthodique. C'est là que furent élevées les plus formidables forteresses de toute la Terre sainte : en tout premier lieu, le Krak des Chevaliers, face à l'émirat de Homs ; le Marqab, au débouché occidental des territoires des redoutables Assassins qui tenaient la montagne ; ou encore le château de Saône (le Sahyoun), planté à un carrefour de voies de communication. Les places les plus importantes furent confiées aux grands ordres militaires, hospitaliers et templiers.

■ « *Chastels abattuz est demi refez* »

À lire les chroniques médiévales, on reste stupéfait de la vitesse avec laquelle furent élevées les citadelles croisées : quelques mois à peine, alors qu'il fallut cinq années pour dresser la Sainte-Chapelle en plein cœur de Paris. Les conditions en Orient étaient certes différentes : on trouvait à utiliser de nombreuses ruines grecques et romaines ou d'anciens édifices byzantins et musulmans. Ce qui conduisit un mémorialiste à cette réflexion : « Château détruit est à moitié construit. » Les croisés bénéficièrent en outre de nombreux bras, chrétiens d'Orient – syriaques et Arméniens – qui se rangèrent aux côtés de leurs coreligionnaires. On vit même les chevaliers prêter la main, tel saint Louis que Joinville décrit portant lui-même les blocs de pierre sur le chantier de Césarée.

▲ **Chevaliers francs partant pour la croisade (enluminure française du XIVe s.).**

devait servir à la fois de réserve, et de dortoir pour les hommes de troupe. À g., à côté d'un puits, vestiges d'un gigantesque **four à pain** de 21 m². Il devait être gardé en permanence chaud, ou au moins tiède : de nos jours, pour chauffer un four de 12 m², il faut un mois de feu continu (d'après Régine Pernoud). À l'autre bout de la salle, 12 **latrines** furent aménagées en surplomb de la muraille : le seul véritable confort dont bénéficiaient les occupants du Krak.

C'est dans la salle des Chevaliers que se réunissaient les moines-soldats pour s'entretenir de la vie administrative et militaire du château. Les hommes de troupe pouvaient assister aux débats depuis la galerie qui ouvrait largement sur la cour.

■ **LA SALLE DES CHEVALIERS★★★**. Dans la deuxième moitié du XIIIe s., les Francs ne tenaient plus que quelques places fortes le long de la côte. Et pourtant au Krak, on construisait encore cet édifice du plus beau style gothique. Aucune influence locale ici, mais une construction qui semble tout droit importée d'Île-de-France ou de Champagne. Cette salle est un rectangle de 25 m de long, voûté d'ogives qui s'appuient sur des consoles sculptées de motifs végétaux et de figures fantastiques (très ruinés aujourd'hui). À la croisée centrale, une ouverture au plafond permettait l'aération et l'évacuation des fumées, à moins qu'elle n'ait servi à supporter un lanterneau abritant une cloche.
La belle **galerie★★** qui précède la salle évoque le cloître d'un monastère ; elle est percée de deux portes en arc brisé et de cinq baies divisées en deux par un faisceau de colonnettes. Beau **tympan** ouvragé. Sur le dernier pilier à g. en sortant vers la cour est gravée une inscription latine. Elle est aisément déchiffrable (contrairement à l'inscription en vieux français qui orne le pilier d'en face) : « Que richesse, sagesse et beauté te soient données, mais garde-toi de l'orgueil qui souille tout le reste. »

■ **LA CHAPELLE★★**. Sa construction remonte aux premières décennies de la présence des hospitaliers au Krak, sans doute v. 1170. Contrairement à la salle des Chevaliers, elle est d'une sobre architecture romane : une nef unique voûtée en berceau terminée par une abside en cul-de-four. Elle apparaît aujourd'hui dans toute l'austérité de sa pierre nue, mais au temps des chevaliers, bannières et trophées étaient exposés dans la nef, et les murs étaient recouverts de peintures. Lors de travaux entrepris en 1955, une partie d'entre elles ont été mises au jour (notamment une Présentation au Temple exposée au musée de Tartous). Un mihrab et une chaire témoignent de la transformation de la chapelle en mosquée après la prise de la citadelle par les musulmans.

■ **LA COUR SUPÉRIEURE ET LE DONJON** *(accès depuis la cour intérieure par des escaliers sur la g.)*. Trois **tours monumentales** défendaient le flanc S. du Krak, le plus vulnérable. Au centre, la plus imposante présente du côté intérieur une façade rectangulaire percée d'élégantes **fenêtres* à meneaux** sur deux niveaux. Un court escalier permet d'accéder à une seconde esplanade, la **place d'armes.** En poursuivant par la dr., on passe devant la façade extérieure de la tour centrale (semi-circulaire de ce côté). La dernière tour, reliée jadis par un corps de bâtiment aujourd'hui écroulé, est appelée **tour du Logis du maître** car elle abritait le logis du commandant de la place. C'est là que se réfugièrent les derniers défenseurs du château en 1271. Un escalier à vis conduit à une belle **pièce circulaire** dont les voûtes reposent sur des colonnettes. On peut accéder ensuite à la **terrasse**, d'où l'on découvre un magnifique **panorama**** sur la région.

De la terrasse de la tour du Logis du maître, on allumait les feux qui permettaient de communiquer avec la citadelle de Chastel-Blanc (Safita), que l'on aperçoit dans le lointain. De là, le message pouvait parvenir aux places fortes du littoral, au château de Marqab notamment, autre possession des hospitaliers.

Environs du Krak

LE MONASTÈRE SAINT-GEORGES (deir Mar Georgis ; *6 km N. ; entrée libre mais une offrande sera la bienvenue*).

Le lieu attire une foule de pèlerins venus de toute la Syrie et du Liban lors de la fête de saint Georges, le 6 mai, et de celle de l'Élévation de la croix, du 2 au 14 septembre. Ce monastère grec orthodoxe habité par une demi-douzaine de moines remonte, croit-on, au règne de l'empereur byzantin Justinien (VIe s.). Au XIIe s., à l'époque où les croisés occupaient le Krak, une nouvelle chapelle y fut construite. Le XIXe s. à son tour ajouta une église. On entre dans le monastère du côté où se trouve l'église la plus récente (1857). Par un escalier, on descend ensuite à l'église du XIIe s. : elle est ornée d'une superbe **iconostase*** en ébène sculptée (icônes du XVIIIe s.). Plus bas encore, voir les vestiges du **monastère byzantin,** principalement l'ancien portail.

Lattaquié

Situation : à 90 km N. de Tartous, 186 km S.-O. d'Alep.

340 000 hab. ; chef-lieu de mouhafazat ; université.

☎ 041

ⓘ 8, rue du 14-Ramadan (B1), ☎ 41.69.26 ; ouv. t.l.j. sf ven. 8 h-17 h.

Poste centrale, centre téléphonique : près de l'av. de Bagdad (A2) ; ouv. t.l.j. 8 h-20 h.

Fêtes et manifestations : en août, Festival de l'amour durant lequel les plus grands chanteurs du monde arabe se retrouvent.

Ville moderne et dynamique, Lattaquié est le grand port de la Syrie contemporaine. Il y a bien longtemps, elle fut, sous le nom de Laodicée, celui des Séleucides. Ne cherchez pas les vestiges de celle qui fut, avec Antioche et Apamée, une des grandes cités des Grecs en Syrie : il n'en reste que quelques colonnes qui ont été redressées de place en place. Si Lattaquié offre peu d'intérêt touristique, c'est en revanche un excellent point de départ pour de passionnantes découvertes : Ougarit, aux portes de la ville, le château de Saône, vers l'intérieur, ou même Tartous, le grand port des croisés, à 90 kilomètres au sud par l'excellente autoroute côtière. Confortablement installé sur une plage de Ras ibn Hani, au N. de la ville, vous pourrez aussi pendant quelques heures laisser le guide et l'appareil photo du touriste pour le slip de bain du vacancier.

Lattaquié mode d'emploi

Où faire un tour : si vous voulez, le soir, prendre le frais au milieu de la foule des promeneurs, rendez-vous au S. de la ville : une nouvelle promenade, al-Kornish al-Janoubi (hors plan par **A3**), a été aménagée, bordée de restaurants – dont le fameux *Spiro* – et d'immeubles luxueux : c'est actuellement le quartier à la mode de Lattaquié.

Où faire une pause et manger : outre les restaurants de la promenade de la corniche indiqués ci-dessus, vous trouverez, à l'entrée de la rue du 14-Ramadan (**A1/2**), près de la statue d'Assad, de nombreuses pâtisseries ainsi que des petits restaurants qui servent du poulet rôti ; c'est aussi là que sont rassemblés les plus agréables cafés à narguilé de la ville.

Où se baigner : au N. de la ville, sur les plages de Ras ibn Hani (→ Env. 1) ou, plus loin mais mieux, sur celles de Ras al-Bassit, les plus belles du littoral syrien (→ Env. 3).

Se déplacer depuis Lattaquié : plusieurs compagnies de bus et minibus assurent des liaisons avec les environs et les autres villes principales du pays. Pour les **plages** au N. et **Ougarit** : minibus (**A1** n° 3) ; pour **Banyas, Tartous,**

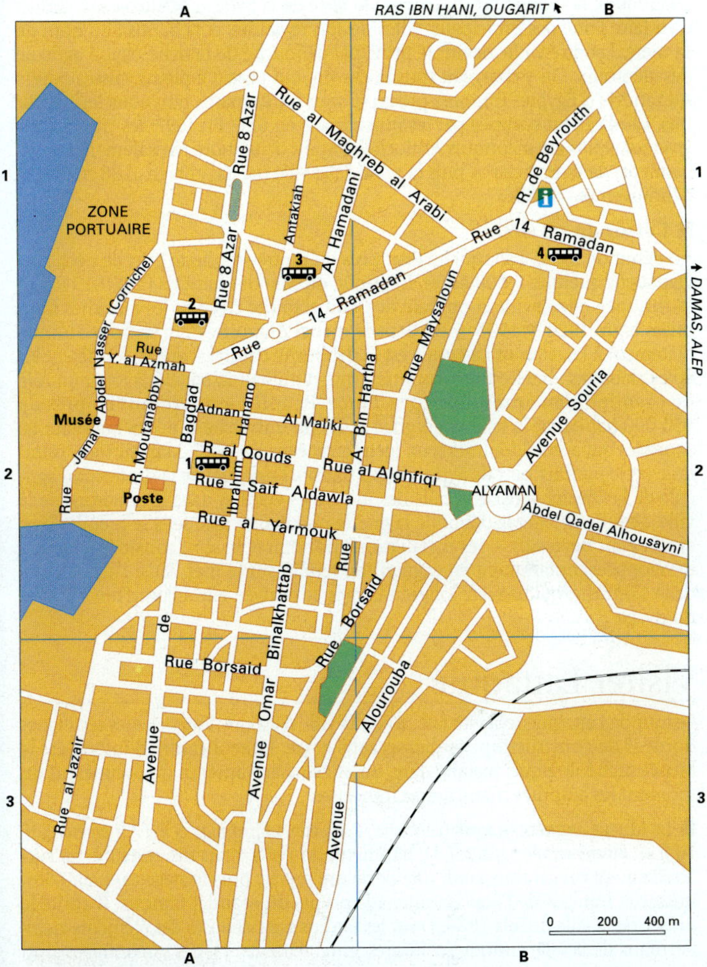

Lattaquié : le centre ville.

Homs et **Safita** : bus Kadmous (**A1** n° 2) ; pour **Alep** : bus Karnak (**A2** n° 1) et minibus (**B1** n° 4) ; pour **Damas** : bus Karnak (**A1** n° 1) et Kadmous (**A1** n° 2), minibus (**B1** n° 4).

Lattaquié dans l'histoire

■ De Laodicée à Lattaquié

Après la bataille d'Issos qui consacra en 333 av. J.-C. la victoire d'Alexandre sur les armées perses, le jeune conquérant s'empara de ce qui avait été un modeste comptoir phénicien. Après le partage de son empire entre ses généraux, les

Diadoques, la localité échut, comme le reste de la Syrie, à Séleucos, qui choisit d'en faire l'une des principales villes de son royaume, et la baptisa du nom de sa mère, Laodicée. Elle devint le principal débouché de la riche région agricole des alentours. On y chargeait surtout du vin, qui partait à pleins vaisseaux vers Alexandrie d'Égypte. Toujours prospère sous les Romains puis sous les Byzantins, Laodicée fut occupée par les musulmans en 686. En 1097, les croisés l'enlevèrent, après avoir conquis Antioche et avant d'atteindre Jérusalem. Les tremblements de terre du XIIe s. puis la prise de la ville par Saladin en 1188 ruinèrent définitivement la ville.

■ L'essor du XXe siècle

Au début du XXe s., Lattaquié n'était plus qu'un très modeste port de pêche où vivotaient quelque 7 000 âmes. L'époque du Mandat français (1920-1946) fit sa fortune : elle devint la capitale de l'État alaouite créé par les autorités françaises entre 1920 et 1936. C'est dans le **djebel Alaouite** – qui se trouve immédiatement à l'E. et dont Lattaquié est le débouché naturel – que se formèrent les élites alaouites : intellectuels, commerçants et militaires, appelés à jouer un rôle de premier plan après l'indépendance. Peuplée aujourd'hui de près de 350 000 habitants, la ville s'enorgueillit de son université et de ses installations sportives qui accueillirent les Jeux méditerranéens en 1985. Mais surtout, Lattaquié est le premier port de Syrie, par où transite l'essentiel de la production agricole de la Djéziré, ainsi que celle des industries établies dans les environs de la ville. Depuis 1975 et le début de la guerre du Liban – jusque-là le premier port syrien était Beyrouth –, les installations portuaires se sont considérablement développées, notamment en gagnant du terrain sur la mer. Ainsi l'actuelle rue de la Corniche, qui naguère longeait la mer, se trouve-t-elle aujourd'hui à 300 m du rivage.

Visiter Lattaquié

Le tour de Lattaquié sera vite fait : toute la ville n'est que longues rues rectilignes bordées de constructions en béton sans grâce. Le seul centre d'intérêt est le Musée archéologique, installé dans un ancien caravansérail qu'occupèrent un moment les autorités mandataires françaises.

■ **LE MUSÉE ARCHÉOLOGIQUE** (*corniche ; A2 ; ouv. t.l.j. sf mar. 9 h-17 h en été, 8 h-14 h en hiver ; entrée payante*). Le bâtiment, du XVIe s. mais très restauré, fut successivement un caravansérail, une demeure privée, puis le siège du haut-commissariat français de l'État alaouite à l'époque du Mandat français. Il abrite le musée de la ville depuis 1986. Dans les jardins sont déposés des éléments architecturaux de la ville antique (colonnes, entablements…), des sarcophages ainsi que des statues.

Les **salles 1 et 2** sont consacrées à **Ougarit**, le grand port cananéen des IIIe et IIe millénaires av. J.-C. *(sur l'histoire d'Ougarit → p. 389)*.

Salle 1 : les deux vitrines de dr. présentent une collection de céramiques trouvées à Ougarit, parmi lesquelles se distingue *(1re vitrine)* une **coupe ornée de poissons.** Dans le coin dr. de la salle, un **support cultuel**** de terre cuite (XIIIe s. av. J.-C.), trouvé dans le « temple aux Rhytons » *(→ la note ci-contre)*, est décoré d'une scène figurant le roi d'Ougarit en grand prêtre, les bras repliés en position de prière sous un soleil ailé. La *vitrine 3* (au fond de la salle) montre une **statuette en pierre du dieu El** coiffé de son bonnet conique, découverte en 1988 dans le temple aux Rhytons, et une collection de **tablettes** inscrites dans les diverses langues utilisées à Ougarit.

Salle 2 : elle présente différents types d'objets retrouvés à Ougarit et dans les sites environnants (Ras ibn Hani, Ras al-Bassit), et datant de l'époque d'Ougarit à la période romaine, voire musulmane. La pièce la plus intéressante est exposée au centre de la salle : un **moule à lingots****, exhumé en 1982 dans le palais d'une reine à Ras ibn Hani *(→ Env. 1)*. Cette découverte en dit long sur le contrôle royal qui s'exerçait sur la production des lingots, ainsi que sur la place éminente des femmes de la maison royale. Cette lingotière, unique au monde, servait à la fabrication de lingots, de cuivre essentiellement, provenant de l'île de Chypre (dont par beau temps on aperçoit les côtes depuis Ras ibn Hani). Il s'agit d'une dalle de 1,50 m de long, évidée d'une forme en « peau de bœuf », c'est-à-dire d'un rectangle aux coins étirés comme les pattes d'une dépouille de bovin.

Le type de lingot produit par la lingotière du musée servait couramment aux échanges monétaires dans la seconde moitié du IIe millénaire av. J.-C. On en a retrouvé de nombreux exemplaires dans des épaves de bateaux ainsi que sur les représentations figurant, en Égypte, les tributs envoyés à Pharaon par les princes orientaux.

Parmi les autres objets de la salle, on verra en particulier *(vitrine 1)* des **ustensiles en albâtre** (1400-1200) importés d'Égypte, et des **objets en métal** *(vitrine 5)* - pointes de flèches et de lances, épées, couteaux - qui montrent que la métallurgie, présente à Ougarit dès la fin du IIIe millénaire, était très développée dans les derniers siècles de l'existence de la ville. Plusieurs ateliers ont d'ailleurs été mis au jour sur le site, notamment dans la partie S.

Le temple aux Rhytons, dégagé sur le site d'Ougarit à partir de 1979, doit son nom au grand nombre de vases que l'on y a trouvés (un rhyton est un vase en forme de corne ou de tête d'animal) et a jeté un éclairage nouveau sur les pratiques religieuses des habitants d'Ougarit : à côté du temple principal consacré à Baal, la ville comptait ainsi des sanctuaires secondaires, destinés à un culte plus quotidien.

La **salle 3** est consacrée aux périodes gréco-romaine et byzantine, et la **salle 4** à la période islamique : numismatique, terres cuites romaines, verreries, belle collection de lampes. Au centre de la salle, sarcophage du début de notre ère, découvert à Lattaquié en 1970.

Environs de Lattaquié

1 LA PRESQU'ÎLE DE RAS IBN HANI *(9 km N., à la sortie N. de la ville, sur la route qui mène à Ras Shamra [Ougarit]).*

C'est ici que vous pourrez profiter des joies de la baignade : les **plages,** bien que modestes, sont sablonneuses et assez agréables. Les plus propres sont celles, payantes, des deux grands hôtels de la ville : le *Cham Palace* et le *Méridien.*

D'autre part, la presqu'île conserve sur un promontoire en face de l'hôtel *Méridien* quelques vestiges de l'époque d'Ougarit. Le tell d'**Ibn Hani** est peu marqué, mais on ne s'y trompera pas : c'est l'un des rares endroits encore en friche de la côte. La ville fut habitée du XIIIe s. av. J.-C. au VIIe s. apr. J.-C. Les ruines sont encore protégées, mais l'urbanisme gagne du terrain - les vestiges s'étendaient sur tout le cap. Ibn

Voici deux propositions d'itinéraires pour rejoindre Alep depuis Lattaquié par le chemin des écoliers, après la visite du château de Saône : soit aller voir le château de Bakas* (petit détour depuis la route principale), → p. 405; soit descendre à travers le djebel Ansariyé vers la vallée de l'Oronte** (→ p. 406). De superbes panoramas en perspective.**

La région côtière

Le Zeus du mont Kassios

Le mont Kassios semble avoir abrité un haut lieu (lieu de culte en plein air) depuis la plus haute Antiquité. À l'époque gréco-romaine, on y vénérait Zeus sous la forme d'un bétyle, survivance d'un culte plus ancien. La célébrité du Zeus du Kassios, considéré comme un protecteur des marins, s'était répandue dans tout l'empire : on rencontrait des sanctuaires en son honneur de l'Égypte au lointain Occident. L'ascension au sommet du mont était un but de pèlerinage couru ; les empereurs Hadrien et Julien en gravirent les pentes en leurs temps. On y venait surtout pour admirer le lever du soleil : les premiers rayons embrasaient les cuivres du temple tandis qu'en bas les plaines d'Asie demeuraient dans la nuit.

Hani fut fondée sur un terrain vierge par le pouvoir royal installé à Ougarit au XIIIe s. av. J.-C. pour servir de poste de guet (on aperçoit parfois Chypre). Deux palais ont été dégagés.
Le **palais Sud**, guère visible, était construit sur un imposant remblai destiné à le protéger des flots : il semble en effet qu'à l'époque d'Ougarit le promontoire ait été une île. Le **palais Nord**, au bord du rivage, appartenait à la reine d'Ougarit ; il disposait, comme dans les palais d'Ougarit, d'un secteur funéraire, d'une zone administrative avec des archives, et de secteurs privés. Les deux palais brûlèrent lors de l'invasion des Peuples de la Mer (1190-1180), mais on eut le temps de vider le palais N. avant de l'abandonner.

2 OUGARIT** (Ras Shamra ; *15 km N.-E.*) : *→ p. 388.*

3 LE CHÂTEAU DE SAÔNE** (ou **château de Saladin** ; *43 km N.-E.*) : *→ p. 401.*

4 RAS AL-BASSIT* ET KASSAB *(50 et 61 km N.)*.
Cette excursion réalisable en une demi-journée *(env. 125 km AR)* permet de découvrir l'un des plus jolis coins du littoral syrien : une longue baie ourlée de plages de sable, dominée au N. par les hauteurs du **mont Kassios**, célèbre lieu de pèlerinage de l'Antiquité *(→ encadré)*. Le petit village de pêcheurs de **Ras al-Bassit*** attire une clientèle locale de vacanciers qui séjournent dans de petits bungalows ou dans des villages de vacances gérés par les entreprises d'État ou les syndicats. On peut y déguster du poisson frais dans l'un des petits restaurants installés au bord de l'eau. C'est à Ras al-Bassit qu'en 1268 les Francs rescapés du siège d'Antioche rembarquèrent, vaincus par le sultan Baybars et ses Mamelouks.

À 11 km au N.-E. de Ras al-Bassit, le village de **Kassab**, avec ses hôtels et ses restaurants, est un autre lieu de villégiature. Il se trouve au pied de la montagne dont la crête marque la frontière avec la Turquie. Il est principalement peuplé d'Arméniens qui y ont construit leurs lieux de culte, comme cette jolie église de rite catholique, à flanc de colline au-dessus du village.

5 VERS ALEP : LE CHÂTEAU DE BAKAS* *(72 km N.-E.)* : *→ p. 405.*

6 VERS TARTOUS PAR LA CÔTE *(90 km S.)* : *→ p. 413.*

Le château de Marqab★★

Le Margat des Francs vaut le détour. Sombre masse de basalte perchée sur sa colline, c'est l'une des plus vastes citadelles franques de Syrie, le « triomphe du gigantisme ». Du château, vous découvrirez un splendide panorama sur la côte, à deux kilomètres à vol d'oiseau. C'était du reste la raison d'être du Margat : contrôler du haut de ses 362 mètres l'étroite bande côtière, une des principales voies de communication des Francs. À l'intérieur, une magnifique chapelle romane rappelle que le château fut l'une des principales possessions des hospitaliers.

Situation : à 47 km N.-O. de Tartous, 60 km S.-E. de Lattaquié.

À ne pas manquer

Le Marqab mode d'emploi

Accès : sur l'autoroute côtière, suivre la sortie de Banyas, puis longer vers le S. l'autoroute jusqu'à la sortie de la ville ; un panneau indique à g. la direction du château (à 9 km de Banyas). Par les transports en commun : bus depuis Tartous ou Lattaquié jusqu'à Banyas (gare routière), puis minibus ou taxi jusqu'à Marqab.

Visite : ouv. t.l.j. sf mar. 9 h-18 h, jusqu'à 16 h en hiver ; entrée payante. Sandwiches et boissons fraîches dans des petits stands au pied de l'entrée.

Combien de temps : compter 45 mn.

Le Marqab dans l'histoire

■ Une place forte des hospitaliers

Conscients de l'intérêt stratégique de l'endroit, les Byzantins puis les musulmans y avaient déjà établi des postes de garde. L'ensemble de l'ouvrage actuel est l'œuvre des Francs. Ils y installèrent une garnison dès 1117, puis le Margat fut constitué en fief attribué aux Masoiers, une obscure lignée de chevaliers francs qui voyaient grand : c'est eux qui entreprirent la construction de la gigantesque forteresse, une véritable ville occupant 4 ha. En 1186, ruinés par leur ambitieuse entreprise, ils furent contraints de remettre leur possession aux hospitaliers (→ *encadré p. 366*). Deux ans plus tard à peine, les troupes victorieuses de Saladin, après avoir défait la noblesse

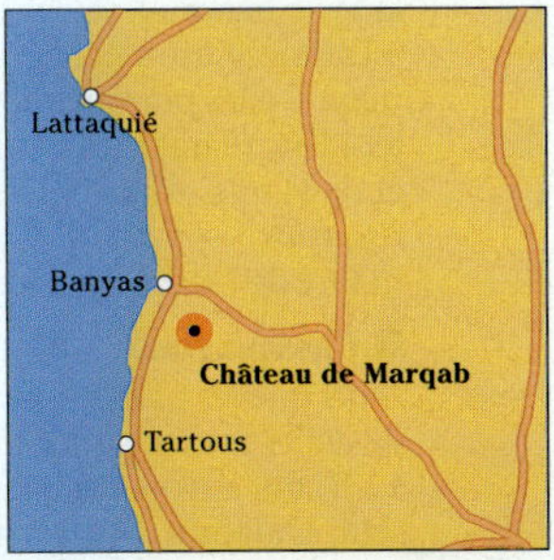

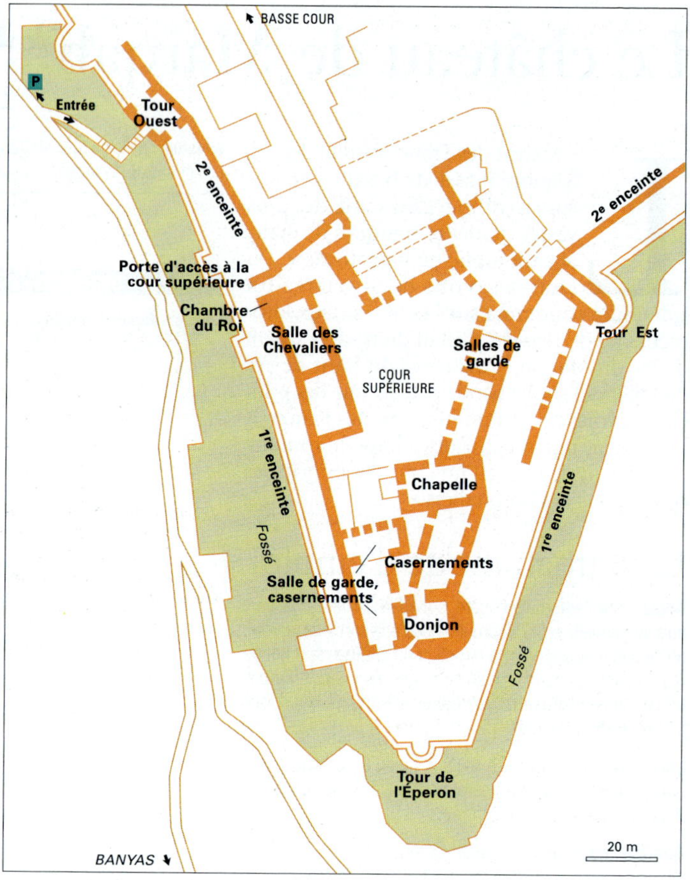

Le château de Marqab.

franque à Hattin et conquis Jérusalem, ravageaient les États latins. Au Krak des Chevaliers comme à Margat (les deux principales places fortes hospitalières de la Syrie franque), seules les troupes aguerries des moines-soldats purent résister à l'avancée triomphale de Saladin. Les deux forteresses s'épaulaient mutuellement – elles pouvaient communiquer par signaux par l'intermédiaire de Chastel-Blanc (Safita) – et tenaient sous leur menace les émirs de la plaine de Homs et de Hama, tout comme les « Assassins » du djebel Ansariyé *(sur la secte des Assassins, → p. 383)*. C'est au Marqab que résidait habituellement le grand maître de l'ordre des Hospitaliers.

■ L'assaut final

Alors que les places fortes franques tombaient une à une, le Marqab continuait de défier l'avance musulmane. Même le sultan Baybars, le tombeur du Krak en 1271, dut s'avouer vaincu au pied des formidables défenses. C'est à son successeur, Qalaoun, que revint la gloire de franchir ces remparts. Les préparatifs furent longs et minutieux. À Damas, on construisit dans le plus grand secret les engins et les machines de guerre qu'il fallut ensuite acheminer jusqu'au pied de la forteresse. Le 17 avril 1285, une troupe innombrable fut massée sous la place. Très vite, les projectiles lancés par les machines de guerre causèrent d'importants dommages. Puis les sapeurs se mirent à creuser une gigantesque mine sous la tour de l'Éperon, à la pointe S. du rempart : Qalaoun avait tout de suite trouvé le point faible du château. Au premier assaut, la tour, bien que minée, ne s'écroula pas. Mais Qalaoun invita les défenseurs à venir constater l'ampleur des travaux réalisés par ses sapeurs. Conscients que toute résistance était inutile, les 25 chevaliers survivants acceptèrent d'abandonner la place, contre la promesse de la vie sauve. L'histoire reste muette sur le sort de la piétaille abandonnée au bon vouloir des vainqueurs.

L'enceinte extérieure du château de Marqab domine de sa masse sombre la plaine côtière. Les pentes qui descendent jusqu'à la mer sont couvertes de cultures en terrasses qui existaient déjà au temps des croisades.

Visiter le Marqab

■ **L'entrée.** Le Marqab était gardé par une double enceinte : la muraille était doublée vers l'extérieur d'un rempart défendu par une douzaine de tours circulaires, sauf du côté N. où la hauteur de la falaise constituait une défense suffisante. L'entrée de la citadelle se fait à l'O. par une puissante **tour carrée** dont l'accès était gardé par un mâchicoulis à l'étage. Passé la porte, on se retrouve dans un vestibule sur lequel ouvre un passage qui donne accès à l'espace compris entre les deux enceintes. En prenant à dr., on atteint la porte qui conduit à la cour supérieure. *(En continuant tout droit, on arrive à la pointe S.-E. du château en longeant la muraille extérieure ; → ci-dessous.)* La **porte d'accès à la cour supérieure** est un élégant ouvrage dont la baie aujourd'hui murée est encadrée de colonnettes à chapiteaux ouvragés. Dans le vestibule qui fait suite à la porte, un passage donnait accès à la basse cour (où se trouvaient les casernements, les habitations des hommes de troupe et des artisans, les étables…).

■ **La cour supérieure***. C'était la partie noble du château ; elle était entourée des édifices où se déroulait la vie collective des moines-soldats. La **salle des Chevaliers**, construite sur une citerne, était une belle construction gothique du début du XIIIe s. Il n'en reste que quelques départs de voûtes et des éléments architecturaux épars. Elle devait égaler en splendeur celle du Krak des Chevaliers elle encore intacte. Cette longue salle était reliée au donjon par des bâtiments aujourd'hui écroulés.

En temps de paix, un millier de moines-soldats vivaient au Margat, auxquels s'ajoutait une population civile d'artisans et d'ouvriers. Sur les pentes de la montagne, vergers et cultures en terrasses approvisionnaient les habitants. Selon un voyageur franc du XIIIe s., les réserves de la citadelle contenaient des provisions pour cinq ans.

Une imposante masse de basalte

Le choix de l'emplacement du Marqab s'imposait : un plateau triangulaire séparé du djebel Ansariyé, en surplomb de la côte, et naturellement protégé par la hauteur de ses falaises. Sauf à la pointe S.-E., où la pente trop faible imposa d'élever les fortifications les plus puissantes : c'est la fameuse tour de l'Éperon, sous laquelle passe la route qui conduit à l'entrée. De très loin, le Marqab annonce la couleur : noire, comme l'austérité de la vie monastique des moines-soldats qui l'occupèrent, loin des cours souvent brillantes des cités littorales. Le matériau de construction a été pris sur place : du basalte, grossièrement taillé et lié par un épais mortier. Seule fantaisie sur les façades : l'alternance du blanc et du noir. Comme dans toutes les forteresses, le cœur du château était concentré autour de la **cour supérieure** : salle des Chevaliers, logis des moines, chapelle... Le reste du triangle, les deux tiers environ de la superficie totale (5 ha), était occupé par la **basse cour** : casernements des hommes de troupe, étables, magasins... Cette dernière partie, envahie par la végétation, est difficilement accessible et ne présente pas d'intérêt.

C'est sur la tour de l'Éperon qu'en 1285 le sultan Qalaoun porta le gros de son offensive. Bien que ce soit la partie la mieux défendue de la muraille, elle n'était protégée par aucune déclivité naturelle ; en plus, elle donnait directement accès au donjon, le cœur du Margat.

La **chapelle**** est dans un remarquable état de conservation. Beau **portail** en calcaire ouvrant sur le côté N. : sa blancheur tranche sur le basalte des murs ; le tympan, plein, est surmonté d'une archivolte dont les élégantes moulures reposent sur des colonnettes encadrant la porte. Un portail similaire ouvre sur le côté O. de l'édifice. À l'intérieur, la chapelle des moines-soldats est constituée d'une nef unique à deux travées, voûtées en arêtes. L'**abside** en cul-de-four est légèrement surélevée ; elle est encadrée de deux absides latérales : concession sans doute aux rites orientaux qui imposent la présence de ces deux pièces (une prothésis et un diaconicon). Dans l'**abside de gauche,** restes de peintures murales : on y reconnaît une rangée de six saints. Dommage que la transformation de cette petite pièce en lieu d'aisances sauvage n'incite pas à y prolonger son séjour...

Au N. de la salle des Chevaliers ouvre une pièce occupée par le gardien, qui donne sur le littoral par une large baie : elle est appelée diwan al-Malik, la **chambre du Roi.** C'est là, dit-on, que fut emprisonné le maître byzantin de Chypre, Isaac Comnène, chargé de chaînes d'or et d'argent. Il fut détrôné par Richard Cœur de Lion en 1191 et emmené en captivité au Marqab, où il mourut quatre ans plus tard.

Contourner la chapelle par la dr. pour arriver à un petit passage qui, après un coude, débouche sur un long couloir entre le donjon à g. et un ensemble de salles à dr.

■ **LE DONJON* ET LA TOUR DE L'ÉPERON.** Le donjon est la construction la plus massive du château et l'ouvrage qui était le mieux défendu : un diamètre de 22 m, des murs de 5 m d'épaisseur, des archères ménagées sur ses deux niveaux. De forme circulaire du côté S., il s'appuie du côté N. sur un bâtiment de même hauteur qui fait corps avec la chapelle. À dr., des salles de garde et des parties communes : voir la **cuisine** avec son immense four.

En poursuivant jusqu'au bout du couloir, un escalier assez obscur descend jusqu'au pied du mur extérieur du donjon (**vue*** magnifique). En avant, à la pointe S. du rempart extérieur, la **tour de l'Éperon** défendait l'approche du donjon. Lors des travaux de restauration, d'innombrables pointes de flèches ont été découvertes, encore fichées dans le mortier.

De là, on peut atteindre le flanc E. de la citadelle en suivant le **chemin de ronde** entre les deux remparts. De ce côté, cet espace intermédiaire était occupé par des corps de bâtiment sur deux étages, deux immenses **salles de garde** donnant sur le mur extérieur, bordé de ce côté d'un profond fossé. En grimpant parmi les éboulis (chemin facile), on atteint la salle supérieure, qui à g. ramène à la cour supérieure.

Masyaf et les châteaux des Assassins★

Au pied du djebel Ansariyé, dominant le Sud de la dépression du Ghab, le château de Masyaf est la mieux conservée des forteresses des Ismaéliens, une secte musulmane chiite passée à la postérité sous le nom d'Assassins. Sous la conduite de leur chef, le Vieux de la Montagne, ils s'étaient établis à la période des croisades dans d'imprenables nids d'aigle, dans les replis du djebel. De là, ils terrorisaient leurs ennemis, musulmans orthodoxes ou Francs du littoral, n'hésitant pas à conclure des alliances momentanées avec tel ou tel au gré de leurs intérêts. De leurs châteaux il ne reste, au mieux, que les murailles extérieures, mais ils occupent tous des sites magnifiques, dans l'une des plus belles parties du djebel Ansariyé, où habitent encore aujourd'hui des Ismaéliens.

Situation : Masyaf est à 38 km O. de Hama, 45 km E. de Banyas, 83 km N.-E. de Tartous.

À ne pas manquer

Les Assassins dans l'histoire

■ Les ancêtres des Agha khans

Dans la Perse du XIe s., les **Ismaéliens** (ou Ismaïliens) – branche chiite qui reconnaît la lignée des successeurs d'Ali jusqu'à Ismaïl, le septième imam – œuvraient sans relâche pour gagner des fidèles à leur cause, aidés secrètement par les califes fatimides du Caire qui partageaient leur croyance. Parmi eux, Hassan ibn Sabbah qui, après un séjour au Caire, parcourait les régions du N. de la Perse. Il cherchait moins à multiplier le nombre des adeptes qu'à se rendre maître d'une place forte d'où il pourrait régner sur ses fidèles. Le sort lui octroya **Alamout** (auj. en Iran), une citadelle inexpugnable au fond d'une vallée isolée, qu'en 1090 il prit par ruse à son gouverneur abbasside. Il consacra les 35 dernières années de sa vie à l'étude et à la prière, reclus dans sa chambre qu'il ne quitta, dit-on, qu'à deux occasions. Depuis son nid d'aigle, il dirigeait une secte d'initiés, des combattants de l'ombre obéissant aveuglément à leur chef. Cette sévère discipline faisait d'eux une arme redoutable contre les Abbassides et

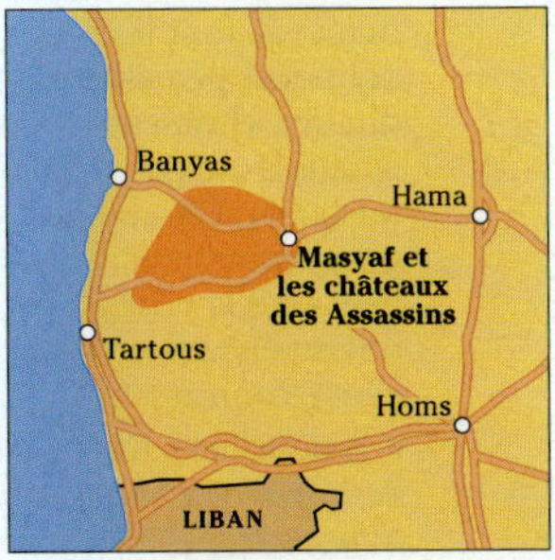

Les principaux châteaux des Assassins, dans le djebel Ansariyé.

leurs serviteurs seldjoukides. Après la mort de Hassan en 1124, une lignée d'imams lui succéda, à la tête d'une véritable principauté qui négociait avec les puissances du temps. L'invasion des Mongols au XIIIe s. mit un terme à l'existence politique de la secte ; en 1256, ils s'emparèrent d'Alamout, et le dernier imam fut assassiné. Il semble pourtant qu'un de ses fils réchappa ; il fonda une lignée d'imams d'où sortirent au XIXe s. les Agha khans.

■ De redoutables fumeurs de haschisch

Au début du XIIe s., le maître d'Alamout envoie une mission en Syrie. Le pays lui semble propice : plusieurs communautés de chiites sont réfugiées dans ces montagnes difficiles d'accès, où les fidèles d'Alamout pourront édifier leurs repaires. Quelques décennies plus tard, c'est chose faite : les Ismaéliens contrôlent un chapelet de forteresses dans les montagnes, menaçant tout autant les Francs du littoral que les musulmans orthodoxes de l'intérieur. Car très vite la secte acquiert une terrible réputation dont les chroniques franques et musulmanes se font les échos épouvantés. Elle s'illustre par une série d'assassinats politiques perpétrés pour son propre compte ou pour celui de riches commanditaires, chrétiens comme musulmans. Nul n'est à l'abri de ces combattants fanatisés : le grand Saladin, qui a déjà échappé à deux attentats, est contraint lorsqu'il est en campagne de passer les nuits au sommet d'une tour de bois. Le pouvoir militaire de la secte fut anéanti en Syrie au XIIIe s. par les Mamelouks, peu après la prise d'Alamout par les Mongols. Des communautés ismaéliennes ont cependant subsisté dans la montagne jusqu'à nos jours. Certaines d'entre elles reconnaissent l'Agha khan comme leur chef spirituel.

Les Ismaéliens furent accusés d'agir sous l'effet du haschisch, d'où le nom de *hashishin* que leur attribuent les chroniques franques, terme qui a donné en français le mot « assassin ».

Visiter les châteaux des Assassins

Combien de temps : si vous n'êtes pas pressé, vous pouvez consacrer une journée à la découverte de ces châteaux, prétextes à une promenade à travers de splendides paysages. L'excursion peut se faire au départ de plusieurs villes : Safita, Tartous, Hama, ou même Lattaquié ; prévoir un pique-nique. Sinon, on peut se contenter d'en voir un ou deux en se rendant de Tartous à Lattaquié (ou inversement) par la route côtière : → p. 413.

■ **MASYAF*** *(à 45 km E. de Banyas par la route n° 35, 47 km N.-E. de Safita via Hosn Souleiman).*

Le **château de Masyaf** *(vis. t.l.j. 9 h-18 h, jusqu'à 16 h en hiver ; entrée payante)* domine une grosse bourgade agricole (18 000 hab.) peuplée en partie d'Ismaéliens. Ce fut la plus importante des citadelles des Assassins, qui l'acquirent v. 1140. C'est aussi la mieux conservée. Elle servit à plusieurs reprises de résidence à Sinan, le Vieux de la Montagne *(→ encadré p. 386)*, avant d'être enlevée par Baybars en 1270. Le plan en est assez simple : un donjon rectangulaire au centre d'une enceinte ovale défendue par des saillants et construite en pierres de petit appareil. L'intérieur est très ruiné *(se faire guider à travers les éboulis par le gardien)*. Vous reconnaîtrez au passage des matériaux grecs, romains et byzantins, provenant de constructions antérieures.

■ **QADMOUS** *(à 24 km O. de Masyaf, 21 km E. de Banyas).*

Accès depuis Masyaf : par la belle route n° 35 qui traverse le djebel et conduit à Banyas ; 4 km avant Qadmous, une route à g. permet d'atteindre al-Kahf *(→ ci-dessous)*.

Du premier château acquis en Syrie par les Ismaéliens, il ne reste rien : il fut entièrement démantelé par Ibrahim pacha en 1838 lors de l'occupation de la Syrie par les troupes égyptiennes. Rien, sinon l'éminence naturelle sur laquelle il s'appuyait, au centre d'un vaste plateau délimité par un bourrelet de collines. « Un grand paysage théâtral » (M. Barrès), au cœur du pays des Assassins d'où le regard embrasse de vastes perspectives qui s'étendent jusqu'au littoral.

Élevée sur une colline détachée du djebel Ansariyé, la forteresse de Masyaf était la plus importante place de la redoutable secte des Assassins. Elle contrôlait la partie méridionale de la plaine du Ghab.

Le château de Marqab n'est distant que d'une dizaine de kilomètres à vol d'oiseau. Qadmous est aujourd'hui une petite bourgade agricole, où l'on remarque, au pied de l'ancienne citadelle, une vieille mosquée qui daterait de la deuxième moitié du XIIIe s. Elle conserve une inscription qui porte les noms de Najmal-Din et de son fils Chams al-Din, les deux derniers grands maîtres de la secte : ils avaient fait allégeance à Baybars, qui les fit pourtant déposer et exiler quelques mois plus tard.

■ **QALAAT AL-KAHF** *(à 36,5 km O. de Masyaf, 20,5 km N.-O. de Qadmous).*

Accès depuis Qadmous : à 4 km de Qadmous sur la route de Masyaf, prendre à dr. une petite route asphaltée ; continuer tout droit aux deux croisements que l'on rencontre (env. 4 km et 12,5 km). À 14 km de la route principale, laisser sur la g. la route qui va au village d'al-Kahf, et prendre un chemin carrossable (panneau indicateur bleu) qui conduit au pied du château, 2,5 km plus loin.

Al-Kahf fut le repaire du chef des Assassins, le Vieux de la Montagne ; selon la tradition, un édicule contre le flanc N.-E. de la citadelle abriterait son tombeau. C'est depuis le petit village moderne que l'on découvre les plus belles vues d'ensemble sur le château : un promontoire rocheux long de 300 m. Sur trois côtés, les fortes pentes des vallées enserrent la forteresse qui était reliée à la montagne par un étroit passage rocheux défendu par un ouvrage avancé (c'est là que se termine le chemin carrossable qui conduit au château). L'**entrée de la citadelle** (toujours visible) était taillée à même la roche, ce qui lui valut son nom d'al-Kahf : la Caverne. Mis à part quelques pans de murs des remparts, l'ensemble est très ruiné : al-Kahf fut démantelé au XIXe s. par les autorités ottomanes, en représailles contre ses occupants qui en 1816 y avaient retenu un officier français, le colonel Boutin.

■ **QALAAT AL-KHAWABI** *(à 17 km S.-O. de Qalaat al-Kahf, 32 km N.-E. de Tartous).*

Accès depuis Qalaat al-Kahf : continuer jusqu'à Sheikh Badr et prendre en direction de Dahr Matra (11 km) sur une des routes conduisant à Tartous. À Dahr Matra, prendre à g. vers Khawabi (6 km) via le village chrétien de Jdeidi. Au centre du petit village de Khawabi, prendre la rue à g. : elle conduit à l'escalier qui mène à l'entrée de la citadelle.

Là encore, le **paysage** est grandiose : un piton rocheux lui-même entouré d'un cirque de collines qui le dominent de 400 à 500 m. Cette place forte fut conquise v. 1140 par les Ismaéliens et restaurée par eux pour en faire l'un de leurs principaux

Le Vieux de la Montagne

Le Vieux de la Montagne des chroniques franques avait un nom : Rachid ed-Din Sinan. Il fut envoyé de Perse en Syrie par l'imam des Ismaéliens de Perse, son compagnon d'études depuis l'enfance. Il était chargé d'une mission secrète : succéder à l'actuel chef des Ismaéliens de Syrie après sa mort. Sinan vint en Syrie, vêtu comme un mendiant et évitant les villes de crainte d'être reconnu et arrêté. Arrivé dans la montagne syrienne, il s'installa dans une modeste cabane au pied du château d'al-Kahf où résidait le maître des Assassins. Il y resta sept ans, dissimulant le but de sa présence. Apprenant que l'imam était mourant, il se rendit à son chevet et lui révéla le document qui le nommait à la tête de la branche syrienne de la secte. C'était en l'an 1162, Sinan allait régner plus de 30 ans depuis son terrible repaire, s'affranchissant définitivement de la tutelle des Ismaéliens perses. Il mourut vers 1193, quelques mois après son dernier exploit (inspiré, dit-on, par Richard Cœur de Lion) : l'assassinat de Conrad de Montferrat, le tout nouveau roi de Jérusalem.

repaires dans le djebel. Elle dut subir une fois le siège des Francs conduits en 1213 par Bohémond (prince d'Antioche), ivre de colère après l'assassinat de son fils Raymond par les fidèles du Vieux de la Montagne dans la cathédrale même de Tartous.
Au bout de l'escalier à flanc de colline, la **porte** de la citadelle est encore bien conservée. À l'intérieur s'est niché un village qui a été ensuite abandonné par ses habitants. On peut suivre de bout en bout l'unique rue de l'ancien village en essayant de reconnaître les rares vestiges médiévaux.

*Pour gagner la côte et Tartous ou Banyas par un autre chemin qui ménage de nouvelles vues sur la citadelle, continuer dans le village, tourner à dr. à 2,8 km puis à g. 1,5 km plus loin. Poursuivre alors tout droit jusqu'au village chrétien d'***as-Soda** *(15 km de Khawabi). La grande route Tartous-Lattaquié se trouve 5,5 km plus loin.*

■ **QALAAT AL-MANIQA** *(à 23 km N.-E. de Banyas).*

Accès depuis Banyas : à 6 km N. de Banyas en direction de Lattaquié, prendre à dr. vers Qarfis, puis continuer tout droit au-delà de Dweir Baabda ; à 13 km de la route côtière, tourner à dr. : le château se trouve 4 km plus loin, passé Wadi al-Qalaa.

Juché sur un promontoire isolé par deux torrents, le château de Maniqa domine un luxuriant paysage de cultures en terrasses. Son histoire est un peu confuse : occupée par les croisés au tout début du XIIe s., cette citadelle d'origine arabe fut prise par les Ismaéliens quelques décennies plus tard, avant d'être occupée un temps par des moines-soldats de l'ordre des Hospitaliers *(→ encadré p. 366)*. Ce furent en tout cas des Ismaéliens que le sultan Baybars délogea lors de sa reconquête du djebel dans les années 1270. L'**enceinte** est encore bien conservée et s'élève jusqu'au crénelage en plusieurs endroits. Les plus aventureux pourront pénétrer à l'intérieur par une brèche dans la muraille du côté N.-O. : au pied du donjon, vastes **écuries souterraines** *(il est conseillé de se faire accompagner par un habitant du village).*

Une visite pleine d'imprévus

En 1195, Henri de Champagne, neveu du roi de France et roi de Jérusalem par son mariage avec Isabelle, l'héritière légitime du trône, fut invité par le Vieux de la Montagne (le chef des Assassins en Syrie) en son château d'al-Kahf. Pour montrer au roi combien l'obéissance de ses hommes lui était totale, l'imam ordonna à deux d'entre eux de grimper au sommet des remparts et de se jeter dans le vide. Se tournant vers le chevalier épouvanté, il lui proposa, si tel était son bon plaisir, de faire prendre le même chemin à tous les hommes de sa garnison. Raccompagnant ensuite son invité hors de ses terres, le Vieux de la Montagne lui offrit d'exécuter qui bon lui semblerait : il n'avait qu'à lui désigner la victime. Ces amabilités cachaient une terrible menace : Conrad de Montferrat, le prédécesseur d'Henri dans le lit d'Isabelle et sur le trône de Jérusalem, était poignardé par les Assassins quelques jours après son couronnement.

Ougarit★★ (Ras Shamra)

Situation : à 15 km N.-E. de Lattaquié.

C'est en 1929 que fut découvert, au lieu dit Ras Shamra (la « Colline au fenouil »), le site d'Ougarit, le grand port cananéen connu jusque-là uniquement à travers les archives d'Amarna, la capitale égyptienne d'Akhénaton au XIVe siècle avant notre ère. Pour les archéologues, la magie d'Ougarit tient au fait que, peu à peu, la ville complète se livre : depuis ses fortifications jusqu'à ses ponts, en passant par ses temples, ses quartiers d'habitation modestes ou luxueux, ses rues, et bien sûr son labyrinthique palais. Même si, pour le néophyte, ces amas de ruines semblent peu parlants, le visiteur qui en prendra le temps pourra rencontrer tous les aspects de cette ville qui était l'une des plus riches d'Orient à la veille de la catastrophe qui mit fin aux civilisations de l'âge du bronze. Les palais tout comme la poterne témoignent combien les maçons d'Ougarit étaient passés maîtres dans l'utilisation et la taille de la pierre. Le site (fouillé par des missions françaises) est envahi de hautes herbes et de buissons épineux qui masquent une partie des ruines et invitent à suivre les pistes qui le sillonnent.

À ne pas manquer

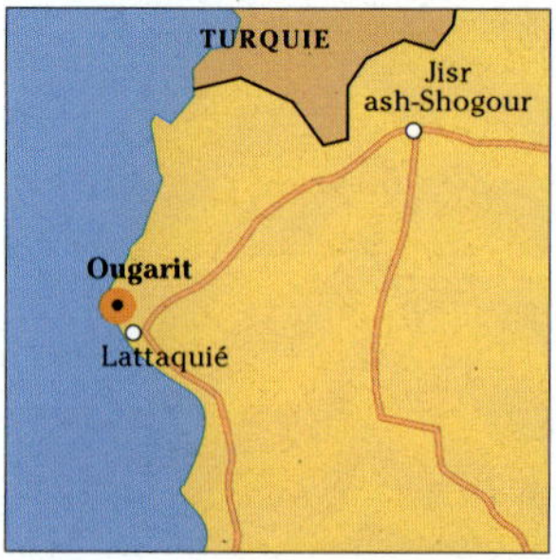

Ougarit mode d'emploi

Accès : prendre la sortie N. de Lattaquié longeant la Cité des Sports, en direction des grands hôtels *Méridien* et *Côte d'Azur* (Shatt al-Azraq) ; au rond-point devant le *Côte d'Azur*, tourner à dr. et poursuivre sur 4 km ; le site est signalé. Parking devant l'entrée.

Visite : le site est ouv. t.l.j., du lever au coucher du soleil ; entrée payante. En été, prévoir la visite tôt le matin ou tard dans l'après-midi, car la chaleur est suffocante.

Combien de temps : 1 h peut suffire pour une visite éclair, mais comptez plutôt 2 h.

Divers : le gardien occupe une cabane à l'entrée, où sont vendus des guides, des cartes, d'affreux moulages et autres bibelots. À côté, des gargotes agréables proposent de quoi se rafraîchir et se restaurer.

Ougarit dans l'histoire

■ Le village préhistorique

Les premières étapes de la ville ont été explorées grâce à plusieurs sondages dont l'un, très large, sur un côté de l'acropole, qui a atteint le sol vierge : les premiers habitants sont des chasseurs-cueilleurs du néolithique (VIIIe millénaire). Au cours des siècles, la population acquiert les nouvelles techniques, tels l'architecture à plan rectangulaire, le façonnage de la céramique, l'élevage des animaux, l'agriculture, et enfin la métallurgie du cuivre.

Avec la période dite du Bronze ancien (à partir du IVe millénaire), l'installation prend un caractère urbain, avec remparts et rues, et entretient des échanges avec les autres sites côtiers. Après les guerres de Sargon d'Akkad en Syrie (2300), le site se désertifie.

■ Une nouvelle population (2000-1350)

Après un abandon de quelques siècles, une nouvelle population occupe le site ; elle se caractérise par des tombes collectives renfermant de beaux objets manufacturés en bronze ou en argent, confectionnés sur place. Vers 1900 av. J.-C., la ville s'étend considérablement, se dote d'un rempart à glacis et se dote d'un palais que le roi de Mari vient visiter. La présence de nombreux objets égyptiens puis, plus tard, d'objets égéens traduit l'essor d'un commerce qui ne cesse de se développer. À la fin de cette période, aux alentours de 1500, sont édifiés le palais Nord et les temples de l'acropole. Pendant une courte période (1400-1350), l'Égypte semble avoir pris le contrôle de toute la côte.

■ Ougarit la riche (1350-1190)

La grosse majorité des monuments dégagés, les objets et les tablettes retrouvés sur place nous montrent la dernière étape d'une ville alors en pleine expansion, à l'étroit entre ses murs, où sont présentes toutes les richesses possibles de l'époque. Politiquement, le royaume d'Ougarit dépend de l'Empire hittite. Son roi signe, dès le début de la conquête de la Syrie par le Hittite Suppiluliuma (1350), un traité lui assurant son soutien militaire. Ses successeurs renouvellent régulièrement ce traité et versent un lourd tribut à la cour hittite jusqu'à la chute de l'empire ; en échange les souverains d'Ougarit se voient garantir leur trône et leurs frontières contre leurs voisins. On estime à environ 2 000 km^2 le territoire contrôlé par Ougarit. Une passe à travers la montagne au niveau de Jisr ash-Shogour reliait le royaume à la Syrie intérieure et à l'Euphrate. De

Le port d'Ougarit

Ougarit, dont l'immense richesse venait en grande partie de son commerce méditerranéen, n'était pas une ville portuaire : elle était à près de 1 km de la côte. Son port formait une ville à part, qui avait pour nom Mahadou. Il se trouve dans la baie de Minet al-Beida, où se jettent les deux cours d'eau qui encadrent Ougarit (ceux-ci pouvaient être utilisés pour le halage des marchandises dans les deux sens). C'est sa découverte en 1929 qui attira l'attention des archéologues français sur cette région et qui les amena à faire des recherches sur le gros tell voisin, Ras Shamra. Minet al-Beida était une agglomération très semblable à celle d'Ougarit, avec une architecture domestique voisine possédant de riches tombes, des petits sanctuaires, des entrepôts. Actuellement, le site est en zone militaire et ne se visite pas.

Les objets trouvés à Ougarit sont répartis entre le Louvre et les musées de Lattaquié, de Damas et d'Alep. Leur visite est fortement conseillée pour compléter celle du site.

Sur Ougarit, voir aussi les pages 103-104 du chapitre « Comprendre ».

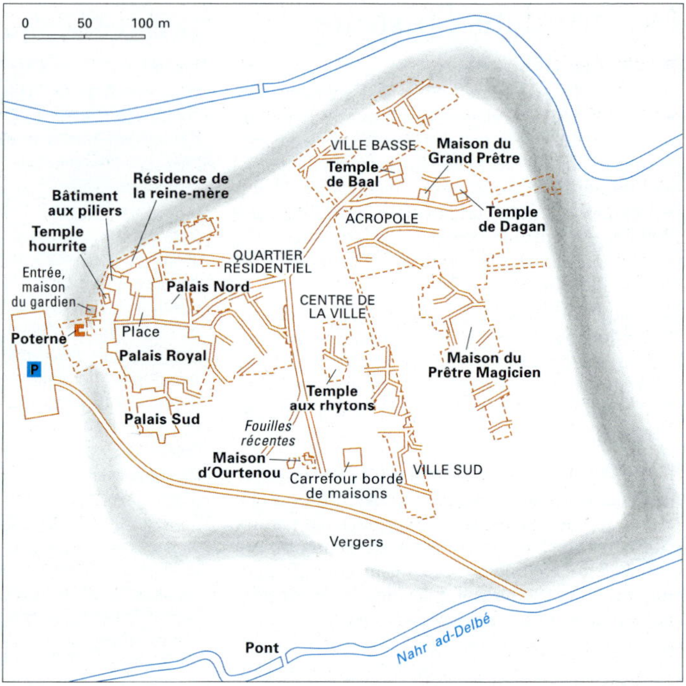

Ougarit : plan du site.

nombreuses villes sont fondées dans le royaume d'Ougarit durant cette phase, et le commerce avec l'Égée s'intensifie.

Pour le traitement de ses affaires extérieures, Ougarit est dépendante des décisions du vice-roi hittite installé sur l'Euphrate, à Karkémish, qui règle en particulier ses démêlés avec ses voisins du Sud, dont la puissance montante du royaume d'Amourrou (plaine de Tartous).

Au cours du XIIIe s., un séisme touche durement la ville, mais l'ensemble des monuments est restauré et les constructions reprennent de plus belle.

■ Après le passage des Peuples de la Mer (1190-400 av. J.-C.)

Le débarquement de populations destructrices sur les côtes syro-palestiniennes prend Ougarit au dépourvu. La ville est complètement anéantie dans un incendie violent, et abandonnée précipitamment pour plusieurs siècles.

Pendant la période perse (V[e]-IVe s.), un village s'installe sur l'acropole. Des traces d'habitations des époques hellénistique et romaine ont aussi été repérées, mais le centre de la région s'est déplacé de quelques kilomètres, à Laodicée-Lattaquié.

Visiter Ougarit

■ **Les fortifications et la poterne**★★. Le premier monument que l'on découvre avant même d'entrer est la **poterne,** que l'on peut redescendre examiner de près une fois entré dans la ville. Ce type d'entrée de ville, fréquent dans l'Anatolie hittite, est unique en Syrie. Ce n'était pas à proprement parler une entrée de la ville, mais une entrée propre au palais : ce couloir coudé débouchait sur la place royale, elle-même fermée du côté de la ville. Cette poterne fut aménagée v. 1500 av. J.-C. dans le rempart en glacis, et était à cette époque flanquée d'une tour massive à l'intérieur de laquelle on pénétrait par un escalier dont on voit encore la première dizaine de marches. Il y avait ainsi deux entrées : la poterne et le passage en chicane par l'escalier. Ce système fut comblé v. 1300, pour être remplacé par une unique rampe masquant la poterne, qui aboutissait au-dessus de l'ancienne tour, surélevée à cette occasion. On voit actuellement à l'intérieur de la tour les seuils de pierre et la canalisation centrale de la nouvelle entrée, plus monumentale. Il faut donc imaginer que toute la base actuellement visible de l'ensemble défensif était recouverte par des remblais pendant l'utilisation du Palais royal.

Le guichet du gardien fournit un bon poste d'observation sur l'ensemble de la ville : sur la g. au premier plan, le secteur royal N. ; au centre, l'enfilade de la rue du palais, avec l'acropole en arrière-plan ; sur la dr., bon panorama sur le Palais royal.

La portion dégagée des **remparts,** à dr. de la poterne, date du dernier état des défenses de la ville : ils sont aménagés en casemates, de petites pièces affectées aux besoins de l'armée. La rue qui passe entre le palais et le secteur des casemates est équipée d'une canalisation ; elle est fermée du côté de la ville : de toute part, la zone royale était étanche.

■ Le secteur palatial Nord

La **Place royale** est l'esplanade rectangulaire où l'on débouche par l'accès moderne. À dr. d'une rue plongeant au cœur de la ville s'étendent le **Palais royal** (→ *p. 392*) et, à g., une série de bâtiments moins spectaculaires, appartenant eux aussi à la zone palatiale. Une grande dalle, aujourd'hui appuyée contre un des murs, se trouvait sur la place, mais sans rôle architectural.

Le Temple hourrite et le bâtiment aux Piliers. La rue qui s'enfonce dans la ville était barrée juste au débouché sur la place par une double paire de portes dont on voit les seuils en travers de la chaussée ; un poste de garde surveillait ce verrou. Au niveau de la maison du gardien du site, le petit temple très ruiné, dit **Temple hourrite** en raison d'objets hourrites ou mitanniens trouvés dedans, est un édifice religieux plus vieux que le palais ; possédant un escalier, de forme ramassée, ce temple était assez haut, et les cérémonies se déroulaient sur sa terrasse. Le grand bâtiment voisin, dit **bâtiment aux Piliers,** fut édifié au XIIIe s. av. J.-C. sur un plan assez curieux, avec une grande salle dotée de quatre piliers dont on voit encore les bases.

Devant ces bâtiments et derrière, on notera des portions d'une grande **canalisation d'eau** remarquable

Une ville de commerçants

Le pays ougaritain produisait des céréales, du vin, des olives, des amandes et des pistaches. Il possédait une forêt, source de bois à bâtir, et disposait de minerai. La ville importait du pays mycénien de la vaisselle de luxe et des onguents par le relais de Chypre, et de Chypre même du cuivre, qu'elle travaillait sur place ou qu'elle redistribuait vers l'Anatolie et la Syrie. Son commerce avec l'Égypte souffrit un peu lors de la guerre entre les Hittites et les souverains ramessides, mais elle resta en contact avec tous les ports de la côte. Des ressortissants de divers royaumes, parmi lesquels des représentants de cours syriennes, étaient établis dans la ville pour se livrer au commerce maritime.

Les tablettes du Palais royal

Les tablettes furent retrouvées en plusieurs lots à travers le palais ; dans tous les cas, elles provenaient d'archives à l'étage qui se sont effondrées lors de la catastrophe finale. Elles étaient classées en gros par types de documents : l'administration au N.-O., les textes juridiques et la correspondance royale au centre, des textes religieux au S.-O., des textes diplomatiques au S., mais cette séparation n'était pas stricte. Un certain nombre de documents royaux ont été retrouvés dans les demeures de riches Ougaritains à travers la ville : les hauts fonctionnaires gardaient ainsi chez eux une partie des dossiers dont ils avaient la charge.
Certaines de ces tablettes sont écrites en ougaritique, une langue sémitique de l'Ouest. L'alphabet dit ougaritique est une innovation dans le système d'écriture : des sons individuels sont notés. Ce système remplaça les systèmes syllabiques ou idéographiques alors en usage. Les lettres ougaritiques sont des combinaisons nouvelles de coins, beaucoup plus simples que les syllabaires akkadiens.

La pierre et le bois constituent les deux matériaux privilégiés de toute l'architecture d'Ougarit pendant la dernière période : une particularité qui singularise Ougarit parmi les autres sites orientaux (où la brique crue est le matériau roi) et la rapproche du monde méditerranéen.

par sa hauteur et sa belle facture. Le réseau drainait les eaux de tout le secteur palatial et les évacuait vers le N.-E.

La résidence de la reine mère. En poursuivant vers le rebord du tell, en descendant le grand égout collecteur, on tombe, en dehors de la zone royale, sur une série de riches bâtiments. Ils sont organisés autour d'une **place** où trône un bassin de pierre (que l'on aperçoit en contrebas quand on se tient dans le bâtiment aux Piliers) ; leur fonction n'est pas encore connue. Juste au bord du site s'étend un bâtiment en partie emporté par l'érosion de la pente, appelé **résidence de la reine mère.** Sa façade présente plusieurs réfections, et on peut y apprécier la diversité du travail de la pierre à Ougarit – utilisant la pierre de taille et le moellon – et les systèmes d'évacuation des eaux. On circule actuellement au-dessous du niveau de la rue antique (les seuils des maisons se trouvent à hauteur des yeux !). La résidence a toutes les caractéristiques d'une riche maison ougaritique : escalier, puits, porches à colonnes, canalisations, caveau.

Le palais Nord. Quand on revient vers la rue du palais, le bâtiment sur la g. est le palais Nord, assez ruiné et embroussaillé. Il est plus vieux de quelques siècles que le Palais royal et que l'ensemble des bâtiments au N., et était en ruine pendant les derniers siècles de la ville. L'entrée, une large baie, se trouve sur une rue perpendiculaire à la rue du palais. La séquence vestibule - cour - porche à colonnes est traditionnelle dans l'architecture d'Ougarit. La grande **cour arrière**, bordée d'orthostates, où est encore conservé le bitume qui l'enduisait, vaut le détour. Peut-être le bitume servait-il à fixer une décoration plus élaborée.

■ **LE PALAIS ROYAL**** *(les numéros dans le texte renvoient au plan du palais).*

En revenant sur la Place royale, on pénètre dans le Palais royal par son **entrée** officielle *(1)*, un porche couvert supporté par deux colonnes ; deux autres entrées ouvrent sur la ville. Avant d'entrer, noter dans la façade de dr. deux ouvertures triangulaires qu'on pouvait obstruer avec des blocs taillés : c'était un **poste de surveillance** de la place *(2)*.

La construction du Palais royal s'est étalée sur plusieurs siècles, avec ajouts et modifications. On sait notamment par une lettre du roi de Tyr à son suzerain le pharaon d'Égypte que, v. 1350 av. J.-C., le feu détruisit la moitié du palais.

L'édifice surprend par sa taille (plus de 100 pièces au rez-de-chaussée), par la hauteur de ses murs et

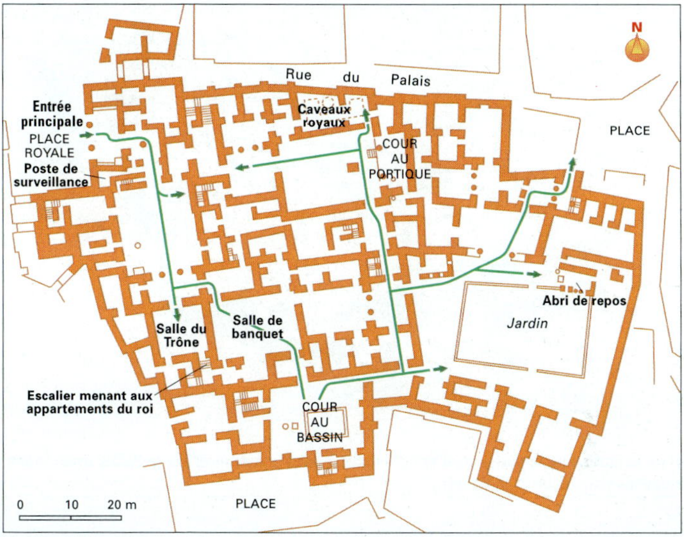

Le Palais royal.

par la qualité de la pierre taillée. Il était en effet entièrement construit en pierre, avec des colombages de bois (le bois, très abondant, est la cause de la violence des incendies qui, à plusieurs reprises, détruisirent le palais). La pierre n'était pas apparente : tous les murs étaient revêtus d'enduit, de couleur en certains endroits. Les façades extérieures N. et S. méritent qu'on en fasse le tour. Le Palais royal avait au moins un étage, qui servait d'appartements royaux et d'archives, accessible en de nombreux points du rez-de-chaussée (12 escaliers ont été retrouvés).

Passé le porche, en tournant à dr., une succession de salles et de cours donne sur la **salle du Trône** *(3)* ; celle-ci voisine avec un autre **espace de réception** *(4)* dans lequel les fouilleurs proposent de voir une salle de banquet. À ces deux salles de représentation, le roi accédait directement depuis ses appartements à l'étage en empruntant un **escalier** personnel *(5)*.

En traversant en biais la salle de banquet, on tombe sur une **salle** *(6)* munie d'un grand bassin, d'un puits et d'une canalisation, et jadis équipée d'auvents contre ses quatre murs. On traverse une petite pièce, pour rejoindre un grand espace dégagé : le **jardin d'agrément** *(7)*. C'était un jardin clos, espace privé et intime ; on aperçoit affleurant en surface la base du mur. La grande fosse centrale est la trace d'un sondage opéré il y a une cinquantaine d'années. Dans un des angles, une petite construction munie d'un puits ouvrait sur le jardin ; ce devait être un **abri de repos** *(8)*.

En regagnant l'entrée principale par la dr., on traverse une autre **cour avec un portique attenant** *(9)*, qui servait probablement pour les cérémonies funéraires puisque les **caveaux royaux** *(10)* se trouvaient tout contre.

■ **LE PALAIS SUD.** Ce grand monument occupe tout un îlot, au S. du palais. On l'appelle parfois **palais de Yabninou**, d'après le nom propre qui revient le plus fréquemment dans les textes trouvés à l'intérieur ; ceux-ci, ainsi que le matériel

Reconstitution de la partie nord-est d'Ougarit, avec l'entrée fortifiée, le Palais royal et ses dépendances (d'après O. Callot).

archéologique récolté sur place, donnent à penser que le propriétaire de la maison était en relations commerciales poussées avec les pays de la mer Égée. Il ouvre sur la rue du rempart, via un vestibule donnant sur une cour dallée. Au-delà se trouve l'un des deux caveaux funéraires trouvés dans ce palais. La partie résidentielle est à dr. de la cour. Au fond de la résidence, sur la dr., des installations (puits et bassins) indiquent que ce secteur était celui des cuisines.

■ **DU PALAIS ROYAL À L'ACROPOLE.** Un vaste **quartier résidentiel** s'étend à partir du palais en direction de l'acropole. Des rues assez sinueuses délimitent des îlots comprenant une demi-douzaine de maisons, qui ont reçu des appellations en fonction des objets découverts sur place. Les plans de ces maisons varient considérablement, mais des aménagements semblables s'y retrouvent régulièrement. Certaines des unités sont autre chose que de simples habitations : ateliers, boutiques ou chapelles. Dans le dernier siècle d'Ougarit, l'augmentation de la population a conduit à rediviser les maisons en deux ou trois habitations indépendantes. Il s'agissait souvent de répartition entre membres d'une même famille, qui conservait la possibilité d'accéder au caveau de manière indépendante.

Un chemin de terre mène à l'acropole, passant entre deux quartiers résidentiels anciennement fouillés, envahis depuis par les herbes.

■ **L'ACROPOLE**

Sur le flanc de l'acropole se trouve le profond sondage (maintenant encombré d'une végétation luxuriante) qui a permis de reconnaître les différentes étapes de la ville depuis sa fondation. En le laissant sur sa g., on atteint le premier et le mieux conservé des deux grands **temples** de l'acropole. Le grand mur rectiligne qui traverse de part en part l'acropole est une construction moderne.

Le temple de Baal* *(l'intérieur est envahi par les broussailles, mais on peut en faire le tour par l'extérieur).* Ce temple était dédié au dieu de l'orage et des tempêtes, « patron » des marins et garant des récoltes et du commerce maritime. Bien qu'actuellement il dépasse de peu la surface du sol, il faut se représenter un édifice tout en hauteur, visible de loin, et dominant la ville de ses 20 m. Ses pierres ont été pillées au long des trois millénaires qui ont suivi son abandon. Deux stèles représentant la divinité ainsi que plus d'une dizaine d'ancres de marine (manifestement des ex-voto) étaient disposées sur son parvis. Le bâtiment est entouré d'un enclos dont il reste des traces sur deux côtés. Du rez-de-chaussée on reconnaît le vestibule carré et dans le fond une salle en largeur où un amas de blocs est tout ce qui reste de la cage d'escalier. Il est probable que la majeure partie du culte s'effectuait sur la terrasse.

Les marins apercevaient depuis la mer le temple-tour de Baal, au sommet de l'acropole. Celui-ci devait être un poste commode de surveillance du trafic maritime et de correspondance optique avec les villes voisines de la côte.
On distingue aussi au N. par temps clair l'impressionnant djebel al-Aqra qui culmine à 1 780 m ; dans l'Antiquité, il passait pour la résidence du dieu Baal.

Le chemin serpente ensuite entre des ruines peu lisibles (parmi lesquelles on notera la **maison dite du Grand Prêtre**, qui a livré un lot de tablettes et une collection appréciable d'outils et d'armes de bronze), pour déboucher sur les soubassements très dégradés du deuxième temple de l'acropole.

Le temple de Dagan. Le dieu Dagan, le maître de la Syrie intérieure et de l'Euphrate, semble déplacé sur la côte ; deux stèles inscrites assurent pourtant qu'il y était vénéré. Le plan de ce temple est très voisin de celui du temple de Baal : il a peut-être même été calqué sur ce dernier, qui lui était un peu antérieur (le temple de Baal aurait été construit pendant la première partie du Bronze récent).

Du haut de l'acropole, on aperçoit au pied, du côté N., un **quartier d'habitation** (envahi par les broussailles) composé d'un dédale de ruelles où vivaient des habitants assez aisés.

■ La ville basse Sud

Depuis le rebord de l'acropole, les secteurs fouillés il y a quelques décennies se distinguent des zones non fouillées par leur végétation plus touffue. On peut se hasarder à travers les herbes du site, ou plus simplement regagner le quartier d'habitation contre le Palais royal, puis bifurquer à g. pour se diriger vers le **secteur des fouilles récentes,** aux abords de la porte S. de la ville ; on passe ainsi le long des longues tranchées anciennes.

La maison d'Ourtenou. Le chemin mène à un secteur où des tablettes furent trouvées en grand nombre dans un tas de déblais laissé par l'armée syrienne, qui occupa un temps le site. L'importance du lot incita à entreprendre des fouilles, qui dégagèrent bientôt la maison d'où provenaient ces textes ; ceux-ci nous donnent le nom du propriétaire de la maison : Ourtenou, un riche fonctionnaire du palais qui commerçait avec les villes de l'Euphrate. C'est une demeure de construction soignée, avec un beau caveau funéraire.

Non loin, dans l'axe de la dépression S. qui marque une des portes de la ville, un autre sondage a permis

Le culte des morts

Chez les particuliers ougaritains comme dans la maison royale, les morts étaient enterrés sous les maisons. Leur esprit était censé protéger les biens et la personne des vivants, qui leur rendaient des cultes. Les caveaux funéraires sont les monuments à l'architecture la plus soignée. Un *dromos* descend dans la ou les chambres, de forme rectangulaire, voûtées en encorbellement et entièrement construites en pierre de taille. La couverture est faite de grandes dalles. Les caveaux furent utilisés parfois pendant plusieurs siècles, et l'on y déposait un riche matériel. Ils ont généralement été pillés dès l'Antiquité.

de dégager un **carrefour** bordé de maisons de qualité. La rue qui monte en direction de l'acropole est une des artères majeures de la cité ; très large, elle est dans le prolongement de la porte S. de la ville et de la route qui, venant des territoires méridionaux de la capitale, franchissait le cours d'eau par un beau pont.

■ **LE PONT.** L'orangeraie qui borde le chantier S. couvre en fait une partie de la ville. En la contournant par la g., on parvient au petit fleuve encaissé. Quand il est à sec, on peut descendre son lit jusqu'à une grosse **pile de pont** en pierre de taille, qui se finit en pointe. Cette pile est le plus vieil exemple connu de pont en Syrie. Elle était le support d'un pont-passerelle en bois, qui avait aussi pour fonction de retenir les eaux par un système d'écluse à l'abord de la saison sèche. D'autres ponts se situaient probablement en aval, ainsi que sur le cours d'eau qui passe au N.

Safita★

Une formidable masse de pierre annonce la ville à des kilomètres. C'est le donjon du Chastel-Blanc des templiers, visible par temps clair depuis le Krak des Chevaliers ou même Tartous. La bourgade de Safita, en grande majorité chrétienne, s'est nichée dans les ruines de la forteresse en réutilisant largement les pierres de l'édifice médiéval, ce qui a donné une belle unité de tons aux vieilles maisons du centre ville. Car Safita est une bourgade charmante, une des plus pittoresques du djebel Ansariyé, et pour cela un lieu de villégiature prisé des riches syriens mais aussi des Libanais, qui viennent en voisins. La proximité de plusieurs centres d'intérêt importants, comme le Krak des Chevaliers ou Tartous, peut vous convaincre d'en faire une agréable base de départ.

Situation : à 35 km E. de Tartous, 78 km O. de Homs.

Alt. 400 m ; 18 500 hab. ; mouhafazat de Tartous.

☎ 032

À ne pas manquer

Safita dans l'histoire

C'est par une chronique musulmane que Safita entre dans l'histoire, en 1112. Elle appartient alors, comme Tortose (Tartous) et le Krak des Chevaliers, au fief de Pons, comte de Tripoli, fils de Raymond de Saint-Gilles. En 1167 et 1171, Nour ed-Din, le maître d'Alep, réussit à s'en emparer momentanément. C'est probablement à la suite de ces attaques que la ville est remise à l'ordre des Templiers, qui en font une citadelle imprenable. En 1188, lors de sa fulgurante campagne à travers le comté de Tripoli, Saladin contourne Chastel-Blanc où les templiers se sont enfermés. Quelques décennies plus tard, le château sera encore agrandi, à l'initiative de saint Louis qui séjourne en Terre sainte. En 1271, Baybars se présente devant le Chastel-Blanc et obtient la reddition de ses occupants : les 700 chevaliers quittent la place saufs et en armes.

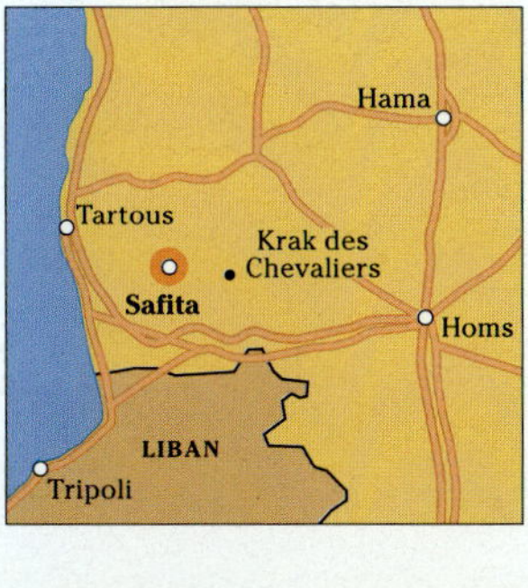

Visiter Safita

Combien de temps : 3 h seront largement suffisantes, la visite se limitant au donjon et aux rues commerçantes du centre ville.

■ **LE DONJON**★★ *(ouv. t.l.j. 8 h-13 h et 15 h-18 h, 17 h d'oct. à mars ; entrée libre).*

Cette formidable masse de pierre est l'unique vestige de la citadelle de Chastel-Blanc. Au plus haut de la forteresse, le donjon, sur deux niveaux, servait à la fois de dernier réduit et de chapelle conventuelle aux moines-soldats.

Le rez-de-chaussée. Il est occupé par une **église** qui n'a pas perdu sa vocation religieuse : elle abrite aujourd'hui une chapelle dédiée à saint Michel et vouée au culte grec orthodoxe. Une élégante volée de marches précède la modeste porte, surmontée d'une croix gravée. La porte était défendue par un assommoir permettant d'envoyer des projectiles sur les assaillants depuis le niveau supérieur. À l'intérieur, une nef unique à trois travées, voûtée en berceau brisé. L'abside en cul-de-four était encadrée de deux sacristies, concession sans doute aux cultes orientaux. Sous la première travée O., un escalier (auj. condamné) donnait sur un passage souterrain qui filait jusqu'à l'enceinte extérieure. Une citerne également souterraine permettait l'approvisionnement en eau en cas de siège. Un escalier ménagé dans le mur de l'angle S.-O. conduit à l'étage.

Depuis la terrasse, 27 m au-dessus du niveau du sol, les occupants du château allumaient de grands feux pour communiquer avec le Krak des Chevaliers que l'on aperçoit dans le lointain par temps clair.

L'étage. Salle de garde ou salle d'apparat ? Devant sa majesté architecturale, on peut hésiter. Cette grande pièce (26 x 16 m) est divisée en deux nefs par une ligne de **piliers cruciformes** qui reçoivent les arêtes des voûtes. Un dispositif semblable, dans des proportions plus modestes, à celui de la salle des Chevaliers (disparue) de la citadelle de Tartous, autre possession des templiers. Les minces ouvertures sur les quatre côtés servaient plus à l'éclairage de la pièce qu'à sa défense. Ne manquez pas de monter sur la **terrasse fortifiée** : belles vues sur la campagne environnante, plantée d'oliviers et d'arbres fruitiers.

Environs de Safita

Depuis Safita, les possibilités sont nombreuses : on peut se rendre au **Krak des Chevaliers**★★★ *(→ p. 365)*, à **Tartous**★ et **Amrit**★ *(→ p. 407 et 412)* ou encore à **Masyaf**★ *(→ p. 385)*, le mieux conservé des châteaux des Assassins. Voici encore deux autres petites excursions facilement réalisables.

1 HOSN SOULEIMAN *(25 km N.-E.).*

Ce temple d'époque romaine peut constituer le but d'une agréable excursion à travers les collines du S. du **djebel Ansariyé.** Mais les vestiges en eux-mêmes ne devraient intéresser que les passionnés d'archéologie.

Accès : depuis Safita, prendre vers le N. la direction de Dreykish (10 km), centre de villégiature au cœur des montagnes, puis celle d'Aïn Laqim (27 km de Dreykish) ; le site se trouve à 15 km de Dreykish.

Un lieu de culte millénaire. Les vestiges visibles appartiennent à un temple construit au IIe s. de notre ère. Pourtant, ce recoin isolé du djebel, partie du territoire de la principauté phénicienne d'Arwad, abritait depuis des siècles, sans doute dès le milieu du Ier millénaire, un culte à un dieu sémite local, assimilé à Baal et associé à Astarté *(sur ces divinités, → encadré p. 107)*. À l'époque romaine, il sera vénéré sous le nom de Zeus Baetocécien (du nom romain de la localité, Baetocece).

Même si, par son architecture, la construction doit beaucoup aux modèles gréco-romains, le temple de Hosn Souleiman reste dans sa disposition un sanctuaire sémite : un vaste espace à ciel ouvert au centre duquel s'élève un autel.

Le temple. Ce qui frappe tout d'abord, c'est la taille des pierres qui composent le **mur d'enceinte** du périmètre sacré : d'énormes blocs de 6 à 9 m de long, hauts de 2 à 3 m. Les quatre côtés du mur sont percés d'une porte. Sur le linteau monolithique des portes, le même décor : un aigle aux ailes déployées tenant un caducée dans ses serres et encadré de deux allégories masculines (l'étoile du soir et celle du matin). L'entrée principale du sanctuaire, par le petit côté N., est ornée aux angles de deux lions en ronde bosse. La porte était précédée d'un propylée (quelques blocs se voient au sol) et surmontée d'un arc, comme il est fréquent dans les édifices romains de Syrie. On peut encore déchiffrer une inscription datant de 250 qui confirme, au nom des empereurs Valérien et Gallien, les privilèges dont jouissaient les habitants de Baetocece. Une seconde inscription sur la porte E., beaucoup plus lisible, rappelle la restauration du temple en 171 par les habitants de la ville. Le naos (le sanctuaire de la divinité) s'élevait au centre du périmètre sacré. Il était précédé d'un autel à ciel ouvert auquel on accédait par une volée de marches.

Depuis Hosn Souleiman, on peut continuer jusqu'à Aïn Laqim (12 km) puis tourner à g. pour atteindre ***Masyaf*** *10 km plus loin (→ p. 385).*

2 QALAAT YAHMOUR★ *(27 km O. par la route de Tartous ; après env. 25 km, prendre à g.).*

Sur la route entre Tartous et Safita, on peut consacrer quelques instants aux vestiges de cette forteresse franque. À côté des châteaux vedettes de Terre sainte (le Krak, le Marqab et le château de Saône), il existait des dizaines de petites places fortes, centres de modestes fiefs ou points d'appui pour les grands ordres militaires. Qalaat Yahmour (Château-Rouge) appartenait à cette seconde catégorie : il fut confié

aux templiers pour assurer la défense de Tartous. Il demeura entre les mains des Francs presque sans interruption jusqu'en 1289.
Le château est aujourd'hui le « fief » d'une famille de paysans dont les chèvres et les poules vous accompagneront dans votre promenade. Demandez le maître des lieux : il se fera un devoir de vous conduire à travers son domaine.

Le **donjon,** plutôt une simple tour de guet, s'élevait au centre d'une enceinte fortifiée de bastions et doublée d'un fossé. Une partie de l'enceinte a subsisté, de même que la porte d'accès. La tour est un édifice à deux niveaux : au rez-de-chaussée (qui sert de logement à la famille), les arêtes des voûtes reposent sur un pilier central. Une terrasse aménagée plus tard à g. de l'entrée permet d'accéder à l'étage qui était séparé à l'origine en deux niveaux par un plancher de bois. De la terrasse, un escalier dans l'épaisseur du mur permet d'atteindre le sommet : **belle vue** sur les environs.

Le château de Saône★★ (château de Saladin)

Par décret officiel de 1957, le château de Saône, Sahyoun en arabe, s'appelle château de Saladin (Qalaat Salah ad-Din). Il ne doit pourtant rien au grand homme de guerre musulman, sinon que celui-ci en fut le conquérant. Cette magnifique citadelle est tout entière l'œuvre des Francs. C'est même la plus vaste de celles qu'ils ont construites durant leur présence en Terre sainte. Elle dresse encore ses fières murailles dans un splendide paysage de myrtes et de chênes kermès, embaumé par les plantes du maquis. Une visite à ne pas manquer, d'autant que l'accès est facile (bonnes routes asphaltées).

Situation : à 43 km N.-E. de Lattaquié.

Alt. 410 m.

À ne pas manquer

Le pilier monolithique★★	**403**
La vue★ depuis la terrasse du donjon	**405**

Le château de Saône mode d'emploi

Accès : depuis la grande route de Lattaquié à Alep, prendre sur la dr. (à 32 km de Lattaquié ou 150 km d'Alep) la direction d'**al-Haffé** (6 km). Le château est à 5 km de cette localité (panneau indicateur).

Venant de Lattaquié, on peut suivre une route plus champêtre à travers collines et vergers : quitter la ville en direction de Tartous, puis à 3,3 km de l'université qui marque la sortie de Lattaquié, prendre la direction d'al-Haffé (27 km). Env. 10 km avant al-Haffé, un itinéraire secondaire à dr. conduit également au château (20 km à partir de la bifurcation).

Visite : ouv. t.l.j. sf mar. 8 h-16 h, jusqu'à 18 h en été ; entrée payante.

Combien de temps : compter 1 h 30.

À lire sur les châteaux forts de Terre sainte : ***Les Châteaux du soleil,*** **de Henri-Paul Eydoux (éd. Perrin, 1982).**

Le château dans l'histoire

■ Un emplacement inhabituel

Singulière situation qu'occupe le château de Saône : loin de s'élever au sommet d'une éminence, il se terre au cœur de ses montagnes. Il ne surveillait pas non plus des routes importantes ; pourtant, au

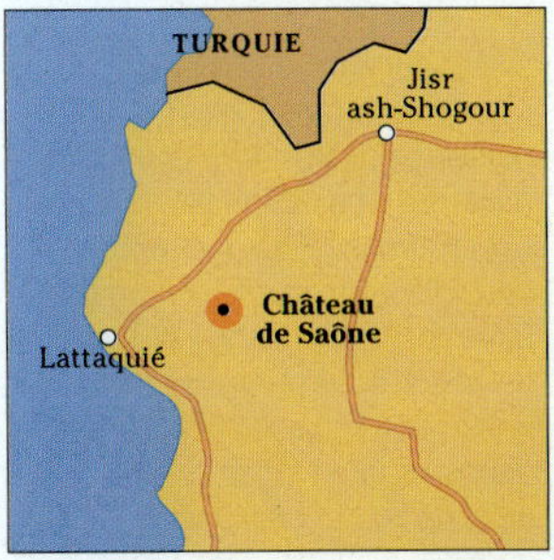

Départ pour une croisade (enluminure d'un manuscrit réalisé à Naples en 1352 pour Louis d'Anjou ; Paris, BN).

Moyen Âge, des chemins praticables reliant la côte à la dépression du Ghab passaient non loin de la forteresse. Il s'agissait plutôt d'une place de garnison, d'où les milliers d'hommes d'armes pouvaient à tout instant fondre sur l'ennemi, qu'il vienne du littoral ou de l'intérieur. Les premiers à reconnaître l'intérêt de la position furent les Byzantins qui, au Xe s., reprirent une grande partie de la Syrie, y compris Damas, aux musulmans et ne s'arrêtèrent que sous les murs de Jérusalem. La citadelle qu'ils firent édifier présente encore des ruines imposantes, au centre de la partie haute du château.

Une éternelle amitié

Robert de Saône, châtelain de Saône, et Tough Tegin, atabeg de Damas, étaient amis. Ensemble ils avaient combattu le prince musulman Bursuk près du lac de Homs. Mais voilà, en 1119, le jeu des alliances entre Francs et Turcs fut renversé, et Robert retenu prisonnier. En attendant que fût payée la rançon qu'il avait lui-même généreusement fixée à 10 000 pièces d'or, Robert s'apprêtait à passer un séjour agréable à la brillante cour de son ami. Tough Tegin voulut le persuader de se convertir à l'islam mais, Robert ayant refusé d'abjurer, il lui trancha soudain la tête d'un coup d'épée. Puis, selon une coutume assez fréquente, il ordonna à un orfèvre de faire du crâne de Robert une coupe à boire ornée de diamants : une façon comme une autre de sceller une amitié.

■ Une citadelle franque

Les croisés occupèrent la place dès le début de leur présence en Terre sainte : en 1108, les textes font état d'un seigneur du Sahyoun qui reçut son fief des mains du prince d'Antioche, un certain Robert, fils de Foulque. Le premier maître du Sahyoun était sans doute l'un de ces obscurs chevaliers français, compagnon des grands barons et qui était parvenu à se constituer un fief à la mesure de ses ambitions. Fait exceptionnel, la place resta aux mains de ses descendants jusqu'à sa prise par Saladin en 1188, alors que la plupart des autres places fortes étaient progressivement confiées aux grands ordres militaires, templiers et hospitaliers. Seconde particularité, il fut construit presque d'un seul élan, dans les premières décennies de la présence franque, entre 1108 et 1132, sans ajout postérieur, ce qui en fait un pur exemple de l'architecture militaire de la première moitié du XIIe s.

■ L'assaut de Saladin

Après la prise de Jérusalem en 1187, Saladin *(→ encadré p. 178)* entreprit une campagne fulgurante à travers les États latins. Après un siège infructueux devant le Krak des Chevaliers, il gagna le littoral et fit route vers le N. pour atteindre La Liche (Lattaquié). Les Francs pensaient que son objectif était Antioche, mais Saladin obliqua soudain vers l'intérieur du pays, dans le but de prendre le château de Saône. En hâte, les maîtres du château se préparèrent à tenir un long siège, tandis que les paysans des alentours (des Arabes chrétiens, pour la plupart) qui exploitaient les domaines seigneuriaux se réfugiaient derrière les remparts. Le 26 juillet, les troupes de Saladin apparurent sous les murs. Il ne leur fallut que trois jours pour enlever la place : tandis que Saladin en personne faisait diversion devant le donjon, à un jet de pierres des défenseurs, les troupes de son fils s'emparaient de la basse cour puis, de là, pénétraient dans le château, mal défendu de ce côté-là par un fossé inachevé. Les Francs furent autorisés à partir contre rançon. Les musulmans occupèrent la place, qui abrita bien vite une mosquée et un bain – un luxe inconnu des croisés. Il s'y développa une petite agglomération, abandonnée peu avant l'arrivée des Ottomans au XVIe s.

Visiter le château de Saône

Venant d'al-Haffé, c'est après un virage, en passant le sommet d'une crête, que l'on découvre tout à coup la masse formidable du château. L'ensemble de près de cinq hectares occupe un éperon rocheux long de 700 mètres, qui s'effile en pointe vers l'O. Les deux longs côtés du triangle sont défendus par deux profonds ravins creusés par des wadis intermittents, dont les cours se rejoignent sous la pointe du triangle. Pour séparer cet éperon rocheux du reste du plateau, les Francs creusèrent du côté est un gigantesque fossé sur lequel porte l'essentiel des défenses, avec le donjon au centre du dispositif.
Comme toutes les forteresses, le château se compose d'une basse cour, où logeaient les hommes de troupe, les artisans et les animaux, et du château proprement dit, demeure des seigneurs de la place et des chevaliers.

■ **LE FOSSÉ****. On trouve d'autres exemples de ce type de fossés monumentaux en Orient et en Occident, mais celui de Saône est incontestablement le plus impressionnant : 156 m de long pour une largeur de 14 à 20 m, et 25 m de profondeur. Il fallut dégager 50 000 m^3 de roches, qui servirent à la construction des édifices du château. Le plus extraordinaire est le **pilier monolithique**** qui fut réservé lors du percement du fossé pour supporter un pont-levis : la largeur du fossé ne permettait pas de lancer un pont d'une seule volée. Remarquez la parfaite verticalité de la falaise : aucune aspérité n'était susceptible de faciliter

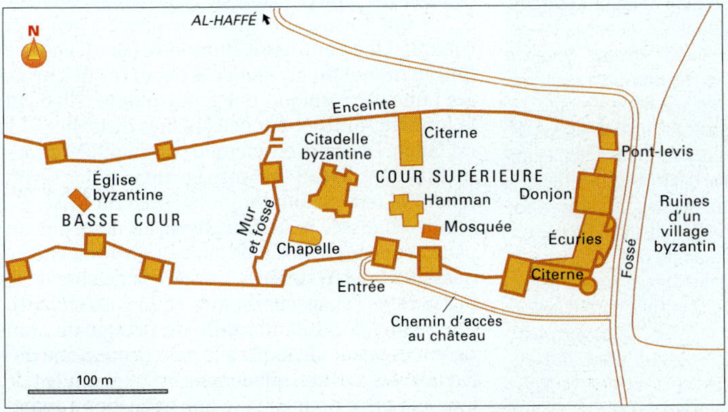

Le château de Saône.

La région côtière

l'ascension d'un éventuel assaillant. Au pied de la muraille, la falaise épouse même les contours des tours rondes auxquelles elle sert d'appui.

En temps de paix, les chevaux étaient parqués dans le fossé, comme en témoignent plusieurs mangeoires taillées dans la roche.

Suivre le flanc S. du château jusqu'aux escaliers qui conduisent à l'entrée.

Ce n'est pas au château de Saône qu'on se prendra à rêver d'amour courtois et de troubadours : ici, rien n'était fait pour l'agrément ; la préoccupation des seigneurs était avant tout la défense de leur fief. Les constructions sont si austères que l'on se demande même laquelle aurait pu servir de logis seigneurial. On a émis l'hypothèse de constructions en bois que le temps aurait emportées.

■ **L'entrée et le flanc Sud.** L'entrée S. du château, défendue par une puissante tour carrée, était une véritable souricière : passé la première porte, on pénétrait dans un vaste vestibule, sur lequel donnaient des archères ; il fallait tourner à angle droit avant de se heurter à une seconde porte qui défendait l'accès à la partie haute du château. C'est ici que l'on délivre les billets d'entrée.

Passé cette porte, tournez à dr. pour gagner l'ensemble des constructions de la cour supérieure dominé par le donjon. À g., vestiges de la **mosquée** arabe et du bain attenant (belle porte ouvragée). Laissez ensuite à dr. les deux autres tours carrées qui défendaient le flanc S. du château. Dans la dernière ouvrent deux portes : l'une conduisait à l'étage, l'autre à des réserves souterraines. À l'angle S.-E. se trouve l'une des deux **citernes** monumentales de la place, une longue salle de 26 m voûtée en arc brisé (l'autre citerne, plus vaste, fut taillée dans la roche contre le flanc N.).

Le donjon : péché d'orgueil

Le donjon du Sahyoun constituait un poste de défense autonome, sans communication avec la courtine qui courait au long du rempart. Malgré sa masse imposante, il se révéla bien inutile lors de l'assaut de Saladin. Le peu de postes de tir ne permettait pas de tenir l'adversaire à distance, et sa trop grande proximité du plateau mettait les engins de guerre disposés sur la terrasse sous la menace de ceux de l'adversaire. Une masse passive donc, avec ses murs de plus de 4 m d'épaisseur, une véritable prison pour les derniers défenseurs de la place qui y trouvèrent refuge, sans autre espoir que l'arrivée de renforts ou la reddition. Ce donjon était sans doute plus symbolique que militaire : placé sur le rebord de la faille (alors que dans d'autres citadelles croisées, les donjons sont au centre du château), il était surtout destiné à exprimer la puissance du maître des lieux.

■ **Le donjon★★ et le flanc Est.** Avant le donjon, une **longue salle** de 32 m, parallèle au fossé, servait d'écurie et de remise. Des piliers massifs la divisent en cinq travées.

Le **donjon★★**, pièce maîtresse de la défense du flanc S., est une formidable masse de pierre à peu près cubique. Une porte basse, surmontée par un énorme linteau monolithique, donne accès au **rez-de-chaussée** : une pièce unique, une grotte plutôt, tellement la lumière (diffusée par deux petites meurtrières) y est faible. Le centre est marqué par un pilier monumental dans lequel est aménagé un **escalier secret** reliant la terrasse du donjon au pied du fossé. Ce rez-de-chaussée, autrefois divisé en deux par un plancher de bois, servait de remise : on y voit encore quelques boulets destinés à assurer la défense de la place. Dans l'épaisseur du mur N. *(à g. en entrant)*, un escalier conduit à la **salle de l'étage**, de plan rigoureusement identique à la précédente. Seule différence : les fenêtres, qui donnaient suffisamment de jour à la pièce pour en faire une habitation (quand même austère !).

De là, on peut gagner la **terrasse**, défendue par un chemin de ronde crénelé sous lequel ouvrent des meurtrières. Très belle **vue★ plongeante** sur le fossé (on est ici à 50 m au-dessus de la base de la faille) et, à l'opposé, sur la partie haute du château, dominée par les ruines imposantes de la **citadelle byzantine** (xe s.), qui était défendue par une ligne de murs concentriques. Les vestiges byzantins se reconnaissent à leur pierre de petit appareil, à la différence des énormes blocs des constructions franques.

Au-delà du donjon, on atteint la **poterne du pont-levis**, défendue par deux tours rondes. En s'approchant du parapet *(attention aux éboulis)*, on découvre le sommet du pilier monolithique et le rebord du plateau, presque à portée de main. C'est de là que, durant l'assaut final, Saladin invectivait les défenseurs du Sahyoun, pendant que son fils attaquait les défenses plus faibles de la basse cour.

Revenir par le même chemin, passer l'entrée et continuer tout droit pour visiter la partie O. du château.

■ La chapelle et la basse cour

À 100 m de l'entrée sur la dr., vestiges de la **chapelle** : c'était le seul endroit du château à témoigner d'une recherche architecturale. Malgré son état de ruine, on y reconnaît une église à nef unique ornée sur ses côtés d'arcades en plein cintre.

En poursuivant vers l'O., on atteint la limite de la partie haute du château, au bord de laquelle s'élève une défense de plan carré *(une petite cafétéria y est aménagée)*. De là, on découvre la **basse cour**, longue et étroite, qui s'étend jusqu'à la pointe E. de l'éperon rocheux. Au milieu d'une végétation très dense qui en rend l'accès difficile, on distingue des ruines de constructions, parmi lesquelles celles d'une église byzantine, à l'endroit où les murs sont le plus resserrés. C'est par une brèche dans la muraille du côté N. *(à dr.)* que les musulmans s'engouffrèrent dans la basse cour, mal défendue par des ouvrages d'origine byzantine. De là, ils gagnèrent aisément la partie haute du Sahyoun, en franchissant le fossé au point où il était inachevé.

Environs du château de Saône

1 Le château de Bakas★ *(48 km N.-E. d'al-Haffé).*

Accès : regagner la grande route Lattaquié-Alep et prendre à dr. en direction d'Alep. À 37 km de la bifurcation (6 km avant Jisr ash-Shogour), prendre la petite route à g. vers le village de Shogour Qadim (5 km) qui se trouve au pied du château.

L'arrivée est superbe : au détour d'un virage, alors qu'on atteint la lisière de la localité, on découvre tout à coup la masse de cette forteresse franque, juchée sur un promontoire dans un écrin de collines. Curieusement, aucun texte franc ne mentionne l'existence de cette citadelle, fortifiée depuis les Byzantins. Ce n'est que par les chroniques musulmanes que l'on sait que Bakas fut enlevé aux croisés par Saladin au cours de sa fameuse campagne de 1188, quelques jours seulement après le château de Saône. Les guerres et le terrible séisme au début du xve s. n'ont pas laissé de construction debout. La forteresse se composait de deux donjons séparés par un fossé artificiel. Le donjon du N., à l'extrémité du promontoire, servit de refuge aux ultimes défenseurs de la citadelle, qui espéraient de leur suzerain le prince d'Antioche des secours qui ne vinrent jamais. Après sept jours de siège, ils furent contraints à la reddition.

Si vous voulez grimper jusqu'au château, il faut descendre jusqu'au cœur du village, puis monter jusqu'à la muraille par un petit raidillon *(10 mn d'ascension)*. Un gamin du village se fera certainement un plaisir de vous servir de guide.

2 Vers Alep : Slenfé et la descente vers la vallée de l'Oronte★★ *(itinéraire de 64 km entre al-Haffé et Jisr ash-Shogour où l'on rejoint la route principale pour Alep).*

Cet itinéraire secondaire à travers le **djebel Ansariyé** offre une très agréable alternative à la grande route principale pour rejoindre Alep ou la vallée de l'Oronte. La vue sur la plaine en contrebas est exceptionnelle.

À al-Haffé, suivre à dr. la direction de Slenfé (le kilométrage est indiqué à partir de al-Haffé).

16 km : **Slenfé★** est une charmante petite bourgade d'altitude (1 200 m), villégiature très prisée des habitants de Lattaquié qui viennent y rechercher la fraîcheur au plus chaud de l'été. On y trouve quelques restaurants où l'on peut déjeuner à l'ombre d'une tonnelle.

21 km : **Col de Nebi Younès** (1 400 m). Le paysage se dénude et devient franchement aride avant de redescendre vers la vallée de l'Oronte. **Vues★★ splendides** sur les montagnes, la mer au loin et la plaine du Ghab que l'on découvre comme vue d'avion. La route descend ensuite fortement par de nombreux virages. 11 km plus loin, vue en contrebas sur le château de Bourzey *(→ ci-dessous).*

41 km : On atteint le niveau de la plaine. Prendre à g. en direction de Jisr ash-Shogour. *(En prenant à dr. on peut atteindre rapidement Apamée, à 32 km.)*

Bourzey est un château extrêmement fort et presque inabordable. On l'avait construit sur le pic d'une montagne et, dans toutes les contrées occupées par les Francs, on disait proverbialement : aussi fort que Bourzey.

Beha ed-Din (chroniqueur musulman)

45 km : À g. de la route, château de **Bourzey (qalaat Bourzey)**. Sur cette place forte naturelle – un plateau rocheux isolé du reste de la montagne –, les croisés édifièrent une formidable citadelle, au contact direct des musulmans qui tenaient l'autre versant de la plaine du Ghab. Il fut occupé dès le début du XIe s. jusqu'à sa prise par Saladin (1188), qui réussit à hisser des machines de guerre à travers la montagne. Le chroniqueur musulman qui relata cet exploit assure avoir vu de ses yeux, au sommet des remparts d'où les défenseurs faisaient rouler des pierres contre les assaillants, une femme manœuvrer seule un engin de tir. Le **site★** est magnifique, mais les vestiges du château sont très ruinés. Inutile donc de grimper jusque-là, d'autant qu'il faut compter 45 mn d'ascension.

*À **Jisr ash-Shogour** (19 km plus loin), on récupère la grande route pour Alep.*

Tartous★

Tartous, station balnéaire, assurent les dépliants de l'office de tourisme. Terrains de camping et marchands d'articles de plage l'attestent en effet. Pourtant, ce n'est pas le rivage de sable, assez médiocre et moyennement propre, qui vous retiendra dans le second port de Syrie, mais plutôt les témoignages de son brillant passé médiéval : pendant les croisades, Tortose fut le principal port des Francs et la plus grande place forte des templiers. Les murailles de la citadelle sont toujours debout, tout comme la cathédrale, une des merveilles de l'architecture franque en Terre sainte. La vieille ville est assez pittoresque avec ses ruelles, ses passages voûtés, ses escaliers et ses maisons qui se sont imbriquées au cours des siècles dans les anciens édifices. Autre promenade agréable : le front de mer, avec ses bateaux colorés et ses petits restaurants. Sans oublier l'excursion à l'île toute proche d'Arwad, la seule que possède la Syrie.

Situation : à 35 km O. de Safita, 90 km S. de Lattaquié, 96 km O. de Homs.

95 000 hab. ; chef-lieu de mouhafazat.

☎ 043

ⓘ **rue Khaled ibn al-Walid *(plan A1)* ; ouv. t.l.j. sf ven. 8 h-14 h.**

Poste et télécommunications : rue ath-Thawra *(plan B1)* ; cabines à carte à l'intérieur.

À ne pas manquer

La cathédrale★★	**410**

Tartous mode d'emploi

Combien de temps : prévoir 2 h à 3 h de visite pour la ville seule.

Où faire une pause et manger : sur le front de mer (al-Kornish al-Bahr), où vous trouverez des cafés animés et de sympathiques petits restaurants de poisson. Sachez cependant que le poisson est cher (la côte n'est pas poissonneuse) ; les prix sont indiqués au kilo.

Excursion à l'île d'Arwad : la liaison est assurée par de petits bateaux (départ toutes les 15 mn) ; embarcadère près du marché au poisson, en bas de la rue qui descend de la cathédrale (**A2**). On ne paie qu'au retour.

Se déplacer depuis Tartous : bus Karnak (rue ath-Thawra, **B1**) : 1 ou 2 bus par j. pour Damas, Alep, Homs, Tripoli et Beyrouth ; bus Kadmous (rue Jamal Abd el-Nasser, **B1**) : liaisons fréquentes pour Lattaquié, Damas, Homs, Hama et Alep ; taxis collectifs (**B2**) : mêmes destinations.

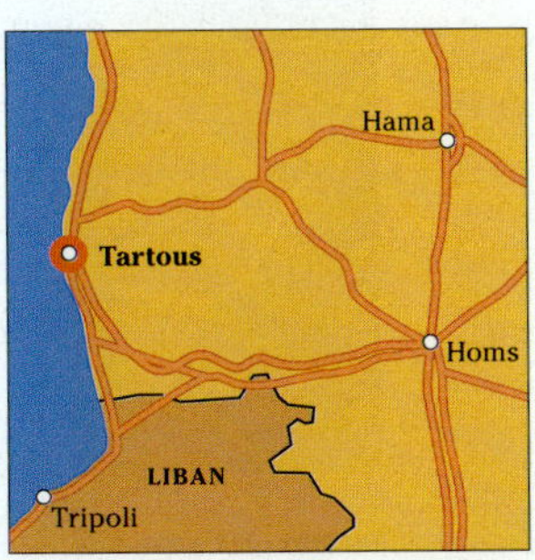

Tartous dans l'histoire

■ Un fief des templiers

Comptoir maritime des Phéniciens, puis des Grecs et des Romains, Tartous devint aux premiers siècles du christianisme un lieu de pèlerinage connu de tout l'Orient. On se pressait dans l'église que, dit-on, saint Pierre avait lui-même fondée en l'honneur de la Vierge pour prier devant une icône miraculeuse, peinte par saint Luc. Conquise par Raymond de Saint-Gilles (comte de Toulouse) en 1099, Tortose est constituée en fief dépendant du comté de Tripoli en 1132. Elle était sans doute déjà le siège d'un évêché. En 1152, les troupes de Nour ed-Din l'occupent quelque temps avant d'en être délogées par l'intervention du roi de Jérusalem. C'est sans doute à la suite de cet épisode que Tortose est confiée à l'ordre des Templiers, les seuls capables d'assurer la défense d'une ville d'une telle importance. Les moines-soldats relèvent les remparts et dressent une formidable citadelle au bord de la mer.

■ Une des dernières places franques d'Orient

En 1188, le grand Saladin se présente devant Tortose : il enlève la ville, mais échoue devant le donjon. Tortose sera l'une des dernières places franques à tomber aux mains des musulmans, en 1291, la même année que Saint-Jean d'Acre ; les chevaliers rembarquent, emportant l'icône de saint Luc. Les croisés s'accrocheront encore à l'île d'Arwad pendant une dizaine d'années. En 1367,

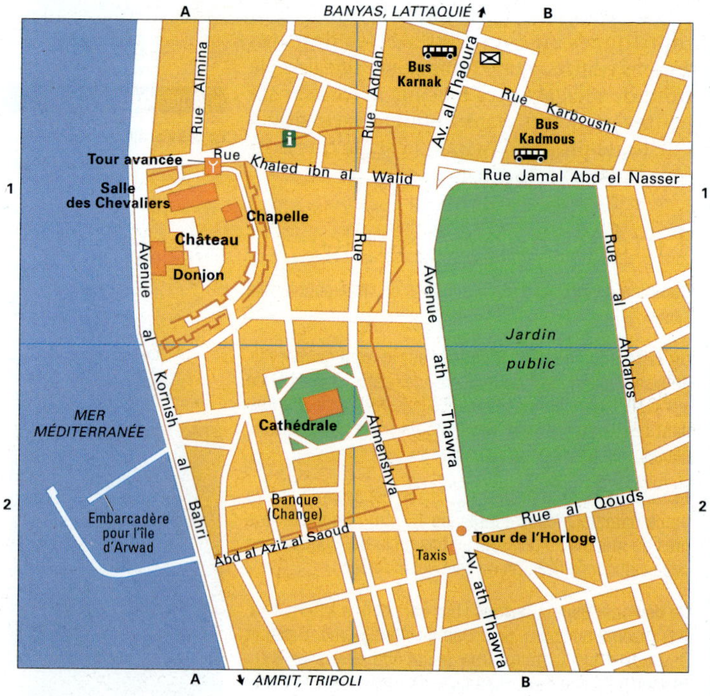

Tartous : le centre ville.

le roi Pierre Ier de Chypre, voulant renouer avec l'esprit des croisades, débarque à Tartous. Mais, incapable de s'y maintenir face aux assauts musulmans, il est contraint de reprendre la mer, après avoir incendié la ville.

Visiter Tartous

■ **LA CITADELLE** (A1/2).

Au N.-O. de la ville, elle était protégée par une double enceinte. Chacun des murs était doublé d'un fossé qui pouvait rapidement se remplir d'eau en cas de danger ; entre les deux, une vaste lice permettait l'entraînement des chevaliers et des hommes de troupe. À l'intérieur des murs se trouvaient les bâtiments caractéristiques des châteaux de Terre sainte : le donjon, la salle des Chevaliers, et la chapelle qui sert de terrain de jeux aux gamins du quartier.

La tour avancée*. Isolée par un fossé enjambé par un pont, elle défendait le rempart du côté N. Il en manque la partie supérieure, mais c'est l'édifice le mieux préservé de la Tortose médiévale, grâce à sa reconversion en mosquée. La porte voûtée était surmontée d'un mâchicoulis et d'une herse dont on voit encore l'emplacement. À l'intérieur, la salle de prière de la mosquée occupe une ancienne **salle de garde** à deux travées (belles voûtes gothiques).

On entre dans la citadelle par la porte ménagée dans le mur d'enceinte. À la sortie du passage, un petit escalier à g. conduit dans l'ancienne salle des Chevaliers.

La salle des Chevaliers. Longue de 44 m, elle servait à la fois de salle capitulaire et de salle de réception pour les visiteurs de marque. Il semble qu'elle ait été construite au milieu du XIIIe s., mais il en reste bien peu de choses : des habitations ont peu à peu investi l'intérieur. Elle était divisée en deux nefs par cinq piliers centraux (comme la salle supérieure du château de Safita). On peut la traverser en suivant la ruelle qui passe entre les habitations ; au passage, on aperçoit encore quelques consoles et départs d'arcs.

Avant de traverser l'ancienne salle des Chevaliers, prenez un peu de distance pour en apprécier les dimensions depuis la place qui s'ouvre au centre de la citadelle.

La chapelle. Au fond d'une ruelle, un portail ouvragé annonce l'entrée de l'ancienne chapelle : un édifice rectangulaire divisé en quatre travées voûtées d'ogives (il reste les départs d'ogives). Elle sert aujourd'hui de cour commune aux habitations voisines.

Le donjon*. Il constituait un dernier réduit où les défenseurs pouvaient s'enfermer en cas d'attaque. De ce formidable ouvrage qui offrait un front de 54 m du côté de la mer et était entouré vers l'intérieur de son propre fossé, il ne reste que le talus et

En 1188, Saladin réussit à prendre la ville mais il se heurta aux défenses du donjon d'où le grand maître des templiers lui tint tête, et il dut lever le siège.

quelques assises de pierre ; les parties supérieures ont été réaménagées à l'époque musulmane. Une poterne sur la mer permettait aux hommes et aux marchandises arrivés par bateau de pénétrer dans la place ; c'est par là que s'enfuirent les derniers chevaliers en 1291. Mais depuis la construction de la corniche moderne, la mer ne vient plus battre le pied de l'édifice. Sous le talus, on découvre par des ouvertures des **salles souterraines** qui servaient d'écuries ou de remises.

L'ensemble, restauré dans les années 1990, sert de salle de réunions et d'expositions.

■ La ville épiscopale

Elle s'étendait autour de la citadelle et était défendue par son propre rempart, doublé d'un fossé. La localité arabe qui s'est établie à son emplacement a entièrement phagocyté les constructions médiévales. Au hasard de la promenade, on reconnaîtra quelques blocs, départs d'arcades, fenêtres ouvragées... Seule la cathédrale est remarquablement conservée.

■ La cathédrale Notre-Dame** (A2 ; *ouv. t.l.j. sf mar. 9 h-18 h, jusqu'à 16 h d'oct. à mars ; entrée payante*).

Même pendant la période franque, musulmans comme chrétiens venaient en pèlerinage à Notre-Dame de Tortose, auprès de l'icône miraculeuse de saint Luc. C'est au milieu de la foule des pèlerins que, en 1212, Raymond, fils du prince d'Antioche Bohémond, fut poignardé par un membre de la secte musulmane des Assassins ***(→ p. 383).***

Les Francs installés à Tortose voulurent faire de leur cathédrale un bastion imposant dans la défense de la ville basse : hauts murs percés de meurtrières, puissants contreforts, deux tourelles du côté E. Construite tout près du rempart, elle fut même dotée d'un crénelage à la fin du XIIIe s. en prévision de l'attaque des Mamelouks du sultan Qalaoun. Transformée en mosquée, puis en dépôt militaire sous les Ottomans, elle abrite aujourd'hui le musée de la ville.

L'intérieur. Il doit tout aux conceptions architecturales de l'Occident médiéval : la haute nef en berceau brisé, les deux rangées de piliers cruciformes qui délimitent des collatéraux voûtés d'arête, l'abside en cul-de-four à l'appareillage soigné. Seule la présence des deux absides latérales rappelle l'Orient : concession sans doute aux rites locaux.

Le flanc N. de l'église a bénéficié d'une considération particulière : outre le socle cubique sur lequel s'appuie le pilier central de la nef, la demi-coupole de l'abside g. présente un oiseau sculpté mutilé (une colombe ?) : sans doute l'Esprit saint, entouré de quatre figures qui devaient être les évangélistes. Noter aussi la diversité et la qualité du traitement des **chapiteaux.**

Les collections du musée. À l'intérieur de l'église, exposition d'objets provenant de divers sites archéologiques de la région. Voir notamment : les **sarco-**

Pour leur cathédrale de Tartous, les Francs s'inspirèrent à l'évidence de modèles occidentaux. Dans la nef, l'un des piliers centraux repose sur un socle à travers lequel est ménagé un passage : ce dispositif marquait probablement l'emplacement de la chapelle que saint Pierre aurait édifiée en l'honneur de la Vierge ; il devait constituer le centre du pèlerinage de Tortose.

phages* phéniciens anthropomorphes *(à g. de l'entrée)* provenant du site d'Amrit *(→ Env. 2)*, une stèle représentant le dieu Baal debout sur un lion *(face à l'entrée)*, et dans le chœur un fragment de **peinture murale** – une Présentation au Temple – découvert dans la chapelle du Krak des Chevaliers.

En descendant la rue dans le prolongement de la façade, on aboutit très vite au bord de mer, tout près du port et du marché au poisson.

Environs de Tartous

1 L'ÎLE D'ARWAD* *(3 km S.-O. ; liaison par bateau toutes les 15 mn ; paiement au retour)*.

Une bande de terre d'à peine 800 m de long à 3 km au large de Tartous, voilà Arwad. C'est la seule île de Syrie, une île sans voitures peuplée de pêcheurs, autrefois de contrebandiers. Sur la jetée du port où tanguent des bateaux peints de couleurs vives, les terrasses de plusieurs restaurants proposent leurs poissons grillés. L'occasion d'un sympathique déjeuner dans une atmosphère qui rappelle la Grèce des années 1960.

Les restaurateurs de l'île d'Arwad ont tendance à prendre les étrangers pour des pigeons. Mettez-vous d'accord sur les prix avant de commander quoi que ce soit (même une bouteille d'eau) et, en cas de doute, renseignez-vous auprès de vos voisins de table syriens.

Un passé prestigieux. Dès le milieu du IIIe millénaire, une principauté phénicienne installée sur cette petite île fonda des comptoirs sur la côte et jusqu'à l'Euphrate. En 333 av. J.-C., elle se livre à Alexandre mais conserve son autonomie et contrôle un vaste territoire qui s'étend jusqu'à Laodicée (Lattaquié) et, vers l'intérieur, jusqu'à la vallée de l'Oronte. De 1291 à 1302, elle reste aux mains des templiers, alors que les Francs ont été définitivement chassés du littoral. En 1915, les troupes françaises s'emparent d'Arwad, qui servira de base aux opérations maritimes contre la Turquie.

À travers Arwad. On gagne le centre de l'île par de petites ruelles tortueuses (dont la propreté laisse beaucoup à désirer). La **citadelle** date essentiellement de la période ottomane. Elle occupe l'emplacement de la forteresse des croisés, dont on reconnaît çà et là quelques vestiges. Sous le Mandat français, elle servit de prison ; des dirigeants nationalistes syriens y furent détenus, parmi lesquels Farès al-Khoury et Choukry al-Kouwatli, le premier président de la Syrie indépendante. C'est aujourd'hui un musée *(ouv. t.l.j. 9 h-18 h, 16 h d'oct. à fin mars ; entrée payante)* d'intérêt très limité (objets provenant de fouilles sous-marines). Depuis les terrasses, on a un beau **panorama** sur toute l'île, avec Tartous en toile de fond.

2 AMRIT★ *(7 km S. ; entrée libre ; prévoir une lampe de poche).*

Accès : sur la route longeant la côte en direction de la frontière libanaise, deux embranchements sur la dr., à 2 km de distance, signalent le site. On peut prendre l'un ou l'autre, car les deux chemins forment une boucle à travers le vaste champ de ruines ; mais le second est mieux tracé et permet de s'arrêter devant la grille d'entrée du site.

Les étonnantes ruines d'Amrit, au bord de la mer, constituent un témoignage original de l'hégémonie perse sur tout le Levant du VIe au IVe s. La ville était une importante cité maritime dès le XVe s. av. J.-C., en étroite relation avec la cité insulaire d'Arwad. Elle commença à décliner à partir de la période hellénistique, en raison du développement rapide d'une ville rivale destinée à la supplanter, Antarados (Tartous).

Les tombeaux-tours★. Ces trois tours massives (visibles depuis la route côtière) appartiennent à une ancienne nécropole. Elles recouvrent des hypogées familiaux à une ou plusieurs pièces, taillés dans le rocher. Dans chaque pièce, des **niches en loculi** où étaient glissés des sarcophages anthropomorphes, en pierre ou en terre cuite. On arrive d'abord à deux tours voisines. La plus originale présente à sa base quatre **lions monolithiques** supportant une haute architecture décorée de merlons.
À proximité de ces deux tombes, un escalier donne accès à un autre très vaste hypogée, sans superstructure. Le troisième des tombeaux-tours se trouve au S. (à 500 m). Il est appelé **Borj al-Bezzaq** (tour de l'Escargot) en raison de ses deux niveaux. La construction de ces tombes s'est étalée du VIe au IIIe s.

Prendre un chemin étroit qui serpente entre les broussailles en laissant à dr. la nécropole.

Le temple★★ (**al-Maabed** en arabe ; *à 700 m N. des deux premiers tombeaux*). C'est la partie la plus impressionnante du site. Construit autour d'un grand bassin alimenté par une source (voir les gargouilles à tête de lion contre la paroi E.), ce temple est un petit édifice tout en hauteur : une simple niche surmontée d'un **décor de merlons** typiques de l'art perse.

Les divinités honorées dans ce sanctuaire étaient deux grands dieux phéniciens : Eshmoun, le dieu guérisseur, et Melkart, assimilé à Héraclès. Dans le dieu Eshmoun, les Grecs crurent reconnaître leur dieu médecin Asclépios. Les

Romains l'assimilèrent à Apollon, qui possède également des fonctions guérisseuses. L'organisation de ce temple est unique en Syrie mais rappelle le sanctuaire d'Eshmoun à Bostan ash-Sheikh, près de Sidon au Liban.
Le bassin est entouré sur trois côtés d'un **portique** à colonnes quadrangulaires. Les linteaux étaient eux aussi décorés de merlons. L'entrée, au N., à l'origine flanquée de deux tours, donnait sur un autel de pierre que l'on devine encore.

Les vestiges de la ville hellénistique. En poursuivant le chemin de terre, on aboutit à un **stade** de la période hellénistique, creusé dans le rocher : la piste est envahie d'herbes mais les gradins sont bien visibles.
De retour près du temple, un autre chemin sur la dr. mène à la boucle que fait la route à travers le site. Un panneau indique l'entrée du chantier entamé au début des années 1990 afin d'aménager un site touristique sur la bordure maritime. Ces travaux ont été interrompus par la découverte des restes de la ville hellénistique : un petit **bassin collecteur** d'où part un long canal coudé débouchant sur la plage ; un **quartier commerçant** de petites échoppes ; et, dominant l'ensemble, un grand **bâtiment rectangulaire** (fonction inconnue).

3 SAFITA* *(35 km E. par une belle route de montagne) :* *→ p. 397.*

4 DE TARTOUS À LATTAQUIÉ PAR LA CÔTE *(90 km N.).*
À l'exception du château de **Marqab**** (que l'on atteint à partir de Banyas), aucune curiosité n'incite vraiment à quitter la belle et rapide autoroute côtière qui relie Tartous à Lattaquié.

12 km : sortie en direction d'**as-Soda,** qui permet d'atteindre *(20 km)* **Qalaat al-Khawabi** *(→ p. 386)*, l'une des places fortes de la secte des Assassins.

38 km : **Banyas,** un centre industriel (raffinerie de pétrole, centrale thermique) sans intérêt touristique, si ce n'est peut-être sa **promenade du bord de mer** joliment aménagée (quelques restaurants). Banyas ne conserve aucun vestige de son passé ; elle fut pourtant un comptoir phénicien, puis une cité croisée du nom de la Valénie.
Depuis Banyas, accès au **château de Marqab**** *(9 km S.-E., → p. 379)*, l'une des plus belles forteresses croisées de Syrie.

De Banyas part aussi une belle route de montagne (n° 35) qui traverse le cœur du pays ismaélien et conduit à **Qadmous** *(21 km)* et à **Masyaf*** *(24 km plus loin)*, deux places fortes de la secte des Assassins *(→ p. 385)* au temps des croisades. De Masyaf, on peut rejoindre facilement Hama *(→ p. 310)* au-delà de la dépression du Ghab.

44 km : sortie en direction de **Qarfis** qui permet d'atteindre **Qalaat al-Maniqa** *(17 km, → p. 387)*, un autre château des Assassins.

57 km : **Jebblé,** un gros bourg agricole avec un très joli marché de fruits au centre ville. Il abrita, comme Banyas, un comptoir phénicien, devint ensuite une florissante ville grecque, puis romaine et byzantine. En 1109, Jebblé fut conquise par les croisés et resta entre leurs mains jusqu'en 1285, à l'exception d'un bref intermède après sa prise par Saladin en 1188. Dans le centre ville, imposants vestiges d'un **théâtre romain** que les Francs transformèrent en citadelle *(ouv. t.l.j. sf mar. 9 h-16 h, jusqu'à 18 h en été ; entrée payante)*. À l'origine, il pouvait accueillir 8 000 spectateurs. Particularité que ce théâtre partage avec celui de Bosra : sa cavea ne s'appuyant sur aucune éminence naturelle, les gradins reposent entièrement sur des arcs.

90 km : **Lattaquié** *(→ p. 374)*.

Palmyre et la steppe

L'Euphrate, le Tigre, la Mésopotamie, le Croissant Fertile... Des noms qui nous ramènent aux manuels d'histoire de nos années de collège. Il est vrai qu'un voyage au long de l'Euphrate est une remontée aux plus anciens souvenirs de nos civilisations : le déluge, la quête de l'immortalité, la descente du héros aux Enfers... Et sous la poussière accumulée par les vents de la steppe surgissent, sous les pioches des archéologues, les vestiges des grands empires des temps anciens : babylonien, hittite ou assyrien. La steppe, c'est aussi le monde, tout à fait actuel celui-là, des nomades, chameliers bédouins qui poussent leurs troupeaux de moutons des confins du désert saoudien aux grands espaces de la Syrie orientale. C'est au printemps qu'il faut traverser la région, lorsqu'elle se couvre d'un duvet de verdure sous lequel les connaisseurs vont débusquer la succulente truffe blanche qui se vendra à pleins couffins dans les souks d'Alep. Alors surgissent de place en place les tentes noires des bédouins. Pour eux, l'hospitalité reste une tradition sacrée. Ils se feront toujours un devoir de vous inviter à partager le thé ou le café, quand ce n'est pas un mouton qu'ils proposeront d'égorger pour vous. Au bout de ces rencontres, au cœur de la steppe, vous attend l'oasis de Palmyre, la ville de la reine Zénobie, avec ses colonnes et ses temples surgis des sables du désert.

Palmyre et la steppe

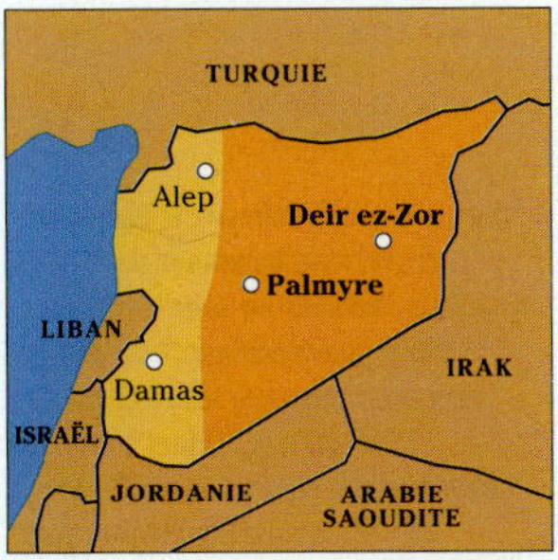

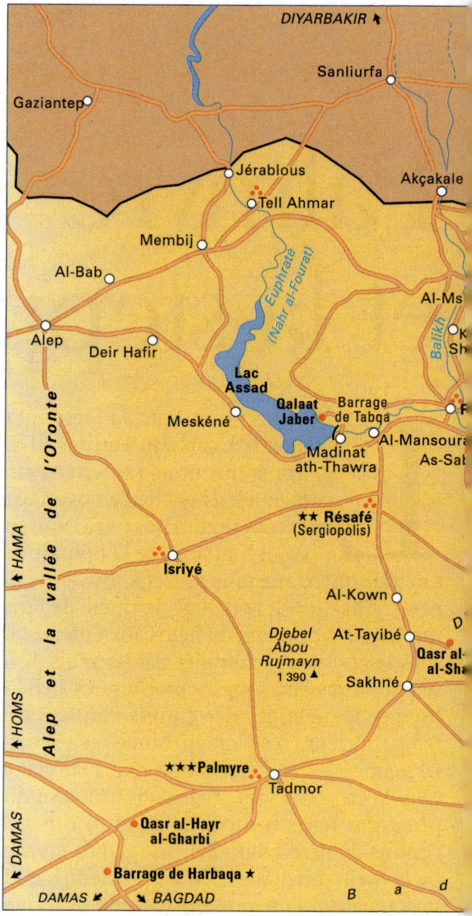

Que voir dans la région de la steppe.

Chaque année à Palmyre, le Festival du désert rend hommage aux vertus bédouines : habileté en selle, endurance, esprit chevaleresque. Les citadins viennent y retrouver les habitants du désert que l'Orient considère unanimement comme les dépositaires des qualités arabes.

■ Le monde de la steppe

Géographiquement, les territoires de nomadisme en Syrie couvrent les vastes étendues de l'E. du pays, au-delà de l'isohyète des 200 mm de précipitations annuelles. Appelé **Djéziré** au N. de l'Euphrate *(→ p. 426-427)*, **Chamiya** au S., l'ensemble constitue la *badiya*, le territoire des **bédouins.** Les nomades se divisent en deux groupes bien distincts qui, même pour tout l'or du monde, refuseraient de se mélanger et encore plus de s'unir par des liens matrimoniaux. Ce sont d'une part les ***badou*** (*badawi* au singulier), les grands chameliers dont les aires de nomadisme s'étendent sur plusieurs

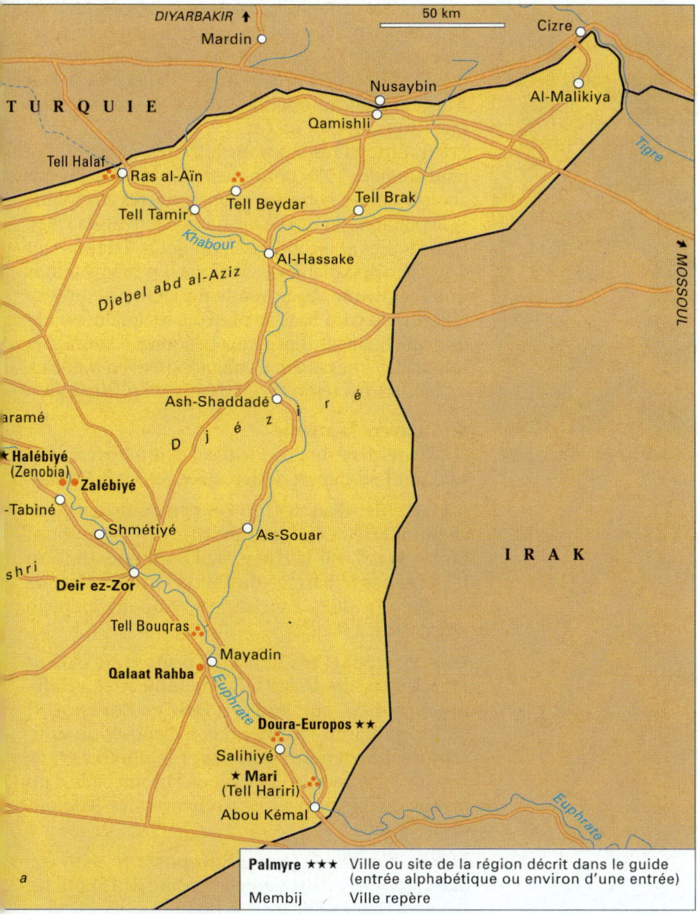

centaines de kilomètres – jusqu'à 2 000 km pour certaines tribus –, des faubourgs de Damas en été jusqu'aux confins du désert du Néfoud en Arabie Saoudite. L'autre groupe est constitué d'éleveurs de troupeaux, les *chawaya* (*chawi* au singulier), dont les déplacements se limitent à une cinquantaine de kilomètres entre leurs campements d'hiver et d'été. Pourtant, si leur image reste valorisée, les véritables bédouins nomades sont en voie de disparition.

La sédentarisation des bédouins

Depuis la fin de la période ottomane, les autorités gouvernant la Syrie ont tenté de sédentariser les nomades, jugés trop libres, trop individualistes. Insaisissables. Déjà à la fin du XIXe s., grâce à des postes militaires installés à travers le désert, les voyageurs pouvaient s'aventurer dans la steppe sans risque d'être dépouillés par des brigands. Par la suite, on attribua aux cheikhs des tribus des terres à l'intérieur de leur domaine traditionnel de transhumance. Devenus propriétaires

Bédouine de Deir ez-Zor et son bébé.

fonciers, ces bédouins s'installèrent progressivement en ville. Ce phénomène se généralisa avec le développement de l'automobile. Les membres des tribus, métayers de leurs chefs, se sont sédentarisés autour d'agglomérations essentiellement bédouines telles que Raqqa ou Deir ez-Zor.

Les traditions restent pourtant bien ancrées : il a fallu attendre 1958 pour que le Code bédouin soit aboli et que les nomades soient assujettis aux lois de la République. Et même lorsqu'ils habitent les villes, les bédouins se reconnaissent toujours à travers leur système d'appartenance clanique. En même temps que l'abolition du nomadisme demeure un des objectifs du parti Baas au pouvoir, les qualités traditionnellement attribuées aux bédouins – courage et hospitalité – ne cessent d'être proposées en modèles, de feuilletons télévisés en dépliants touristiques.

■ À travers la steppe

Un itinéraire de cinq jours (extensible à une semaine) au départ d'Alep, avec retour à Damas.

Jour 1 : Alep-Raqqa *(195 km sans les détours)*. En chemin, arrêt à **Qalaat Jaber** *(p. 467)* – au bord du lac Assad, sur la rive g. de l'Euphrate que l'on traverse par le barrage de Tabqa –, puis visite de **Résafé**** *(p. 468)*, l'ancienne Sergiopolis, en plein désert. Nuit à Raqqa.

Jour 2 : départ tôt le matin pour Deir ez-Zor *(138 km sans les détours)*. En chemin, arrêt à **Halébiyé*** *(p. 435)*, puis arrivée à **Deir ez-Zor** *(p. 419)* en fin de matinée de manière à disposer de suffisamment de temps pour visiter le **musée*****. Le reste de l'a.-m. sera consacré à une promenade dans le souk du centre ville, lieu d'échanges des bédouins de la région.

Jour 3 : excursion à **Doura-Europos**** *(p. 429)* et à **Mari*** *(p. 437)*, deux sites en bordure de l'Euphrate. Retour à Deir ez-Zor pour la nuit.

Jour 4 : Deir ez-Zor - Palmyre *(260 km avec le détour ; prévoir un pique-nique.)*. En chemin, une petite balade sur les pistes (très praticables) de la steppe jusqu'au château omeyyade de **Qasr al-Hayr al-Sharqi*** *(p. 462)*. Arrivée à Palmyre en milieu d'a.-m. Ne manquez surtout pas le coucher de soleil sur le site.

Jour 5 : journée consacrée à la visite de **Palmyre***** *(p. 445)*. En fin d'a.-m., départ pour **Damas**.

Pour les amateurs de balades hors des sentiers battus, on peut prévoir, depuis Deir ez-Zor, une excursion de deux jours dans la Djéziré, la partie la plus orientale de la Syrie, hérissée de tells archéologiques (nuit à Qamishli). Ne manquez pas de vous rendre jusqu'à la région dite du Bec de Canard pour y découvrir le Tigre, qui forme la frontière avec la Turquie.

Deir ez-Zor

Une ville sans passé, voilà bien une rareté en Syrie. Lorsque les Français prirent possession de ce « couvent des bosquets », Deir ez-Zor n'était qu'une modeste bourgade servant de centre d'échanges pour les bédouins de la steppe. Pour marquer sa présence, la puissance mandataire y construisit un pont de fer sur l'Euphrate, aujourd'hui réservé aux piétons et aux cyclistes. Sans passé, mais non sans avenir. Comme l'annoncent les feux des torchères dans le lointain, Deir ez-Zor est devenue la capitale du pétrole syrien. Avec l'afflux de techniciens étrangers et d'ouvriers venus de tout le pays, la ville prend des allures de ville frontière, de « Far East » moyen-oriental. On y a même vu dans les cabarets des chanteuses russes censées égayer les mornes soirées des expatriés.

Pour les touristes, Deir ez-Zor sera surtout une étape sur le chemin de Doura-Europos et de Mari. Ne manquez pas la visite du nouveau Musée archéologique, ni la promenade dans le souk, haut en couleur et très animé dès le petit matin : les bédouins des environs viennent y faire leurs emplettes et se rencontrer.

Situation : à 201 km N.-E. de Palmyre, 335 km S.-E. d'Alep.

161 000 hab. ; chef-lieu de mouhafazat ; université ; aéroport.

☎ 051

Syrian Airlines **: rue Alaam *(B1)* ☎ 22.55.52 ; à l'aéroport *(6 km sur la route de Palmyre)* ☎ 22.19.02.**

Hébergement : nombreuses possibilités hôtelières dans toutes les catégories.

À ne pas manquer	
Le Musée archéologique★★★	**420**
Le souk★	**419**

Deir ez-Zor mode d'emploi

Accès : liaisons par bus et minibus avec Alep, Palmyre et Damas ; plusieurs liaisons aériennes par semaine avec Damas ; train depuis et vers Alep et Damas.

Organiser son temps : après avoir dormi à Deir ez-Zor, vous pouvez prévoir d'y passer la matinée suivante : 2 h au musée (qui ferme à 14 h) et 1 h dans le souk du centre ville. Rajoutez une bonne demi-journée pour la visite des sites de Doura-Europos★★ et de Mari★ (245 km AR). Si vous avez une voiture, vous pourrez, à l'aller ou au retour, faire en plus la petite excursion au château de Qalaat Rahba (→ Env. 1, p. 428).

Se déplacer : pour vous rendre à Doura-Europos et à Mari, vous pouvez utiliser les nombreux minibus qui assurent la liaison avec Abou Kémal : ils vous déposeront près de

Deir ez-Zor : le centre ville.

l'entrée du site ; pour le retour, attendre sur la grand-route et faire signe au chauffeur. Plus pratique si vous êtes plusieurs : la location d'un taxi collectif qui vous attendra à Doura-Europos et à Mari, puis vous ramènera à Deir ez-Zor.

Où manger : le soir, rendez-vous dans un des petits restaurants installés au bord de l'Euphrate : cuisine simple mais atmosphère très sympathique.

Le Musée archéologique★★★

À NE PAS MANQUER AU MUSÉE

- **La reconstitution de la maison de Tell Bouqras★★ (s. 1)**
- **Le taureau à tête humaine★★★ (s. 2)**
- **La reconstitution d'une salle du Palais royal de Mari★★ (s. 3)**
- **Le jardin assyrien★★ (s. 4)**
- **La section de Doura-Europos★★ (s. 4)**

Accès : sur la route d'Alep (**A2**).

Visite : ouv. t.l.j. sf mar. 9 h-14 h ; entrée payante.

Le tout nouveau musée de Deir ez-Zor, inauguré en 1996, est une étape à ne manquer sous aucun prétexte, même si, le plus souvent, le temps toujours limité des circuits organisés ne permet pas d'inscrire cette visite dans les programmes des agences de voyage. Ce musée est essentiellement consacré aux civilisations de la Djéziré (→ *p. 426-427*), grande plaine fertile au N. de l'Euphrate, qui est aussi une région particulièrement riche en vestiges archéologiques. Ici, les collections sont présentées dans des salles aérées et utilisent largement les reconstitutions à l'intérieur desquelles sont présentés les objets. Au fil de la visite, on entre ainsi dans un village néolithique du VIe millénaire, on passe la porte monumentale d'une ville fortifiée du IIIe millénaire, on pénètre dans un jardin assyrien ou dans un temple palmyrénien de Doura-Europos… Une visite qui fera date dans votre voyage, et qui vous permettra de mieux comprendre la succession de civilisations et d'empires dans cet Orient ancien si compliqué.

Sur les civilisations de l'Orient ancien et ses principaux sites en Syrie, voir le texte p. 87 et la carte p. 90-91.

■ **Salle 1 : du néolithique à la période archaïque**

Reconstitution d'une maison de Tell Bouqras**, à partir des vestiges découverts sur ce site néolithique qui occupe une terrasse au-dessus de l'Euphrate, au S.-E. de Deir ez-Zor. De 6400 à 5900, le site fut habité par une société d'agriculteurs pratiquant également l'élevage de chèvres et de porcs. Le village, dépourvu de fortifications, présentait une structure très élaborée : le long de ruelles sur lesquelles ouvraient par endroits de petites places, s'alignaient des maisons à plusieurs pièces et dépendances. Dans ce village, pas de palais, ni même d'habitation qui l'emportât sur les autres par la taille.

6000-4500 Néolithique à céramique : Tell Halaf, Samarra, sites du triangle de la vallée du Khabour.

Couloir central : à dr., vaisselle de pierre (la céramique n'était pas encore connue) creusée et polie dans un grès local ; à g., figurines d'animaux en pierre : tortue, taureau. Au fond du couloir, outils et ornements en os.

En pénétrant dans la maison reconstituée de Tell Bouqras, on peut observer dans les pièces les différentes activités de ses habitants. Dans les vitrines est exposée une sélection d'objets trouvés sur le site.

Pièce de g. : contre le mur de dr. est exposée une des pièces majeures découvertes sur le site, une **tête** en ronde bosse** où s'exprime un réel souci naturaliste : les orbites creusées semblent indiquer qu'elles étaient incrustées pour figurer les globes oculaires. À sa g., **figurine de femme nue assise***, sans doute une divinité liée à la fertilité comme le laisse supposer l'emphase mise sur l'exécution de ses parties sexuelles.

La seconde partie de la salle expose des objets provenant de différents sites de la Djéziré occupés entre 6000 et 2350, notamment **Tell Brak** et **Tell Leilan**, dans la plaine du Khabour. Tell Brak fut un des centres majeurs de la civilisation d'Uruk (ville de basse Mésopotamie), marquée par la naissance des villes et de l'écriture et qui se répandit le long de l'Euphrate entre 4000 et 3300.

4500-3300 Chalcolithique : le processus d'urbanisation commence en Mésopotamie du Sud, à Obeid puis à Uruk.

3300-2900 Période archaïque I : développement de colonies d'Uruk dans le haut Euphrate ; présence de tablettes en écriture cunéiforme.

Dans les vitrines de g., voyez surtout *(vitrine 4)* deux **figurines d'ours,** l'une en albâtre, l'autre en terre cuite peinte (Tell Brak, période archaïque I). À dr., collection de **sceaux cylindres** : dans la *vitrine 2,* sceau figurant un ours dansant en compagnie d'animaux parmi lesquels on reconnaît un serpent (n° 2, Tell Brak, 3500-3000) ; dans la *vitrine 4,* sceau cylindre* avec un harpiste assis (n° 10, Tell Leilan, v. 2600). Un éclairage saisissant sur les modes de vie d'il y a 5 000 ans.

■ **SALLE 2 : le IIIe millénaire**

2900-2350 Période archaïque II : sites de Tell Leilan, Ebla, Mari.

2350-2200 Empire d'Akkad.

2200-2000 Fin de la période archaïque ; temps troublés.

Cette salle s'ouvre par la **reconstitution d'une porte de Tell Bderi** (v. 2700), ville qui était située sur la rive g. du Khabour, à 25 km S. de Hassaké : à la base, le mur était renforcé par un glacis, tandis que les jambages des portes étaient protégés et décorés par des orthostates (dalles de pierre).

Tell Bderi *(à g. en entrant)*. Évocation d'une pièce où les habitants s'employaient à moudre le grain.

Mari *(à dr. de la porte)*, période archaïque II. *Vitrine 1* : beau panneau incrusté de nacre montrant une scène de banquet. La *vitrine 2* évoque les rites de fondation des édifices : clou en bronze déposé dans les fondations, petite tablette de pierre et de lapis-lazuli ; on y voit aussi un **char à deux roues** en terre cuite datant de 2550-2350 (la roue fut inventée à Uruk), et un curieux piège à souris.

L'empire d'Akkad (2350-2200 ; *mur de g.*). Fondé par Sargon, le premier grand empire oriental, qui s'étend de l'Iran à la Méditerranée, soumet la majeure partie des cités de Mésopotamie, en particulier Mari et Ebla. *Vitrine 1* : superbe **taureau à tête humaine*****, en grès et ivoire, provenant de Tell Brak. *Vitrine 2* : lingot d'argent en forme de serpent (n° 13, Tell Brak), **médaillon en argent**** (n° 11, Tell Brak), miniatures en lapis-lazuli où l'on reconnaît un homme, une abeille, un taureau assis.

La fin de l'empire d'Akkad et les temps obscurs *(mur de dr.)*. Dans la *vitrine 1,* collection d'objets précieux provenant d'une tombe akkadienne de Mari : sceaux en lapis-lazuli et or, collier en or, cornaline et lapis-lazuli. Dans la *vitrine 2,* figurines en terre cuite provenant de Tell Brak (bélier, mouton, chien). La *vitrine 3* est consacrée à la dynastie des Shakkanakku de Mari, gouverneurs militaires mis en place par les Akkadiens *(→ p. 438)* : **sceaux cylindres,** parmi lesquels (n° 1) un orant auprès d'une divinité qui intercède en sa faveur devant le dieu suprême assis sur son trône.

Les Hourrites *(au centre du passage vers la salle suivante)*. À la fin du IIIe millénaire, des populations non sémitiques, les Hourrites, descendent du plateau anatolien et s'installent en haute Djéziré, profitant de l'absence de pouvoir fort. Le site de Tell Brak présente ainsi des traces de destruction dans le niveau de cette époque : **sceaux cylindres** et **tablettes** de cette civilisation.

■ SALLE 3 : IIe millénaire et début du Ier

Les Amorrites à Mari (1850-1760 ; *à dr.*). C'est la période la mieux documentée concernant Mari ; plusieurs milliers de tablettes ont été mises au jour, datant notamment du dernier roi de cette dynastie, Zimri-Lim *(→ encadré p. 98)*. **Reconstitution de la salle 64 du Palais royal★★**, l'antichambre de la salle du Trône, où fut découverte la célèbre statue de la « déesse au vase jaillissant » (conservée au musée d'Alep ; *→ illustr. p. 100*). Dans les vitrines, collection d'objets provenant du site : sceaux cylindres, scarabée, offrande égyptienne à une divinité de la ville, épée à la poignée incrustée d'ivoire *(vitrine 2)*, tablettes que complète l'évocation de la salle des Archives, avec son scribe et ses étagères où prenaient place les documents. Au mur, copie des **fresques** découvertes *in situ,* notamment celle de l'**Investiture royale** : dans les parties latérales, deux scènes symétriques représentent la récolte de dattes sur un palmier ; au milieu, dans le registre inférieur, deux personnages de profil tiennent un vase dont les eaux se déroulent dans le champ (rappelant la déesse au vase trouvée dans la salle 64), tandis que le registre supérieur met en scène une rencontre entre le roi de Mari et Ishtar, déesse de la fécondité et de la guerre, qui lui donne à toucher les insignes du pouvoir.

1850-1530 **Dynastie amorrite à Mari jusqu'au règne de Zimri-Lim, détrôné par Hammourabi vers 1760 ; ensuite, montée en puissance des Hittites, qui détruisent Babylone en 1595.**

Sur le Palais royal de Mari, voir aussi p. 440 et les pages illustrées 100-101.

Le royaume de Mitanni (1530-1200 ; *mur face à l'entrée*). Les Hourrites installés dans la Djéziré depuis la fin du IIIe millénaire se constituent en principautés, qui se regroupent au XVIe s. av. J.-C. pour fonder le royaume de Mitanni, une des puissances majeures du Proche-Orient qui s'étend vers la Méditerranée et en Syrie intérieure (Hama, Qatna). Les seuls vestiges architecturaux de cette civilisation (temple et palais) ont été mis au jour sur le site de **Tell Brak.** Les Mitanniens ont perfectionné le char à deux roues – connu depuis longtemps en Orient mais peu utilisé – pour en faire une redoutable arme de guerre.

Vitrine 1 (en commençant par la dr.) : statue en grès d'un homme assis (1400-1300) ; *vitrines 2 à 4* : **céramique de type Nuzi,** propre aux Mitanniens (gobelets à fond marron peints de motifs en blanc) ; *vitrine 6* : **vase à maquillage★** provenant de Mari (1300-1200).

1530-1200 **Le royaume de Mitanni contrôle la Djéziré.**

1200-1000 **Les tribus araméennes se constituent en principautés ; la langue araméenne s'impose dans tout l'Orient. Civilisation phénicienne sur le littoral.**

1000-850 **Les Assyriens exercent une pression de plus en plus forte sur la Djéziré orientale.**

La langue des Araméens, transcrite dans un alphabet emprunté aux Phéniciens, deviendra pour près d'un millénaire la langue diplomatique et commerciale de l'Orient.

Les Araméens (1200-850 ; *murs à dr. et à g. du passage conduisant à la salle suivante*). Dans l'O. de la Djéziré, les Araméens fondent de petites principautés (Tell Halaf), tandis que le bas bassin du Khabour reste sous influence assyrienne. Les vestiges architecturaux et picturaux dénotent une forte singularité, qui les distingue radicalement de la civilisation syro-hittite.

À g., **stèle d'Ashara** (IXe s.) portant une inscription assyrienne ainsi qu'un relief montrant le dieu du ciel combattant un serpent ; **copie de la stèle du roi Hadad Yi's** (IXe s.) découverte près de Damas et portant une inscription en araméen et en assyrien. À dr., cinq **stèles** provenant de Tell Ajaja (Shadikanni ; IXe s.) : l'une montre un génie ailé entre les dieux Shamash (le Soleil, ici sous la forme d'un aigle), Sin (la Lune) et Ishtar (déesse de la fécondité, représentée par une étoile).

■ SALLE 4 : le Ier millénaire

850-612 Mainmise assyrienne sur la Djéziré.

La Djéziré néoassyrienne. En 808, la dernière principauté araméenne de la Djéziré tombe aux mains des Assyriens. Sous leur domination, la région va connaître un essor remarquable, avec notamment la création de routes et le percement de canaux. Le pouvoir assyrien s'exerce depuis deux centres régionaux : **Dur Katlimmu** (Tell Sheikh Hamad) et **Shadikanni** (Tell Ajaja), où ont été mis au jour les vestiges d'un palais.

On passe tout d'abord une **porte**★★ provenant du site de Tell Ajaja, décorée d'orthostates (celui de g. est une copie) figurant le dieu Lamassou, un taureau ailé à visage humain. On pénètre ensuite dans la reconstitution d'un **jardin assyrien**★★ provenant de Dur Katlimmu (700-600). Les murs sont décorés de peintures appliquées sur un stuc blanc (à noter : la belle frise d'autruches).

Sur le mur de dr., **dessin du site de Dur Katlimmu** : 4 km de murs protégeaient une citadelle et une ville basse dont les maisons de tailles différentes s'organisaient autour d'une cour intérieure. Les murs étaient souvent ornés de peintures. Avec les faubourgs développés au-delà de la muraille, le site couvre une superficie de 120 ha.

Au VIIe s., les Assyriens se rendent maîtres de la vallée du Nil et pillent Thèbes. Divers objets de la salle 4 rappellent leurs ambitions sur l'Égypte, en particulier des représentations d'Anubis et d'Osiris.

Viennent ensuite, de dr. à g., sept riches vitrines★ : **stèle figurant les principaux dieux du panthéon assyrien** (Dur Katlimmu ; 750-650) – Enlil (divinité suprême vénérée depuis l'époque de Sumer), coiffé d'un chapeau cornu, Shamash, le Soleil, Sin, la Lune, Ishtar, représentée par une étoile, et Sybittum, symbolisé par sept grains – ; **plaque d'ivoire** portant le motif de l'arbre sacré (Tell Ajaja, 900-800) ; **collection de sceaux cylindres** parmi lesquels un génie à quatre ailes maîtrisant un lion et un taureau, cinq serpents devant un arbre et un symbole de vie qui ressemble à la croix de vie égyptienne, ainsi que diverses scènes de banquets rituels ; **statuette en cuivre de Pazuzu** (Dur Katlimmu, 650-600), divinité composite protégeant les hommes contre la maladie et les mauvais esprits.

Babylone et les Achéménides (600-330 ; *mur de g.*). En 612, l'Empire assyrien disparaît ; la grande puissance de l'Orient est désormais la dynastie néo-babylonienne, dont le représentant le plus connu est Nabuchodonosor.

612-539 Empire néobabylonien.

539-330 Domination perse.

En 539, c'est le Perse Cyrus qui, à son tour, s'empare de Babylone et se rend maître de l'Orient. La Djéziré n'est guère affectée par ces troubles : Dur Katlimmu continue son existence de prospère centre provincial, et cela jusqu'à l'arrivée des Grecs. Trois vitrines évoquent cette période : voyez notamment la belle **vasque** en albâtre (650-550) et le **poids** en forme de canard, également en albâtre, découverts à Dur Katlimmu.

Doura-Europos★★. La grande niche qui ferme la salle est consacrée à ce célèbre site de l'Euphrate (*→ p. 429*). Elle présente des copies admirables de l'ensemble des **peintures**★★ **du temple consacré au dieu Bêl.** Voir notamment (mur de dr.) une scène représentant un officier romain sacrifiant à la divinité : il s'agit d'un certain Julius Terentius, tribun de la XXe cohorte Palmyrénienne – on sait que cette unité était stationnée dans l'oasis en 239 de notre ère –, figuré à la tête de ses soldats portant leurs bannières ; du côté g., la déesse tutélaire de Palmyre (la Tychè) assiste à la scène.

■ Salle 5 : des Romains aux Byzantins

C'est la dernière partie des collections antiques. À g., vitrines romaines : céramiques et monnaies parmi lesquelles certaines sont frappées aux effigies de Septime Sévère, Héliogabale (*→ encadré p. 321*) ou Alexandre Sévère ; une autre commémore la soumission de la Judée (« Judea Capta ») par les légions de Titus au Ier s. de notre ère. Sur le mur de dr., vitrines consacrées à la période byzantine : verres, lampes, miroirs et pièces d'étoffe provenant de Halébiyé, à une cinquantaine de kilomètres au N. de Deir ez-Zor.

■ Salle 6 : la Syrie musulmane

Cette dernière section est consacrée à la période allant des Omeyyades aux Ottomans : éléments architecturaux, céramiques. On peut ensuite y découvrir un département ethnographique : costumes, outillage traditionnel des habitants de la steppe.

Les Arméniens à Deir ez-Zor

Deir ez-Zor fut l'une des étapes du martyre arménien. C'est là qu'aboutissaient en longues et sinistres colonnes, harcelés par la soldatesque turque, les survivants des massacres et de la déportation massive de la population arménienne de Turquie à partir de 1915. Leur calvaire ne s'arrêtait pas là, puisque les grottes aux alentours de la ville abritent encore les ossements de dizaines de milliers de malheureux exécutés sur place. Depuis, une petite communauté arménienne a fait souche à Deir ez-Zor. Un mémorial inauguré dans son église, en 1990, rappelle le génocide. La visite en est très émouvante.

La Djéziré : l'île aux trésors

Dans les ruelles du souk de Qamishli, à la limite nord-est de la Syrie, glisse une luxueuse berline anglaise. Signe que les affaires vont bon train dans cette ville adossée à la frontière turque. Ville prospère, ville des confins où coexistent toutes les communautés d'Orient : Kurdes, bédouins, chrétiens assyriens, lointains descendants des nestoriens et derniers membres de la communauté juive qui ont choisi de demeurer en Syrie. Qamishli est la lointaine héritière des villes de la Djéziré, l'« île » en arabe, ce plateau fertile entre Tigre et Euphrate qui connut à partir du IIIe millénaire avant Jésus-Christ une floraison de centres urbains. Il en reste aujourd'hui un bon millier de tells, qui attendent d'être fouillés.

▲ Environs d'Aïn Diwar, à l'extrémité N.-E. de la Djéziré. Depuis le Mandat français, cette région est appelée le Bec de Canard : un coin qui s'enfonce vers les montagnes enneigées du Kurdistan, au pied desquelles coule le Tigre qui marque la frontière avec la Turquie. C'est là, dit-on, qu'Alexandre franchit le fleuve en partant à la conquête de l'Orient. Aujourd'hui, la région est majoritairement habitée par des Kurdes, réfugiés pour beaucoup de Turquie.

■ Un plateau fertile

Vaste région à cheval sur la Syrie et l'Irak, la Djéziré couvrait le N. et le centre de l'ancienne Mésopotamie. Dans sa partie syrienne, grande comme le territoire de la Belgique, elle est arrosée par trois affluents de l'Euphrate : le Balikh, le Khabour et le Djaghdjagh. Des terres riches et une pluviosité suffisante attirèrent à partir de la fin du VIIIe millénaire les chasseurs de la steppe qui s'y transformèrent en agriculteurs. Au Ve millénaire apparaissent de petites concentrations d'habitations où sont entreposés les surplus des productions de céréales. Elles sont l'embryon des villes qui écloront au IIIe millénaire. Jusqu'aux invasions des Mongols au XIIIe s., la région a été un creuset où se sont rencontrées toutes les cultures de l'Orient. Une richesse dont témoignent les collections du musée de

▲ **Au printemps, les méandres du Djaghdjagh au milieu du plateau de la Djéziré composent un paysage surprenant.**

Deir ez-Zor, entièrement consacré à la région. La Djéziré servit ensuite de pâturage aux troupeaux des bédouins de la steppe, jusqu'à ce qu'elle soit rendue à l'agriculture, dans les premières décennies du XXe s. Cette évolution s'est accélérée avec la construction du barrage de Tabqa, sur l'Euphrate, et l'aménagement des cours du Balikh et du Khabour qui ont fait de la Djéziré la plus riche région agricole du pays.

■ Le paradis des archéologues

Jusqu'à l'indépendance de la Syrie, seuls quelques sites avaient fait l'objet de fouilles : Tell Halaf, Arslan Tash et Tell Brak. (Des salles leur sont consacrées au musée d'Alep.) C'est en fait le programme de barrages sur les affluents de l'Euphrate qui a ressuscité l'intérêt archéologique pour la région. Avant la mise en eau des barrages, de nombreuses concessions ont été attribuées par les autorités syriennes à diverses missions internationales. Une vingtaine d'entre elles sont à l'œuvre actuellement. Pour les archéologues, c'est une course contre la montre que d'arracher à la terre des vestiges qu'elle recèle depuis des millénaires. Mais c'est une moisson passionnante, qui a permis de localiser des cités que l'on ne connaissait jusque-là que par des textes anciens. Mais faute de moyens humains et financiers, l'inexorable montée des eaux va recouvrir des dizaines de sites restés inexplorés. Perdus à jamais ? Le directeur de l'IFAPO (Institut français de l'archéologie du Proche-Orient), Jean-Marie Dentzer, habitué à traiter avec les millénaires, n'est pas si pessimiste : « Avec les eaux, la sédimentation va reprendre et dans 50 ans, 100 ans, 1 000 ans, une fois le barrage asséché, il y aura encore de beaux sites à découvrir. »

▲ **Les villes antiques constituaient des pôles d'attraction pour les pasteurs nomades. Ils s'arrêtaient devant les portes où se tenaient des marchés pour y échanger leurs bêtes contre les produits de la ville. C'est cette scène que semble ressusciter ce jeune berger devant le tell archéologique qui s'élève au loin.**

Environs de Deir ez-Zor

1 Qalaat Rahba *(46 km S.-E. ; suivre la route de Mari et d'Abou Kémal ; 1 km avant Mayadin, une piste à dr. conduit au château, 1 km plus loin ; pas de vis.).*
Il s'agit d'un château arabe, fièrement perché sur sa butte rocheuse. De loin, il conserve encore belle allure avec ses hauts murs enserrant un donjon central. Il fut construit sous le règne de Nour ed-Din (1146-1174), qui entendait exercer sa tutelle sur l'ensemble du monde musulman. Plantée sur les marches orientales de l'empire, cette forteresse défendait le port de Mayadin, grande place commerciale sur l'Euphrate. Elle fut abandonnée au XIe s. à la suite d'un séisme, pour être remplacée par une nouvelle agglomération : Rahba, au pied de la citadelle. Une mission archéologique franco-syrienne a exploré le site entre 1976 et 1981. Des soubassements de maisons ont été mis au jour ainsi que de nombreuses pièces de céramique, principalement ayyoubides et mameloukes. La forteresse s'opposa à plusieurs reprises à l'avancée des Mongols, avant d'être définitivement abandonnée vers 1400. Une piste carrossable permet d'accéder sans trop de difficulté au pied de la muraille, défendue par un profond fossé ; là, belle **vue*** sur la plaine fluviale.

2 Halébiyé* et Zalébiyé *(56 km N.-O.)*, deux citadelles byzantines : → *p. 435.*

3 Vers Palmyre : Qasr al-Hayr al-Sharqi* *(160 km S.-O.)*, l'un des « châteaux du désert » des souverains omeyyades : → *p. 462.*

Doura-Europos★★

Le 30 mars 1920, un détachement britannique, délogé de Deir ez-Zor par les troupes de Fayçal, se replie derrière les ruines d'une forteresse abandonnée. À la hâte, on creuse des abris, on ouvre des tranchées, et voici que sous les pelles des hommes du capitaine Murphy surgit une fresque représentant deux prêtres à bonnet conique. La ville de Doura-Europos venait de renaître à l'histoire. D'autres peintures allaient bientôt apparaître sous les pioches des archéologues. Cette moisson picturale a valu à Doura-Europos le surnom de « Pompéi de l'Orient ». Ses trésors sont maintenant à l'abri dans les musées, et, de l'ancienne ville hellénistique et romaine, rien aujourd'hui ne dépasse vraiment le niveau du sol ; mais la beauté du site impose que l'on s'y attarde. Passé la formidable muraille de 9 mètres de haut face à la steppe, s'ouvre le plateau sur lequel s'étend le site. Après avoir franchi le champ de ruines où s'élevaient les habitations, voici que, du rebord du plateau, le regard plonge sur l'Euphrate qui serpente 40 mètres plus bas. Un détour à ne pas manquer lorsqu'on se dirige vers Mari.

Situation : à 93 km S.-E. de Deir ez-Zor, 31 km N.-O. de Mari.

Hébergement : à Deir ez-Zor (l'unique hôtel d'Abou Kémal est à déconseiller).

À ne pas manquer

Doura-Europos mode d'emploi

Organiser son temps : comptez une petite journée pour visiter Doura-Europos et Mari puis revenir à Deir ez-Zor (245 km AR). En été, la chaleur est étouffante dans cette région. Partez donc très tôt le matin pour éviter d'être sur la route aux heures les plus chaudes. N'oubliez pas d'emporter de l'eau minérale : il n'y a pas de buvette sur le site.

Accès : en voiture, sortir de Deir ez-Zor en direction d'Abou Kémal (très bonne route) ; on aperçoit le site depuis la grand-route. Des minibus assez fréquents assurent la liaison entre ces deux villes. Ils peuvent vous déposer près de l'entrée du site. Il ne vous restera plus qu'à en héler un autre pour poursuivre vers Mari, une fois la visite terminée : les passages sont assez fréquents. À plusieurs, vous

pouvez également louer pour une demi-journée ou une journée les services d'un taxi collectif.

Visite : le site est ouvert du lever au coucher du soleil ; entrée payante.

Combien de temps : comptez 1 h 30 de visite.

L'urbanisme d'Hippodamos

Les colons grecs utilisèrent très tôt le plan en damier : lorsqu'ils fondaient une ville, chacun pouvait ainsi disposer d'une même surface à bâtir. Mais c'est **Hippodamos de Milet,** philosophe né en Asie Mineure au Ve s. av. J.-C., qui le premier théorisa la division fonctionnelle de l'espace urbain afin de l'adapter au mieux à la vie de la communauté. Le plan qu'il conçut (appelé plan hippodamien) nécessite une surface dégagée : ville nouvelle à fonder ou ville à reconstruire. Le tracé est simple : les rues se coupent à angle droit, délimitant des îlots de taille égale occupés par des maisons ou par des édifices publics, proportionnellement à la taille des bâtiments. Ainsi, à Doura-Europos, le réseau de rues délimite des îlots de 70 m sur 35, à l'intérieur desquels prennent place huit maisons, tandis que l'agora, au centre de la ville, occupe à elle seule l'espace de huit îlots. En général, trois quartiers résidentiels s'organisent autour du centre religieux, politique et commercial, l'ensemble étant scandé par une ou plusieurs agoras. Seules les fortifications échappent à ce tracé, car elles doivent utiliser le relief pour être efficaces. En outre, les remparts entourent la ville sans l'enserrer, de sorte que celle-ci puisse s'agrandir au cours des siècles. Alexandre le Grand allait transporter ce modèle aussi loin que ses conquêtes ; le monde grec et les Romains en prirent exemple.

Doura-Europos dans l'histoire

■ La ville de Nicanor

En 303 av. J.-C., un poste macédonien est installé sur ce rebord dominant l'Euphrate. Une place éminemment stratégique : c'est là que la grande route vers l'Orient descend du plateau pour suivre la rive. De plus, la relative étroitesse du fleuve à cet endroit permet d'en contrôler aisément les abords. Enfin, la riche plaine alluviale qui s'ouvre en aval – ce sont les terres de l'ancien royaume de Mari – permet d'envisager une colonisation. En l'honneur de son roi, Séleucos Ier, maître de l'Orient après le partage de l'empire d'Alexandre, le général Nicanor nomme la place Europos, le nom du village natal du souverain (Doura étant l'ancien nom sémitique du lieu). Rapidement, l'ébauche d'une ville est tracée, selon le plan orthogonal attribué à Hippodamos de Milet (*→ encadré*). Les récentes investigations archéologiques ont pu démontrer que la muraille ne fut dressée qu'au IIe s. av. J.-C., délimitant un vaste périmètre qui n'était pas alors totalement urbanisé. En 113 av. J.-C., les Parthes enlèvent la place. Ils la conserveront pendant près de trois siècles.

■ Une cité cosmopolite

Sous la domination parthe, la cité hellénistique perd toute importance stratégique : elle se trouve désormais au cœur d'un empire. Elle ne se dépeuple pas pourtant, bien au contraire. C'est même pendant cette période qu'elle connaît sa plus grande extension. Les espaces laissés vacants s'urbanisent, tout en respectant le plan hippodamien originel. Seule exception : l'agora, qui est désormais occupée par des habitations. Pour les sujets d'un grand empire oriental, cet espace privilégié de l'expression de la citoyenneté grecque est sans doute jugé superflu. Les murailles, désormais inutiles, sont laissées à l'abandon. Dans certaines tours, on aménage même des sanctuaires pour les dieux de l'Orient. À la population d'origine grecque se sont ajoutés en effet de nombreux éléments sémites et iraniens, faisant de Doura-Europos une ville prospère et bigarrée au carrefour des influences occidentales et asiatiques.

■ Place forte romaine

Après une brève occupation sous Trajan (de 115 à 117), la ville est définitivement conquise par Rome en 165, sous le règne de Marc Aurèle. Doura reprend dès lors son caractère militaire. Le tiers N. de la ville est vidé de ses habitants pour laisser place à un camp militaire. Pour reloger les gens, on doit alors construire dans les espaces encore vacants, jusqu'au pied du palais du Stratège (→ p.433), contre le mur duquel s'adossent désormais de modestes demeures. La belle ordonnance grecque est mise à mal. Au IIIe s., l'ennemi oriental se faisant toujours plus pressant – il s'agit cette fois des Perses –, de gigantesques travaux de restauration de l'enceinte sont entrepris en toute hâte. Pourtant, en 256, les Perses sassanides réussissent à se rendre maîtres de Doura et déportent l'ensemble de la population.

■ Le dernier assaut

Les récentes fouilles archéologiques ont apporté un éclairage unique sur les techniques de combat de cette époque. Les Perses s'attaquent tout d'abord à la tour 19 *(la 2e à g. de la porte principale)*. Ils creusent une mine afin d'en saper l'assise. Les assiégés établissent une contre-mine : les deux galeries finissent par se rejoindre, et Perses et Romains se retrouvent face à face dans le tunnel. Ils s'affrontent à mains nues dans l'obscurité, avant que l'écroulement des galeries ne les ensevelisse. Les archéologues ont retrouvé là des pièces de monnaie, la dernière solde des infortunés légionnaires romains. La tour s'affaisse sur elle-même, sans s'écrouler. Tout est à recommencer. Les Perses s'attaquent cette fois à la tour de l'angle S.-O. Une nouvelle mine est creusée, dont les étais de bois sont toujours en place. Cette fois, la tour s'effondre. Sous les projectiles des défenseurs, les Perses lèvent une rampe d'accès en terre qui leur permet enfin de prendre pied sur le rempart. Le sort de Doura est scellé : la ville est définitivement abandonnée.

Histoire d'une exploration

En 1920, un officier britannique, retranché avec sa garnison à Doura-Europos, met par hasard au jour une fresque en creusant une tranchée. Il en informe sur-le-champ les autorités anglaises, qui dépêchent sur les lieux un archéologue. Celui-ci arrive, un mois plus tard, après avoir bravé d'incessantes escarmouches. Il n'y restera qu'un jour : l'état-major vient de donner l'ordre d'évacuer la position. C'est néanmoins suffisant pour étudier les peintures et les recouvrir de pierres afin de les protéger. En 1922, l'autorité de la France étant rétablie sur la région, les fouilles peuvent commencer. Après une année de travaux, l'évidence s'impose : ce que l'on considérait alors comme les ruines d'une forteresse arabe sans grande importance est en fait la ville de Doura-Europos, bien connue par les textes anciens mais que, suite à une interprétation erronée, on cherchait sur la rive gauche de l'Euphrate. En 1928, une mission de l'université américaine Yale prend la relève et y conduit jusqu'en 1937 neuf campagnes : nombre de bâtiments sont explorés, notamment la synagogue qui a livré les célèbres fresques exposées au musée de Damas *(→ p. 206)*. Depuis 1986, une mission franco-syrienne a repris les travaux. Elle poursuit un double objectif : restaurer les édifices encore debout et poursuivre les investigations scientifiques afin de préciser l'histoire de cette cité qui fut à l'origine une colonie macédonienne.

Visiter Doura-Europos

Le parking se trouve devant la porte de Palmyre.

La configuration du terrain se prêtait à merveille à l'édification d'une place forte : d'un côté, une falaise de 40 m sur l'Euphrate formait une muraille naturelle. Au N. et au S., deux profonds wadis bordaient la ville. Seul le côté occidental, donnant sur le plateau steppique, était dépourvu de défense naturelle. Il fallut donc y édifier l'impressionnante muraille qui se dresse encore aujourd'hui.

Doura-Europos.

■ Les remparts**

Épais de 3 m, ce formidable mur (IIe s. av. J.-C.) s'élève encore sur une bonne partie de sa longueur à une hauteur de 9 m. Il était hérissé de **tours** dont 26 sont encore debout. Il doit son exceptionnel état de conservation au puissant **glacis** de brique qu'édifièrent les Romains contre le mur extérieur en prévision de l'assaut des Parthes, et qui fut contrebalancé du côté de la ville par un remblai. La muraille avait été construite comme un ouvrage de prestige : la belle **porte de Palmyre,** au centre, en témoigne encore *(→ ci-dessous)*. Mais à mesure que l'avancée des Parthes se faisait plus menaçante, elle prit un caractère défensif plus affirmé : on boucha les portes secondaires et, sans doute pris par le temps, on acheva le rempart du côté N. à l'aide de briques crues, plus rapides à travailler que la pierre de taille. Avec les Parthes, la muraille perdit tout caractère défensif, au point que la rue qui la longe vers l'intérieur fut ensevelie sous des détritus dont la hauteur masquait les portes d'accès aux tours.

La **porte de Palmyre*** était l'entrée principale de la ville. Elle était défendue par deux puissants bastions à deux étages, reliés dans leur partie supérieure par une

arche qui permettait le passage. Ce passage était gardé par deux portes à battants, une vers l'extérieur, l'autre au milieu de l'ouvrage. Elles s'appuyaient sur des pilastres au pied desquels se voient encore les **crapaudines** dans lesquelles tournaient les portes. Au milieu du passage, un conduit autrefois recouvert de dalles permettait l'évacuation des eaux provenant sans doute des thermes tout proches.
Devant la porte de Palmyre, une avant-cour de brique fut construite à l'époque romaine : les fouilles y ont révélé les traces des violents combats que s'y livrèrent Perses et Romains (armes, pointes de flèches).

Avant d'entrer à l'intérieur de l'enceinte *(par un passage à dr. de la porte de Palmyre)*, vous pourrez aller jeter un coup d'œil à la **porte Sud-Ouest**, à l'extrémité dr. de la muraille. Menaçant ruine, elle a été consolidée par la mission franco-syrienne dès son arrivée. Elle surplombe le wadi qui gardait le flanc S. de la ville. C'est par cette porte que les Perses entrèrent dans la ville. On y voit encore les départs des sapes perses, ainsi que la rampe d'accès construite par les attaquants.

■ LE CENTRE VILLE

On peut être un peu déçu en abordant la ville, après la forte impression que laisse la découverte des remparts. Des principaux monuments de la ville – le **temple des Dieux palmyréniens** (ou temple de Bêl), la **synagogue**, la **chapelle chrétienne**... –, rien ne s'élève vraiment au-dessus du sol, si ce n'est les levées de terre laissées par les déblais des archéologues de la première moitié du siècle.
Vous suivrez la **rue principale** (l'ancien decumanus) dans le prolongement de la porte de Palmyre jusqu'au rebord du plateau. De part et d'autre, on peut repérer les porches de maisons ou de magasins. Puis, parvenu à l'autre extrémité du plateau, là où le réseau de constructions se fait un peu plus dense, on a une **vue** magnifique** sur la partie basse de la vilie, avec le ruban bleuté de l'Euphrate pour toile de fond. À dr. de l'échancrure qui ouvre sur le fleuve s'élève un beau mur à bossage qui faisait partie du **palais du Stratège** ; à g., la masse de la **citadelle**, de l'autre côté du wadi.

C'est dans la synagogue, située près du rempart à g. de la tour de Palmyre, qu'a été découvert le célèbre cycle de fresques que l'on voit au musée de Damas. Au musée de Deir ez-Zor se trouvent d'admirables copies des peintures qui décoraient le temple de Bêl.

■ LE PALAIS DU STRATÈGE

C'était la résidence du gouverneur de la ville à l'époque séleucide. Dès la première campagne de 1986, la mission franco-syrienne s'attela à la consolidation du beau **mur à bossage*** qui soutenait la façade du palais. Les sondages réalisés ensuite sur le côté interne de la façade ont permis de préciser la chronologie de l'édifice. Dans son premier état, le palais remonte au IIIe s. Il fut agrandi au siècle suivant, notamment de la façade à bossage. Les travaux de dégagement entrepris dans les bâtiments eux-mêmes ont permis d'en restituer l'entrée, précédée d'une belle cour.

En arrière du palais s'élevaient le **temple de Zeus Mégistos,** dont les plus anciennes constructions remontent au Ier s. av. J.-C., et au-delà la **maison dite de Lysias,** un édifice à cour centrale qui servait sans doute de résidence privée au stratège.

Si vous souhaitez gagner les ruines du palais, prenez à dr. au bout de la rue principale une allée secondaire bordée de maisons dont la disposition d'ensemble est encore bien visible (pièces ouvrant sur une ou plusieurs cours intérieures) ; obliquez ensuite à g. en direction de la croupe rocheuse qui supporte les ruines du palais (vous l'aborderez par la maison de Lysias). Depuis le sommet de la façade du palais, belle vue sur la partie basse de la ville et sur l'Euphrate.

■ **LA CITADELLE** *(compter 10 mn pour descendre dans le wadi et remonter de l'autre côté du plateau).*

Sur près de 300 m en surplomb de l'Euphrate, la citadelle séleucide (IIIe-IIe s.) occupe une croupe rocheuse séparée du reste de la ville par le creux d'un wadi. Elle était entourée de hauts murs, qui subsistent en grande partie du côté occidental sur lequel ouvraient trois portes monumentales. En franchissant celle du S.-O., vous pourrez grimper jusqu'au point le plus haut de l'édifice. C'est là que se trouvait le palais du commandant militaire de la ville, dont subsistent les soubassements en pierres bien appareillées. Une partie de la citadelle s'effondra dans l'Euphrate, sans doute lors du séisme de 160 de notre ère. Il semble qu'alors l'ensemble fut abandonné. Vous serez récompensé de cette petite ascension par une **vue**★★ superbe sur le fleuve et sa vallée verdoyante.

Halébiyé★ (Zenobia)

Sur la longue route d'Alep à Deir ez-Zor, vous pourrez vous offrir cette petite escapade au bord de l'Euphrate. Le but ? Une citadelle byzantine qui s'accroche à flanc de colline au-dessus du fleuve. Des vestiges encore imposants et, du point le plus élevé des remparts – une courte ascension d'une dizaine de minutes –, un splendide paysage sur le fleuve et ses collines dorées : voilà qui mérite amplement le détour.

De là, vous pourrez passer par un pont flottant sur la rive gauche de l'Euphrate, pour suivre jusqu'à Deir ez-Zor une petite route de campagne qui vous délassera de la monotonie de la grande nationale. Traversant champs et villages au contact de la population, vous ne mettrez pas beaucoup plus de temps pour atteindre Deir ez-Zor.

Situation : à 56 km N.-O. de Deir ez-Zor, 98 km S.-E. de Raqqa, 246 km S.-E. d'Alep.

À ne pas manquer

La vue sur l'Euphrate**	**436**

Halébiyé dans l'histoire

C'est à la reine Zénobie que l'on doit, au IIIe s., la construction d'une place forte, appelée alors Zenobia. Il est vrai que les lieux s'y prêtaient : ici, l'Euphrate coule entre deux chaînes de collines, dans un défilé que les Arabes appellent al-Khanouqa, « l'étranglement ». Grâce à une seconde citadelle construite en aval sur l'autre rive, Zalébiyé *(→ p. 436)*, rien de ce qui naviguait sur le fleuve ne pouvait échapper aux archers palmyréniens. De plus, un gué permettait de traverser aisément l'Euphrate durant l'été. Pourtant, rien de ce que l'on découvre aujourd'hui ne peut être attribué à la célèbre reine d'Orient. L'impressionnant corset de remparts qui grimpe à l'assaut de la colline date du règne de Justinien (527-565). Il s'intégrait à un réseau de places fortes auxquelles appartenait Résafé, qui étaient chargées de défendre contre les Perses les marches orientales de l'empire. C'est d'ailleurs l'avancée perse qui causa la ruine de Halébiyé : prise en 610, la citadelle fut démantelée et laissée à l'abandon.

Pour trouver rapidement un nom de lieu ou de personnage ou encore un mot-clé, consultez l'index en fin de volume.

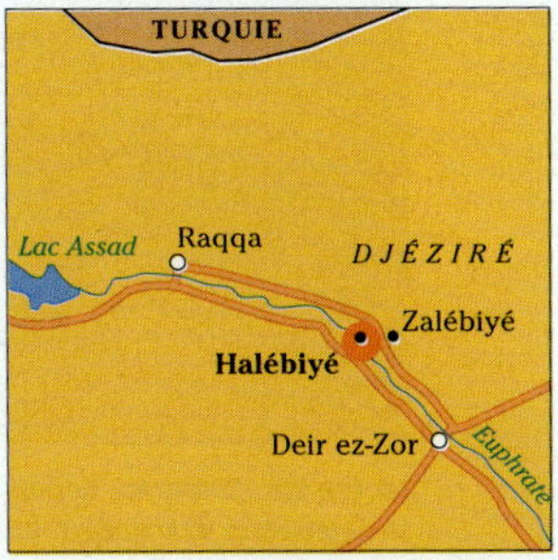

Visiter Halébiyé

Accès : venant de Raqqa, tourner à g. au km 90 en direction de Halébiyé (panneau indicateur). Le site se trouve 8 km plus loin.

L'absence de toute localité aux alentours a évité au site de servir de carrière : les destructions ne sont que l'œuvre du temps et des tremblements de terre. Les constructions à l'intérieur des murs n'ont pas survécu au-dessus de leurs soubassements, contrairement à la magnifique muraille de gypse.

■ **LES REMPARTS★★**. C'est la partie la mieux conservée et la plus impressionnante du site. Ils dessinent un triangle dont la pointe occupe le sommet de la colline qui domine le site. Venant de la grande route Alep-Deir ez-Zor, on entre dans l'enceinte par la porte S. Le rempart était percé de quatre autres portes : une au N., et trois donnant directement sur l'Euphrate. Les portes N. et S. étaient reliées par une rue à colonnade parallèle au fleuve. Les diverses campagnes de fouilles ont permis de localiser deux églises, dont on aperçoit encore des pans de murs, une agora ainsi que des thermes à dr. de la rue à colonnade (côté Euphrate).

On peut longer les remparts en partant de la **porte N.** On passe ainsi les quatre **bastions** carrés à deux étages qui défendaient les remparts ; ils étaient reliés par des courtines rectilignes. La cinquième construction, plus imposante avec ses trois étages, était le **prétoire** de cette ville de garnison. Au point le plus haut de la colline, le **donjon** domine l'ensemble : très belle **vue★** sur tout le site et l'Euphrate. Il permettait également de surveiller les approches de la ville du côté de la terre ferme.

Pour finir, on peut se rendre, en voiture, jusqu'à l'**acropole** de la ville (tours funéraires d'origine palmyrénienne, et tombeaux rupestres romains), à 1 km env. au-delà de la porte N.

■ **VERS DEIR EZ-ZOR PAR LA RIVE GAUCHE.** Avant d'atteindre la nécropole, on passe un pont flottant que peuvent emprunter les automobiles. Parvenu sur l'autre rive, après avoir gravi la colline par une bonne piste, on trouve la route de Deir ez-Zor. À 3 km env., à dr., vous arriverez aux ruines de **Zalébiyé,** autre place forte qui permettait aux Palmyréniens de renforcer la surveillance de l'Euphrate. De plan rectangulaire, elle était défendue par huit tours. L'ensemble est aujourd'hui très ruiné.

De là, 56 km de route de campagne vous séparent de Deir ez-Zor. (Si vous envisagez de suivre cet itinéraire depuis Deir ez-Zor, vérifiez au préalable que le pont flottant est toujours en place.)

La vue sur l'Euphrate depuis la citadelle de Halébiyé, accrochée au sommet d'une colline. Les remparts descendent jusqu'au fleuve, qu'ils longent ensuite sur près de 400 m.

Mari★ (Tell Hariri)

Celle qui fut capitale pendant un millénaire de la région du moyen Euphrate, Mari, est, avec Ougarit, la plus prestigieuse et la plus vieille des missions françaises en Syrie. Les objets qu'André Parrot puis Jean-Claude Margueron y ont dégagés 75 ans durant ornent les musées syriens et celui du Louvre, tandis que les archives trouvées dans le Palais royal forment une documentation sans comparaison. Mais les temples et les palais qui ont livré ces richesses ont en grande partie disparu, la brique qui les composait s'étant désagrégée. Ce site immense réserve donc au visiteur des sentiments mitigés, où la déception devant la dégradation très rapide des monuments dégagés se mêle à la fascination qu'exercent les gigantesques ruines du Palais royal, vanté il y a 4 000 ans comme une merveille du monde.

Situation : à 31 km S. de Doura-Europos, 28 km N. de la frontière irakienne, 124 km S. de Deir ez-Zor.

Hébergement : à Deir ez-Zor, à Abou Kémal (un hôtel, mais peu avenant). Sur place, la famille du gardien peut héberger de petits groupes pour la nuit.

À ne pas manquer

Mari mode d'emploi

Accès : sur la route de Deir ez-Zor à Abou Kémal, un panneau signale l'embranchement vers le site sur la g. La route passe au-dessus des anciens remparts et aboutit dans la cour séparant la maison du gardien et le camp des archéologues. En principe, il est interdit aux voitures de s'engager plus loin sur le site : la visite se fait à pied.

Depuis Deir ez-Zor, on peut facilement gagner Mari en taxi collectif ou par les minibus qui assurent la liaison avec Abou Kémal (on peut demander au chauffeur l'arrêt à Doura-Europos).

Visite : le site est ouv. t.l.j. du lever au coucher du soleil ; entrée payante. Le gardien offre le thé et vend des rafraîchissements, ainsi que des cartes postales et des souvenirs. Un guide de Mari élaboré par J.-Cl. Margueron, le fouilleur actuel, est également disponible.

Combien de temps : comptez 1 h si vous êtes pressé, 2 h pour une visite plus approfondie.

Mari dans l'histoire

Les textes sumériens datent la fondation de Mari de la dixième dynastie après le déluge.

■ Une ville neuve, centre commercial (2900-2600)

Au début du IIIe millénaire, Mari naît de la décision de placer un poste de contrôle sur la route des minéraux et du bois, qui descend l'Euphrate depuis les montagnes de Turquie. Son emplacement fut choisi pour des raisons exclusivement commerciales ; la cité, dans cette région impropre à l'agriculture, n'aurait pu vivre en autarcie de son seul terroir.

La ville de cette période, qui est la plus profondément enfouie, est encore peu connue. Elle est alors un centre de transformation du bronze. Ses monuments publics n'ont pas encore été localisés.

Sur Mari, voir aussi les pages 94-99 du chapitre « Comprendre ».

■ L'essor d'une ville royale (2600-2400)

Après deux ou trois siècles d'abandon, Mari est refondée à une échelle grandiose. Une digue circulaire la protège des inondations du fleuve, et son centre se couvre de bâtiments administratifs et religieux : les fouilles ont dégagé les temples d'Ishtar, d'Ishtarat, de Ninni-Zaza, de Shamash. Un palais royal de proportions encore inégalées en Mésopotamie est édifié. Ses rois nous sont connus par des statues trouvées dans les temples ou dans le palais ; ils sont figurés debout, mains jointes, adorant les divinités, et ont fait graver leur nom sur leur épaule ou sur un pan de leur habit. Mari est alors un grand centre politique, culturel et commercial, à l'égal d'Ebla, et contrôle un vaste territoire en haute Mésopotamie. Elle disposait d'un canal intérieur pour son approvisionnement en eau, d'un canal extérieur en rive dr. pour l'irrigation, et d'un canal en rive g. pour la navigation.

En 2250, Naram-Sin, réitérant les conquêtes de son grand-père Sargon d'Akkad, incorpore Mari dans son vaste empire, et y place un gouverneur militaire (un *shakkanakku*). La ville est fortement détruite : le palais brûle une première fois, est provisoirement réaménagé, puis brûle à nouveau ; les temples sont incendiés et laissés très longtemps à l'abandon.

■ L'héritage de l'Empire akkadien (2400-1830)

Les Shakkanakku, qui ont gagné une indépendance croissante envers l'empire d'Akkad, fondent une dynastie, mais conservent le titre de « gouverneurs ». Les souverains embellissent et remodèlent la ville, qui prospère. De cette période date le temple où furent retrouvés les deux lions de bronze. Le Palais royal est entièrement refait, selon une organisation sensiblement différente, mais conservant ses mêmes dimensions spectaculaires et respectant l'emplacement du temple, tandis qu'au centre de la ville est construit un second palais, dit palais Oriental.

**Soldat conduisant un prisonnier, fragment d'une mosaïque trouvé à Mari (nacre sur fond de bitume, milieu du IIIe millénaire).
Selon les conventions, le prisonnier est représenté nu, les bras repliés et liés derrière le dos.
Le soldat, figuré avec son casque, son manteau en cuir clouté et sa lance, pose une main sur le cou du vaincu pour renforcer symboliquement la domination qu'il exerce sur celui-ci.**

Pendant un siècle et demi, la documentation textuelle et archéologique nous fait défaut. Au moment où nous reprenons le fil de l'histoire, une dynastie d'origine étrangère s'est installée.

■ La dynastie amorrite (1830-1760)

Les bâtiments publics portent la trace d'un abandon assez court, qui correspond aux troubles politiques qui amenèrent sur le trône de Mari le roi Yahdun-Lim, probablement originaire d'une région en amont de Mari. Ce souverain réunifie le pays et restaure le Palais royal, mais il n'apporte aucun changement majeur dans l'organisation de la ville. Après une courte interruption de cette dynastie, pendant laquelle le centre du pouvoir se déplace à Assur, **Zimri-Lim** *(→ encadré p. 98)*, qui se dit fils de Yahdun-Lim, monte sur le trône pour 14 ans ; il redonne son indépendance à la ville et restaure le royaume de son père. C'est de cette période amorrite que datent les quelque 15 000 documents écrits retrouvés dans le palais.

En 1760, Hammourabi, roi de Babylone jadis allié de Mari *(→ encadré)*, prend la ville et l'incendie.

■ La mort d'une ville et de sa région

Hammourabi fait un séjour prolongé dans la ville, le temps de trier les archives diplomatiques, et il en emporte l'essentiel à Babylone. Mari est laissée à l'abandon, et la région, privée de son cœur, dépérit ; la ville voisine de Terqa prend alors de l'ampleur, sans toutefois parvenir à reconstituer un réseau conséquent. Au XIVe s. av. J.-C., l'Empire assyrien s'étend sur le moyen Euphrate. Si la ville de Mari est bien morte, son renom vit toujours, et c'est encore un titre de gloire pour un souverain de se proclamer « roi de Mari ». Une population assyrienne peu nombreuse s'installe sur les ruines déjà fondues de

Une alliance menacée

Un ambassadeur de Zimri-Lim à Babylone rend compte à son roi des commentaires qu'occasionne l'alliance que celui-ci vient de conclure avec le roi d'Eshnunna. « Dis à mon Seigneur : ainsi parle Yatar-Addu, ton serviteur : Lorsque Hammourabi ouvrit son Conseil, s'étant lamenté tout son soûl, il atteste à plusieurs reprises Dieu à l'encontre de mon Seigneur et voici ses paroles : " Ça fera loin si, dans deux mois, je ne lui rends pas la monnaie de sa pièce et ne le fais pas se prosterner dans la poussière ! [...] " À l'heure actuelle, les messagers élamites se suivent continuellement à Babylone. Ils ne résident pas un jour : une expédition prend le relais de l'autre. Voici en outre ce que j'ai entendu dire autour de moi : " Puisque cet individu a fait allégeance à l'Eshnunnéen, moi, je veux lui faire assumer ses responsabilités ! " Mon Seigneur est informé ! » (*Documents épistolaires du palais de Mari*, prés. J.-M. Durand, Éditions du Cerf, t. I, 1997.)

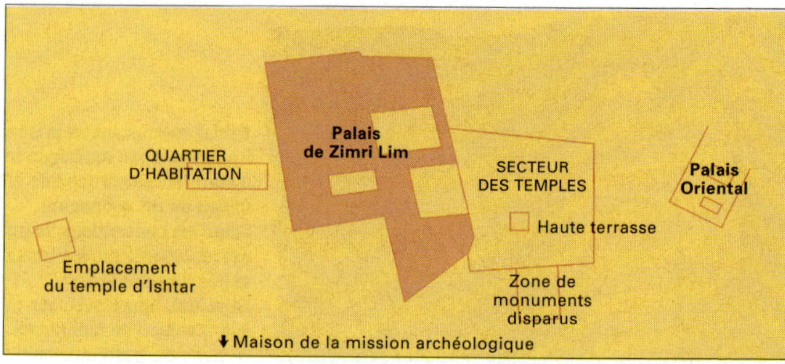

Le site archéologique de Mari.

la cité, attestée par quelques tombes et des villas. La ville est définitivement désertée peu avant la fin du IIe millénaire av. J.-C., et la région meurt, à l'écart des nouvelles routes. L'installation de Doura-Europos plus au N. laisse cette partie de l'Euphrate en dehors du nouveau réseau – à Mari, seules quelques tombes datent de cette époque – ; les voyageurs européens du XIXe s. n'y rencontrent que désolation. Depuis l'usage intensif des pompes à eau à moteur, de petits villages se sont développés sur les bords du fleuve.

Visiter Mari

Le terme ziggourat est impropre pour la haute terrasse de Mari, trop petite pour recevoir un temple à son sommet.

■ **La haute terrasse★**. Point de départ traditionnel des visites de Mari, cet endroit élevé permet de se repérer à l'intérieur du site et d'apprécier la situation de Mari dans la vallée.

Au-delà des maisons du gardien et des archéologues, on aperçoit un bourrelet de terre, que la route franchit : il s'agit de la digue de protection contre les crues de l'Euphrate, élevée dès les premiers temps de la ville et augmentée ultérieurement d'un rempart contre les armées ennemies. La digue-rempart était doublée d'une enceinte intérieure, qui enserrait le centre de la ville. Plus loin à l'horizon se distingue le rebord du plateau, marquant le début de la steppe ; à l'opposé coule l'Euphrate, à 2,5 km. Au pied de la terrasse s'étend le secteur des temples, aujourd'hui trop dégradé pour y rien reconnaître, et le palais.

Cette terrasse est un massif rectangulaire de brique, construit en caissons et adossé au temple aux Lions. L'ensemble date du début du IIe millénaire et introduisit à Mari un plan de temple nouveau (simple salle allongée), répandu par la suite en Syrie du Nord.

■ **Le Palais royal★★★**

Sur le Palais royal, voir les pages illustrées 100-101.

Le bâtiment le plus célèbre de Mari est celui qui réserve la plus grosse déception. Si une toiture en

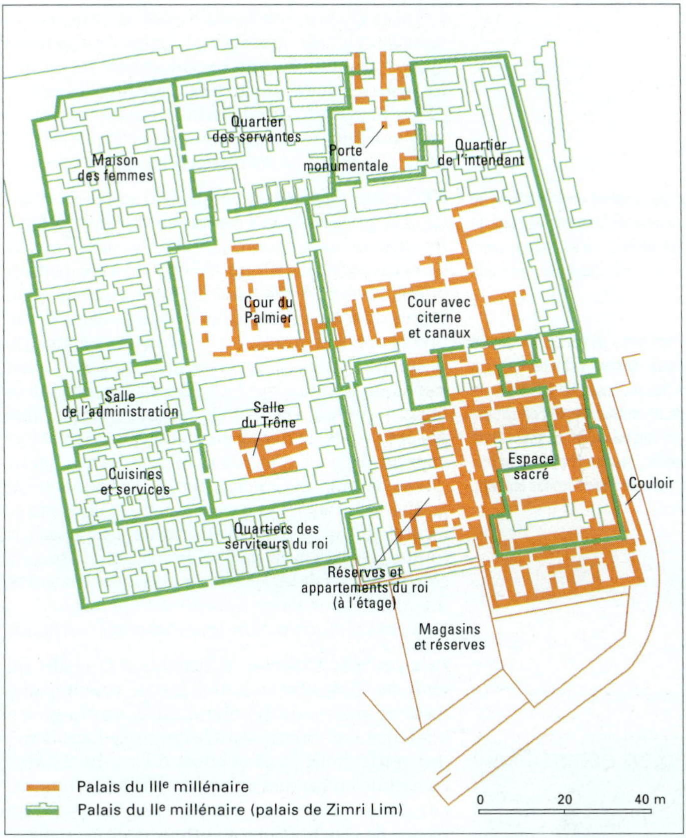

Plan du Palais royal de Mari.

matière plastique translucide protège la partie la plus ancienne, on ne reconnaîtra presque plus rien des 300 pièces du palais construit par les Shakkanakku et qu'habita le souverain amorrite Zimri-Lim. L'ensemble, dégagé dans les années 1930 et qui a fondu d'effroyable manière depuis, ne représentait que le rez-de-chaussée d'un immense complexe étagé à certains endroits sur trois niveaux. L'enceinte du palais englobait 2,5 ha, comprenant réserves, archives, cuisines, appartements des femmes, locaux du personnel du roi et de celui des femmes, un temple et la salle de réception du roi. Les appartements royaux se trouvaient à l'étage.

Les ruines que l'on visite présentent les **deux états du Palais**, du IIIe et du IIe millénaire. Du palais

La toiture au-dessus des salles du palais du IIIe millénaire date de 1974 ; elle a protégé un temps le nu des murs mais un autre danger les menace à leur base. Des expérimentations sont en cours pour protéger l'architecture de brique crue après la fouille.

inférieur, on peut voir l'espace sacré, la porte monumentale et la salle aux Piliers ; le palais de la dernière époque, dont les briques rougies et noircies portent les marques de l'incendie final, constitue le reste de cet immense champ de ruines, parmi lesquelles quelques lieux évocateurs, comme la cour du Palmier ou la salle du Trône, méritent encore qu'on s'y arrête.

Le temple enserré dans le palais du IIIe millénaire constitue une alliance du sacré et du politique qui est inédite dans l'architecture orientale.

L'Enceinte sacrée**. On entre par l'arrière du palais (la vraie porte du palais ouvrait du côté opposé), par un chemin en pente qui fait plonger dans l'espace sacré du palais du IIIe millénaire. Un long **couloir** bordé de murs d'une hauteur impressionnante fait le tour du temple ; une salle allongée ouvre à dr. sur une chapelle à autels, où se trouvait la statue du dieu. En continuant, on entre dans un vaste espace carré, que la toiture moderne laisse à l'air libre, mais qui était couvert. On distingue encore, bien qu'effacé par les pluies, le **décor en relief** fait de pilastres engagés dans les murs de trois des côtés ; c'est ici que se déroulaient les cérémonies en l'honneur de la divinité. Dans son dernier état, la pièce carrée reçut deux piliers massifs pour aider à supporter la toiture. Celle-ci avait dû s'effondrer, tant l'espace à couvrir dépassait les limites de l'époque. Les pièces disposées tout autour sont les dépendances et annexes habituelles dans les sanctuaires orientaux.

La hauteur des murs de l'Enceinte sacrée ne doit pas abuser : cette partie a été plusieurs fois reconstruite à l'identique au cours du IIIe millénaire, et l'on circule en fait au milieu de deux états superposés, auxquels s'ajoutent des traces de réfection des enduits.

La cour à la Citerne. Poursuivant la visite, on remonte à l'air libre dans une grande **cour** appartenant au palais du IIe millénaire. Sur la g., on remarque une **citerne voûtée** enfoncée dans le sol, qui renfermait la provision d'eau du palais ; construite en briques cuites et enduite de bitume, elle a bien résisté aux intempéries. Plus loin, un **réseau de canalisations** en brique cuite et en pierre sillonne la cour, drainant les eaux de pluie des terrasses de différents secteurs du palais vers l'extérieur.

La porte monumentale*. En suivant ces canalisations, on est amené à la porte monumentale du palais du IIIe millénaire (celle du IIe millénaire a disparu) : elle consiste en un couloir long de près de 30 m, ce qui en fait la plus grande du Proche-Orient. Le passage est scandé par trois resserrements dans l'angle desquels pivotaient les vantaux des portes. À g. s'étend le **quartier des femmes** et du personnel qui leur était attaché (niveau du IIe millénaire) ; il est dans un état méconnaissable.

La cour du Palmier. En revenant sur ses pas et en prenant à g., on arrive dans le premier des trois espaces d'apparat du palais : la cour du Palmier, voisine de la grande cour où se trouvaient la citerne et les canalisations. Cette cour-ci abritait un arbre sacré,

Une région désertifiée

À la fin du ve s. av. J.-C., l'historien et chef militaire Xénophon descend l'Euphrate avec une armée de mercenaires grecs depuis le confluent du Khabour en direction de Babylone. « Dans cette région, la terre était une plaine ininterrompue, unie comme la mer et couverte d'absinthe. S'il s'y trouvait d'autres plantes, arbrisseaux ou roseaux, elles étaient toutes odoriférantes comme des aromates. On n'y voyait aucun arbre, mais il y avait des bêtes sauvages de toute sorte, quantité d'onagres, beaucoup d'autruches, et aussi des outardes et des gazelles. Les cavaliers donnaient quelquefois la chasse à ce gibier. » (Xénophon, *Anabase*, I, V, 1-2.)

un palmier artificiel qui était, semble-t-il, un simulacre d'arbre, fait de matériaux précieux. L'état que l'on voit de nos jours mêle les deux niveaux du palais : à l'intérieur des limites de la cour du IIe millénaire, on reconnaît encore, malgré les ravages des pluies, les énormes piliers de brique, à l'origine au nombre de six, qui supportaient la toiture d'une salle monumentale de l'époque de l'Empire akkadien. Un podium situé au fond de la pièce entre deux piliers fait penser qu'il s'agit peut-être de la salle du trône de l'ancien palais.

L'antichambre de la salle du Trône. Depuis cette cour (niveau supérieur), on accède à une pièce en largeur qui servait d'antichambre à la salle du Trône du palais du IIe millénaire. Du côté de la cour, et protégé par un auvent, le passage vers cette salle était encadré de peintures sur plusieurs registres : la fresque dite de l'Investiture et celle de la Procession (actuellement au musée du Louvre), qui mettent en scène l'association du pouvoir royal et des divinités. Contre le mur du fond de cette salle se dressait sur un podium la statue de la déesse tenant le vase aux eaux jaillissantes, déjà présente sur la fresque, et que l'on peut voir au musée d'Alep. On peut voir une reconstitution de l'antichambre de la salle du Trône, avec copie des fresques, au musée de Deir ez-Zor.

La salle du Trône*. On y accède en traversant la pièce précédente. Elle est axée dans le sens de la longueur, avec à une extrémité la **dalle de gypse** marquant l'emplacement du trône, et à l'opposé une petite pièce surélevée qui était une sorte de chapelle dédiée aux rois morts de Mari ; la statue d'un des *shakkanakku* de Mari, Ishtup-Ilum, était renversée sur le dos au pied des escaliers de la chapelle. Dans cette vaste pièce, le roi, sous le regard des souverains antiques, recevait les ambassadeurs, réglait les affaires internes et organisait des banquets dont les archives nous indiquent les frais. Des sondages récents pratiqués dans la pièce, mettant au jour l'état ancien, diminuent un peu l'impression solennelle de cette pièce, l'autre pôle du palais avec l'espace sacré.

En continuant au-delà de la salle du Trône et en la contournant par la dr., on peut se promener dans les restes informes des ailes économiques et administratives du dernier palais.

■ **Le quartier d'habitation.** En poursuivant un chemin de terre battue qui longe la salle du Trône, on parvient à un secteur en cours d'étude : c'est une grande tranchée qui relie le Palais royal à l'emplacement du temple d'Ishtar (aujourd'hui disparu). Il présente un aperçu sur les différentes phases d'un

À la table des rois de Mari

C'est la fouille du palais de Zimri-Lim, dernier occupant des lieux, qui a fourni aux archéologues le plus d'informations sur la vie domestique au IIe millénaire av. J.-C. À l'O. de la salle du Trône s'étendaient les cuisines, où l'on préparait les aliments servis lors des banquets qui réunissaient autour du roi de 12 à 100 convives. Dans un immense four on cuisait les galettes, tandis qu'au-dessus mijotaient des ragoûts de mouton, de bœuf ou de chevreau dans des récipients en terre cuite. Le gibier (gazelle, bouquetin, cerf) chassé dans le désert syrien était très apprécié, tout comme les cailles rôties, considérées comme un reconstituant sexuel. Une invasion de sauterelles était l'occasion de varier le menu, celles-ci étant servies grillées. Mais le mets de choix était l'œuf d'autruche frit. Côté assaisonnement, les condiments les plus utilisés étaient l'ail et une sauce à base de petits poissons séchés. Les 50 moules en terre cuite – certains en forme de poisson ou de lion – découverts dans une annexe des cuisines ont pu servir à confectionner des gâteaux, voire à mouler des fromages, les laitages faisant partie de l'alimentation de base. Et pour arroser le repas, de la bière et du vin d'Alep et de Karkémish coupé d'eau et sucré au miel.

secteur d'habitation, en remontant les siècles, depuis le XVIIIe s., près de l'enceinte du palais, jusqu'aux premiers siècles de la cité, au bout du sondage. On reconnaît de dr. à g. : les canalisations en puits d'une salle d'eau du palais ; une coupe faite par les archéologues dans la composition de l'enceinte du palais du IIe millénaire ; une rue longeant le palais ; les murs de fondation d'une grande résidence de la dernière période ; enfin, un secteur artisanal et résidentiel de la ville du milieu du IIIe millénaire, avec un système soigné d'égout en pierre.

■ **Le palais Oriental**★ (ou **palais des Shakkanakku**). En rebroussant chemin vers la haute terrasse, que l'on dépasse, et en poursuivant à travers le labyrinthe des ruines des temples, dégagés jadis et méconnaissables actuellement, on parvient au palais Oriental. On interprète ce monument comme une résidence royale provisoire, au moment où était aménagé le grand Palais royal du IIe millénaire, ou comme la demeure de membres de la famille royale. Il abritait deux **tombes royales**★, qui furent pillées à plusieurs reprises dans l'Antiquité, peut-être dès le sac de la ville par les armées de Hammourabi. Ces tombes présentent une architecture de brique cuite en encorbellement, qui rappelle la construction de la citerne du grand palais. La salle du trône de ce palais annexe recouvre la plus grande des deux tombes, et reproduit la disposition de la salle du trône du grand palais, le podium royal faisant face à une chapelle surélevée.

Palmyre*** (Tadmor)

Au cœur de la steppe, Palmyre, la Reine du Désert, sera l'une des étapes majeures de votre voyage en Syrie. Vers l'ouest et le nord, elle se protège contre le flanc de montagnes hautes de près de 900 m. C'est pourquoi, venant de Damas, il faut attendre le dernier virage pour découvrir la plus célèbre oasis d'Orient : des dizaines de milliers de palmiers, d'oliviers et de grenadiers qui servent d'écrin verdoyant à cette ancienne cité caravanière dont le désert fit la fortune et la renommée. Accroché aux colonnes de la ville flotte toujours un parfum d'aventures et de mystère qui enflamme les imaginations des bédouins, incorrigibles bavards lorsqu'ils partagent avec vous le thé sous leurs tentes noires en poil de chèvre. Un parfum de femmes, singulièrement : celui de la fière Zénobie, souveraine arabe qui osa défier l'empereur romain, ou encore celui de lady Esther Stanhope qui, au début du XIXe s., se fit couronner reine de l'oasis par une assemblée de plusieurs milliers de bédouins.

Situation : à 201 km S.-O. de Deir ez-Zor, 207 km N.-E. de Damas.

☎ 031

ⓘ plan C1, ☎ 91.05.74 ; ouv. t.l.j. 8 h-14 h et 16 h-18 h, f. le ven. a.-m.

À ne pas manquer

Palmyre mode d'emploi

Accès : liaisons routières (bus Karnak, Pullman, minibus) avec les principales villes du pays : Damas, Hama, Homs, Deir ez-Zor, Alep.

Hébergement : en dehors des deux grands classiques, le luxueux hôtel *Cham* et le charmant hôtel *Zénobie* (récemment restauré dans le style 1930), nombreux établissements de toutes catégories dans le village moderne (le long de la rue principale ou dans ses abords immédiats).

Visite : site ouvert t.l.j. ; entrée libre. Le vendredi, jour férié, le site est envahi par des familles des villes voisines qui viennent découvrir leur patrimoine et pique-niquer en groupe. On perd alors en tranquillité ce que l'on gagne en pittoresque.

Combien de temps : compter une journée complète pour découvrir l'ensemble du site (avec les nécropoles). Le mieux est d'y passer deux nuits, ce qui permet d'être sur

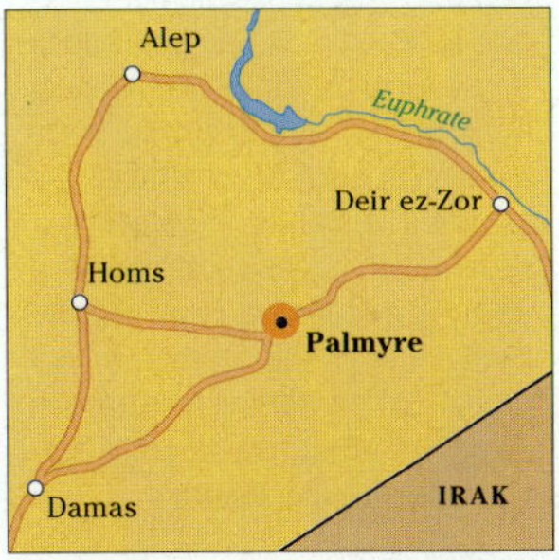

place dès le matin (mieux vaut partir tôt pendant la saison des grosses chaleurs) et de rester jusqu'au coucher de soleil sur le site, un spectacle inoubliable.

Pour le coucher de soleil, on a le choix entre contempler l'ensemble du site depuis une éminence (la tour de Jamblique, par exemple) ou admirer l'embrasement des pierres depuis le site archéologique. À cette heure, les troupeaux de chèvres et de moutons le traversent pour rentrer au bercail. Dans la poussière que soulèvent leurs pas, le spectacle est véritablement grandiose.

Programme : le matin, visite du temple de Bêl et de la ville (env. 4 h) ; puis découverte des nécropoles accompagné par un guide du musée (pour la visite, → p. 459). Dans l'après-midi, visite du Musée archéologique et, s'il vous reste du temps, petite balade dans la palmeraie, d'où surgissent par endroits les parties hautes du temple de Bêl. Retour sur le site pour le coucher de soleil.

Où faire une pause : à la terrasse de l'hôtel *Zénobie* (**C1**) par exemple, d'où vous ne quitterez pas le site des yeux.

Fêtes et manifestations : Festival du désert en avril (courses de chameaux, représentations folkloriques au théâtre).

Palmyre dans l'histoire

■ Avant Rome

L'oasis entre dans l'histoire au XIXe s. av. J.-C. sous son nom arabe de Tadmor, qu'elle a retrouvé aujourd'hui. Jusqu'au Ier s. avant notre ère, quelques documents de l'Orient ancien mentionnent l'existence de l'oasis, notamment l'Ancien Testament (livres des Rois, Chroniques) qui pousse jusque-là les conquêtes du grand Salomon. À l'époque hellénistique, Palmyre est une cité caravanière peuplée de clans d'origine nomade parlant un dialecte araméen. Une cité opulente en tout cas, puisqu'en 41 av. J.-C. Antoine « y envoya ses cavaliers avec ordre de la piller » (Appien). Prévenus de l'attaque, les Palmyréniens s'enfuirent en emportant avec eux toutes leurs richesses.

■ Les débuts d'une grande cité

La conquête de la Syrie par Pompée (63 av. J.-C.) ne semble pas avoir entamé l'indépendance de Palmyre pendant un demi-siècle. Ce n'est qu'au début de notre ère que Rome impose la levée de taxes sur les marchandises en transit, payables en monnaie romaine. C'est l'ébauche du célèbre Tarif municipal (→ *encadré*). Une garnison romaine est présente dès cette époque dans l'oasis qui s'urbanise peu à peu. Dès la fin du Ier s. apr. J.-C., un sénat se réunit, même si les grandes décisions restent l'apanage du « préposé » commis par Rome.

■ Ville libre d'empire, puis colonie romaine

Lorsqu'en 129 l'empereur Hadrien visite Palmyre, c'est désormais une ville libre dont le sénat gère souverainement les finances, sous le contrôle cependant d'un curateur romain. Une grande période de prospérité s'ouvre pour Palmyre : ses caravanes parcourent

Le Tarif municipal

En 1881, près du mur d'enceinte de la ville, fut découverte une longue stèle en quatre panneaux, datée d'avril 137. Son texte bilingue, grec et palmyrénien, rapporte une décision de la *boulè*, l'assemblée locale, réglementant le montant des taxes qui frappaient tous les produits transitant par l'oasis : étoffes, ivoire, moutons, chameaux, esclaves ou prostituées. Ce décret renseigne également sur l'administration de la ville : à sa tête se trouvait le président de la *boulè*, secondé par un secrétaire et deux archontes. Enfin, le texte mentionne à plusieurs reprises les autorités romaines, le gouverneur de la région et son représentant à Palmyre, à l'initiative desquelles fut sans doute pris le décret. Le Tarif municipal de Palmyre se trouve depuis 1901 au musée de l'Ermitage à Saint-Pétersbourg.

l'Orient, et derrière ses murs pénètrent les trésors de l'ensemble du monde connu. Rome a de plus en plus recours aux habiles archers du désert dont elle incorpore des contingents sur tous les fronts de l'empire. La faveur des Romains sera encore plus marquée sous les Sévères (193-235), une dynastie qui, il est vrai, tire ses origines d'Émèse (Homs, → *p. 320*). Caracalla (211-217) fait de Palmyre une colonie romaine (exemptée de taxes foncières, comme les territoires d'Italie) ; en 212, il proclame tous les sujets libres de l'empire citoyens romains.

■ Une riche société de marchands

Longtemps les routes commerciales venant d'Asie suivirent l'arc du Croissant Fertile jusqu'à la Méditerranée, passant à l'écart des déserts infestés de pillards. Il fallut l'arrivée des Romains pour pacifier ces vastes espaces intérieurs, et l'habileté des nomades de la steppe pour conduire les caravanes le long de ce raccourci qui partait de la boucle que dessine l'Euphrate en aval de Deir ez-Zor et aboutissait à la Méditerranée à travers la trouée de Homs. En chemin, l'oasis de Palmyre, promise dès lors à la prospérité. L'organisation des caravanes nécessitait de considérables moyens financiers dont disposaient les commanditaires résidant à Palmyre ou dans l'un des comptoirs du golfe Persique. Pour eux le bénéfice était considérable : entre le départ d'une marchandise et son arrivée à Rome, son prix pouvait être multiplié par 100. Les commerçants de Palmyre se lancèrent aussi dans le commerce maritime.

Intégrée désormais dans le monde romain, Palmyre s'occidentalise ; dans les costumes de ses habitants (→ *encadré p. 458*), comme en témoignent les reliefs funéraires, et dans les mœurs : chacun porte désormais, à côté de son nom palmyrénien, un nom grec, et les inscriptions publiques bilingues se généralisent.

■ Odenat, prince des Palmyréniens

Depuis la mort d'Alexandre Sévère en 235, les luttes sanglantes pour le pouvoir affaiblissent l'empire. En Orient, les Perses sassanides bousculent les défenses romaines : en 253, ils pillent Antioche mais sont arrêtés devant Émèse. Pour les Romains, l'humiliation est à son comble lorsque leur empereur, Valérien, est fait prisonnier en 260 à la bataille d'Édesse. Après la déroute des armées romaines de Syrie, Odenat, un chef militaire issu de l'un des clans les plus illustres de Palmyre, intervient comme un sauveur : en ajoutant aux débris de l'armée romaine un contingent de Palmyréniens composé d'une cavalerie lourde et d'archers à cheval, il réussit à chasser les Perses de Syrie et à pénétrer jusqu'aux portes de la capitale perse, Ctésiphon. Il accède ainsi au gouvernement de tout l'Orient, devenant une sorte d'empereur en second. Pour les habitants de Palmyre, il est le « prince des Palmyréniens », comme en témoigne une inscription découverte sur la Grande Colonnade. Après son assassinat et celui de son fils Hérodien en 267, dans des conditions obscures, c'est sa femme Zénobie, célèbre pour sa beauté et sa culture (→ *encadré p. 450*), qui accède au pouvoir.

■ La reine Zénobie

À la mort de l'empereur Gallien (267), Zénobie abandonne toute prudence. Secondée par son général Zabdas, elle fait occuper par ses armées l'Égypte – le grenier à blé de Rome – et l'Asie Mineure, et pare son fils Wahballat, encore un enfant, des titres de son père. Elle se pose ainsi en rivale du nouvel homme fort de Rome, Aurélien (270-275), proclamé empereur par ses soldats après de sanglantes querelles de succession. Celui-ci surgit en Syrie dès 272 à la tête de ses armées. Il bat les généraux de Zénobie à Antioche puis à Émèse et, par une marche de près de 140 km à travers le désert, atteint Palmyre et oblige Zénobie à la reddition. La reine tente alors de s'enfuir ; elle file vers l'Orient, peut-être dans l'espoir de trouver refuge auprès du roi de Perse. Mais elle est capturée au moment où elle s'apprête à traverser l'Euphrate. La fin de son histoire est plus

Le site antique de Palmyre.

obscure. Selon les uns, elle aurait été tuée, mais d'autres prétendent qu'elle épousa un riche sénateur et termina paisiblement ses jours dans une villa aux environs de Rome.

■ Palmyre après Zénobie

Après le départ d'Aurélien, les derniers partisans de Zénobie se soulevèrent contre la garnison romaine restée sur place, obligeant l'empereur à reprendre le chemin de l'oasis pour mater la rébellion. La ville ne retrouva jamais son importance commerciale, mais elle ne fut pas désertée pour autant. Élément impor-

tant dans la défense des frontières de l'empire, elle devint une place de garnison. Au VIe s., Justinien fit relever les défenses, devenues trop lâches pour une ville en partie désertée mais où l'on compte néanmoins plusieurs églises. Avec l'arrivée des musulmans en 634, l'oasis reprit son nom sémitique de Tadmor. Un marché s'installa à l'O. de la Grande Colonnade, tandis que des maisons étaient aménagées dans les ruines des monuments et des temples. Au XIIe s., le temple de Bêl fut transformé en fortin, et un bastion fut édifié dans les anciens propylées. Ensuite, l'oasis sombra dans l'anonymat jusqu'à l'arrivée des premiers voyageurs occidentaux au XVIIe s.

La légende dorée d'une reine orientale

Depuis l'Antiquité, l'épopée de **Zénobie** a enflammé les imaginations. Jusqu'à La Bruyère, qui se fait encore l'écho de la « guerre [qu'elle soutint] virilement contre une nation puissante depuis la mort du roi [son] époux ». L'*Histoire Auguste* (biographie des empereurs romains du IIIe s. écrite au IVe s.) nous dépeint un personnage aux « yeux noirs d'une incroyable beauté », au « teint mat et brun et aux dents blanches comme des perles ». C'est pourtant la même femme que l'on voit haranguer ses soldats, le casque sur la tête, d'une « voix sonore et mâle », et qui n'hésite pas à boire avec ses généraux. C'était de plus une femme lettrée, tout imprégnée de culture grecque. Elle connaissait aussi l'ancien égyptien et prenait pour modèle Cléopâtre, dont elle prétendait descendre. Elle accueillit à sa cour l'évêque d'Antioche Paul de Samosate et le rhéteur Cassius Longin, le philosophe le plus célèbre de son temps, qui la servit comme ministre. Ce qui frappa les esprits antiques, ce n'est pas tant que Zénobie ait tenté de ramasser la pourpre impériale au pied du trône : d'autres hommes forts issus des provinces avaient avant elle tenté leur chance et parfois réussi, comme Septime Sévère ou Philippe l'Arabe. C'est plutôt qu'elle était une femme et qu'elle mit dans son appétit de pouvoir autant d'acharnement qu'un homme.

Le site antique★★★

■ **LE TEMPLE DE BÊL**★★★ (C/D2/3 ; *ouv. t.l.j. 8 h-13 h et 16 h-18 h en été, 14 h-16 h en hiver ; entrée payante*).

Dédié au dieu national palmyrénien, c'est l'un des édifices les mieux conservés de Palmyre. Il fut consacré en l'an 32. Le temenos – l'espace sacré – est enclos dans une enceinte presque carrée (205 x 210 m) délimitée par de hauts murs. On y accédait par des propylées monumentaux (occupés depuis le XIIe s. par un bastion arabe), sous lesquels s'ouvrait une triple porte à vantaux de bronze doré. Du côté intérieur, l'enceinte était bordée sur les quatre côtés d'un portique (vestiges significatifs). La demeure du dieu s'élevait au centre de l'esplanade, en partie dallée. On entre aujourd'hui par une petite porte ménagée à g. du bastion arabe.

Le temenos. Immédiatement à g., on remarque une **rampe** qui permettait de passer sous le mur : c'était une voie processionnelle qui conduisait non loin de l'autel des sacrifices, presque en face de l'entrée actuelle des visiteurs. Devant l'autel se distinguent encore les soubassements d'un vaste édifice rectangulaire : la salle où se déroulaient les banquets rituels qui réunissaient l'illustre confrérie des prêtres de Bêl. Faisant pendant à l'autel, au-delà de l'entrée monumentale (vestiges du côté intérieur), un **bassin sacré** dont on devine encore le périmètre.

Le temple. Il repose sur un haut podium et était entouré d'un élégant péristyle dont huit colonnes subsistent du côté E. Dans son aspect général, il évoque un temple gréco-romain du début de l'époque impériale. Cependant, les merlons qui couronnent le péristyle, et qui répondaient à ceux de l'enceinte, signalent une influence babylonienne (donc orientale). Autre différence, et de taille, avec les canons de l'architecture classique : l'entrée de la cella se fait par le grand côté de l'édifice, et non par le petit côté comme c'était l'usage ; de plus, l'ouverture n'occupe pas le milieu de la façade, elle est décentrée vers la droite, car c'est du côté gauche que se déroulaient les liturgies : il fallut donc dégager un espace suffisant pour accueillir le collège des prêtres.

L'accès au **podium** se fait par une volée de marches, surmontée par un portail monumental (redressé à l'époque du Mandat français). À l'intérieur, chacun des petits côtés est doté d'une niche. Celle de g., le saint des saints, abritait la représentation de la triade divine : Bêl, Yarhibol et Aglibol. Observer le **plafond monolithique**★★ creusé en forme de voûte céleste : y sont sculptées les images de Bêl régnant sur six

L'arc monumental, qui marque l'entrée de la Grande Colonnade. Ce n'était pas un arc de triomphe, mais une construction destinée à masquer le coude que dessine à cet endroit la colonnade qui se prolongeait jusqu'à l'entrée du temple de Bêl.

autres divinités – les sept planètes des Anciens – au centre du cercle du Zodiaque ; sur le soffite, un aigle aux ailes déployées et un serpent, symbole de la course du soleil. Dans la niche de dr. était déposée une idole portative que l'on exposait aux fidèles lors de grandes processions. Sur les murs intérieurs, nombreux graffitis et restes de peinture datant des époques où le temple fut transformé en église puis en mosquée.

En quittant la cella, à g. de la porte, voir trois des **reliefs**** qui ornaient les architraves du péristyle. L'un représente Bêl combattant à cheval un monstre marin, suivi de six divinités parmi lesquelles Hercule, figuré nu ; sur la face postérieure : Aglibol au croissant de lune, devant un autel chargé d'offrandes et deux adorants en costume parthe. L'autre relief montre une procession derrière un chameau chargé d'une idole ; un groupe de femmes voilées suit le cortège.

▶ Au N. du temple de Bêl, le **Musée ethnographique** (C2) a été aménagé dans un bâtiment du XIXe s. qui servit de résidence au gouverneur ottoman, puis de prison militaire à l'époque du Mandat. Collections de tissus bédouins et objets usuels des habitants de la steppe *(ouv. t.l.j. sf mar. 8 h 30-14 h 30 ; entrée payante).* ◀

■ **L'ARC MONUMENTAL***** (C2 ; fin IIe-début IIIe s.). Un des points les plus photogéniques du site, pour peu qu'on arrive à éviter l'antenne disgracieuse qui partage le fond du décor avec le château arabe. Du côté du temple de Bêl, les trois baies ouvraient sur la

Le château arabe

Pour la tradition locale, le « château arabe » qui domine Palmyre (qalaat ibn Maan) serait l'œuvre de l'émir libanais Fakhr al-Din Maan (1572-1635), qui tenta de se tailler une principauté aux dépens des Ottomans. De fait, l'appareillage des pierres semble remonter au début de l'époque ottomane. Pourtant, des sondages archéologiques ont révélé des éléments de construction remontant au XIIe s., c'est-à-dire à l'époque où le temple de Bêl fut transformé en fortin. Cette forteresse circulaire défendue par sept tours et un fossé est assez ruinée, mais l'ascension vaut la peine pour la vue sur le site et les montagnes alentour. Une piste carrossable qui part du musée conduit jusqu'au pied des murailles.

Des dieux dans le ciel de Palmyre

Palmyre, la grande cité commerçante du désert de Syrie, naquit du rassemblement de plusieurs clans de nomades autour de l'oasis. Chacun s'installa avec ses dieux et ses traditions religieuses, dont la confrontation donna naissance à un panthéon original. Autour d'un maître du ciel gravitaient des divinités secondaires groupées souvent en triades. Sous ce foisonnement se devine pourtant, à mesure que les Palmyréniens s'imprègnent de culture grecque, l'intuition d'un monothéisme.

▲ **Le temple de Bêl à Palmyre, l'un des plus grands de l'Orient romain. Lorsque les cérémonies comportaient des sacrifices, les animaux étaient conduits au temple par une longue rampe bordée de gradins où prenaient place les fidèles.**

Bêl et Baalshamin

On vénérait à Palmyre deux formes de la divinité suprême : Bêl, dont le nom est d'origine babylonienne, et Baalshamin, d'origine cananéenne et araméenne. Tous deux étaient maîtres du ciel : Bêl, du firmament étoilé, Baalshamin, du ciel en tant que porteur de nuages et de pluie. C'était donc le dieu de la fertilité pour ces habitants du désert. Bêl, assimilé très tôt à Zeus, faisait office en somme de divinité nationale : le peuple réuni lui rendait hommage dans son vaste temple. Baalshamin, « le dieu bon et rémunérateur », était celui de la piété personnelle. On l'invoquait dans son temple de proportions fort modestes, près de la Grande Colonnade.

Le dieu unique n'était pas seul

Bêl et Baalshamin se trouvaient fréquemment associés à d'autres divinités, sous forme de triades : Bêl avec **Yarhibol**, dieu solaire, dieu de la justice et protecteur des sources, et **Aglibol**, divinité lunaire. Baalshamin est souvent

▲ **Détail d'une fresque découverte à Doura-Europos, dans le temple des Dieux palmyréniens (Ier s. av. J.-C. ; musée de Damas) : un prêtre coiffé de son bonnet conique prépare les libations devant un vase bleu rempli d'eau lustrale.**

accompagné du même Aglibol et de **Malakbêl**, dieu solaire de la fertilité. Ces divinités secondaires furent probablement à l'origine les dieux tutélaires des tribus nomades qui constituaient la population de l'oasis. D'autres divinités étaient encore vénérées à Palmyre, témoins de la diversité des influences culturelles : **Hercule** (figuré sur un relief du temple de Bêl), **Apollon**, très populaire à Palmyre, ou bien **Allat**, la grande déesse des Arabes du Sud, assimilée à Athéna. Le fils de la reine Zénobie se nommait d'ailleurs Wahballat, « don d'Allat ».

Témoin du goût des Palmyréniens pour la culture gréco-romaine, cet Enlèvement de Ganymède est peint au plafond d'une des tombes de la nécropole. ▼

Processions et banquets

Comme chez la plupart des peuples de traditions sémites, la divinité demeurait au fond du saint des saints de son temple, inaccessible au commun des mortels. À Palmyre, le dieu sortait pourtant pour des processions solennelles. Son image était alors abritée dans une niche portative hissée sur le dos d'un chameau, et promenée à travers la ville. On voit ainsi dans la cella du temple de Bêl deux niches face à face : celle de la divinité et celle de l'idole portative (→ *illustr. p. 113*). Lors des grands offices en l'honneur de Bêl, on avait également coutume de sacrifier des animaux.

Autre rituel religieux : les banquets. Les convives y assistaient, munis de leur invitation, un petit jeton de terre cuite (tessère) qui portait le nom du dieu à l'honneur, voire le menu. On en a retrouvé des milliers éparpillés sur le site. La principale salle de banquet ouvrait sur l'agora. On y mangeait – de la viande surtout – allongé, comme on peut le voir sur les reliefs funéraires.

◀ **Triade de dieux (stèle palmyrénienne du Ier s. av. J.-C., musée du Louvre) : au centre, Bêl, la divinité suprême, entouré d'Aglibol, le dieu-Lune dont on voit le croissant derrière la tête, et de Malakbêl, dieu du soleil comme le montre sa coiffe. Ces divinités sont souvent représentées à l'image des hommes, en costume militaire, avec lance et bouclier, parfois montées sur un cheval ou sur un chameau.**

chaussée tandis que de l'autre, les baies latérales donnaient sur les portiques, la chaussée centrale étant ainsi moins large de ce côté-ci. Les angles que dessinent les deux façades sont occupés par des arcs, deux à dr., un à g. Au-dessus des arcs de dr., un socle était destiné à recevoir une statue monumentale, probablement un cavalier. Remarquez la richesse de la **décoration ornementale** : feuilles de chêne, d'acanthe, de vigne…

À première vue, le centre de Palmyre évoque une de ces nombreuses villes gréco-romaines à plan orthogonal où les rues délimitaient des quartiers d'habitation, les *insulae.* Et la Grande Colonnade aurait bien pu être le cardo, cette avenue rectiligne traversant la ville de part en part. Pourtant, il apparaît que Palmyre ne fut pas construite selon un plan d'ensemble, mais se développa progressivement à partir du centre hellénistique ancien qui se trouvait aux alentours du camp de Dioclétien.

■ **LA GRANDE COLONNADE***** (B/C2). C'était l'avenue principale de la ville. Grâce aux services des Antiquités qui ont relevé une centaine de colonnes, elle a retrouvé sa majesté antique. Sur près de 1 200 m, chacune des colonnes portait une console soutenant une statue en bronze d'un personnage que Palmyre entendait honorer : étonnante galerie de portraits des notables de l'oasis, en particulier des marchands enrichis par le commerce, qui avaient fait bénéficier leur ville natale de leur prodigalité. Sous les portiques, en partie dallés, ouvraient des boutiques. Les principaux édifices publics de la ville se trouvaient de part et d'autre de cette voie monumentale. Dans cette première partie, la colonnade est contemporaine de l'arc monumental.

■ **LE TEMPLE DE NÉBO** (C2 ; fin du Ier s.). Nébo est une divinité d'origine mésopotamienne qui, assimilée à Apollon, connut une grande popularité à Palmyre. C'était le dieu des oracles et de la sagesse, associé à Nanaï (Artémis). Le temple s'élevait au centre d'un enclos sacré, délimité par une enceinte trapézoïdale (tracé encore bien visible) et bordé vers l'intérieur par un portique sur trois côtés ; le quatrième était constitué par l'arrière des magasins de la colonnade. Des propylées marquaient l'entrée de ce périmètre sacré face au S. Le temple lui-même, élevé sur un podium, était entouré d'un péristyle.

À la place du beau dallage de pierre qui revêtait habituellement le sol des cités romaines, les rues de Palmyre étaient recouvertes de sable pour faciliter le passage des chameaux.

■ **LES BAINS DE DIOCLÉTIEN** (C2). Juste après le temple de Nébo mais à dr., quatre hautes **colonnes de granit rose** d'Assouan signalent l'entrée de thermes qu'une inscription grecque qualifie de « bains de Dioclétien ». En s'avançant parmi les ruines, on arrive à un beau **bassin** central entouré autrefois d'une colonnade. Plus loin, restes des différentes salles des thermes, où l'on peut reconnaître les hypocaustes de la salle chaude (caldarium).

■ **LE THÉÂTRE**** (*sur la g.* ; C2). On y pénètre par un passage voûté qui donne sur l'orchestra. Contemporain de l'arc monumental, il est remarquable par son **mur de scène****, long de 45 m (presque autant que celui du théâtre de Bosra) ; la restauration, due aux Antiquités syriennes, a été achevée au début des

Centre de la vie publique et économique, l'agora était bordée de portiques et entourée de murs sur ses quatre côtés. Les marchandises qui transitaient dans la ville étaient déposées dans un grand entrepôt adossé à l'un de ces murs. Tout au fond, on aperçoit les palmiers de l'oasis qui fit la richesse de Palmyre.

années 1990. Il respecte dans ses grandes lignes l'ordonnance des théâtres classiques : au centre, au fond d'une exèdre, la porte royale, encadrée de deux portes secondaires, les portes des hôtes, et une autre porte à chaque extrémité. Le théâtre est resté inachevé : le deuxième niveau du mur de scène ne fut jamais construit, ni la partie supérieure des gradins. Dispositif original ici : le **baldaquin** qui précède la porte royale. Il supportait une terrasse, située à mi-hauteur du second niveau du mur de scène tel qu'il avait été conçu. Un passage aurait sans doute dû permettre d'y accéder.

Sortir du théâtre par le passage voûté qui fait face à celui emprunté pour entrer, et tourner à g. dans la rue perpendiculaire à la Grande Colonnade.

■ **LE SÉNAT ET L'AGORA** (B2 et C2). Adossé à la voie semi-circulaire qui borde le théâtre, un petit édifice a été désigné comme le **Sénat** de la ville. Dans la salle, des gradins sont disposés en hémicycle : il s'agissait certainement d'un lieu de réunion ; mais vu l'exiguïté des lieux, il semble difficile qu'il ait pu abriter le sénat de Palmyre.

Au bout de la rue, l'**agora** est un vaste espace à ciel ouvert bordé d'un portique. Comme sur la Grande Colonnade, des colonnes portaient des statues de bienfaiteurs de la ville. Dans l'angle du fond à dr., une vaste salle servait aux banquets rituels ; elle pouvait accueillir une quarantaine de participants. Du côté g. de l'agora se trouvait un grand entrepôt où fut découvert le célèbre Tarif municipal (→ *encadré p. 446*).

■ **DU TÉTRAPYLE** AU TEMPLE FUNÉRAIRE.** Au milieu de la Grande Colonnade, un imposant **tétrapyle** (B/C2) au centre d'une place ovale marquait la seconde cassure de l'axe de la colonnade : il est composé de quatre socles supportant chacun quatre colonnes, en granit rose à l'origine. Chacun de ces édicules renfermait une statue. L'ensemble des éléments au-dessus de la base a été remonté à la suite d'une étude minutieuse des débris trouvés autour de l'édifice.

Au-delà, la Grande Colonnade est jonchée par les ruines des boutiques d'un **souk** arabe qui s'y établit au VIIIe s. À dr. de la voie, **quartiers d'habitation** (B1 ; vestiges de deux églises byzantines et d'une synagogue). À l'extrémité de la colonnade, façade d'un **temple funéraire** (B1 ; IIIe s.) précédée d'un portique à six colonnes. Il possédait une crypte *(accès par un escalier dans la partie postérieure de l'édifice)*. L'ensemble a été remonté par les services des Antiquités syriens.

Prendre à g. la grande allée perpendiculaire à la colonnade.

■ **LA COLONNADE TRANSVERSALE** (B1-A2). Cette avenue d'une belle largeur est la plus ancienne voie urbaine de Palmyre (début du IIe s.). Chars et chameaux occupaient le milieu de la chaussée ; sur les deux côtés, des portiques abritaient des magasins.

Relevant la disposition singulière de ce camp, où les *principia* n'occupent pas le centre de l'espace comme il est d'usage, certains auteurs ont voulu y voir les vestiges du palais d'Odenat et de Zénobie, réaménagé par les Romains après la défaite de la reine.

Entre deux boutiques sur la dr., une porte monumentale donne accès au **camp de Dioclétien** (A1/2). Ce grand quadrilatère est traversé par les deux voies traditionnelles des camps romains se coupant à angle droit, avec un tétrapyle à l'intersection : la voie principale, parallèle à la colonnade transversale, et la voie prétorienne, qui conduit d'abord au **forum du camp** puis au **sanctuaire des enseignes** (les *principia*), qui occupe ici le flanc de la colline ; c'est là qu'étaient déposés les étendards des légions. Une inscription latine, sur un linteau déposé en avant du bâtiment, rappelle que les travaux furent conduits par Sossianus Hiéroclès, gouverneur de Syrie, au nom des empereurs Dioclétien et Maximien et des Césars Constance et Maximien (Galère). Depuis le sanctuaire des enseignes du camp de Dioclétien, belle vue sur l'ensemble du site.

La colonnade transversale aboutit à une **place ovale**, à la limite O. de la ville. De là partait la piste de Homs et Damas qui, dans l'Antiquité, traversait la vallée des Tombeaux *(→ p. 459)*.

Revenir vers la Grande Colonnade et traverser les quartiers d'habitation en diagonale jusqu'au temple de Baalshamin, tout près de l'hôtel Zénobie.

Maître des cieux, dispensateur de la pluie, et donc de la vie pour les habitants du désert, Baalshamin était vénéré en Orient depuis longtemps. Dès le Xe s. av. J.-C., il était le dieu dynastique de Byblos. Il fut introduit à Palmyre, sans doute au Ier s. avant notre ère, par un clan de nomades.

■ **LE TEMPLE DE BAALSHAMIN**** (C1). Le dieu Baalshamin jouissait d'une grande popularité parmi les Palmyréniens qui en firent une image paternelle de dieu suprême. Le temple fut transformé en église au Ve s., d'où la parfaite conservation de sa **cella** (130 apr. J.-C.), à l'exception du toit. Il se trouvait au cœur d'un vaste complexe cultuel qui comprenait trois cours à péristyle, une salle de banquets rituels et même un tombeau. La cella est précédée d'un vestibule à six colonnes et ses murs latéraux sont pourvus de fenêtres : un dispositif inconnu dans un temple classique gréco-romain. Au fond du sanctuaire, bel **ensemble architectural** (remonté par les services des Antiquités) : des colonnes et des niches autour d'une exèdre centrale, qui abritait le bas-relief représentant le dieu.

Le Musée archéologique★★

En face de la gare des bus Karnak (**C1**).

Visite : du 1er avr. au 30 sept. 8 h-13 h et 16 h-18 h, 14 h-16 h le reste de l'année, 8 h-15 h pendant le mois de ramadan ; entrée payante.

À travers les statues et les nombreux reliefs découverts sur le site, ce musée donne un excellent aperçu de l'art, des croyances, des activités et du mode de vie des Palmyréniens.

Devant l'entrée, **lion monumental**★★ (fin du Ier s. av. J.-C.) provenant du temple de la déesse Allat, qui se trouvait à l'entrée de la colonnade transversale.

■ **AILE DE DROITE**

Salle 1 : tableaux présentant l'écriture palmyrénienne, collection d'**autels** découverts aux alentours de la source Efqa *(→ p. 460)* : ils présentent tous un petit évidement destiné à recueillir l'encens.

Salle 2 : belles **maquettes** du temple de Bêl et du sanctuaire des enseignes du camp de Dioclétien.

Salle 3 *(perpendiculaire à la précédente)* : statues et reliefs de personnages représentés dans leurs différentes activités (chameliers, cavaliers…), et dans différents costumes influencés par l'Orient ou par Rome. Voir contre le long mur du côté g. un relief représentant un **bateau palmyrénien**★★ à double gouvernail, l'armateur se tenant à la proue. On sait par des inscriptions que les commerçants de Palmyre s'étaient également lancés dans le commerce maritime. Contre le mur de g., **relief**★ représentant un chameau bâté.

Galerie S.-O. À dr. en entrant, superbe **relief**★★ qui ornait le linteau de la niche principale du temple de Baalshamin : un aigle, les ailes largement déployées en signe de protection, deux aigles plus petits lui tendant des rameaux d'olivier ; à g. Aglibol (symbole de la Lune), et à dr. Malakbêl (symbole du Soleil). En avançant dans la galerie, voir contre le mur de g. deux **panneaux de mosaïques**★ provenant de maisons particulières mises au jour près du temple de Bêl : le premier représente Ulysse et Achille, le second des Centaures. Parmi les collections de verres et d'éléments décoratifs romains et byzantins, remarquer les **tessères,** jetons qui servaient d'invitation aux banquets rituels ; on en a retrouvé des centaines d'exemplaires. Au bout de la galerie, céramiques et verres provenant du château omeyyade de **Qasr al-Hayr al-Sharqi** *(→ p. 462)*.

■ **AILE DE GAUCHE** *(dans le prolongement de la galerie précédente, au-delà du hall d'entrée)*.

Dioclétien et la tétrarchie

Proclamé empereur par ses soldats en 284, Dioclétien instaura l'année suivante la dyarchie en partageant l'empire et le pouvoir avec Maximien. En 293 la dyarchie devint tétrarchie : les deux Augustes s'adjoignirent deux Césars. Maximien, maître de l'Occident, choisit Constance Chlore, Dioclétien, son gendre Galère. En 305, Maximien et Dioclétien abdiquèrent : Constance Chlore et Galère devinrent Augustes et choisirent à leur tour deux Césars. Ce principe de la tétrarchie fut aboli par Constantin le Grand, fils de Constance Chlore, qui réunit l'ensemble de l'empire sous son autorité en battant l'Auguste d'Orient, Licinius, à la bataille d'Andrinople en 324.

La mode à Palmyre

Les fragments de tissu découverts dans les tombes et les vêtements représentés sur les reliefs funéraires montrent le soin que les Palmyréniens accordaient à leur apparence. Mêlant les modes grecque et perse, leurs habits étaient confectionnés avec du lin d'Égypte, du coton d'Inde et de la soie chinoise. Les femmes portaient une tunique en crêpe de soie transparent sur une ample jupe plissée, sous laquelle elles mettaient parfois un pantalon bouffant et de fines sandales. L'ensemble était drapé d'une pièce d'étoffe agrafée sur l'épaule avec une fibule. Enfin, un voile de gaze complétait la tenue, et un turban couvrait partiellement la chevelure. Les hommes cédaient plus volontiers à la mode parthe : tunique courte et pantalon large brodés de galons, plus pratiques que la toge pour monter à cheval ou à dos de dromadaire. Autour de la taille, un pagne enroulé ou, chez les prêtres, une fine ceinture garnie de pierreries. Aux pieds, des bottes en cuir souple rebrodées de perles pour les hommes riches. Par-dessus la tunique, le manteau était retenu sur l'épaule par une fibule. Et pour la touche finale, une profusion de bijoux ouvragés, chez les femmes comme chez les hommes.

Galerie S.-E. À voir surtout : la **statue monumentale** ** **de la déesse Allat**, représentée sous les traits d'Athéna. Cette œuvre d'époque romaine (IIIe s.), provenant d'un atelier d'Antioche ou d'Asie Mineure, reprend un type fixé par le célèbre sculpteur grec Phidias au Ve s. av. J.-C. : la déesse est casquée, armée de son bouclier et de sa lance. Elle fut découverte en 1975 parmi les vestiges du temple d'Allat.

Les **salles 4 à 6** sont consacrées à l'art funéraire palmyrénien : scènes de banquets funéraires et dalles de pierre ornées de hauts-reliefs à l'effigie du défunt. Ces dalles étaient destinées à obstruer la cavité où reposait le mort. On découvre ainsi une extraordinaire galerie de portraits.

Salle 4 : voir surtout *(mur de dr. en entrant)* un relief représentant un **banquet funéraire**** (188 apr. J.-C.). Le chef de clan est allongé sur sa couche, accompagné de sa femme, de ses deux nièces et d'un serviteur qui se tient derrière lui ; dans la partie inférieure, entre les pieds du lit, cinq bustes rappellent la mémoire d'autres membres de la famille. Remarquez la richesse du costume du personnage principal : une longue tunique et un pantalon à la mode parthe orné de broderies *(→ encadré)*. Sur le mur d'en face, série de **reliefs provenant du tombeau de Zubida** (113 apr. J.-C.). À g. du passage conduisant à la salle suivante, **reliefs provenant de la tombe de Zabda** (Ier s.), parmi lesquels celui d'une femme assise tenant à la main une quenouille et un fuseau. Les hommes portent souvent à la main une palme, symbole de vie, tandis que les femmes ont la tête couverte d'un voile qui laisse apparents leur visage et leurs bijoux.

Salle 5 : parmi les reliefs, voir sur le mur à g. du passage conduisant à la salle suivante le **buste d'un homme barbu*** marqué par l'âge, tout comme son voisin de g., au front ridé : l'art de Palmyre était parvenu à une certaine individualisation des traits. Contre le mur du fond à g., remarquable **scène de banquet funéraire*** provenant de la tombe de Bolbarak (240 apr. J.-C.) : longue inscription à la gloire du défunt, portant la date du mois de nisan 551 de l'ère séleucide (c'est-à-dire 240 de la nôtre) sur le pilier portant sa coiffe de prêtre. À g. de ce groupe, buste de femme portant sa fille sur le bras. Remarquez la richesse des parures : boucles d'oreilles, collier, pendentif…

Salle 6 : elle conserve les plus beaux **reliefs funéraires**** des collections. Voir en particulier sur le mur de g. en entrant plusieurs **bustes de femmes** somptueusement parées, ainsi que le **buste d'un homme âgé** *(à g. de la porte conduisant vers la sortie)*, autre tentation naturaliste de l'art palmyrénien.

La nécropole★★

Plan **A2** et *hors plan par* **A3**

La nécropole de Palmyre comprend en fait trois lieux différents : la vallée des Tombeaux, à l'O., la nécropole S.-E. et la nécropole S.-O. Seules trois sépultures sont ouvertes : la tour d'Elahbel dans la vallée des Tombeaux, l'hypogée des Trois-Frères dans la nécropole S.-O., et l'hypogée d'Artaban dans la nécropole S.-E. (difficile à inclure dans le programme de visite du gardien, → *ci-dessous*). On peut aussi approcher la tour de Jamblique, au pied de la colline Umm Belqis. L'intérieur, très ruiné, ne présente pas vraiment d'intérêt, mais de là, on découvre un vaste panorama sur la ville antique.

Visite : uniquement sous la conduite d'un guide du musée ; départs à heure fixe : 8 h 30, 10 h, 11 h 30, 16 h 30 (14 h du 1er oct. au 31 mars) ; visite payante.

S'organiser : la découverte des tombeaux n'est pas évidente pour un voyageur individuel. Dans le meilleur des cas (à 8 h 30 par exemple), vous serez seul, ce qui vous impose d'avoir votre propre véhicule, ou de prendre un taxi (on en trouve devant le musée), pour acheminer le gardien et ses précieuses clés de site en site. La plupart du temps, vous devrez vous joindre à un car de touristes. Si vous n'avez pas de voiture, il faudra alors négocier votre passage avec le guide du groupe. Si vous avez une voiture, essayez de partir en tête avec le gardien : cela vous laissera un peu d'avance pour visiter le premier tombeau. Il faudra ensuite attendre que tous les groupes aient achevé leur visite pour que le guide ferme le tombeau avant de se rendre au suivant.

L'affaire se corse si vous voulez découvrir l'ensemble des tombeaux, la nécropole S.-E. notamment : le gardien devant remettre les clés au musée pour le prochain départ, il n'aura pas le temps de vous accompagner partout. À quand un gardien posté devant chaque site ?

■ **La tour d'Elahbel★★** (vallée des Tombeaux ; *hors plan par* A2 ; 103 apr. J.-C.). Le rez-de-chaussée de ce tombeau-tour conserve l'essentiel de sa belle décoration. Sur les côtés, entre des pilastres cannelés surmontés de chapiteaux

La vallée des Tombeaux avec, au fond, le château arabe qui domine l'ensemble du site. Les Palmyréniens se faisaient inhumer en famille, dans des caveaux souterrains, des hypogées ou des tours funéraires. Il en existe près de 400 autour de la ville, encore inexplorés pour la plupart. Le fondateur de la lignée trônait au fond de la salle, représenté allongé en compagnie de son épouse et de ses enfants. Ses descendants étaient disposés de part et d'autre, dans des casiers fermés par leur buste funéraire.

corinthiens, sont disposés les 48 caveaux funéraires. Le mur du fond est occupé par des bustes de membres de la famille. Remarquer le **plafond à caissons** ornés de rosaces, qui a gardé sa polychromie. Un escalier donne accès aux quatre autres étages dont la disposition d'ensemble est similaire. Il vaut la peine de monter jusqu'au sommet (aujourd'hui une sorte de terrasse, mais on ignore la couverture originelle) : on y embrasse d'un coup d'œil l'ensemble de la vallée des Tombeaux.

■ **L'HYPOGÉE DES TROIS-FRÈRES**** (**nécropole S.-O.** ; *hors plan par* A3 ; début IIe s.). Fermé par une lourde porte de pierre, ce tombeau souterrain a la forme d'un T. Sur les parois se trouvent 65 rangées verticales de six cavités où l'on déposait les défunts. La voûte est construite en briques recouvertes d'un enduit. Principal intérêt du monument : un remarquable **cycle de peintures murales****, en excellent état de conservation. Dans l'aile centrale, les champs qui séparent les rangées sont entièrement peints, toujours selon la même composition : scènes de chasse, oiseaux, losanges dans des rectangles, figures ailées soutenant des portraits de défunts dans des médaillons. Dans le tympan du mur du fond, grande composition illustrant l'épisode d'**Achille à la cour du roi de Scyros.** Au plafond, une autre scène de la mythologie grecque : l'**enlèvement de Ganymède.** L'aile de dr. abrite trois sarcophages disposés en U, comme les banquettes des salles à manger antiques.

■ **L'HYPOGÉE D'ARTABAN*** (**nécropole S.-E.** ; *hors plan par* A3 ; 2e moitié du Ier s.). Fermé lui aussi par une lourde porte de pierre (remarquer la Méduse tenant l'anneau), il se compose d'une salle encadrée de quatre ailes dont toutes n'ont pas été achevées. Il conserve de nombreux bustes restés en place. Au fond de la pièce principale, relief du banquet funéraire du chef du clan.

De là, un chemin qui serpente entre les jardins de l'oasis permet de rejoindre le temple de Bêl et la ville moderne.

Maisons d'éternité

Avec quelque 150 tombeaux, la nécropole de Palmyre est la plus vaste et la plus riche du monde gréco-romain. À côté des sépultures individuelles, on en trouve des collectives, où se faisaient inhumer les membres des grandes familles de l'oasis. Certaines pouvaient accueillir plusieurs centaines de défunts. Une survivance du système clanique qui est à l'origine du développement de l'oasis. Ces sépultures collectives sont de trois types : des **tombeaux-tours,** que l'on peut voir dans la vallée des Tombeaux à l'O. du camp de Dioclétien ; des **hypogées** (tombeaux souterrains), dans les nécropoles S.-O. et S.-E. ; enfin, des **temples funéraires,** de style gréco-romain (le mieux conservé est celui qui ferme la perspective de la Grande Colonnade). Tombeaux-tours et hypogées furent utilisés dès le Ier s. av. J.-C., tandis que les temples funéraires n'apparurent qu'à partir du IIIe s. L'exploration de ces sépultures a permis d'importantes découvertes : reliefs funéraires (exposés au musée), peintures murales, mais aussi textiles qui enveloppaient les corps (les défunts étaient momifiés), ainsi que divers objets usuels déposés aux côtés du mort : vases à parfum, peignes, lampes à huile, verres, statuettes…

Vous pouvez voir encore

■ **LA SOURCE EFQA** (*en face de l'hôtel* Cham, A3 ; *demander la clé à la réception de l'hôtel*). N'espérez pas vous baigner dans les eaux sulfureuses de la source sacrée des anciens Palmyréniens : elle est tarie depuis le début des années 1990. Par des marches antiques taillées dans la roche, on arrive à un ensemble de **salles souterraines,** où des banquettes furent taillées dans la pierre. Les archéologues y ont retrouvé de nombreux ex-voto et autels en l'honneur de la divinité de la source, dispensatrice de vie pour les habitants de l'antique Palmyre. Avant son assèchement, l'eau de cette source était utilisée pour irriguer l'oasis.

Environs de Palmyre

1 Les carrières *(excursion d'env. 50 km par des pistes praticables par les véhicules de tourisme, sauf après de fortes pluies ; présence d'un guide indispensable : se renseigner à l'office du tourisme).*

En 3 h env., les passionnés d'histoire ancienne peuvent partir à la découverte des anciennes carrières exploitées pour la construction de Palmyre. Plusieurs sites sont visibles au cœur d'un splendide **paysage★**. On y voit les chantiers d'extraction, des colonnes inachevées restées en place ainsi que des cabanes de pierre qui servaient aux ouvriers (certaines ont conservé des graffitis).

2 Le barrage de Harbaqa★ et Qasr al-Hayr al-Gharbi *(98 km O. de Palmyre ; excursion à éviter par temps de pluie).*

Qasr al-Hayr al-Gharbi est le moins bien conservé des deux châteaux omeyyades élevés au VIIIe s. sur le sol de Syrie *(→ p. 462)*. Sur place, les vestiges sont assez décevants. Si votre temps est compté, vous pouvez donc sans regret l'ignorer. En revanche, le barrage de Harbaqa, qui servait à irriguer le château, est beaucoup plus impressionnant et mérite le détour. À partir de la bifurcation sur la route principale de Damas à Palmyre, comptez 2 h pour l'ensemble de la visite, 1 h si vous n'allez qu'au barrage de Harbaqa.

Accès au barrage : sur la route principale entre Palmyre et Damas, 85 km après Palmyre, prendre à dr. la route de Homs puis, 13 km plus loin, une piste à g. vers le barrage ; au-delà de la colline parallèle à la route, prendre à dr. une piste en épingle à cheveux, pour en suivre le flanc : le barrage se trouve 1 km plus loin.

Pour gagner ensuite Qasr al-Hayr al-Gharbi, revenir à la route de Homs et la prendre à g. ; 14 km plus loin (27 km de la bifurcation de la route Damas-Palmyre), une piste à dr. (panneau indicateur) mène au château, à 2 km.

Le barrage de Harbaqa★. Ce magnifique ouvrage, long de près de 350 m et haut de 20 m, fut construit au Ier s. par les Romains. Il bloquait, entre deux collines, le cours d'un wadi ; depuis longtemps la retenue d'eau a été comblée par le sable et les alluvions : c'est aujourd'hui une vallée fertile mise en culture. Entre les deux parements extérieurs de pierres de grand appareil, l'espace intérieur, large de 18 m à la base, fut comblé par un blocage de galets et d'éclats de pierres liés par un mortier. Les Omeyyades réaménagèrent l'ouvrage pour alimenter en eau leur château de Qasr al-Hayr al-Gharbi, situé à 16 km de là. Elle y était acheminée sur la majeure partie de sa course par une conduite souterraine.

Le château de Qasr al-Hayr al-Gharbi. L'enceinte du palais enferme un espace carré de 70 m de côté. Chaque angle était défendu par une tour circulaire, sauf celle du S.-E., une construction carrée à trois étages qui appartient à un monastère construit avant l'époque byzantine ; c'est le seul vestige à dépasser vraiment du sol. Au milieu de chaque côté, ce dispositif était renforcé par des tours semi-circulaires, à l'exception de la façade O., où se trouvait l'entrée du château, encadrée, elle, de deux tours semi-circulaires. C'est cette façade qui a été reconstituée au musée de Damas *(→ p. 204)*. Le château s'organisait autour d'une vaste cour, bordée d'un portique à double étage dont ne subsistent que les bases des colonnes, presque toutes en place, et celles des quatre piliers d'angle en forme de L. Les pièces d'habitation, adossées au mur sur deux étages également, ouvraient sur la promenade protégée par le portique. À proximité du château se trouvaient un bain et un caravansérail.

Qasr al-Hayr al-Sharqi★

Situation : à 120 km N.-E. de Palmyre, 160 km S.-O. de Deir ez-Zor.

Peut-être pour se retremper dans l'atmosphère du désert dont leurs ancêtres étaient sortis un siècle plus tôt, les califes omeyyades se firent édifier un ensemble de palais en plein cœur de la steppe. La plupart de ces « châteaux du désert » se trouvent aujourd'hui dans la partie orientale de la Jordanie, mais on peut en voir deux en Syrie : l'un à l'est de Palmyre, Qasr al-Hayr al-Sharqi – le plus intéressant à visiter –, l'autre à l'ouest, Qasr al-Hayr al-Gharbi *(→ p. 461)*. Il s'agissait en fait de véritables oasis puisque autour de la résidence royale s'étendaient des jardins verdoyants traversés de frais canaux. Les vestiges de Qasr al-Hayr al-Sharqi sont encore très imposants. C'est même une vision inoubliable lorsque, après une dizaine de kilomètres de pistes, on voit surgir, tel un mirage, la ligne de ses hauts murs hérissés de tours.

Excursion réalisable avec un simple véhicule de tourisme, mais à proscrire absolument si un orage menace ou après la pluie (risque de gonflement soudain des oueds).

Accès : à partir du village de Sakhné, à 69 km de Palmyre ou 156 km de Deir ez-Zor, tourner en direction d'at-Tayibé, à 17 km de là (route asphaltée). Arrivé au village, prendre à dr. la piste qui s'engage vers l'E. au-delà de la colline qui ferme l'horizon, puis continuer tout droit. À env. 10 km, on commence à apercevoir au loin sur la g. les murs de Qasr al-Hayr al-Sharqi. Suivre une des pistes qui y conduit en gardant le château en point de mire.

Combien de temps : la visite elle-même se fait rapidement ; compter 30 mn sur place.

Les châteaux omeyyades

Délaissant leur capitale Damas, les souverains omeyyades aimaient à retrouver le désert dont étaient issus leurs ancêtres de la péninsule arabe, compagnons du Prophète. Ils édifièrent pour cela des résidences à l'écart des villes, simples pavillons de chasse comme on peut en voir en Jordanie, ou véritables cités avec leurs jardins, leurs marchés et leur population de courtisans, de serviteurs et d'artisans. C'est à l'initiative du calife Hisham, maître du monde musulman de 724 à 743, que furent construits les deux châteaux de Syrie, Qasr al-Hayr al-Sharqi et Qasr al-Hayr al-Gharbi (dont la façade est reconstituée au Musée national de Damas). Leur aspect fortifié, hauts murs hérissés de tours, a de quoi surprendre au premier abord : les frontières de l'empire se trouvaient largement plus à l'E., et la steppe syrienne était solidement tenue par les armées du calife. C'est que, sans doute, les Omeyyades avaient sous les yeux le modèle d'autres constructions laissées par leurs prédécesseurs : les fortins dont les Romains avaient parsemé le désert. Certains d'entre eux, comme celui d'Azraq en Jordanie, servirent même de résidence aux califes.

Visiter Qasr al-Hayr al-Sharqi

■ **L'ENCEINTE EXTÉRIEURE.** Ses ruines s'élèvent bien avant l'ensemble du palais. C'est dans l'angle S.-E. qu'elle est le mieux conservée. Pas moins de 15 km de muraille d'une hauteur de 3,50 m, en pierre et brique crue, défendue de tours circulaires, délimitaient un vaste écrin de verdure au centre duquel s'élevait le château. Pour l'entretenir, l'eau était acheminée depuis un barrage qui se trouvait à 30 km de là. Ainsi le voyageur, après avoir franchi les longues étendues de la steppe aride, était-il accueilli par la fraîcheur d'une oasis : préfiguration du paradis promis aux croyants… Des chemins à l'ombre des palmiers le conduisaient ensuite jusqu'au palais, dont il pouvait distinguer au loin les murs au travers des frondaisons. Sans exclure qu'une partie du domaine ait été utilisée à des fins agricoles, il est difficile d'imaginer que l'ensemble était entièrement cultivé car il n'y avait pas de réseau d'irrigation. Peut-être ce vaste espace servit-il d'enclos pour les animaux, chevaux et dromadaires ou même animaux sauvages, comme ce fut le cas au palais de Samarra (en Irak) où, à en croire le voyageur Yaqoubi (IXe s.), « on trouvait derrière les murs gazelles, onagres, daims, sangliers et autruches ». Aujourd'hui, la steppe a repris ses droits, et c'est au bout d'un champ de pierraille que l'on atteint la résidence du calife.

Le palais se compose en fait de deux bâtiments distincts, séparés d'une quarantaine de mètres. À dr. en arrivant se trouve un caravansérail (khan) ; à g., le palais proprement dit.

■ **LE KHAN.** Il s'agit d'un bel édifice de plan presque carré (70 m de côté), défendu à chaque angle par des tours circulaires et sur trois côtés par une paire de tours semi-circulaires. À l'O. s'ouvre la **porte monumentale**, défendue par un mâchicoulis et

Un style éclectique

Les deux châteaux du désert édifiés sur le sol de la Syrie, Qasr al-Hayr al-Sharqi et Qasr al-Hayr al-Gharbi, empruntent à des traditions diverses. Typiquement syrien est l'emploi de la pierre de taille, ainsi que certains décors moulurés que l'on trouve dans les églises du Nord du pays. Ce qui suggère le recours à des artisans chrétiens, comme le prouveraient les croix gravées dans les carrières qui se trouvent à une dizaine de kilomètres de Qasr al-Hayr al-Sharqi et dont furent extraites les pierres qui servirent à la construction de l'édifice. En revanche, l'utilisation de la brique, qui servit à résoudre les problèmes architecturaux – notamment les voûtes du khan de Qasr al-Hayr al-Sharqi –, est caractéristique de la Mésopotamie.
Alors ? Heureux melting-pot d'influences diverses comme le suggèrent certains, prenant pour exemple la mosquée des Omeyyades ? Ou pastiche, dans un style « nouveau riche », des luxes ornementaux florissant aux quatre coins de l'empire, comme le soulignent d'autres ? À chacun d'en juger…

Visiter Raqqa

Au VIIIe s., la ville fut entourée d'un double corset de remparts : un mur intérieur de près de 6 m d'épaisseur, défendu de tours rondes dressées tous les 35 m ; 20 m plus loin, le mur extérieur, épais de 4,5 m et doublé d'un profond fossé.

■ **LA PORTE DE BAGDAD★** *(à l'extrémité S.-E. de la ville ; en entrant dans le centre, suivre à dr. la rue principale).* C'était l'une des portes principales du mur extérieur. Bien qu'incomplète, elle s'élève encore à une belle hauteur et conserve fière allure. Elle ouvrait par un bel arc brisé, souligné par l'emploi de briques carrées. De part et d'autre, la monotonie du mur de brique – un matériau de construction typiquement mésopotamien – est rompue par deux niches de faible profondeur, élégant écho à l'arche centrale. Au niveau supérieur, des colonnettes soutenaient une frise de niches trilobées. Au-delà de la porte, une voûte couvrait le passage sur lequel donnaient deux salles latérales.

■ **LE QASR AL-BANAT** *(longer le mur du côté extérieur sur 400 m).* La destination et l'origine de ce « palais des Jeunes Filles », comme le nomme la tradition locale, restent inexpliquées. Les vestiges qui s'élèvent (après restauration) montrent un ensemble complexe de salles et de couloirs organisés autour d'une cour centrale dotée d'un bassin. Sur cette cour ouvrent quatre iwans à belle décoration de brique. L'ensemble remonterait au IXe s.

La Grande Mosquée témoigne de la place qu'occupait Raqqa, à la limite des influences architecturales mésopotamiennes et syriennes : à la Mésopotamie appartiennent le plan carré, l'enceinte dotée de tours et le grand nombre d'entrées ouvrant sur la cour ; de Syrie provient la triple nef recouverte par trois toits parallèles.

■ **LA GRANDE MOSQUÉE** *(poursuivre vers le N. et entrer dans la ville à 1 km de la porte de Bagdad).* Seul subsiste de la Grande Mosquée d'al-Mansour un quadrilatère d'env. 100 m de côté. Pour en restituer l'aspect monumental, il faut s'imaginer le haut mur de brique qui entourait la cour ; il était défendu par 16 tours semi-circulaires (quatre par côté) et des tours rondes à chaque angle. Dans la cour, on ne voit plus que le mausolée d'un compagnon du Prophète, un minaret et une rangée de 11 arcs qui précédait la salle de prière. Le minaret et l'arcade sont attribués à Nour ed-Din qui fit restaurer l'édifice en 1165-1166. La salle de prière elle-même comprenait trois travées parallèles au mur de qibla, à la manière de la mosquée des Omeyyades de Damas.

■ **LE MUSÉE** *(dans le centre ville ; ouv. t.l.j. sf mar. 8 h-14 h et 15 h-18 h ; entrée payante).* Il expose des éléments décoratifs (stucs principalement) provenant de divers édifices de la ville musulmane, ainsi que les résultats de fouilles conduites dans la région (mais les panneaux sont uniquement en arabe). À voir surtout : un superbe **calice★** découvert près de la basilique Saint-Serge à Résafé, où il fut dissimulé avant la prise de la ville par les Mongols ; et une très belle **coupe★** trouvée à Raqqa qui appartint à un croisé (un certain Raoul de Coucy) : elle fut prise à Saint-Jean d'Acre lors de la chute de la ville en 1291.

Le château de Qalaat Jaber dominait auparavant l'Euphrate. Depuis la création du barrage de Tabqa, il se dresse, fier et solitaire, entouré par les eaux du lac Assad, le bassin de retenue du barrage.

Environs de Raqqa

■ **QALAAT JABER ET LE LAC ASSAD** *(41 km E. par la rive g. de l'Euphrate).*

Accès : par la rive g. de l'Euphrate (41 km), ou bien par la grande route Alep - Deir ez-Zor sur la rive dr. de l'Euphrate (61 km) : à 46 km de Raqqa en direction d'Alep, tourner à dr. vers la ville nouvelle d'ath-Thawra, en bordure du barrage de Tabqa ; traverser le barrage (présentation du passeport obligatoire) puis, à 3 km, tourner à g. : le château se trouve 12 km plus loin. Entrée payante ; parking devant l'entrée.

Ce château du Moyen Âge musulman occupe un **site**** magnifique, en surplomb du lac Assad dont le bleu éclatant des eaux vire parfois au turquoise. C'est d'ailleurs un des buts d'excursion favoris des écoles de la région. Un petit restaurant au bord de l'eau permet de déjeuner agréablement. Promenades en barque sur le lac.

Pour le reste, Qalaat Jaber doit à de gros travaux de restauration de présenter une muraille encore debout. Cette forteresse est l'œuvre de Nour ed-Din, l'atabeg d'Alep ; il l'avait reprise v. 1149 aux Francs du comté d'Édesse (aujourd'hui Urfa, en Turquie) qui occupaient la place depuis une quarantaine d'années.

On entre à l'intérieur de l'enceinte par un impressionnant passage creusé à même le roc. L'intérieur n'est plus qu'un amas de ruines informes, à l'exception du beau **minaret** cylindrique en brique qui domine le paysage. Le **chemin de ronde**, avec ses tours restaurées, offre de superbes vues sur le lac en contrebas. À l'entrée, un petit musée présente de la céramique islamique et des éléments décoratifs retrouvés sur place.

Le barrage de Tabqa

Mis en service en 1975, ce magnifique ouvrage de 2 500 m de long pour 512 m de large à la base a permis le remplissage d'un lac de retenue, le lac Assad, d'une capacité de 11 milliards de m^3. Il devait permettre l'irrigation de plus de 600 000 ha. On est aujourd'hui loin du compte : à cause de la forte salinité des terres, l'irrigation a provoqué en de nombreux endroits (comme on peut le voir au bord de la route de Deir ez-Zor) d'importantes remontées de sel qui ont rendu les terres incultivables.

Résafé★★ (Sergiopolis)

Situation : à 54 km S.-O. de Raqqa, 194 km S.-E. de Deir ez-Zor, 197 km S.-E. d'Alep ; à 204 km N.-E. de Hama par la nouvelle route de la steppe.

Hébergement : à Raqqa (la ville la plus proche, mais possibilités restreintes) ou à Deir ez-Zor.

À NE PAS MANQUER

Sur la grande route d'Alep à Deir ez-Zor, un détour s'impose jusqu'au site de Sergiopolis. Cette place forte romano-byzantine fut jusqu'au XIIe siècle un but de pèlerinage connu dans tout l'Orient : on venait se recueillir sur les lieux du martyre de Serge, l'un des saints les plus populaires des Arabes chrétiens. Depuis les invasions mongoles, les murs de gypse de Sergiopolis ont été rendus au silence du désert. Vous y verrez d'impressionnants vestiges du VIe siècle : ceux de la basilique Saint-Serge, dont les murs s'élèvent encore à 15 mètres de hauteur, et un rempart qui est un des plus beaux exemples d'architecture militaire de cette époque.

Accès : sur la route d'Alep à Deir ez-Zor, à 169 km d'Alep et 26 km avant Raqqa, tourner à dr. dans le village d'al-Mansoura. Le site de Résafé (aucun habitant permanent) se trouve 28 km plus loin. Depuis 1997, cette route se prolonge à travers la steppe jusqu'à Hama, 204 km plus loin (→ p. 310).

Visite : horaires libres mais entrée payante. Compter 1 h.

Résafé dans l'histoire

■ Place forte et lieu de pèlerinage

En 256, les Perses sassanides s'emparent de Doura-Europos. Pour les Romains, il faut rétablir les défenses des frontières orientales. L'énergique Dioclétien restaure la piste qui, de Damas, gagne l'Euphrate à travers la steppe en passant par Palmyre (la strata Diocletiana). Quelque 30 km avant le fleuve, il décide d'un point d'appui, ultime place forte face au territoire des Perses : ce sera Résafé. Après le martyre de saint Serge au début du IVe s., Résafé devient un lieu de pèlerinage très important et très prospère *(→ encadré)*. Au siècle suivant, elle est élevée au rang d'évêché. C'est au VIe s. que sont élevés les édifices religieux les plus vastes, comme la basilique Saint-Serge.

■ Les murailles de Justinien

Les empereurs byzantins n'en oublient pas pour autant l'importance stratégique de la place : Justi-

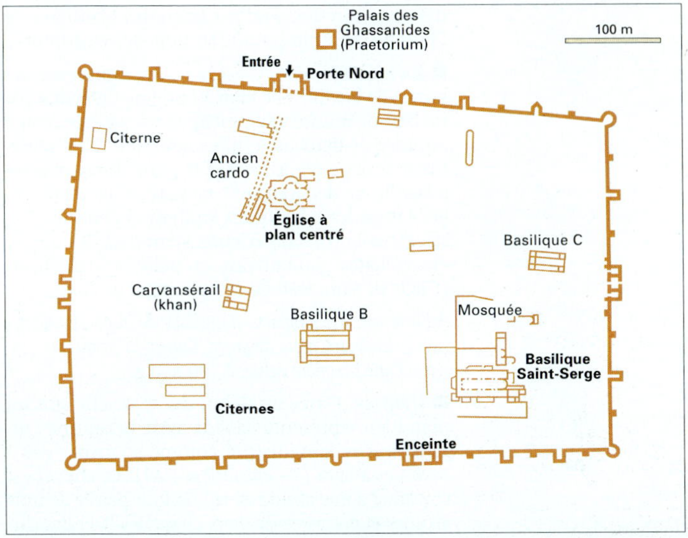

Résafé.

nien (527-565) entoure la ville d'un formidable rempart défendu par 50 tours. Malgré cela, la ville est prise par les Perses en 616, puis par les Arabes, deux décennies plus tard. Elle connaît pourtant un regain d'activité sous les Omeyyades (VIIe-VIIIe s.) : le calife Hisham s'y fait construire un palais où il séjourne quelque temps. Malgré un grave tremblement de terre au VIIIe s., elle continue d'être habitée jusqu'à sa prise par les Mongols au XIIIe s. Le sultan Baybars (1260-1277) en parachève la ruine en déportant l'ensemble de sa population à Hama.

Visiter Résafé

■ **LE TOUR DES REMPARTS****. L'enceinte de la ville *(route carrossable à l'extérieur)*, un quadrilatère de 500 x 400 m, est un remarquable exemple de l'art militaire du VIe s. Elle est percée de quatre portes, au centre de chacun des côtés. Les murs, épais de 3 m, sont renforcés par des tours rectangulaires reliées par des courtines. À chaque angle, une puissante tour ronde venait compléter le dispositif. L'enceinte était doublée d'un fossé, depuis longtemps remblayé par les sables du désert.

On entre par la porte N., du côté de la route venant de l'Euphrate. Devant cette porte, à l'extérieur, vestiges du « **prétoire** », le palais d'un émir ghassanide du VIe s. (les Ghassanides étaient issus de tribus

La ville de Serge

Serge et son compagnon Bacchus étaient deux officiers romains chrétiens qui, avec leur armée, défendaient les marches orientales de l'empire. En 305, lors de la dernière grande persécution contre les chrétiens, ils refusent de sacrifier à Jupiter. Transférés à Résafé, ils y subissent le martyre. Bacchus décède sur-le-champ. Quant à Serge, on lui tranche la tête quelque temps plus tard. Très vite, à Résafé, une petite chapelle est érigée sur sa tombe qui devient un lieu de pèlerinage connu dans toute la chrétienté orientale. Des églises et des hôtelleries sont construites pour accueillir le nombre toujours grandissant de pèlerins. Des citernes immenses sont creusées, comparables à celles de Constantinople. Au VIe s., sous l'empereur Justinien, la ville prend même le nom de Sergiopolis.

d'Arabes chrétiens qui gardaient les frontières de l'Empire byzantin pour le compte des empereurs).

■ **LA PORTE NORD★**. C'est la mieux conservée des portes de la ville. Elle était à l'origine défendue par un bastion avancé, qui protégeait un passage central encadré de deux ouvertures latérales : c'est seulement de là qu'on découvrait la porte donnant accès à la ville. La **décoration★★** est particulièrement soignée : arcades et bandeaux sculptés, chapiteaux fleuris. Dans la frise supérieure, symboles des quatre évangélistes : un taureau, un bélier et deux lions (l'aigle de saint Jean est remplacé par un lion).

À l'intérieur des remparts, dans l'axe de la porte, une des rues principales a été dégagée. Suivez-la jusqu'aux vestiges d'une première église, à 100 m à g.

■ **L'ÉGLISE.** Datée du début du VIe s., elle suit un plan bien représenté dans la Syrie byzantine : un cercle inscrit dans un carré, comme on peut le voir à Bosra et à Ezra (→ *encadré p. 229*). Le **chevet** est constitué d'une abside en cul-de-four percée de trois arcades et encadrée de deux chapelles latérales carrées, qui supportaient peut-être des tours. Le matériau est soigné – un gypse d'un beau grain – mais la décoration est assez limitée.

Les calculs des scientifiques ont montré que les citernes de Résafé pouvaient fournir de l'eau à 6 000 personnes pour peu que les pluies aient été suffisantes en hiver. Ce chiffre ne préjuge pas pour autant de la population de la ville, puisqu'il faut y inclure les soldats stationnés en ville, les caravanes de passage et surtout la foule des pèlerins qui venaient rendre hommage à saint Serge.

■ **LES CITERNES★** *(200 m plus loin sur la dr.)*. Grâce à quatre gigantesques citernes, Sergiopolis était abondamment pourvue en eau, une denrée rare dans cette région désertique, mais nécessaire pour les foules de pèlerins, ainsi que pour les habitants en cas de long siège. La plus grande des citernes (58 x 21,5 m) pouvait contenir 15 000 m^3 d'eau. Par leur aspect monumental, elles soutiennent la comparaison avec celles de la capitale, Constantinople. Par les ouvertures béantes on peut constater les dimensions de l'ouvrage et le beau travail des voûtes *(prudence en approchant : des éboulements sont toujours possibles)*.

Les investigations archéologiques débutèrent en 1952 sous la direction d'une mission allemande qui continue épisodiquement ses travaux. En 1982, un trésor d'objets liturgiques a été découvert : il avait été dissimulé dans une dépendance de la basilique, sans doute au moment où les Mongols allaient prendre la ville. C'est aussi dans la basilique qu'a été mis au jour un panneau de mosaïque, le seul trouvé à ce jour à Résafé.

■ **LA BASILIQUE SAINT-SERGE★★**. Ce vaste complexe de cours et de dépendances constituait le but ultime du pèlerinage et abritait peut-être le tombeau de saint Serge. Consacrée en 559, la basilique – qui deviendra par la suite cathédrale – porta d'abord le nom de Sainte-Croix.

Cette église (55 x 34 m) est composée d'une nef centrale et de deux collatéraux. L'introduction des piliers à la place des colonnes, au début du VIe s., permit aux architectes d'envisager toutes les audaces : la nef est séparée des collatéraux par trois grandes **arcades** d'une hauteur vertigineuse, soutenues par de colossaux piliers cruciformes. Pourtant, à cause du poids des superstructures et peut-être de

Le site de Résafé, en plein désert : derrière les remparts, on découvre un vaste espace presque nu d'où se détachent les hauts murs de la basilique Saint-Serge. Les monuments de Résafé furent bâtis en gypse, une pierre brillante et blanche extraite d'une carrière située à une douzaine de kilomètres au nord.

tremblements de terre, il fallut assez vite les consolider au moyen de deux arcades supplémentaires soutenues par des colonnes à chapiteaux byzantins. La lumière était dispensée par des ouvertures aménagées dans les parties supérieures au-dessus des arcades. Le centre de la nef est en grande partie occupé par un **bêma** monumental ; il était autrefois orné d'un baldaquin de pierre et pourvu de rangées de sièges destinés aux membres du clergé. Contre le flanc N. de la basilique, soubassements d'une mosquée.

En savoir plus

Quelques pages pour aller plus loin

Petit dictionnaire

A

Abbassides. Dynastie califale créée en 747-750 par des descendants d'Abbas, l'oncle de Mahomet. Ayant fondé Bagdad en 762, elle s'intéressa surtout aux provinces de l'ancien Empire sassanide dont elle revendiquait l'héritage, n'accordant guère de valeur à l'ancienne hiérarchie tribale arabe. Après 833, les califes perdirent peu à peu tout pouvoir politique réel au profit des gouverneurs locaux. La dynastie jouit pourtant jusqu'à sa destruction par les Mongols en 1258 d'une autorité religieuse et morale incontestable parmi les sunnites de tout l'espace musulman.

Abside. Extrémité semi-circulaire ou polygonale d'une église s'ouvrant sur un vaisseau ; elle est en général saillante à l'extérieur de l'édifice. L'absidiole est une petite abside distincte de l'abside principale.

Acanthe. Motif de décoration caractéristique des chapiteaux corinthiens de l'Antiquité gréco-romaine, inspiré des larges feuilles très découpées d'une plante commune en Europe et dans le Bassin méditerranéen.

Adyton. Dans les temples, saint des saints réservé aux seuls prêtres.

Aïd. Terme désignant les deux principales fêtes musulmanes : l'**Aïd al-Fitr** ou Aïd as-Saghir (Petite Fête, fête de la Rupture) marque la fin du jeûne du ramadan avec beaucoup plus de solennité et de joie que l'autre, l'Aïd al-Adha (fête du Sacrifice), appelée couramment **Aïd al-Kébir** (Grande Fête), qui a lieu 2 mois et 10 jours après la fin du ramadan, et où l'on égorge un mouton en souvenir du sacrifice d'Abraham.

Akkadien (Empire). Empire de basse Mésopotamie créé v. 2340 par le roi Sargon et dont la capitale était Akkad. Sargon conquit ensuite Sumer, Élam, Dilmoun, puis l'Assyrie et les pays à l'E. du Tigre. Il avança même jusqu'en Syrie et en Anatolie. L'akkadien désigne également une langue sémitique de l'E. qui, au IIe millénaire av. J.-C., se sépara en deux branches : l'assyrien, au N., et le babylonien, au S.

Alaouites. Minorité musulmane apparentée au chiisme, et installée majoritairement dans le djebel Ansariyé, appelé également montagne Alaouite. → *p. 362.*

Alexandre le Grand. Roi de Macédoine (336-323) qui, après s'être rendu maître de la Grèce et de l'Asie Mineure, se tailla un immense empire au Moyen-Orient et en Asie. Après sa mort, ces territoires furent partagés entre ses généraux, les Diadoques *(→ Lagides et Séleucides)*.

Ali. Cousin et gendre de Mahomet (époux de sa fille Fatima), père des seuls descendants mâles de celui-ci, Hasan et Hussein. Selon une partie des musulmans, il aurait dû succéder directement au Prophète. Mais c'est seulement après l'assassinat du troisième calife, Othman, auquel il contribua, qu'Ali devint lui-même calife en 656. Pourtant le quatrième « successeur » de Mahomet était désormais dans une situation délicate : Moawiya, parent d'Othman et gouverneur de la province de Syrie, lui demanda des comptes sur ce meurtre. Leur division alla jusqu'à la lutte armée, puis un arbitrage donna tort au parti d'Ali. Il fut finalement assassiné dans la grande mosquée de Kufa, sa capitale, en 661.

C'est de ces péripéties que sont issus les principaux courants de l'islam : les sunnites *(→)*, héritiers de ceux qui prirent le parti de Moawiya, les chiites *(→)*, qui sont les partisans d'Ali et de ses descendants, et les kharijites, ceux qui n'acceptèrent pas l'arbitrage.

Ambon. Chaire située devant l'autel et surélevée par rapport à l'église. Le prêtre ou l'évêque se tiennent à l'ambon pendant certaines parties de l'office.

Amorrites. Peuple sémitique nomade installé dès le IIIe millénaire dans le désert de haute

Syrie. Ils émigrèrent en Mésopotamie où ils fondèrent notamment à Babylone une dynastie (v. 1830-v. 1530) dont le souverain le plus connu fut Hammourabi (→). Certains d'entre eux essaimèrent vers l'O., faisant d'Alep leur base politique.

Anachorète. Religieux ayant choisi de vivre retiré du monde.

Ante. Extrémité libre d'un mur, souvent renforcée par un pilastre. Dans les temples, il est fréquent que deux colonnes se dressent entre les antes des murs latéraux de l'édifice : on parle alors de colonnes *in antis* (entre les antes).

Antioche. Capitale de la Syrie séleucide (auj. Antakya, en Turquie), puis romaine et byzantine, centre de l'Antiochène dont dépendait le N. de la Syrie, en particulier la région du Massif calcaire.

Antiochos III et **Antiochos IV.** Rois séleucides de Syrie (IIIe-IIe s.) qui constituèrent un immense empire en Orient, où ils pratiquèrent une politique d'hellénisation. Après avoir pillé le temple de Jérusalem, Antiochos IV dut affronter une révolte des Juifs, conduits par Judas Maccabée. *→ aussi encadré p. 108.*

Antonins. Nom donné aux six empereurs romains qui succédèrent aux Flaviens de 96 à 192 : Nerva (96-98), Trajan (98-117), Hadrien (117-138), Antonin le Pieux (138-161), Marc Aurèle (161-180) et Commode (180-192).

Araméens. Nomades sémites qui s'installèrent à la fin du IIIe millénaire en Mésopotamie, puis dans les territoires de la Syrie et du Liban actuels ; à partir du Xe s. av. J.-C., ils formèrent de petits États qui se heurtèrent aux Israélites et aux Assyriens. Au VIIIe s. de notre ère, ils furent définitivement soumis et déportés par les Arabes.

Au Ier millénaire, la langue et l'écriture araméennes conquirent presque tous les pays du Proche-Orient jusqu'à l'Iran. L'araméen, qui est aussi la langue utilisée par le Christ et les apôtres, fut parlé jusqu'au VIIIe s. apr. J.-C., époque à laquelle il fut supplanté par l'arabe. Au IIIe s. apr. J.-C., il se divisa en deux dialectes principaux : l'oriental ou syriaque, encore employé comme langue liturgique dans les rites syrien et maronite, et l'occidental (langue des targums).

Architrave. Partie inférieure de l'entablement, juste au-dessus des chapiteaux des colonnes.

Arcosolium. Tombe creusée dans la paroi d'un hypogée, constituée d'une banquette surmontée d'une niche en forme d'arc.

Arianisme. Doctrine chrétienne hérétique propagée par le prêtre alexandrin Arius (v. 256-336) et condamnée lors d'un synode à Alexandrie en 320 puis au concile de Nicée en 325 : elle niait la consubstantialité du Père, du Fils et de l'Esprit en Dieu et, par conséquent, refusait au Christ une nature divine parfaite. Cette hérésie, l'une des plus graves qui aient touché l'Église chrétienne, dura jusqu'au VIe s.

Assassins. Nom donné à une secte chiite d'Ismaéliens. *→ chiisme et p. 383-384.*

Assyrien. Terme qui désigne en premier lieu un royaume sémite, l'Assyrie, dont le territoire s'étendait des rives du Tigre à la Méditerranée et qui tire son nom de sa capitale Assur (sur le Tigre, en haute Mésopotamie, auj. en Irak). Les autres villes principales étaient Ninive et Nimrud. Les Assyriens connurent leur heure de gloire au début du IIe millénaire (avant la conquête de leurs territoires par Hammourabi de Babylone au XVIIIe s. av. J.-C.), puis du IXe au VIIe s. lorsque leurs souverains se rendirent maîtres de l'ensemble du Proche-Orient. Les plus célèbres d'entre eux furent **Teglath-Phalasar III** (746-727), **Sargon II** (721-705), qui mit un terme au royaume d'Israël en 721 et en déporta les 10 tribus, et **Assurbanipal** (669-631), le Sardanapale des légendes orientales. Les Assyriens reprirent à Babylone ses rites religieux et ses styles artistiques. Après la chute de Ninive en 612, l'Assyrie devint une province de l'Empire perse.

Le mot « assyrien » (ou chaldéen) s'applique également au rite que suit l'Église orientale orthodoxe (nestorienne) dont le patriarche siège à Bagdad et qui compte quelques milliers de fidèles en Syrie, principalement dans la région de Deir ez-Zor.

Atargatis. Déesse des sources et de la végétation originaire du N. de la Syrie et intégrée au panthéon nabatéen. La grande déesse syrienne, dont le culte s'est répandu dans tout l'empire et qui avait son sanctuaire à Hiérapolis (Membij). → *aussi encadré p. 107.*

Atrium. Cour ; dans les églises paléochrétiennes, cour précédant le narthex, fermée par des portiques à colonnes.

Ayyoubides. Dynastie musulmane fondée par Salah ad-Din (Saladin, →), qui régna sur l'Égypte et sur la Syrie de 1171 à 1250. Elle succéda en Égypte aux Fatimides. Les Ayyoubides constituèrent au XIIe s. la principale force d'opposition aux croisades. → *aussi encadré p. 136.*

B

Baal. Principale divinité cananéenne, dieu souverain du ciel et du sol. C'est le dieu national des territoires syriens, associé à la déesse Astarté.

Baas (parti). Al-Hizb al-Baas al-Arabi : le parti de la renaissance arabe, né en 1939. Sa devise : « Unité, Liberté, Socialisme » et son principe fondateur : « Une seule nation arabe à la mission éternelle » résument sa philosophie, exposée dans la Constitution de 1947. Le Baas est tout d'abord un parti nationaliste qui se donne pour but l'unification du peuple arabe (chrétiens comme musulmans). Il est également inspiré par les idéaux socialistes, seuls capables de conduire la Nation arabe à sa réunification. Considérant que les États arabes actuels sont la conséquence de la colonisation, le parti Baas s'est doté d'une « direction nationale » où siègent des représentants venus de tous les États arabes et de « directions régionales » au niveau de chacun de ces États. Depuis la rupture entre les partis Baas syrien et irakien, il existe deux « directions nationales », l'une à Damas, l'autre à Bagdad.

Babylone. Ville de basse Mésopotamie située sur le bord de l'Euphrate (en Irak auj.), la plus célèbre et la plus grande de l'Antiquité orientale. Elle servit de capitale à de nombreuses dynasties du XIXe s. av. J.-C. jusqu'au dernier roi perse, qui l'abandonna aux troupes d'Alexandre. Ses souverains les plus connus furent Hammourabi *(→)* et Nabuchodonosor II *(→)*.

Baptistère. Monument de plan centré circulaire ou plus souvent octogonal, construit à côté ou à l'intérieur de l'église, et servant au baptême par immersion.

Barbacane. Ouvrage de défense avancé.

Basileus. Mot grec signifiant « roi » ; titre officiel du souverain byzantin à partir d'Héraclius (VIIe s.).

Basilique. Sous l'Empire romain, grande salle de réunion servant de tribunal et de hall de commerce, construite le long du forum. De plan rectangulaire et de dimensions imposantes, elle comprend trois ou cinq nefs séparées par des colonnes ; elle est souvent terminée par une abside semi-circulaire.

Les chrétiens utilisèrent dès le IVe s. des basiliques comme lieux de culte, avec l'abside – en général orientée à l'E. – réservée au clergé et la nef destinée aux fidèles. Ces édifices adoptèrent souvent un plan en forme de croix latine par l'adjonction d'un transept coupant la nef à son extrémité orientale.

De nos jours, le titre de basilique est aussi décerné par le pape à une église qui a préséance sur toutes les églises du diocèse, sauf la cathédrale.

Baudouin Ier. Comte de Flandre puis d'Édesse lors de la première croisade, il devint le premier roi de Jérusalem (1100-1118) après la mort de son frère Godefroi de Bouillon.

Baybars. Sultan mamelouk d'Égypte (1223-1277), surnommé « la Panthère ». Il combattit les croisés en Syrie et les délogea de la plupart de leurs places fortes syriennes.

Bédouin. Nom donné aux Arabes nomades du désert ou, plus exactement, de la steppe *(badiya)*. Ils sont répartis en groupes tribaux plus ou moins importants, alliés ou rivaux. Chaque individu est lié à sa tribu par un code de valeurs très strict. Les bédouins vivent sous des tentes groupées en villages et sont dirigés par un cheikh (l'Ancien, celui qui sait). De nos jours, ils ont de plus en plus tendance à se sédentariser, mais le système tribal reste prépondérant. → *aussi p. 416-418.*

Beit. Maison, ou appartement dans un palais.

Bêma. Tribune ou chaire d'où parlaient les orateurs ; dans une église, sanctuaire situé à l'E. de la nef et surélevé de plusieurs degrés par rapport à celle-ci ; c'est dans le bêma que se dressent l'autel et le trône de l'évêque.

Bétyle. Pierre sacrée dressée, considérée comme la demeure d'un dieu ou comme le dieu lui-même. Le bétyle serait à l'origine de la stèle funéraire. Le temple d'Émèse (Homs) abritait un célèbre bétyle ; son jeune prêtre Héliogabale *(→ aussi p. 321)*, devenu empereur, tint à l'emporter avec lui jusqu'à Rome.

Bey. Titre signifiant « seigneur », porté autrefois par les hauts fonctionnaires et les officiers supérieurs de l'armée ottomane.

Bilad al-Cham. Appellation qui remonte aux géographes arabes (IXe-XIIe s.) et qui désigne un vaste ensemble naturel compris entre le mont Taurus au N., le Sinaï au S., la mer Méditerranée à l'O. et l'Euphrate à l'E. Dans ce territoire, deux régions étaient autonomes depuis 1864 : le sandjak du Mont-Liban et celui de Jérusalem. La Turquie abolit ces autonomies en 1914. La notion de Bilad al-Cham peut être considérée comme équivalente à celle de « Grande Syrie », de « Syrie historique » ou « Syrie naturelle ». C'est à la conférence de San Remo (avril 1920) que le Bilad al-Cham fut divisé en Syrie, Liban, Palestine et Transjordanie, et placé sous mandats français et anglais.

Bimaristan. → *maristan.*

Byzantins. L'Empire byzantin, héritier de l'Empire romain, naît avec la fondation en 330 de Constantinople (Byzance), la nouvelle Rome. Il dura jusqu'en 1453 (prise de la ville par les Ottomans). Il recueillit les possessions de Rome en Orient (Syrie, Palestine), qu'il perdit en 636 au profit des musulmans.

C

Caldarium. Salle chaude dans les thermes.

Calendrier musulman. Fondé sur le comput lunaire, il sert à régler les dates des fêtes religieuses. L'ère musulmane a commencé le 16 juillet 622 *(→ hégire)*. L'année en usage en matière religieuse est l'année lunaire, de 354 ou 355 jours (11 mois lunaires alternativement de 29 et 30 jours, et un douzième mois de 29 ou 30 jours) : il existe donc par rapport au calendrier grégorien un décalage qui va s'amplifiant chaque année de 10 ou 11 jours.

Calife (ou khalife). *Al-Khalifa*, le « successeur » du prophète Mahomet, titre du chef suprême des musulmans. Il dirigeait, à l'époque classique, la communauté des croyants ; il détenait les pouvoirs spirituel et temporel, déléguant les pouvoirs militaires à des émirs. À partir du XIe s., c'est le sultan qui détient le pouvoir temporel.

Canaan. Personnage biblique, fils de Cham et petit-fils de Noé, ancêtre des **Cananéens,** les habitants du pays de Canaan, entre le Jourdain et la côte, qui sera plus tard la Phénicie et la Palestine. Les Israélites s'y implantèrent de manière stable jusqu'à la destruction du royaume de Juda par les Babyloniens.

Caravansérail. → *khan.*

Cardo. À l'époque romaine, l'un des axes N.-S. d'un camp ou d'une ville ; le principal est appelé *cardo maximus. → aussi decumanus.*

Cavea. Ensemble des gradins d'un théâtre, en forme d'éventail creux, d'où le nom.

Cella (ou naos). Salle centrale d'un temple, véritable chambre de la divinité, souvent divisée en trois nefs par deux rangées de colonnes.

Chaldéens. Tribu araméenne implantée vers le IXe s. av. J.-C. en basse Mésopotamie. Au VIIe s., l'un de leurs princes s'empare de Babylone et fonde la dynastie chaldéenne, dont Nabuchodonosor sera le plus illustre représentant, et qui sera renversée par Cyrrhus en 539.

« Chaldéen » désigne aussi l'une des branches de l'Église orientale : *→ Assyrien, et encadré p. 119.*

Chancel. Balustrade basse qui entoure le chœur de l'église, séparant cette partie réservée au clergé de la nef où se tiennent les fidèles.

Chapiteau. Élément placé au sommet d'une colonne ou d'un pilier, qui reçoit l'architrave ou l'arc. Dans l'architecture antique, il offre un décor sculpté qui caractérise les différents styles ou ordres d'architecture (dorique, ionique, corinthien, composite).

Cheikh. Littéralement, l'« ancien ». Personne qui a une autorité particulière du fait de son âge ou de son savoir.

Chiisme. L'une des deux grandes branches de l'islam. Les chiites sont les partisans du parti *(chi'a)* d'Ali, cousin et gendre du prophète Mahomet et quatrième calife qui fut détrôné par Moawiya, fondateur de la dynastie omeyyade. Les chiites se divisent en deux grandes tendances : les uns reconnaissent la succession des imams jusqu'au septième de la lignée : ce sont les **Ismaéliens** *(→)* ; les autres prolongent la lignée jusqu'au douzième imam : ce sont les chiites **duodécimains,** que l'on trouve en Irak et en Iran. Les deux branches considèrent que leur imam respectif a simplement « disparu » et qu'il reviendra à la fin des temps. Cet aspect messianique a conféré une dimension ésotérique au chiisme qui le fait considérer comme hérétique par les sunnites. Les chiites représentent env. 10 % de la communauté musulmane mondiale. En Syrie, moins de 1 % des musulmans sont chiites.

Chrisme. Monogramme du Christ formé des lettres grecques *chi* et *rho* entrelacées, premières lettres du mot *christos* ; le chrisme est souvent accompagné de l'alpha et de l'oméga, première et dernière lettres de l'alphabet grec.

Circassiens. Musulmans orthodoxes appelés encore Tcherkesses, originaires des bords de la mer Noire. Ils émigrèrent en Turquie lorsque les forces tsaristes envahirent leur pays dans la seconde moitié du XIXe s. Voyant en eux des guerriers éprouvés, le sultan Abdül-Hamid II les établit le long des frontières orientales de la Syrie et en Palestine. Ils parlent l'arabe et ont conservé leur costume et leurs coutumes nationales.

Concile. Assemblée des évêques qui établit des textes, décrets et canons, sur des questions de doctrine et de discipline ecclésiastique. Le concile est dit œcuménique quand tous les évêques y sont représentés.

Constantin. Empereur romain de 306 à 337. En 324, il devint empereur unique après la mort de son beau-frère Licinius, et établit alors sa capitale à Byzance, rebaptisée Constantinople. Par l'édit de Milan (313), il décréta la liberté de culte pour les chrétiens et réunit le premier concile de l'histoire du christianisme à Nicée, en 325. On attribue à Constantin et à sa mère Hélène la fondation de très nombreuses églises en Terre sainte.

Coran. *Al-Qurân,* la « Proclamation », la « Récitation » du Prophète, d'abord, qui retransmettait à ses disciples les paroles inspirées par Dieu ; puis celle de la communauté, puisque la juste lecture du Coran et sa connaissance par cœur sont les fondements de l'éducation musulmane traditionnelle. Le Coran est, pour les musulmans, la parole de Dieu transmise à Mahomet par l'ange Gabriel ; il est parfait et inimitable, et ne souffre pas, à l'inverse des autres livres révélés (Psaumes, Torah, Évangile), des imperfections dues à la transcription par les hommes ; il confère à la langue arabe, dans laquelle il est écrit, un prestige inégalable.

Les 6 211 versets du Coran sont organisés en 114 chapitres (sourates) classés par ordre de longueur décroissante ; il insiste sur la bonté d'Allah, Dieu unique, créateur de l'univers, qui départagera, lors du Jugement dernier, les hommes purs et généreux des ingrats et des incroyants. C'est, pour les musulmans, la source essentielle de la morale, du droit, et même souvent de la manière de gérer les affaires publiques, ses prescriptions constituant la Sharia *(→).* Néanmoins, la connaissance religieuse s'appuie sur d'autres sources considérées comme fondamentales telles que le corps des hadiths (récits des paroles ou faits de Mahomet transmis oralement par ses compagnons avant d'être fixés par écrit, bien après sa mort).

Corinthien. Ordre architectural caractérisé essentiellement par l'emploi de la feuille d'acanthe dans l'ornementation des chapiteaux.

Coufique (koufique). Écriture arabe calligraphiée la plus ancienne, originaire de la ville de Kufa (Irak), utilisant des caractères anguleux et raides, propices au décor architectural. Une variante de cette écriture, le coufique fleuri, où les hampes des lettres s'ornent de motifs floraux, a souvent été utilisée pour la décoration des mosquées arabes mais n'a pas connu le même succès dans le monde ottoman.

Coupole. Élément d'architecture de forme hémisphérique couvrant une surface généralement carrée, salle ou travée d'un édifice. Le passage du plan carré au plan octogonal sur lequel repose le tambour de la coupole se fait soit au moyen de pendentifs, triangles de maçonnerie incurvés, soit au moyen de trompes, petites voûtes prenant place dans les angles. La coupole est l'un des éléments caractéristiques de l'architecture byzantine.

dans des pays comme la Syrie, la Jordanie ou la Turquie.

Harem. Appartements privés, dans une maison comme dans un palais.

Haut lieu. Lieu de culte en plein air situé sur une éminence. On s'y rendait en procession avec une idole et on y faisait des sacrifices. Ce type de sanctuaire est commun à toutes les religions sémitiques.

Hébreux. Peuple sémitique de l'Orient ancien, issu d'Abraham et de ses descendants, dont l'histoire est retracée dans l'Ancien Testament ; elle prend fin avec la destruction de Jérusalem en 70 apr. J.-C. « Hébreu » est utilisé dans la Bible comme proche synonyme d'« Israélite » ; ce dernier mot servira à désigner les groupes qui, ultérieurement, se considéreront comme les descendants des Hébreux.

Hedjaz. Région au N.-O. de la péninsule Arabique, sur les rives de la mer Rouge. Elle comprend notamment deux villes saintes de l'islam, La Mecque et Médine.

Hégire. Le 16 juillet 622, le prophète Mahomet, à la suite de l'hostilité qui accueillit sa prédication à La Mecque, quitte avec ses premiers adeptes cette cité pour l'oasis de Yatrib (la future Médine). Cette émigration – en arabe *higra*, que l'on a transcrit par « hégire » – marque le point de départ du calendrier musulman.

Héliogabale. Membre de la dynastie des Sévères, il fut prêtre du temple du Soleil d'Émèse (Homs) avant de devenir empereur romain (218-222). La vie de débauche qu'il mena à Rome lui valut d'être assassiné. → *encadré p. 321.*

Hippodamos de Milet. Philosophe grec du Ve s. av. J.-C. né à Milet (auj. en Turquie), qui inventa un nouveau type d'urbanisme fonctionnel *(→ encadré p. 430)*. On parle ainsi d'une cité à plan hippodaméen.

Hittites. Peuple d'Anatolie centrale résultant de la fusion, au début du IIe millénaire av. J.-C., d'autochtones et d'une aristocratie guerrière indo-européenne. Vers 1600, ils effectuèrent un raid jusqu'à Babylone, qu'ils détruisirent, prenant au passage Alep et incendiant Ebla. Les Hittites atteignirent leur apogée aux XIVe et XIIIe s. avec des souverains comme Suppiluliuma (qui conquit la Syrie du N. en 1350), Mursili II ou Hattusili III. Mais leur empire fut affaibli par les luttes qu'ils menèrent contre les Égyptiens – et qui s'achevèrent par la célèbre bataille de Qadesh, au S. de Homs *(→ encadré p. 260)* – et contre les Assyriens. Ils disparurent à la fin du XIIIe s. av. J.-C., probablement victimes des Peuples de la Mer *(→)*. Des petits royaumes néohittites survécurent cependant en Cilicie et en Syrie du N. ; on peut en voir des vestiges sur le site d'Aïn Dara, au N.-O. d'Alep.

Hospitaliers. Ordre religieux fondé en 1113, et qui devint v. 1140 un ordre militaire *(→)*. Pendant les croisades, plusieurs forteresses de Terre sainte furent confiées aux hospitaliers, en particulier, en Syrie, le Krak des Chevaliers et le château de Marqab. → *encadré p. 366.*

Hourrites. Peuple originaire de Syrie du N. qui ne se constitua en État qu'à l'époque mitannienne (fin du XVIe s. av. J.-C.). Les Hourrites formaient l'élément le plus important de la population du Mitanni *(→)*. Après la destruction de cet empire au XIVe s., ils jouèrent à nouveau un rôle important dans le nouvel Empire hittite.

Hyksos. Nomades sémites qui, au XVIIIe s. av. J.-C., ravagèrent l'Orient avant d'envahir l'Égypte.

Hypocauste. Sorte de fourneau souterrain pour chauffer les bains.

Hypogée. Tombeau souterrain. Dans l'Antiquité orientale, c'est un mode de sépulture qui fut utilisé tout au long du littoral méditerranéen. On accédait à la tombe soit par un escalier, soit par un puits.

I

Iconoclaste (crise). Période pendant laquelle les empereurs byzantins prohibèrent et firent détruire les images saintes. Cette grave crise dura de 726 à 787 et de 815 à 843, date de la « restitution des Images » par l'impératrice Théodora.

Iconostase. Dans les églises orientales, cloison ornée d'icônes disposées dans un ordre consacré et séparant la nef du sanctuaire, dans lequel l'officiant s'isole pour la consécration.

Imam. Au sens le plus large, le mot désigne tous ceux qui, d'une manière ou d'une autre, guident le croyant dans sa démarche vers Dieu. Les imams ne sont consacrés par aucune ordination, la charge ne représentant pas un sacerdoce et pouvant être remplie par tout musulman compétent : la religion ne comporte pas de sacrements, et le croyant s'adresse à Dieu directement, sans intercesseur. Du haut en bas de la hiérarchie, on peut distinguer : les **cheikhs,** chefs de confréries religieuses ; les **hatibs,** chargés du prône du vendredi ; les **imams** proprement dits, préposés au service d'une mosquée et qui dirigent les prières collectives (celle du vendredi, ou celles qui accompagnent les cérémonies telles que mariages, enterrements, etc.) ; les **muezzins,** qui annoncent la prière cinq fois par jour.

Le titre d'imam peut aussi être porté par le chef suprême de la communauté des croyants : ce fut le cas des quatre premiers califes, du moins selon l'optique sunnite, comme c'est auj., pour les chiites, celui du guide de la révolution iranienne.

Islam. Mot arabe signifiant « soumission à Dieu » ; c'est la religion des musulmans. Certains versets du Coran et divers hadiths *(→)* permettent de détailler le contenu de l'islam au point de vue dogmatique :

– Dieu a parlé aux hommes et leur a donné la Loi par l'intermédiaire des prophètes, Abraham, Moïse, Jésus (le Coran en cite beaucoup d'autres, d'Adam à Jean Baptiste) et Mahomet, le dernier ;

– Il existe des anges (l'un d'eux, Gabriel, a dicté le Coran à Mahomet), ministres de la volonté de Dieu, créés de lumière, et des êtres intermédiaires, ou djinns, créés de feu, soumis à la Loi, les uns bons et les autres mauvais (et alors satellites d'Iblis, ou Satan, ange révolté) ;

– Précédée de l'avènement du Mahdi (messie) qui rétablira pour un temps la foi et la justice dans le monde, viendra l'Heure, où tous seront ressuscités pour être jugés : ils connaîtront alors soit les délices éternelles du paradis, soit les affres de l'enfer ;

– La prédestination tient à la toute-puissance divine et ne s'oppose pas à la responsabilité humaine : la croyance implique un abandon total et volontaire à Dieu. Il n'y a ni déchéance de la nature humaine ni péché originel.

Sur les prescriptions de l'islam, *→ Sharia, et encadré p. 75.*

Ismaéliens. Secte musulmane chiite, connue aussi au Moyen Âge sous le nom d'Assassins : *→ chiisme et p. 383-384.*

Iwan. Grande salle fermée sur trois côtés et dont le quatrième ouvre soit sur une cour, soit sur une salle (situées une marche plus bas que l'iwan lui-même). Originaire de Perse, l'iwan est caractéristique de l'architecture musulmane. *→ illustr. p. 195 et 279.*

J

Jacobite. Autre nom de l'Église syrienne catholique, qui compte env. 30 000 fidèles en Syrie et dont le patriarcat est à Beyrouth. *→ monophysisme.*

K

Khan (caravansérail). Bâtiment situé sur la route des caravanes ; il servait de gîte d'étape et aussi, dans les villes, de lieu où se traitaient les affaires. *→ aussi p. 280-281.*

Koufique. *→ coufique.*

L

Lagides. Dynastie grecque fondée par Ptolémée (fils de Lagos), l'un des généraux d'Alexandre le Grand qui se partagèrent son royaume après sa mort. Elle régna sur l'Égypte de 306 à 30 av. J.-C.

Limes. Zone frontière fortifiée établie par les Romains à la limite de leur empire aux endroits dépourvus de défenses naturelles.

Loculus (plur. loculi). Niche longitudinale pratiquée dans une paroi de tombeau (ou d'une galerie de catacombes), dans laquelle on déposait le défunt.

Louvites. Peuple indo-européen apparenté aux Hittites et installé dans le S. de l'actuelle Turquie. Dans la deuxième moitié du IIe millénaire, les Louvites mirent au point une écriture combinant idéogrammes et système syllabique, très répandue en Syrie dans la première moitié de l'âge du fer.

M

Madrasa. École de théologie coranique, établissement d'enseignement supérieur musulman. *→ aussi p. 140-141.*

Mahomet. Le fondateur de l'islam, l'envoyé de Dieu, celui qui a reçu la Révélation, le

Coran *(→)*. Il est, pour les musulmans, le dernier des prophètes après Abraham, Noé, Moïse, Jésus. Né à La Mecque vers 570 apr. J.-C., il est élevé par son oncle Abou Talib avec son cousin Ali *(→)*. Adolescent, il accompagne des caravanes en Syrie, notamment pour le compte d'une riche veuve, Khadidja, qu'il épouse. C'est de ce mariage que naîtra Fatima.

Vers 610, Mahomet reçoit sa première illumination. En 613, il commence sa prédication et fait, parmi les Mecquois, quelques adeptes qui recueillent ses paroles pour les retransmettre plus tard. Mahomet se heurte alors à l'hostilité des Qurayshites, qui craignent que ces nouvelles idées ne troublent l'ordre, pour eux profitable, de La Mecque. Mahomet, en effet, non seulement proclame l'unicité du Dieu créateur face au polythéisme mecquois, mais encore prophétise un Jugement dernier terrible pour les riches n'ayant pas fait l'aumône aux pauvres. Cette hostilité le décide, en 622, à émigrer avec ses premiers compagnons vers l'oasis de Yatrib *(→ hégire)*.

Les relations avec les Mecquois empirent ensuite au point que les deux communautés se font la guerre. En 630, les musulmans reprennent La Mecque et vident le sanctuaire de la Kaaba de ses idoles. Désormais, le pèlerinage de La Mecque est monothéiste et réservé aux seuls musulmans. La communauté musulmane lance aussi des raids en Arabie et, malgré quelques révoltes, la péninsule est totalement convertie à l'islam en 633. Mahomet meurt le 8 juin 632 à Médine.

Mamelouks. Esclaves qui servaient de milice d'élite aux califes et aux sultans, en particulier à ceux de la dynastie ayyoubide. Après s'être emparés du pouvoir en Égypte (1250), ils soumirent la Syrie et la Palestine en provoquant la chute du royaume des Francs. Ils maintinrent leur pouvoir jusqu'en 1517, date à laquelle l'Égypte et ses possessions tombèrent aux mains des Ottomans.

Mandat français. Après le démantèlement de l'Empire ottoman en 1919, un mandat occidental fut instauré sur le Proche-Orient, conformément aux accords Sykes-Picot de 1916. La France reçut la Syrie et le Liban, tandis que la Palestine et l'Irak revenaient à la Grande-Bretagne. Le Mandat français en Syrie dura de 1920 à 1946. *→ aussi p. 144-148.*

Maristan (ou bimaristan). Hôpital faisant souvent partie d'un ensemble de fondations charitables qui accompagnait certaines mosquées. *→ aussi p. 140-141.*

Maronite. Nom d'une Église catholique de Syrie qui se constitua en patriarcat à l'époque troublée des invasions musulmanes avec saint Jean Maron (mort en 707). Ses membres ayant été chassés de Syrie par les persécutions au IXe s., l'Église maronite se réfugia au Liban. Elle ne rompit jamais l'union avec l'Église catholique. Elle compte 2 300 000 fidèles dont la moitié vivent maintenant hors du Liban (siège du patriarche). La Syrie compte quelque 20 000 maronites. Malgré quelques influences latines, le rite reste proche du syriaque.

Martyrion. Crypte contenant le tombeau, les reliques d'un martyr ; église-mausolée élevée sur sa tombe.

Mecque (La). Première ville sainte de l'islam, située dans l'O. de l'Arabie, à env. 80 km de la mer Rouge. Pour les musulmans, La Mecque est la ville sainte par excellence, celle où naquit et vécut Mahomet, celle où sont situés le puits sacré de Zemzem et la Kaaba, sanctuaire de forme cubique et haut lieu de pèlerinage, celle enfin vers laquelle on se tourne pour prier. À l'époque de Mahomet, c'était déjà un grand centre commercial, étape sur la route caravanière reliant le Yémen à la Syrie.

Médine. Deuxième ville sainte de l'islam, après La Mecque. Avant l'islam, c'était une petite oasis d'Arabie nommée Yatrib. C'est là que vint Mahomet *(→)* le 16 juillet 622, lorsque l'hostilité à son égard fut devenue trop grande à La Mecque. Cette émigration, l'hégire, marque le point de départ du calendrier musulman.

Melkite. Nom qui désigne les Églises de Syrie, de Palestine et d'Égypte restées fidèles à l'orthodoxie après le concile de Chalcédoine, c'est-à-dire en fait restées fidèles à l'empereur et à Constantinople. L'Église melkite est appelée aussi Église grecque catholique ; elle suit le rite byzantin. En Syrie, elle compte 150 000 fidèles qui relèvent du patriarcat d'Antioche siégeant à Damas.

Merlons. Créneaux à degrés.

Mésopotamie. Mot d'origine grecque signifiant la région « d'entre les deux fleuves » – le Tigre et l'Euphrate. Elle vit s'épanouir à partir du IVe millénaire la civilisation sumérienne (→ *Sumer*). On peut distinguer la haute Mésopotamie, qui correspond à la Djéziré (l'« île », en arabe ; → *p. 426-427*), de la basse Mésopotamie, entièrement située auj. en territoire irakien.

Mihrab. Dans les mosquées, niche qui montre la direction de La Mecque, la *qibla*, vers laquelle les musulmans se tournent pour prier. → *illustr. p. 187.*

Minaret. Tour d'une mosquée d'où le muezzin lance cinq fois par jour l'appel à la prière.

Minbar. Dans les mosquées, chaire composée d'un escalier surmonté d'un trône, du haut de laquelle est prononcée la *hutba* (le prêche du vendredi). La plupart des minbars sont en bois, quelquefois incrustés d'ivoire ou de nacre. Il en existe aussi en pierre.

Mitanni. L'une des quatre grandes puissances, avec l'Égypte, la Babylonie et les Hittites, qui dominaient le Proche-Orient dans la deuxième moitié du IIe millénaire av. J.-C. Aux XVe et XIVe s., le Mitanni, qui était situé au S. du royaume des Hittites, fut très puissant et domina toute la haute Mésopotamie et la Syrie du N. L'élément le plus important de la population étaient des Hourrites.

Mongols. Nom donné à de nombreuses tribus de l'Asie centrale et de la région du lac Baïkal (S. de la Sibérie). Elles furent unies au début du XIIIe s. par Gengis khan. Les Mongols se rendirent maîtres de la Chine et d'une grande partie de l'Asie occidentale. En 1400, ils firent le sac de Damas et déportèrent les ouvriers de la ville vers Samarkand.

Monophysisme. Doctrine élaborée par Eutychès (v. 375-v. 454), moine de Constantinople qui, contrairement au nestorianisme *(→)*, ne reconnaissait dans le Christ qu'une seule nature, divine. Cette hérésie fut condamnée au concile de Chalcédoine en 451. Un siècle plus tard, le moine syrien Jacob Baradée (mort en 578) réunit plusieurs sectes monophysites en une seule, établissant l'Église syrienne, dès lors appelée jacobite. → *aussi encadré p. 119.*

Mosaïque. Revêtement décoratif composé soit simplement d'éclats de marbre ou de tuileaux, soit de galets ou de tesselles (petits cubes de pierre, ultérieurement de verre) de différentes couleurs, jointoyés et insérés dans un ciment-support de manière à former un pavement ou, surtout à l'époque byzantine, une parure murale.

Mosquée. En arabe *masdjid*, « lieu de la prosternation », ou *djami*, « lieu de la réunion ». Lieu de rassemblement des musulmans composé d'une salle de prière où se trouve le mihrab *(→)* ainsi que, presque toujours, d'une cour fermée, quelquefois entourée d'iwans *(→)*. La mosquée est souvent associée à une madrasa (école coranique). → *aussi p. 186-187.*

Moucharabieh. Grillage de bois (parfois de marbre) travaillé et découpé, placé devant une fenêtre dans les maisons arabes, permettant de voir sans être vu.

Mouqarna. Mot arabe signifiant « stalactite » ; un des éléments les plus caractéristiques de la décoration de l'architecture musulmane. Il s'agit des « stalactites » en pierre, brique ou plâtre, pendant d'un élément architectural (arc, pendentif de coupole).

Muezzin. Musulman qui lance, du haut du minaret de la mosquée, l'appel à la prière.

N

Nabatéens. Tribu probablement originaire du N.-O. de l'Arabie et qui, enrichie par le contrôle des routes caravanières, s'établit au IVe s. av. J.-C. à Pétra (auj. en Jordanie). Celle-ci devint la capitale d'un royaume qui s'étendit jusqu'à Damas et dont Trajan fit, en 106 apr. J.-C., la province d'Arabie. À cette époque, le centre du pouvoir nabatéen se déplaçant vers le N., Bosra fut choisie comme nouvelle capitale.

Nabuchodonosor. Roi de Babylone qui régna de 605 à 562. En 605, il remporta une grande victoire sur le pharaon Néchao II à Karkémish. Pour mater la révolte du roi de Jérusalem, il mit le siège devant la ville, qui se rendit après trois mois. Il battit aussi Sédécias, roi de Juda. C'est à ce moment qu'eut lieu la déportation des Juifs en Babylonie, et que le Temple fut détruit. Nabuchodonosor fut le maître incontesté de tous les territoires à l'O. de l'Euphrate.

Naos. → *cella.*

Narthex. Vestibule ou porche couvert, fermé du côté extérieur, qui précède la nef dans les églises byzantines et romanes ; c'est là que se tenaient les catéchumènes.

Nestorianisme. Doctrine hérétique soutenue par Nestorius (v. 380-451), moine d'Antioche devenu patriarche de Constantinople. Pour lui s'unissaient dans la personne du Christ deux natures distinctes, l'humaine et la divine. Condamné et déposé au concile d'Éphèse en 431, Nestorius fut exilé en Égypte.

Nour ed-Din. Atabeg d'Alep (1146-1174) d'origine kurde, fils de Zanki, le fondateur de la dynastie zankide. Brillant chef de guerre, il acheva la conquête du comté d'Édesse, prit aux Francs plusieurs forteresses et imposa son pouvoir à Damas (1154), convoitée par les croisés. Il est l'artisan avec Saladin, son successeur, de la réunification de la Syrie. Il propagea aussi l'orthodoxie sunnite et fit édifier de nombreuses mosquées et madrasas. → *aussi encadré p. 136.*

Nymphée. Fontaine monumentale consacrée aux nymphes.

O

Oasis. Zone plus ou moins fertile au milieu d'un désert, due à la présence d'un point d'eau – puits, oued (en arabe : wadi) –, où la vie humaine est possible. La végétation dans une oasis correspond toujours à des espèces introduites par l'homme. Le palmier dattier y est l'essence dominante ; à son ombre sont cultivés arbres fruitiers, céréales et légumes.

Obeid (culture d'). Culture néolithique tirant son nom du site d'Obeid, qui est partie sans doute de la Mésopotamie méridionale pour recouvrir progressivement tout le Proche-Orient. Elle est caractérisée par une céramique peinte, souvent de moindre intérêt que celle de Halaf *(→)*, mais aussi par une architecture de plus en plus développée qui exprime les mutations d'une société engagée dans une hiérarchisation qui ouvrira la voie de l'urbanisation.

Odéon. Théâtre de petites dimensions, souvent couvert.

Omeyyades. Clan hégémonique à La Mecque, opposé à Mahomet au début de la prédication du Coran, et qui se rallia ostensiblement à lui peu avant sa mort. Fondée en 660 à Damas par Moawiya, la première dynastie de califes de l'islam régna pendant un siècle sur tout l'Empire musulman. En 750, n'ayant pas su gérer leurs relations avec les tribus arabes combattantes ni créer une fiscalité efficace, les Omeyyades furent vaincus et massacrés par les Abbassides. Cependant, un enfant rescapé fonda à Cordoue en 756 l'émirat qui devint, en 929, le califat omeyyade d'Andalous et qui domina l'Espagne jusqu'en 1030.

Orchestra. Place circulaire du théâtre grec réservée aux évolutions des acteurs et du chœur, puis du chœur seul (à partir du début du IIIe s. av. J.-C.), au pied de la cavea.

Ordre. Chacun des styles de construction de l'architecture antique, caractérisés par la structure et la décoration des bases, des colonnes, des chapiteaux et des entablements. Les trois principaux ordres de l'Antiquité sont le dorique, l'ionique et le corinthien, auxquels il faut ajouter l'ordre composite des Romains, qui mêle les volutes du dorique aux feuilles d'acanthe du corinthien.

Ordres militaires (templiers, hospitaliers). Ordres dont la règle était approuvée par le pape, et qui connurent une grande expansion au XIIe s. Ils étaient formés de moines-soldats répartis en trois grades suivant leur origine sociale : chevaliers (nobles), sergents (bourgeois) et clercs qui seuls assuraient le service divin. Gouvernés par un grand maître, ils portaient un uniforme et faisaient vœu de pauvreté, d'obéissance et de chasteté.

Oronte (Nahr al-Assi). L'un des principaux fleuves de Syrie. D'une longueur de 570 km, il naît au Liban dans la Bekaa, pénètre en Syrie, passe à travers le lac de Homs, arrose les villes de Hama et de Homs puis rejoint la dépression du Ghab et se jette dans la Méditerranée en Turquie.

Orthostate. Dalle dressée de chant.

Ottomans. Dynastie turcomane fondée par Osman (d'où son nom d'Osmanli, dont « Ottomans » est une traduction occidentale) à la fin du XIIIe s., qui succéda aux Seldjoukides. Les Ottomans édifièrent à partir du XVe s. un immense empire qui s'étendit rapidement en Europe jusqu'aux frontières austro-hongroises, au Moyen-Orient jusqu'aux frontières iraniennes (qui furent souvent violées), et enfin au N. de l'Afrique. Leur déclin commença au début du XVIIe s. ; il devait s'achever avec la Deuxième Guerre mondiale par la suppression de l'empire agonisant et l'instauration en Syrie du Mandat français (1920-1946).

Our. → *Ur.*

Ourouk. → *Uruk.*

P

Palestine. Région du Proche-Orient située entre le Liban et la Syrie au N., la mer Morte au S. et la Méditerranée à l'O. Historiquement, on ne donne le nom de Palestine à cette région qu'à partir de l'installation des Philistins, au XIIe s. av. J.-C.

Parascaenium. Aile saillante de la scène d'un théâtre.

Parthes. Peuple apparenté aux Iraniens qui se fixa au Ier millénaire av. J.-C. en Parthie (l'actuel Khorassan), dans l'Iran ancien, et qui précéda les Sassanides.

Périptère. Se dit d'un monument entouré d'une colonnade extérieure simple.

Péristyle. *Adj.* : entouré de colonnes ; *subst.* : galerie à colonnes entourant une cour, un édifice.

Peuples de la Mer. Nom donné à des tribus indo-européennes qui se répandirent v. 1200 av. J.-C. en Asie Mineure, en Syrie, en Phénicie-Palestine, dans les îles de la mer Égée et en Crète. Ils sont probablement à l'origine de la disparition de l'Empire hittite et ruinèrent complètement Ougarit à la fin du XIIe s. av. J.-C.

Phéniciens. Peuple sémitique de l'Antiquité qui occupait la région côtière de la Méditerranée s'étendant de l'embouchure de l'Oronte au N. (auj. en Turquie) jusqu'au mont Carmel au S. (en Israël). Après l'invasion des « Peuples de la Mer » v. 1200 av. J.-C. et la disparition des cités côtières cananéennes (Ougarit, par exemple), les Phéniciens se constituèrent en principautés indépendantes et prospérèrent grâce au commerce maritime international. Ils fondèrent des comptoirs tout autour de la Méditerranée (Carthage, au IXe s. av. J.-C.). Habiles artisans, ils exportaient dans tout le monde antique la pourpre, qu'ils tiraient d'un coquillage, le murex, les verreries et le bois. Leur alphabet fut à l'origine de l'alphabet grec et, à travers lui, de toutes les langues occidentales. En Syrie, Amrit est le principal site phénicien.

Pilastre. Colonne plate engagée dans un mur.

Pronaos. Vestibule d'entrée dans le temple, donnant accès à la cella ; souvent pourvu de deux colonnes *in antis (→ ante).*

Prophète. Personnage inspiré parlant au nom d'un dieu, dont il transmet la parole sous la forme d'une vision (Jérémie), d'une prédiction ou du renouvellement de la révélation divine ; cette dernière forme de prophétie est plus caractéristique des fondateurs de religions (Zoroastre, Jésus, Mahomet).

Propylée. Entrée monumentale, formée d'ordinaire d'un porche à colonnes précédant une ou plusieurs portes.

Proscaenium. Dans les théâtres romains, avant-scène où se tenaient les acteurs ; surélevée par rapport à la cavea, elle est cependant moins haute que le proskénion des théâtres grecs.

Prostyle. *Adj.* : qui présente une rangée de colonnes sur la façade antérieure ; *subst.* : vestibule formé par ces colonnes.

Prothésis. L'une des deux petites absides (avec le diaconicon) situées de chaque côté de l'abside centrale dans les églises en croix grecque ; c'est aussi le nom donné par les chrétiens orthodoxes à un petit autel portatif sur lequel ils préparaient tout ce qui était nécessaire à la célébration de la messe et qu'ils posaient ensuite sur l'autel principal.

Q

Qadesh (bataille de). Célèbre bataille de l'Antiquité qui, au tout début du XIIIe s. av. J.-C., opposa les Hittites aux Égyptiens de Ramsès II près de Homs. → *encadré p. 260.*

Qibla. Direction de La Mecque, vers laquelle le fidèle musulman s'oriente pour prier. Dans les mosquées, la *qibla* est matérialisée par une niche richement ornée, le mihrab.

R

Ramadan. Le neuvième mois de l'année lunaire des musulmans, mois du jeûne rituel : le croyant doit s'abstenir de fumer, d'absorber toute substance solide ou liquide et de pratiquer l'acte sexuel du lever du soleil à l'apparition de la première étoile ; il est alors licite de rompre le jeûne. Peuvent en être dispensés les femmes enceintes, les malades, les vieillards, les voyageurs (moyennant diverses obligations compensatoires) et les enfants de moins de 14 ans. La fin de ce mois est célébrée par une fête, l'Aïd al-Fitr.

Rift. Zone de fracture de l'écorce terrestre qui se présente sous la forme d'un fossé tectonique d'une longueur parfois très importante. La dépression du Ghab, en Syrie, est l'extrémité septentrionale du rift africain qui, par le Jourdain, la mer Morte et la mer Rouge, aboutit à l'E. africain.

Rinceaux. Ornement en forme de tige de feuillage sinueuse.

S

Saladin. Salah ad-Din ibn Ayyoub (1138-1193). Sultan ayyoubide d'Égypte (1171-1193) puis de Syrie (1174-1193), qui s'illustra particulièrement dans la lutte contre les croisés ; il battit notamment l'armée franque à la bataille de Hattin. Il est l'artisan, à la suite de Nour ed-Din, de l'unification de la Syrie. → *aussi encadrés p. 136 et 178.*

Sandjak. Subdivision territoriale et administrative ottomane soumise au XIXe s. à l'autorité d'un gouverneur civil, le *moutassarif*. Cette subdivision était encore utilisée à l'époque du Mandat français (sandjaks d'Alexandrette, de Deir ez-Zor).

Sassanides. Dynastie iranienne qui succéda aux Parthes et régna d'env. 224 à 651 apr. J.-C. sur un empire qui s'étendait de la Mésopotamie à l'Indus.

Scène. Dans les théâtres antiques, construction oblongue et assez haute qui, face aux gradins, en constituait comme les coulisses ; le mur de scène jouait un rôle important dans l'acoustique du théâtre. → *aussi p. 222-223.*

Seldjoukides. Première dynastie musulmane turque d'origine non servile, les Seldjoukides, originaires de Transoxiane (rive E. de la mer d'Aral, auj. Ouzbékistan), entrèrent dans les territoires musulmans v. 1030. Convertis au sunnisme, le sultan Toghrul-Beg (1055-1063) puis son successeur Alp-Arslan (1063-1073), précédés par des bandes de nomades turcomans, imposèrent leur tutelle aux Abbassides et se rendirent maîtres de la plus grande partie de l'Asie musulmane et d'une partie de l'Arménie et de l'Anatolie chrétiennes. Après la mort de Malik-Shah en 1092, la dynastie se divisa. Le pouvoir seldjoukide, affaibli au XIIe s., disparut totalement en 1104 en Syrie, en 1157 en Iran, en 1194 en Irak et en 1232 en Turquie.

Séleucides. Dynastie hellénistique fondée au IVe s. av. J.-C. par Séleucos Ier Nikator, général d'Alexandre le Grand, qui reçut de ce dernier la Syrie et la Mésopotamie. Il prit le titre de roi en 305 et tenta de reconstituer l'empire à son profit. Par la paix d'Apamée (189 av. J.-C.), les Séleucides furent contraints d'abandonner l'Asie Mineure aux Romains. Antiochos IV (v. 215-163) persécuta les Juifs, ce qui entraîna le soulèvement des Maccabées. Les derniers Séleucides furent intégrés par les Romains en 64 av. J.-C.

Sémite. Nom donné à l'ensemble des populations du Proche-Orient parlant des langues non indo-européennes (du nom de Sem, fils de Noé, qui est selon la tradition biblique l'ancêtre des Sémites). Ces langues sont attestées depuis le IIIe millénaire et ont été employées entre autres peuples par les Araméens, les Hébreux, les Arabes, les Phéniciens et les Éthiopiens.

Septime Sévère. Empereur romain originaire de Leptis Magna, en Afrique, qui régna de 193 à 211. Il vainquit les Parthes à plusieurs reprises et constitua la province de Mésopotamie. → *aussi encadré p. 321.*

Sharia. Loi canonique de l'islam *(→)*, issue principalement du Coran. Elle fixe les règles concernant le culte ainsi que diverses prescriptions relatives à la conduite humaine en matière sociale et juridique. Une des exigences de la société musulmane traditionnelle est en effet d'établir un ordre social entièrement organisé selon la loi divine, ce qui a pour conséquence une certaine immutabilité sociale, puisque la loi est donnée une fois pour toutes et qu'il n'appartient pas au législateur de la changer. Certains pays musulmans, comme le Soudan, sont actuellement régis par la Sharia. D'autres, comme la Syrie, la Jordanie ou l'Égypte, ont un Code civil moderne inspiré de l'Occident.

Soffite. Face inférieure, tournée vers le sol, d'un élément d'architecture en saillie ou en surplomb.

Soufisme. Ascétisme mystique de l'islam né au VIIe s. en réaction contre le luxe des cours des califes, et qui permet à celui qui le pratique de s'unir à Dieu. Le soufisme est étroitement lié aux confréries religieuses musulmanes : la plupart des soufis sont réunis en communautés autour d'un maître, le cheikh. Un certain nombre d'ordres religieux furent ainsi fondés par un maître soufi.

Souk. Mot arabe signifiant « marché ». Typiques des pays du Proche et du Moyen-Orient, les souks, appelés aussi bazars, sont de vastes marchés en partie couverts, dont les multiples boutiques et ateliers, groupés par catégories de métiers, s'étalent sur tout un réseau de ruelles. *→ aussi p. 274-275 et encadré p. 70.*

Sourate. Chapitre du Coran.

Stuc. Mélange de poussière de marbre (ou de plâtre) et de colle, qui forme un enduit imitant le marbre.

Sublime Porte. Après avoir désigné la porte du palais d'Istanbul où se tenaient les réunions du divan (Conseil du sultan), le terme a été étendu au palais, puis à la cour, au gouvernement et à l'Empire ottoman lui-même.

Sultan. Dans l'islam, détenteur des pouvoirs politique et militaire (le calife détient l'autorité religieuse). Il fut accordé pour la première fois en 1055 par le calife abbasside au grand vizir seldjoukide, détenteur du pouvoir temporel.

Sumer. La plus ancienne civilisation de Mésopotamie, de langue non sémitique. On doit aux Sumériens la constitution des premières cités-États (Uruk, Ur, Lagash), l'invention de l'écriture, les premiers codes de lois ou encore les grands mythes, tel celui du Déluge que l'on trouve dans la célèbre épopée de Gilgamesh *(→ encadré p. 288).* Au IIe millénaire av. J.-C., les Sumériens sont définitivement supplantés par un peuple de culture sémitique, les Akkadiens *(→)*, qui imposent leur langue et leurs traditions. Mari est une fondation sumérienne.

Sunnisme. L'une des deux grandes branches de l'islam. Les sunnites (partisans de la *sunna*, la tradition) seraient les musulmans « orthodoxes », par opposition aux chiites, qu'ils considèrent comme schismatiques. Historiquement, les sunnites sont les héritiers des musulmans qui se rangèrent aux côtés de Moawiya (le fondateur de la dynastie omeyyade) contre Ali *(→)*. C'est sous leur autorité que fut codifiée la tradition musulmane. En Syrie, les sunnites représentent env. 80 % de la population musulmane.

Synthronon. Ensemble des bancs réservés au clergé dans l'abside principale des églises byzantines.

Syriaque. Terme qui désigne d'abord un dialecte sémitique proche de l'araméen. Il servit ensuite de langue liturgique à l'Église syrienne occidentale (jacobite). Ainsi peut-on dire que les Églises syrienne orthodoxe et syrienne catholique sont de rite syriaque.

T

Tambour. Fraction du fût d'une colonne.

Tcherkesses. *→ Circassiens.*

Tell. Colline artificielle formée par la superposition des différents niveaux de ruines d'une cité ancienne.

Temenos. Enclos sacré dans lequel prend place un temple dédié à une divinité, ou tout au moins un autel.

Tepidarium. Dans les thermes, salle à la température tiède, destinée au repos des baigneurs.

Tesselle. *→ mosaïque.*

Tétrapyle. Mot grec désignant un monument placé aux carrefours principaux des villes romaines, généralement quatre colonnes sur une haute base carrée supportant ou non des arcs.

Tétrarchie. Système de gouvernement introduit en 286 par Dioclétien pour régler la succession. Deux empereurs ayant le titre d'Auguste se partageaient le pouvoir de l'empire d'Orient et d'Occident, et nommaient chacun un collaborateur avec le titre de César, amené à lui succéder.

Tigre. Fleuve de l'Asie occidentale d'une longueur de 1 950 km qui prend sa source dans le Taurus, en Turquie, qu'il sépare de la Syrie. Il traverse ensuite l'Irak, où il délimite la basse Mésopotamie, se joint à l'Euphrate en amont de Bassora pour former le Chatt al-Arab, qui se jette dans le golfe Persique.

Trajan. Empereur romain (98-117) de la dynastie des Antonins, qui conquit la Dacie au-delà du Danube, la Mésopotamie et l'Arménie. C'est sous son règne que l'Empire romain atteignit sa plus grande extension territoriale.

Triclinium. Chez les Romains, salle de banquet à trois banquettes.

Triconque. En forme de trèfle ; se dit d'une église dont le chœur possède trois absides.

Tympan. Paroi de remplage ayant une forme triangulaire sur un temple, ou semi-circulaire dans une façade d'église.

U

Uniates. Qualifie les Églises qui font allégeance au Saint-Siège mais conservent leur autonomie (à l'exception des chaldéens, qui se placèrent dès le XVIe s. sous l'autorité de Rome) : Grecs catholiques (melkites), Arméniens catholiques, Syriens catholiques (jacobites), chaldéens et maronites du Liban. L'origine du mouvement uniate remonte au schisme d'Orient (1054), qui consacra la rupture entre les chrétientés d'Orient et d'Occident. À partir du XVIe s., Rome approuva la réconciliation que recherchaient certaines des branches séparées de l'Église orientale, qui s'effrayaient de la montée en puissance de l'islam et des Ottomans.

Ur. Ville antique de basse Mésopotamie située sur le bas Euphrate (auj. en Irak, à l'intérieur des terres, à 375 km S.-E. de Bagdad). Ce fut au XXIVe s. une des grandes métropoles sumériennes sous le règne des cinq rois de la Ire dynastie d'Ur. La ville poursuivit son existence jusque v. 400 av. J.-C. La Genèse fait d'« Ur de Chaldée » la patrie d'Abraham. Les premières campagnes de fouilles débutèrent en 1853. Le site conserve notamment les vestiges d'une ziggourat.

Uruk. Cité sumérienne située près du cours inférieur de l'Euphrate (auj. en Irak), qui joua un rôle très important dans l'apparition du système urbain durant la seconde moitié du IVe millénaire. La civilisation d'Uruk est aussi caractérisée par la naissance de l'écriture, la mise en œuvre d'une architecture monumentale, le premier développement de la métallurgie du cuivre et du bronze, et par la découverte de la roue. Uruk fut supplantée par Ur au début du IIe millénaire av. J.-C.

V

Vizir. Titre donné au ministre d'un prince musulman.

Vomitoire. Large passage donnant accès aux gradins d'un théâtre antique. → *encadré p. 222-223.*

W

Wadi. Cours d'eau ou vallée. C'est aussi le lit où s'écoulent les eaux de ruissellement.

Waqf. Procédure consistant à geler des biens fonciers ou immobiliers dont l'usufruit doit revenir, en principe, à l'entretien d'un édifice religieux (mosquée, madrasa) ou d'utilité publique (*maristan*, fontaine). En fait, les actes de *waqf* stipulent souvent que le bien considéré est, dans un premier temps, gelé au profit des descendants du légataire, jusqu'à extinction de ceux-ci ; ce qui revient à rendre le bien en question inaliénable (à le mettre à l'abri de toute confiscation de l'État, par exemple), sans priver la famille de ses revenus.

Y

Yarmouk. Affluent du Jourdain qui prend sa source en Syrie et forme la frontière avec la Jordanie. La **bataille du Yarmouk,** en 636, opposa les Byzantins aux musulmans qui, victorieux, achevèrent leur conquête de la Syrie commencée en 634.

Z

Zénobie. Reine de Palmyre (v. 266-272) qui conduisit cette ville à son apogée. Refusant la tutelle de Rome, elle conquit l'Égypte et l'Asie Mineure, et imposa sa domination sur tout l'Orient, jusqu'à ce que l'empereur Aurélien prît Palmyre en 272. → *encadré p. 450.*

Ziggourat. Édifice religieux de Mésopotamie en forme de pyramide à étages dont le plus petit, au sommet, portait un sanctuaire.

Lexique

Quelques règles de prononciation

' : signe inexistant en français, qui correspond à une contraction de la glotte et provoque l'allongement de la voyelle qui suit.

a' *(ayn)* : consonne quasi imprononçable pour un gosier occidental, qui s'obtient en contractant le larynx en même temps que l'on prononce la voyelle.

dh : se prononce comme le *th* anglais de *that.*

gh : se prononce comme le *r* français.

h : fortement expiré.

kh : à prononcer comme la *jota* espagnole.

q : un *k* lancé du fond de la gorge, qui peut aussi être escamoté et remplacé par une simple attaque vocalique.

r : roulé.

th : correspond au *th* anglais de *thing,* mais peut aussi être prononcé comme un *t* ou un *s* suivant les régions.

u : toujours *ou.*

w : équivaut au *w* anglais de *tramway* ; sans voyelle, se prononce *ou.*

y : avec voyelle, se prononce comme dans *yeux* ; sans voyelle, il devient le second élément d'une diphtongue *(ay)* comme dans l'anglais *night.*

Quelques mots utiles

Nota bene : les transcriptions adoptées ne constituent que des approximations destinées à faciliter la prononciation.

■ Expressions courantes

Bienvenue : ahlan wa Sahlame (celui qui reçoit) ; ahlan bikoum (réponse)
Bonjour : sabah al-kheir
Bonsoir : masa al-kheir
Bonne nuit : lailé saidé
Salut : marhaba
Le salut soit sur vous (formule de politesse usuelle) : As-salam aleïkoum
Comment allez-vous ? : Kif alak ?
Aujourd'hui : el-yaoum
Hier : embareh
Demain : boukra
Oui : naam
Non : la
S'il vous plaît : min fadlak (min fadlik au fém.)
Merci : choukrane
Combien : addeich
Quoi ? Qu'est-ce ? : Chou ?
Qu'est-ce que c'est ? : Chou fi ?
Que voulez-vous ? : Chou baddak ?
Donnez-moi : Atini
Cela ne fait rien : Maalech
Lentement : chwei chwei

■ À l'hôtel

Hôtel : hotel, fondoq
Chambre : ouda
Lit, matelas : farché
Couverture : houram
Oreiller : makhaddé
Drap : charchaf

Étage : tabeq
Eau chaude : may sakhné
Quel est le prix par jour ? : Kam al-idjra fi n-nahar ?
Montrez-moi les chambres : Fardjini-al-ghouraf
Où sont les toilettes ? : Fayn beyt al-toilette ?
Apportez-moi la note : Atini al-hisab

■ À table

Menu : wajbé
Addition : hisab
Assiette : sahn
Verre : kass, kebbaya
Couteau : sikkin
Cuiller : milaqa
Fourchette : choké
Serviette : fouta
Sel : mileh
Poivre : felfel
Huile : zeit
Vinaigre : khall
Beurre : zebdé
Pain : khoubez
Vin : nabid
Bouteille : qanniné
Eau : may
Bière : bira
Viande : lahm
Mouton : lahm kharouf
Bœuf : lahm baqar
Veau : lahm idjel
Poule : djajé
Poulet : farrouj
Omelette : idjé
Œufs : beid
Rôti : rosto
Rôti à la broche : lahm mechwï
Filet : filé
Côtelette : castaletta
Salade : salata
Dessert : houlou
Fruits : fawaki

■ Sur la route

Route : tariq
Chemin : darb
À droite : yemine
À gauche : chemal
Essence : benzin
Eau : may
Connaissez-vous le chemin d'ici à... ? : Taref el Tarik min hom ila... ?
Est-ce loin d'ici ? : Et-tariq baidé min hom ila... ?
Combien de kilomètres ? : Kam kilomètre ?

■ La voiture

Automobile : sayara
Permis de conduire : daftar as-siwaqa, licence
Le plein : foul
Huile : zeit
Garage : garage
Réparation : taslihat
Roue : dolab
Pneu : taïr
Moteur : motor
Freins : fram
Batterie : battaria
Bougie : bawaji, bougiyat
Radiateur : radiator
Boîte de vitesses : ghiarat

■ Le temps qui passe

Lundi : al itnayn
Mardi : at tlatè
Mercredi : al arbaa
Jeudi : al khamis
Vendredi : al joumaa
Samedi : as-sabt
Dimanche : al ahad
Heure : saa
Minute : daqiqa
Quelle heure est-il ? : Addeich es-saa ?
Il est une heure : Es-saa wahda
Il est quatre heures : Es-saa arbaa

En ville

Ville : madiné
Quartier : hay
Avenue : chari
Chemin : darb
Route : tariq
Pont : djisr, qantara
Église : knisé
Mosquée : djama
Bazar, marché : souq
Douane : djoumrok
Librairie : maktabé
Magasin : makhzen, mahal
Musée : mathaf

La numérotation

Les panneaux kilométriques, étiquettes de prix, etc. sont rarement libellés en chiffres arabes, mais le plus souvent en chiffres dits « indiens ». La liste ci-dessous vous aidera à vous exprimer.

0	sifr
1	wahed
2	tneïn
3	tlaté
4	arbaa
5	khamsé
6	sitté
7	sabaa
8	tamania
9	tissa
10	achra
11	eddach
12	tnaach
13	tléttach
14	arbatach
15	khamstach
16	sittach
17	sabatach
18	tmenach
19	tissatach
20	achrin
21	wahed wa achrin
22	tneïn wa achrin
30	talatin
40	arbein
50	khamsin
60	sittin
70	sabin
80	tamanin
90	tisin
100	miyé
200	miteïn
300	talat miyé
400	arba miyé
500	khams miyé
600	sitt miyé
700	saba miyé
800	taman miyé
900	tis miyé
1 000	alf

Bibliographie

Généralités

CHAUDOUET J., *La Syrie,* Karthala, 1997. Une histoire de la Syrie des origines jusqu'à nos jours, avec de très bonnes pages sur l'économie syrienne depuis l'indépendance. Cartes, illustrations en noir et blanc.

DEGEORGE G., *Damas, des origines aux Mamluks* et *Damas, des Ottomans à nos jours,* L'Harmattan, 1994 et 1997. Deux volumes pour tout savoir de la capitale syrienne, de son âge d'or, de son histoire sous le Mandat français et de son développement après l'indépendance.

PERILLIER L., *Les Druzes,* Publisud, 1986. Un exposé sur l'origine et l'évolution historique des Druzes.

Syrie, un patrimoine inédit, IMA, 1996. Ce livret soigné et bien conçu reproduit une cinquantaine d'objets – fragments de frises, bas-reliefs, tablettes, stèles, etc. – qui illustrent les grandes étapes de la civilisation syrienne.

VALOGNES J.-P., *Vie et mort des chrétiens d'Orient,* Fayard, 1994. Cet ouvrage est le plus sûr des fils d'Ariane pour se repérer dans le dédale des rites et des communautés. La Syrie, qui est au cœur du christianisme oriental, fait l'objet de deux chapitres.

Histoire ancienne, civilisation

AMIET P., *L'Art antique du Proche-Orient,* Mazenod, 1983. Pour mieux replacer dans leur contexte historique et culturel les sites d'Ougarit, Ebla et Mari.

EYDOUX H.-P., *Les Châteaux du soleil,* Perrin, 1982. Un remarquable ouvrage sur les châteaux forts de Terre sainte.

LEWIS B., *Les Assassins, terrorisme et politique dans l'islam médiéval,* Complexe, 1984. L'étude fort instructive, par un brillant universitaire de Princeton, de cette secte syrienne aussi célèbre qu'impitoyable.

MAALOUF A., *Les Croisades vues par les Arabes,* J'ai lu, 1988. Un regard décapant et passionnant sur le coup de force des « Franj » et la riposte de Damas.

MATTHIAE P., *Aux origines de la Syrie,* Gallimard, coll. « Découvertes », 1996. Vivant et abondamment illustré, ce petit livre est le fruit de 30 années de fouilles dans la légendaire cité d'Ebla, fleuron de la civilisation syrienne.

PARROT A., *Mari, capitale fabuleuse,* Paris, 1974. Par l'éminent archéologue qui a dirigé de 1933 à 1974 les fouilles du site de Mari.

SARTRE M., *L'Orient romain,* Éd. du Seuil, 1991. L'auteur, qui fouille Bosra depuis plus de 20 ans, consacre ici un chapitre entier, sérieux et documenté, aux nomades, aux villageois ainsi qu'aux sociétés urbaines de Syrie au temps d'Auguste et des Sévères.

TATE G., *Les Campagnes de la Syrie du Nord du IIe au VIIe siècle,* Geuthner, 1992. Ici, le chercheur dissèque un échantillon de 46 villages en ruine pour tâcher de mieux comprendre le cadre de vie des Syriens à l'époque romaine et byzantine. Une publication savante servie par un texte lumineux.

TATE G., *L'Orient des croisades,* Gallimard, coll. « Découvertes », 1991. Un abrégé des croisades, attrayant et accessible à tous, où on lira avec profit les chapitres IV et V, dédiés à l'unification de la Syrie et, en annexe, les documents sur le Krak des Chevaliers.

Les Éditions du Cerf publient, dans la collection « Littératures anciennes du Proche-Orient », outre *L'Épopée de Gilgamesh,* la traduction des tablettes retrouvées à Mari et à Ougarit (*Documents épistolaires du palais de Mari* et *Textes ougaritiques*).

À l'ombre d'Avicenne, la médecine au temps des califes, SDZ-IMA, 1996.

Mentionnons également deux ouvrages que vous trouverez sur place :

AL-ARUSH A., *Musée national de Damas*, 1976. Le catalogue, en langue française, du département des antiquités arabes et islamiques de Damas.

SAOUAF S., *Alep*, 1983. Le guide historique de la citadelle, des monuments antiques et du musée d'Alep.

Histoire récente, politique

BOKOVA L., *La Confrontation franco-syrienne à l'époque du Mandat (1925-1927)*, L'Harmattan, 1991. Les origines de la Révolte druze et de l'insurrection de Damas qui ont ébranlé le Mandat français en Syrie.

BREGMAN A., EL-TAHRI J., *Israël et les Arabes, la guerre de cinquante ans*, Arte Éditions/Éditions Mille et une nuits, 1998. Version imprimée d'une production télévisée anglaise diffusée ensuite sur Arte en 1998, cet ouvrage est un document de premier ordre sur les aspects politiques et diplomatiques du conflit israélo-arabe. Il est principalement fondé sur des interviews filmées des acteurs de ce conflit.

CLOAREC V., *La France et la Question de Syrie, 1914-1918*, CNRS Éditions, 1998 (préface de Henry Laurens). Un ouvrage pointu et académique sur les raisons et les modalités du rôle et de l'action de la France en Syrie.

GUINGAMP P., *Hafez el Assad et le parti Baath*, L'Harmattan, 1996. Une étude sur les origines du nationalisme arabe, l'essor et les stratégies du parti Baas.

KRUK S. et KAMINSKY C., *La Syrie : politique et stratégies de 1966 à nos jours*, PUF, coll. « Politique d'aujourd'hui », 1987. Surtout pour son dernier chapitre, consacré à l'enjeu syrien sur la scène régionale et internationale.

LAWRENS H., *Le Grand Jeu, Orient arabe et rivalités internationales depuis 1945*, Armand Colin, 1991. Une somme claire et documentée sur l'histoire récente de l'Orient arabe.

LAWRENS H., *Lawrence en Arabie*, Gallimard, coll. « Découvertes », 1992. La vie de ce héros presque légendaire et l'action qu'il a menée, replacées dans leur contexte historique, avec de nombreuses illustrations à l'appui.

LE GAC D., *La Syrie du général Assad*, Complexe, 1991. Fonctionnement du régime et portrait de celui qui conduit les destinées du pays, par un journaliste arabisant, spécialiste du Proche-Orient. Un ouvrage cependant un peu polémique.

MARDAM BEY S., *La Syrie et la France : bilan d'une équivoque (1939-1945)*, L'Harmattan, 1994 (préface de M. Couve de Murville). À la lumière de documents privés et d'archives publiques, une analyse subtile et minutieuse des multiples tensions qui ont traversé les rapports franco-syriens.

RONDOT Ph., *La Syrie*, PUF, coll. « Que sais-je ? », n° 1704, 1993. Une parfaite introduction à la Syrie contemporaine, qui ne néglige ni la question du parti Baas ni le conflit israélo-arabe.

La Syrie d'aujourd'hui, CNRS, 1980. Des questions de géographie, d'histoire et d'économie traitées par des spécialistes, sous la direction de A. Raymond. À lire en particulier les articles sur Alep, le monde rural, Damas et la Ghouta.

Économie, société

ABDEL NOUR A., *Introduction à l'histoire urbaine de la Syrie ottomane*, Beyrouth, 1982. Une approche intéressante de l'évolution de l'habitat syrien, à travers ses aspects les plus divers : matériaux et techniques de construction, quartiers et solidarités sociales...

BOUSTANI R., *Atlas du monde arabe*, Bordas, 1990. Une vraie banque de données sur la démographie, les médias, l'industrie... assortie de graphiques et de cartes en couleurs.

CABRILLAC B., *L'Économie du Moyen-Orient,* PUF, coll. « Que sais-je ? », 1994. Bonne synthèse sur les ressources et les défis des États du Machrek.

DEONNA L., *Syriens, Syriennes,* Zoé, 1995. Des témoignages recueillis par une journaliste suisse, habituée du Proche-Orient, qui donne la parole aux plus humbles : bédouins, derniers juifs d'Alep, paysans…

MÜLLER V., *En Syrie avec les bédouins,* Ernest Leroux, 1931. Pour les amateurs d'ethnologie, le témoignage d'un méhariste qui vécut six ans dans le désert aux côtés des tribus Chammar, Anézé et Beni Khaled.

SEURAT M., *Salons, coton, révolutions,* Éd. du Seuil, 1995. Album de photos et portrait nostalgique d'une famille chrétienne d'Alep, par l'auteur d'*Un si proche Orient* (Grasset, 1991).

Beaux-arts, beaux livres

Au pays de Baal et d'Astarté, Paris, 1983. De très bonnes notices explicatives dans ce catalogue de l'exposition du Petit Palais consacrée à « Dix mille ans d'art en Syrie ».

Aux portes de Damas, FMR n° 43, 1993. Un dossier superbement illustré de Gérard Degeorge qui lève le voile sur les hauts lieux de la maison damascène : l'iwan, la *qaa* et le *tazar.*

BALTY J., *Mosaïques antiques de Syrie,* CBRA, Bruxelles, 1977. Cette sélection de 70 mosaïques, exhumées pour la plupart dans la région d'Apamée, offre un excellent aperçu de la tradition locale, même si la qualité des reproductions ne rend guère compte de la richesse de la polychromie.

BURNS R., *Monuments of Syria : a Historical Guide,* I. B. Tauris & Co, 1994. Une mine de renseignements (en anglais) sur le Krak des Chevaliers, Qalaat Salah ad-Din, Saint-Siméon, etc., assortie d'une bibliographie raisonnée, de cartes thématiques et de nombreux plans des sites et des monuments.

Capitale des caravanes, FMR n° 7, 1987. Une promenade parmi les vestiges de l'opulente Palmyre en compagnie d'un historien d'art genevois (Stierlin), d'un professeur russe (Rostovtzeff) ; avec de très beaux clichés des stèles, de l'hypogée et du théâtre.

CHENEVIÈRE A., *Syrie, aux sources de la civilisation,* Vilo, 1995. Pour ses belles photos de bédouins, de villages-ruches et de paysages mésopotamiens.

DEGEORGE G., *Palmyre, métropole du désert,* Séguier, 1987. Un autre album, *La Fiancée du Désert,* mêle photos, dessins, gravures, textes. À consulter surtout pour son approche thématique (caravanes, divinités, art funéraire, etc.).

DEGEORGE G., *Syrie,* Hermann, 1983. Cette monographie abondamment illustrée, consacrée au patrimoine artistique et architectural, met en relief de nombreux détails d'ornementation (portes, fenêtres, *muqarna* et carreaux de faïence).

ETTINGHAUSEN R., *La Peinture arabe,* Skira, 1977. Un travail remarquable sur les fresques de pavement, les mosaïques murales et l'art du manuscrit illustré, tels le *Banquet des médecins* ou le *Livre des animaux,* dont la Syrie fut l'un des principaux foyers.

LAFLEURIEL-ZAKRI S., *Syrie, berceau des civilisations,* ACR, 1997. À consulter surtout pour ses photos de la vie au quotidien : souks, hammams, intérieurs d'Alep et de Damas.

STIERLIN H., *Cités du désert,* Éd. du Seuil, 1987. Une solide étude de l'art antique au Proche-Orient avec un chapitre spécifiquement consacré aux temples, à l'architecture funéraire et à l'urbanisme de Palmyre.

Syrie, mémoire et civilisation, IMA, 1993. Un catalogue dense et superbement illustré qui met en lumière la richesse du patrimoine syrien, depuis le paléolithique jusqu'à la période ottomane.

Revues

Plusieurs magazines ont consacré à la Syrie des numéros spéciaux que l'on peut consulter en bibliothèque, comme *Qantara* (« L'Orient ancien », n° 9), *Ulysse* (n° 1), *Le Monde de la Bible* (« Ougarit, n° 48 » ; « Les

Croisades », n° 61 ; « L'Orient ancien », n° 67 ; « Palmyre », n° 74) et *L'Œil* (« Les Arts en Syrie », 1983).

Signalons, à côté des nombreuses publications scientifiques, comme *Syria* ou le *Bulletin d'études orientales* (nos 1, 4, 28 et 35), deux dossiers d'une lecture plus aisée :

Damas, miroir brisé d'un Orient arabe, sous la direction de A.-M. Bianquis et E. Picard, Autrement, hors série n° 65, 1993. L'une des meilleures clés qui soient pour pénétrer le quotidien damascène et retrouver, sous le béton moderne, les parfums de rose et d'abricot.

La Syrie de l'après-guerre froide : permanence et changements, Éd. La Documentation française, « Monde arabe », n° 158, 1997. Une étude sur les problèmes politiques, économiques et sociaux qui se posent aujourd'hui au monde syrien.

■ **À lire aussi**

Ebla, « Les dossiers d'*Archéologie* », n° 83, 1984. L'art, les tablettes et les tombes princières d'Ebla.

Mari, « Les dossiers d'*Archéologie* », n° 80, 1984. La vie quotidienne et le palais de Zimri-Lim.

Littérature

Peu d'écrivains syriens ont été traduits en français. Voici néanmoins quelques livres qui ont Damas ou la Syrie pour toile de fond :

ADONIS, *Chants de Mihyar le Damascène,* Actes Sud, 1995. Par un écrivain libanais d'origine syrienne, un recueil de poèmes qui rompt avec les formes et les thèmes chers à la tradition arabe.

AL-UJAYLI A. S., *Damas téléphérique,* Publisud, 1984. Un roman d'apprentissage et un tableau surprenant d'une capitale en plein essor, qui rêve de réaliser un projet à sa (dé) mesure : un téléphérique reliant la place des Omeyyades au sommet du mont Qassioun.

ANTAKI M., *Les Caravanes du Soleil,* Gallimard, 1991. Une histoire d'amour qui a pour décor l'empire et le palais d'Ebla.

BARAKAT S., *Le Criquet de fer,* Actes Sud, 1993. Les rudes heures d'une enfance kurde dans une bourgade de la campagne syrienne.

MINA H., *Soleil en instance,* Silex, 1986. Par un écrivain originaire de Lattaquié, le roman d'un jeune homme de 18 ans et d'une femme « à la tunique lilas », au temps du Mandat français.

MIQUEL A., *Ousâma : un prince syrien face aux Croisés,* Fayard, 1986. Les souvenirs, réécrits par Miquel, d'un homme au destin exceptionnel (1095-1188) qui passa sa vie entre Damas et les rives de l'Oronte.

Le Roman de Baïbars, 10 vol. traduits et annotés par G. Bohas et J.-P. Guillaume, Sindbad, coll. « La Bibliothèque arabe », 1985-1998 ; Actes Sud, coll. « Babel », 1998 (4 vol.). L'histoire de Baybars, sultan mamelouk qui régna sur Le Caire et Damas au XIIIe s., racontée à travers un de ces immenses récits épiques (60 volumes en arabe !) qui ont été transmis oralement par les conteurs de siècle en siècle.

Sève et sable, Zoé, 1981. Un recueil de contes et de courtes nouvelles, précédé d'une introduction sur l'art de la nouvelle dans la Syrie des années 1950-1960.

SIMIOT B., *Moi Zénobie, reine de Palmyre,* Albin Michel, 1996. L'auteur rédige lui-même les mémoires que Zénobie, femme d'action, aurait pu nous laisser.

WANNOUS S., *Miniatures* et *Rituel pour une métamorphose,* Sindbad, 1996. Par l'un des plus grands dramaturges contemporains, deux petites pièces qui ont Damas pour cadre.

■ **Relations de voyage**

Longtemps, les écrivains étrangers ont éprouvé un grand attrait pour la Syrie, synonyme tour à tour de pèlerinage mystique, de pittoresque, d'exotisme ou de « retour aux sources » :

BARRÈS M., *Un jardin sur l'Oronte,* Gallimard, coll. « Folio », 1990. Évocation imaginaire, à la manière d'un conte oriental, d'un émirat du XIIIe s.

BERCHET J.-Cl., *Le Voyage en Orient,* Laffont, coll. « Bouquins », 1985. Comprend, entre autres extraits, trois récits d'écrivains français sur Damas (Barrès, Lamartine...).

JORIS L., *Les Portes de Damas,* Actes Sud, 1994. Le récit émouvant et juste d'une journaliste néerlandaise qui s'installe à Damas au lendemain de la guerre du Golfe.

LAWRENCE T. E., *Les Sept Piliers de la Sagesse,* Gallimard et Payot, 1992. Pour retrouver tous les épisodes syriens de la vie de Lawrence d'Arabie, à travers ses mémoires romancés écrits par lui-même.

LOTI P., *La Galilée,* Pirot, 1990. Un regard littéraire (1894) sur les bazars de Damas et les tombeaux des grands morts de l'islam.

VOLNEY C.-F., *Voyage en Égypte et en Syrie,* Mouton, 1959. L'enquête minutieuse d'un observateur « impartial » qui visite la Syrie en 1783-1784.

Voyageurs arabes, Gallimard, coll. « La Pléiade », 1995. Entre imaginaire et géographie, le journal de route de deux infatigables voyageurs, Ibn Jobayr (XIIe s.) et Ibn Battuta (XIVe s.), qui décrit par le menu les merveilles des villes et des marchés qu'ils traversent, les coutumes sociales et religieuses. Le périple syrien d'Ibn Battuta figure aussi au catalogue des Éditions La Découverte (t. I, 1997).

Index thématique des encadrés

Art, architecture, urbanisme

Géographie, environnement, économie

Histoire, civilisation

Histoire du XXe siècle

Société, vie quotidienne

Religions, mythologie

Index général

Tartous : nom de lieu ; *Philippe l'Arabe* : nom de personnage ; BÉDOUINS : mot-clé

Les numéros de page en italiques indiquent une illustration (plan, photo...)

A

B

E

F

G

H

I

J

K

L

M

N

O

En savoir plus

T

U

G

H

I

J

En savoir plus

K

L

M

N

O

En savoir plus

T

U

Dépôt légal : 4800 - avril 1999
24.2881.1 Édition : 01
ISBN : 2.01.242881.1
Imprimé par G. Canale & C. S.p.A. - Borgaro T.se (Turin)